KB266491

슬픈 살인

The Best Minds

A Story of Friendship, Madness,
and the Tragedy of Good Intentions

슬픈 살인

지성과 광기의 경계에서 낳은 비극

조너선 로즌 지음 | 박다솜 옮김

The Best Minds

A Story of Friendship, Madness,
and the Tragedy of Good Intentions

문학동네

일러두기

1. 각주는 모두 옮긴이 주다.
2. 원서에서 이탤릭체로 강조된 부분은 고딕체로 표기했다.
3. 단행본과 잡지 등은 『 』로, 논문 등은 「 」로, 신문, 노래, 영화 및 TV 프로그램 등은 〈 〉로 표기했다.
4. 인명, 지명 등 외래어는 국립국어원 외래어표기법을 따랐으나, 회사명, 제품명 등은 일반적으로 통용되는 표기가 있을 경우 이를 따랐다.

로버트와 노마 로즌을 기리며

그들의 기억이 축복이기를

זכרונם לברכה *

그리고 나의 누나이자, 구원자이자, 동무인

애나 로즌에게

---

* '그들의 기억이 축복이기를'이라는 뜻의 히브리어.

나는 수수께끼의 존재를 부른다
언젠가 물가의 젖은 모래 위를 걸어 다닐
나와 몹시 닮은, 그야말로 나의 분신이자
상상할 수 있는 모든 일들 가운데
가장 가능성 없는 것의 증명인, 나의 반反자아
—윌리엄 버틀러 예이츠, 「나는 너의 주主」

1부　미어랜드 로드의 집

1장	**적절한 놀이 친구**	15
2장	**푸른 구슬**	37
3장	**기억 유리병**	63
4장	**낯선 사람들**	73
5장	**아메리칸 파이**	88
6장	**자유 여름**	110
7장	**유리병 속 편지**	132
8장	**오독**	157

2부　정신의학의 집

9장	**그림자가 아는 것**	192
10장	**회전문**	201
11장	**제정신으로 돌아오기**	219
12장	**이야기들**	240
13장	**선택**	259
14장	**무너지다**	269
15장	**얽히다**	282
16장	**폐쇄 병동**	292
17장	**질환을 무기로 바꾸다**	310
18장	**하류계급**	320
19장	**중간 거주 시설**	332

미어랜드 로드의 집

우리가 한때 살아 있었다는 건 환상,
어머니들의 집에 살면서, 우리가 스스로 움직여
자유로운 공기 속에서 자신을 정립했다는 것도.
_ 월리스 스티븐스, 「바위」

나는 지금으로부터 오십 년을 거슬러올라가려 해. 야단스러운 헤드라인을 단 기사들이 쏟아지기 전, 네가 할리우드와 협상을 하기 전, 출판계약서에 도장을 찍기 전, 〈뉴욕 타임스〉에 온갖 역경을 딛고 예일대 법학대학원을 졸업해 타의 귀감이 된 어떤 천재의 이야기가 보도되기 이전으로. 망상이 이야기로 오인되고, 이야기가 실제 삶으로 오인되기 이전으로. 네가 경영컨설턴트 시절에 산 고급 정장을 입고 병원과 사회복귀시설에 들어가기 이전으로. 사랑하는 이웃들이 너를 지켜주고 있다고 믿으며, 네가 야구방망이를 들고 친구와 가족으로 위장한 적들에게서 지켜낸 개츠비 하우스에 들어가기 이전으로.

나는 네가 예일대학교를 최우등으로 졸업하기 전으로 돌아가려 해. 내가 사 년을 들여도 이루지 못한 일을 삼 년 만에 이뤄내는 너를 보며 나는 늘 '숨마 쿰 라우데'*를 '숨마 쿰 라우도어'라고 바꿔 생각하곤 했지. 나는 고등학교 시절 전으로, 내가 구타당하는 사이 네가 줄행랑을 쳤던 그날 전으로, 그로부터 20년 뒤, 이제 내가 도망칠 차례라는 걸 알고 공포에 질렸던 그날 이전으로 돌아가려 해.

지금 나는 사방으로 번져나가는 비극적인 슬픔의 원 바깥으로 빠르게 물러나는 길 위에 서 있어. 미안. 나도 알아, 사실 길 같은 건 존재하지 않고 뒤로 물러나고 있지도 않다는 걸. 앞으로 나아가고 있지도 않아. 돌아갈 길 같은 건 없어.

하지만 지금 나는 뉴로셸의 짧은 거리에 서 있어. 언덕 꼭대기에는 녹색과 흰색으로 칠해진 식민지 양식 주택이 있고, 언덕 발치에는 갈색과 흰색으로 칠해진 튜더 양식 주택이 있어. 두 집에는 열 살 난 남자아이가 하나씩 살았지. 그애들은 여전히 그곳에 살고 있어. 환상이면서 동시에 실재하는 존재로. 내 이야기는 바로 그 아이들에게서 시작해.

---

* '최우등'이라는 뜻의 라틴어로, 대학에서 우수 졸업생에게 부여하는 호칭이다.

1장
적절한 놀이 친구

네가 어렸을 적에, 네게 적절한 놀이 친구를 붙여주겠다는 너희 부모님의 목표는 그야말로 완벽하게 이루어졌단다. 길 바로 건너편에 이상적인 친구 마이클 라우도어가 살고 있었으니까. 훌륭한 소년이었지.

——신시아 오지크, 저자에게 보낸 편지에서

우리 가족은 1973년에 뉴로셸로 이사했다. 좋은 학교와 푸르른 잔디밭이 있고, "브로드웨이와 주택, 교회, 학교가 있는 도시까지 단 45분"이라고 적힌 예스러운 1920년대의 표지판이 내걸린 동네였다. 이제는 메트로노스 철도를 타면 그보다 시간이 단축되어 맨해튼까지—모든 삶의 공전축인 그 암석 도시까지—33분 만에 도착할 수 있었고, 동네 안에는 유대교 회당도 네 곳이나 있었다. 그러나 우리가 뉴로셸로 이사한 진짜 이유는 나와 마이클의 만남을 위해서였다.

어쨌거나 내 어머니의 절친한 친구인 작가 신시아 오지크가 일러준 바는 그러했다.

네가 어렸을 때 나는 마이클 라우도어 얘기를 참 많이 들었단다. 어떤 의미에서는 네가 그애를 만나기 전부터 들었다고 할 수 있지. 너희 부모님은 어느 동네에 집을 마련할지 고민하면서 마이클 같은 아이가 사는 곳으로 가는 게 목표라고 했거든.

다시 말해 마이클은 내 인생에 필연적인 존재였다. 마이클이나 그와 비슷한 누군가를 만나는 건 내 숙명으로 정해져 있었다. 하지만 훗날 정신이 이상해질지, 죽는 날은 언제일지 예견할 수 없는 것처럼, 두 소년의 만남에서 실제로 어떤 우정이 싹틀지는 미리 알 길이 없었으리라. 미래를 누가 알겠는가.

내가 마이클을 마주친 건 이사한 직후였다. 그때 나는 이전에 살던 사람들이 우리집 잔디밭 가장자리에 깔끔하게 쌓아둔 쓰레깃더미를 들여다보고 있었다. 운동을 좋아하는 세 남자아이가 남긴 유물 중에 쓸 만한 걸 건져낼 심산이었다. 작은 어항을 건질까 말까 고민하고 있는데, 커다란 에이비에이터 색안경을 쓴 텁수룩한 적갈색 머리 남자아이가 다가오더니 동네를 구경시켜주겠다고 했다.

나도 키가 컸지만 그는 나보다도 더 컸고, 걸음걸이는 흐느적거리면서도 경쾌했는데, 마치 어딘가 정말로 가야 할 곳이 있는 것처럼 단호한 분위기가 내 또래치고 별났다. 발을 내디딜 때마다 몸을 앞으로 높이 내던져 보폭을 넓히는 걸음걸이가 워낙 독특해서 '발가락'이라는 별명이 붙을 정도였다.

나는 5학년이 시작된 뒤에야 그 별명을 알게 되었다. 마이클에게 '빅'이라는 또다른 별명이 있다는 것도 그때 처음 알았다. 반에서 가장 작은 아이는 '스몰'이라고 불렸다. 반 아이들을 키 순서로 줄 세우면 빅과 스몰이 북엔드처럼 양쪽 끝을 막고 섰다. 섬세한 교사들은 가끔 작은 아이들을 앞에 세웠는데, 지금 돌이켜보면 그런 처사가 아이들 자존감을 키워주는 데 중요한 역할을 했으리라는 생각이 든다.

빅은 발가락에 비하면 밋밋한 별명이었지만, 별명이 두 개나 있는 아이들이 몇이나 되겠는가? 마이클은 확실히 컸다. 제대군인 원호법*으로 5학년에 들어온 게 아닌지 의심스러운 핼Hal처럼 체구가 압도적인 건 아니었지만, 키와 지능, 자세, 의지가 어떤 미묘한 조합을 이룬 덕분에 크다는 인상을 주었다.

보스턴 교외의 브루클린에 살던 시절—우리 가족은 뉴로셸로 이사하기 전에 그곳에서 삼 년을 살았다—나는 친구들 무리에서 제일 키가 크긴 했어도 빅이라고 불리는 일은 없었다. 나는 자기 존재를 최대한 움츠리고 지내는 수줍은 아이였다. 마이클은 나보다 고작 손가락 한두 마디 더 컸고 나만큼 빼빼 말랐지만, 나와는 달리 어색한 태도로도 존재감을 발휘하는 걸 즐기는 듯했다.

마이클은 제자리에 서 있을 때에도 몸을 앞으로 건들거리며 까치발을 드는 습관이 있었는데, 마치 급격하게 성장하는 자기 자신을 절반이나마 따라가려고 애쓰는 것처럼 보였다. 미어랜드 로드에서 마이클은 그 불안정하지만 자신감 있는 자세로 파도처럼 오르내리면서 내 곁에 서 있곤 했다. 그는 사회성도 제법 괜찮았다. 그 비결은 마이클이 농구를 제법 잘하게 된 이유와 같았다—굴하지 않고 끈기를 발휘하는 것.

그로부터 여러 해가 지난 뒤 많은 사람들이 당시 마이클이 위협적이었다고 평했지만, 나는 그에게서 정반대의 인상을 받았다. 나는 수줍음을 타는 성격인데도—혹은 그렇기 때문에—마이클의 자신감이 편안했다. 나는 마이클이 자기만의 방식으로 어색함을 극복했거나 그냥

---

* 1944년에 미국에서 제정된 법률로, 참전 군인들의 제대 후 교육을 지원하는 법안이다.

무시하기로 했다는 걸 알았고, 그런 마이클의 자신감을 나의 양분으로 삼았다.

더구나 수줍음을 탄다는 게 반드시 겸손하다는 뜻은 아니다. 나는 인생에 마이클과 똑같은 기대를 걸고 있었다. 그것은 언젠가 우리가 당연히 우리의 두뇌라는 로켓을 타고 하늘로 솟구쳐오를 거라는 단순한 믿음이었다. 어떤 미지의 과정을—결코 구체적이지 않고 신비로운 것에 가깝지만 그럼에도 전적으로 실재하는 과정을—추진제로 이용하여, 우리가 평범한 존재의 그림자를 떨치고 일어나 두뇌의 힘으로 성층권을 돌파하고 성공으로 나아갈 거라는 믿음이었다.

처음 만난 날 마이클은 내게 자기 이름을 알려주더니 대뜸 내 이름도 정했다. 조너선을 줄여서 존Jon이라고 부르겠다고 했다. 그는 질문을 받기도 전에 답하는 습관이 있었고, 전에 살던 사람들이 어항을 버리고 갔다면 겉으로는 멀쩡해 보여도 금이 가서 물이 새는 걸지도 모른다는 의견을 내놓았다. 나는 누가 내 이름을 줄여 부르는 걸 좋아하지 않았지만, 굳이 고쳐주진 않았다.

그날 마이클은 아마 그의 어머니가 보내서 우리집에 들렀던 것 같다. 루스 라우도어는 붙임성 있는 사람이었고 나중에 우리집에 직접 들러 환영한다는 말을 전하기도 했다. 그뒤로는 시끄러운 자기 집에서 피신하려고 우리집을 찾아오는 일도 종종 있었다. 하지만 살갑고 자신만만한 태도는 마이클 본연의 것이었다. 그 어린 시절에도 마이클은 마치 자기 나라를 대표해서 나온 사절처럼 보였다.

우리집이 그 블록에서 첫 집인데도 1번지가 아니라 11번지인 게 이상하다고 지적한 것도 마이클이었다. 나는 절대 그 숫자에서 의아함을 느끼지 못했을 것이다. 내게 숫자란 원래 예측 불가능한 것이었으니

까. 그러니 미국이 냉전에서 승리하기 위해 1960년대에 새로 교과과
정에 도입한 '신新수학'이 내게 어떻게 느껴졌는지는 굳이 말할 필요
도 없으리라. 그때 나는 그 과목 이름이 신수학이라는 것조차 몰랐다.
4학년 때 처음 소수점을 본 순간, 평생 그놈의 점을 어디에 찍어야 할
지 고민하게 되리라는 예감에 사로잡혔을 뿐이다.

마이클은 신수학이 뭔지 알았고, 내게 톰 레러가 부른 노래 〈New
Math〉를 들려주었다. 그 노래는 우리가 마이클네 집 거실에서 몇 시
간을 죽치고 앉아서 듣던 여러 음반들 중 하나에 수록되어 있었다. 신
수학이 워낙 단순해서 "아이만 할 수 있는 것"이라는 가사 속 농담을
보아하니 어른들이 듣는 노래가 분명했고, 나는 그 점에 특별한 쾌감
을 느꼈다. 마이클은 어린이와 어른을 구분 짓는 부분을 비롯해 가사
가 대체로 허튼소리라고 생각했다.

톰 레러의 음반은 십 년 전에 발매된 것이었지만 내겐 마냥 새로웠
다. 가사에서 언급되는 여러 이름과 개념들은─마이클은 내게 바티칸
과 베른헤르 폰 브라운*에 대해 쾌활하게 설명해주었다─'닥 새비지'
미스터리 시리즈처럼 고풍스러운 동시에 첨단 문물 같은 분위기를 냈
다. 닥 새비지 역시 마이클이 내게 소개해준 것이었다.

종종 마이클은 이미 인생을 한 차례 끝까지 살아보고 다시 어린 시
절을 견디고 있는 사람, 또는 벤저민 버튼이나 아서왕 신화 속 멀린처
럼 인생을 거꾸로 살고 있는 사람처럼 보였다. 우리 부모님은 마이클
이 어느새 천연덕스럽게 자기들을 밥과 노마라고 부르는 걸 재미있어
했고, 내가 자기랑 밀본 보드게임을 하거나 밖에서 놀려고 기다리든

---

* 독일 태생의 미국 로켓 공학자.

말든 태연하게 어른들과 눈을 맞추며 캄보디아 폭격을 욕하고, 워터게이트 스캔들을 논하는 태도 또한 흥미롭게 여겼다. 우리 대통령이 사기꾼이라는 것 정도야 나도 알았지만, 마이클은 리디, 홀드먼, 얼리크먼이 각각 누구이며 정확히 무슨 짓을 했는지도 알았다.* 그는 마치 익명의 제보자 '딥 스로트'가 그의 집 바로 뒤에 있는 운동장에서 자기 귓가에 대고 사건의 전말을 속삭여준 양 상세한 설명을 늘어놓았다.

마이클은 시어도어루스벨트초등학교가 우리가 사는 블록에서 엎어지면 코 닿을 거리라, 수업 시작종이 치기 15분 전에 기상해서 아침까지 챙겨 먹어도 지각을 면한다고 내게 일러주었다. 야외 농구 골대가 설치된 학교 운동장은 마이클에게 자기 집 뒷마당의 확장판이나 다름없었다.

우리집 다락방에 꾸며진 엄마의 작업실 창 너머로는 학교 건물 지붕이 내다보였다. 화려하게 장식된 학교의 둥근 지붕은 고급 마구간이나 마을 교회에 어울리는 모양이었다. 내 방 창문에서는 나뭇가지에 가려진 마이클네 집 지붕이 보였다. 우리가 사는 거리에는 집이 총 예닐곱 채밖에 없었다. 우리집에서 대각선 방향에서 조금 더 내려가면, 즉 체스판에서 나이트가 움직이는 행로를 따라가면 28번지의 라우도어 가족 집이 나왔다.

우리집에서 두 블록 떨어진 위커길 쇼핑센터를 내게 구경시켜준 사람도 마이클이었다. 그곳에는 앞에선 사탕 과자를 팔고 뒤에선 장난감을 파는 빅탑이라는 가게가 있었다. A&P 슈퍼마켓과 피자 가게, 새 어항을 살 수 있는 반려동물 가게도 있었다. 거피가 한 마리에 10센트

---

* 전직 CIA 요원 고든 리디와 닉슨 대통령의 최측근이었던 수석보좌관 H. R. 홀드먼, 국내 담당보좌관 존 얼리크먼은 워터게이트 사건에 깊이 연루된 핵심 인물이다.

였다.

마이클은 이곳이 조지스 헤어 포트 미용실이라고 알려주는 걸로 그치지 않고, 거기서 일하는 이탈리아인 형제 네 사람의 이름까지 하나하나 읊어주는 유형의 가이드였다. 나는 내 머리를 잘라주는 로사리오 말고 나머지 셋의 이름은 영영 외우지 못했다. 우리 아버지도 그에게 머리를 잘랐다. 아버지가 들어오면 그는 "프로페소레!"* 하고 인사를 건넸다. 마이클의 아버지에게도 똑같이 인사했다.

그게 마이클과 나의 또다른 공통점이었다. 둘 다 아버지가 대학교수였는데, 나의 아버지는 독일 문학을 가르치고 마이클의 아버지는 경제학을 가르친다는 것 정도가 달랐다. 또한 나의 아버지는 정수리가 벗어지고 양쪽에 흰머리가 남아 있었지만, 마이클의 아버지는 브루클린 강변에서 그가 어울리며 자란 폭주족들처럼 짙은 색 머리칼을 빗어 넘겨 파격적인 올백 머리를 하고 다녔다.

이듬해 수마 선생님이―그는 세븐업 음료 공장에서 일하다가 교사가 되어 6학년이 된 우리를 가르쳤다―우리 곁을 지나가다가 마이클이 딸꾹질에 대해 무슨 농담을 하다가 '후두개'라는 단어를 쓰는 걸 듣고, 마이클을 '교수'라고 부르기 시작했다. 그렇게 마이클은 세번째 별명을 획득했다.

부모님이 이사할 장소로 미어랜드 로드를 선택한 게 마이클 때문이었다면, 뉴로셸을 선택한 건 어머니의 친구 신시아 때문이었다. 신시아와 어머니는 둘 다 문학에 한 몸을 바친 작가였고, 페미니즘에 헌신

---

* '교수'라는 뜻의 이탈리아어.

하는 동료였으며, 거울의 검은 밑판처럼 현실 세상을 비추어 보여주는 어두운 홀로코스트의 기억을 품고 살았다. 두 사람은 매일 전화로 수다를 떨었다. 전화를 끊은 다음에는 서로에게 긴 편지를 썼고, 편지를 받으면 또 전화를 걸었다. 말은 해도 해도 부족한 법이고, 진정으로 의미 있는 매체는 오로지 글이기 때문이었다.

신시아는 뉴로셸 남쪽 끝에 살았다. 17세기에 루이 14세의 박해를 피해 건너온 프랑스 신교도 위그노들이 처음 정착해 살던 동네였다. 신시아의 집에서 롱아일랜드 사운드 기차역까지는 걸어갈 수 있는 거리였고 어머니가 한눈에 반한 서턴매너의 빅토리아양식 주택도 그만큼 가까웠다. 그러나 신시아가 사는 동네와 어머니가 꿈꾸던 집은 후보에서 "빠르게 탈락"했는데, 신시아가 들려준 이야기에 의하면 "유대인 분위기가 조금도 나지 않는다는" 게 이유였다. 반대표를 던진 사람은 아버지였다. "네가 친구로 사귀기에 적절한 아이들이 사는 동네로 가야 한다는 게 주된 이유였지."

친구로 사귈 만한 아이들은 종전 후 경제 확장기에 유대인들이 자리를 잡은 뉴로셸의 북쪽 끝에 살았다. 롭 피트리—시트콤 〈딕 반 다이크 쇼〉에서 말쑥한 딕 반 다이크 본인이 연기한 허구의 희극 작가—가 총칭 뉴로셸이라고 불리는 교외에 살았고, 칼 라이너—자기 인생을 토대로 〈딕 반 다이크 쇼〉를 집필했지만, 자기 역을 맡아 연기할 수는 없었던 대머리 유대인—가 뉴로셸 북쪽 끝에 살았다.

부자 유대인이 되기를 꿈꾸는 가난한 유대인이 나오는 뮤지컬 〈지붕 위의 바이올린〉의 음악을 맡은 제리 복과 원작 소설을 쓴 조 스타인도 뉴로셸에 살았다. 가난한 유대인의 삶을 상상하려는 부자 유대인들, 또는 한때 가난한 유대인이었던 자기 조부모를 기억하는 부자 유대인들에게 사랑을 받은 이 작품은 브로드웨이에서 오랫동안 공연되다가 우리가 뉴로셸로 이사하기 이 년 전에 영화로 만들어진 뒤에야 막을 내렸다. 아버지는 〈지붕 위의 바이올린〉이 민스트럴 쇼*의 유대인 버전이라고 폄하하고 어머니는 어중간한 싸구려 작품이라고 혹평하면서도 공연 음반을 한 장 사서 집에 두었다.

유대인들은 뉴욕시를 탈출하여 뉴로셸로 이주했고, 이윽고 뉴로셸의 문제 지역을 탈출하여 북쪽 끝으로 이주했다. 사실 뉴로셸은 진정한 의미의 교외라기보다는 그 자체로 하나의 작은 도시에 가까웠다. 공공 주택 단지가 있는가하면 한쪽에는 골프장들이 펼쳐졌다. 옛날에 호황을 누렸던 도심은 백화점이 들어오면서 상권이 망가지기 시작했고 결국 백화점마저 나가면서 아예 죽어버렸다고들 했다. 나로서는 따라가기가 버거웠던 이런 이야기들을 마이클네 집에서는 다들 자신 있는 투로 논했다.

아버지가 우리를 보내고 싶어했던 대형 보수파 유대교 회당인 베스엘은 원래 뉴로셸 도심에 있다가 녹음 무성한 북쪽 끝으로 이사를 와서 1970년에 새로 회당을 열었다고 했다. 어머니가 꿈꾸던 집이 있는 남쪽과 베스엘 회당이 서 있는 북쪽 사이에는 아일랜드와 이탈리아 출신의 노동계급 가족들이 사는 낡은 동네, 고급 주거 단지, 여러 배경을 가진 사람들이 섞여 사는 중간계급 동네, 소멸 직전인 메인 스트리트, 그리고 공공 주택 단지와 마찬가지로 흑인들이 주로 살며 가운데로 고속도로가 지나가는 주거 구역이 조각보처럼 이어붙여져 있었다.

그래서 우리는 호사스럽고 어감이 좋은 서턴매너나 에코 애비뉴 같

---

* 백인이 흑인으로 분장하여 노래하고 춤추는 공연.

은 이름의 거리를 놔두고, 미어랜드 로드로 이사했다. 미어랜드의 '미어mere'는 고어로 한때 호수가 있었다는 의미였겠지만 어머니는 그 이름에서 상상력을 걷어내고 발음이 같은 일상 단어를 연상했다. '고작 그것뿐nothing more.'

우리집에서 물은 보이지 않았고, 대신 노스 애비뉴를 굽어보고 있는 베스엘 회당의 갑갑하게 막힌 외벽이 보였다. 프랭크 로이드 라이트의 제자가 설계한 베스엘 회당은 창문을 한 개도 내지 않아서 발전소나 묘를 연상시켰지만, 우리 아버지에게는 위안을 주었다. 아버지는 전 세계의 유대인 셋 중 하나가 죽어나가던 삼십 년 전에 당신의 부모님을 저버린 신에게 앙갚음할 작정으로 유대교 신앙을 실천하길 그만두었다가 다시 혼자만의 화해를 꾀하고 있었다.

우리 동네의 이름은 위커길이었다. 레나피 원주민들이 쓰던 알곤킨어 이름이 변형된 거라고 하는데, 모국어 억양을 많이 지우기는 했지만 여전히 'w'를 'v'처럼 발음하는 아버지의 혀끝에서는 오묘하게 이디시어처럼 들리기도 했다. 코미디언 막스 형제가 "바이어덕트viaduct"*가 "와이어덕why a duck"**로 들릴 수 있다고 생각한 이유를 아직도 모르겠다면, 우리 아버지가 위커길을 발음하는 소리를 들어보면 된다.

우리 옆집에 살던 독일 난민 프룰링 씨, 내게 팔십 년 된 자기 이두박근을 꾹 눌러보라고 시켰던(아령 운동으로 단련되어 바위처럼 단단했다) 그분 역시 'w'를 'v'처럼 발음했다. 거리 하나 건너에 사는 폴란드 출신의 홀로코스트 생존자 해리 긴골트도 똑같이 발음했다. 그는 베스

* '구름다리'라는 뜻.
** '어째서 오리'라는 뜻.

엘 회당에서 열리는 안식일 예배에서 신도들에게 역할을 분배하는 일을 담당했고, 시간이 되면 옆걸음으로 회중석 가까이 가서 마치 경마 정보를 알려주듯이 은밀하게 성궤를 열 때가 되었다고 속삭이곤 했다.

누나와 내게 긴골트는 우스꽝스러운 인물이었지만, 우리 아버지에게 그는 아버지의 영혼이 비밀리에 명을 받아 한곳으로 모아야 하는 보이지 않는 난민 단체의 일원이었다. 아버지는 어떤 억양을 듣든지 즉시 그 너머에 어떤 슬픔이 깃들어 있는지 밝혀낼 수 있었다. 그럴 때 아버지는 꼭 다리를 절뚝거리는 사람을 흘끗 보고 어떤 사고가 원인이었는지 설명하는 셜록 홈스 같았다.

하루는 커피숍에서 마이클과 내가 동전 세 개와 설탕 봉지로 만든 골대로 테이블 위에서 축구 놀이를 하는 동안, 아버지는 종업원이 디저트를 주문받고 계산서를 가져오는 그 짧은 사이에 그녀가 전쟁중 거친 지역의 목록을 술술 읊었다. 루마니아, 파리, 피레네산맥, 스페인, 팔레스타인, 브롱크스까지. 신선한 디카페인 커피—아버지가 평생 꾸준히 요구한 한 가지다—를 새로 내리는 데 시간이 드는 걸 감안하더라도 인상적인 공적이었다. 그 정보가 정식으로 취재한 게 아니라, 서로를 알아차림으로써 촉발된 무전 같은 간략한 대화로 얻어낸 것이라서 더 대단하게 느껴졌다. 커피숍을 나서면서 아버지는 낮은 소리로 중얼거렸다. "아우슈비츠. 가족 전체가."

마이클은 이런 묘기에 매료되었고 자신도 비슷한 충동을 느꼈다. 우리 아버지에게 외국 억양이 있다는 건 나의 다른 친구들도 알아차렸을지 모르겠지만, 그가 정확히 어디 출신인지, 어떻게 빈을 탈출했는지 물은 건 마이클 혼자였다. 마이클은 그렇게 얻어낸 정보를 우리 아버지를 대할 때 써먹었다. 어쩌면 내게도 써먹었을지 모르겠다. 마이클은 우리 아버지의 억양 또한 습득해 거의 즉시 모방하기 시작했는데, 악의에서 나온 행동이 아니라, 누군가의 전화번호를 기억하기 위해 하는 노력에 가까웠다.

억양을 따라 하는 습관은 마이클이 고등학생이 되어 스텔라 기프트에서 일하던 때에도 이어졌다. 스텔라 기프트의 주인인 노년의 유대인 부부 샘과 스텔라는 나의 아버지처럼 수정의 밤* 이후에 독일을 탈출한 사람들이었다. 나와 마이클처럼 그런 이국의 기묘한 이야기가 익숙한 사람들은 그들 부부가 자신의 가게에서 수정을 판다는 사실에서 음울한 즐거움을 느낄 수 있었다. 훗날 마이클은 동네에 사는 홀로코스트 생존자들을 눈에 보이지 않는 의로운 수호자 집단으로 여기게 되었다. 그들이 겪은 시련에서 피어난 신비로운 기운이 방벽이 되어 악을 막아준다고 믿었다.

미어랜드 로드는 20세기에 벌어진 선악의 대립에서 그 어떤 곳보다도 멀리 떨어져 있는 것처럼 보였다. 비록 베티 프리단이 『여성성의 신화』에서 교외의 주택을 두고 "안락한 강제수용소"라고 칭했으며 가정주부들은 "강제수용소에 죽음을 맞이하러 걸어들어간 수백만 명과 다를 바 없는 위험에 처해 있다"라고 말하기는 했지만 말이다.

마이클과 내가 태어난 해에 출간된 베스트셀러에 이런 과장된 수사가 들어갈 수 있었다는 사실이야말로 우리 할아버지가 살해당했던 현실의 강제수용소에서 당시 미국이 얼마나 멀리 떨어져 있었는지 보여주는 하나의 지표일 테다. 나는 가족 서가에 안락하게 자리잡은 이 책을 청소년 특유의 호기심에 이끌려 훔쳐보았다가 이내 제목에 속았다

---

* 1938년 독일에서 나치가 유대인들의 상점을 약탈하고 테러를 가한 사건.

는 걸 알게 되었다.

우리가 처음 만난 날, 마이클이 농구공을 튕기고 있었던가? 마이클은 개를 산책시키듯이 항상 농구공을 들고 다니는 버릇이 있었다. 우리집 현관문을 두드리는 소리가 나기 한참 전부터 블록 저 멀리에서 농구공이 바닥을 두드리는 소리가 먼저 들려오곤 했다.

요즘도 인적 없는 거리에서 농구공이 통통 튀어오르는 소리가 들리면, 그리고 심장박동에 뒤이어 맥이 뛰듯 찰나의 간극을 두고 이어지는 어렴풋한 메아리가 들리면, 마이클이 일대일 농구나 H-O-R-S-E 게임*을 하자고, 또는 우리가 대화에 빠져 있거나 내가 마이클에게 지는 걸 지겨워할 때에는 그냥 슛이나 하자고 나를 데리러 오던 기억이 내 안 깊은 곳에서 즉각 밀려온다.

두 다리를 벌리고 팔꿈치를 바깥으로 내민 채 공중에 떠오른 마이클을 보면 골인에 성공할 가능성이 없어 보일지도 모른다. 하지만 마이클의 의지란 그야말로 대단해서, 야외의 악천후를 견디도록 만들어진 백보드에 기어이 공을 맞추고, 녹슬어 누더기가 된 채 고리에 매달린 쇠사슬 그물 사이로 통과시켰다. 나는 제법 시간이 흘러서야 마이클의 농구 실력이 피나는 노력의 결과라는 걸 알게 되었다. 비가 오는 날에도, 코트가 눈에 덮이고 손이 추위로 곱아드는 날에도, 마이클은 슛을 쏘았다.

마이클이 내게 다가와 자기소개를 하던 그날도 손에 농구공이 있었는지는 기억나지 않는다. 농구공이 아니라면 책을 들고 있었지 싶다.

---

* 플레이어들이 같은 자리에서 번갈아 슛을 하고 실패하면 H, O, R, S, E 글자를 차례로 받아서 다섯 번 실패하는 사람은 탈락하는 농구 게임.

마이클은 겨드랑이 아래 책을 몇 권씩 끼고 다니다가, 학교 운동장 농구 골대의 철제 기둥밑동에 인정사정없이 내던지곤 했으니까. 그렇게 바닥에 던져지는 책더미는 온갖 분야를 망라했다. 레이 브래드버리, 헤르만 헤세, 제인 그레이의 서부 소설.『앵무새 죽이기』나『기디언의 트럼펫』,『베오울프』산문 번역본처럼 그의 아버지가 "지정해준" 책도 있었지만 그것들은『듄』3부작이나 '닥 새비지' 모험소설과 한데 뒤죽박죽으로 섞여 있었다.

마이클 덕분에 나는 1930년대에 펄프 픽션 잡지에 처음 실리고 1970년대에 값싼 페이퍼백으로 재출간된 '닥 새비지' 시리즈의 열혈 팬이 되었다. 우리는 책에 담긴 케케묵은 말투와 이제 구식이 된 미래 기술에 대해 농담을 나누었지만—장거리전화가 뭐 그리 별거라고!— 정의로운 아드레날린으로 충만한『닥 새비지』는 마이클이 자기 아버지, 할아버지, 옛날 영화, 갖가지 싸구려 소설에서 무차별적으로 그러모아 내게 물려준 남성적 미덕들의 불가해한 보관소에서 제법 중요한 부분을 차지했다.

마이클은 닥 새비지 시리즈를 나보다 훨씬 여러 권 읽었지만, 그는 플롯과 상황을 훌륭하게 요약해서 들려주었고, 사실 내용은 본질적으로 거기서 거기였고 우리를 사로잡은 매력은 캐릭터에 있었다. 우리는 황금 눈동자를 지닌 '구릿빛 사나이' 클라크 새비지 2세에 관해 몇 시간씩 수다를 떨었다. 외과의사라서 '닥'이라는 칭호가 붙은 그는 자선가였던 부친이 남다른 아들을 키우기 위해 손수 간택하여 "한자리에 모인 역사상 최고의 다섯 두뇌"이자 제각기 거친 매력을 지닌 과학자들에 의해 태어난 순간부터 필멸의 초인이 되도록 훈련받은 인물이었다.

닥 새비지는 세상에서 가장 강하고, 똑똑하고, 용감하고, 잘 교육받은 위험한 남자였다. 게다가 어찌나 선한지—책에 나온 "그리스도적" 이라는 묘사의 의미를 마이클이 설명해주었다—나쁜 놈들을 교도소에 처넣어 평생 썩도록 놔두지 않고, 외과의사의 실력을 발휘하여 그들에게 "정교한 뇌 수술"을 실시했다. 그 덕분에 범죄 성향이 제거되고 과거 악행의 기억이 깡그리 지워진 악당들은 정상적인 삶으로 돌아갈 수 있었다.

나는 딕 새비지를 비타민 보충제처럼 갈구했다. 우리집을 지배하던 고급문화와 어머니가 주창하던 페미니즘의 의도치 않은 낙진으로 인해 나는 결핍 상태에 놓여 있었다. 페미니즘은 공고히 확립된 이 사회의 가부장제에 대항하기 위해 발명되었으나, 부수적으로는 내게 여성과 남성이 동등하다는 사실뿐 아니라—그거야 누나와 엄마만 봐도 틀림없이 자명한 사실이었다—남성의 천성 자체가 잔인하고 남성 우월주의적인 세상의 더러운 부산물이며 내 생물학적 자아의, 아니면 적어도 내 사춘기의 면면들은 수치스러운 비밀처럼 꽁꽁 숨기는 편이 좋겠다는 인식을 심어주었다. 우리가 뉴로셸로 이사하던 해에 테니스 선수 보비 릭스는 TV로 중계를 지켜보던 오천만 명 앞에서 빌리 진 킹과 '성대결'을 벌여 패한 뒤, 유쾌하게도 자신을 '남성 우월주의자 수퇘지'라고 칭했다. 하지만 그는 나와는 다른 시대와 장소에서 태어난 사람이었다. 더군다나, 우리는 코셔*를 지켰다. 마이클의 어머니가 스토브 위에 베이컨 지방이 담긴 유리병을 보관하고 있는 건 수수께끼였지만.

마이클과 나는 둘 다 집에 책이 넘쳐났는데, 뭐든 숫자로 이야기하

---

* 유대교 율법에서 규정하는 취식 가능한 음식을 지칭하는 말로, 돼지고기는 금기다.

길 좋아하는 마이클은 책이 수천 권 있다고 표현하곤 했다. 책이 어찌나 많은지, 베네치아처럼 가라앉고 있는 집을 세우는 작업에 책이 동원될 정도라고 했다. 자기 말이 거짓이 아님을 증명하기 위해 그는 나를 물건들이 빼곡히 들어찬 지하실로 데리고 내려가서, 자기 아버지가 책더미와 자동차 잭처럼 보이는 물건을 이용해 임시변통으로 만든 기둥을 보여주었다.

책상과 의자와 맨 바닥에서부터 책더미들이 석순처럼 솟아나 있었다. 그 위에 자동차 잭을 올려놓고, 톱니를 돌려서 내려앉고 있는 천장과 문틀을 받치는 장력을 높이는 구조였다. 마이클은 이 루브 골드버그 장치*를 비웃었지만, 책이 문자 그대로 자기 집을 떠받치고 있다는 것과 독창적인 자기 아버지의 서재가 지구의 중심을 향해 무너지는 과정을 늦추고 있다는 것 둘 다에 자부심을 느꼈다.

나의 아버지는 이따금 우리를 맨해튼으로 데려가서, 아버지가 일하는 바루크 칼리지에서 길모퉁이 하나를 돌면 나오는 피프스 애비뉴와 18번가의 교차점에 있는 광활한 반스 앤드 노블 창고에 풀어놓았다. 반스 앤드 노블은 전국 소매 체인으로 사업 확장에 나선 참이었지만, 피프스 애비뉴의 매장은 중고 책을 취급했고 『기네스 세계 기록』에 실릴 만큼 넓었다.

수 마일씩 이어지는 서가와 매대가 페이퍼백들로 가득 채워져 있었다. 새것처럼 깨끗한 책들이 있는 반면, 겉표지가 없는 것들은 거피 한 마리 값에 팔렸다. 책상 위에 막 인쇄소에서 찍혀 나온 말끔한 하드커버 도서들이 쌓여서 단돈 1, 2달러에 팔리는 걸 보고 우리 어머니는 내

---

* 매우 단순한 기능을 복잡하고 비효율적인 구조로 수행하는 연쇄 반응 기계.

가 헐값에 좋은 책들을 건지는 게 아니라 도굴이라도 하고 있는 것처럼 비탄에 젖은 눈빛이 되었다. 더 잘 팔리는 신간에 자리를 내주기 위해 팔아치우는 '떨이 책'으로는 저자가 인세를 받을 수 없었다. 떨이로도 팔리지 않은 책은 『동물농장』에서 말을 도살업자에게 보내 풀로 만들듯이 물리적으로 '갈아'버린다. 종이에 인쇄된 글이, 글이 인쇄된 종이보다도 가치가 낮아지는 시점이다.

마이클과 나는 카트에 책들을 마구잡이로 던져 넣었다. 나는 주로 고전을 노렸는데, 어차피 읽지 않을 것이기 때문이었다. 그게 나의 비밀이었다. 내게 그 책들은 열망의 상징이자, 미래에 언젠가 읽을 때까지 자리를 채워주면서 나의 상징적인 집이 무너지지 않도록 떠받쳐줄 물건이었다. 나와 달리 마이클은 서점에서 이미 책을 펼쳐들기 시작해 집으로 돌아가는 열차에서 내내 읽었다.

마이클의 집에 들어서면 현관에 걸린 둥근 가슴의 인도인 무희 그림과 특유한 냄새들의 조합―세제, 난방유, 햄버거―이 나를 반겨주었다. 산더미 같은 우편물, 책, 개켜 놓은 빨래, 펼쳐진 〈뉴욕 타임스〉 지면들이 의자와 책상 위에 마구 쌓여 있는 풍경은 내게도 익숙한 뒤죽박죽이었으나 평소에 내가 보는 것보다 더 심하게 휘저은 모양새라는 점 정도가 달랐다.

나는 라우도어 가족을 보통 눈보다 귀로 먼저 만났다. 나로서는 아무리 경험이 쌓여도 지금 소리를 질러대는 사람이 화가 난 건지, 아니면 뭔가 중요한 얘기를 해야 하는데 그냥 계단을 내려오거나 스테레오 음량을 낮추기가 귀찮아서 소리를 지르는 건지 분간하기 어려웠다. 그 집에선 언제나 누군가가 중요한 얘기를 하고 있었다.

마이클네 삼 형제는 자주 다투었고, 전래동화 『염소 삼 형제』에서처럼 나이가 많은 순서대로 몸집이 컸다. 막내였던 마이클은 학교에선 빅이었지만 집에서는 형들에게 밀려 다리에서 떨어지는 신세였다.*

나와 친해진 초반에 마이클은 형들이 어릴 때 자기에게 슈퍼맨 의상을 입히고 날아보라면서 전에 살던 집 지붕에서 밀었다는 이야기를 들려주었다. 다른 버전의 이야기에서 마이클은 형들이 슈퍼맨 의상을 입히기 전에 스스로 입었고, 밀쳐진 게 아니라 형들에게 설득당해 스스로 뛰어내렸다. 두 버전 모두에서 마이클은 팔이 부러지는 결말을 맞지만, 어쨌든 이야기의 주인공 자리를 놓치지 않는다. 형들에게 괴롭힘을 당했을지언정, 슈퍼맨은 슈퍼맨인 것이다.

마이클은 형들을 떠받들었고, 그런 만큼 형들에게서 살아남은 자신의 능력도 높이 샀다. 가족에 대해 고자질할 때면 그는 자부심이 한껏 실린 즐거운 목소리가 되었다. 그에게 가족을 폭로하는 건 곧 가족을 신화화하는 일이었다.

마이클의 어머니 루스는 아름다운 목소리의 소유자였다. 그녀는 때때로 남들 들리지 않게 집안에서 노래를 하거나, 남편과 아들들이 서로 고함을 질러대는 동안 생뚱맞게 웃음을 터뜨렸다. 달리 무얼 할 수 있었겠는가?

나는 자라면서 두뇌와 체력을 서로 대립하는 요소로 생각하도록 배웠지만, 마이클의 아버지는 지식인이면서도 집안의 거친 에너지에 한몫을 보탰다. '척'이라는 이름부터가 동사였다.** 마이클은 언젠가 아

---

* 『염소 삼 형제』 동화에서 염소 삼 형제는 풀을 뜯으러 가는 길에 다리에서 트롤을 맞닥뜨리지만 각각 기지와 용기를 발휘해 트롤을 물리치고 다리를 건넌다.
** 동사 'chuck'에는 던지다, 쫓아내다, 밀다 등의 뜻이 있다.

버지가 부엌에서 채소를 썰다가 창밖에서 어떤 남자가 잔디에 개를 풀어놓는 걸 목격했다는 일화를 들려주었다. 척은 손에 커다란 식칼을 들고 있다는 걸 깜박하고 부리나케 현관으로 달려가서, 문을 벌컥 열고는 삿대질을 하며 욕을 퍼부었다. 남자와 개는 꽁무니를 빼고 달아났다.

브룩스 브라더스 브랜드에서 나온 점잖은 색상의 해리스 트위드 스포츠 코트를 즐겨 입던 우리 아버지와 달리 척은 멋들어진 검은색 가죽 봄버 재킷을 걸치고 다녔다. 그는 마이클에게 물려준 통통 튀는 걸음걸이로 걸었고 자신에게 다가오는 사람과 언제든지 맞붙을 준비가 되어 있었다. 척은 직진으로 돌격하는 스타일이었던 반면, 우리 아버지는 사선으로 다가왔다가 빠르게 멀어지는 걸 선호했다. 영화관에서도 혹시 화장실에 가야 하거나, 또 한번 나라가 나치 독일에 합병되어 재빨리 탈출해야 할 경우에 대비해 통로 쪽 좌석에 앉기를 원했다.

내게 마이클네 집에 감도는 폭력적인 에너지는 짜릿했다. 우리집에서 누나와 모노폴리 게임을 할 때는 내가 보드워크를 먼저 샀으면, 누나는 파크 플레이스를 사지 않았다. 나는 누나가 노란 집을 좋아하는 걸 알아서 누나에게 양보했다. 라우도어가에서는 세 형제가 냉장고 안에 음식을 넣을 때 자기 이름을 적었고, 언제나 누구 한 사람은 "이따 집에 왔을 때 없기만 해봐!"나 "내 닥터 페퍼 누가 마셨어?" 따위의 말을 고래고래 외치고 있었다. 마이클은 삼 형제가 이루는 먹이사슬의 밑바닥에 있었지만, 오렌지주스에 오줌을 눠서 한 방 먹이겠노라고 형들에게 으름장을 놓을 수는 있었다.

식사시간에는 먹느냐, 먹히느냐를 두고 으르렁대는 고성이 오갔다. 마이클은 살기 위해 음식을 크게 떠서 초고속으로 먹어야 했다. 그가 즐겨 쓰던 표현대로라면 피자 한 판을 통째로 흡입할 수도 있었다. 나는 아무리 애써도 세 조각이 한계였지만, 녹은 치즈가 네이팜처럼 입천장에 달라붙고 지금 내가 교정기 뒤쪽에서 혀로 떼어내려는 게 모차렐라 치즈인지 데어서 감각을 잃은 살조각인지 확신할 수 없더라도 일단 빠르게 한 입을 더 먹고 보는 마이클의 습관이 옳았다.

집이 비었을 때 마이클은 한결 차분해졌다. 그는 조용한 부엌에서 집주인 노릇을 하는 걸 좋아했다. 토스터 오븐을 사용해 간식으로 먹을 오픈 그릴드 치즈 샌드위치를 만들 때는, 블랙잭 패를 나눠주는 딜러처럼 정중한 태도로 흰 빵과 네모난 아메리칸 치즈 조각을 배분했다. 부유한 가정에서 자동응답기와 '퐁' 비디오게임기 같은 경이로운 초현대적 제품과 더불어 전자레인지를 들여놓기 시작하던 시기였지만, 내 눈에는 그 집의 토스터 오븐이야말로 기술적 혁신의 정점이었다.

우리는 조그마한 유리문을 통해 오븐 안에서 치즈가 부풀어오르다가 굳어서 검은 껍데기가 생기는 걸 지켜보았다. 그리고 원래는 반숙 계란 꼭대기를 까듯이 벗겨내고 먹어야 하는 그 검게 탄 부분까지 모조리 뱃속에 집어넣었다.

마이클은 조부모 네 분이 모두 살아 계셨는데, 내게 그건 『찰리와 초콜릿 공장』에서나 나오는 상황이었다. 나와 그럭저럭 비슷한 일상을 살아가는 마이클이 이런 예상치 못한 호사를 누리는 게 살짝 질투가 나기도 했다. 우리 아버지의 부모님은 내가 태어나기 이십 년 전에 홀로코스트에서 살해당했다. 우리 어머니의 아버지는 내가 두 살 때 뇌종양으로 돌아가셨다. 내 응석을 받아줄 사람은 외할머니 한 분밖에 없었다.

마이클의 조부모님은 찰리의 조부모처럼 한 침대에서 같이 자지 않는 것은 물론이고 한집에 모여 살지도 않았지만, 그래도 마이클을 자주 만났다. 엷은 호박색으로 물들어 있던 마이클의 색안경처럼, 그들은 마이클의 조숙함에 늙수그레한 분위기를 더했다. 때로 마이클은 의자에서 일어날 때 유대인 노인네처럼 앓는 소리를 냈는데 그건 '원 오이, 투 오이, 쓰리 오이'*라고 그날의 점수를 매기던 그의 친할아버지 막스 리프슈츠에게서 옮은 버릇이었다. 막스 할아버지와 프리다 할머니는 두 분 다 러시아 출신이었다.

마이클은 윗니와 아랫니 사이에 각설탕을 끼우고 유리잔에 차를 따라 마시는 구세계 출신의 친조부모와, 은퇴 후 코네티컷의 작은 마을에 정착해 '와스프WASP'처럼 동화되어 사는 유대인들인 외조부모를 대조시키는 걸 무척 좋아했다. 내가 '와스프'가 뭔지 모른다고 하자 마이클은 무슨 전투 깃발을 펼치는 기세로 "백인 앵글로색슨 프로테스탄트"라는 설명을 뱉어냈다.

헨리 제임스 게디먼이라는 특이한 본명의 소유자로서 짐이라는 애칭으로 불렸던 마이클의 외할아버지는 출판 저널리즘이 패권을 잡았던 전성기에 거물 언론인 윌리엄 랜돌프 허스트의 '광고쟁이'로 일한 경력이 있었다. 마이클은 이 점에 대해 진심으로 경의를 가지고 있었다. 막스와 프리다가 브루클린 가장 외곽에서 '쓰리 오이' 나날을 보내던 대공황 시대에, 헨리 제임스는 샌시미언**에서 만찬을 했고 허스트가 할리우드에 두었던 정부情婦 매리언 데이비스를 만났다.

당시 나는 허스트가 캘리포니아에 지어올린 성이나 그의 정부에 대

---

* '오이oy'는 주로 한탄의 정서를 표현하는 이디시어 감탄사다.

** 캘리포니아 해변에 있는 지역.

해 아는 바가 없었을뿐더러 허스트 본인이 누군지조차 몰랐다. 비록 얼마 후 그의 손녀 패티가 납치당해 유명인이 되기는 했지만. 마이클이 허스트의 삶에서 영감을 얻어 만들어진 영화 〈시민 케인〉을 어찌나 자주 언급했던지, 나까지 본 적도 없는 그 영화 속 오슨 웰스를 따라 하며 "로즈버드" 따위의 대사를 웅얼거리곤 했다. 사실 내가 따라 하던 건 마이클의 할아버지가 오래전에 만났던 진짜 거물을 본떠서 만든 영화 속 인물 찰스 포스터 케인을 흉내내는 웰스를 성대모사하는 마이클이었다.

마이클은 러시아에서 태어난 막스와 프리다를 몹시 사랑했지만, 자기가 태어나기 전에 아버지가 성을 리프슈츠에서 라우도어로 바꾼 것에 감사했다. 막스와 프리다는 원래의 성을 버리지 않았고, 여전히 마이클의 아버지가 유년기를 보낸 브루클린 브라이턴비치의 집에, 프리다가 화장실 벽 구멍 안에 지폐를 쑤셔넣어두었다가 어느 날 배관공에게 도둑맞은 적이 있는 그 집에 살고 있었다. 내게 "미친" 프리다 이야기를 들려주는 마이클의 어조에서는 항상 즐거운 애정이 묻어났다. 그래서 여러 해 뒤에 마이클이 프리다 할머니에게 조현병이 있었다고 밝혔을 때, 나는 적잖은 충격을 받았다.

2장
푸른 구슬

하지만 에스키모 퀸이 이곳에 오면

모두 신나서 뛰어오를걸.

—밥 딜런, 〈퀸 더 에스키모Quinn the Eskimo〉

중학생 때 마이클과 영화 〈애니 홀〉을 보다가 우디 앨런이 다이앤 키턴더러 노먼 록웰의 그림 속에서 자랐냐며 놀리는 장면이 나오기 전까지, 나는 노먼 록웰이 누군지 모르고 살았다. 그 대사는 뉴욕 토박이들이 운나쁜 사람들이 재수없게 태어난 다른 모든 지역을 깔아뭉개는 표현의 결정판이었다.

사실 노먼 록웰 본인이 뉴욕시 출생이었고, 십대 시절에 뉴로셸로 이사해 거기서 이십오 년을 살았다. 록웰은 뉴로셸 길거리에서 노는 소년들 가운데 모델을 물색하여 자신만의 화풍을 확립하고 화가로서의 커리어를 시작했다. 그는 남쪽 끝 바닷가의 휴양용 오두막집을 사들였고, 북쪽 끝에서는 스튜디오를 겸하는 집을 구매했으며, 아들 자비스를 시어도어루스벨트초등학교에 보냈다. 심지어 뉴로셸 방문객을 환영하는 예스러운 표지판 하나를 직접 그리기도 했다.

다시 말해 마이클과 나는 정말로 노먼 록웰 그림 속에서 자랐다. 학교가 개학하면 나는 매일 아침 한 블록짜리 거리 끝까지 걸어가서 마이클네 집 초인종을 누르고 그가 흐느적거리는 걸음으로 혼란스러운 집구석을 빠져나오길 기다렸다. 그런 다음 우리는 마이클네 집 뒤에 숨겨진 계단을 걸어올라가 농구장으로 향했고, 또 한번 야외 층계를 올라서 개인 출입구처럼 느껴지는 옆문을 통해 학교로 들어갔다.

5학년 초의 어느 아침, 마이클은 페도라를 쓰고 한쪽 어깨에는 남성용 재킷을 걸친 채 현관문을 나왔다. 앙다문 이 사이에는 구식 궐련용 파이프가 물려 있었다. 그는 자기 모습에 흐뭇해하는 것처럼 보였다. 아니면 그저 내 차림새를 보고 재미있어했던 건지도 모르겠다. 나는 러플이 달린 흰 셔츠 위에 검은 벨벳 조끼를 입고 거대한 흰 깃털을 들고 있었다.

교실에 도착해보니 코스튬 파티 분위기가 한창 무르익어 있었다. 다들 역사의 날에 알맞은 옷차림을 하고, 자신이 어떤 역사 속 인물인지 단서를 주거나 질문에 답할 준비를 하고 있었다. 월드먼 선생님은 브라우니를 구워 왔다.

마이클은 자기 차례에 월드먼 선생님의 회전의자를 징발했다. 선생님이 쾌활하게 의자를 내주고 교탁에 걸터앉자, 나는 마이클을 회전의자에 태우고 교실 안을 한 바퀴 돌았다. 마이클은 재킷을 망토처럼 어깨에 걸친 채 페도라를 한 번 들어올렸다가 다시 쓰고는, 열광하는 관중들을 향해 이제 됐다는 듯이 한 손을 들었다.

다음으로 그는 도전적으로 턱을 쳐들고, 이내 파이프가 삐쭉 솟도록 이를 앙다물더니 힘주어 말했다. "어제, 1941년 12월 7일—치욕스럽게 기억될 그 날짜에—미합중국은 일본 제국의 해군과 공군에 의해 갑작스럽고도 고의적인 공격을 받았다."

　아이들은 하나같이 도통 모르겠다는 표정을 짓고 있었지만 마이클은 개의치 않고 의기양양하게 주위를 둘러보았다. 그는 자유세계 최고의 권력자였고, 방금 전쟁을 선포했다. 아이들이 그가 누군지 모른다는 건 그가 고민할 문제가 아니었다. 어쨌거나 월드먼 선생님은 마이클이 누구를 연기하고 있는지 알았고, 우리에게 소아마비를 극복하고 미국을 구한 대통령에 대해 설명해주었다. 마이클은 정말로 몸이 마비된 사람처럼 뻣뻣하게 자리에서 일어나서 월드먼 선생님에게 의자를 돌려주었다.

　내가 연기한 인물도 아이들이 모르기는 매한가지였다. 솔직히 말하자면, 나 자신도 잘 몰랐다. 하지만 어머니가 너새니얼 호손을 제안하면서 일전에 매사추세츠주 콩코드에 있는 그의 생가를 방문했었고 그의 조상들이 마녀들을 교수대로 보낸 세일럼도 다녀오지 않았느냐고 상기시키는 통에, 아는 시늉이나마 해야 했다. 어쨌든 검은색 조끼를 입으니 갑옷을 입은 것처럼 남자다운 차림새가 되었고 러플이 굽이치는 셔츠를 입고 허세를 좀 부려보는 것도 나쁘지 않았다. 깃펜을 쥐고 기사도를 지키는 해적이 된 기분이었달까.

　반 아이들 앞에 서서 축축한 구레나룻을 매만지며 『블라이드데일 로맨스』의 구절을 기억하려 애쓰던 그 순간에야 나는 셔츠 칼라인지 벨벳 조끼인지 모를 어딘가에서 친숙한 향기가 나는 걸 알아차리고 기겁을 했다. 향수잖아! 눈앞이 캄캄해진 찰나 월드먼 선생님이 한 발짝 다가오더니, 내가 누구인지 밝혀달라고 정중하게 청했다. 선생님은 내가 누구인지 모르겠다고 했다. 알 턱이 있겠는가? 나는 우리 어머니로 변장해버린 것이다.

사람과 장소의 역사를 읊는 걸 좋아하는 마이클과 뉴로셸 여기저기를 누비고 다니면서, 나는 많은 것을 알게 되었다. 우리 초등학교 길 건너편, 플랜테이션을 연상시키는 거대한 위커길 컨트리클럽 건물은 골프 코스로 유명했으며 마이클에 의하면 아직도 제한되어 있다고 했다. 나는 그게 무슨 뜻인지 몰랐다. "흑인이나 유대인은 출입 금지라고." 마이클이 말했다.

나는 충격을 받았지만 내 이야기를 들은 아버지는 놀라는 기색이 없었다. 과거엔 나라 전체가 제한 구역이었다. 그렇지 않았더라면 더 많은 친척들이 살아남았을 것이다.

위커길 컨트리클럽이 우리를 원치 않는다고 생각하자, 겨울에 몰래 클럽 마당으로 숨어 들어가는 게 더 즐거워졌다. 썰매를 타는 것도 끝내줬지만, 눈에 대고 오줌을 누는 것조차, 마이클이 가르쳐준 표현에 의하면, 정치적 행위였다. 마이클은 많은 것을 정치적 행위로 간주했다.

1973년에도 여전히 유대인을 배척하던 컨트리클럽을 제외하면, 위커길의 나머지 지역은 우리에게 문을 활짝 열고 있었다. 루스벨트초등학교 바로 옆, 위그노 교도들이 묻힌 작은 묘지가 딸린 석조 교회마저 정통파 유대교 회당으로 바뀌어 있었다. 1960년대에 진작 주인이 바뀌었지만 회당 위쪽에는 여전히 뾰족한 첨탑이 서 있었고, 아래에는 퀘이커 리지 로드의 치과에서 번갈아 내 교정기를 조여준 길드먼 쌍둥이가 손을 봐야 할 것만 같은 비뚤어진 비석 아래에 위그노 교도의 시신들 역시 간직하고 있었다.

마이클의 가족은 개혁파 유대교 회당에 다녔다. 그곳 역시 뉴로셸

중심부에서 시작했다가 "백인들이 옮겨가듯" 북쪽 스카스데일로 이사를 했다. 정통파 회당이 겉보기에 교회랑 비슷하다면, 개혁파 회당은 그냥 교회라고 마이클이 내게 일러주었다. 그는 자기가 다니는 이스라엘 회당을 "파인브룩 불러바드의 성모성당"이라고 부르곤 했다.

우리 부모님들은 만일 컨트리클럽에서 두 팔 벌려 환영해주었더라도 그쪽엔 별 관심이 없었고, 가입할 만한 여유도 없었다. 마이클은 아쉬움보다는 자부심이 묻어나는 말투로 자기 아버지가 시장을 이해하지만 결코 시장에서 이득을 보지는 못하는 부류의 경제학자라고 말했다. 나의 아버지는 청년 시절 사회주의자였으며, 막대한 재산 뒤에는 반드시 거대한 범죄가 있다는 발자크의 말에 동의했다. 어머니도 종종 그 말을 인용했지만, 사실 어머니는 뉴로셸 남쪽 끝의 비치 클럽에 가입하는 걸 마다하지 않았을 것이다. 물을 워낙 좋아했고, 친구 신시아가 있는 곳 근처로 갈 수 있었을 테니까.

이게 마이클과 나를 묶어주는 또하나의 끈이었다. 학교 친구들 대다수는 부모님이 'BMW'나 벤츠를 몰았고, 휴일이 붙은 긴 주말에는 별장에 갔으며, 생일이 아닌 날에도 레스토랑에서 식사를 했고, 겨울방학이 끝나면 파카 지퍼에 스키 태그를 달랑거리며 돌아오거나 얼굴이 플로리다의 햇볕에 그을려 있었다.

마이클과 나는 위커길의 소박한 동네에 살았고 방학에는 서로의 집으로 놀러가서 죽치며 보냈다. 우리 딴엔 피자집이나 반려동물 가게까지 걸어가지 못하는 애들이 안됐다고 생각했지만, 교외 거주자들은 당연히 우리와 의견이 달랐다. 우리가 걸어서 다니는 쇼핑센터 너머 몇 블록 거리에 있는 아파트 건물이 도시에 품격을 더해준다고 믿지 않았듯이. 또는 우리 아빠처럼, 대중교통이 두 개의 심장을 가진 문명의 큰 강이라고 믿지 않았듯이.

루스는 아이들이 제법 커서 일을 나갈 수 있는 상황이 되자마자 사무직으로 일을 구했지만, 여전히 집안일을 많이 했고 항상 여기저기 바쁘게 뛰어다니는 것 같았다. 우리 어머니는 집에 있었지만 글을 썼고, 누구든 자기를 주부라고 부르는 사람이 있으면 죽여버렸을 것이다.

어머니가 우리집을 "안락한 강제수용소"라고 부를 리는 없었다. 하지만 베티 프리단이 『여성성의 신화』에서 주장한 대로 집에 갇힌 주부들은 스스로도 병들 뿐 아니라 "전형에서 벗어난" 자녀를 얻는다는 주장은 심적으로 가깝게 받아들였다. 프리단은 심리학을 공부했고, 가정에 갇혀 시들시들한 삶을 사는 여자들의 자녀에게는 자폐나 조현병이 생길 가능성이 높다는 주장을 펼쳐 페미니즘을 사회정의를 넘어선 공중 보건의 문제로 확장시켰다.

나는 그저 어머니가 행복하기를 바랐고, 내 정신건강이 달린 중대한 행위라는 건 모르는 채로 아침에 스스로 점심 도시락을 쌌다. 나는 어머니가 작가라는 게 무척 자랑스러웠으며 한밤중 다락방에서 들려오는 타자기 소리를 사랑했다. "모든 것은 책에 적히기 위해 존재한다." 어느 프랑스 시인이 한 이 말을 어머니는 수긍한다는 투로 인용했다. 글을 쓴다는 건 중요한 일이었다. 나는 침대에 누워, 양철 지붕 위로 장대비가 쏟아지듯 수동 타자기 키가 종이를 두드리는 소리에 가만히 귀를 기울였다.

우리집 앞에서 녹슬어가는 고동색 쉐비 말리부와 마이클네 집 앞에서 녹슬어가는 케케묵은 플리머스 밸리언트는 이름끼리 각운을 이루

었다. 라우도어 가족의 집 앞 진입로에는 낡아빠진 포드 스테이션 왜
건도 한 대 서 있었는데 그 모양이 나무 패널을 덧댄 영구차와 비슷했
다. 척은 그 차가 페라리라도 되는 양, 주변에 경찰이 있는지 두리번거
리면서 욕설을 내뱉고 핸들을 홱 꺾으며 몰았다. 아무리 가까운 곳에
가더라도 최단 시간 기록을 몇 초라도 단축하려는 게 척의 습관이었
다. 척이 YMCA에 라켓볼을 치러 가는 마이클과 나를 데려다주는 날
은, 로커룸에서 옷을 갈아입기 전에 우선 몇 분 동안 고개를 숙이고 숨
을 골라야 했다.

나의 아버지가 YMCA에 데려다주는 날이면 마이클은 장난삼아 기
다란 다리를 구부리고 두 팔로 무릎을 감싸고서 충돌에 대비하는 시늉
을 했다. 사실 아버지는 주차된 차를 빼면서 기어가 후진으로 되어 있
는 걸 까먹거나, 거칠게 앞으로 나가면서 후방을 보는 탁월한 능력의
소유자였다. 여러 해 동안 나는 원래 차선을 한 번 바꾸는 데는 4인 가
족 전원이 동원되어야 한다고 믿고 살았다.

우리 부모님 두 분 다 성인이 되어서 운전을 배웠다는 사실만으로는
눈, 비, 안개, 어둠을 구실로 자동차 여행을 자꾸 취소한 이유를 설명
하기엔 다소 부족하다. 교외에서 운전을 못한다는 건 훈족이 말 알터
지가 있는 것과 다름이 없었다.

우리 친구들이 살던 집은 내가 처음 들어가보는 종류의 저택이었다.
친구들 사이에서 '브레머'로 통하는, 몸집이 크고 남들 앞에 나서는 걸
싫어하는 아이가 있었다. 그는 자연사박물관처럼 작은 탑이 달린 거대
한 튜더 양식 저택에 살았다. 우리는 그 집에서 만나 디플로머시 게임
을 하기로 했다. 디플로머시는 제1차세계대전 이전 유럽의 지도를 사

용해 장시간 플레이하는 보드게임으로, 주사위를 굴리는 사이사이 비밀리에 서로 동맹을 맺거나 무참하게 뒤통수를 때리도록 되어 있었다. 헨리 키신저가 아주 좋아했다고 알려진 게임이기도 했다.

브레머네 집은 베르사유궁전처럼 빈방이 많아서, 남몰래 협상을 타결하기 좋았다. 마이클이 스몰과 일광욕실 구석에서 낮은 소리로 수군거리는 동안 나는 '에고'라고 불리는 아이와 작당 모의를 했다. 〈타이거 비트〉*에 나올 법한 곱슬머리와 자신감 넘치는 미소가 특징이었던 에고는 나와 맺은 협약을 저버리고, 튀르키예를 침공해서 내 군대를 싹 쓸어버렸다.

에고 역시 대저택에 살았는데 바로 옆집이 E. L. 닥터로의 소설 『래그타임』에 등장하여 불멸의 지위를 얻은 곳이었다. 닥터로는 그 집에 살면서, 노먼 록웰이 동네 소년들을 자기 그림에 그려넣었듯 자기 생활을 소설 속에 적어넣었다.

마이클과 나는 책이 넘쳐나는 우리의 작은 집들에 덧붙여진 구깃구깃한 지위를 소중히 여겼다. '교수 월급'이라는 표현이 무언가를 사지 못하거나 어딘가에 가지 못하는 이유로 들먹여지는 일에 익숙한 우리였지만, 그래도 이발사들이 우리 아버지들이 들어오는 걸 보고 "프로페소레!"라고 외치는 게 자랑스러웠다.

'프로페소레'들은 돈이 없었지, 시간이 없진 않았다. 우리 아버지들은 아이들의 캠프 참가비나 치아 교정 비용을 대기 위해 여름 학기 강의를 맡아야 했지만, 우리 둘 다 그들이 강의를 하는지 방학중인지 도무지 확신할 수 없었다. 아버지가 채점하려고 가져온 푸른색 시험지를

---

* 십대 여자아이들을 주 독자로 하여 발간되었던 미국의 연예 잡지.

지붕처럼 덮고 거실 소파에 널브러져 잠든 모습을 보면 그나마 학기가 끝난 걸 알 수 있었다.

마이클네 집에 가서 초인종을 누르면 척이 나오는 일이 잦았는데, 그는 내의 차림으로 문을 열어젖히고, 나를 빤히 살펴본 다음 집에 들여보내주었다. 마이클의 아버지는 합리성, 경제학, 그리고 소리지르기에 대해 신실한 믿음을 가진 사람이었다. "내가 알려주마" 하는 태도로 나서서, 사람들이 자기 말을 듣고 덜 어리석게 굴면 세상이 한결 나아질 거라는 듯이 설명을 했다. 일종의 거친 미국식 낙관주의가 느껴지는 그의 자신만만한 스타일을 나는 동경하지 않을 수 없었다.

나의 아버지는 세태에 혐오감을 느끼는 건 척과 같았지만, 해법에 대한 믿음은 그와 달랐다. 〈뉴욕 타임스〉를 세상의 상처이자 그 위에 붙일 붕대로 여긴 건 두 사람이 같았으나, 나의 아버지는 세상을 합리적인 곳으로 보지 않았으며 문학 인용문과 유대인식 농담, 융의 원형, 그리고 애매모호한 얼버무리기로 도피하는 경향이 있었다.

길거리에서 둘이 마주칠 경우, 아버지는 척이 어떤 의견을 개진하려고 가까이 다가오기 시작하면 슬금슬금 뒤로 물러났다. 마이클과 나는 이따금 학교 운동장에서 집으로 돌아오다가 미어랜드 로드에서 왈츠를 추고 있는 두 남자를 목격했다. 나의 아버지는 A&P에서 산 식료품 봉지를 손에 꼭 쥔 채 자꾸만 뒷걸음질을 치고 있었다.

베트남전쟁은 여전히 우리 곁에 있었고 텔레비전에도 나왔지만, 헤밍웨이가 다른 전쟁을 두고 한 표현대로 미국인들은 더이상 그 전쟁에 가지 않았다. 전쟁은 텔레비전에 나오는 것보다 사람들 사이에서 더 많이 이야기되었다. 사실 그 시대에는 텔레비전 자체가 그렇게 많지 않았다. 하지만 전쟁의 영향은 여전히 손에 만져질 듯 뚜렷했다. 스몰의 형은 징집을 피하기 위해 굶어서 체중을 빼는 데 성공했는데, 우리 눈에는 그가 일종의 전쟁 영웅처럼 보였다.

우리들은 전쟁에 나갈 생각이 없었다. 눈곱만큼도 없었다. 징집은 끝났지만, 만에 하나 다시 시작된다면 부모님들이 우리를 차에 태워 캐나다로 데려갈 거라고 했다. 아마 나의 부모님은 느린 속도로, 척은 전속력으로 국경을 향해 차를 몰았을 것이다.

그 시대에 G. I. 조 피겨나 장난감 권총 없이 자란 아이가 나 하나는 아니었다. 마치 전쟁을 지속시키고 있던 게 우리의 죽음을 계획하는 아이비리그 출신 과학기술 전문가들의 차디찬 계산이 아니라 소년들의 열정이라는 듯이. 내 마음속에는 전쟁에 대한 굳은 반감이 자리잡고 있었고 그와 견줄 수 있는 건 뭔가 화끈한 일을 저지르고 싶다는 통념 밖의 욕구뿐이었다. 우리는 복수 환상극의 황금기에 총 없이 자랐다. 모두가 더티 해리를 흉내냈고, 영화 〈데스 위시〉에서 복수에 나선 아버지처럼 스스로 운이 좋다고 착각하는 불량배를 죄책감 없이 쏴 죽일 수 있기를 바란 시기였다.

마이클과 나는 1946년에서 1964년 사이 미국에서 출생한 칠천육백만 명의 '베이비붐 세대'에 속했다. 그 시기 중 끝자락에 태어났기 때문에 점성술사들과 사회학자들은 우리를 '긴 세대'라고 불렀다. 우리는 축제의 막이 내리기 직전에 도착했고, 축제를 놓쳤는데도 청구서를 같이 지불해야 했다. 그럼에도 우리는 우리 앞 세대가 만들어놓은 세계에, 그들이 원하는 대로 만들어지지 않은 그 세계에 향수를 느꼈다.

1960년대의 맛을 본 손위 형제자매를 둔 아이들은 그 시대에 대한 향수, 손에 넣기 쉬운 마약, 근사한 음반 컬렉션과 더불어 우리가 십대로서 살아가게 될 1970년대에 대해 냉소 비슷한 것을 미리 준비해두고 있었다. 앞으로도 전쟁은 일어날 테지만, 그에 대한 저항은 이미 다 해버린 것이었다.

마이클은 컨트리 조 앤드 더 피시의 노래 〈아이 필 라이크 아임 픽싱 투 다이I Feel Like I'm Fixin' to Die〉 가사를 모조리 외워서 냉소적인 미소를 띤 채 부르곤 했다.

그러니 책을 내려놓고 총을 들어
아주 무지하게 재밌을 테니까

마이클은 '더 피시'가 브루클린 출신의 배리 멜턴이라는 사실이 끝내주게 웃기다고 생각했다. 1960년대에는 유대인이 동물이 될 수도 있었다! 뉴저지에 살던 마이클의 사촌 피터는 어느 날 환각을 일으키는 선인장을 복용하고 눈길을 걷다가 눈 위에 동물 발자국이 찍히는 걸 보고, 이름을 코요테로 바꾼 뒤 캘리포니아의 저항 문화 집단으로 떠나버렸다. 우리가 대학생이 되었을 무렵 그는 유명한 배우가 되어 돌아왔다. 하지만 그때 우리에게 경이의 시대는 이미 흘러간 뒤였다.

내가 뉴로셸로 이사하기 딱 사 년 전, 컨트리 조 앤드 더 피시는 우드스톡 페스티벌에서 베트남전쟁에 반대하는 노래를 불렀다. 하지만 우드스톡 페스티벌은 이미 신화 속 과거처럼 느껴졌다. 그건 단지 우리가 어려서만은 아니었다. 1969년과 1973년 사이에는 메울 수 없는 간극이 존재했기 때문이었다.

더 피시는 1970년에 컨트리 조와 결별했다. 그해는 비틀즈가 해체하고 재니스 조플린과 지미 헨드릭스가 "자기 토사물에 질식해 세상을 떠난” 해기도 했다. 우리는 그 사실을 그들의 음악보다 더 잘 알았다. 두 사람의 죽음은 1960년대의 대단원이 아닌 부당한 종결로 느껴졌다. 마치 질투심 많은 1970년대가 1960년대의 목을 졸라 죽인 것 같았다.

비틀즈가 재결합한다는 소문은 늘 끊이지 않았다. 엘비스 프레슬리가 세상을 떠나고 십 년이 지난 뒤에도 목격담이 속출한 것과 비슷한 원리였다. 하지만 1970년대에 엘비스는 아직 살아서 살집 있는 몸을 점프 슈트에 구겨넣고 노래를 불렀다. 폴 매카트니와 윙스는 〈밴드 온 더 런Band on the Run〉을 불렀고, 존 레논과 요코 오노가 부른 〈우먼 이즈 더 니거 오브 더 월드Woman Is the Nigger of the World〉는 전미여성기구에 의해 “강력한 친페미니스트 선언”이라는 인정을 받았다. 그야말로 실망스러운 시대였다.

하지만 1960년대의 이상주의만큼은 여전히 짐 크로스가 노래한 유리병 속 시간처럼 우리 교실에서 살아 숨쉬고 있었다. 우리의 선생님들은 그 시대의 이상주의적 꿈의 산물이자 수호자였고, 우리는 그들의 열성적인 조수였다. 말하자면 우리는 대니얼 엘스버그가 〈뉴욕 타임스〉에 ‘펜타곤 문서’를 팩스로 보내던 때, 기밀 서류 상단과 하단에 ‘일급 비밀’ 도장이 찍힌 부분을 오려낸 그의 열 살 난 딸과 비슷했다.*

음모론, 베트남전쟁, 미국시민자유연맹ACLU, 언론을 주제로 매일같이 열띤 토론이 오가던 마이클의 집에서 엘스버그는 영웅 대접을 받았다. 그가 간첩 혐의를 벗은 건 내가 뉴로셸로 이사하기 얼마 전의 일이

---

* 대니얼 엘스버그는 미 국방부의 베트남전쟁 관련 기밀 문서를 폭로하여 종전에 기여한 인물이다.

었다. 백악관 요원들이 베트남전쟁의 위신을 실추시킨 국방부 분석가의 위신을 실추시킬 정보를 찾으려고, 엘스버그가 다니는 정신과 진료실에—가발과 가짜 안경으로 변장하고!—난입했었다는 사실이 밝혀진 덕분이었다.

우리 모두 우드워드와 번스타인 덕분에 유명해진 워터게이트 침입 사건에 대해 알고 있었지만, 사실 워터게이트의 문은 사건이 터지기 자그마치 일 년 전에 '배관공'이라고 불리는 요원 팀—엘스버그 같은 '구멍을 막는' 게 이들의 임무였다—이 엘스버그가 다니는 정신과 의사의 진료실에 난입한 그 순간 이미 열린 것이었다. 거의 익살스럽게 느껴지는 이 촌극의 일부는 전 CIA 요원 E. 하워드 헌트의 작품이었다. 헌트는 1964년 대통령 선거 기간에 배리 골드워터 후보에 관한 몇몇 사실들을 '발견한' 미국정신의학회 회원들에게서 아이디어를 얻었다. 그들은 잡지 『팩트』에서 대선 후보들의 정신 건강을 평가해달라며 전문가들에게 보낸 설문지 답변을 근거로 골드워터 후보를 조현병, 조울증이 있는 정신병 환자이자 사이코패스로 분류했다. 『팩트』에서는 이 결과를 발표하는 기사에 골드워터의 대선 슬로건("마음으로 느껴지는 올바른 사람")을 변형한 제목을 붙였다. "본능적으로 느껴지는 미친 사람." 골드워터를 한 번 만나지도 않고 분석한 이천 명 가까운 정신 건강 전문가들과 달리, 배관공들은 엘스버그의 성격상 결함을 드러내기 위해 '난입 절도' 전략을 택했다. 파일 캐비닛 안에서 헌트가 "광맥"이라고 부른 정신 건강 관련 자료들을 찾아내길 바랐던 것이다.

마음과 정신을 둘러싼 전투는 전쟁 자체만큼이나 역사가 길지만, 뇌를 금고처럼 열어젖혀서 그 내용물을 살펴보거나 재조정할 수 있다는 개념은 20세기에 만들어졌다. 워터게이트 사건 이후에, 상원의 처치 위원회에서는 대통령 다섯 명의 임기 내내 첩보 기관들이 불법행위를 저질렀다는 사실을 알아냈다. CIA가 미국 시민들에게 정신 변형 약물을 몰래 실험했다는 사실도 이때 폭로되었다. 한국전쟁 당시 중국과 소련 과학자들이 미군 포로들을 세뇌시킨다는 두려움에서 촉발된 이 실험은 피그스만 괴담*이 현실화된 것이나 다름없었다.

한 전직 CIA 요원의 증언에 따르면, 정신 조종 약물이 현실에 존재하지 않는다는 점이 명백해진 뒤에도 불법 약물 투여는 한참 동안 계속되었다. 이유는 마침 개봉한 소설 원작의 영화 〈맨추리언〉이 "불가능한 걸 가능해 보이게" 했기 때문이었다. 요컨대 마이클과 내가 보낸 유년기는 '사고 실험'이라는 단어에 광선을 기차에 태우는 아인슈타인의 상상보다 더 심각한 의미가 결부되었던 시대였다. 미국을 파괴하기 위해 미국인들을 세뇌시키는 외국의 음모에 관한 영화가, 미국을 구하기 위해 미국인들을 세뇌시키는 국내의 음모를 정당화하는 수단으로 쓰였다.

물론 우리의 일상이야 그런 일들로부터 멀찍이 비켜나 있었다. 그러나 팜 캠프 로이에서 보내는 여름방학이 반쯤 지날 무렵이면 호수의 잡초 무성한 밑바닥이 스멀스멀 수면 위로 모습을 드러냈듯이, 주변부는 저만의 방법으로 중앙을 향해 밀고 들어갔다. 한편 중앙에서 저지른 실수 역시 차츰 주변부로 퍼져나갔다. CIA에서 정신을 예속시키는 능력이 있다고 믿었던—그리고 수감자들, 정신과 환자들, 실험에 동

---

* 1961년에 있었던 피그스만 침공에서, 쿠바 반군을 지원한 미국 정부가 적을 무력화시키기 위해 정신 변형 약물을 사용할 가능성이 있다는 우려가 있었다. 해당 침공은 미군의 실패 사례로 꼽힌다.

의한 적 없는 술꾼들을 대상으로 시험했던—약물 LSD는 어느새 정신을 확장시키는 영약으로 둔갑하여 예술가, 지식인, 그리고 기성의 관습에 맞설 치료제를 간절히 찾아 헤매던 한 세대 전체에 의해 숭앙의 대상이 되었고 그들은 자신에게 그 약물을 시험했다.

LSD가 스위스 제조사에 의해 무상으로 정신병원에 배포된 그해, 미국에서 항정신성 약물이 최초로 특허를 받았다. 그렇게 정신과의사들의 한쪽 손에는 환각을 억누르는 약이, 다른 쪽 손에는 환각을 유도하는 약이 쥐여졌다. 그러나 모든 것이 어지러이 뒤섞여 정신질환의 증상이 정신 확장의 징후로 오인되는 건 시간 문제였다. 한 세대는 세뇌로 여긴 것을, 다른 세대는 정신위생으로 간주했다. 이런 혼란들 역시 마이클과 내가 자라난 세상을 구성하고 있었다.

1970년대의 정치적 대실패, 여러 해에 걸쳐 그런 대단원을 향해 나아가던 흐름, 그리고 이미 씨앗이 뿌려져 현실로 싹트기만을 기다리고 있던 재난들, 이 모든 것을 보여주는 상징을 찾는다면, 1972년에 샅샅이 수색된 호텔보다는 1971년에 배관공들이 한바탕 뒤지고 간 정신과 진료실과 망가진 파일 캐비닛(현재 스미스소니언박물관에 보관되어 있다)이 더 적합할 것이다.

어쩌면 다른 가능성이란 애초에 없었는지도 모르겠다. 그때 뒤집힌 수많은 것들은 정말로 엎어져야 마땅한 것들이었으니까. 우리는 냉소적 역전과 낙관적 역전 둘 다의 여파 속에서 살았다. 문제는 그 둘을 분간하기가 어렵다는 것이었다.

그런 시대에도 우리가 의심하지 않았던 것들이 있었다. 내가 뉴로셀로 이사하기 오 년 전에 살해당한 마틴 루서 킹 2세를 위한 연방 기념일은 아직 제정되기 전이었지만, 우리 선생님들은 엄숙한 격식을 차리며 "내게는 꿈이 있습니다" 연설 레코드를 틀어주었다. 무덤 너머에서, 아니 그보다 더 멀리 "흑인이 격리라는 족쇄를 걸고 슬프게도 불구가 된" 남부에서부터 생경함이 우리 교실까지 전해져 울려퍼졌다. 킹 박사의 연설에 의해 우리는 태어난 해부터 그의 꿈과 단단히 결속되어 있었다. "1963년은 끝이 아니라 시작입니다."

하지만 무엇의 시작이었을까? 사람들은 족쇄에서 풀려났지만, 꿈은 이루어지지 못한 채 하염없이 빛이 바래갔다. 어쩌면 '고요의 바다' 기지에 도착해 깃발 하나만 꽂아놓고 기적적으로 다시 이륙한 아폴로 11호처럼, 꿈 역시 왔다가 금세 떠나버린 걸지도 몰랐다. 우리는 끔찍한 과거뿐 아니라 예언적인 미래마저 놓쳐버린 걸까.

다음에 무슨 일이 일어날지는 아무도 이야기해주지 않았다. 특히 킹 박사는 온 미국을 들썩이게 만든 연설을 하고 오 년 뒤 백인 우월주의자에 의해 살해되었으므로 입을 열 수 없었다. 그러나 우리 선생님들에게는 그의 죽음에 대한 비통함뿐 아니라, 모두 함께 자유로워질 거라는 어느 미래에 대한 약속도 모두 생생한 현재 진행형이었다.

승리와 비극은 계속해서 일어났지만 그 안에 우리가 그토록 갈망하던 의미는 결여되어 있기 일쑤였다. 그해 여름—내가 처음 마이클과 함께 히피 분위기의 팜 캠프 로이에 간 해였다—마틴 루서 킹 2세의 어머니는 아들이 한때 목사로서 강단에 섰던 애틀랜타의 교회에서 오르간을 연주하던 도중 총에 맞아 세상을 떠났다. 앨버타 킹을 죽인 남자는 스물세 살의 흑인이었다. 그는 오하이오주립대학교에서 모범적인 학교생활을 하고 있었으나, 어느 순간부터 기묘한 믿음과 행동을 보이더니, 결국은 충동을 이기지 못하고 자신이 죽여야 하는 흑인 목사들의 목록과 총을 주머니에 넣은 채 조지아로 향하기에 이르렀다.

흑인이건 백인이건 그의 사건을 담당하려는 변호사는 없었다. 예외는 이슬람국가* 추종자인 어느 변호사 하나뿐이었는데, 피고는 자신이 제정신이 아니라는 변호사의 주장에 모욕감을 느끼고 그를 해고했다. 그리하여 신과 사탄에 대해 앞뒤가 맞지 않는 헛소리를 늘어놓던 피고 본인이 스스로를 변호하게 되었다. 그는 살인 혐의에 대해 신속하게 유죄를 선고받았다. 전기의자 처형이 선고되자 그는 웃음을 터뜨리고, 전기 처형을 당할 때 일어나는 경련을 흉내내더니, 군중에게 키스를 날리고 법정에서 끌려나갔다. 그러는 내내 그의 부모는 눈물을 흘리고 있었다.

우리는 미국의 역사를 별로 배우지 않았다. 그렇다고 해서 다른 역사를 배운 것도 아니었다. 우리는 줄여서 MACOS라고 부르는 실험적 커리큘럼 '인간: 연구 코스Man: A Course of Study'로 교육을 받았다. 인종차별과 자민족 중심주의를 타파하기 위해 1960년대에 개발된 이 커리큘럼은 학생들이 우리 모두의 보편적 인간성을 제대로 인식할 수 있도록, 자신과 타자를 인류학적인 시선에서 바라보는 법을 가르쳤다.

1957년 10월 4일에 소련이 세계 최초로 스푸트니크 위성을 지구궤도에 올려놓는 데 성공한 뒤, 미국이 우주 경쟁에서 뒤처지고 있다는 충격에 동요한 미군에서는 국가 차원에서 미국의 실패를 낳은 근본적인 인지적 결함에 대처할 계획을 내놓으라고 엘리트 대학들을 닦달했다. MACOS는 미국 교육을 개혁하라는 임무를 받은 전문가 중 하나였

---

* 1930년에 결성된 미국의 흑인 이슬람교 과격 단체.

던 우수한 하버드대학교 심리학자의 작품이었다.

중요한 전쟁을 장군들에게만 맡겨놓을 수 없었듯, 중요한 젊은이들의 교육을 초등학교 교사들에게만 맡겨놓을 수는 없는 노릇이었다. 젊은이들의 정신을 밤하늘을 향해 겨누어진 뾰족한 연필처럼 다듬는 작업을 맡길 인물로, 일류 사회과학자만한—그중에서도 인간이 생각하고 학습하는 방식을 잘 아는 연구 심리학자만한—적임자가 있었을까?

MACOS의 토대에는 어린이들이 나이에 상관없이 어떤 주제에 대해서든 배울 수 있다는 믿음이 있었다. 또한 동물과 인간은 생명이라는 하나의 그물망에 속해 있으며, 모든 사회는 그 가치가 동등하므로 어떤 하나의 인간 사회를 연구하는 것만으로도 인간으로 살아간다는 것에 대해 알아야 하는 모든 걸 배울 수 있다는 믿음이 깔려 있었다. 냉전중이었던 그때 우리는 복도에서는 몸을 수그리고 머리를 감싸며 핵 공격에 대응하는 전통적인 방식을 배웠지만, 교실에서는 정신을 활짝 열어젖혔다. 연어, 재갈매기, 개코원숭이의 생애 주기에서 시작하여 사회적 복잡성의 진화 사다리를 기어오른 끝에 우리는 비로소 꼭대기를 차지한 펠리만의 넷실릭 에스키모에 다다랐다.

아직은 '이누이트'가 아니라 '에스키모', '인간people'이 아니라 '남자man', '미즈' 월드먼이 아닌 '미스' 월드먼이라는 표현을 쓰던 시절이었지만 우리의 마음만큼은 올바른 길을 향하고 있었다. 우리는 지구를 사랑했으며 마음속에는 지구에서 조화를 이루며 살아가는 모든 생명체에 대한 안타까움과 찬탄이 넘실댔다. 교실 벽에는 지난해 최후의 유인 달 탐사였던 아폴로 17호 우주선에서 창밖으로 찍은 아름다운 '푸른 구슬' 사진 포스터가 붙어 있었다. 우리는 인간들에 의해 가려지지 않은 영광스러운 청록빛 지구의 본모습을 목격한 첫 세대였다.

우리가 시청한 민족지 영상은 저 먼 북쪽의 둥근 얼음집에 살면서 세월이 흘러도 변치 않는 일들을 계속하고 있는 넷실릭 에스키모들을 최대한 가감 없이 보여주었다. 권위적인 서구의 목소리가 끼어들어 어떻게 생각해야 하는지 알려주는 일을 방지하려는 의식적인 장치로서 영상에는 내레이션이 빠져 있었다. 우리는 머리를 빳빳하게 땋은 여자가 반달칼을 들고 연어 눈알을 깔끔하게 도려내서 어린 남자아이에게 건네주고, 아이가 그걸 젤리처럼 입안에 냉큼 넣는 장면을 보았다. 카리부 가죽을 덮고 누운 남녀를 보았다. 둘 사이의 그림자 속에서 천사처럼 생긴 아이가 숨을 쉬려고 고개를 빼꼼 내미는 동안, 물개 기름 램프의 매캐한 빛이 그들의 얼굴을 환히 밝혔다.

일각에서 아내 교환, 식인, 수간, 영아 살해, 노인 살해가 존재하는 에스키모 문화가 학생들의 도덕 교육에 해롭다며 반발하는 목소리가 나오자 마이클과 나는 분통을 터뜨렸다. 영상을 보고 우리가 연어 눈알을 먹고 싶어지지 않듯, 위에 열거된 것들을 하고 싶어질 리는 만무했다. 게다가 노인들은 혹독한 겨울 날씨에 물개 사냥을 나섰다가 자기들 때문에 나머지 사람들까지 속도가 늦춰진다는 걸 알고 빙상 위에 남겠다고 자기들이 선택한 거였다. 물론 나이든 킥탁이 여전히 "인생은 달콤하다"라고 느낀 것도, 저멀리 사라지는 가족의 썰매를 뒤쫓아 얼어붙은 바다 위를 엉금엉금 기어간 것도 사실이긴 했지만.

이듬해 의회 공청회가 열려 전미과학기금을 출처로 하는 연방의 자금줄이 끊기고 이내 MACOS 커리큘럼이 종료되었을 때, 우리는 종교 근본주의자들을 욕했다. 하버드대학교에서 봉오리를 맺고 북극의 동토에서 만개한 1960년대의 꽃은 한 침례교 목사가 자기 딸의 사회고

커리큘럼을 입수한 플로리다의 작은 마을에서 꺾이고 말았다. 그때 우리가 알지 못했던 아이러니는, 넷실릭 에스키모들도 사실 독실한 기독교도라는 것이었다. 그들은 사십 년 전에 가톨릭으로 개종했다. 우리가 그들이 바다 밑바닥에 사는 성난 마녀를 숭배한다고 배우는 동안, 그들은 콘크리트로 지은 주택에 살면서 교회에 다니고 있었다.

영상으로 말할 것 같으면, MACOS 촬영팀은 탐험가 크누드 라스무센이 넷실릭 에스키모들과 최초로 접촉했던 1920년대의 문화를 1960년대 중반에 오롯이 담아내겠다는 희망을 품고 어느 인류학자와 함께 펠리만으로 가서, 그 인류학자 지도하에 자기 조상들의 모습을 투지 넘치는 연기로 재현해낸 현대 넷실릭족을 촬영했다. 요컨대 영상 속 주인공들은 조부모의 조부모에게서 전해 내려온, 어릴 적 들은 과거 이야기를 연기한 배우들이었다. 카메라맨들은 마이클과 나 같은 '학생 인류학자'들이 진짜 문화를 있는 그대로 접할 수 있도록 담배, 라이플총, 십자가상, 설상차를 감쪽같이 숨겼다.

교육 개혁은 마이클과 나 둘 다에게 적합했으나 그 이유는 서로 달랐다. 내게 MACOS의 가장 큰 장점은 영상을 보고, 카리부 이동 게임을 하고, 종이로 만든 물개를 잘라 누가 간을 가지며 누가 가죽을 가질지를 논하면서 시간을 보내느라 글을 읽거나, 쓰거나, 뭔가를 암기하는 활동은 거의 하지 않는다는 거였다. 나는 말은 빨랐지만 글을 읽는 속도는 괴로울 만큼 느렸고, 쉽게 산만해졌으며, 흥미가 당기지 않는 내용이나 각운이 맞지 않는 글은 기억하기 어려워했다. 무엇을 아느냐보다 어떻게 아느냐를 강조하는 교육법은 내겐 신이 내려준 선물과 같았다. 배운 건 많지 않았겠지만, 잊은 것도 거의 없었다.

반면 딱 새비지처럼 사진 기억력을 타고난 마이클은 무엇 하나 잊는 법이 없었다. 또한 우리 반을 방문해 에벌린 우드 속독법 특강을 해준 어떤 사람에 의하면 존 F. 케네디는 1분에 1200개의 단어를 읽었다고 하는데, 마이클도 그에 못지않게 맹렬한 속도로 글을 읽었다.

정보가 넘쳐나는 우주 시대의 세상에서, 로켓처럼 빠른 속도로 글을 읽지 못하는 사람은 어떤 처지가 되겠는가? 우리는 단어 하나하나를 붙들고 씨름하는 건 관두고, 존 F. 케네디처럼 책장 중간을 손가락으로 짚고 문단 전체를 받아들이라고 배웠다. 마이클은 손가락을 쓰지 않아도 피자를 흡입하듯 한 페이지를 '흡입'할 수 있었다. 반면 내게 길이가 긴 단어는 시작, 중간, 끝이 있는 문장과 다름없었고, 우리 집 차고에 처박혀 있는 녹슨 회전식 풀 베는 기계로 잔디밭을 깎을 때처럼 왼쪽에서 오른쪽을 갔다가 다시 오른쪽에서 왼쪽으로 같은 부분을 여러 번 왔다갔다하며 읽어야 했다. 하지만 나는 특강에서 배운 대로 책장에 손가락을 짚고 수직으로 내려오면서 생각에 잠긴 척 고개를 주억거리는 일에는 제법 능숙해졌다. 책장을 너무 빠르게 넘기지 않도록 주의하기만 하면 되었다.

냉전은 서로 반대를 향하는 두 개의 동등한 추진력을 역설적으로 한데 합쳐주었다. 그 둘은 경험적 정확성과 사회과학적 불확실성이었다.* 정보가 너무나 중요했기 때문에, 우리에겐 책 대신 SRA라고 불리는 과학독해연합Science Reading Associates의 읽기 자료가 주어졌다. SRA는 픽션이나 논픽션 글에서—어느 쪽이든 지루하긴 마찬가지였다—몇 문단을 발췌해 적어놓은 코팅 카드로, 레시피 카드처럼 상자에 담

---

* 인간 행동에 관한 이해에서, 경험적 정확성은 확실성과 일관성을 추구하는 반면, 사회과학적 불확실성은 불확실성과 복잡성을 인정한다.

겨 있었다. 이 시스템에서는 학생들이 난이도를 표시하는 숫자로 낙인찍히지 않도록 색상이라는 새로운 낙인을 도입했다. 색상별로 분류된 카드들이 쉬운 것부터 어려운 순서대로 상자에 들어 있었다. 누구나 분홍색은 멍청한 애들용이고 청록색은 똑똑한 애들용이라는 걸 알았다.

나는 색상 스펙트럼의 제일 밑바닥을 차지하는 카드들을 읽었지만, 조금이나마 체면을 세울 용도로 책상 위에는 올리브색이나 자주색 카드를 올려두곤 했다. 자기 주도적 학습의 아름다움은 벽에 붙은 차트에서 나의 위치를 마음대로 상향 조정할 수 있다는 데 있었다. 학생이 스스로 과제를 채점할 때 굳이 부정행위를 할 거라고 의심하는 사람은 없었다. 난이도를 올려봤자 더 어려운 읽을거리와 더 어려운 문제가 주어지는 게 다였으니까. 게다가 친구 프랭클린 델러노 루스벨트가 '독해 연구실' 키트 전체를 로봇처럼 신속하게 해치우고 정규 수업시간에도 뭐든 원하는 걸 읽어도 된다는 허락을 받은 판에, 너새니얼 호손이 뭣하러 청록색 카드를 읽는 시늉을 하겠는가?

마이클은 선생님에게 허가받은 특권을 한껏 누렸다. 책상 위에 페이퍼백을 산처럼 쌓아놓고 날마다 새로운 책더미를 읽어치웠다. 책을 평범하게 읽은 것도 아니었다. 세계 체스 챔피언 보비 피셔가 체스 여러 판을 동시에 두는 것처럼, 마이클은 모든 책을 동시에 읽었다. 한 권에서 몇 챕터를 독파하고, 다음 책을 좀 읽다가, 흔들림 없는 집중력으로 세번째 책을 집어들었다. 마치 그 책들이 서로 연결된 한 이야기의 부분들인 것처럼.

나는 그 어마어마한 독서의 직접적인 수혜자였다. 마이클은 책을 읽어야 한다는 강박만큼이나, 내게 책에 대해 이야기해야 한다는 강박이 있는 것 같았다. 나는 그에 대한 보답으로서 작은 목소리로 논평이나 농담을 던졌고, 마이클은 내가 한 말을 주저 없이 큰 소리로 되풀이해서 주위의 애들에게 웃음이나 찬사를 받아냈다. 나는 농구 골대에 슈팅을 하면서, 피자 가게에 가면서, 동네를 어슬렁거리면서 마이클을 통해 반복해서 들은 이야기들로만 온전히 채워진 가상의 책장을 갖게 되었다. 마이클이 『파리 대왕』에 대해 어찌나 열성적으로 상세하게 이야기해주었던지, 나는 5학년 때 내가 그 책을 직접 읽었던가 반신반의하면서 책의 첫 마디들을—"천식은 엿이나 먹어!" "돼지를 죽여! 피를 흘리게 해!"—마이클과 암호처럼 주고받았다.

나는 금발의 랠프가 숨을 가쁘게 쉬는 안경잡이 피기에게 소라껍데기 부는 법을 배우는 대목에서 읽기를 관뒀지만, 마이클 덕분에 잭이 피기의 안경을 훔쳐서 불을 피우고, 사이먼이 뾰족한 꼬챙이에 끼운 돼지 머리에 말을 걸며 돼지 머리가 대답한다는 걸 알았다. 무엇보다도 피기가 죽는다는 걸 잘 알았다. 마이클은 그 내용을 자주 언급했다.

처음 이 소설에 대해 이야기하던 때, 마이클은 절벽에서 튀어나온 바위에 있던 "붉은 것"이 뭔지 알겠느냐고 내게 물었다. 나는 피가 아니냐고 답했지만 마이클은 엄숙하게 고개를 저었다. 그건 뇌였다. 피기의 골통이 깨져서 열린 거였다! 나는 마이클이 공포감을 통제하여 몰아내는 연습을 하고 있다고 느꼈다. 그가 택한 전략은 문답법을 통해 자신이 경험한 공포에 나를 끌어들이는 것이었다.

월드먼 선생님이 수업을 하는 동안 마이클은 책을 읽었고, 선생님은 우리 할머니가 내가 먹는 모습을 바라보듯 그 모습을 흐뭇하게 지켜보았다. 마이클은 질문을 하려고 손을 든 채로도 읽기를 멈추지 않다가, 이름이 불리면 그제야 읽던 자리를 신중하게 손으로 짚고 고개를 들었다. 월드먼 선생님은 그의 질문이 자신이 답할 수 있는 것일 경우 안도하는 기색이 역력했다.

그후 여러 해 동안 마이클은 수업중에 책을 읽는 버릇을 끊어내지 못했다. 책을 읽다가 스르르 밤잠에 드는 것처럼, 자연스럽게 낮잠에 들기도 했다. 수마 선생님이 몇 차례 경고를 준 끝에 자기가 자고 있던 책상을 뒤집어엎었다는 일화는 마이클이 즐겨 언급하는 단골 레퍼토리 중 하나였다. 책상은 의자와 일체형이었고, 눈을 떠보니 자신은 교실 바닥에 대자로 뻗어 있고, 사방에는 책이 널브러져 있었으며, 책상은 넘어진 소처럼 모로 누워 있었다고 그는 말했다. 이게 정말로 일어났던 일일까, 아니면 MACOS 영상처럼 상징적인 재구성에 가까웠을까? 그것은 스스로를 놀림감으로 삼는 일화였지만 형들이 지붕에서 마이클을 밀었던 이야기가 그랬듯, 본질적으로는 슈퍼맨 이야기였다.

중학교 입학을 두 주 앞둔 어느 날이었다. 마이클, 에고, 스몰, 브레머, 그리고 다른 아이들 몇 명과 루스벨트초등학교 운동장에서 터치풋볼을 하고 있는데 웬 남자가 모터 달린 더트바이크를 타고 굉음을 일으키며 운동장으로 들어왔다. 상당히 시끄러운 십대였다. 우리는 그를 무시하고 싶은 마음과 부러운 마음이 뒤섞인 채로, 그가 운동장을 몇 바퀴 돌거나 말거나 우리끼리 놀이를 했다.

처음에 바이크는 우리와 멀찍이 거리를 두고 움직였다. 하지만 한 바퀴를 돌 때마다 차츰 원을 좁혀 오더니, 갑자기 우리가 노는 한복판을 가로질러 지나갔고 우리는 놀란 닭들처럼 사방으로 흩어졌다. 그가 방향을 바꾸어 다시 우리에게 다가오는 것 같아서, 우리는 놀이를 멈추고 그를 주시했다. 그는 앤디 쪽으로 질주하기 시작했다. 우리는 소리를 지르고 욕을 해댔지만 바이크는 계속 내달리다가 마지막 순간에야 방향을 틀었다. 아니면 앤디가 피한 걸지도 몰랐다. 우리는 앤디와 하이파이브를 했고 머리로는 이제 집에 가야겠다고 생각했지만, 몸은 마음만큼 빠르게 움직이지 못했다. 우리 모두 바이크가 내는 굉음에 약간은 홀려 있었는지도 모르겠다. 미처 알아차리지 못한 사이, 바이크가 다시 한 바퀴를 돌았다.

고개를 들자 그는 나를 향해 돌진하고 있었다. 우리보다 나이가 많긴 했지만 그래봤자 몇 살 차이가 나지 않을 백인 남자아이였다. 헬멧을 쓰지 않아서 검은 머리칼이 드러났다. 얼굴에 미친놈 같은 미소가 떠 있었다. 놈이 피하게 놔두고 우리는 가만히 있는 게 나은지, 아니면 마지막 순간에 뛰어서 피하는 게 나은지, 어느 쪽으로 결정했더라. 기억이 나지 않았다. 다른 애들은 소리를 지르고 있었는데 뭐라고 하는지 알 수가 없었다. "도망쳐" "뛰어" 아니면 "움직이지 마"? 바이크를 탄 놈도 내게 소리치고 있었을 가능성이 있다. 그는 화가 나 보였고, 잔뜩 찡그린 표정으로 입을 벌리고 있었다.

다음 순간 나는 황소의 뿔에 받힌 것처럼 공중을 날았다. 그리고 풀썩, 땅으로 떨어졌다. 마이클과 애들이 숨가쁘게 달려와 나를 내려다보았다. 나는 아까와 다른 곳에 누워 있었고 마치 껍질에서 튕겨져 나간 바나나가 된 기분이었다. 라인드라이브 타구를 쫓아가던 찰리 브라운*처럼 옷이 모조리 발가벗겨져 있었다 해도 놀라지 않았을 것이다.

모두 내가 하늘을 날아오를 때 그린 호가 굉장했다느니 어쩌니 하고 떠들고 있었다. 마이클은 내가 무슨 기록을 세웠다고 주장하며 "궤도"

---

* 찰스 M. 슐츠의 연재만화 〈피너츠〉 속 등장인물.

라는 단어를 사용했다. 의외로 몸이 멀쩡한 것에 놀라움을 느끼며 나는 바지 한쪽을 걷어올렸다. 왼쪽 다리가 아프다기보다는 간지러웠다. 다리는 피기의 뇌처럼 붉은빛과 자줏빛으로 물컹하게 부어올라 있었고, 그 중심에 붉은색보다 더 경각심을 일으키는 흰색의 무언가가 보였다. 보자마자 속이 메스꺼워졌다. 마이클이 몸을 돌려 집으로 달려가서 경찰, 우리 부모님, 그리고 구급차를 불렀다.

3장
기억 유리병

숨겨지는 것은 기쁨이되, 발견되지 않는 것은 재앙이다.

—D. W. 위니콧

나는 목발을 짚고 앨버트레너드중학교 생활을 시작했다. 쉬는 시간에는 잔디가 벗겨지고 있는 운동장에서 루스벨트초등학교 출신 아이들이 저들끼리 터치 풋볼을 한답시고 대형을 짜는 혼란스러운 광경을 경계선 바깥에 앉아 멀거니 지켜보았다. 마이클이 내 곁에 합류하는 때도 있었다. 그가 풋볼 경기가 시작된 후 뒤늦게 학교 건물을 나선 날이면 자주 일어나는 일이었다.

마이클은 지각을 자주 했지만 사실 엄밀히 따지자면 지각이란 단어는 합당하지 않았다. 마이클은 외부에서 주어지는 요구를 보란듯이 묵살하고 자기 나름의 일정대로 움직였다. 아이들 사이에서는 마이클의 아버지가 학교에서 아들의 출결 문제에 대한 전화를 받고 어떻게 대응했는지에 관한 일화가 전설처럼 돌았다. 척은 아들 성적이 어떤지 묻더니, 변함없이 좋다는 답변이 돌아오자, 그러면 똑똑한 내 아들이 알아서 하게 놔두라고 말했다고 한다. 이런 이야기의 출처는 물론 마이클이었으나, 나는 척이 운나쁜 행정 직원에게 신경 끄라며 불뚝대는 모습을 너무나 쉽게 상상할 수 있었다.

마이클은 날씬하고 어두운 머리칼을 지닌 시빌리라는 여자아이를 사귀기 시작했다. 시빌리는 잘 웃었지만, 어딘지 슬퍼 보일 때가 많았다. 마이클이 들뜬 기색으로 보고한 바에 의하면 시빌리의 부모님은 레바논계 기독교인이었지만 의사인 아버지는 카이로에서 자랐다고 했다. 아랍인이라니! 그렇다고 시빌리를 '아랍인'으로 생각하는 사람은 아무도 없었다. 그러나 마이클은 내게 시빌리의 언니가 팔레스타인해방기구를 후원한다고 알려주면서, 그 사실에 불편함과 짜릿함의 양가감정을 느낀다고 했다. 누가 화가 나서 의자를 내던지지 않는 이상, 정치에 대한 격렬한 토론은 마이클이 무척 좋아하는 것이었다. 교양 있는 지식인이었던 시빌리의 부모님은 마이클을 따뜻하게 환대해주고 매번 먹을 걸 잔뜩 내주었다.

시빌리는 우리 유대인 친구들과 편안하게 어울렸고, 마이클과 내가 루스벨트초등학교 출신 고정 멤버들에 다른 학교에서 온 애들 몇 명을 끼워서 하트 카드 게임을 하는 점심시간에는 같은 테이블에 앉았다. 우리의 주변에서는 폭주족 애들이 마치 드루이드교 사제처럼 스노클 재킷의 후드를 푹 눌러쓴 미니스커트 차림의 여자애들에게 둘러싸여 안전핀으로 서로의 귀를 뚫어주고 있었다. 우유갑 안에서 M-80 폭죽이 터지는 소리가 간간이 들려왔다.

우리는 점심 도시락을 싸 가지고 다녔지만 급식에 피자가 나오는 날에는 무상 급식 티켓을 지원받는 아이들에게 25센트를 주고 티켓을 샀다. 부모님은 형편이 어려운 아이들의 음식을 빼앗지 말라고 나를 나무랐지만, 티켓을 파는 애들은 축제 호객꾼들처럼 급식 티켓을 두루마리로 들고 다녔고 영양실조의 징후는 눈을 씻고 보아도 없었다.

시빌리와 마이클의 관계는 오래가지 않았다. 그러나 그 끝이 정확히 언제였는지는 내게 늘 미지수였다. 시빌리는 계속 우리와 함께 점심 테이블에 앉았고, 마이클은 시빌리가 있거나 없거나 그애의 집을 계속 방문했다. 시빌리가 현관문을 열고 들어오면, 마이클은 거실의 붉은색 소파에 앉아서 우리 부모님과 대화하는 방식 그대로, 마치 입양 갈 집에 면접을 보는 아이처럼 그애 부모님과 대화를 나누고 있었다. 마이클은 다른 사람의 집을 참 좋아했고, 현관 층계에 앉아서 그 집 사람들에게 발견되어 안으로 들여보내지고, 따스한 환대에 감싸이길 기다리는 데 적성이 있었다.

마이클이 정원을 돌보고 있는 우리 어머니나 부엌에서 과제를 하고 있는 누나와 대화를 나누는 모습은 내게 하나도 놀랍지 않았다. 우리집이야 당연히 마이클네 집을 연장한 것이나 다름없었지만 마이클은 다른 집들까지 진출해 식민지로 삼았다. 곰들이 돌아왔을 때 도망치지 않고, 포리지를 더 먹겠다며 자리를 지킨 골딜록스랄까.*

수업중에 마이클은 맨 뒷자리에 앉아 의자를 벽에 기댄 채 행맨 게임**을 하는 걸 좋아했다. 우리는 수업 몇 개가 겹쳤지만, 마이클은 우리 학교에 개설된 모든 우등반 수업에 들어간 반면 내 학업성적은 지지부진했다. 언젠가는 대수학 시험을 몇 번이나 치르고도 통과하지 못하자 어머니가 학교를 찾아가 내 "능력"에 더 알맞은 다른 수업이 없

---

* 곰 세 마리가 사는 집에 우연히 들어간 골딜록스라는 여자가 곰들이 외출한 사이 포리지를 먹고 잠을 자다가 들켜 달아났다는 유명한 동화에 빗댄 것.
** 알파벳 철자를 하나씩 대면서 주어진 단어를 추측하는 게임.

는지 문의했을 정도였다.

선생님은 내가 이미 상급반과 하급반 중 하급반에 속해 있으며 남은 건 교정반뿐인데, 거기 들어가는 일만은 절대 막아야 한다고 설명했다. 수학 성적 때문에 들어가는 반은 아니라는 게 그의 설명이었다. 안경을 쓴 조용한 아이였던 내게, 어느 반에 속하느냐는 건강과 안전이 달린 문제였다.

어머니는 학교의 '능력별 학급 편성 제도'가 말하자면 유럽 기차 시스템과 비슷하다는 걸 알고 놀랐다. 일등칸은 누구나 타고 싶어한다. 이등칸에서는 그럭저럭 살아남을 수 있다. 하지만 삼등칸은 어떤 대가를 치르더라도 피해야 한다. 교정반은 진짜로 교정을 해주는 곳이라기보다, 공부하고 싶지 않은 아이들과 공부를 하고는 싶지만 하지 않는 아이들을 위해 펜을 대신 들어주는 곳이었다. 그애들이 학업에 실패한 이유가 사회, 행동, 감정, 뇌신경 중 정확히 어디에 있는지는 알 수 없는 노릇이었고 어차피 이유가 무엇인지는 중요하지 않았다. 위험한 아이들을 불운한 아이들과 한곳에 모아두면 가능한 결과는 하나뿐이라고 선생님은 말했다. 내가 해야 할 일은 그냥 수업에 더 집중하고, 더 노력하고, 부정행위를 하는 것이었다. 물론 선생님이 마지막 방법을 대놓고 언급한 건 아니었지만, 굳이 말할 필요가 있었을까?

우리 부모님이 뉴욕시를 떠난 건 공교육이 붕괴했기 때문이었다. 여러 선택지 가운데 교외로 이사한 건, 교외의 공립학교가 백화점처럼 한 지붕 아래에서 아이에게 필요한 모든 걸 제공해주리라는 중간계급의 기대를 품고 있었기 때문이었다. 그게 비용 문제를 차치하고도 내게 과외 선생을 붙이는 방안이 논의되지 않은 이유였을 것이다. 마이클과 내가 SAT 대비 수업을 부잣집 철부지들이나 누리는 호사로 취급한 것도 같은 이유였다.

하지만 바로 여기, '똑똑한지' 여부가 생사를 가르는 문제는 아니더라도 안전이 달린 문제라는 증거가 있었다. 다행히 나는 우리집에서 제일 높이 쳐주는 인문학 수업은 잘해냈다. 철자법은 다섯 살 수준에 읽는 속도는 거북이 같았지만, 그 부족함을 벌충할 만큼 언변이 뛰어났다. 뉴로셸 공립 도서관에서 녹음 자료를 발견한 것도 도움이 되었다. 그곳에서 내가 외운 시와 연설은 어둠 속에서도 문을 열고 들어갈 수 있는 휴대용 서재가 되어주었다.

루스벨트초등학교 시절 우리의 친구였던 브레머는 부유한 부모님이 실제로 무슨 검사를 받게 해서, 결국 우리 곁을 떠나 교정반의 세계로 자취를 감추었다. 나는 마이클이 그를 놀림 반 경멸 반으로 대한다는 걸 어렴풋이 알아차리고 있었다. 마이클은 브레머의 집에 놀러갔을 때조차도 그를 우리에게 간식거리를 대령하는 것으로 밥값을 해내야 하는 가난한 친척처럼 취급했다. 나는 그런 신세로 전락하고 싶지 않았다.

우리 어머니는 나를 두고 "대기만성형"이라고 했는데, 곰곰이 생각해보면 이 말은 대놓고 내가 늦되었다는 뜻이었지만 그때 나는 그렇게 생각하지 않았다. 어머니가 사용한 "대기만성"이란 표현에는 내가 지닌 탁월함이 아직 개화하기 전이라는 함의가 숨어 있었다. 그건 내가 평범하다거나, 아서라, 그보다 더 못하다는 말과는 달랐다.

나는 종교를 공공연히 드러내는 편은 아니었다. 그 후환이었는지 나의 바르 미츠바*는 내 인생에서 영원한 오점으로 남게 되었다. 마이클

---

* 유대교에서 만 13세 소년이 치르는 성인식.

은 나와 정반대로 유대인 남자로의 이행을 득의양양하게 해냈다. 이렇든 극적으로 달랐던 우리의 성인식 경험은 마이클과 나의 삶이 평행하긴 해도 서로 다른 궤도에 올라 있다는 사실을 선명히 보여주었다.

마이클은 점점 더 잘난 아이가 되어갔고 그에 비례하여 콧대도 높아졌다. 하지만 그의 능력과 오만의 가파른 성장세는 모두가 보는 앞에서 일어났고, 따라서 몇몇 애들에게 재수없다는 평가를 받기는 했지만 일종의 안정적 균형을 이루는 듯 보였다. 마이클은 자기 자신과 사이좋게 지내는 것처럼 보였다. 반면 나는 스스로에 대한 거창한 기대를 수많은 결점들과 함께 물밑 깊숙이 숨겨두었다. 수면 아래에서 빙산은 점점 몸집을 키워갔고 불안은 나날이 증식했다.

마이클은 여러 번 내게 『대부』를 읽히려고 애썼지만 나는 끝까지 넘어가지 않았다. 그 대신 이미 텔레비전에서 방영되던 영화판을 보고, 마이클이 즐겨 인용하던 대사를 익혔다. "돈은 열두 살에 이미 진정한 남자였다." 이 한 줄의 대사가 마이클에 대해 많은 것을 알려주었다. 마이클은 아무것도 증명하지 않아도 되는 사람처럼 행동하면서, 동시에 끊임없이 스스로를 시험하고 있었다. 여름 캠프에서는 우리 방 애들 중에 유일하게 호수를 헤엄쳐 건넜다. 애초에 도전한 사람도 마이클 혼자였다. 나머지 우리들은 노 젓는 배 한 척이 반대편 호숫가 안쪽을 따라 천천히 나아가는 동안 마이클이 끈덕지게 팔을 들었다 내리는 모습을 지켜보다가 이내 흥미를 잃고 자리를 떴다.

비토 콜레오네가 정말로 열두 살에 진정한 남자였다고 치자. 하지만 마이클과 내가 즐겨 말한 것처럼, 한 사람이 얼마나 강한지는 토라*

---

* 구약성서의 첫 다섯 편으로, 유대교 예배에서는 전체를 쉰 네 부분으로 나누어 매주 한 부분씩 일 년에 걸쳐 읽는다.

두루마리 앞에 세워봐야 아는 것이다. 마이클에게 토라 낭독은 문제가 되지 않았다. 그는 히브리어를 이해하지는 못하고 "기계처럼" 읽는다고 내게 말했다. 그러나 나는 프랑스어 선생님이 수업 도중 지적했듯 외국어에는 적성이 없었고—"로즌, 어떻게 된 일이니? 너희 누나는 참 영리했는데."—토라에 적힌 히브리어는 모음이 빠져 있으며 구두점도 없다. 그런데도 아버지는 내가 바르 미츠바에서 그날 봉독될 토라 전체를 낭송하길 바랐다. 게다가 엎친 데 덮친 격으로, 그 주의 토라는 일 년 중 가장 길었다.

파인브룩 성모성당에서 마이클은 거의 변명하는 듯한 말투로 토라 몇 줄을 낭송하고 영어로 몇 마디 한 다음 축의금을 걸으면 끝나는 거라고 말했다. 그는 자기 아버지의 취향에는 『베오울프』를 낭독하는 게 맞았을지도 모르겠지만, 이스라엘 회당의 방침에 시비를 걸어서야 안 될 일이라고 덧붙였다. 그러나 나는 그와는 상황이 달랐다. 나의 누나가 홀로코스트에서 돌아가신 할머니의 이름을 물려받았듯 나는 돌아가신 할아버지의 이름을 물려받았다. 우리 남매의 존재는 단순히 아버지가 탈출하여 이뤄낸 성취가 아니라, 그가 살아남은 의미에 대한 잠정적인 평가와 같았다. 평가 기준은 오로지 아버지가 남긴 후손들, 그리고 그들이 과거와 맺는 관계였다. 다시 말해 내가 토라 낭송을 제대로 해내지 못한다면 희생당한 수백만 영혼에게 큰 실망을 안겨주는 건 물론, 나의 실패를 넘어 아버지의 실패를 의미할 터였다.

날짜가 더 일렀던 내 바르 미츠바가 열렸을 즈음 마이클은 이미 자기가 외워야 할 내용을 모두 머릿속에 넣고 있었다. 난생처음으로 나는 마이클이 나보다 배울 게 적다는 사실을 시샘했고, 내가 그날 해야 하는 낭송의 한두 절만 해내도 완벽히 제몫을 하는 거라던 선창자의 조언을 아버지가 무시한 게 한스러웠다.

선창자는 오페라 가수로 훈련받은 목소리가 크고 몸집이 작은 남자로, 이따금 예배중에 뜬금없이 모차르트 아리아를 부르는 걸 즐겼다. 아버지는 그의 목소리를 무척 좋아했지만, 내 바르 미츠바에서 홀로코스트로 세상을 떠난 자기 부모님을 기리기 위해 떠나간 영혼들을 위한 성가를 불러달라는 요청을 그가 거부하자 신경질을 냈다. 선창자는 바르 미츠바는 장례식이 아니라고 매우 합당한 지적을 했다. 그렇게 논쟁은 선창자의 승리로 돌아갔으나 으레 그러하듯 마지막까지 주장을 피력하는 건 망자들이다.

낭송할 내용 전체를 구전 설화나 영화 〈39 계단〉에서 주인공이 총에 맞기 전까지 머릿속에 넣고 다니는 국가 기밀처럼 암기하려고 앉아 있자니, 마이클의 사진 기억력을 손에 넣을 수만 있으면 뭐든 내어줄 수 있겠다는 생각이 들었다. 나는 롤링스톤스와 캣 스티븐스의 믹스테이프를 들으려고 캠프에 가져갔던 휴대용 플레이어에 카세트를 넣고, 전혀 이해가 되지 않는 소리들을 듣고 또 들었다. 플레이어에서 〈심퍼시 포 더 데블Sympathy for the Devil〉의 콩가 연주와 고함소리가 흘러나오기를 내심 기대하고 있었지만, 내 귀에는 점잔 빼는 악마 같은 믹 재거가 자기소개를 하는 소리 대신 폴란드 출신의 홀로코스트 생존자이자 내가 참여하던 음악 치료를 담당하는 프리들러 목사의 비극에 젖은 목소리가 들릴 뿐이었다.

바야흐로 그날이 왔다. 나는 행사를 위해 피에르 카르댕에서 산 연청색 스리피스 정장 차림으로 계단을 올라 회당의 높은 연단에 섰다. 꼭 극장 무대에 선 기분이었다. 친구들, 친척들, 같은 회당을 다녀 얼굴만 아는 사람들이 앉은 객석을 바라본 순간 나는 깨달았다. 암기한 내용이 애초에 머릿속에 들어간 적도 없다는 듯 깡그리 지워졌다는 걸.

밖으로 뛰어나와 육중한 이중문이 등뒤로 쾅 닫히기 직전, 내 귀에 들린 마지막 말은 페이 고모할머니의 쩌렁쩌렁한 목소리였다. "쟤 마틴처럼 토할 건가봐!"

아버지가 왔을 때 나는 지하의 남자화장실에서 칸막이 밖으로 두 발을 삐죽 내밀고 바닥에 누워 있었다. 정말로 토한 뒤였다. 아버지는 이제 기분이 좀 나아질 거라고 달래주고는 나를 구슬려서 다시 연단에 올려보냈다. 나는 몇 단어를 낭송한 다음 한동안 얼어붙어 있다가, 다시 도망쳤다. 아버지가 나를 또 한번 구슬렸다. 나는 또다시 도망쳤다. 그쯤 되자 아버지가 패배를 인정했다. 나는 위층에서 프리들러 목사가 나를 대신해 낭송을 하는 동안, 대학 신입생처럼 변기 밑동에 몸을 감고 타일 깔린 화장실 바닥에 누워 있었다.

유대인 남성으로 이행하는 의식이 마이클에겐 훨씬 순탄했다. 히브리어가 무슨 뜻인지 전혀 모르겠으며 따라서 자기에겐 아무 의미가 없다고 내게 털어놓긴 했지만, 편안하고 자신감 있는 태도로 그날의 낭송을 수월하게 해내는 모습을 보니 마이클이라면 내 몫으로 떨어졌던 긴 낭송도 무리 없이 해냈겠다는 생각이 들었다. 그는 연설을 즐기고 있는 것처럼 보였으며 어쩐 연유인지 이미 이 일을 한 차례 경험한 사람처럼 보였다. 마이클은 그냥 말을 하는 게 아니라 분위기를 띄우고 좌중의 웃음을 이끌어내고 있었다.

내가 가장 부러웠던 건 유창한 낭송이나 파운틴헤드 레스토랑에서 열린 화려한 축하연—카펫을 덧댄 벽과 댄스플로어, 여자애들이 만들어준 '기억 유리병'—이 아니라 웃음을 유도하는 그의 능력이었다. 그때 나는 남몰래 스탠드업 코미디언이 되겠다는 꿈을 키우고 있었다.

하지만 청중 앞에 설 수 없으니 그건 요원한 꿈이었다.

나는 학교에서도 발표 문제로 곤욕을 치렀다. 바르 마츠바가 지나고 얼마 뒤 나는 수업에서 순환계와 심장에 대해 발표해야 했다. 누나가 거대한 포스터에 심실, 대동맥, 상대정맥, 푸른 혈액과 붉은 혈액을 멋들어지게 그려주었다. 하지만 나는 그걸 자랑할 기회를 영영 날려버렸다.

과학을 가르치는 셀렉 선생님은 내가 발표하러 걸어나오면서 천식이 있는 시늉을 하자 염려하는 기색이었다. 필요하다면 우리 부모님은 선생님에게 드릴 쪽지를 써주었을 것이다. 나는 계절마다 적절한 병을 구실로 삼았고 우리 가족은 내 바르 미츠바 참사를 기관지염 후유증 때문이라고 포장하는 데 성공했다.

내가 발표 도중에 교실 밖으로 도망친 다음날, 마이클은 과학 선생님이 머릿속에 금속판을 달고 있다고 알려주었다. 내가 망신당한 걸 잊게 도우려는 의도였는지도 모르겠다. 마이클은 교수가 되기 전 중학교 교사였던 아버지와 졸업한 형들에게 들어서 그런 걸 잘 알았다. 말을 듣고 보니 과연 셀렉 선생님은 어딘지 나사가 하나 빠진 것처럼 행동하고 있었고, 크루컷으로 자른 머리 한쪽에는 자그마한 크롭 서클처럼 둥근 피하 상처가 도드라졌다.

그때부터 우리는 수업시간 내내 선생님이 책상 위에 올려둔 시범용 강력 자석 가까이로 머리를 숙이기만을 기다렸다. 마이클의 이론은 언젠가는 셀렉 선생님의 머리가 태양을 향해 떨어지는 행성처럼 자석에 가서 탁 붙으리라는 거였다. "지금이다"라고 마이클은 중얼거리곤 했다. 그런 일은 끝까지 일어나지 않았지만, 그렇게 잠깐이라도 주의를 돌릴 수 있다는 게 나는 마냥 고마웠다.

4장
낯선 사람들

누구에게나 영영 숨겨둔 얼굴이 있지.

—빌리 조엘, 〈더 스트레인저The Stranger〉

나는 중학교에 입학하자마자 쉬는 시간을 관람석에 앉아서 보내야 했다. 처음에야 어쩔 수 없었지만, 몸이 나은 뒤에도 다시 부상을 당할까봐 겁이 나서 처음의 자리를 지켰고 이내 그것이 습관이 되어버렸다. 원래도 나는 다소 머뭇거리는 경향이 있었지만 그게 전반적인 행동 양식으로 굳어진 것이었다. 내가 점점 더 관객의 자리로 물러나는 사이 마이클은 점점 더 배우의 자리로 올라서고 있었다. 그는 첼로를 그만두고 십대들에게 어떤 문이든 열어주는 마법의 곁쇠, 기타를 시작했다.

우리는 여전히 루스벨트초등학교 운동장에서 만나 다른 아이들과 농구 슈팅을 하고, 야구 타격 연습을 하고, 이런저런 실없는 놀이를 하며 어울렸지만 누군가가 대마초를 꺼내면 마이클은 부리나케 달려간 반면 나는 머뭇거리고 서 있었다. 나를 빼고 루스벨트 애들 몇 명이서 더 후The Who 콘서트에 가던 날, 마이클은 녹색의 무언가가 가득 든 미심쩍은 봉투를 구해왔다. 하지만 마이클을 포함해 모두가 대마초 마는 종이를 챙기는 걸 잊었다. 만약을 위해 오레가노를 가지고 대마초 마는 법을 연습하던 스몰마저 준비물을 기억하지 못했던 거다. 하지만 그들은 막판에 매디슨 스퀘어 가든 근처의 한 가게에서 제법 쓸만한 옥수수 속대 파이프를 구했다. 약에 취한 애는 없었지만―유년기를 떠나보내기엔 아직 일렀다―어떠한 문턱을 넘은 건 분명했다.

나까지 합류하여 매디슨 스퀘어 가든으로 다 같이 제쓰로 툴 공연을 보러 갔을 즈음 그애들은 손놀림이 제법 능숙해져 있었지만, 나는 차례가 되었을 때 대마를 받지 않았다. 쿵쿵대는 음향이 갈비뼈 안쪽까지 파고드는 가운데 무지갯빛 안개 너머로 멀리 있는 밴드를 노려보느라, 나는 이미 공황에 빠지기 직전이었다. 에고가 내 머리칼에 대고 연기를 뿜은 탓에 적어도 대마를 피운 듯한 냄새는 났을 것이다.

우리집에 내 동공을 확인하거나 재킷 냄새를 맡아보는 사람이 있었던 건 아니다. 내가 문턱을 넘지 못하도록 붙든 건 부모님의 경고가 아니라 나의 사적인 두려움이었다. 대참사로 끝난 바르 미츠바에는 단순히 내가 암기에 실패했다거나 배짱이 부족하다는 것 이상의 의미가 있었다. 그 여파로 내게 몰아닥친 굴욕감은 일종의 더 큰 무능력의 증상으로 느껴졌고, 나는 마약에 손댔다가는 나의 타고난 취약성이 더 악화될 거라고 생각했다. 하나의 통과의례를 완수하지 못했으므로, 다른 통과의례에 참여하는 일도 자연히 저어되었다. 그렇게 내가 서투름의 감각을 키워가는 동안 마이클은 시대의 정신과 발맞추어 자기만의 박자에 따라 앞으로 치고 나갔다.

집에 돌아와보니 아버지는 올이 풀려가는 테리면 목욕 가운을 걸친 채 나를 기다리다가 지쳐 있었고, 그에게는 내가 맨해튼에서 살아 돌아온 걸로 충분했다.

지금 생각해보면, 마이클과 나는 각자의 아버지보다 키가 컸고 친구들도 여럿 함께 가기는 했지만, 애초에 우리 부모님들이 뉴욕시에 다녀오는 걸 허락했다는 것 자체가 놀랍다. 어머니는 도시는 사람이 많아서 오히려 안전하며 목적지만 명확히 알고 있으면 된다고 믿었다. 마이클은 심지어 약에 취해도 길을 잃는 법이 없었지만—돈은 열두 살 나이에도 방향감각이 정확했다—그때 뉴욕시는 과거와 달리 도시의 규칙을 존중하지 않게 된 것처럼 보였다.

그로부터 얼마 전, 1학년 때 나를 가르쳤던 선생님이 링컨센터 표를 사러 가는 길에 어퍼 웨스트사이드 지하철역에서 칼에 찔려 돌아가시는 사건이 있었다. 기사에는 "뉴요커들이 살인을 지켜보다"라는 헤드라인이 붙었다. 사람이 그렇게 많은데도 대낮에 살인이 일어나는 걸 막지 못했다는 의미였다. 더 끔찍했던 건 피해자가 여러 차례 몸을 찔렸지만 강도는 당하지는 않았다는 사실이었다. 시신에서는 기다란 피투성이 칼과 함께 지퍼 달린 지갑이 발견되었다. 도대체 어떻게 생겨먹은 인간이기에 그저 살인하고 싶어서 살인을 저지르는 걸까?

우리가 보호받고 있다는 구식 관념이 허울에 불과하다는 걸 극적으로 보여주려는 듯, 버나드대학교 여학생 하나가 퀸스의 포레스트 힐즈에서 걷다가 반대편에서 오던 남자가 쏜 총에 얼굴을 맞는 사건도 일어났다. 그녀는 본능적으로 손에 들고 있던 교과서로 얼굴을 막았지만, 총알은 책장을 뚫고 그녀의 머리에 박혀 사망에 이르게 했다.

이 사건이 그토록 대서특필되었던 건 경찰이 피해자의 뇌에 박힌 총알을 조사한 결과, 1976년의 어느 여름밤 뉴로셸의 나이트클럽에서 춤을 추고 나온 두 여성을 살해한 총알과 동일한 것으로 밝혀졌기 때문이었다. 그 사건이 일어난 장소는 뉴로셸 근방의 펠럼만이었다. 두 자치구에서 구 개월에 걸쳐 산발적으로 일어난 일련의 총격 사건이, 갑자기 경찰과 타블로이드지에서 "44구경 살인자"라고 부르기 시작한 연쇄살인마의 소행으로 밝혀지게 된 것이다.

뉴욕시 곳곳은 물론, 십대들이 디스코 클럽에 다니고 야외에 차를 세워놓고 노닥거리는 교외까지 공황이 번져나갔다. 만원 지하철에서 이리저리 흔들리면서도 다리 사이에 서류가방을 끼운 채 〈뉴욕 타임스〉를 손수건 크기로 접고 또 접어서 읽는 능력의 소유자이자 신문에 관해서는 제법 까다로운 속물이었던 우리 아버지조차, 열차에 〈뉴욕 포스트〉 석간지가 보이면 집으로 가져왔다.

살인마는 주차된 차 안에 있던 연인들을 쏘아 죽이고 그 자리에 본인을 '샘의 아들'로 칭하는 쪽지를 남겼다. 곧 진짜든 추측성이든 가리지 않고 모든 수사 정보를 긁어모아 보도하는 타블로이드지에서도 살인마를 그 이름으로 부르기 시작했다. 얼마 전 루퍼트 머독이 인수한 〈뉴욕 포스트〉는 해적 깃발을 내걸듯 매일 아침 샘의 아들 기사를 1면에 실었다.

우리 가족은 경계심을 잔뜩 품고서도 링컨센터에서 열리는 '모스틀리 모차르트 페스티벌'에 참석했고 '셰익스피어 인 더 파크 페스티벌'에도 갔다. 센트럴파크에서 무료 티켓을 받기 위해 수건을 깔고 앉아 기다리면서 우리는 주위를 두리번거리며 혹시 약쟁이와 강도가 있지 않은지 확인했다. 미인이었던 우리 누나는 짙은 색 긴 머리 여자들을 주로 노리는 샘의 아들에게 표적이 되지 않도록 머리를 틀어올린 채, 감시용 미끼처럼 그 자리에 내던져져 있었다.

마이클은 특히 여름이면 종종 우리 가족 나들이를 따라나서곤 했다. 색슨 숲이나, 머매러넥의 초대형 공영 수영장이나, 롱아일랜드의 존스 비치에 갈 계획을 세우면 내가 마이클에게 미리 귀띔해주었다. 마이클은 바다를 사랑했다. 가슴과 배가 모래에 긁혀 분홍빛 줄이 생기고 어깨가 해에 그을려 발개질 때까지 파도에 몸을 내던지고 보디서핑을 해서 해안으로 돌아오곤 했다. 우리가 모래로 까끌거리는 완숙 계란을 먹으면서 다리에 고운 흰색 모래를 빵가루처럼 묻히고 다니는 끈 비키니 차림의 여자들을 훔쳐보는 동안 아버지는 서핑과 "인간 불행의 혼탁한 밀물과 썰물"에 마음이 동하여 「도버 비치」*를 암송했다.

어머니의 제안으로 가족 다 함께 초월 명상 수업에 등록했을 때도, 마이클은 내 예상과는 달리 '공중 부양 요가'에 대해 냉소적인 방백을 늘어놓는 일 없이 놀랄 만큼 진지하게 임했다. 초월 명상은 이미 주류 문화에 편입되어 있었지만, 창시자 마하리시는 여전히 그저 "자연의 법칙에게 어떻게 행동하라고 명함으로써" 중력을 거스르는 법을 터득할 수 있다고 주장했다. 나와 누나는 허리를 꼿꼿이 세우고 앉아 허벅지 위에 양손을 올려놓은 마이클 양쪽에서 웃음을 참느라 바빴다.

우리가 각자의 만트라를 받은 날, 친구 팻의 집에서 열린 파티에서 마이클은 급작스럽게 "존이랑 나는 명상을 해야 해"라고 선언하더니 안경을 벗고 눈을 감았다. 나는 당혹스러운 동시에 왠지 신이 나서 마이클을 따라 했다. 이것 봐, 나 안 보이지! 나는 혹시라도 마이클의 장난에 말려든 게 아닐까 걱정이 들어서 금방 눈을 떴지만, 마이클은 처음

---

* 1867년에 발표된 매슈 아널드의 시.

의 자세 그대로였다. 불그레한 속눈썹을 길게 드리운 채, 마치 태닝을 하는 사람처럼 살짝 위로 쳐들린 그의 얼굴은 차분한 평화에 감싸여 있었다.

마이클과 나는 우리 누나가 생물 우등반 에이스로 이름을 날리던 시절 직접 만든 모의시험을 활용해 같이 공부를 했다. 우리가 자리를 잡은 마이클네 집 식탁에는 라우도어 가족이 부업으로 신문 스크랩 서비스를 한다고 해도 믿을 만큼 신문이 산처럼 쌓여 있었다. 마이클은 나의 두 배 속도로 공부를 마쳤지만, 개의치 않고 부모님 서가에서 책 한두 권을 뽑아들거나 신문더미에서 한 부를 집어 읽으면서 나를 기다려주었다.

마이클에게 나와 공부하는 시간이 정말 필요했는지는 아직도 의문이다. 그러나 우리는 옛날처럼 웃고 떠들었고 그 덕분에 우리의 우정은 명맥을 이어나갔다. 마이클은 주말에는 어딘가로 사라졌지만, 점심을 같이 먹는 애들이 파티를 열면 나와 함께 참석했다. 우리는 매끄러운 합성섬유 키아나로 된 대담한 패턴의 셔츠를 입었다. 존 트래볼타가 흰색 디스코 정장으로 유명한 〈토요일 밤의 열기〉에서 입었던 셔츠와 같은 재질이었는데, 그는 정말이지 근사해 보였던 반면 우리는 옷을 입은 채 샤워를 한 것 같은 꼬락서니였다.

내가 어떤 여자애에게 말을 걸려고 시도하면, 마이클은 그애 앞을 가로막고 마치 어색한 분위기를 풀어주려는 것처럼 "존은 모순된 감정으로 가득찬 신경증 덩어리야"라고 말하곤 했다. 그 순간 어울리는 음악은 빌리 조엘의 〈더 스트레인저〉, 음반이 절반도 재생되기 전에 구슬픈 아픔으로 나를 종이봉투에 담긴 바나나처럼 녹진하게 익혀주는 음반이었을 것이다. 나는 수록곡 〈비엔나Vienna〉의 가사처럼 누군

가에게 "좀 천천히 하렴, 이 미친 아이야"라는 말을 들어보고 싶기는
했었다. 하지만 '신경증 덩어리'는 '미친 아이'랑은 엄연히 달랐다.

마이클과 내가 보낸 성장기에 공중에는 광기가 떠돌았다. 그 광기라
는 것이 그저 말뿐인 표현인지 임상적 상태인지 판가름하기 어려운 시
절이었고, 우리의 세상은 그 혼돈에 의해 빚어졌다. 우리가 사는 세상
이 핵전쟁으로 끝장나지 않은 것 자체가 'MAD'*라는 이름의 전략 덕
분이었으니 더 설명할 필요가 있을까. 1976년에 아카데미 작품상을
수상한 영화 〈뻐꾸기 둥지 위로 날아간 새〉는 건방진 정상인 맥머피가
미친 문화에 의해 정신병원에 감금되는 이야기를 그려냈다. 청소년 관
람 불가 등급 영화를 나보다 많이 본 마이클은 병원에서 맥머피를 복
종시키려고 약을 주사하고 온몸이 비틀릴 때까지 뇌에 충격을 가하다
가, 결국은 전두엽 절제술로 아예 끝장을 내버렸다고 설명했다. 그 모
든 게 단지 맥머피가 순순히 말을 듣지 않는다는 이유에서였다.

나는 전두엽 절제술이라는 단어를 난생처음 들어봤지만 마이클은
그게 실제로 존재한다고 호언장담했다. 머리에 얼음송곳을 쑤셔넣고
휘저으면, 사람이 척수를 끊어놓은 개구리처럼 축 처져 산 채로 해부
당할 만큼 고분고분해진다는 것이었다. 그는 딘 마틴이 했다는 농담을
내게 들려주었다. "전두엽 절제술을 받느니 술 두 잔 옆에서 절제하겠
소."**

1970년대의 많은 것이 그러했듯 〈뻐꾸기 둥지 위로 날아간 새〉도 정신병원에서 자행되는 학대를 폭로하는 한편, 정신질환자는 죽어 마땅하다는 혼재된 메시지를 보냈다. 몸집 큰 인디언 브롬든 추장은 창 밖으로 탈출해서 좀비처럼 무력해진 맥머피의 입을 베개로 막고 질식시켜 죽인다. 병원에 갇힌 다른 환자들에게 영웅으로 추앙받는 맥머피를 지켜내기 위해서다. 방아쇠를 당기는 더티 해리처럼, 브롬든 추장에게 다른 선택지는 없다.

물론 〈더티 해리〉와 〈뻐꾸기 둥지 위로 날아간 새〉가 똑같지 않다. 〈더티 해리〉의 살인마는 애초에 길거리를 자유롭게 돌아다녀서는 안 될 사이코패스인 반면, 〈뻐꾸기 둥지 위로 날아간 새〉에서 살해당한 남자는 애초에 감금될 이유가 없는 평범한 사람이었다. 하지만 두 영화에서 제시하는 문제에 대한 해법은 같았다. 맥머피는 사악한 정신병원에서 전두엽 절제술을 받고, 결국은 병원에서 취급받던 대로 인간 이하의 존재로 전락한다. 인디언은 호의를 베풀어 망가져버린 친구를 죽인다. 그는 '고독한 레인저'를 안락사 시키고, 그의 독립적인 정신을 불멸의 신화 자리에 올려놓는다.

내가 갖고 있던 리처드 프라이어 음반 〈댓 니거스 크레이지That Nigger's Crazy〉에서 충격을 유발하는 단어는 '니거'*였지, '크레이지'가 아니었다. 프라이어는 본래 부정적인 단어였던 '크레이지'를 반항적으로 자신에게 적용하여 긍정적인 의미로 역전시켰다. 리처드 프라이어가 미쳤다면, 우리도 미치고 싶었다. 그렇게 '크레이지'는 누구나 큰 소리로 입에 담을 수 있는 단어가 되었다.

---

* 흑인에 대한 멸칭이자 금기어.

나는 전자제품 할인점 '크레이지 에디'에서 스테레오와 8트랙 플레이어를 샀다. 가게를 선전하는 사람은 텔레비전 화면 밖으로 고개를 내밀고 "사장님이 미쳤어요"라고 외쳤다. 사실은 8트랙 플레이어를 사는 것도 미친 짓이었다. 그게 내가 8트랙 테이프를 세 개밖에 사지 못했던 이유다. 그중 하나가 폴 사이먼의 〈스틸 크레이지 애프터 올 디즈 이어즈Still Crazy After All These Years〉가 수록된 테이프였다. 타이틀 곡은 울적하니 기분을 가라앉혔지만, "나는 사교를 즐기는 유형의 남자는 아니야"라고 노래하는 사이먼은 반사회적 일탈을 하려는 사람이라기보다는 속세에 질린 힙스터 같았다. 그가 "어느 맑은 날 어떤 피해를" 입히더라도 동료 배심원단은 유죄를 평결하지 않을 터였다. 자기들도 미쳤으니까. 모두가 미쳤다면, 아무도 미치지 않은 셈이다. 그게 내겐 이상하게도 위안을 주었다.

훗날 밝혀진 바에 따르면, 그 시대에 정신질환과 관련이 있었던 건 영화 〈뻐꾸기 둥지 위로 날아간 새〉뿐만이 아니었다. 그보다 더 깊은 관련이 있었던 건, CIA가 비밀리에 자행한 마약 실험 프로젝트였다. 영화의 원작 소설 작가 켄 키지가 그 프로젝트에 참여했다. 그는 결국 LSD에 푹 빠져서 실험이 이루어진 보훈병원 정신과 병동에서 일자리를 얻었고, 경비원으로 야간 근무를 하는 동안 환각을 일으키는 샘플 약을 마음껏 즐겼다. 키지가 정부 지원을 받은 환각의 막을 통해 바라본 정신병동의 환자들은 감금되어 있다는 점이 다를 뿐, 키지 자신의 여러 버전처럼 보였다. 그는 약에 취하고 동료애에 푹 젖은 채 복도를 돌아다니며 소설을 구상했다.

샘의 아들이 주차 위반 딱지로 꼬리가 밟혀 마침내 용커스에 있는 자기 아파트 앞에서 붙잡혔을 때, 그는 자신을 체포하는 경찰들에게 물었다. "왜 이렇게 오래 걸렸어요?"

그의 이름이 데이비드 버커위츠라고 밝혀지자 노벨상 수상자 가운데 유대계 이름을 골라내는 게 버릇이었던 우리 가족은 질겁했다. 〈뉴욕 포스트〉 1면에는 "잡혔다!"라고 적힌 커다란 빨간 글씨 아래 그의 사진이 실렸다. 구불거리는 머리칼, 꾹 다문 육감적인 입, 엘비스 프레슬리 같은 구레나룻이 어딘지 낯익기까지 했다. 기사에서는 그를 "잘생기고 약간 통통한 젊은이"라고 묘사했다.

버커위츠는 자신을 '샘의 아들'뿐 아니라 '괴물'이나 '베엘제법'*이라고도 칭했다. 경찰이 대중에 공개하지 않았던 한 편지에서는 자신을 '처비 베히모스Behemoth'**라고 부르면서 'Behemoth'을 'Behemouth'라고 철자를 틀리게 썼다. 버커위츠는 모든 살인을 자백하고 그 상세한 내용을 밝혔다. 그의 편지 가운데 가장 심란한 부분은 자신이 살인을 저지른 것이 육천 년 전에 살았으며 지금은 악마가 되어 검은 래브라도의 몸을 차지하고 있는 "피를 마시길 좋아하는" 남자의 사주를 받아서라는 내용이었다.

아버지는 버커위츠가 어린 시절 입양되었다는 소식에 잠시 안도했으나, 그의 생물학적 부모 역시 유대인이었음이 밝혀졌다. 좀더 달가운 소식은 버커위츠가 군에서 독실한 기독교도로 개종했다가 악마주의 컬트에 가담했다는 것이었다.

그럼에도 버커위츠에게서 묘하게 익숙한 느낌을 받는 건 어쩔 수 없었다. 그는 브롱크스에서 성장했고 그곳에서 바르 미츠바를 치렀으며,

---

* 구약성서에 나오는 사악한 신.
** 구약성서에 나오는 거대한 짐승.

심지어 뉴로셸에 살다가 이웃집 개가 짖는 소리 때문에 연쇄살인마들이 사는 동네 용커스로 이사했다. 그곳에서 그는 다른 개를 만났다. 늙은 유대인 남자의 이름을 지닌 악마에 씐 그에게 계속 살인을 저지르라고 명령했다.

법정에서 감정을 의뢰한 킹스 카운티 정신병원의 정신과의사 두 사람은 버커위츠가 IQ를 기준으로는 "지능이 우월"하지만 재판을 받을 능력이 없다고 감정했다. 겉보기에는 이해력에 문제가 없어 보이지만, 모든 걸 "정교한 편집증적 망상 체계"로 여과시켜서 받아들이므로 실제로는 아무것도 이해하지 못하고 있다는 게 그들의 설명이었다. 마틴 루서 킹 2세의 어머니 앨버타 킹을 살해한 남자처럼, 버커위츠도 법적으로 자신을 변호하는 데에는 관심이 없었다. 그가 재판받기를 원한 건 단지 "온 세상에 악마에 대해 알리고 싶기" 때문이었다. 정신과의사들은 그 점을 제외하면 그는 자신에게 내려질 판결에 대해 아무런 관심도 없는 듯하다고 평했다.

"현란한 광기"를 진단받은 버커위츠는 〈뉴욕 포스트〉에 악마와 개와 살인을 저지르라는 명령에 대한 편지를 보냈고, 신문사에서는 그 편지를 공개했다. "다른 아들들이 남아 있으니 신께서 세상을 보우하시길" 운운하는 버커위츠의 편지 속 경고로 인해 아직 잡히지 않은 악마 숭배자 공범들이 있다는 가설들이 쏟아져나왔다. 신문에는 가죽이 벗겨진 개들이 도심의 공원에 나타났다는 기사와 더불어, 악마 숭배 컬트의 광신자들이 모인다는 총격 사건 지점 근처의 장소들을 표시하는 지도가 실렸다.

당시 광기라는 단어는 너무나 많은 것을 의미했기에, 혹은 광기라는 것 자체가 존재하지 않았기에, 그 사건을 둘러싼 풍문의 중심이 된 건 정신과의사들이 버커위츠에 대해 내린 진단보다는 버커위츠가 관심을 가진 악마였다. 1970년대에는 디스코보다 사탄이 더 큰 광풍을 일으키고 있었다. 내가 뉴로셸로 이사한 해에 개봉한 〈엑소시스트〉는 어떤 의미에서 여전히 흥행중이었다. 〈엑소시스트〉 다음에 나온 〈오멘〉을 보고 나는 겁이 나서 죽는 줄 알았다. 내 머리를 밀면 '666'이 적혀 있지 않다고 장담할 수 있나? 아버지는 유대인들은 그런 헛소리를 믿지 않는다는 말로 나를 달래주었다. 사람들은 악마의 도움이 없어도 얼마든지 악을 자행할 수 있다고.

마이클은 합리주의자답게 미신에 휘둘리지 않았는데, 단 한 번의 예외가 캠프에서 롱아일랜드 출신 여자애가 마이클의 등에 마사지를 하면서 마법진을 그렸다고 장난을 쳤을 때였다. 마이클은 몸을 굴려 달아나며 소리쳤다. "당장 없애, 이 마녀야!" 그는 〈악마의 씨〉가 사실은 유대인인 원작 소설의 저자 아이라 레빈이 기독교에 대해 던진 농담이라는 얘기를 어디서 듣고, 신나게 비꼬는 논평을 해댔다. 나는 어퍼 웨스트사이드의 늙은이들이 벌거벗은 채 더 다코타 아파트에 모여서 악마를 숭배하며 우리 고모할머니 같은 말투로 이야기하는 걸 상상하고 싶지 않았다. "아버지 눈을 꼭 닮았구나."

〈악마의 씨〉는 〈엑소시스트〉가 나오기 이전 궁극의 공포 영화였고, 맨슨 패밀리의 살인 사건을 다룬 베스트셀러 『헬터 스케터』를 끼고 다니는 애들 덕분에 그 화제성은 여전히 현재 진행형이었다. 책을 읽지 않은 애들도 그 안에 담긴 충격적인 내용을 줄줄 읊을 수 있었다. 살인자들이 "나는 악마다, 내 일을 하러 왔지" 따위의 말을 했으며 그때 샤론 테이트가 임신 구 개월 차였다는 걸 누구나 알고 있었다. 맨슨 패밀리는 샤론 테이트를 죽이고 몸을 갈라서 그녀의 피로 문에 "돼지들"이라고 적었다. 샤론은 그 대학살이 벌어진 1969년 여름, 아직 영화관에 걸려 있던 〈악마의 씨〉의 감독 로만 폴란스키의 아내였다.

문화가 우리에게 데이비드 버커위츠를 맞이할 준비를 시킨 셈이었다. 버커위츠는 퇴마사에게 함께 회고록을 쓰자고 청했다가 퇴짜를 맞았지만, 타블로이드지에서는 그의 이야기에 열광했다. 정신질환이나 살인을 일으키는 정신이상보다는 악마 숭배를 이야기하는 편이 쉬웠다. 셰익스피어의 비극 『오셀로』에서 이아고가 잡혔을 때, 오셀로는 자신을 파괴한 자의 발에 갈라진 발굽이 달렸기를 간절히 바랐다. 인간의 탈선과 스스로를 기만한 자신의 마음이 비극을 일으켰다고 믿기보다는, 그 모든 게 초자연적 악의 만행이었다고 믿는 게 더 편했다. "나는 그의 발을 내려다보지만, 그건 동화에서나 나오는 이야기일 뿐이다."

샘의 아들의 경우도 그러했다. 사람들은 그의 머릿속을 들여다보려 하기보다는 발을 자꾸 확인했다. 그가 체포된 뒤 형사 한 사람은 실망감이 역력한 어조로 〈뉴욕 타임스〉에 이렇게 말했다. "일 년이 넘도록 단 한 가지를 바랐습니다. '샘의 아들'에게 말을 걸 기회, 왜 그랬느냐고 물어볼 기회를요." 마침내 질문을 던졌을 때, 되돌아온 건 무미건조한 목소리였다. "명령을 받았어요."

이는 버커위츠가 재판을 받을 능력이 없다고 감정한 정신과의사들에겐 의미 있는 답변이었지만, 재선을 노리고 있던 지방 검사장에겐 무용한 답변이었다. 검사장은 여섯 사람을 죽이고 일곱 사람에게 상해를 입혔으며 수백만 뉴요커를 공포에 시달리게 한 살인마가 재판을 받을 능력이 생길 때까지 약물 치료를 받도록 곱게 놓아둘 의향이 없었다. 그런 능력이 생기는 날이 오긴 오는지도 알 수 없는 노릇이었다.

그래서 지방 검사장은 자신의 권한을 행사해 다른 정신과의사를 고용했다. 다음 타자로 버커위츠의 정신 감정을 맡게 된 사람은 얼마 전 정신분석의 관점에서 쓴 유명한 전기 『닉슨 대 닉슨: 감정적 비극Nixon vs. Nixon: An Emotional Tragedy』을 출간한 정신분석가 데이비드 에이브러햄슨이었다.

에이브러햄슨 박사는 악마 개는 관심을 돌리려는 수작이라고 일축했다. 그는 버커위츠의 유년기에서 단서를 모았고, 몇 차례 면담 끝에 버커위츠가 양부모가 성관계하는 모습을 목격했을 "가능성"이 있다는 결론에 이르렀다. 이 기억이 억압되어 있다가 차 안에서 사랑을 나누던 연인들을 보고 깨어났다는 것이었다. "또 한번의 러브신"이 태초의 장면을 환기시켰다. 에이브러햄슨 박사에 의하면 이런 정신적 과정은 워낙 흔해서 정신이상의 증거라고 보기 어려웠다. 반면 그가 닉슨에게서 발견한, "내향적 조현성을 지닌 비밀스러운 유형의 인간"에게 있는 "유아적 구강 및 항문 욕구"야말로 정신이상의 증거였다.

에이브러햄슨 박사는 닉슨을 직접 만난 적은 없었지만 아직 대통령이 되기 전이었던 닉슨이 열 살 때 어머니에게 보낸 편지를 손에 쥐고 있었다. 개의 시점에서 적힌 그 편지는 "주인님"으로 시작해서 자신에게 못되게 구는 사람들을 물어버리겠다는 이야기를 늘어놓다가 마지막에는 "당신의 충실한 개, 리처드"라고 서명이 되어 있었다. 에이브러햄슨 박사는 〈뉴욕 타임스〉에 닉슨이 심리적으로 엉망이었던 만큼 이데올로기적 동기까지 가지고 있었더라면 "히틀러보다 악질인" 인간이 되었을 거라고 이야기했다.

버커위츠가 말하는 개를 만들어냈다면, 닉슨은 본인이 개였다. 에이브러햄슨 박사는 닉슨에 대해 이렇게 말했다. "제 전문적인 견해에 의하면, 그의 행동은 비정상입니다." 샘의 아들에 대해서는 이렇게 말했다. "피고는 약한 신경증이 있을지는 몰라도 여느 사람 못지않게 정상입니다."

이러나저러나 버커위츠의 유대계 아버지 네이선의 슬픔을 지울 길은 없었다. 철물점을 운영하다가 은퇴하여 플로리다에 살고 있던 그는 텔레비전에 출연하여 자기 아들이 목숨을 빼앗거나 부상을 입힌 희생자들의 가족에게 사과했다. 아들을 위해 고용한 변호사들이 만류했지만, 크나큰 상심에 빠진 아버지를 이길 수는 없었다.

"비통한 마음이 너무나 커서, 어떤 말로도 부모님들께 깊은 유감과 애도를 충분히 전할 수 없습니다." 네이선 버커위츠는 이 말을 마치고 눈물을 흘렸다. 아들이 유죄라고 확신하는 것 같았다. 그는 이렇게 말했다. "제가 기사를 읽고 내린 결론을, 아무리 정신이 부정하려 해도 마음이 받아들이고 있습니다."

5장
아메리칸 파이

우리 모두 춤추려 일어섰지만

아, 끝내 기회는 오지 않았네.

—돈 맥클레인, 〈아메리칸 파이American Pie〉

뉴로셸고등학교의 겉모습은 언뜻 프랑스의 고성을 닮았다. 화려하게 장식된 탑, 고딕양식의 지붕창, 기다란 보도 양쪽에 쌍둥이처럼 펼쳐진 두 호수가 내다보이는 난간까지. 학교 건물은 1926년에 문을 열었고 뉴로셸이 미국에서 세번째로 부유한 도시로 부상했던 1930년대 초에 확장되었으며, 1968년 봄에 불길에 휩싸였다. 으리으리한 건물 전면은 화재에서 살아남았지만, 처참히 망가진 내부는 실용성을 우선시하는 기조로 몰개성하게 재건축되었고 그 덕분에 학교 전체가 할리우드의 야외 촬영 용지 같은 분위기를 자아냈다.

지난날의 화재가 학교에 남긴 물리적인 증표는 단 하나, 불길이 탑으로 번진 시각을 가리키고 있는 교장실 바깥의 멈춘 시계였다. 시계는 언제나 1968년 5월 오전 9시 26분을 가리키고 있었다. 뉴로셸고등학교 화재는 팝송 〈아메리칸 파이〉*의 숨겨진 의미이기도 했다. 마이클과 나는 이 팝송에 사적인 흥미를 품고 해석에 몇 시간씩 매달렸는데, 돈 맥클레인은 뉴로셸에서 성장기를 보낸 인물이기 때문이었다.

가사 속에서 "음악이 죽은" 그날이 버디 홀리가 탄 비행기가 추락한 날이라는 건 이 노래에 관심이 있는 사람이라면 누구나 알았다. 하지만 뉴로셸 사람들은 맥클레인이 1959년 2월의 추운 아침에 〈스탠다드 스타〉 신문을 배달하다가 그 소식을 접했다는 것도 알았다. 맥클레인이 다닌 아이오나 프렙 스쿨 건너편에 '레비'**라는 이름의 바가 있다는 것도 알았다. 설령 그가 노래한 '레비'가 살해되어 암매장당한 민권운동가 세 명의 주검이 발견된 미시시피강 항구를 뜻했다 하더라도, 노래의 실마리는 결국 뉴로셸고등학교로 돌아왔다. 1964년 미시시피 '자유의 여름'***에 제임스 체이니와 앤드루 굿맨과 함께 큐클럭스클랜****에 의해 살해당한 미키 슈워너의 어머니는 뉴로셸고등학교에서 인기 있는 생물 교사였다.

맥클레인이 "밤하늘 높이 불길이 치솟았네"라고 노래했을 때 그가 염두에 두었던 "희생 제의"의 제물이 정말 우리 고등학교였는지는 알 수 없지만, 우리가 사는 교외의 동네가 순수의 상실에 관한 전설적 노래를 해석하는 열쇠이자 그 노래가 우리 동네를 이해하는 열쇠라고 생각하니 제법 짜릿했다.

1968년 화재 당시 〈뉴욕 타임스〉에 실린 헤드라인 "화재로 뉴로셸의 학교 불타다" 아래에 달린 부제는 당대의 두려움을 포착하고 있다.

---

* 1971년에 발매된 돈 맥클레인의 노래로, 가사의 상징성을 둘러싸고 오랜 시간 여러 해석과 가설이 분분했다.
** levee. '제방' 혹은 '부두'라는 뜻.
*** 인종차별 철폐를 목표로 개최된 역사적 민권운동 캠페인.
**** KKK로 알려진 백인 우월주의 집단.

"원인은 방화로 추정되나 인종 갈등과의 관련성은 보이지 않아." 불길을 바라보고 있던 고등학교 졸업반 흑인 학생은 기자에게 이렇게 말했다. "그냥 누가 학교에 가기 싫었던 거예요. 아시겠어요? '명령'이랑은 아무 상관없다고요."

그가 말하는 '명령'이 내려진 건 불과 한 달도 되지 않은 일이었다. 마틴 루서 킹 2세가 암살당한 직후, 오시 데이비스가 폭동을 막으려고 부랴부랴 뉴로셸고등학교를 찾아와 학생들에게 강연을 했었다. 스타 배우이자 흑인 운동가이며 뉴로셸에 오래 거주한 오시 데이비스는 나와 마이클이 다닌 중학교에도 찾아왔었다. 우리는 그가 위풍당당한 유명인 아내 루비 리와 함께 자신들이 "투쟁"이라는 짜릿한 이름을 붙인 무언가에 대해 이야기하는 것을 들었다. 데이비스는 마이클이 내게 준 『맬컴 X 자서전The Autobiography of Malcolm X』에도 등장했다. 후기 형식으로 실린 추도문에서 그는 맬컴을 "우리의 살아 있는 흑인성"이라고 부르며, "백인 녀석들은 누가 그들더러 인간이라고 일깨워주지 않아도 되지만, 우리는 그렇지 않다!"라고 설명했다.

〈뉴욕 타임스〉에서 인용했던 학생의 말이 옳았다. 화재는 '명령'과는 전연 무관했다. 방화범은 백인 남학생이었다. 열여섯 살에 벌써 졸업반에 들어간 그는 급우들에 따르면 "외톨이"였으며, 졸업 앨범 촬영에서 자진해서 빠졌고, 자신에 대해 집주소 이상의 정보를 알려주려 하지 않았다고 한다. 건물이 불타는 동안 그는 어떤 교사와 차분하게 대화를 나누고 있었지만 불길이 번져나가는 걸 보고 "극도의 자의식"에 사로잡혔다. 일주일 뒤, 하루아침에 교실을 잃은 고등학교 학생들이 임시로 수업을 듣고 있던 앨버트 레너드 중학교에서 작은 화재가 일어나자 범인은 결국 꼬리가 밟혀 체포당했다.

남학생에게는 그래스랜드병원의 정신병동에서 구금 관찰을 받으라는 판결이 내려졌다. 신문에는 그가 맹인 어머니 아래에서 자랐으며 정신과 치료를 받은 전력이 있다는 보도가 실렸다. 그가 체포되자 지역사회는 크게 안도했다. 인종 문제가 엮인 게 아니라, 그냥 정신질환자의 소행이었다. 정신질환에 대해서야 어찌할 방도가 없는 것이고.

휴교에 들어갔던 뉴로셸고등학교는 웨스트체스터 지역구 고등학교로서는 최초로 흑인 교장을 맞아들이며 다시 개교했다. 제임스 R. 개디는 마이클과 내가 고등학교에 진학했을 때에도 여전히 교장 자리에 있었다. 붓 같은 콧수염을 기르고 말쑥한 1970년대 정장을 차려입은 그는 AP 수업을 늘려달라느니, 아이비리그 입학 경쟁률을 알려달라느니, 인종차별적인 능력별 학급 편성 제도를 채택하고 흑인 학생들을 유독 많이 정학시키는 게 잘못이라느니 하며 차례로 귀찮게 구는 학부모들과 삼천 명의 학생들을 사관학교 출신다운 태도로 호령했다.

사실 우리 학교는 인종보다는 마이클이 "계급"이라고 부른 것에 의해 훨씬 심하게 분리되어 있었다. 어느 쪽이 문제였든, 나는 장장 삼년 동안 학교에서 화장실에 가지 않으려 기를 썼다. 내가 무서워서 피하는 흑인 애들이 전부 공공 주택에 사는 극빈층이라 해도, 그애들이 흑인이기 때문에 내가 느끼는 두려움은 인종차별이었다. 나는 화장실을 피하는 것에 더해 그 이유를 이야기하는 것도 피해야 하는 이중고에 시달렸다. 개디 박사는 우리에게 오즈의 마법사처럼 교내 확성기에서 흘러나오는 목소리였고, 실제로 더 자주 본 건 주로 경비원 역할을 수행하던 세 교감이었다. 그들은 워키토키를 손에 쥐고 교내와 '다리'라고 불리는 학교 바깥 지역을 순찰했다. 보도의 폭이 넓어져서 광장처럼 탁 트인 그 공간에서는 애들이 수업 전후는 물론이요 수업중에도 모여서 담배를 피우고 놀곤 했다.

목재를 조각해 만든 정문은 화재로 유실된 후 다시 만들어지지 않았지만, 그래도 우리 고등학교에는 천문관, 테니스 코트, 실내 수영장, 그리고 리처드 닉슨이 초청 연사로 왔던 1964년에 한 역사 선생님이 만든 모의 의회를 비롯한 명문 동아리들이 있었다. 마이클과 내가 가입한 동아리는 샌님들을 끌어당기기로는 모의 의회와 어깨를 견줄 만한 교지 〈헤럴드〉의 편집부였다.

우리가 고등학교에 입학한 해에 마이클의 형 대니가 편집장 자리를 제의받았지만, 그는 졸업반 일 년을 건너뛰고 스탠드업 코미디언이 되겠다며 캘리포니아로 떠나버렸다. 명목상으로는 대입을 위해서라고 했지만 우리는 그런 선택을 내리는 객기에 입을 벌리고 감탄했다.

대니는 떠나기 전에 가짜 신문 1면을 꾸며놓았다. "라우도어 캘리포니아로 떠나다. 루빈이 부전승으로 이기다." 에릭 루빈은 어릴 적부터 대니의 가장 친한 친구이자 라이벌이었고, 라우도어 가족이 미어랜드 로드로 이사하기 전에는 이웃이기도 했다. 나와 마이클이 팜 캠프 로이에 다녔듯, 둘은 좌파적인 트라이우디 캠프―그곳에선 히로시마 데이는 기념하지만 미국 독립기념일은 그냥 넘어간다고 했다―에 같이 다녔다. 에릭은 똑똑하고 호감형이었으며 살짝 초조해 보일 만큼 자신감이 넘쳤다. 그는 편집장 일을 기가 막히게 잘해냈지만, 친구가 가짜 신문으로 전달한 마지막 메시지에 속이 쓰린 건 어쩔 수 없었으리라.

고등학교는 각 학년의 학생 수가 천 명이나 되었지만 중학교보다 더 철저하게 쪼개져 있었다. 교내 어딘가에서는 직업훈련을 받는 남학생들이 점화 플러그를 교체하는 법을 배우고 여학생들은 모형의 머리를 스타일링하고 있었으며 차체 수업과 미용학 수업에는 따로 배정된 동이 있을 정도였다.

마이클과 나는 학교 첫날 바로 〈헤럴드〉 부실에 들어앉았다. 열쇠는 편집자들에게만 주어졌지만, 언제든 우리를 들여보내줄 사람이 있었다. 우리 누나도 편집자였고 에릭을 포함한 친구들과 그곳에서 점심을 먹었다. 나는 중학교에서 보낸 삼 년보다, 그곳에서 보낸 첫 주에 마음이 더 편안했다.

둘째 주 초의 어느 날, 마이클과 나는 평소처럼 수업에 대해 이야기하고 허튼소리를 주고받으며 붐비는 고등학교 캠퍼스를 가로지르고 있었다. 그때 내 왼쪽 호숫가에 흑인 학생들이 무리지어 있는 게 눈에 들어왔다. 우리 또래이거나 몇 학년 위로 보였지만, 등교를 한 것 같지는 않았다. 몇 명은 낮고 두툼한 수양버들 가지에 기대 쉬고 있었고 나머지는 서로를 붙잡고 도망치고 하며 거칠게 놀고 있었다. 땅바닥에 앉은 애도 한둘 있었다.

마이클은 말하는 데 푹 빠져서 내가 어떤 광경을 흘깃거리고 있는지 알아차리지 못한 것 같았다. 사실 그 광경은 정확히 무엇이라고 꼬집어 말하기도 어려웠다. 우리가 그들과 가까워지고 남자애 하나가 일어서는 순간, 왠지 모르게 기류가 바뀌었다는 것밖에는. 지레짐작하지 않는 편이 좋다고 생각하면서도 도리 없이 심장 박동이 빨라졌다. 나는 계속 걸었다. 마이클이 눈치를 챘는지는 모르겠지만, 심지어 그 무리 쪽으로 살짝 방향을 틀었던 것 같기도 하다.

9월의 선선한 날이었다. 나는 티셔츠 위에 바람막이를 걸치고 있었다. 자리에서 일어난 남자애는 마이클이 나중에 "기니 티"라고 표현한 옷을 입고 있었다.* 그애는 마이클식으로 나를 향해 고개를 까닥거렸다. 보통은 고개를 내렸다가 올리는데, 고개를 먼저 올렸다가 내리는 식이었다.

그가 내게 시간을 물었고, 나는 정말로 시간이 궁금한 건 아닐 거라고 확신하면서도 손목시계를 내려다보았다. 언제나처럼 짧은 바늘, 긴 바늘을 두 단계에 걸쳐 확인해야 했다. 그리고 다시 고개를 들었을 때 그는 내 왼쪽에 바짝 다가와 있었다. 이제 우리는 흑인 아이들 무리를 향해 나란히 걸어가는 꼴이 되었다. 그가 돈독한 신뢰를 표현하듯 내 어깨에 묵직한 오른팔을 둘렀고, 그가 시간 따위에는 관심도 없다는 걸 알았듯이 나를 신뢰해서 그러는 게 아니라는 걸 분명히 알았음에도, 그 제스처에 약간 우쭐한 기분이 들려고 했다.

마이클은 드디어 입을 다물었지만 어디로 갔는지 보이지 않았다. 마이클이 서 있던 내 오른쪽에는 어느덧 다른 애가 서 있었다. 세번째 남자애가 내 앞을 가로막아서 나는 걸음을 멈추었다. 내 목덜미에 걸려 있던 묵직한 팔이 구부러지더니 힘껏 목을 조여왔다. 턱밑에서 팔뚝이 목을 내리누르자 나는 옴짝달싹할 수 없게 되었다. 숨이 턱 막혔다. 두려움 때문이었는지도 모르겠다.

헤드록에 걸려서 세상의 모든 소리가 한풀 꺾여 들리는 와중에도 애걸복걸하는 내 목소리는 귀에 선명하게 꽂혔고 그 순간 나는 자신에게 깊은 역겨움을 느꼈다. "어, 애들아, 그만해, 야 그만 그만." 그러다가 어느 순간 내 얼굴을 향해 거센 주먹이 날아왔고 눈앞에 별이 보인다는 말이 진짜임을 알았다. 머리가 뒤로 떨어져나갔을 것 같은 느낌이

---

* '기니 티'는 몸에 달라붙는 민소매 티셔츠를 부르는 속어이며 이때 '기니(guinea)'는 이탈리아계를 부르는 멸칭이다.

었는데 용케 제자리에 붙어 있었다. 머리가 뽑히거나 로켐소켐 로봇*처럼 튀어나가지 않은 것만 해도 천만다행이었다. 그런 생각들이 스치는 와중에도 나는 여전히 구타를 당하고 있었다. 망치처럼 거센 주먹질이 코를 가격했고 머릿속에서는 번개와 같은 색의 천둥이 폭발했다.

정신을 차려보니 나는 이제 땅에 누워 무릎을 구부리고 얼굴을 가리고 있었다. 그래도 계속 주먹이 날아오는 게 이상하다고 느끼다가 문득 내가 발길질을 당하고 있다는 걸 깨달았다. 무심한 내면의 목소리가 '나는 지금 구타를 당하고 있어, 그게 지금 일어나는 일이라고, 믿기지 않는군' 따위의 말을 반복하는 동시에, 귀에 들리는 구타와 고함 ―씨팔놈의 백인 새끼―속에서 흐릿해진 내 이해력을 대신해 지금 내가 당하고 있는 일을 번역해 들려주었다. 마치 농구 경기를 중계하는 마브 앨버트 같았다. "방금 그 소리는 당신 콧대가 부러지는 소리입니다."

몸이 제멋대로 움직이며 엉망이 된 얼굴을 가렸다. 그동안 숨막히게 무거운 무언가가 나를 찍어 누르고 있었다는 것을, 그 무언가가 뚜껑처럼 들어올려지고 내가 나도 모르는 사이에 증기처럼 벌떡 일어난 순간에야 알아차렸다. 나는 스스로의 생명력에 내심 놀라며 마이클을 향해 달음박질쳤다. 그는 아주 멀지는 않지만 달려가야만 닿는 거리에 가만히 서서 나를 보고 있었다. 마이클의 형체는 흐릿했다. 안경이 벗겨졌기 때문이었다. 하지만 안경보다 무거운 무언가를 쓰고 있는 것처럼, 얼굴에 엄청나게 집중된 압박감이 느껴졌다.

자기 앞에 선 나를 보고 마이클은 고통스럽게 얼굴을 찌푸렸다. 나

---

* 권투 게임을 하는 플라스틱 장난감.

는 순간 그 표정이 내 얼굴을 보고 지은 것이고 그는 나처럼 구타를 당하지 않았다는 걸 깨달았다. 솔직히 말하자면 그 순간 나는 상심했고, 더욱 강렬한 외로움이 밀려왔다. 그런 상황에서 외로움을 느낀다는 게 우습지만, 나는 그만큼 정신이 흐려져 있었다. 마이클은 평소답지 않게 허둥대면서 자기가 어떻게 녀석들에게서 풀려났는지 주워섬기다가 불현듯 말을 멈추었다. 덩치가 산만한 흑인 애가 내 바로 옆에 서 있었다.

시야는 흐릿했지만, 중학교 때 스쿨버스를 같이 탔던 얼굴이라는 걸 알아볼 수 있었다. 버스 안에서 그가 커다란 주먹으로 누나 친구의 머리를 도장 찍듯 무심하게 찍어 누르는 걸 본 적이 있었다. 하지만 지금 그는 거의 미안한 기색으로 으스러진 내 안경의 잔해를 들고서 나를 두들겨팬 녀석들을 욕하고 있었다. 녀석들을 경멸하는 게 분명해 보여서 나는 속으로 안도했다. "양호실에 가야겠어." 그의 말을 신호로 우리 셋은 학교 옆문을 향해 걷기 시작했다. 덩치가 안경을 쥐지 않은 손으로 내 왼팔을 잡고 방향을 인도해주었는데, 나는 한순간 아드레날린이 분출한 덕분에 바닥에서 일어나긴 했지만 이제는 기절하기 일보 직전이었으므로 내심 고마움을 느꼈다.

한 여자가 옆문 바깥으로 반쯤 몸을 내밀고 우리를 지켜보고 있었다. 마이클이 그녀에게 전속력으로 달려갔다. 덩치는 내 팔을 놓더니 "곤란" 운운하며 자기는 더 가지 않겠다고 웅얼거렸다. 갑자기 사무적인 태도로 돌변한 그는 내 손에 퉁명스럽게 안경을 쥐여주더니, 문간에 서 있던 여자가 마이클과 함께 바쁜 걸음으로 다가오는 사이 황망하게 몸을 돌려 가버렸다.

양호 선생님은 나를 보고 아연실색했다. 그다음에 내가 무얼 했는지는 기억나지 않지만, 정신을 차려보니 양호실 침대에 누워 있었다. 마이클은 내 코가 비뚤어졌다고 알려주었는데 온 얼굴이 아프고 입으로만 숨을 쉴 수 있는 걸 보니 그럼직했다. 하지만 고통은 예상만큼 날카롭지 않았다. 한데로 뭉친 묵직한 통증이 느껴졌다. 그보다는 가슴이 너무 아파서 잠깐 동안은 심장마비가 온 게 아닌지 의심했다. 아래를 내려다보자 내 티셔츠의 붉은 글씨 위로 점점이 흩어진 핏자국과 소용돌이치며 서로 겹쳐진 운동화 자국들, 그리고 달에 새겨진 발자국처럼 가슴 한복판에 찍힌 커다란 흙 발자국 하나가 보였다.

양호 선생님은 분주히 움직였지만 나 때문은 아니었다. 선생님은 여기저기 전화를 걸고, 애들이 양호실 안으로 머리를 들이밀고 입체파 그림 같은 꼬락서니를 한 내 얼굴을 보고 "장난 아니다!" 하고 외치며 다른 애들을 데려오는 걸 쫓아내기에 바빴다. 마이클은 어디론가 자취를 감추었다. 양호 선생님은 어머니가 병원으로 올 거라고 알려주었는데, 나는 지금 학교에 있는데 그게 무슨 이상한 소리인가 싶었다.

이윽고 마이클이 피냐타*처럼 터져버린 내 책가방을 들고 돌아왔다. 가방이 열리면서 내용물이 산산이 흩어져버렸지만, 마이클이나 누군가가—그 덩치 큰 흑인 애일지도 몰랐다—내 책과 이런저런 구겨진 종이쪽들을 주워모은 모양이었다. 마이클이 자기 아디다스 가방은 책이 든 채로 호수에 던져졌다고 보고하자 나는 그 상황에서도 그게 웃기다고 생각했다. 사건이 서서히 이야기로 변하는 게 느껴졌지만 내가 맡은 역할이 마음에 들지 않아서 결코 남들에게 들려주지 않을 이야기였다.

---

* 축제나 파티에서 막대기로 쳐서 터뜨리는, 사탕이나 장난감 따위가 든 커다란 통.

구급대원들이 바퀴 달린 들것에 나를 눕히고 벨트를 채우는 동안, 나는 갈비뼈가 부러진 통증보다 더 심한 수치심을 견뎌야 했다. 들것에 실린 채 양호실을 나와 형광등이 밝게 켜진 복도에서 나를 내려다보는 수많은 아이들 얼굴을 마주하자 수치심은 더 강해졌다. "와, 이런, 애를 완전히 조져놨네!" 수업 끝났는데 다들 집에 안 가고 뭐하는 거지?

마이클이 자기 집에 놀러온 나를 현관까지 배웅하듯이 정문까지 나를 따라왔다. 들것이 한쪽만 열린 문으로는 통과할 수 없어서 학생들이 양쪽 문을 열어주었다. 구급대원들이 몇 계단 아래로 들것을 내려 '다리' 위에 놓았다. 더 많은 애들이 몰려들어 웅성거리는 동안 나는 눈을 감고 그 자리에 존재하지 않는 척했다.

나는 E. L. 닥터로의 『래그타임』에 기록된 먼 과거에는 얼음덩어리를 공급하는 하나의 호수였다가 지금은 둘로 나뉜 쌍둥이 호수 사이의 긴 보도를 따라 나를 실은 들것이 굴러가는 걸 느꼈다. 얼음을 수확하던 시대는 지났고 1978년의 그날 나는 구급차 한 대가 기다리고 있는 노스 애비뉴를 향해 미끄러져 나아가고 있었다.

"일을 이렇게 처리하셔야죠." 척 라우도어가 아버지에게 말하고 있었다. "남자들을 좀 모아서 쇠파이프를 들고 본때를 보여주는 겁니다! 우리 동네에선 그렇게 했다고요."

마이클과 나는 우리집 앞에 세워진 부모님의 고동색 쉐보레에 기대서서 아버지들이 얘기하는 걸 지켜보고 있었다. 자동차 앞유리에는 단풍나무 이파리들이 벌금을 내지 않은 주차 딱지들처럼 다닥다닥 붙어 있었다. 바로 그 순간 아버지는 몸을 돌려 우리집 현관 계단을 몇 걸음

올라갔고, 척은 그를 쫓아가며 브루클린에서는 어떤 식으로 일을 처리하는지에 관해 고래고래 소리를 질렀다.

"본때를 보여주라고요!"

개인적으로 척의 제안은 내가 평생 들은 아이디어 중 최고였다. 디플로머시 보드게임을 하는 애들이 패싸움을 하는 광경은 상상조차 할 수 없었고 쇠파이프는 언감생심이었지만, 누군가가 그런 일을 하려고 생각했다는 사실이 세상의 어떤 심리 치료보다도 내 마음을 다독여주었다. 어차피 내게 심리 치료를 해주겠다는 사람도 없었다.

나는 "경과 관찰"을 위해 병원에서 하룻밤을 보냈고, 퇴원 후 나중에 다시 와서 코 재건 수술을 받기로 했다. 내 코는 구타로 인해 변형된 상태였지만 아직은 너무 심하게 부어서 재건하기엔 이르다는 것이었다. 갈비뼈는 놔두면 저절로 붙을 거라고 했다. 눈가의 멍과 안경다리에 긁혀 머리 한쪽에 새겨진 기다란 붉은색 자국도 기다리면 나을 거라고 했다.

아버지는 고통스러워했고 시름에 잠겼다. 어머니는 격분했다. 어머니의 분노는 내게 병문안을 와서 "살다보면 이런 일도 있는 거죠"라고 중얼거린 랍비에게까지 불똥이 튀었다. 내 구타 사건 때문에 개최된 학부모회 특별 회의에서 어머니는 고등학교 캠퍼스 내에 안전요원 배치를 요구하는 긴 편지를 낭독했다. 어머니가 낭독을 마치자, 척이 자리에서 일어나 자기는 의견이 다르다고 선언했다. 어머니는 식식거리며 집으로 돌아왔다.

플라워스라는 경쾌한 이름을 지닌 호감 가는 아프리카계 미국인 형사가 우리집으로 찾아와 나와 면담을 했다. 마이클과는 이미 대화를 마친 뒤였다. 우리 둘 다 가해자들을 알지 못한다고 했지만, 그들이 폭력을 행사하는 과정에서 인종에 관한 말을 했다는데, 그게 혹시 어떤 동기가 있었다는 증거인지 아니면 그냥 즉흥적으로 내뱉은 욕설이었는지 물었다. 리처드 프라이어에게도 구타하는 동안 고집스럽게 말을 거는 녀석들을 주제로 하는 레퍼토리가 있었다. 나는 리처드와 내가 같은 경험을 공유한다는 사실에서 위안을 얻으려 했지만, 내가 구타당한 이유가 피부색도 인성도 아니라면, 대체 나의 어떤 부분이 그들을 건드린 걸까?

학교로 돌아간 나는 교장실로 호출되어 여러 남자애들의 사진을 들여다봐야 했다. 모두 흑인이었고, 그날처럼 딱 붙는 흰 티셔츠를 입은 애는 없었다. 개디 박사는 우리 부모님에게 이미 가해자를 특정했다고 알렸지만 어떤 방법을 썼는지는 말해주지 않았다. 그중 두 명은 작년에 퇴학당했으나 나머지는 내가 지목하기만 하면 처벌할 수 있다고 했다. 바로 이 녀석들이 가해자라고 잘라 말하는 개디 박사 앞에서 내 마음을 괴롭히는 자기 의심은 아무런 쓸모가 없었다. 하지만 알아보지 못한 흑인 아이들을 가해자라고 지목하려니, 애초에 그들을 알아보지 못한 것보다 더 심한 인종차별을 저지르는 느낌이었다.

개디 박사가 나를 멍청이로 여기든 또하나의 절차적 장애물로 여기든, 그는 내게 확증을 받아야만 했다. 짐 크로 법*이 지배했던 남부에서 온 이 남자는 이탈리아인들을 가톨릭 학교에서 내쫓고 유대인들이 스카스데일로 이사하는 걸 막았듯이 내가 나를 구타한 흑인 애들이 누군지 짚어내도록 설득해야 했다. 그의 인내심이 차차 바닥나는 게 느

---

* 인종 분리를 제도화하여 흑인을 차별하는 법으로 1876년부터 1965년까지 미국 남부에서 시행되었다.

꺼졌다.

나는 무고한 피해자의 지위를 유지하려 노력하고 있었지만, 무고한 피해자로 남으려는 나의 욕구 자체가 잘못은 아닌지 의심이 들었다. 구타가 시작되었을 때 나도 같이 주먹을 휘두르거나, 적어도 마이클처럼 발을 써서 도망쳤어야 했는데 "그만해" 같은 소리나 하고 있었으니.

수술을 받고 나서 나는 코에 깁스를 하고 등교했다. 깁스 둘레에 고양이 수염처럼 고정용 흰색 테이프를 사방으로 붙인 채였다. 그날 하루 내가 투명인간이 되었다고 스스로를 속이면서 겨우 하루를 버텼다. 그리고 집에 돌아와서 대학에 갈 때까지 등교를 하지 않겠다고 선언했다. 학교에서는 깁스를 풀 때까지는 집에 머물러도 된다고 허락해주었다. 마이클이 방과후에 규칙적으로 우리집에 들렀는데 내가 놓친 소식을 전해준다는 명목이었으나 대개는 그냥 나랑 놀았다. 유난히 따뜻했던 그해 가을 우리는 파티오에 놓인 뒤로 젖혀지는 해변 의자에 앉아 많은 시간을 보냈다.

구타를 당한 그날 무슨 일이 있었는지 우리끼리 상세히 대화한 일은 없었다. 같은 반 애들에게 대강의 이야기를 들려준 게 전부였다. 마이클은 자기 쪽으로 다가오는 애들을 밀치고 농구의 '셰이크 앤드 베이크' 동작처럼 몸을 틀어서 전속력으로 달아났다고 설명하곤 했다. 내가 자기 옆에 없다는 걸 깨닫자마자 걸음을 멈추고 몸을 돌려보니, 내가 비록 가해자들은 무찌르지 못했을지언정 괴력을 발휘해 중력을 거스르며 땅에서 벌떡 일어나고 있었다고도 했다. 관대한 설명이었지만 나는 이야기가 이 대목에 다다르면 마이클이 살짝 당혹해서 서두르는 걸 느낄 수 있었다.

왜 나를 도우러 오거나 누군가에게 도움을 청하러 가지 않았느냐고, 왜 내가 구타당하고 풀려날 때까지 먼 거리에서 가만히 지켜보고만 있었느냐고, 나는 묻지 않았다. 마이클이 내가 가해자들과 맞서 싸우도록 도울 수 있었을 거라는 환상은 없었다. 나 자신부터가 맞서 싸우고 있지 않았으니까. 그리고 구타를 당하던 당시에는 그 순간이 영원처럼 느껴졌지만 실제로는 마이클이 노스 애비뉴로 달려가 차를 불러 세우거나 다시 현장으로 달려왔을 즈음에는 사건이 끝나 있었을 것이다. 하지만 마이클이 내가 맞는 걸 구경만 하고 있었다는 사실은 우리 둘 다의 마음속에 그림자를 드리웠다. 우리의 서로 다른 숙명과 운이 우리 둘 사이를 갈라놓았다.

마이클이 부끄럽게 여기는 게 자기 행동인지 내 행동인지 나는 확신할 수 없었다. 내가 세상 물정에 어둡고 운이 따르지 않는 게 부끄러웠던 걸까. 나는 확실히 나 자신이 부끄러웠다. 마이클은 영리한 생존자인 반면 나는 피해자였다. 그러니 마이클이 이 화제를 피하려 한 건 자기 자신만큼이나 나를 위해서였을지도 모르겠다. 어쨌거나 우리가 다다른 결론은 같았다. 그 이야기는 하지 않는 편이 좋다는 것. 동시에 우리는 그 사건을 겪으면서 한데 묶이게 되었고 어떤 의미에서는, 적어도 남들 생각에는, 그 어느 때보다도 더 가까운 사이가 되었다.

마침내 얼굴의 깁스를 풀고 학교로 돌아가는 날이 왔다. 나는 마이클과 누나의 도움을 받아 수업을 따라잡았고, 종종 결석을 하긴 했지만 다시 학교생활의 리듬에 적응해갔다. 마이클과 나는 〈헤럴드〉 부실에서 보드빌 배우들처럼 까불거리면서 일거리와 다른 아이들의 관심을 두고 다투었다. 우리는 서로를 보완해주는 경쟁 관계였으므로—농구 용어로 치면 나는 공을 패스해주는 '앨리'였고, 마이클은 골대에 슛을 쏘는 '우프'였다— 자연스레 한 쌍으로 취급받았다.

친구 팻의 열여섯번째 생일 파티 날 마이클이 캐비닛에서 술병 하나를 꺼내 이층 화장실에서 혼자 퍼마시다가 술에 취했을 때, 그는 잠긴 문 너머로 나를 불러달라고 부탁했다. 마이클은 그 안에서 오랜 시간 토했다. 나를 마주한 핏기 하나 없는 얼굴에는 주근깨만 동동 떠 있었다. 마이클은 술을 마시지 않는 파티에서 진탕 취한 것을 부끄러워했고, 팻의 어머니에게 들키지 않길 원했다. 나더러 마이클을 집에 데려가라고 한 장본인이 그녀인 줄은 모르는 모양이었다. 프랑켄슈타인처럼 위엄 있는 태도로 휘청휘청 계단을 내려가면서, 마이클은 우리가 그 집에서 몰래 빠져나가고 있다고 믿는 듯했다. 돌아가는 길 내내 나는 마이클이 넘어지지 않도록 부축해야 했다.

우리는 둘 다 유럽사 과목을 가르치는 그레그 모리슨 선생님의 열혈 팬이었다. 그레그는 수업중에 담배를 피웠고, 우리를 어른처럼 대우했으며, 살아 숨쉬는 1960년대의 기운을 풍겼다. 그는 마이클보다도 읽는 속도가 빨랐고 예술과 음악에 관해서라면 모르는 게 없었다. 브루클린의 코뮌과 나이지리아 비아프라의 마을에 산 적이 있다고 했다. 그 시절 그레그는 살을 파먹는 개미가 귀 안으로 들어가는 사고를 겪었다. 그는 오토바이를 타고 굉음을 울리며 선교사의 오두막집으로 내달렸는데, 그 선교사의 응급처치법이란 귀에 녹은 바셀린을 들이붓는 것이어서 개미는 죽였지만 한쪽 청력도 같이 죽어버렸다.

그레그는 평화봉사단의 일원으로 아프리카에 간 거라서, 그곳에서 학생들과 〈맥베스〉 공연을 무대에 올린 적도 있었다. 극중 마녀와 왕을 마법사와 부족의 원로로 재해석했다고 했다. 그런데 그가 지내던 마을에 어떤 끔찍한 일이 일어나 그의 인생도 바뀌었다고, 그레그는 넌지시 돌려 말했다. 지금은 사라져버린 비아프라를 떠난 이래로 그가 유일하게 편안하게 느낀 곳이 지금 지내고 있는 할렘이었다. 그가 여러 해 전 꿈꾸었던 미래를 바꿔버린 모종의 재난으로 인해 우리가 수혜를 입게 된 게 분명했다.

그레그는 내게 구타 사건을 언급하며 내가 그 일에 대해 어떻게 느끼는지를 이러쿵저러쿵 평가하는 기색 없이 경청해준 유일한 사람이었다. 그는 자신이 가르치는 AP 수업을 듣는 우리 누나에게 "그애 머리는 어때?"라고 물었다고 한다. 그리고 누나가 설명을 하는 도중에 웃으며 말을 끊었다. 그가 말한 '머리'는 1960년대 속어였다. 그가 궁금했던 건 내 머릿속 상태였다.

그레그는 고급문화를 숭배했지만, 어느 날은 수업에 휴대용 전축을 가져왔다. 도나 서머가 커버한 〈맥아더 파크MacArthur Park〉가 차트 1위에 오른 걸 보고, 애절한 원곡을 우리에게 들려주고 싶었다고 했다. 이 노래는 이별을 이야기하는 내용이지만 1968년 세상을 떠난 마틴 루서 킹 2세와 보비 케네디를 향한 애도의 뜻을 한가득 담고 있었다. 그 해에 한 세대의 꿈이 빗속에 내버려둔 케이크처럼 녹아 사라지고 말았다. 리메이크 노래의 원곡을 듣는 것도 일종의 역사 수업이었다. 역사는 반복된다. 첫번째는 비극으로, 두번째는 디스코로.

마이클과 나 둘 다 그레그를 멘토로 모셨다. 우리는 그레그가 사무실로 쓰는 비품 창고 앞에서 나란히 그를 기다리다가, 마침내 그가 연기 자욱한 안쪽에서 문을 열고 나오면 동시에 얘기를 시작해서 둘 다 원했던 개인 면담은 하지 못하기가 일쑤였다.

그레그가 AP 유럽사 수업을 듣는 졸업반 학생들을 위해 방과후에 개설한 리뷰 수업에 가자고 제안한 건 마이클이었다. 우리는 아직 10학년이었지만 상관없었다. 어차피 마이클의 목표는 수업을 듣지 않고 AP 시험을 보는 거였다. 우리 누나도 친구들과 리뷰 수업을 들었다. 나는 그들과 어울리는 걸 정말 좋아했다. 날씨가 좋은 날이면 그레그는 교실 문에 쪽지를 붙여놓곤 했다. "호수 옆, 나무 아래."

우리는 내가 구타당한 장소와 멀지 않은 곳에서 모였다. 내가 그곳을 피하지 않은 건 오직 그때뿐이었다. 베스트팔렌조약이 뭔지는 잊었지만, 그것 하나만으로도 리뷰 수업은 가치가 충분했다. 마이클은 잘해내겠다는 독기를 품고 수업에 임했고 상급생들과 치열하게 경쟁했다. 나는 결국 AP 시험을 보지 않았다. 마이클은 만점을 받았고, 우리 누나도 마찬가지였다. 누나는 그해 졸업식에서 대표로 선정되어 천 명의 학생들 앞에서 '자기중심적인 세대'가 되려는 유혹에 저항하라는 취지의 연설을 했다. 누나는 그게 오글거리는 기억이라고 했지만, 그때 나는 누나가 말도 못하게 자랑스러웠다.

2학년은 순탄하게 시작되었다. 그 말인즉 병원 신세를 지진 않았다는 뜻이다. 내 손에는 〈헤럴드〉 부실 열쇠가 들려 있었고, 아침에 부실에 도착해보니 신입생들이 문 앞에서 배고픈 강아지처럼 기다리고 있었다. 일 년 전의 나처럼, 보호와 관심이 간절한 아이들이었다.

누나와 에릭은 둘 다 예일대학교에 갔다. 마이클은 뉴스 편집자가 되었고 나는 특집 기사 편집자가 되었다. 우리는 더이상 그레그의 수업을 듣지 않았지만 그러거나 말거나 꾸준히 그레그를 찾아갔다. 그는 나의 느린 독서 스타일이 빛을 발할 만한 『소리와 분노』 같은 책들을 읽으라고 권했다. 그레그는 이 소설의 주제가 모든 그리스 비극과 같다면서, 그게 뭔지 알겠느냐고 내게 물었다. 고개를 젓자 그는 소리쳤다. "엿 같은 가족이지!"

어느 날 손에 『소리와 분노』를 들고 그레그의 사무실을 나오는 마이클을 맞닥뜨렸을 때, 나는 별 수 없이 마음이 아팠다. 우리 사이에는 같은 정신과의사에게 진료를 받는 환자들처럼 어색한 은밀함의 분위기가 감돌았다.

하루는 우리가 평소처럼 농담을 주고받으며 앞에 모인 아이들을 웃기고 있는 장면을 그레그가 지나가다가 봤다. 나중에 그는 내게 사람들을 웃기는 능력이 있지만 대체로 나 자신을 웃음거리로 삼는 것 같다고 말했다. 내가 마이클과 내가 동경하는 코미디언들은 다 그렇게 한다고 설명하자, 그레그는 고개를 저었다.

"마이클은 그렇게 하지 않는단다." 그가 말했다.

어떤 이유에선지는 몰라도 나는 마이클에게 텔루라이드 프로그램에 지원한다는 걸 비밀로 했다. 텔루라이드 프로그램은 여름방학 육주 동안 진행되는 모범생들을 위한 캠프로, 비용 전액이 지원되었다. 누나가 예일대학교에서 만난 친구 둘에게 그 캠프가 자기 인생을 바꾸는 경험이었다는 이야기를 들었다고 했다. 누나 친구들은 "네 동생이 어떤 앤지 알 법하다"라면서, 텔루라이드가 내게도 아주 잘 맞을 거라고 했다. 하지만 텔루라이드 프로그램은 선발 인원이 마흔다섯 명에 불과한데다 다섯 편의 에세이, 추천서, 지금까지 읽은 모든 책에 주석을 붙인 목록을 요구했으며 그 관문들을 모두 넘으면 위압적인 사람들로 가득한 방에서 면접을 봐야 했다.

누나와 그레그에게 코칭과 재촉을 받으며—그레그는 내게 추천서를 써주고, 에세이 초안을 읽어주고, 포기해선 안 된다고 고집했다—
나는 겨울 내내 지원서를 썼다. 그해 텔루라이드 프로그램에서는 세
종류의 세미나를 제공했다. 하나는 문학과 혁명, 또하나는 미국 도시
의 삶, 나머지 하나는 내가 들어본 적조차 없는 사회생물학이라는 주
제였다. 내 1지망은 문학이었지만 나는 그레그가 내게 준 링컨 스테펀
스의 『도시의 수치The Shame of the Cities』와 구타당한 경험에 대해 썼다.
나를 때린 가해자들의 삶 배후에 도사리고 있는 도시 빈곤과 역기능을
이해하고 싶다는 소망을 피력했다. 쇠파이프로 녀석들을 무자비하게
때려눕히고 싶다는 부분은 나만의 비밀로 남겨두었다.

나는 서류를 통과하고 면접 대상자로 선정되었다. 맨해튼의 작은 사
무실을 메운 위압적인 면접관들은 알고 보니 대부분 대학생과 대학원
생이었는데, 그들이 활용하는 적대적인 소크라테스식 문답법이 내게
낯설지는 않았다.

"가해자들을 이해하려고 노력한다는 건 클리셰 아닌가요?" 압박 면
접관 한 사람이 물었다.

"'사람은 모두 평등하게 태어났다'는 어떤가요. 그것도 클리셰 아닌
가요?" 나는 되물었다.

나로서는 다행스럽게도, 엘리트주의자였던 텔루라이드 프로그램의
창립자 루시엔 루시우스 넌이 "'사람은 모두 평등하게 태어났다'라고
가르치는 우리의 교육 체계가 이 나라를 어떤 지경으로 몰아넣고 있
는지에 관한 씁쓸한 불만"에 관해 이야기한 이래 세월이 많이 변한 뒤
였다.

합격 통지서가 도착한 늦봄의 어느 날, 나는 반쯤 정신을 놓은 상태
로 농구공을 들고 집을 나선 뒤 드리블을 하며 미어랜드 로드를 달렸

다. 운동장에서 에너지를 좀 분출시켜야 했다. 아니면 마이클과 마주치기를 내심 바라고 있었던 걸까? 나는 마이클네 집 초인종을 누르려다가, 약을 올리는 모양새가 되리라는 걸 깨닫고 멈췄다.

마이클네 집 뒤뜰을 가로질러서 가는 대신, 그의 집을 지나쳐 먼길로 돌아서 좌회전을 했다. 내가 마이클에게 텔루라이드 프로그램에 대해 말하지 않은 건 두려워서였다는 생각이 불현듯 떠올랐다. 마이클에게 밀려나서 기회를 잃고 싶지 않았다. 같은 거리에 사는 두 사람을 합격시킬 리는 만무했다. 다소 구차한 깨달음을 안고 20분 동안 혼자 슈팅을 한 뒤, 나는 여전히 들떠 있었지만 마음속에선 어렴풋한 죄책감을 느꼈다.

돌아가는 길에 마이클이 집에서 나오는 걸 보고 나는 한층 더 양심이 찔렸다. 우리는 잠시 거리에 서서 공으로 장난을 쳤다. 마이클이 뭔가 수상쩍은 냄새를 맡기라도 한 것처럼 여름에 뭘 하느냐고 물었다. 나는 숨을 한 번 깊게 들이쉬고, 텔루라이드에 대해 이야기했다. 몇 달을 공들여 준비한 게 아니라 모든 걸 막판에 급히 처리한 것처럼 들리길 바랐다.

마이클이 즐기듯 여유롭게 고개를 끄덕였다.

"나도 거기 가." 그가 말했다.

나는 말문이 막혀서 텔루라이드에 대해 어떻게 알았느냐고 물었다. 마이클은 태연하게 어깨를 으쓱했다.

"우편함에 지원서가 와 있더라고. PSAT 시험을 칠 때 뭔가 받겠다는 항목에 체크를 했나봐."

마이클은 코넬대학교에서 진행되는 문학 프로그램에 들어가서, 텔루라이드 협회의 괴짜 설립자가 지은 널따란 텔루라이드 하우스에서 지내게 되었다. 나는 볼티모어에 있는 존스홉킨스대학교에서 도시의 쇠락과 부활을 연구하게 되었다.

그레그는 짜릿함을 감추지 못했다. 그는 우리 둘 다를 도와준 것이다.

6장
자유 여름

감히 내가

세상을 뒤흔들어도 될까?

　　　　　—T. S. 엘리엇, 「J. 앨프리드 프루프록의 연가」

여름이 다가오자 〈헤럴드〉 부실은 졸업반 선배들로 붐볐다. 어느 대학에 갈지 정해진 선배들은 볕을 쬐는 바다사자들처럼 테이블 위에 서로 몸을 포개고 널브러져서 아무것도 하지 않고 시간을 보냈다. 형광등으로 환히 밝혀진 이 창문 없는 왕국의 후계자는 추정컨대 마이클과 나였다. 우리는 다음해에 누가 편집장이 되고 누가 주필이 될지 알게 될 날을 기다리고 있었다.

우리의 운명은 〈헤럴드〉의 지도 담당인 건장한 역사 교사 프랭크 아그레스타의 손에 달려 있었다. 그는 1930년대에 뉴로셸에서 성장기를 보낸 저널리즘 애호가이자 왕년의 풋볼 코치였다. 지금은 안 좋은 무릎을 끌고 복도를 느릿느릿 걸어다녔지만, 1968년 화재 당시에는 치솟는 불길을 향해 계단을 박차고 올라가서 모두 대피했는지 확인했다고 했다. 아그레스타 선생님은 목수이기도 했다. 억세 보이는 그의 손에는 붉은 보석이 박힌 묵직한 반지가 끼워져 있었다. 가죽 헬멧을 쓰던 옛날의 슈퍼볼 우승자가 받았을 법한 반지였다. 그가 내 어깨를 꽉 움켜쥐고 페이지 조판 교정쇄의 헤드라인을 가리키며 "이건 바꿔라" 라고 말할 때 그의 손은 확실한 존재감을 발휘했다.

아그레스타 선생님이 〈헤럴드〉 부실에 와서 마이클과 나를 찾았다.

"너부터." 그가 내게 말했다.

나는 선생님을 따라 빈 교실로 들어가서, 그가 시키는 대로 자리에 앉았다. 선생님은 내 옆의 책상 의자에 몸을 구겨 넣더니, 결정을 내리기 어렵다고 말했다. 나는 고개를 끄덕이고 마이클과 내가 공동으로 편집장을 맡을 수는 없느냐고 물었다.

"그러고 싶진 않다." 그의 목소리는 단호했다. 그는 편집장은 무릇 결정을 내리고, 그것을 실행에 옮기고, 열심히 일하고, 다른 학생들과 잘 지내고, 선생님과도 잘 지낼 수 있어야 한다고 말했다. 내게 그럴 수 있느냐고 물었다.

그럴 수 있었다.

마이클이 주필이 되면 같이 일할 수 있겠나?

당연히 할 수 있었다.

마이클을 편집장으로 앉히면 어쩔 텐가? 주필 자리를 받아들이고 마이클이 신문 발행하는 걸 도울 텐가?

물론이었다. 우리는 친구니까.

나 다음으로 아그레스타 선생님과 면담을 하고 돌아온 마이클은 기분이 나빠 보였고, 눈을 맞추려는 나를 외면했다. 내게 알려주고 싶지 않은 이야기를 들은 걸까 궁금해졌다. 하지만 아그레스타 선생님은 리전트* 시험 주간 전에 결정을 내리겠다고 했으니, 아직 며칠이 남아 있었다.

집으로 돌아가는 길에도 마이클은 내내 기분이 가라앉아 있었다. 나는 선생님에게 공동 편집장을 제안했다는 이야기를 꺼냈다. 우리 둘 다 강하게 밀어붙이면 선생님이 받아들일 수도 있지 않겠느냐고. 하지만 마이클은 고개를 저었다.

"그건 불가능해."

나는 이유를 물으려다 그만두고, 그냥 면담이 어땠는지 물었다. 마이클은 간단히 답했다. 아그레스타 선생님은 내게 던진 것과 똑같은 질문들을 그에게도 했지만, 마이클은 나와 똑같이 대답하지 않았다. 그는 자신이 편집장이 되지 않으면 교지 편집부를 탈퇴하겠다고 답했다.

나는 웃음을 터뜨렸지만, 마이클의 말은 농담이 아니었다. 그는 입술에 힘을 주고 턱을 악문 채 가만히 바닥을 내려다보고 있었다. 머리를 한 대 얻어맞은 기분이었다. 이유를 묻자 그는 조용하지만 단호한 목소리로 답했다. "편집장은 나여야 하니까." 우리 대화는 그걸로 끝났다.

그래, 이걸로 정해졌군, 나는 생각했다. 아그레스타 선생님이 마이클을 편집장으로 앉히면, 편집부에는 우리 둘 다 남게 된다. 나를 편집장으로 앉히면, 마이클이 나간다. 산수는 간단했고 아그레스타 선생님은 바보가 아니었다. 둘이서 공동으로 교지 편집장을 맡게 된다면 정말 재미있을 거라고 나는 상상했었다. 하지만 그 꿈을 버려야 한다고 해서, 〈헤럴드〉마저 버리고 싶진 않았다. 편집장이 마이클로 정해져도 나는 편집부에 남을 것이었다. 그 사실을 아그레스타 선생님도 알았

---

* 미국 뉴욕주에서 실시하는 고등학교 종합 졸업 시험.

다. 마이클도 알았다.

이게 디플로머시 게임이었다면 마이클은 탁월한 수를 둔 셈이었다. 문제는 그의 결정이 내게 한갓 수로 느껴지지 않았다는 거다.

"축하한다." 아그레스타 선생님은 복도에서 나를 향해 성큼성큼 다가오며 우렁찬 목소리로 말했다. "네가 편집장이 됐다."

그는 만면에 미소를 띠고 있었다. 나는 좋은 소식을 들을 때 꺼내는 엄숙한 목소리로 감사 인사를 했다. 예의로 희열을 감춰야 한다는 게 내가 믿는 미신이었다. 마이클에 대해 물으려는데 아그레스타 선생님이 먼저 말했다. "그애도 알아. 그만뒀다."

우리 가족은 압박에 굴하지 않는 남자, 아그레스타 선생님을 위해 건배를 들었다.

"마이클에 대해선 너무 안타까워하지 마. 자기 발로 일어설 애니까." 누나가 말했다.

"아니면 다른 사람 발로 서든지." 어머니가 말했다.

하지만 나는 마이클이 안타깝지는 않았다. 나 자신이 안타까웠을 뿐이다. 우리가 함께 〈헤럴드〉를 이끌게 될 거라 여기고 지낸 세월이 너무 길어서, 그 꿈을 내려놓는 게 힘들었다. 비록 이제는 그 꿈이 우정에서 비롯한 건지, 아니면 내가 마이클에게 의존하고 있어서 생겨난 건지 확신할 수 없었지만. 어느 쪽이든 외로운 승리였다.

마이클은 나와 편집부를 탈퇴한 일에 대해 논하지 않았다. 피할 수 없는 숙명을 어쩌겠냐는 듯 어깨를 으쓱해 보였을 뿐이었다. 그는 그레그 모리슨 선생님이 우리에게 가르친 마르틴 루터의 말처럼, 그는 자신이 해야 하는 일을 하고 있었다. 나는 여기 서 있고, 다른 일은 할 수 없다. 마이클이 내놓은 유일한 설명은—내게 직접 말한 건 아니고, 전해들었다—자신이 주필을 맡는다 해도 결국은 편집장의 업무를 하면서 공로는 인정받지 못할 게 뻔하니 "그만한 가치가 없다"는 거였다.

나는 마이클이 내게 사과할 거라는 기대는 하지 않았지만, 나를 저버렸다는 것 정도는 인정해주길 바랐다. 하지만 어느 시점에 이르러 나는 불현듯 깨달았다. 마이클은 억울한 피해자는 본인이며, 아그레스타 선생님뿐 아니라 내게도 피해를 입었다고 생각하고 있었다. 그제야 마이클이 나와 있을 때 지친 듯 달관한 태도를 취하는 게 이해가 갔다. 그는 마치 우리가 친구라서 내 행동을 참아주려고 노력하는 것처럼 굴고 있었다.

이 사실을 어렴풋이 느끼고 있던 어느 날, 아버지가 A&P에 갔다가 머리끝까지 화가 나서 집에 돌아왔다. 척 라우도어를 우연히 만났는데 그가 프랭크 아그레스타가 끔찍한 실수를 저질렀으며 자기 아들이 편집장으로 선택되지 않은 건 의지가 강하고 정신이 독립적이기 때문이라고 잘라 말했다는 것이었다. 이 사실이 당신 눈에도 뻔히 보이지 않나? 아니, 아버지의 눈에는 보이지 않았다. 내게 조금의 염치라도 있다면 마이클에게 응당한 자리를 내어주고 스스로 물러나야 한다는 척의 주장 역시 아버지로서는 터무니없게 느껴졌다.

아버지는 분노로 씩씩대고 있었지만, 나는 척의 뻔뻔함에 감탄하지 않을 수 없었다. 아침에 신문을 가져오려고 현관을 열었다가 잔디밭에 떨어진 운석을 발견하는 기분이 이럴까. 나는 아그레스타 선생님도 마이클에게 최후통첩을 받았을 때 이런 기분이었을지 궁금해졌다. 태도가 제 아버지와 판박이인 마이클 앞에서 선생님은 내심 주춤했겠지만, 오히려 그 배짱에 감명을 받아서 그렇게 오랜 시간을 고민해야 했는지도 몰랐다.

나로서는 아그레스타 선생님이 최고의 적임자가 나라고 확신해서 마이클을 잃을 걸 감수하고 결정을 내렸다고 믿고 싶었다. 하지만 만일 그가 마이클에게 최후통첩을 받은 후에야 나를 후보로 올린 거라면 어떨까? 혹여 정말로 그랬던 거라면, 내가 편집장 자리에 앉게 된 건 나 자신의 가치가 아니라 마이클의 행동 때문이었다. 진실이 무엇인지 나로서는 영영 알 길이 없었고 마이클에게 신세를 졌을 가능성이 존재함으로 인해, 내 승리는 빛이 바랬다. 제 형이 고등학교를 중퇴하고 캘리포니아로 떠남으로써 겨우 해낸 일을, 마이클은 동네 경계조차 벗어나지 않고 해낸 것이다. "로즌이 부전승으로 이기다."

6월 말이 되자 마이클은 실패한 혁명을 공부하러 북쪽의 이타카로 떠났고, 나는 실패한 미국 도시들을 공부하러 남쪽의 볼티모어로 떠났다. 나는 존스홉킨스대학교 캠퍼스의 한 저택에서 열여섯 명의 사회 부적응 독서 중독 청소년들과 함께 생활했다.

어머니는 텔루라이드에서 내가 마침내 나만큼 진지한 애들을 만나서 진지한 일들을 할 수 있을 거라고 예상했지만, 실제로 벌어진 일은 그보다 훨씬 더 좋았다. 나는 비로소 진지함을 버릴 수 있었다. 토가를 입는 파티에 갔고, 한 여자애랑 진도를 나갔으며, 도중에 교실을 박차고 나가는 일 없이 발표를 해냈다. 나는 새로운 자신감, 새로운 친구들, 새로운 음악, 그리고 "세상을 뒤흔들어라!"라고 적힌 텔루라이드 티셔츠를 손에 넣고 집으로 돌아왔다.

우리가 투표로 정한 이 모토는 J. 앨프리드 프루프록이 자신을 의심하며 던진 질문을 비틀어 만든 동원령이었다. 내가 집에 돌아와 마이클과 마주친 날 그가 입고 있던 텔루라이드 티셔츠에는 "분노한 양들!"이라는 알쏭달쏭한 글귀가 적혀 있었다. 그게 무슨 뜻이냐고 묻자 마이클은 웃음을 터뜨렸다. 이 표현은 알렉시 드 토크빌*이 1848년 겨울에 라이플총을 든 한 무리의 청년들을 마주치고, 점잖은 기능공들이 하룻밤 사이 피에 굶주린 살인자로 돌변한 것에 놀라워하며 쓴 일기에 나오는 것이라고 했다.

"분노한 양들"은 플로베르Flaubert를 '소똥cow dirt'과 라임이 맞도록 발음하는 것과 더불어 마이클의 텔루라이드 캠프에서 유행한 농담이었다. 물론 마이클은 신경쇠약을 이유로 법학 공부를 그만둔 소설가 플로베르에 대해 그런 농담 말고도 많은 것을 배웠고, 토크빌과 칼 마르크스와 "브뤼메르 18일" 쿠데타와 프롤레타리아트에 대해서도 많은 걸 배워 왔다. 1848년 혁명에 대해서는 본인이 직접 파리의 길거리에서 불타는 바리케이드를 치고 있었던 양 생생히 이야기했다.

마이클은 여름 동안 사귄 여자친구에 대해서도 들려주었다. 『반지의 제왕』 속 엘프어처럼 들리는 아름다운 아일랜드 이름을 지닌 그애는 메인주에 살고 있었고, 마이클은 그녀를 무척 그리워했다. 칼리지타운도 그리워했다. 밤늦게 친구들과 피자와 맥주를 사러 나가면, 코넬 대학원생으로 오인되어 한 번도 신분증을 요구받은 적이 없다고 했다. 캠퍼스 남쪽의 깊은 골짜기를 돌다리로 건너면 바로 칼리지타운이었는데, 그 골짜기는 학생들이 몸을 던지는 장소로 유명했다. 그 행위를 "골짜기 뛰기gorge out**"라고 부른다고 했다.

이 대목에서 우리는 둘 다 웃고 말았다. 자살과 도대체 어울리지 않

---

* 19세기 프랑스의 정치가이자 역사학자.

** 'gorge'에는 '협곡'이라는 뜻과 더불어 '폭식하다'라는 뜻이 있다.

는 단어에 웃음이 났다. "분노한 양들"이나, 마이클이 자주 인용하던 영화 〈몬티 파이튼의 성배〉 속에서 기사가 팔다리가 다 잘려나간 상황에 "그냥 살만 좀 베인 거야"라고 외치는 게 웃긴 것과 비슷했다.

〈헤럴드〉 사건은 여전히 우리 위에 그림자를 드리우고 있었다. 설령 마이클이 마음을 바꾼대도, 주필 자리는 이미 리넬에게 맡긴 뒤였다. 물론 마이클은 자기 결정을 조금도 후회하는 눈치가 아니었다. 달라진 게 있다면 나를 보는 시선이 약간 조심스러워진 게 전부였다. 예전 우리 사이에 드문드문 퍼져 있던 긴장이 지금은 한곳에 집중되어, 친숙하게 이어지는 대화 아래로 조롱이나 의심의 저류가 흐르는 듯했다. 내 안에서는 그에게 지고 싶지 않다는 분개심이 깨어나고 있었다. 새로이 생겨난 자신감과 새로 사귄 친구들 때문이었는지도 모르겠다.

하지만 그러던 차에 마이클과 예전처럼 웃고 떠들 수 있어서 좋았다. 우리에게 벌어진 모든 일에도 불구하고, 마법 다리의 같은 편에서 계속 마주치는 친구끼리 유대감을 다지는 게 좋았다. 'TASP'가 '텔루라이드 협회 여름 프로그램Telluride Association Summer Program'의 약자이며 캠프 지도원들은 '지원 인력'이라는 허세 섞인 이름으로 불린다는 사실을 뉴로셸에서 우리 말고 또 누가 알겠는가?

우리는 텔루라이드 협회 설립자 L. L. 넌의—전기 업계의 거물이었던 그는 자신이 육성하려는 프로그램 선발자들을 "빛의 아이들"이라고 불렀다—엘리트주의에 찌든 언어를 함께 비웃을 수 있었고, 아직 고등학생 신분임에도 아이비리그에 진학할 운명을 맛보고 즐길 수 있었다. 우리는 우리가 정당하게 선발되었다고 느꼈다. 넌이 1920년에 표현했듯 "영적 리더십이 소수의 일이라는 것"이 "사회 진화의 현실"이라고 믿지 않더라도 충분히 그렇게 느낄 수 있었다.

마이클은 여전히 스텔라 기프트에서 일했지만 우리가 나란히 걸어서 일터에 가거나 주차장에서 만나는 일은 더이상 없었다. 나는 그리스티디스에서 일하다가 하이네켄 여섯 병 묶음에 가격표를 모조리 3.80달러가 아닌 0.38달러로 잘못 붙이는 바람에 해고되었다. 가격이 실제보다 낮게 표시되었을 경우 잘못된 가격표를 존중하는 게 가게 방침이었는데, 어떤 남자가 내 실수를 발견하고는 맥주를 싹쓸이해 간 것이었다. 점장으로선 남자에게 여섯 병이 아니라 한 병에 0.38달러라고 설득할 수조차 없었다. 내가 총으로 가격표 붙이는 게 재밌었던 나머지 병뚜껑뿐 아니라 묶음 포장의 옆면에도 가격표를 일일이 붙여놓았기 때문이다.

점장은 나쁜 사람이 아니었다. 내게 "너, 여기서 일하고 싶지 않지?"라고 한 것도 친절한 마음에서 나온 말이라고 느꼈다. 내가 일부러 가게에 엿을 먹이려는 의도로 저지른 짓이 아니라면, 대학에 가게 될 애가 이런 실수를 한 건 자기 파괴적 행동이었으리라고 짐작한 것이다. 그러나 진실은 가격표를 잘못 붙인 건 단순히 "앞뒤가 맞는지" 확인해보지 못한 나의 실수라는 것이었다. 우리 수학 선생님은 내가 아무 생각 없이 "마이너스 3마일" 따위의 답을 적어 내면 이렇게 지적하곤 했다. "조니가 이동한 거리라기엔 좀 이상하지 않니."

내가 그리스티디스 일을 딱히 좋아하지 않은 건 사실이지만, 그래도 돈은 벌고 싶었다. 내가 평범한 일을 해내지 못할 만큼 무능하다면, 내게 주어진 선택지는 둘 중 하나였다. 뭔가 비범한 일을 하든가, 아니면 완전히 망하든가. 이 이분법은 삶을 대하는 접근법으로서는 참으로 불건전했고 거창한 동시에 비참했으나, 나는 이러한 생각의 틀에서 벗어나기가 어려웠다. 반면 마이클이 선물 가게를 운영하는 노부부에 대해 이야기하는 걸 들어보면 그들이 당장이라도 마이클을 입양하려고 서류를 작성할 것만 같았다.

마이클과 함께 뉴로셸고등학교 정문을 향해 걸을 때마다 어김없이 뱃속이 살짝 조여들었다. 현재의 두려움 때문이라기보다 나약했던 과거의 기억 때문이었지만, 그 둘을 항상 명확히 구분할 수 있는 건 아니었다. 우리는 둘 다 키가 182센티미터를 넘었다. 나보다 조금 더 큰 마이클은 내 옆에서 마음을 안심시키는 친숙한 모습으로 건들거리고 있었다. 우리가 학교를 같이 다닌 세월이 장장 팔 년이었다. 그게 마이클이 나를 따라 〈헤럴드〉 부실까지 들어오는 게 거의 자연스럽게 느껴진 까닭이었다. 선생님의 결정에 저항하는 뜻으로 편집부를 관둔 마이클이 쉬는 시간이나 점심시간에 부실에 출몰해도 내가 별로 놀라지 않은 까닭이기도 했다.

부실은 편집부원들과 그 친구들에게 활짝 열려 있었고 나는 종종 점심시간에 피난처를 찾아 나선 모르는 애들도 안으로 들여보내주었다. 하지만 마이클은 독자적인 부류에 속했다. 그는 마치 〈헤럴드〉가 그를 내쫓았음에도 직위를 버리길 거부하고 그곳의 책상과 의자와 자기가 아는 아이들에게 충직하게 신의를 지키고 있는 것처럼 행동했다. 그로써 본인이나 내가 느낄 법한 난처함은 태연하게 무시했다. 그러니 나로서는 마이클이 원래 그 자리에 있어야 마땅한 사람인 양 행동하는 편이 더 쉬웠다.

내가 마이클이 부실을 드나드는 걸 반대하지 않은 또다른 이유는, 편집장 일이 막상 해보니 너무나 좋았기 때문이었다. 마이클이 내 아래에서 일하지 않기로 한 게 나를 위해서 내린 결정은 아니었지만, 나는 그가 떨어뜨린 무언가를 주워 가졌다는 느낌을 떨칠 수 없었다.

마이클은 모든 걸 남들과 상의하는 내 습관을 지긋지긋하게 싫어했다. 실제로 그건 나 자신에 대한 의심에서 비롯된 습관이었을지도 모른다. 그러나 나는 남들과 협업하는 게 진심으로 즐거웠고, 타인의 의견을 구하려는 충동의 근원이 어디인지는 더이상 문제가 되지 않았다. 읽는 속도가 느린 덕분에 꼼꼼한 편집자가 되었다는 게 더는 문제가 되지 않은 것과 마찬가지였다.

리넬과 함께 일하는 건 재밌었다. 그녀는 유쾌하고 유능한 중상층 흑인으로, 종종 보라색 치어리더 유니폼 차림으로 짧은 플리츠스커트를 나풀거리며 회의에 왔고, 풋볼 팀 아이들 전원과 아는 사이라서 풋볼 팀을 취재하여 "퍼플 크러시" 기사를 쓸 때 대활약을 했다. 그녀는 아버지처럼 의사가 될 계획이라고 했다. 마이클과 나와는 딴판인 그애 옆에서는, 나 자신으로 존재하는 걸 즐기기가 한결 쉬워졌다.

아그레스타 선생님이 육중한 몸을 이끌고 형광등이 밝게 켜진 나의 왕국에 행차할 때면, 그의 시선은 마이클이 장황하게 자기 의견을 늘어놓고 있거나 반대로 공책 위로 몸을 잔뜩 수그린 채 집중해서 글씨를 휘갈기며 일주일 치 숙제를 벼락치기로 하고 있는 자리에 약간 더 오래 머무르곤 했다. 때로 그는 아무 말 없이 가까이 다가가서, 마이클이 차츰 퍼져나가는 침묵을 눈치챌 때까지 기다렸다. 그러려면 조금 시간이 걸렸다.

마이클은 주의를 흩뜨리는 것들을 무시하는 능력이 탁월했고 글을 쓸 때 더욱 그랬다. 그는 절대 필기체를 쓰지 않고 글씨를 한 자 한 자 또박또박 빠르게 썼다. 커다란 손이 마치 브레이크를 밟으면서 운전하는 택시 기사처럼 맹렬히 가다 서다를 반복하는 통에 몸 전체가 조금씩 흔들렸다. 마침내 마이클이 고개를 들더라도, 언제부터 시선을 느끼고 있었는지는 도통 알 수 없었다. 아그레스타 선생님은 '부디 나로 인해 방해받진 말렴'이라고 말하듯 담백하게 미소 지었다. 그러면 마이클은 똑같이 얄궂은 미소로 답했다. '걱정 마세요, 그럴 일 없으니.'

마이클은 아무리 시끄러운 곳에서도 낮잠을 잘 수 있는 재능을 여전히 잃지 않고 있었다. 이따금 머리 위로 재킷을 덮은 채 테이블 위에 엎드린 마이클을 볼 수 있었다. 그렇지만 일광욕을 하듯 천장을 향해 고개를 치켜든 채 벽에 기대어 자는 모습을 보는 일이 더 잦았다. 잠에서 깨어나면 그는 몸의 감각을 되찾기 위해 황새처럼 몇 차례 팔을 퍼덕인 다음, 눈을 가늘게 뜬 채 벽시계를 확인하고서는 느긋한 태도로 방안을 둘러보았다. 누군가 자기를 보고 있으면, 그는 유순하지만 뻔뻔한 낯으로 어깨를 으쓱해 보였다.

한 학년 아래의 딜런이 가끔 친절을 발휘해 우리를 집까지 태워다 주었다. 양치기 개처럼 머리를 기르고 버켄스탁 샌들을 즐겨 신는 딜런은 히피 코뮌 탈주자를 연상시키는 불안하면서도 온화한 분위기를 풍겼다. 그가 모는 고물 스테이션 왜건에는 "여덟번째 날에 신은 도어스*를 창조하셨다"라고 적힌 범퍼 스티커가 붙어 있었다. 딜런에게는 거스리라는 남동생이 있었는데, 딜런이 포크송 매니아였던 아버지의 손에 이끌려 맨해튼에서 열린 피트 시거 콘서트에 간 밤에 태어났고 했다. 딜런은 결국 피트 시거의 음악을 듣지 못했다. 시거가 무대로 걸어나오더니, 딜런의 어머니가 진통을 시작했다고 알렸다.

---

* 1965년에 결성된 미국 록 밴드.

콘서트에 간 날로부터 육 개월 뒤, 딜런의 아버지는 다섯 살 난 딜런과 아기 거스리를 포함해 네 자녀를 두고 떠났다. 그래서 딜런은 변덕스러운 아동 정신과의사였던 어머니의 손에 자랐고, 어머니의 자살 시도와 과도한 자가 치료를 견딜 수 없을 때면 집을 뛰쳐나왔다. 그가 찾은 피난처는 친구 조시 퍼버의 집이었다. 조시는 커다란 탑과 사유 해변이 딸린 웅장한 바닷가 저택에서 불가사의한 자유를 만끽하며 살고 있었다.

역시나 조시네 집에서 많은 시간을 보내던 마이클은 그 집을 개츠비 하우스라고 불렀다. 조시의 부모님은 두 분 다 지역사회 정신과의사였고, 그들의 대저택은 '지역사회'라는 단어 자체에 치유력이 깃들어 있다고 믿었던 시대에 성년이 된 여러 분야의 이상주의적 동료들과 친구들이 드나드는 비공식적 모임 장소였다. 마이클은 조시의 어머니 제인 퍼버를 무척 따랐다. 보기 드문 호기심과 연민의 소유자였던 제인은 남편의 도움을 받아 뉴로셸 도심에 지역사회 정신보건 센터를 운영하고 있었다. 그러나 주립 정신병원을 폐쇄하고 아픈 사람들을 지역사회에서 돌본다는 두 사람의 꿈은 계획대로 풀리지 않았다. 두 사람의 결혼생활 역시 계획대로 풀리지 않았다.

1970년대는 어떤 정신건강 전문가가 옷을 벗어던지거나, 환자와 함께 바닥에 눕거나, 아침노을 색상의 옷만 입고 다니더라도 그가 정신이 나간 건지, 정치적 선언을 하는 거지, 에설린 연구소*에서 배워온 무슨 새로운 기법을 시도하는 건지 알 수 없는 시대였다. 그럼에도 조시의 아버지가 주황색 옷을 입고 염주 목걸이를 건 채 인도의 푸나로

---

* 인간의 정신과 의식, 영적인 영역을 연구하고 교육하는 비영리 시설.

달아나서 아내와 자식들을 포함해 속세의 것이라면 무엇이든 내려놓는 법을 배우기 시작한 이후, 퍼버 가족의 생활은 파란만장해졌다.

마이클이 앤디 퍼버에 대해 이야기하는 어조에서는 일종의 섬뜩한 매혹이 배어났다. 뛰어난 가족 정신과의사였던 그는 녹터널 이미션스라는 밴드—브롱크스 주립 정신병원 시절 동료들과 결성한—에서 일렉트릭 베이스를 쳤지만, 정식으로 클래식 음악 교육을 받았음에도 연주를 제약받는 게 싫다는 이유로 악보를 읽는 것을 거부했다. 그 세대 사람답게, 규칙을 지키는 게 지겨웠던 거다. 그는 아직 이십대의 젊은 나이에 알버트 아인슈타인 의과대학 가족연구학 학과장의 자리에 올랐으나, 마이클의 표현대로라면 바그완 슈리 라즈니시를 위해 "도랑을 파고 버섯을 심는" 일에서만 마음의 평화를 얻었다.

추종자들에게 '바그완', 즉 마이클의 설명에 따르면 '신'이라는 의미의 명칭으로 불린 구루* 라즈니시는 중간계급 전문직 사람들에게 인간을 둔하게 만드는 성적, 영적, 경제적 관습의 굴레에서 벗어날 방법을 제공하는 대가로, 오직 그들의 자산과 완전한 복종만을 요구했다.

주황색 옷을 입고 자신을 보디치타**라고 부르는 조시의 아버지가 집에 잠시 들를 때면 대혼란이 일어났고 마이클은 그 혼란을 예민하게 감지했다. 퍼버 박사는 저멀리 떨어진 세상에서 그에게 손짓하고 있는 초월적 공동체와 가정생활 사이에서 여전히 갈피를 잡지 못하고 있었다.

당시 앤디 퍼버는 태평양에 면한 북서부의 주에서 지내고 있었다. 바그완과 추종자들은 그곳에 라즈니시푸람이라고 불리는 유토피아 공

---

* 종교적 스승이나 지도자를 뜻하는 말.
** 불교에서 깨달음을 얻으려는 마음, 즉 '보리심'을 뜻한다.

동체를 설립했다. 한때 퍼버 박사였던 남자는 신심 깊은 사람들과 나란히 서서, 수많은 황금 롤렉스 손목시계와 더불어 수집한 아흔네 대의 롤스로이스 중 한 대에 올라타 중앙 대로를 드라이브하는 그들의 영적 주인을 향해 애정을 퍼부었다. 물질주의적 가치의 부패를 보여주는 모순적인 장면이었다. 앤디 퍼버의 가족은 여전히 그가 남편이자 아버지로서 가정을 택하리라는 희망을 버리지 않고 있었다.

한편 앤디 퍼버가 사용하던 다락방의 커다란 원형 명상실은 마이클, 조시, 딜런과 친구들이 파티를 벌이고, 음악을 연주하고, 동틀녘까지 대화를 나누는 공간이 되었다. 마이클은 그 모임에 대해 열띤 어조로 이야기하면서도 나더러 같이 가자고 제안하는 일은 없었다. 나 역시 청하지 않았다. 내가 갈 법한 자리가 아니라는 걸 우리 둘 다 알았다.

부모가 이혼한 아이들에게선 버림받은 반항아의 기운이 풍겼고 나는 그게 내심 부러웠다. 서로 싸우고, 바람을 피우고, 자아실현을 하겠다며 떠나버린 부모들에게서 그애들은 손에 잡히는 건 일단 낚아채야 한다는 걸 배웠다. 중년의 절박함과 청소년의 치기가 결합된 교훈이었다. 그들은 대담함으로 무장한 채 모든 십대들이 원하는 경험을 향해 나아갔고, 그 경험을 통해 남들과 다른 존재가 되었으나, 그들이 좇고 있던 게 쾌락인지 자기 파괴인지는 도저히 확신할 수 없었다. 아마 그 혼란 자체가 매혹의 일부였을 것이다.

마이클은 그애들과 자주 어울렸지만 그러고 나면 이상할 정도로 구식인 자신의 집으로, 두 부모가 버티고 있고 저녁 식탁 위에서는 높은 목소리로 논쟁이 벌어지며 자식들에 대한 기대는 그보다도 더 높은 집으로 돌아왔다. 모든 핵가족은 그 양상이 저마다 다르다. 마이클은 에어컨이 있는 유일한 장소가 영화관이었던 시절 사람들이 동시 상영 영화를 보러 다니던 것처럼 여전히 우리집 같은 집들을 찾아다녔지만, 다른 부류의 아이들과도 편안하게 어울렸다. 나는 다락방과 지하실에서 서로 필요한 걸 챙겨주고, 음악과 약을 고르고, 십대 생활의 섹슈얼한 템포를 이끌어나가는 애들을 동경했다. 하지만 밤에 퍼버가를 드나드는 아이들의 경우, 많은 수가 낮에는 〈헤럴드〉 부실을 드나드는 편집부원이었다. 마이클이 밤을 보내는 세계의 거주자들이 낮에는 나의 보호하에 있었던 것이다.

사실 퍼버가에서 노는 무리는 내가 품은 환상에 부합하지 못했다. 비딱하고 멜랑콜리한 딜런은—작가로서 재능이 충만한 그는 내 뒤를 이어 편집자가 되지만, 3학년 때 어머니의 집에서 가출하며 편집부를 그만두게 된다—다섯 살 때 자기를 버린 아버지와 자꾸만 정신병원으로 사라져버리는 어머니의 존재를 끌어안은 채 유년기를 버티려 애쓰고 있었다. 딜런이 나중에 회고록에 적은 내용에 따르면, 자주 정신병원을 드나들던 딜런의 어머니는 입원해 있지 않을 때면 딜런에게 학교에서 돌아와 자신이 화장실 바닥에 죽어 있는 걸 봐도 놀라지 말라고 얘기했다고 한다. 그러니 딜런이 열한 살 때 "약학에 더 정통했던" 친구 조시가 어머니의 방대한 약장을 뒤져 찾아낸 벤조디아제핀 계열의 발륨 두 알을 시험삼아 먹어본 것도 놀랄 일은 아니었다.

나중에 나는 고등학교에서 약물 문제가 있던 건 다름 아닌 나였다는 사실을 인정할 수밖에 없었다. 약을 전혀 하지 않는 것, 그게 문제였다. 마이클이 그 사실을 이러쿵저러쿵 평가하지 않고 태연하게 받아들였다는 게 도리어 나에 대한 평가로 느껴지기도 했다. 여기, 손쓸 방도가 없는 발달 지연의 증상 하나 추가.

훗날의 경험에 비추어보면 내가 고등학교 시절 손에 넣을 수 있었던 약물이 내게 도움이 되기는커녕 해로웠으리라고 단정할 수 있다. 하지만 치료사들이 종종 권하듯 시간을 거슬러 어린 날의 나를 만날 수 있다고 상상해보면, 나는 그에게 프로작* 처방전을 건네줄 것이다. 나는 메트로폴리탄미술관에서 데이트를 하다가 현기증을 느낀 나머지, 놀랄 만큼 작은 로댕의 말들이 전시된 유리 진열장 뒤에서 주저앉은 적이 있다. 하버드대학교 면접에서는 진짜로 의식을 잃기도 했는데, 담배를 피우고 있던 면접관에게 공손하게 "죄송합니다, 제가 호흡이 멈춘 것 같아요"라고 말하고는 그의 소파로 다이빙했다.

그 시절 정신약리학은 나 같은 사람들을 도울 준비가 되어 있지 않았다. 하지만 그로부터 몇십 년 사이 '건강염려증' 환자들이 정신약리학과 더불어, 훨씬 심한 질환으로 고통받는 사람들을 위해 세워진 지역사회 정신보건 센터의 다수를 물려받았다. 그게 꼭 센터가 실패한 이유라고 할 수는 없지만, 도움이 되지 않은 건 분명하다.

내게 효과가 있을 만한 화학물질이 있었다 해도, 정신분석을 지향하는 우리 부모님이 약물을 쓰게 놔두었을 리 없다. 두 분 다 정신분석을 받은 적이 있었고, 나를 어디든 보낼 생각이 있었다면 아마 대화 치료사에게 보냈을 것이다.

마이클은 내가 가진 진짜 문제는 두려움이라는 걸 이해했으리라 생각한다. 법을 어기는 것, 부모님의 억장을 무너뜨리는 것 모두 겁이 났지만 내가 진실로 두려워한 건 바위로 떨어진 피기처럼 뇌가 깨지는 것이었다. 내가 대마를 피운다고 상상만 해도 폐소공포증이 발동하여 한바탕 공황이 밀려왔다. 내 정신이 변형되었다가 다시는 정상으로 돌

---

* 항우울제 플루옥세틴의 상표명.

아가지 않아서, 영영 혼란의 고리 안에 갇혀버리면 어쩐다?

마이클이 보기에 약에 대해 그렇게 신경증적 반응을 보이는 건, 1930년대에 미국 청년들에게 겁을 주려고 만들어진 영화 〈리퍼 매드니스〉의 시대로 회귀하는 것과 같았다. 세월이 흘러 1970년대에 이 영화는 기성세대가 앓았던 편집증을 회상시키는 컬트 고전으로 등극했다. 마이클이 대단히 좋아했던, 불소와 "소중한 체액"에 관한 〈닥터 스트레인지러브〉 속 일장 연설도 이와 같은 맥락이었다. "빨갱이가 물 마시는 거 본 적 있나?"

마이클의 태도는 훨씬 실용적이었다. 팻네 집에서 술 한 병을 훔쳐 마시고 진탕 취한 역사가 있기는 했지만, 다가올 대학생활을 위해 미리 "연습"을 하겠다며 맥주 여섯 캔 묶음을 들고 우리집을 찾아온 그의 태도는 거의 사무적이라 해도 좋았다. 그는 우리 어머니에게 그것이 SAT 응시 전략인 양 당당하게 자기 계획을 설명했고, 우리집에 병따개가 없을 걸 대비해 집에서 챙겨 오기까지 했다. 어머니는 황당해했다. 맥주 때문이 아니라—18세면 음주 가능 연령이었다—우리집에 들어오는 마이클의 허리띠에서 달랑거리던 병따개 때문에.

마이클에게는 내가 캔 하나를 홀짝이는 동안 나머지 다섯 캔을 혼자 마셔야 한다는 건 문제가 되지 않았다. 오히려 그는 나도 술을 좀 마실 심산이면, 내가 마실 여섯 캔 묶음을 따로 사놓으라고 미리 일러두었다. 그리스티디스에서 거의 공짜로 나눠주는 거 아니었나?

마이클에게 필요했던 건 술친구가 아니라 마시는 동안 그와 같이 앉아 있어줄 사람, 일종의 증인이 되어줄 사람이었다. 실제로 나는 증인이 된 기분이었다. 술을 마시자 마이클은 행동이 조금 느려졌을 뿐 스스로 억제하고 있는 게 아닐까 싶을 만큼 본질적으로는 평소와 똑같았다. 물을 빼고 오겠다며 자리에서 일어서자 멀쑥한 몸이 아주 약간, 차가운 공기 속으로 날아 들어가는 말벌처럼 살짝 흔들렸다.

우리 어머니는 마이클의 행동을 기묘하다 여겼지만 어떤 면에서는 그야말로 딕 새비지가 할 법한 행동이었다. 남들과 술을 마실 때 취하지 않으려고 체력을 키우는 것이었으니까. 나 역시 비슷한 맥락에서, 구타 사건 이후 웨이트 벤치와 바벨을 사서 남몰래 힘을 기르고 있었다. 매달 내가 신청한 웨이트리프팅 교재가 포르노그래피처럼 아무 표시가 되지 않은 봉투에 담겨 집으로 배송되었다. 우리 가족은 내 행동 역시 기묘하게 여겼다. 그래도 아버지는 내가 바벨로 얼굴을 박살내지 않도록 충실하게 나를 지켜봐주었다.

그때 마이클은 가수 칼리 사이먼처럼 미소가 환한 키 크고 날씬한 여자애를 사귀고 있었다. 마이클은 자기 자랑을 할 때의 버릇대로 별일 아니라는 듯 어깨를 으쓱하면서, 그애가 자기한테 홀딱 빠졌다고 말했다. 내가 보기에 그런 여자친구를 사귀는 건 잘살고 있다는 증표였다. 마이클과 함께 목욕을 하고 싶어하고, 마이클에게 마사지를 해주고, 마이클을 만족시키기 위해서라면 자기가 떠올릴 수 있는 무슨 일이든 하려 드는 그런 여자친구가 있다는 건.

마이클과 나는 둘 다 예일대학교에 합격했다. 구 년 연속으로 같은 학교에 다니게 된 것이다. 이제는 우리가 〈헤럴드〉 부실 테이블 위에 따분한 바다사자들처럼 늘어져 있을 차례였다.

나는 콘택트렌즈를 맞췄고, 드디어 운전면허 시험을 통과했으며, 기적과도 같은 일이 일어난 덕분에 대학 입학 전까지 타고 다닐 차가 생겼다. 나의 은인은 우리 가족의 친구인 아비라는 영문학 교수였다.

아비는 마찬가지로 영문학 교수였던 아름다운 그의 아내와 함께 나에게 줄 1968년식 볼보를 몰고 캘리포니아주 버클리에서 뉴로셸까지 와주었다.

차에는 수동 변속기가 달려 있었다. 아비는 나를 루스벨트초등학교 운동장으로 데려가서 운전을 알려주었다. 그는 내가 변속기를 뽑아버릴까봐 걱정하는 티를 내지 않고, 내가 육중한 고래 같은 차를 몰고 이리저리 덜컹거리며 돌아다니다가 마침내 클러치와 양발 운전이 비교적 편안해질 때까지 기다려주었다. 나는 볼보를 끌고 몇 년 전 바이크에 치였던 자리를 지나갔다. 나쁜 기억의 뼈대를 밟아 으스러뜨리자 승리감이 밀려왔다.

우리 초등학교는 고급 콘도미니엄으로 재건축되고 있었다. 베이비붐의 수도꼭지는 잠겨버렸고, 행정구역이 재편되고 근거리 학교 배정 정책에도 변화가 생기자, 루스벨트초등학교는 더이상 필요하지 않은 것으로 간주되었다. 농구장과 운동장은 지역 주민들이 사용하도록 보존된다고 했다. 그해 여름, 뉴로셸과의 작별을 앞두고 있던 마이클과 나를 포함한 옛 무리들은 회귀본능에 이끌려 그곳을 자주 찾았다.

1970년대를 비롯해 많은 것들이 흘러간 과거가 되었지만, 우리가 살아가고 있던 전통적인 세상에서는 여전히 풋내가 났다. 지하를 흐르던 음악과 음모론과 급진적 해방에 대한 우리의 꿈을 끌어와서 흠뻑 물을 주어도 달라지는 건 없었다. 로널드 레이건의 당선은 우리에게 충격적이고도 섬뜩한 사건이었다. 우리는 그가 핵전쟁으로 세계를 끝장낼 거라고 확신했고, 나중에 그가 약물 치료를 받지 않는 정신질환자의 총에 맞았을 때에야 조금 인간적으로 느꼈다. 레이건을 쏜 범인은 "가짜들"에 집착하는 정신병동의 젊은 남자를 서술자로 하는 소설 『호밀밭의 파수꾼』과 배우이자 예일대학교 신입생인 조디 포스터에 집착하는 사람이었다.

범인은 또한 바로 몇 달 전 일어난 존 레넌 암살에 자극을 받아 범행을 저질렀다. 레넌을 암살한 범인 역시 약물 치료를 받지 않는 정신질환자로, 가늠할 수 없을 만큼 많은 양의 LSD를 복용하고 다코타 아파트 앞에서 『호밀밭의 파수꾼』을 손에 든 채 체포되었다. 그날이 우리의 음악이 죽은 날이었다. 잡지 『뉴욕』의 피트 해밀은 망연자실한 병원 의사와 간호사들을 이렇게 묘사했다. "그들 뒤에, 냉장고 속에, 1960년대가 누워 있었다." 묘하게도, 방아쇠를 당긴 주체 역시 1960년대였다.

내가 머피라는 성을 가진 여자애랑 졸업 무도회에 간다고 이야기하자 아버지는 기분이 상했다. 바움월드나 레비 같은 성을 가진 애들도 지천에 널려 있지 않느냐. 그런 애들을 고를 수는 없었느냐. 아버지가 "금발의 마르가레테"의 매력을 이해하지 못하는 건 아니었다. 마르가레테는 내 파트너의 이름이 아니라, 루마니아에서 태어나 홀로코스트에서 살아남고 파리에 살면서 독일어로 글을 쓰다가 1970년에 센 강에 몸을 던져 죽은 유대인 시인 파울 첼란의 작품 「죽음의 푸가」에 나온 이름이었다. 네 금빛 머리칼 마르가레테. 너의 잿빛 머리칼 슐라미테. 아버지 생각에 내게 알맞은 데이트 상대는 슐라미테였다.

아버지는 「죽음의 푸가」 번역문 몇 줄과 더불어, 성경에서 당신이 가장 좋아하는 글귀를 인용했다. "삶을 택하라." 어디든 갖다붙이기 좋은 이 근사한 표현은 아버지가 우리에게 자부심을 불어넣거나, 불안한 자기 회의감을 다독여줄 때 애용하는 것이었다. "삶을 택하라"는

말하자면 〈스타트렉〉에 나오는 최우선 지령의 신명기 버전인 셈이었
다.* 심지어 "너 때문에 죽겠구나"라는 뜻으로도 쓰일 수 있었다.

하지만 아버지는 턱시도 대여점에 나와 같이 가주었고 돈도 내주었
다. 내 파트너는 연한 빛깔의 구슬 장식으로 뒤덮인 앤티크 드레스를
입고 노란 머리칼을 머리 위로 높이 틀어올린 채 나타났다. 그애가 도
중에 몸이 안 좋아져서 그날 저녁을 끝까지 보내지 못한 덕분에, 나는
더이상의 곤란을 겪지 않아도 되었다. 마이클은 무도회에 아예 참석하
지 않았다. 조앤이라는 짙은 머리칼의 다정한 여자애에게 반해 있었기
때문이다. 그는 고등학교 졸업 앨범 한 페이지에 걸쳐 조앤에 대한 사
랑을 보란듯이 쏟아냈지만 조앤에겐 이미 다른 파트너가 있었고, 퇴짜
아닌 퇴짜를 맞은 마이클은 다친 마음을 안고 집에 머물렀다.

대학으로 떠나기 직전의 여름에 내 마음은 낙관으로 부풀어 있었다.
늦여름의 어느 오후, 파티오에서 마이클과 여느 때처럼 담소를 나누다
가 대학에 가면 서로 볼 일이 별로 없을 것 같다는 그의 말을 듣고 놀
란 건 그 탓이었을 것이다. 이유를 묻자 그는 그냥 내가 너무 느려서라
고 답했다.

---

* 〈스타트렉〉에서 최우선 지령은 행성 연방에 가입하지 않은 다른 외계 문명에 절대 개입
해선 안 된다는 원칙이며, 토라의 다섯번째 책인 신명기에는 율법을 강조하고 설명하는
내용이 담겨 있다.

7장
유리병 속 편지

진실의 가장 무서운 적은 의도적이고,

작위적이며, 부정직한 거짓말이 아니라

끈질기고, 설득력 있으며, 비현실적인 신화입니다.

—존 F. 케네디,

1962년 예일대학교 졸업식 연설에서

예일대학교 신입생들은 1750년에 지어진 진짜 식민지 시대의 건물, 진짜와 똑같이 생긴 가짜 식민지 양식의 건물, 그리고 1773년 졸업생인 네이선 헤일*이 등뒤로 양손이 묶인 채 영국인들에게 눈으로 욕하는 동상이 서 있는 나뭇잎 무성한 '올드 캠퍼스'에 살았다. 말끔하게 관리된 4에이커 넓이의 잔디밭과 십자 형태로 교차하는 길, 오래 자리를 지키고 선 느릅나무들을 둘러싸고 신고딕양식의 기숙사 건물이 세워져 있었다. 석조 기숙사 건물은 천 명의 십대 행운아들이 아이비리그의 특권이라는 푸르른 치마폭에 감싸여 공부하고 공황에 빠지고 파티를 벌일 수 있도록, 등뒤로 뉴헤이븐 도심의 침투를 막아주는 방벽 역할을 했다.

---

* 미국독립전쟁에 참여한 군인으로 첩보 작전 중에 영국군에 붙잡혀 처형되었다.

캠퍼스에 도착한 아버지의 반응은 이제 3학년이 된 누나를 예일대학교에 데려다주던 이 년 전과 똑같았다. 조심스러움과 당혹감이 섞인 자부심이 느껴졌다. 내가 엿본 아버지의 본심이 "이 돈을 어떻게 다 낸다?"와 "내 자식들이 컨트리클럽에서 사 년을 보내라고 우리 부모님이 나치에게 살해당한 거였나?" 중 무엇인지는 확신할 수 없었다. 또한 아버지는 내가 학자금 대출을 최대로 받았고, 학업과 병행하는 일자리를 얻었어도 졸업 때까지 빚을 다 갚지 못한다는 것에 죄책감을 느끼고 있었다.

아버지가 내가 어디서 왔는지 기억하라는 말을 남기고—뉴로셸이 아니라, 청교도였던 예일대학교 설립자들이 히브리어 모토를 빌려 온 고대 이스라엘 문명을 말하는 거였다—한번 더 내게 입을 맞춘 다음 차에 올라타자 나는 마침내 안도했다. 어머니는 이미 운전대를 잡은 채 눈물을 흘리고 있었다.

내가 캠퍼스에서 마이클을 언뜻 보았을 때, 그는 자기 아버지 뒤에서 몇 걸음 떨어져 걷고 있었다. 척은 마치 필리핀으로 돌아가는 맥아더 장군처럼 보였다.*

올드 캠퍼스에서 보낸 첫날 나는 텔루라이드 프로그램 참여자 네 명을 마주쳤고, 내가 입고 있는 것과 똑같은 '모스틀리 모차르트' 티셔츠를 입은 여자애를 스쳐지나갔다. 우리는 동시에 뒤를 돌아보고, 재미있게 느껴 서로를 향해 되돌아갔다. 나는 그녀가 나처럼 대학에서는 전과는 다른 사람이 되겠노라 결심했다가 막판에 마음을 바꾸었지만, 결국은 어딘가 달라졌다고 느끼고 있다는 뚜렷한 인상을 받았다. 이전

---

* 태평양전쟁 발발 직전에 필리핀 육군 원수였던 맥아더 장군은 필리핀에서 철수하면서 다시 돌아오겠다고 약속했고, 이 년 뒤 그 약속을 지켰다.

과는 달리 내가 히죽거리며 손가락으로 가리키고 있던 빨간색 티셔츠의 음악 로고 자리에 그녀의 가슴도 있다는 걸 깨달은 순간에도 약간의 현기증만 느꼈을 뿐이었다.

투표 연령과 음주 연령은 그것이 하향 조정된 원인이었던 징병이 끝난 뒤에도 18세로 유지되었다. ROTC와 민주사회학생연합은 캠퍼스에서 자취를 감추었지만, 사교 활동 위원회에서는 떠들썩한 야외 파티를 열어 술 마시는 법을 아는 프렙 스쿨 출신 학생들과 토하는 법을 아는 공립학교 출신 학생들을 거대한 맥주통과 술병들로 위태롭게 흔들리는 접이식 탁자 주위로 불러모았다. 아침 무렵엔 돈깨나 들여 가꾼 잔디 위에 플라스틱 컵들과 학부생 몇 명이 널브러져 있었다.

변기를 끌어안고 하루인가 이틀 밤을 보낸 뒤, 나는 남자답진 못해도 실용적인 아버지의 표현대로 "술을 달래가며 마시는" 방법으로 돌아갔다. 바르 미츠바를 다시 체험하려고 대학에 온 건 아니었고, 내가 원하는 게 해방이라면 다른 형태로도 누릴 수 있었으니까.

줄무늬 텐트 아래에서 열린 연합 파티에서 비非코셔 핫도그를 먹던 중, 폴리스의 〈메시지 인 어 보틀Message in a Bottle〉이 흘러나오자 내 근처에 서 있던 초록색 눈의 여자애가 신음을 냈다. 그녀는 나를 향해 몸을 돌리고는 이 노래에 대해 어떻게 생각하느냐고 묻더니, 내가 미처 답하기도 전에 이 노래가 지금 자기 기분을 정확히 표현한다고 말했다. "내가 세상을 향해 SOS를 보내고 있는 기분? 그런데 내 메시지를 받는 사람이 있을지 알 수 없는 기분?"

노래하는 듯한 목소리 덕분에, 그녀의 주장은 질문처럼 들렸다. 그녀의 신음 또한 경고보다는 초대의 의미를 담고 있었다. 모든 게 그렇게, 부드러움도 날카로움도 한층 더 선명하게 느껴졌다. 두터운 고딕양식 건물들이 브레머가 교정반에서 친구로 사귄 깡패 녀석들처럼 내 편에서 보초를 서고 있었다.

그해 가을, 기숙사에서 내 옆방을 쓰던 신입생 하나가 사교 활동 위원회 파티에서 인사불성이 되도록 술을 잔뜩 마시고 방으로 옮겨진 다음 깨어나지 못했다. 우리는 그의 죽음 앞에서 망연자실했고, 격렬한 토론을 벌였다. 결국은 알코올과 사교 활동 위원회 파티 모두 금지한다는 공식 담화가 나왔다. 그러다 어느 시점에선가 공식 성명은 쏙 들어갔고 파티가 재개되었지만, 미국 전체의 분위기가 변하고 있었고 내가 졸업반이 되었을 즈음 음주 연령은 21세로 다시 올라갔다.

마이클은 올드 캠퍼스가 아니라 기숙형 칼리지에 살았으므로 우리는 마주칠 일이 별로 없었다. 옥스퍼드와 케임브리지를 모델로 만들어진 예일대학교의 기숙형 칼리지는 학부생활의 자부심이자 조직 원칙이었다. 당시 예일대학교에는 안뜰, 도서관, 식당, 생활 구역을 갖춘 칼리지가 열두 개 있었다. 그중 신입생이 주거할 수 있는 칼리지는 둘뿐이었는데 마이클이 그중 한 곳에 있었다.

그가 속한 실리먼 칼리지는 가장 큰 칼리지이자 올드 캠퍼스에서 가장 먼 곳이었다. 부모가 예일대학교 출신이 아닌 이상 칼리지 배정은 랜덤이었지만, 신입생들이 모여 지내는 놀이방을 건너뛰고 상급생들 사이에서 먹고 자는 생활이 마이클에게 퍽 어울린다고 생각했다.

기숙형 칼리지에는 대학원생들도 살았고 그들은 식당에서 학부생들과 밥을 함께 먹었다. 마이클은 경제학 박사과정을 밟고 있던 라이너스라는 대학원생과 일찍부터 친구가 되었다. 그는 그해의 노벨경제학상 수상자인 제임스 토빈 아래에서 연구를 하고 있었다. 라이너스는 경제학자와 경제학에 대해 마이클처럼 아는 게 많은 신입생은 처음 보았지만, 나중에 밤새워 마이클의 고급경제학 수업 과제를 도와주면서 마이클의 기술적 능력은 개념적 이해에 훨씬 미치지 못한다는 걸 알게 되었다.

매사추세츠공과대학교 학부를 나온 라이너스는 사람의 지능을 수학 능력을 기준으로 평가하는 데 익숙해져 있었고, 자신과 완전히 다른 방식으로 조직된 정신의 소유자와 함께 공부하는 건 그에게 신선한 경험이었다. 나는 마이클이 언어만큼이나 숫자에도 강할 거라고 짐작했지만, 나보다야 불균형이 훨씬 덜할지언정 마이클 역시 제 나름대로는 말재간에 많은 부분을 기대고 있었던 것이다.

모든 1학년 학생들처럼 나도 기숙형 칼리지에 배정을 받고 그 묵직한 문의 열쇠를 손에 쥐었다. 나는 칼리지 학장이 개최하는 다과회에 초대받았고, 칼리지 안뜰에서 시간을 보내거나 작은 도서관에서 공부하거나 식당에서 정해진 시간에 식사를 할 수 있었지만, 잠을 자는 것까지 칼리지에서 하려면 2학년이 되어야 했다. 나로서는 별로 아쉽지 않았다. 이참에 미뤄두었던 청소년기를 제대로 즐겨볼 심산이었다.

신입생에게 숙소를 내어주는 칼리지 두 개와 1960년대에 지어진 '신축' 칼리지 두 개—흉측하고, 건축적으로 중요하며, 에어컨 설비가 갖춰진—를 제외하면, 나머지 기숙형 칼리지는 모두 1930년대에 지어졌다. 그보다 몇 세기 전 건축을 흉내내어 설계된 건물들은 해리 포터 시리즈를 한참 앞지르는 환상 속 호그와트였다. 가고일, 숨겨진 방, 진짜 같은 느낌을 내려고 일부러 깨뜨렸다가 다시 붙인 납유리, 엉뚱한 곳으로 이어지는 계단들. 같은 시기에 나온 할리우드 영화들처럼 이 건물들은 부와 권력과 우아함의 환상을 제공했지만, 그 환상은 두 시간 동안만 빌리는 게 아니라 사 년 동안, 그리고 아마도 여생 내내 마음껏 이용할 수 있었다.

육중한 문이 달린 기숙형 칼리지가 지닌 비공개 클럽 같은 우아함은 역설적으로 학생들에게 평등주의적 정신을 함양하는 기능이 있었다. 기숙형 칼리지는 이전에 최고 부유층을 학부생활에서 빼내 다른 학생들과 어울리지 못하게 막던 예일대학교 내의 배타적 학회들과 경쟁 관계였기 때문이다. 능력주의를 내세우는 공립학교가 만들어진 1960년대 이래로 학생들은 기숙형 칼리지를 더 선호하게 되었다.

내가 배정받은 대븐포트 칼리지 건물은 겉에서 보면 고딕양식이고 안에서 보면 조지언양식이라 두 가지 목적으로 활용되는 영화 세트를 방불케 했다. 이러한 건축적 부조화는 묵직한 도기 식기에 찍힌 가짜 문장紋章들과 마찬가지로, 오크 목재 패널을 두르고 워터퍼드 샹들리에를 단 식당의 위엄에 터럭만큼도 흠집을 내지 않았다. 그 위엄에 흠집을 낼 수 있는 게 있다면, 다름 아닌 주방 일이었다. 돈을무늬가 새겨진 접시를 집어들어 남들이 남긴 음식을 긁어내 비운 다음 산업용 식기세척기에 넣고 있노라면, 안경에 김이 서리고 양말까지 축축해졌다.

대븐포트 칼리지는 1637년에 뉴헤이븐을 설립한 청교도 목사의 이름을 따서 지어졌지만, 저 옛날엔 '화이트 벅' 칼리지라고 불렸다. 학생들이 통장 잔고로 평가받던 시절에 화이트 벅은 예일대학교의 엘리트 계층이 선호하는 신발이었다.

그 모든 것에 경멸을 느끼기란 얼마나 쉬웠던지. 히틀러유겐트 같은 헤어스타일을 하고 오지맨디어스*처럼 우람한 허벅지를 드러내고 있는 진지한 1920년대 예일대학교 운동선수들의 흑백사진을 비웃는 게 재미있었던 것처럼, 능력주의의 자녀들로서는 자신이 부정하게 축적된 부의 정당한 상속자라고 느끼기가 쉬웠다. 우리는 우리가 다니는 대학을 지은 사람들과 관리하는 사람들을 불청객 취급하는 데에서 묘한 만족감을 느꼈다. 신약성서를 처음 손에 넣은 사람들이 구약성서를 부정하면서도 마음껏 인용하는 기분이 이랬을까.

우리는 부통령 조지 H. W. 부시가 대븐포트 칼리지 출신이라는 사실에 남몰래 자부심을 느끼는 동시에 연재만화 〈둔즈베리〉에서 육안으로 보이지 않을 만큼 하찮은 말풍선 하나로 축약된 그를 비웃을 수 있었다. 부통령 부시의 아버지였던 상원 의원 프레스콧 부시 역시 대븐포트 칼리지를 나왔고, 부통령 부시의 아들이었던 조지 W. 부시도 마찬가지였다. 당시 그는 아직 음주 문제가 있는 베이비붐 세대의 이름 없는 한 사람일 뿐이었다.

우리에게 더 대단하게 느껴진 건 만화가 개리 트루도가 대븐포트 칼리지에서 학부생으로 생활하던 1960년대에 〈둔즈베리〉를 창작했다는 사실이었다. 제일 처음에 이 만화는 만화가 자신과 그의 급우들에 대한 내용이었다. 어떤 의미에서는 여전히 그러했다. 조지 W. 부시와 학창시절을 함께했던 트루도는 캠퍼스 만화가 시절에는 치어리더이자 남학생 클럽 회원이었던 그를 조롱했고, 그가 아버지의 뒤를 이어 대통령이 되려고 나오자 또 한번 조롱했다.

마이클과 내가 미어랜드 로드에서 이웃이었던 게 우연이 아니듯, 트

---

* Ozymandias. 퍼시 셸리가 쓴 동명의 시 속 인물로 람세스 2세를 가리킨다.

루도와 부시가 예일대학교에서 이웃이었던 것도 우연이 아니었다. 두 사람의 부친은 모두 제2차세계대전에서 복무했고, 그전엔 대븐포트 칼리지에서 살았으며, 바깥세상에서도 그들이 속한 사회적 원은 교집합을 이루었다. 그들은 마이클이 마르고 닳도록 이야기하던 바로 그 '와스프'로서 재산과 공익 복무의 전통 속에서 자라났는데, 부시 일가에겐 그 공익 복무라는 게 대통령이 된다는 의미였고 트루도에겐 부시 일가를 조롱한다는 의미였다는 것 정도가 달랐다. 마이클과 나는 풍자를 둘 중 더 고귀한 소명으로 여겼다.

그러나 마이클은 여전히 와스프 기득권층에 권력이 있다고 믿었다. 올드 캠퍼스에서 마이클을 처음 마주친 날, 배텔 예배당의 종이 울리자 그는 마치 그게 우리를 의무적인 주일 예배로 소환하는 소리인 양, 회중 기독교를 지키는 그 강력한 요새를 향해 냉소적인 손짓을 해보였다. 그러나 사실 배텔 예배당에서는 유대교 속죄의 날 예배가 열렸고, 예일대학교 학장은 이탈리아계 미국인이었으며, 학생의 30퍼센트 남짓이 유대인이었다. 당시 베스트셀러였던 『공식 프레피 편람』에서는 카키색 옷을 입은 노쇠한 지배계급의 자제들을 제이크루 브랜드의 패션모델처럼 써먹었다. 윌리엄 F. 버클리 주니어*조차 한 벌의 바지로 취급되었다.

버클리는 엄밀히 따지면 와스프에 속하지 않았다. 그는 유대인처럼 가톨릭교도에게도 10퍼센트 할당제가 있던 시절 예일대학교에 진학한 가톨릭 졸부였다. 그러나 그는 대븐포트 칼리지에 살았고, 시트콤 〈길리건의 섬〉에 나오는 서스턴 하월 3세처럼 말했으며, 마이클이 뽈

로 호의적으로 평하지 않은 1950년대의 유명 저서에서 예일대학교의 종교적 전통이 상실되어가는 것을 개탄했다.

마이클은 그런 식의 권위에 절대 주눅들지 않는 사람이었지만 자기가 투지를 불태울 표적으로 삼을 만한 반대 세력의 존재가 필요했다. 그래서인지 그는 우리가 뉴로셸이 아니라 우리 아버지들이 성장기를 보낸 동네에서 자란 것처럼 이야기하곤 했다. 그러나 사실 내 아버지의 걱정거리는 내 눈앞에서 기회의 문이 닫혀버리는 게 아니었다. 아버지는 내가 눈앞에 문이 활짝 열려 있다는 걸 알아차리지 못하고, 〈톰과 제리〉속 고양이처럼 내가 품은 야망의 반대쪽을 향해 열린 창문 밖으로 몸을 내던졌다가, 모든 기억을 잃고 쓰레기장에서 깨어날까봐 걱정했다.

마이클은 문을 부수고 들어가는 유형의 사람으로 자라났지만, 문 반대편에서 기대고 있는 사람이 있어야 문을 부술 때 더 흥이 나는 법이었다. 안타깝게도 우리 주위에서 『위대한 개츠비』속 톰 뷰캐넌 같은 와스프를 찾기는 어려웠다. 예일대학교 출신에, 폴로 경기용 조랑말 여러 마리와 "인정사정없는 육체"의 소유자이자, 『유색인종 제국의 출현』을 휘두르고 다니는 뷰캐넌. 마이클이 찾을 수 있었던 최선은 실리먼 칼리지에서 그의 바로 아래층에 사는 마이크 커티스였는데, 사실 그는 영화 〈러브 스토리〉에서 눈물 흘리는 법을 알게 되는 잘난 하버드대 하키 선수 올리버 배럿 4세와 더 비슷했다.

마이크 커티스는 이름 뒤에 '3세'나 '4세' 따위가 붙지는 않았지만 명문 사립학교인 그러턴스쿨 재학 시절 하키 팀의 주장이었고, 아버지와 형이 예일대학교를 다녔으며, 증조부가 체이스은행의 영국 지점장을 지냈고, 종조부는 영국 치하 팔레스타인에서 기병대 장교로 활약했다. 더 큰 적격 사유는 마이크의 어머니가 외알 안경을 쓰고 이름에 '폰'이 들어가는 진짜배기 독일 귀족의 핏줄이라는 거였다. 히틀러-스탈린 조약의 협상가였던 요아힘 폰 리벤트로프가 먼 친척이었다. 나치라니!

현실 속 마이크는 캠퍼스 내의 드와이트 홀에서 뉴헤이븐의 소외 계층 아이들에게 개인 교습을 해주었고, 대단히 수치스러워하는 태도로 자신이 나치와 핏줄이 닿아 있다고 마이클에게 털어놓았다. 마이클은 그의 말을 진지하게 들어주고는 과거의 짐을 저주처럼 짊어지고 다녀서는 안 된다고 새로 사귄 친구를 타일렀다. 뉴욕주에 사는 유대인에게 부여된 권능으로 그는 마이크의 죄를 완전히 사해주었으나, 그럼에도 그를 계속 "그 와스프 녀석" 아니면 "잘나신 도련님"이라고 칭하곤 했다.

마이클이 그런 식의 인종 분류학에 빠졌던 건—그는 한 룸메이트를 "치열한 중국 애"라고, 다른 룸메이트는 "죄책감에 사로잡힌 아일랜드계 가톨릭 신자"라고 불렀다—아마 우리가 유년기에 즐겨 들은 코미디언들이 우리에게 남긴 유산일 것이다. 시트콤 〈치코 앤드 더 맨〉의 스타이자 스탠드업 코미디 계의 신동 프레디 프린즈는 스스로를 '헝가리칸'*이라고 칭했고 앨범 '룩킹 굿'에서 히스패닉, 흑인, 아시아계 미국인 인물들을 연기했다. 프린즈가 스물두 살의 어린 나이에 머리에 총을 쏴서 자살한 뒤로 우리는 그의 앨범을 반복해 듣는 목록에서 뺐지만, 그래도 우리에겐 아직 "한때 나는 아일랜드계 가톨릭 신자였지만 이젠 미국인이 됐어" 따위의 농담을 하는 조지 칼린이, 그리고 물

---

* Hungarican. 헝가리인과 미국인을 합친 말.

론 〈엑소시스트〉에 흑인이 나왔을 경우 어째서 11분 만에 영화가 끝나 버렸을지 설명하는 리처드 프라이어가 있었다.

마이클의 정치 철학은 1970년대 스탠드업 코미디와 그의 아버지가 살던 브루클린에 대한 향수를 하나로 뭉뚱그려놓은 듯했다. 그 시절 브루클린에서는 화합을 이룩하기 위해 서로 동일한 사람인 척을 하지 않아도 되었다. 같은 전투를 벌이고 있는 사람들끼리 동료애를 키우는 걸로 족했다. 그들이 맞선 상대는 해외의 나치, 그리고 고국의 '더 맨' 이었다.*

처음 마이클과 점심 약속을 하고 실리먼 칼리지를 찾아간 날, 나는 그를 침대에서 질질 끌고 나와야 했다. 식당 밖에서 30분이 넘게 기다 리다가, 네 개의 출입문이 달린 칼리지를 구석구석 훑어서 간신히 그 의 방을 찾았다. 이미 식사를 마치고 돌아온 룸메이트 하나가 재미있 다는 표정으로 문을 열어주었다. 마이클이 잠에서 깨어 옷을 입었을 때쯤 주방은 이미 마감한 뒤였다. 나는 화가 머리끝까지 나 있었지만, 내가 깨웠을 때 마이클이 너무나 깜짝 놀라서—자신이 자신의 답 없 는 자녀인 양 고개를 절레절레 젓기도 했다—그냥 넘어가주었다.

마이클의 룸메이트들에겐 이런 촌극이 조금도 낯설지 않은 것 같았 다. 자느라 모든 걸 놓치는 건—피자 한 판을 해치우고도 배가 부르 지 않는 것이나 앉은 자리에서 책 한 권을 단어 하나 빠짐없이 읽는 것 과 마찬가지로—비범한 능력의 하나로 여겨졌고 마이클은 자신에 대

---

* 시트콤 〈치코 앤드 더 맨〉은 일자리를 찾아 미국으로 온 젊은 멕시코인 치코가 다인종 국가가 되어가는 미국의 현실을 받아들이지 못하고 차별을 일삼는 '더 맨' 에드 아래에 서 일하면서 벌어지는 이야기를 담고 있다.

한 그런 시선을 장려하는 편이었다. 그가 품고 다니는 채워지지 않는 피로감은 역으로 그의 자신감과 백과사전 뺨치는 기억력, 그리고 함께 농담 따먹기를 할 때는 재밌지만 논쟁에서 적으로 만나기엔 두려운 언어적 권력 의지를 한층 선명하게 부각시켰다.

마이클이 유독 친하게 지낸 사람은 그가 특유의 화려한 수식을 붙여 "멀쑥한 버지니아인이자 가망 없는 고교 라크로스 스타"라고 표현한 짐이었다. 짐은 프랭크 카프라 감독의 영화에 나오는 소시민 주인공처럼 생겼는데, 이 역시 마이클이 "멀쑥한 버지니아인" 같은 표현을 편안하게 내뱉는 고풍스러운 말투로 평한 것이었다. 카프라를 들먹이는 비유는 짐이 부추긴 것이었다. 영화감독을 꿈꾸는 그에겐 게리 쿠퍼의 느릿한 말투를 흉내내 진중한 영화 대사들을 읊는 습관이 있었다. 마이클은 짐이 알고 보면 "죄책감에 사로잡힌 아일랜드계 가톨릭 신자"라서 매일 미사에 참석하고 있으며, "하느님의 더 큰 영광을 위하여" 영화를 만들 계획이라고 폭로했다.

나는 마이클이 룸메이트를 놀리는 것이겠거니 했지만, 짐은 고개를 주억거리더니 영화 제작사를 세우면 '아드 마이오렘 데이 글로리암*', 줄여서 'AMDG 필름스'라고 부를 거라고 덧붙였다. 라우도어가 펼치는 보드빌 극에서 조연 역이라면 지겹도록 맡아온 나로서는, 슬슬 놀림을 당하는 사람이 내가 아닌지 의심이 들기 시작했다. 그러나 짐은 눈은 웃고 있을지언정 어조에서는 진중한 열성이 배어났다. 그후로 차츰 짐을 알아가면서, 나는 그가 한 말에 일말의 거짓이 없었다는 사실을 알고도 놀라지 않았다.

---

* Ad Maiorem Dei Gloriam. '하느님의 더 큰 영광을 위하여'라는 뜻의 라틴어.

그렇게 마이클에게는 마침내 자기 못지않게 고전 영화 대사를 많이 아는 친구가 생겼다. 마이클이 "자유는 책 속에 묻어두기엔 너무 소중하지요, 미스 손더스"라고 말하면 짐은 그게 〈스미스 씨 워싱턴에 가다〉 속 지미 스튜어트의 대사라는 걸 알았다. 짐이 자신을 지구-우-우 위에서 가장 운좋은 남자-아-아라고 칭하면, 마이클은 그것이 루 게릭을 연기하는 게리 쿠퍼임을 알았다. '아이언 호스'라고 불리던 야구 선수 루 게릭은 양키스의 자부심이자 그가 주택을 보유하고 있던 뉴로셀의 자부심이기도 했다.

두 사람은 어떤 문장이든 프랭크 카프라 영화 속 대사처럼 들리게 바꿔 말하는 놀이를 했다. 비법은 "그저 남들과 같은 사람"이라는 표현을 집어넣고 지미 스튜어트의 목소리를 흉내내는 것이었다. 오디세우스는 아내가 기다리는 집으로 돌아가려 하는 그저 남들과 같은 사람이다. 비트겐슈타인은 보여질 수 있는 건 말해질 수 없다고 믿는 그저 남들과 같은 사람이다. 슈뢰딩거의 고양이는 상자 밖에서 생각하려 애쓰는 그저 남들과 같은 사람이다.

고전 영화가 도처에 널려 있었다. 캠퍼스에서 영화는 매일 밤 누릴 수 있는 저렴한 형태의 엔터테인먼트였다. 내 룸메이트 하나는 자기 소유의 프로젝터를 가져와 영화 학회에서 상영회를 열곤 했는데, 필름을 다시 원형 양철통에 넣어 보내기 전에 우리 기숙사 벽에 대고 한번 더 틀어주었다. 어둑한 공용 휴게실로 걸어들어가면 〈제7의 봉인〉에서 죽음이 기사와 체스를 두고 있거나, 〈시계태엽 오렌지〉에서 무뢰한 알렉스가 의자에 묶여 폭력성을 축출하는 고문을 당하고 있었다. 그리고 많은 경우 〈더 빨리 푸시캣, 죽여라 죽여〉의 예고편 속 여자들이 거대한 가슴을 흔들며 뛰어다니고 있었다. 그 예고편이 들어가지 않은 영화가 없는 것 같았다.

그때 짐이 영화 연기에 관해 나름대로 펼치던 이론을, 나는 시간이 아주 많이 지난 뒤에도 곱씹곤 했다. 그 시절뿐 아니라 훗날의 마이클과도 관련이 깊은 이야기였기 때문이었다. 짐은 황금시대 영화 스타들의 좋은 점은, 일관성을 지키는 한 반드시 좋은 연기를 할 필요가 없으며 심지어 연기를 못해도 괜찮다는 것이라고 말했다. 중요한 건 연기를 잘 하고 못 하는 게 아니라, 자기답게 연기하는 것이었다. 관객들은 배역 속의 스타를 알아보기를 기대하며 영화관에 갔다. 케리 그랜트나 캐서린 헵번을 보러 갔지, 그들이 다른 사람이 되는 걸 보러 간 게 아니었다. 그들이 연기한 배역의 이름 따위를 누가 기억이나 하겠는가?

자신이 출연한 모든 영화에서 똑같은 방식으로 대사를 치는 게리 쿠퍼가 〈야구왕 루 게릭〉에서 루 게릭 행세를 하고 있을 뿐이라는 걸 누구나 알았다. 그 작전이 통한 건, 진짜 루 게릭도 실은 자기 자신 행세를 하고 있었으며 항상 성공하진 못했기 때문이었다. 역설적으로, 스타들의 완고한 불변성으로 인해 영화가 더 믿음직했다.

마이클의 젠체하는 말투도 비슷한 효과를 냈다. 짐을 '멀쑥한 버지니아인'이라고 부르는 건 아무래도 부자연스러웠지만, 그런 기교 넘치는 표현을 읊는 마이클의 태도가 워낙 확신에 차 있어서 진정성이 느껴졌다. 짐의 경우, 자신의 지고지순한 신앙에 대해 웃음기를 싹 빼고 진지하게 선언하는 태도가 비슷한 효과를 냈다. 처음에는 어딘가 의뭉스럽다는 느낌이 들지만, 그를 의심하면 할수록 그가 등지려 하는 냉소적인 속세와 한패가 되는 기분이 드는 나머지, 그것을 만회하고자 그를 더 높은 진정성의 차원으로 격상시키게 되는 것이다.

또한 마이클 말마따나 짐은 실제로 멀쑥한 버지니아인이었다. 그는 실제로 카프라 영화 속 주인공처럼 생겼고, 실제로 섹스와 죄책감과 죽음에 집착하는 아일랜드계 가톨릭 신자이자 라크로스 선수이기도 했다. 마이클의 역할은 그 모든 걸 알아차리고 큰 소리로 말하는 사람이었다.

마이클은 내게 자기 룸메이트들을 소개할 때 마치 자기가 쓴 희곡 속 인물들에 대해 이야기하듯, 당사자가 없는 자리에서 사용하는 것과 똑같은 표현을 사용했다. 상대가 자신을 묘사하는 방식에 당연히 동의할 거라고 생각해야만 가능한 일이었다. 하지만 과연 잉Ying 본인도 자신을 1분에 타자 120타수를 치고 팔굽혀펴기를 무한히 할 수 있는 치열한 중국 애라고 생각하고, 멜 본인도 자신을 브렌트우드의 대저택에서 한 동 전체를 독차지하고 살다가 기숙사에 옹기종기 모여 사는 신세가 되어 짜증이 난 할리우드의 귀공자로 규정하고 있었을까.

마이클의 소개에 따르면, 멜의 아버지는 영화 〈죠스 2〉 홍보 문구 "다시 물속에 들어가도 안전하다고 생각한 그 순간"을 착상해낸 인물이었다. 마이클은 이 사실을 근거로 멜이 버드 슐버그의 1941년 소설 『무엇이 새미를 달리게 하는가?What Makes Sammy Run?』 속 "새미 글릭의 현실판"이 될 자질이 있다고 굳게 믿었다. 당시 마이클은 로어 이스트 사이드 출신의 무자비한 유대인 야심가 새미 글릭에게 매료되어 있었다. 새미는 거짓말, 사기, 모함 등 갖가지 수단을 동원해 영화 업계의 정상에 오르는 인물로, 그 과정에서 신인 여자 배우들과 잠자리를 하고 비알리스톡과 블룸이 〈히틀러의 봄날〉 지분을 팔아치운 것보다 더 많이 자기 영혼을 팔아넘긴다.*

---

* 비알리스톡과 블룸은 영화 〈프로듀서〉 속 뮤지컬 제작자로, 졸작을 만들어야만 이윤이 많이 남는다는 사실을 깨닫고 온 힘을 다해 엉망진창인 작품을 제작한다. 〈히틀러의 봄

하지만 사실 마이클의 룸메이트 멜에게 그런 특질은 눈을 씻고 찾아도 없었다. 멜은 몸집이 작았고 상냥했으며 커다란 안경을 썼다. 특별한 점이라면 책상의 4분의 3을 차지하는 '마이크로컴퓨터'를 소유하고 있다는 것 정도였다. 내가 퍼스널 컴퓨터를 본 건 그때가 처음이었다. 당시 컴퓨터는 신기술이었고 〈예일 데일리 뉴스〉에는 멜이 자기 기계와 함께 포즈를 취하고 있는 커다란 사진과 기사가 실렸다. 마이클은 그 컴퓨터가 1만 달러쯤 할 거라고 추산했다. 마이클은 컴퓨터의 높은 가격과 신문에 실린 멜의 사진을 보고 역정을 냈지만, 가장 큰 짜증을 유발한 건 멜의 책상 위 남은 공간을 차지하고 있던 점행렬 인쇄기가 비명을 지르며 뱉어낸 여러 장의 스프레드시트였다.

내가 보기에 그것들은 수업, 교수, 친구들 전화번호를 담은 무해하고 샌님 같은 데이터의 집합에 지나지 않았으나, 마이클은 그것을 새미 글릭스러움의 증거로 보고, 그 스프레드시트에 대해 이야기할 때마다 마이클의 어조에서는 의심과 짜증이 느껴졌다. 점심을 함께하고 몇 주가 지난 어느 날, 우연히 나와 마주친 마이클은 결국 멜을 벽장 안에 넣고 본때를 보여줄 수밖에 없었다는 이야기를 들려주었다.

짐이 거들었다고 했다. 자기 몸집의 반밖에 되지 않는 꼬마를 벽장에 넣는 데 180센티미터의 장정이 한 사람 더 필요했던 이유는, 애초에 그를 벽장에 넣어야 했던 이유만큼이나 수수께끼였다. 게다가 짐은 그런 일을 할 사람이 아니었다. 그가 사랑하는 영화에서처럼, 오히려 약자의 편에 서줄 사람이었다. 하지만 따지고 보면 마이클도 그랬다.

날〉은 극중에서 그들이 만드는 뮤지컬의 제목이다.

마이클과 침실을 같이 쓰던 할리우드 귀공자는 한 해가 지나기 전에
이사를 갔다. 잠을 자기가 불가능했다. 마이클의 말마따나 그가 자기
혼자 한 동을 쓰는 데 익숙해서가 아니라, 마이클이 아무리 부탁해도
밤늦게까지 독서등을 끄지 않았기 때문이었다. 그러나 멜이 아침 수업
에 가려고 일어났을 때는 마법처럼 언제나 불이 꺼져 있어서, 멜은 비
로소 잠든 마이클을 깨울까봐 어둠 속을 더듬어 옷을 찾고 침실 밖에
서 입어야 했다.

멜은 실리먼 칼리지 학장의 집 삼층, 여분의 빈방으로 이사했다. 칼
리지마다 정확히 그런 목적의 예비 침실이 있었다. 그곳에 들어가야만
하는 사정이 무엇이든 모두가 '사이코 독방'이라고 부르는 방이었다.
반면 마이클은 혼자 방을 쓰게 되었다. 언뜻 보기엔 이번에도 마이클
특유의 행운이 따른 걸로 보였다. 이제 기숙사로 여자애를 데려올 때
에도 사생활을 지킬 수 있게 되었다.

1980년대 초반의 뉴헤이븐은 쇠락하고 위험한 도시였고, 나는 기숙
사와 강의실을 겸하는 건물들이 굳건하게 세워둔 방벽에 감사했다. 그
렇게 요새를 이룬 건물들 중 하나가 영문학과가 자리잡은 올드 캠퍼스
의 거대한 신고딕양식 건물이었다. 나는 낮이면 목재 바닥이 삐걱거리
는 강당에서 강의를 들었고, 밤에는 그곳에서 영화를 봤다. 내가 누리
는 자족적 즐거움에 대해 마이클은 편안한 일상이라고 평했다.

그곳에서 본 영화 가운데 특히 인상적이었던 건 〈왕이 된 사나이〉였
다. 1960년대에 만들어진 반전反戰 영화로, 진짜 주제는 사회의 광기와
지혜로운 도피였다. 배경은 제1차세계대전이었고, 앨런 베이츠가 독
일군이 퇴각하며 남긴 폭발물을 해체하는 임무를 받고 프랑스의 한 마

을로 파견된 영국 병사 역을 맡았다. 마을 사람들이 모조리 도망치고 지역 정신병원의 문이 활짝 열리자, 갇혀 있던 환자들은 쓰레기통을 뒤져 찾은 고급 의상으로 몸을 치장하고 마을을 접수한다.

이 사실을 알 턱이 없는 젊은 병사는 전서구를 넣은 새장을 들고 곳곳에 위장 폭탄이 설치된 마을을 탐험하면서, 별세계에서 온 것처럼 순수한 사람들에게—특히 아름답고 아이 같은 코클리콧에게—이끌린다. 환자들이 이제 이 미친 세상은 충분히 겪었다고 판단하고 정신병원으로 돌아가며 문을 잠글 때 병사가 그를 따라가리라는 건 자명하다. 이윽고 독일의 한 마을을 폭발로 날려버리라는 명을 받은 그는 군복을 벗고 알몸으로 정신병원 앞에 서서, 새장을 든 채 문이 열리기만을 기다린다. 1960년대가 밝아올 무렵 스코틀랜드의 정신의학자 R. D. 랭이 선언했듯 정신이상이란 "미친 세상에 대한 완벽히 합리적인 적응"임을 깨달은 것이다.

대학에서 나는 그 어느 때보다도 보호받고 있으며 자유롭다고 느꼈다. 두 기분 모두 최대한 오래 지속되길 바랐다. 하지만 우리가 얼마나 약한지에 관한 소문이 결국 우리에게까지 다다랐다. 가을에 알코올중독으로 남학생 하나가 죽었다. 겨울에는 마이클과 같은 칼리지에 속한 3학년 학생이 미술건축과 건물에서 떨어져 죽었다. 캠퍼스는 전날 밤 내린 눈으로 온통 뒤덮여 있었기에, 처음에는 그 화가 지망생이 단순히 실족사했을 가능성도 있다고 여겨졌다. 친구들은 자유롭고 용감했던 그녀의 영혼을 동경했고, 쓰라리게 추운 어느 날 슬립 하나만 걸친 채 실리먼 칼리지 식당에 들어오던 그녀의 모습을 여전히 화제에 올렸다.

그러나 이내 진상이 밝혀졌다. 그녀는 스스로 뛰어내렸다. 그녀는 날이 갈수록 자기 안으로 침잠하는 동시에 엉뚱한 행동을 일삼고 있었고, 그녀의 죽음을 애도하던 친구들은 어째서 그런 행동을 세상에 순응하지 않는 예술적 영혼의 용감한 저항으로밖에 보지 못했는지 자문해야 했다. 그녀가 땅에 부딪히는 그 순간까지 손을 주머니에서 빼지 않았다는 사실이 특히 우리의 마음을 아프게 했다.

예일대학교에 다니던 첫 학기에 마이클은 〈뉴욕 타임스〉에 공립학교 내 인종 균형을 달성하기 위한 버스 통학 의무화를 옹호하는 장문의 편지를 투고했고, 그 편지는 지면에 실렸다. 마이클은 편지에서 "이민의 거대한 물결이 미국의 해안으로 밀려온" 과거를 회상하고 다양성을 찬양하면서, 흑인 부모들이 자기 자녀를 버스에 태워 백인이 다수인 학교에 보낼지 아니면 집 근처 학교에 보내서 그의 경고대로라면 "인종 통합 환경의 부재에 시달릴지"를 스스로 결정하게 하자고 제안한 하버드대학교 교수를 비판했다.

우리 친구들 가운데 하나가 자기 부모를 통해 마이클의 편지에 대한 이야기를 들었다. 수화기 너머로 그 편지를 읽어주는 부모의 목소리에 깃든 감탄은 친구의 마음속에서 그에 상응하는 무능감을 자극했다. 그 역시 아이비리그 대학교에 다니고 있었지만, 대부분의 신입생처럼 식당에서 쟁반을 어디다 둬야 할지 헤매고 있었다. 반면 마이클은 교수 라운지에 앉아서 하버드대학교의 사회학자이자 공공 정책 전문가 네이선 글레이저에게 싸움을 걸고 있었다. 내가 텔루라이드 프로그램에서 도시 연구를 하던 여름에 읽어야 했던 연구의 저자가 글레이저였다.

우리 부모님은 나와 마이클이 태어난 해에 글레이저가 민족 집단에 대해 연구하여 대니얼 패트릭 모이니핸과 함께 써낸 의미 있는 저작 『멜팅포트를 넘어Beyond the Melting Pot』 한 권을 가지고 있었다. 마이클처럼 교육, 빈곤, 주택에 대해 고민하는 게 생업인 하버드대학교 교수와 맞장을 뜨는 건 보통 능력이 아니었다. 1954년에 '브라운 대 교육위원회' 판결*이 내려지고 거의 삼십 년이 지난 시점이었으나 판결의 내용과 달리, 실제로는 여전히 인종 분리가 공고했고, 정부에서 그 대책으로 내놓은 버스 통학을 흑인뿐 아니라 백인들도 거부하고 있었다. 그런 상황에서 그 골치 아픈 토론에 뛰어들 의지를 가진 것부터가 대단한 일이었다.

연방 보안관들이 여섯 살 난 루비 브리지스를 에스코트하여 뉴올리언스의 백인 전용 학교로 데려다준 1960년 이래, 많은 일이 벌어졌다. 이 장면을 담아낸 노먼 록웰의 상징적인 그림 〈우리 모두 안고 사는 문제〉는 1964년에 잡지 『룩』에 실렸다.

그로부터 십 년 뒤, 부자 동네인 웰즐리 출신의 보스턴 법원 판사가 사우스보스턴 노동계급 동네의 열악한 흑인 학교에 다니는 흑인 아이들과 사우스보스턴 노동계급 동네의 열악한 백인 학교에 다니는 백인 아이들에게 버스 통학을 시켜서 양쪽 학교의 흑백 비율을 50 대 50으로 맞추라고 명하되 중상층이 사는 교외는 버스 통학에서 제외하는 판결을 내렸다. 이 복잡한 현실은 그림 한 장에 담아낼 수 없었다. 그렇게 일이 꼬여버린 것이다.

글레이저는 실전을 겪으면서 이상을 차츰 누그러뜨린 유형의 진보주의자로, 1960년대의 이상과 1970년대의 정책 실패를 두루 경험한

---

* 1896년 '플레시 대 퍼거슨' 사건에서, 동등한 시설을 제공한다면 인종 분리를 허용할 수 있다고 판결한 것을 뒤집어, 공립학교의 인종 분리 정책이 위헌이라고 판결했다.

뒤, 개인의 자유와 공동체의 책임 사이에서 현실적인 균형을 잡으려 애쓰고 있었다.

마이클처럼 나 역시 루비 브리지스의 그림이 더 마음에 들었다. 그래도 하버드대학교 사회학자를 "도덕적이고 사회적인 고려 사항"을 무시했다며 비난하는 건, 게다가 십대 백인 소년이라는 신분으로 흑인 부모들이 아이를 가까운 학교에 보내고 싶어한다고 해도 멀리 있는 백인 학교에 보내도록 강제해야 한다고 주장하는 건 대단히 배짱 있는 행동이었다. 흑인 부모들이 자녀를 집 근처 학교에 보내길 원하며 버스 통학 의무화를 막는 주법에 다수의 표를 던진 건, 무지나 편견 말고 다른 이유 때문일 수도 있었지만 마이클은 그런 가능성을 탐문하지 않았다. 그에게 다양성이 사람에게 더 이롭다는 건 "의심의 여지 없이 사실로 상정되는 도덕적 추정"이었고, 다른 모든 주장은 그로부터 뻗어 나왔다.

나는 마이클의 편지에서 사회과학적 확신으로 무장한 척의 목소리가 메아리치는 걸 느꼈다. 또한 그는 학교 인종 분리를 철폐하라는 대법원의 만장일치 평결을 유도한 사회과학적 지혜를 상기시켰다. 루스벨트초등학교 시절, 마이클과 나는 심리학자 부부였던 케네스 클라크와 메이미 클라크가 벌인 유명한 인형 실험에 대해 배웠다. 인종 분리 학교에 다니는 흑인 아이들에게 피부색만 다르고 모든 게 똑같은 백인 인형과 흑인 인형을 보여주자, 아이들은 백인 인형을 선호했다. 인종 분리가 흑인 아동의 자존감에 미치는 악영향을 보여준 이 실험을 내세워, 브라운 측 변호인이었던 서굿 마셜은 분리한다면 절대 평등할 수 없다고 법원을 설득하는 데 성공했다.

인형 실험이 해낸 일은 그게 다가 아니었다. 그 재판을 통해 숨겨진 것들을 표면으로 드러내 보여주는 심리학은 단순히 법적 싸움의 수단을 넘어 법적 싸움의 목적 그 자체로 당당히 자리매김했다. 인종 분리 학교에서 흑인 아동들이 회복 불가능한 심리적 피해를 겪는다는 실험적 증거는 평등한 법적 보호를 뒷받침했을뿐더러, 심리적 안녕을 평등의 정도를 측정하는 하나의 잣대로 도입했다.

서굿 마셜이 재판 초반에 사용한 전략은 흑인 전용 학교의 교육 시설이 미비하다는 점을 들어 "분리하되 평등할 수 있다" 이론의 오류를 입증하는 것이었다. 그러나 시설 부족이나 교사 자질이 아닌 심리적 피해를 불평등의 증거로 삼기 시작하자, 분리는 반드시 불평등을 낳는다는 주장이 가능해졌다. 인종 통합이 유일한 해법이었다. 그 밖의 모든 건 심리적 피해를 초래하기 때문이었다. 판결문에서는 인형 실험에 대해 다음과 같은 유명한 주석을 붙였다. "'플레시 대 퍼거슨' 판결이 내려진 시대에 심리학적 지식의 범위가 어떠했든, 본 연구 결과는 현대 권위자들에 의해 충분히 입증되었다."

심리학이 법의 평등한 적용을 뒷받침하는 데 쓰이기보다, 법이 심리학적 평등의 잣대를 뒷받침하게 된 셈이었다. 이것이 사회과학이 갖는 강력한 현대적 권위였다. '브라운 대 교육위원회' 판결에서 심리학의 역할은 확실히 부각되었고, 그리하여 소련의 스푸트니크 발사 이후 우리가 받는 교육의 모든 부분에 심리학자들이 어떤 식으로든 관여하는 것도 한층 더 합당한 일로 여겨졌다. 학생들의 깊은 무의식 속으로 들어가, 그 안을 탐사하여 실제로 마음속에서 무슨 일이 벌어지고 있는지 알아낼 수 있는 사람이 그들 말고 또 누가 있겠는가?

교육부에서 유아기 개입 프로그램을 연구했던 자기 아버지처럼, 마이클 역시 경제학과 정치학을 공부할 계획이었다. 그는 이미 뉴로셸에

서 보낸 자기 아동기를 공공 정책 권고안으로 바꾸는 작업에 착수하고
있었다.

예일대학교에서의 생활도 "아메리칸 파이"만큼이나 상징적으로 느
껴졌다. 그야 우리가 세상이 우리를 중심으로 돌아간다고 생각하는 십
대였기 때문이기도 하지만, 청교도였던 예일대학교 설립자들—뉴헤
이븐 그린 공원은 그들이 예수 재림에서 살아남은 십사만 사천 명을
수용할 용도로 설계한 것이었다—이 세상이 그들을 중심으로 돌아간
다고 생각했기 때문이기도 했다. 예일대학교는 1624년에 그려진 알레
고리적 꿈의 확장판으로서 1701년에 건립되었다. 그뒤로 삼백육십 년
이 지나는 동안 세상은 거꾸로 뒤집어졌지만 꿈은 여전히 알레고리 이
상으로 발전하지 못했다. 뉴헤이븐 그린 공원에는 노숙인들이 살았고,
길 하나 건너에는 속세에서 선택받은 자들의 집인 올드 캠퍼스의 정문
펠프스 게이트가 우뚝 서 있었다.

예일대학교에 다닌다는 건, 〈둔즈베리〉가 단순히 조숙한 예일 학부
생의 작품일 뿐 아니라 예일대학교 자체를 다루고 있음을 알게 되는
것이었다. 반쯤 자전적이었던 이 만화가 1970년에 신문에 연재되기
시작하자, 트루도는 자기 작품을 전국 독자들에게 소개하기 위해 등장
인물 B. D.의 풋볼 헬멧에 적힌 Y를 별모양으로 바꾸고, '예일'을 '월
든'으로 바꾸었다. 그게 다였다. 월든은 등장인물들이 졸업 후 생활하
는 코뮌의 이름이기도 했다.

존 힝클리 2세가 자신이 레이건 대통령에게 총을 쏜 건 예일대학교
에 합격했지만 언론의 관심을 피하고자 첫 해를 휴학하고 있던 배우
조디 포스터의 관심을 끌기 위해서라고 주장하자, 우리는 비뚤어진 자
부심 비슷한 걸 느꼈다. 재판은 봄에나 시작될 예정이었지만, 신문에

서는 힝클리의 변호사들이 정신이상 항변을 계획하고 있을 거라고 추
정했다.

아이러니하게도 〈둔즈베리〉 연재만화를 모아 출판한 신간 『레이건
의 뇌를 찾아서In Search of Reagan's Brain』 표지에는 텔레비전 기자가 가닥
가닥 해어진 대통령의 시냅스 뭉치에 손전등을 들이미는 장면이 그려
져 있었다. 이 책에 담긴 만화는 레이건이 대통령으로 선출되기 전에
신문에 실렸던 것들이었다. 그가 내놓는 정책들이 대뇌 피질의 손상된
부위에서 나온 것이라고 묘사함으로써 그의 무능함을 조롱했다. 기발
하게도 대통령의 정치적 견해를 정신쇠약의 증상으로 둔갑시켰다.

〈둔즈베리〉에서 뇌에 병이 있다고 묘사된 대통령이 치료받지 않은
뇌질환 환자에게 충격을 당했다는 건 아이러니했다. 범인은 또한 백악
관 대변인 제임스 브레이디의 머리를 명중시켰다. 그것은 주립 정신병
원의 암흑기에 병원 자체를 상징한 동시에 병원을 폐쇄해야 할 당위성
을 제공한 최후의 치료 수단이었던 전두엽 절제술의 원시적 버전을 연
상시키는 일격이었다.

뇌에 관해서는 무수한 아이러니가 존재했다. 귀족적인 인물이었던
예일대학교의 학장 킹먼 브루스터 2세—〈둔즈베리〉에서 킹 학장으로
등장해 불멸의 지위를 얻었다—는 1968년에 "우리는 우리 형제의 사
상가가 될 최고의 준비를 갖추었다"라며 으스댔다. 그는 예일대학교
가 뉴헤이븐의 변혁에서 맡은 역할에 얼굴이 벌게질 만큼 뿌듯해하그
있었다. 예일대학교의 두뇌들이 출동했으니, 1965년 〈뉴욕 타임스〉의
헤드라인이 던진 질문, "뉴헤이븐은 빈곤을 근절하는 최초의 미국 도
시가 될 것인가"에 대한 답은 단연코 '그렇다'일 것이었다. 여기에 정
부 자금 5억 달러에 포드 재단에서 내놓은 수백만 달러의 원조까지 더

해졌다. 포드 재단의 수장은 두뇌가 비상한 예일 졸업생 맥조지 번디였다. 그는 베트남전쟁 계획을 돕다가, 빈곤에 대한 전쟁으로 관심을 돌린 참이었다.

브루스터 학장은 선언했다. "예일대학교에 있어 뉴헤이븐은 더 나은 방법으로 물리적 개선과 인간 개선의 문제를 평가하기 위한 연구와 실험이 벌어질 실습실이다." 마이클과 내가 뉴헤이븐에 입성했을 무렵에는 유토피아적 낙관주의의 발작으로 인해 도시의 땅 3분의 1이 갈아엎어져 있었다. 거주민 넷 중 하나는 삶의 터전을 주택단지로 옮겨야 했으며, 뉴헤이븐은 미국에서 서른여덟번째로 가난한 도시에서 일곱번째로 가난한 도시로 주저앉았다.

같은 해에 오리엔탈 머사닉 가든스—예일대학교 건축학과의 전 학과장 폴 루돌프가 저소득층 노인들을 위해 설계한 고층 주택—가 비로소 헐렸다. 보스턴의 지역사회 정신보건센터를 브루탈리즘양식으로 지어서—"공간의 심리학"에 관한 실험이라나 뭐라나—정신과의사들이 환자들을 보내기 두려워할 정도로 심란한 공간으로 만들어놓은 전적이 있었던 이 뻔뻔한 건축가는 뉴헤이븐의 가난한 사람들이 노출콘크리트 모듈을 혁신적으로 활용한 자신의 시도를 이해하지 못했다며 비난했다. 그는 〈뉴욕 타임스〉에 이렇게 말했다. "심리적으로, 이 주거지에 사는 선한 사람들은 자기가 건축물의 아래에 있다고 느끼게 됩니다." 그 건물은 문을 열고 거의 즉시 내려앉기 시작했으므로, 그 발언에서도 얼마든지 아이러니를 찾을 수 있었다.

8장
오독

자크 데리다와 사랑에 빠졌네.

한 페이지를 읽고 내 할일을 알았지.

오늘밤 내 아기의 심장을 분해하는 것.

—그린 가트사이드(밴드 스크리티 폴리티의 보컬),

〈자크 데리다Jacques Derrida〉

나와 마이클의 마주침은 대체로 우연히 일어났다. 나는 마이클의 룸메이트 짐과 제프리 초서에 대한 강의를 같이 들었고, 때로 그와 함께 실리먼 칼리지로 어슬렁어슬렁 돌아가서 마이클과 점심을 같이 먹기도 했다. 그는 하이데거에 집착하는 교수에 대한 우리의 농담을 재미있다는 듯 너그럽게 들어주었다. 자신은 그런 헛소리를 공부할 필요가 없었기 때문이었다.

마이클을 만날 수 있는 또다른 곳은 잘 알려진 이름들이 실제 인간의 모습으로 나타나는 붐비는 교내 행사장이었다. 소설가 노먼 메일러는 내가 예상한 것보다 키가 작고, 더 화가 나 있었으며, 다비드 벤그리온*과 더 닮아 보였다. 앞뒤가 잘 맞지 않는 말을 늘어놓으며 무대를

---

* 이스라엘의 건국자이자 총리.

서성이는 그의 모습은 무대에 설 준비가 전혀 되지 않은 듯 보여서 인상적이었다. 메일러는 우리가 더 민주화되지 않으면 종말의 날이 닥칠 거라고 예언하면서 "신성모독이라는 수단"을 권하기도 했다. 누군가 살인범 잭 헨리 애벗에 대해 묻자 메일러는 고함을 지르기 시작했다. 애벗은 메일러가 문학적 재능이 있다며 보증을 서준 덕분에 교도소에서 풀려난 남자로, 교도소를 나온 후 이 주 만에 한 청년을 칼로 찔러 죽였다.

예일대학교 홀로코스트 증언 영상 기록관 개관식에서 발언하는 엘리 위젤*을 보는 건 메일러 때와는 전혀 다른 경험이었다. 그는 나치들이 프랑스를 정복하는 것보다 바르샤바 게토 봉기를 진압하는 데 더 오랜 시간이 걸렸다는 사실을 청중들에게 상기시키며 열띤 어조로 목소리를 높였다.

휴일이 낀 긴 주말을 보내러 뉴로셸로 돌아가는 길에 나는 이따금 메트로노스 철도에서 마이클을 마주쳤다. 「리시더스」** 속 표현을 빌리자면 우리는 같은 언덕에서 길러졌기에, 우리의 길이 갈라지고 있다는 걸 느끼고 있었음에도 내겐 마이클과의 우연한 만남조차 무척 소중했다. 마이클을 마주하면 마음속에서 오래된 따스함과 해묵은 경쟁의식이 되살아났다. 우리는 서로의 유년기라는 세상을 고향 행성에서 떨어져나온 한 조각의 크립토나이트 돌멩이처럼 주머니에 고이 간직하고 있었다.

---

* 루마니아 태생의 미국 유대계 작가이자 인권운동가로, 홀로코스트의 참상을 폭로하는 작품으로 이름을 알렸으며 1986년에 노벨 평화상을 수상했다.
** 존 밀턴이 익사한 학우에게 바친 애가.

마이클은 침착한 태도로 말도 안 되게 많은 일들을 해냈으며, 그 모든 일을 황소 퍼디낸드처럼 무심코 해낸 척했다.* 그저 꽃향기를 맡고 싶었을 뿐인데, 황벽나무 아래에 앉자마자 아름다운 여자애가 접근해 오거나, 누군가가 사교 활동 위원회에 끌어들이거나 했다는 식이었다.

마이클은 교내 배구부에서 운동을 했고, 기타 연습을 했고, 안뜰에서 즉흥연주를 했고, 사교 활동 위원회를 운영하는 한편 거기서 주최하는 파티에 참석하기까지 했다. 그러는 와중에 텔루라이드 지원서를 검토하고 지역 고등학교에서 온 최종 후보자들의 면접을 보기까지 했다. 우리에게 깊은 의미가 있었던 프로그램에 참석할 후배들을 선정하는 일을 도운 것이다. 마이클은 복수 전공을 하고 있었고, 가중된 학업량에 굴하지 않고 탁월한 성적을 받았다. 며칠씩 불을 끄고 방에 틀어박혀 지내는 알쏭달쏭한 습관까지 감안하면 그의 성취는 더욱 빛났다. 마이클과 방을 같이 쓰게 된 마이크 커티스는 마이클이 소리 없이 기타를 연습하고 있는지, 명상을 하고 있는지, 아니면 긴 겨울잠을 만끽하고 있는지 알 길이 없었다.

나는 읽는 속도가 너무 느렸고, 너무 쉽게 산만해졌으며, 숫자는 전적으로 피하고 있었기 때문에 한때 바랐던 것과 달리 낯설고 짜릿한 전공을 택하기엔 역부족이었다. 그런 나를 구원한 건 영문학이었다. 읽을거리가 많기는 해도, 어찌저찌하여 세상이 이야기로 바뀌거나 운율이 맞기 시작하면, 나의 귀와 본능적 연상력이 힘을 내어 그 의미를 흡수하고 적절히 응사應射할 수 있었다. 『실낙원』은 긴 시였지만 한 권

---

* 미국 작가 먼로 리프가 1936년에 발표한 어린이 책 『퍼디낸드 이야기』에서 주인공 황소 퍼디낸드는 투우에서 싸우는 것보다 꽃향기 맡는 걸 좋아한다. 우연이 잇따른 끝에 그는 마드리드 최고의 투우장에 가게 되지만, 그곳에서도 투우사와 맞붙기를 거부한다.

으로 끝났고, 밀턴이 실명한 상태에서 유려한 문장으로 구술한 작품이기에 반복해 듣다보면 쉽게 외워졌다. 그들 안에서 참으로 생생하게 신을 닮은 존재가 빛나노니.

위대한 고전들에 둘러싸여 보낸 나의 성장기도 도움이 되었다. 이제는 느린 속도로나마 내내 벽에 붙어 있던 지도의 윤곽선 안쪽을 채워 나갈 수 있었다. 다만 시간이 부족하다는 게 나의 걱정이었다.

내게 실리먼 칼리지를 구경시켜주던 때 마이클은 긴 팔을 뻗은 거리 안에 모든 것이 존재하는 세상의 미덕을 격찬했다. 침대에서 굴러 나와 식당에 갈 수 있었고, 식당이 닫혀 있으면 실리먼 매점에서 햄버거와 밀크셰이크를 사 먹을 수 있었다. 실리먼 지하에서 테이블 축구를 할 수 있었고 안뜰은 궁극의 프리스비를, 그것도 전력을 다해 할 수 있을 만큼 널찍했다. 그는 시간표에 빼곡하게 채워넣은 수업에 대해서는 언급조차 하지 않았다.

고등학교 시절, 나는 읽어야 할 책이 있거나 시간이 오래 걸리는 과제가 있으면 집에 틀어박히곤 했다. 그런데 이제는 학교가 집이었다. 마이클이 호사스러운 편의로 여긴 것이, 내게는 무한히 주의를 흩뜨리는 원천이었다. 영문학 교수님이 「리시더스」의 193행 전체를 암송하는 사람은 보고서를 면제해주겠다고 제안하자, 나는 대븐포트 칼리지의 식당에서 버저가 울릴 때마다 내가 식기를 비우고, 넣고, 세정제를 채워야 했던 산업용 식기세척기의 금속 옆면에 밀턴이 익사한 친구에게 바친 애가를 테이프로 붙여두었다.

'멀티태스킹'이라는 용어는 아직 컴퓨터에서 사람에게로 넘어오기 전이었지만, 동시에 여러 일을 한다는 목표 자체는 분명히 존재했다. 나는 시를 암기한 이력이 벌써 몇 년 되었지만, 「리시더스」는 길었고 주방은 시끄러웠으며 거대한 기계의 문을 열 때마다 안경에 김이 서렸다. 고등학교 시절 내내 피하려 애썼던 카페테리아를 연상시키는 음식 냄새를 코끝에 달고 축축한 자기 연민에 젖어서 기숙사로 돌아오면, 공부를 하기에는 너무 진이 빠졌거나 의욕이 꺾였거나 둘 중 하나이기 일쑤였다. 마이클은 어떤 혼란의 한가운데에서도 집중할 수 있었다. 브롱크스의 부엌 테이블에 앉아 책더미를 헤치워나갔으며 한 시간에 천 페이지를 읽을 수 있다고 주장한 의류 노동자의 아들 해럴드 블룸 교수처럼.

마이클이 교내에서 일하지 않는 게 내게는 뜻밖이었다. 내가 그에 대해 묻자 마이클은 거의 당혹스러운 표정으로 어깨를 으쓱하며 화제를 피했다. 광고인이었던 할아버지가 손을 썼으려니 싶었지만, 근로장학금이 아니라 다른 종류의 장학금을 받은 건 아닌지 궁금하기도 했다.

식당 일은 보수가 제일 두둑했으니 나는 운이 좋다고 할 수도 있었지만 나로서는 남들 눈에 거의 부러운 일처럼 보일 만큼 사무적으로 즐겁게 근무에 임하는 애들이 대단하게 느껴질 뿐이었다. 서빙을 맡으면 머리에 두건을 매고, 긴 접시 위로 로스트 비프를 미끄러뜨리며 진지한 어투로 "육즙도 드릴까요?"라고 묻는 애들. 굳이 생선 튀김을 "절단 대구"라고 부르지 않아도, 카운터의 어느 쪽에 속해 있는지 티가 나는 애들.

아버지가 내게 자주 들려준 이야기에 따르면, 아버지도 낮에 일하고 밤에 학교를 다녔다. 고등학교 시절부터 박사과정을 마칠 때까지 죽. 나는 내가 일하는 게 부끄럽지 않다고 여겼지만, 적어도 스스로에게는 그렇게 이야기했지만, 그럼에도 두려움과 수치심이 뒤섞인 감정을 떨칠 수 없었다. 산업용 식기세척기가 아니라 머리를 써서 생계를 유지하는 일을 할 수 있도록 내 뇌를 충분히 준비시킬 수 있을지 확신이 서지 않았다.

남은 음식을 잔반통에 비우지 않는 애들, 식기를 올바른 통에 넣지 않거나 물잔과 커피잔을 사각 선반에 뒤집어 반납하지 않고 절그럭거리는 그릇더미를 일하는 사람과 먹는 사람을 분리하는 카운터 위로 대충 밀어넣고 가는 애들에게 나는 속으로 분통을 터뜨렸다. 음식으로 묵직한 그릇을 잔반통 안에 대고 쾅쾅 두드리면서, 마이클과 내가 팜 캠프 로이에서 거대한 돼지 빅너츠에게 음식물 찌꺼기를 부어주었듯 그런 애들 머리 위로 잔반통을 들이붓는 날을 꿈꿨다.

하지만 나는 계급 차이에 분노하지 못했다. 내 증오의 화살은 결국 예일대학교 학생들이 아니라 성인 블루칼라 노동자였던 식당의 근면한 관리인에게로 향했다. 그는 내가 「리시더스」를 외우거나 말거나 아무 관심도 없었다. 그가 신경쓰는 건 내가 음료 디스펜서가 바닥나기 전에 "하이씨 음료 제품"을 다시 채워넣고 "초코우유 제품"이 플라스틱 수조 안에서 잘 뒤섞이고 있는지 확인했는가 여부였다. 그에게 죄가 있다면 내가 내 업무를 해내길 기대한 것, 그리고 내가 그 업무를 하지 않아도 될 만큼 잘나지도 않았고 그 업무를 잘 해낼 능력도 없다는 걸 알아차린 게 전부였다.

우리 어머니의 아버지는 몸집이 큰 여자들을 위한 코트를 제작했는데, 그것을 업계 용어로 "고급 살집"이라고 했다. 어머니는 이 용어가 코트와 코트를 입는 여자 둘 다를 부르는 말이었다고 알려주면서 자신이 탈출에 성공한 조잡한 세계를 비웃었다. 사업이란 그런 거였다. 사람과 제품을 상호 교환 가능하게 만드는 일. 그러나 누나와 내가 예일대학교에 갈 수 있었던 건 고급 살집 덕분이었다. 열세 살에 학교를 중퇴하고 로어 브로드웨이에서 옷걸이를 밀고 다니던 우리 할아버지, 내가 두 살 때 돌아가신 그분 덕분이었다. 그리고 고등학교는 끝마치지 못했지만 신중하게 투자를 해서 우리 학비의 부족분을 메꿔준 우리 할머니 덕분이었다.

나는 제품이 되는 게 두렵지 않았다. 다만 지나치게 헐값이 붙는 게, 내가 가격표를 잘못 붙였던 그리스티디스의 맥주 같은 처지가 되는 게 두려웠다. 내가 식기세척기에 「리시더스」를 붙였던 이유는 단순히 시를 암기하기 위해서가 아니라, 내게 더 높은 소명이 있음을 잊지 않고 기억하기 위해서였다. 세척액 버저가 울릴 때마다 나는 주어진 시간이 동나가는 게임쇼 참가자가 된 기분이었다. 나는 스스로를 밀턴이 아니라 익사한 그의 친구와 더 동일시하고 있었다.

천사여 이제 고향을 보아라, 그리고 비애로 녹아버려라.
그리고, 너희 돌고래들이여, 기구한 청춘을 실어날라라.

어학 실습실로 일자리를 바꾸자 형편이 다소 나아졌다. 거대한 판유리 뒤에 앉아서, 헤드폰을 낀 학생들을 독일어 회화나 초급 산스크리트어 자료에 연결시켜주는 게 내 업무였다. 그러던 어느 날, 불현듯 내게 방대한 문학 녹음본에 대한 접근권이 주어졌다는 것을 깨달았다. 나는 거의 아무도 신청하지 않는 자료들을 카세트에 복사해서 워크맨으로 들을 수 있었다. 맹인으로 살다가 갑자기 눈이 번쩍 뜨인 기분이었다. 나는 게걸스럽게 듣고 또 들었다. 아이팟, CD, 인터넷이 발명되기 이전이었던 그때, 내 머릿속에는 셰익스피어 희곡들, 『실낙원』, 낭만주의 시, 상상할 수 있는 모든 주제에 대한 강의로 향하는 전용 출입구가 뚫린 셈이었다.

그해 여름 나는 자신이 세상에 SOS 신호를 보내고 있다고 말했던 녹색 눈의 여자아이와 데이트하기 시작했다. 여름 동안 나는 미드타운 맨해튼에서 일했고, 매일 퇴근 후 어퍼 이스트사이드에 사는 그녀를 보러 갔다. 그녀는 돈을 벌 필요가 없었지만 지역 병원에서 간호조무사로 자원봉사를 했다. 때로 빨간색과 흰색 줄무늬 앞치마 차림으로 나를 맞이하는 그녀는 너무나 순수해서 거의 포르노 속에서 튀어나온 것처럼 보였다.

우리는 그녀의 어릴 적 친구들과 레스토랑에 가곤 했다. 내가 여덟 시간 일해서 버는 돈을 아무 생각 없이 한 시간 만에 탕진하는 애들이었다. 대체로 그녀 부모님의 아파트에서 단둘이 시간을 보낼 때가 많았다. 거실 소파에서, 혹은 그녀가 십대 시절 파리에서 사 왔다는 프랑스 팝 음반을 큰 소리로 틀어놓은 침실에서, 나는 고등학교 시절을 만회할 두번째 기회를 얻었고, 그녀의 좁은 침대 위에서 20세기 말을 향해 항해해 나아갔다. 늦은 시각 열차를 타러 그랜드센트럴역으로 가는 길, 나는 버스 차창 밖을 내다보면서 병증에 가깝게 느껴지는 무아지경의 희열에 사로잡혔다.

2학년이 끝날 무렵 나는 그녀에게 차였다. 한동안은 진심으로 죽어야겠다고 생각했지만 이내 비교문학 전공 학생과 데이트를 시작했다. 그녀는 정신분석가에게 계속 진료를 받기 위해 여름방학 동안 뉴헤이븐에 머무를 예정이었다. 나는 친구들과 함께 숨막히게 더운 뉴헤이븐의 아파트로 이사했다. 커피 필터에 원두 가루와 더불어 바퀴벌레 한 마리쯤 함께 담기는 일이 비일비재한 그 집에서의 생활과 더불어, 스털링도서관의 얼어죽게 추운 지하실에서 테이프로 책을 들으며 이슬람 컬렉션 파일 카드를 정리하면서 여름을 보냈다. 8월이 오고, 정신과의사들이 떠나고, 내 여자친구와 다른 사람들도 모두 도시를 떠났다는 걸 깨달았을 때, 나는 도시에서 홀로 살아가는 일이 가능하다는 것을 알게 되었다. 비록 뉴헤이븐 그린을 가로지를 때마다 오래된 의심의 그림자가 내 위로 길게 드리워지는 것을 느끼기는 했지만.

마이클은 어느 아리따운 3학년 학생과 짧은 불장난을 벌인 이야기를 내게 들려주었다. 그가 겸손이 아니라 오히려 자랑처럼 느껴질 만큼 감정을 걷어낸 말투로 자초지종을 설명했다. 그 여학생의 기숙사 창밖으로는 실리먼 칼리지 안뜰의 돌 벤치가 내다보였다. 마이클은 은빛 자작나무 아래의 그 돌 벤치에 자주 앉아 있곤 했다. 그러다 그녀가 마이클에게 관심이 생겼고, 내려가서 그에게 자신을 소개했다. 마이클에겐 말없이 혼자 있을 때조차 사람의 마음을 끌어당기고 흔들어놓는 매력이 있었다.

마이클은 그 경험이 에로스적 차원에서뿐 아니라 사회학적 차원에서도 모험이었다고 묘사했다. 아프리카계 미국인인 로빈은 중서부 출신의 의예과 학생이었으며, 기독교 가정 출신이었지만 신앙을 실천하진 않았다. 마이클은 그녀에게 자신을 뉴욕주에서 온 중하층 유대인이라고 소개했다. 둘의 차이에도 불구하고, 혹은 그 차이로 인해 두 사람은 정열적으로 통했다. 삼 주 만에 끝난 둘의 정사는 마이클이 〈뉴욕 타임스〉에 보낸 편지 속, 학생의 교육을 평가하는 척도가 "학문 공동체의 일원으로서, 그리고 사교 공동체의 한 사람으로서 학생이 학교에서 무엇을 얻는지"여야 마땅하다는 그의 주장을 완결 짓는 종결부였다.

마이클이 로빈의 기숙사에 놀러갔을 때, 체구가 작고 몸매가 탄탄한 로빈의 룸메이트가 바닥에서 다리 찢기를 연습하면서 말없이 마이클의 관심을 끌려고 애쓰고 있었다. 그녀는 요가에 빠져 있었고, 학내 축구 선수였으며, 태권도를 공부했다. 예일대학교에 합격했지만 미들버리대학교로 갔다가 결국 중퇴하고 집에서 일 년을 보낸 뒤 다시 예일대학교로 편입했다고 했다. 로빈은 다리 찢기를 하는 그녀를 거슬려했지만 마이클은 적어도 그 당시에는 그녀에게 별 관심이 없었다. 다만 그 상황 자체가 그의 도식적 상상력을 자극했다. 두 가지 원형이 그의 관심을 두고 경쟁하고 있었다. 하나는 안뜰에서 자신을 찾아낸 황동빛 피부의 아프리카계 미국인 여자였고, 다른 하나는 그녀의 룸메이트인 섬세하지만 강단 있고 수줍음을 타는 금발 여자였다. 그녀의 이름은 캐럴라인 코스텔로였지만, 모두가 캐리라고 불렀다.

로빈이 처음 마이클을 만났을 때, 그녀는 마이클의 종교적인 면모에 놀랐다. 두 사람은 마이클의 신앙에 대해, 지성과 진실의 속성에 대해 대화를 나누었다. 로빈에게 마이클의 신앙은 흥미로웠다. 그때 마이클을 얘기를 들었더라면 나 또한 흥미롭게 느꼈을 것이다. 나와 알고 지낸 내내, 그는 자신을 신의 존재를 회의하는 깊고 아이러니한 무신론자로 정의했다.

마이클은 달라지고 있었다. 내가 그를 보는 기준점은 우리 우정의 더 이른 시점에 고정되어 있었다. 과거에 마이클은 '믿음'과 '종교'가 구세계의 특질로서 나의 아버지에게나 어울리는 것이며 내게는 그리 어울리지 않는 것이라 여겼다. 반면 마이클 본인의 가족은 리프슈츠를 녹여 라우도어를 빚어낸 도가니 속에서 담금질을 거친, 누가 봐도 신세계에 속한 사람들이었으며 파인브룩 불러바드의 성모성당에서 예배를 보면서도 이민자다운 굳센 정신을 변함없이 지켜냈다.

대학에서 마이클은 더 사색적으로 바뀌었다. 월든 또래 상담소에서 자원봉사를 하는 데 시간과 정신적 에너지를 쏟아붓기도 했다. 월든 또래 상담소는 소로의 염세적 자립 선언문*이 공동체에 대한 관심을 뜻하는 상투어로 둔갑했던 1970년대 초에 학생들이 결성한 단체였다.

마이클은 저녁이면 올드 캠퍼스의 웰치 홀 지하로 내려가, 새벽 한 시까지 그곳에 머무르며 공감해줄 청자가 필요한 학생들이 들르기를 기다렸다. 그보다 늦은 시간에는 봉사자들이 짝을 이루어 밤새 핫라인을 운영했다. 마이클의 수면 습관은 위급 상담에 적합했다. 하지만 상담은 마이클이 일반적으로 묘사하는 그의 활동들과는 달리 어쩌다가 우연히 하게 되는 종류의 일은 아니었다.

또래 상담 프로그램의 지원 절차는 까다로웠다. 에세이와 면접이 요구되었고, 선별된 지원자들은 강도 높은 훈련을 받아야 했다. 마이클은 원래도 카리스마 있는 청자였고 음악을 감상하듯 대화 상대를 향해 고개를 주억거리곤 했다. 그는 자신을 찾아오는 사람들의 문제에 진중한 연민을 발휘하여 귀기울이는 방법을 알고 있었다.

또래 상담사들의 임무는 문제를 해결해주는 게 아니라, 판단하지 않고 오로지 공감하며 들어주는 것, 심각하게 괴로워하는 학생이 있으면 대학 보건 서비스의 정신위생과에 가보라고 부드럽게 권하는 것이었다. 그러기 위해서는 미적분 때문에 잠시 공황에 빠진 사람과 더 뿌리 깊게 퍼져나간 문제로 괴로워하는 사람을 분간할 줄 알아야 했다. 이는 단순히 누가 수학에 도움이 필요하고 누가 심리적 해법이 필요한지

---

* 헨리 데이비드의 소로의 수필집 『월든』을 가리킨다.

간파해내는 것을 넘어, 자신이 올바른 진단을 내릴 수 있다고 믿는 자신감의 문제였다.

나는 사교 활동 위원회 파티에서 술을 마시고 죽은 남학생을 자주 떠올렸고, 그날 밤 의식을 잃은 룸메이트를 보고 놀란 신입생들이 비공식적으로 자문을 구했던 의대생에 대해서도 그만큼 자주 생각했다. 대븐포트 칼리지를 졸업한 의대생이었던 그는 푹 자고 일어나면 아마 괜찮을 거라고 말했다. 99퍼센트의 상황에서는 그게 알맞은 해결책이었을 것이다. 그러나 1퍼센트의 확률로 일어난 재난이 남학생의 삶을 고스란히 앗아갔고, 잘못한 건 없음에도 언제나 괴로운 모습으로 식당에 나타나던 그 의대생의 삶에서도 형언할 수 없을 만큼 큰 부분을 앗아갔다.

마이클은 로빈에게 신앙에 대해 이야기한 다음 골렘에 대해서도 이야기했다. 골렘은 기적을 행하는 랍비가 흙으로 만든 괴물로, 랍비는 그에게 생명을 불어넣고 프라하의 유대인들을 살리라고 명한다. 마이클은 내 아버지의 서가에서 골렘 전설들을 읽었다. 그중 끝이 좋은 건 하나도 없었다. 골렘은 순조롭게 활동을 시작하지만 이내 백이면 백 미친 기세로 날뛰기 시작하고 결국은 창조자에 의해 해체되고 만다. 랍비는 진흙 인형을 회당의 다락방에 숨기고, 그곳에서 골렘은 다시 한번 생명을 얻을 날을 기다린다.

마이클이 월든 또래 상담소에 이끌린 건 혹시 자신도 상담을 받고 싶어서가 아니었을까? 나는 한 번도 그런 가능성을 떠올리지 못했다. 마이클이 내게 삼 년 만에 졸업할 거라고 말했을 때에도, 그가 저만치 앞에서 미래가 부르는 소리를 들었겠거니, 언제나 우리를 향해 닥쳐오고 있는 시간이라는 날개 달린 전차가 뒤에서 재촉하는 소리를 들었겠거니 짐작했을 따름이었다. 안뜰에서 자기에게 추파를 던진 여학생에게 골렘 이야기를 들려준 이유는 당연히 괴물을 창조한 랍비를 자신과 동일시했기 때문이라고 짐작했다. 그가 자신을 진흙 인형으로 보고 있을 거라는 생각은 꿈에도 하지 못했다.

예일대학교는 내가 겪어온 지적인 가정생활의 확장인 동시에 반전이었다. 내가 강의를 듣는 교수들 중에는 우리 아버지와 똑같은 억양으로 말하고, 똑같이 말장난을 좋아하며, 똑같이 흰 턱수염을 기르고, 머리가 벗어진 부분마저 똑같은 워즈워스 전공 학자가 있었다. 아버지를 오스트리아에서 탈출시켜준 아동 구조 작전 킨더트랜스포트로 나치 독일을 빠져나온 것마저 동일했다. 그러나 그는 아버지와 다른 정류장에서 하차한 모양이었다.

그는 〈뉴욕 타임스〉에서도 "해석 마피아"라는 별명으로 부르던 모임의 일원이었다. 해체주의라는 흑마술에 손을 댔던 탁월한 예일대학교 문학비평가들의 모임을 그렇게 불렀다. 별명 자체는 놀림조였지만, 그 덕분에 몇몇 문학 교수들은 유명인사로 대접받게 되었다. 그들은 전후 프랑스에서 터져나온 '후기구조주의'의 개념들에 동요하였고, 문학 이론에 양자물리학의 추상적 분위기와 불량한 괴짜 지식인의 쿨한 분위기를 가미한 언어의 불확정성에 푹 빠졌다.

해석 마피아의 대부는 예일대학교에 소속된 수수께끼의 해체주의자 폴 드 만이었다. 전쟁이 끝난 후에 유럽을 떠난 그는 우리 아버지가 일했던 더블데이 서점에서 일한 경력이 있었고 이제는 출세하여 비교문학과 학과장이 되어 있었다. 그에게 명성을 안겨준 건 하나의 글을 상호 배타적이되 동등한 가능성을 지닌 두 가지 의미로 해석하는 기막힌 정밀 독해였다. 보통 발음이 유사한 다른 단어가 존재하는 특정 단어가 해석의 분기점이 되었다. 사실 여러 외국어가 뒤섞인 드 만 특유의 웅얼거리는 억양 때문에 대부분의 단어가 다른 단어와 발음이 비슷해졌다.

그 상세한 내막을 모르는 사람들에게도, 문학 교수들이—"예일대학교 비평가들의 독재"라는 헤드라인과 더불어—『뉴욕 타임스 매거진』 표지를 장식하게 만든 아찔한 열풍은 문학 이론이 문학과 혼동되어서는 안 되며 경제 이론만큼이나 세상을 바꿀 힘이 있다는 느낌을 자아냈다. 그러나 세상을 어떻게 바꾼다는 건지는 누구도 이야기하지 않았다.

나는 후기구조주의나 그 지적 전임자인 구조주의—개인을 지우는 것에 대해 좀더 인류학적인 접근법을 취했던—에 대해 문외한이었지만, 먼지가 내려앉은 어여쁜 항아리 같은 시 감상과는 딴판이며 비할 수 없이 매력적인 이 시류를 무시하기는 불가능했다.

소르본대학교에서 온 늠름한 은발의 앙팡 테리블*이자, 해체주의를 유리병에 넣어 바다 너머로 전파한 장본인인 자크 데리다는 해마다 몇 주씩 예일대학교를 방문해 카리스마 넘치는 세미나와 강의를 열었다. 해체주의는 설명하기보다 보여주는 철학이었다. 그는 마술 쇼에서 톱질을 당해 몸이 반으로 썰릴 자원자를 고르듯이 텍스트를 골랐다. 다만 여기서는 텍스트가 정말로 톱으로 썰렸고, 그 결과 반토막은커녕 아예 산산조각이 났으며, 그 다음엔 다시 합쳐졌다. 데리다의 진짜 묘기는 자원자가 애초에 온전한 하나였던 적이 없다고 청중들을 설득하

---

* enfant terrible. 관습을 깨는 파격적이고 충격적인 행보를 보이는 사람을 비유적으로 일컫는 말.

는 것이었다. 그는 "지움 아래 글쓰기"라든가 "부재하는 존재" 같은 유혹적인 표현들로 그 위업을 이룩했다. 그런 표현은 프랑스어로 말하면 더 그럴듯하게 들렸다.

데리다가 예일대학교에 도착하면, 정신이 멀쩡한 대학원생들이 1964년에 진행자 에드 설리번이 비틀즈를 소개하기를 기다렸던 십대 여자애들처럼 전율했다. 물론 당시에는 미국 국민의 40퍼센트가 비틀즈를 보려고 텔레비전 앞에 앉았고 스튜디오 방청석에는 리처드 닉슨의 열다섯 살 난 딸도 있었던 반면, 1980년대에 대부분의 미국인들은 해체주의에 전혀 관심이 없었지만, 관심이 있었던 소수의 사람들은 몇 년 뒤 관심이 없었던 사람들의 자녀를 가르치게 되었다.

의미의 불가능성을 조명하는 건 세상을 단어로 표현하겠다는 아름다운 꿈과는 거리가 멀었지만, 후기구조주의의 마법적인 전복력은 아직 신선하게 느껴졌다. '성교'라는 단어를 사용하면 섹시한 게 기술적으로 들리듯이, '담론'이라는 단어를 사용하면 기술적인 것이 섹시하게 들렸다.

또다른 예술 용어 '텍스트'는 '시'나 '소설'보다 더 작은 것처럼 들렸지만 실제로는 더 큰 대상을 지칭했다. 해체주의자들이 즐겨 말했듯 "모든 게 텍스트"였으니까. 이는 『햄릿』에서부터 그라피티, 『종의 기원』, 전화번호부, 심지어 우리의 생각까지 모든 게 '텍스트'이며 따라서 언어와 그 한계에 관한 후기구조주의적 개념들의 관할 아래로 떨어진다는 뜻이었다.

데리다의 이론은 우리의 복도와 강의실에 떠다녔다. 프랑스어를 하지 못해도, 데리다의 세미나에 참석하지 않아도, 그저 숨을 깊이 들이쉬기만 하면 많은 부분을 흡수할 수 있었다. 누나의 남자친구였던 힙한 철학 박사과정 학생이 나를 붙잡고 그 유명한 '기표'와 '기의'의 차이를 설명해준 적도 있었다. 어떤 것을 가리키기 위해 우리가 사용하는 단어와, 그 단어로 지칭하는 대상 사이에는 간극이 존재했다.

내가 인식하지 못하고 살아온 이 중요한 기호학적 문제로 인해, 예를 들어 '유리잔'이라는 단어와 내 손에 들린, 임의적으로 유리잔이라 불리는 투명한 액체 용기 사이에는 언제나 메울 수 없는 간극이 존재했다. 그냥 물을 한 잔 달라고 하면 극복할 수 있는 유형의 문제라는 생각이 들었지만, 그거야 내가 철학을 공부한 적이 없기 때문이었을 것이다.

내가 배운 것에 따르면, 그런 간극이 존재하는 이유는 한 단어가 오로지 다른 단어를 참조해야만 이해될 수 있기 때문이었다. 사전을 펼치면 그 사실이 선명해졌다. 사전은 단어를 그것이 무엇인지가 아니라, 무엇이 아닌지로 정의했다. 동의어는 우리가 바라는 그 단어가 아니라 그 단어와 비슷한 것일 뿐이고, 정의 또한 우리가 바라는 그 단어를 둘러싼 다른 단어들에 의해 새겨진 공간에 불과했다. 그 단어들 역시 그와 비슷하되 같지 않은 다른 단어들에 의해 새겨진 공간일 따름이었다. 작은 틈새들 위에 또다른 작은 틈새를 포개놓는 일을 무한히 반복하다보면, 의미라는 천은 메워진 부분보다 빈 부분이 더 많은 구멍투성이가 되었다.

목마른 바보들은 그냥 물 한 잔을 청할 것이고, 심지어 그럼으로써 그들이 원하는 물 한 잔을 얻을 수도 있다. 그러나 수준 있는 대학생이라면 빈틈이 어떻게 분열해나가는지를 이해한 이상, 의미 자체가 환상이라는 걸 알았다. 불확정성이 우리의 언어를 지배했고, 언어는 세상의 전부였으므로, 불확정성은 우리의 삶 역시 지배했다.

폴 드 만은 이러한 어두운 진실을 침착하게 받아들인 덕분에 지적인 힘뿐 아니라 도덕적인 힘 역시 거머쥐게 되었다. 그는 루소의 『고백록』을 정밀 독해하고는, 우리가 "허구의 담론과 경험적 사건"을 결코 구별할 수 없다는 결론을 거리낌 없이 내놓았다. "가장 음침한 범죄조차 면죄가 가능하다는" 단정이었다.

무엇이든 '아는' 것을 불가능하게 만든 해체주의는 정신이상 항변과 비슷하게, 스스로 무죄를 입증할 음울한 가능성을 품고 있었다. 모든 게 언어적 구성물에 달려 있고, 언어는 무한히 다른 언어에 달려 있으므로, 현실과 환상 사이의 선은 지워져 사라졌다. 의미가 그저 은유에 불과하다면 진실과 거짓, 광기와 제정신, 궁극적으로는 옳고 그름 사이에 선을 그을 수 없는 법이었다.

나중에 드 만이 독일 점령기의 벨기에에서 떵떵거리며 살았던 나치 부역자였다는 사실과 그의 거짓말, 중혼, 도둑질이 밝혀진 뒤, 어떤 이들은 그의 통찰을 되돌아보며 그가 해석적 모호성의 망토를 직조한 까닭이 그 뒤에 몸을 숨기기 위해서가 아니었을지 의심했다. 그러나 그를 옹호하는 사람들은 그가 나치를 위해 발표한 에세이들—그중 한 편에서 그는 유대인을 "오염 물질"이라고 불렀다—역시 개인의 이하를 해체주의자들이 "의미의 심연"이라고 부르는 소용돌이 속으로 마치 물 위에 쓴 텍스트처럼 사라지게 만드는 무한한 모호성을 띠고 있었다는 데에서 위안을 얻을 수 있었다.

그러나 드 만이 패주하는 건 아직 몇 년 뒤의 일이었고, 해체주의는 연구실의 알 안에 사는 바이러스처럼 문학 연구에 단단히 묶여 있었다. 의미의 심연이 상아탑의 벽 아래로 굴을 뚫고 더 넓은 문화를 향해 퍼져나갈 거라고는, 그리고 그 싱크홀이 자동차를 집어삼키듯 모든 구별을 집어삼킬 거라고는, 그때로서는 상상하기 어려웠다.

포스트모더니즘 이론에서 누릴 수 있는 한 가지 유희적 즐거움은 시의 결점이 사회의 결함을 증명한다고 가정하는 것이었다. 부두교의 주술 인형에 핀을 꽂으면 현실의 사람이 비명을 지르는 것처럼, 언어적 구성물이 우리가 살아가는 삼차원의 삶에도 유효하다고 가정하는 것이었다. 마법과 정신질환의 영역에서 차용한 그런 공상적인 것들이 법, 공공 정책, 정치 문화에 스며들기 시작하면, 모든 걸 해석자가 믿는 대로 의미가 정해지는 텍스트로 둔갑시키면, 어떤 일이 벌어질까?

내가 강의를 수강하고 있던 해럴드 블룸은 해체주의를 더 참아줄 마음이 없었다. 그의 이론에서는 작가라면 무릇 한 시의 단어들과 다른 시의 단어들을 구분하고, 현실 세상과 단어들을 구분할 줄 아는 자아가 있어야 했다. 블룸은 브롱크스의 아파트에서 여섯 살까지 이디시어만 쓰고 자랐지만, 그럼에도 서양 고전을 친밀하게 익혀서 『실낙원』의 저자를 "밀티 삼촌"이라고, 『꿈의 해석』의 저자를 "랍비 솔로몬 프로이트"라고 불렀다. 나는 종종 그가 고독하게 올드 캠퍼스를 가로지르는 모습을 보았다. 그는 거대하지만 어딘지 산만한 존재감을 내뿜으며, 혼잣말을 중얼거리다가, 자신의 천재성이라는 강을 건널 때는 살짝 비틀거렸다.

블룸은 가장 유명한 저서 『영향에 대한 불안』에서 문학사 속 작가들을 시공간을 가로질러 격렬하게 계속되어온 진화론적 고투 속에 갇혀버린 불행한 대가족처럼 취급했다. 작가들의 세계에서 자라난 나는, 창조적 패권을 놓고 다투는 이 거대한 전투에서 눈을 뗄 수 없었다. 자신의 목소리를 찾거나, 독창적인 이야기를 들려주거나, 활자의 세상에 하나의 흔적이라도 남기고 싶은 사람에게 필요한 것은 무엇인가?

블룸이 들려준 이야기는 자기 부모와 조부모는 물론 자식들까지 잡아먹고 스스로를 탄생시킨 오이디푸스적 괴물들, 한마디로 "강한 작가들"에 대한 것이었다. 그들은 자신이 우러러보는 동시에 그 자리를 꿰어차고 싶어하는 위대한 작가들을 의도적으로 오독함으로써 지배력을 획득했는데, 블룸은 이 행위를 "독직misprison"이라고 불렀다. 강한 작가들은 "야만성과 와전"을 사용해 자신의 선배들을 모방자의 지위로 끌어내리는 한편 후배들을 자신의 우월한 상상력이 드리운 그림자로 전락시켰다.

마이클의 편지가 지면에 실렸을 무렵 〈뉴욕 타임스〉에서는 여성 작가들을 소개하는 "허스Hers"라는 특집을 운영했는데, 우리 어머니도 그곳에 짧은 에세이 몇 편을 발표했다. 그중 한 편이었던 「아들들과 어머니들」은, 어머니의 표현에 의하면 내가 바이크를 탄 남자애에게 "들이받혔던" 그 시기를 다루었다. 〈뉴욕 타임스〉라는 대형 전광판 속에서, 마이클은 내가 공중으로 날아오르는 모습에 다시 한번 감명을 받았다. 하지만 나는 타이니 팀*처럼 목발을 짚고 뉴로셸을 절름거리고 돌아다니면서 "어째서 아무 이유 없이 그런 짓을 하는 거예요? 왜죠?"라고 묻는 소년이고 싶지 않았다.

어머니는 에세이에 나의 그 질문에 대한 자신의 대답을 인용했다. "그애는 아픈 거야." 그리고 그 남자애의 어머니가 "아주 끔찍한 기분"일 거라고도 덧붙였다.

마이클과 사이가 멀어지면서도 내 마음속에 그의 자리가 굳건했던 이유 하나는, 그가 다른 누군가의 각본 속으로 녹아들기를 거부하는

---

* 찰스 디킨스의 소설 『크리스마스 캐럴』에 등장하는 어린 소년으로, 병약하여 목발을 짚고 다닌다.

것처럼 보였기 때문이었다. 지독히 독립적인 형들과 줄곧 다투면서 그는 세계수에 자기 이름을 직접 새겨넣는 법을 배웠다. 그가 〈뉴욕 타임스〉에 실린 글의 저자였던 반면, 나는 주제였고 어쩌면 대상이었다.

블룸은 프로이트를 강한 작가로 간주했지만 의사로서는 형편없었다고 평했으며, 불안이 위대한 시를 창작할 동기라고 말하면서도 후기구조주의 이론이 비밀의 샘으로 삼았던 정신증적 논리는 기피했다. 블룸은 진짜 광기가 개인의 삶을 얼마나 황폐하게 망가뜨리는지 잘 알았기에, 은유로서의 광기를 받아들일 수 없었던 건지도 모르겠다.

어머니의 친구 신시아와 블룸의 토론이 열렸던 때, 블룸은 신시아가 낭독하려 준비하던 원고를 보고 자신에게는 아픈 아이가 있다는 말로 미리 자비를 구했다. 하지만 신시아는 어쨌거나 원고를 읽었고, 블룸이 문학을 우상으로, "세상과 인류에 무관심한" 닫힌 체계로 만들었다고, 그러면서 본인은 희생을 요구하는 그 잔인한 체계의 필수불가결한 중재자를 자처하고 있다고 비난했다.

나는 신시아와 블룸의 일화를 이해하기 어려웠다. 신시아가 노먼 메일러에게 "불알을 어떤 색깔 잉크에 담그냐"라고 질문했던 일화와는 달랐다. 메일러는 자기가 불알로 글을 쓴다며 으스댄 바 있었고 신시아의 질문을 받자 웃음을 터뜨리더니 "더 나은 답이 없어서" 노란색이라고 답했다. 그렇지만 가공할 만한 지성의 소유자 블룸이 "창조주의 대체재를 발명하려는 음모"를 꾀한 우상 창조자로 불리게 될 상황에서 아픈 자녀까지 언급해야 했던 이유는 무엇이었을까?

당시에는 아픈 아이를 키운다는 게 블룸에게 어떤 의미인지 누구도 궁금해하지 않았다. 그는 신시아에게 동정을 구하려는 게 아니었다.

다만 자세히 밝힐 수는 없지만 자신에게는 신과 문학에 대해 지금처럼 생각할 만한 이유가 있다고 설명하려는 것이었다. 블룸은 훗날 "조현병을 포함하고 있는 자연은 일신교 전통에서는 용인되지만" 자신에게는 용인될 수 없었다고 적었다.

그는 여러 친척들의 목숨을 앗아간 홀로코스트에 대해서도 동일하게 느꼈다.

그는 "조현병과 죽음의 수용소"를 허용하는 신적 질서에 동의할 수 없었고, 이를 "신앙의 신비"로 정당화하기를 거부한다고 적었다. 블룸은 문학을 우상으로 만들고 싶어하지 않았다. 그러나 신시아의 말도 반쯤은 옳았다. 그는 "이토록 터무니없는 우주"를 허용한 신을 박살내고 싶었던 거다.

광기는 문학을 뛰어넘는 동시에 문학에 미치지 못함으로써 문학에 도전한다. 블룸이 "조현병 환자는 비딱하고 의도적인 독직의 힘을 잃었으므로, 조현병은 나쁜 시다"라고 말했을 때 의미한 바는 무언가를 '잘못' 읽기 위해서는 우선 그것을 올바로 읽는 방식이 존재해야 한다는 것이었다. 모든 게 한낱 망상이어서는 안 되었다. 자신이 인정하는지 여부와 무관하게 존재하는 진실이 있어야만 했다.

블룸은 문학적 독직이 정신질환이 일으킨 오해와 어떻게 다른지 대조했다. 작가가 되려면 무엇이 진짜이고 무엇이 상상인지 구별할 줄 알아야 했다. 자기 뜻대로 현실을 구부렸다가, 자기만의 목소리로 그 현실을 세상에 되돌려주어야 했다. 거짓말을 알아차리지 못하는 세상에서는 예술이 진실을 드러내는 거짓말이 될 수 없다.*

---

* "예술은 진실을 드러내는 거짓말"이라는 피카소의 유명한 말을 인용한 것이다.

마이클은 내게 부자가 되기로 결정했다고 말했다. 그게 전공을 정하듯 그냥 선언하면 이루어지는 일이라는 듯한 말투였다. 나로서는 그를 의심할 까닭이 없었다. 마이클이 식당에서 사교 활동 위원회 일을 하는 방식조차 새로운 결심의 연장으로 보였다. 그는 몸을 뒤로 젖힌 채 의자에 앉아서, 거래를 성사시키고 은혜를 베푸는 사람처럼 남학생들의 행렬을 맞이했다. 서로 주먹을 맞대며 인사불성이 되도록 술을 마시는 것에 대한 농담을 주고받는 동안, 마이클의 팔꿈치 아래에는 포커로 딴 상금처럼 돈다발이 쌓여갔다.

실리먼 주점을 계획하는 일에 금융의 묘기는 조금도 필요하지 않았지만, 마이클은 자신감이 사회적 자산인 만큼 경제적 자산이기도 하다고 설명했다. 그게 그가 보스턴에 위치한 베인 앤드 컴퍼니라는 이름의 경영 컨설팅 회사에 채용된 이유였다. 마이클의 인생은 이제 변화를 목전에 두고 있었다.

1980년대에 금융계에서는 뛰어난 두뇌와 뻔뻔함에 유례없는 보상을 안겨주고 있었다. 차를 고치는 법을 아는 건 기술이었고, 자신에게 기술이 있다고 누군가를 설득하는 건 재능이었으며, 재능이 있는 사람에게 그 일을 더 잘하면서 규모를 키울 방법을 알려줄 수 있다고 구슬리는 건 경영 컨설팅이라고 불렸다. 마이클은 이문이 많이 남는 이 서비스가 기업, 은행, 병원을 비롯해 거의 모든 사업에 제공되고 있다고 말했다.

우리는 영화 〈졸업〉에서 더스틴 호프먼이 닳고 닳은 어른에게 듣는 조언 속 '플라스틱'이라는 단어를 비웃으면서 자랐다.* 하지만 '플라스틱'은 '제품'이나 '고급 살집'처럼 조금 우스꽝스럽고 저속한 표현으로 느껴지긴 했어도, 농담거리가 아니라 정말로 중요한 단어였다. '경영 컨설팅'은 내가 처음 들어본 용어였지만 '논리실증주의'만큼이나 지적인 울림이 있었다. 마이클은 베인의 채용 담당자들이 각 잡힌 정장을 빼입고 캠퍼스를 찾아와서, 가진 거라곤 설득하는 재능뿐인 자신만만한 학부생들에게 두둑한 연봉을 제안한다고 했다. 마이클이 그들에 대해 이야기하는 방식에서는 아이러니 말고도 무언가 조금 다른 게 느껴졌다.

나는 베인 앤드 컴퍼니라는 이름을 그때 처음 들었지만, 마이클이 설명해준 덕분에 이내 그곳에 어떤 특별한 신비로움이 있는지 알게 되었다. 그곳은 엄청나게 똑똑한 사람들이 엄청나게 부자가 되는 곳이었지만 그 대가는 피로써 치러야 했다. 마이클이 얘기하는 "주당 백 시간 근무시간"은 법에 맞고 안 맞고를 떠나서 그냥 물리적으로 불가능해 보였다. 설령 그게 순전한 과장이었더라도, 마이클이 회의도 수업처럼 오후 시간으로만 잡는 게 가능할까 하는 의문이 들었다.

마이클은 '뇌brain'와 '골칫거리bane'를 합쳐놓은 듯한 이름을 지녔으며 시샘하는 라이벌들에게는 컨설팅 업계의 KGB**라고 불린다는 자신의 새 회사에 대해 우쭐대면서도 비꼬는 태도를 보였다. 그는 희열에 들뜬 동시에 서글퍼 보였다. 화약보다 영광이 가득하고 PTSD는 아직 존재하지 않던 시절에 전장으로 나가는 군인을 연상시켰다. 그는 베인 앤드 컴퍼니의 탁월하고 불가사의한 설립자, 정말로 '베인Bain'이라는 이름을 지닌 "테네시의 신사"를 동경했다. 그에 대해 이야기하는

---

* 해당 영화에서 한 사업가가 주인공 청년에게 조언을 하며 플라스틱에 위대한 미래가 있다고 말한다.
** 구소련의 정보기관인 국가보안위원회.

마이클의 어조에는 잘 아는 사람에 대해 말하는 듯한 친근감이 깃들어 있었다. 마치 그와 포치에 나란히 앉아 함께 줄렙*을 홀짝이면서 자신의 채용 조건과 엔화 상승을 논한 적 있다는 투였다.

마이클은 자기 인생의 '골칫거리'에 대해 수없이 농담하면서도 승리감에 취한 듯 의기양양했다. 그들이 자기에게 "던져주려고" 하는 돈의 액수가 "터무니없다"면서, 어찌나 사치스러운 낭비냐며 고개를 절레절레 저었다.

면접 절차는 끝나지 않을 것처럼 이어졌지만 그 과정에서 무너져버린 많은 지망자들과 달리 마이클은 시종일관 즐기는 태도를 취했다. '베이니'들이 그의 방까지 찾아와 침대에 앉아 말을 걸었다. 홈 어드밴티지를 확실히 누리게 해준 것이다. 나는 마이클이 태양왕처럼 침대에 드러누운 채, 이름의 머리글자를 수놓은 셔츠와 완벽하게 재단된 맞춤 양복 차림의 조신들이 올리는 질문에 답하는 광경을 그려보았다. 마이클은 단순히 말로써 일자리를 얻은 게 아니었다. 그의 일 자체가 말하는 것이었다.

베이니라는 별명은 통일교 신자를 지칭하는 '무니'를 풍자적으로 암시했다. 사람의 영혼까지 파고드는 컬트의 수장, 통일교 문선명 목사가 얼마 전 매디슨 스퀘어 가든에서 이천 쌍의 커플을 한꺼번에 결혼시켰다. 스퀘어 댄스에서 파트너를 짝지어주듯이 처음 만난 사람들에게 평생 가약을 시킨 것이다. 『포브스』에서는 베이니들이 "클라이언트가 반드시 승리하고 경쟁자가 반드시 지는 성전聖戰"을 업으로 삼는 "종교적 광신자"들과 같다고 보도했다.

불가능을 가능으로 바꾸는 일의 달인이었던 마이클은 자신이 돈을 선택한 게 지성이나 예술과 관련된 야심을 버리겠다는 뜻이 아니며 오히려 양자 모두를 달성할 방법이라는 걸 내게 알리고 싶어했다. 그의 계획은 십 년 동안 파라오를 위해 벽돌을 만든 다음—황금 벽돌이 분명했지만, 그래봤자 벽돌이다—돈으로 자유를 사서 작가가 되는 것이었다. 나 역시 일자리를 구하고 학자금 대출을 갚아야 하겠지만, 이로써 그는 십 년의 핸디캡을 받은 셈이었다. 나는 장기적인 관점으로 미래를 내다보는 마이클의 능력에 감탄했다. 그는 이제 막 마라톤에 나서는 단거리 주자 같았다.

그가 정말로 후회하는 기색을 내비친 건 단 한 번, 데브라라는 이름의 실리먼 칼리지 학생을 내게 소개시켜 주던 때였다. 그녀는 아이오와 작가 워크숍에 전액 장학금을 받고 가게 되었다고 했다. 작가가 될 거라고 했다. 마이클은 동경심을 숨김 없이 드러내며, 미국의 젊은 작가라면 누구나 아이오와에 가고 싶어한다고 말했다.

"너도 지원해봐." 마이클이 돌연 너그러운 말투로 내게 권했다. 글쓰기 프로그램은 우리에게 항상 경멸의 대상이었고—누군가를 작가로 만들어줄 수는 없다—그가 아이오와를 두고 "사람보다 돼지가 많은 곳"이라고 평한 적도 있었기에, 나는 그의 진의가 의심스러웠다. 아이오와에 가는 게 그렇게 대단한 일이면, 본인이 지원하면 될 것 아닌가? 그 순간 나는 깨달았다. 마이클은 이미 지원해봤으며 아마도 난생처음으로 자신이 원하는 곳에 합격하는 데 실패했다는 것을.

마이클을 우연히 마주친 어느 날 그는 내게 쇼핑을 같이 가자고 청했다. 요즘 한창 "전투복" 쇼핑을 하고 있다고 했다―고급 정장, 프렌치 커프스가 달린 맞춤 셔츠, 붉은색 실크 타이, 푸른색 트렌치코트. 그에게 값비싸고 고통스러운 시련을 안겨줄 고급 드레스 슈즈도 필요했다. 어떤 이유에선지 나는 그의 청에 응했다. 괜히 따라나섰다가 그의 승리를 지켜보는 들러리 노릇이나 하게 되는 건 아닌지 걱정했지만, 우리는 옛날처럼 친밀한 시간을 보냈고 나는 마이클이 진심으로 내가 곁에 있어주길 바란다는 느낌을 받았다.

점원이 무릎을 꿇고 가죽으로 만든 수제 영국식 옥스퍼드 구두의 끈을 묶어주는 동안, 나는 마이클 옆에 앉아 있었다. 마이클은 애석함을 감추지 못했다. 대학 생활이 고작 삼 년 만에 끝나가고 있었다. 반면 나는 인생의 전성기를 누리면서, 사 년으로는 아무래도 부족하지 않은지 고민하고 있었다. 나는 누나가 사는 맨해튼을 방문했을 때 앨리스 언더그라운드라는 이름의 구제 가게에서 산, 1940년대에 만들어진 우스꽝스러운 오버사이즈 와이드 숄더 트위드 코트를 입고 다니는 데 익숙해지고 있었다. 마이클은 다른 유형의 어른 옷들을 사들이고 있었다.

마이클이 새로운 삶을 향해 출발하기 전, 내가 마지막으로 그를 본 곳은 미어랜드 로드였다. 나는 부모님을 방문한 참이었다. 그는 이발소에 다녀왔는지 말쑥한 머리를 하고, 이미 우리가 공유하지 않는 새로운 세계의 스타일을 다듬어나가고 있었다.

조시 퍼버가 마이클을 보스턴까지 데려다주기로 되어 있었다. 베인은 그곳 코플리광장에 "잘 꾸며진" 사무실이 있었고, 샌프란시스코와 런던, 파리, 뮌헨, 도쿄에도 사무실이 있었다. 베인이 마이클을 어디로 보낼지는 아무도 모를 노릇이었다. 마이클은 비행기를 타본 일이 없었고 다소 불안해 보였다. 결정을 후회하고 있었는지는 몰라도, 내게 그런 얘기는 하지 않았다.

마이클은 메인주에 있는 퍼버 가족의 집에서 시간을 보내고 있었다. 그곳에서 두고두고 회자될 만큼 강력한 대마 브라우니를 구워서, 먹은 사람 전원이 동화 속 공주처럼 깊은 잠에 빠져들었다고 했다. 조시가 아무리 깨워도 일어나지 않자, 뉴로셸로 돌아오고 싶은 마음이 간절했던 마이클은 잠든 조시를 내버려두고 몸을 제대로 가누지 못하는 다른 친구와 함께 자리를 떴다.

홀로 깨어난 조시는 화를 냈지만, I-95 고속도로를 달리던 마이클의 자동차가 타이어에 펑크가 나서 중앙분리대를 향해 미끄러지다가 가까스로 갓길에 멈췄다는 소식을 듣고는 자기가 운이 좋았다고 생각을 고쳤다. 마이클의 커리어는 시작되기도 전에 끝나는 불상사를 간신히 모면했다. 천만다행으로 마이클과 동승자는 둘 다 긁힌 데 하나 없이 차에서 빠져나왔다. 우주가 또 한번, 마이클을 향해 행운의 미소를 지어준 것만 같았다.

2부

정신의학의 집

이따금 세상이 심리학자들—아주 넓은 의미의—에 의해 구원받거나,
그게 아니라면 아예 구원받지 못할 거라는 생각이 든다.

_ 에이브러햄 매슬로, 『존재의 심리학』

계슈탈트 심리 치료, 정신분석, 집단 운동과
어떤 식으로든 관련된 사람은 나의 일을 하는 것일세.
그것들은 오로지 나만이 충족시킬 수 있는 갈증을 자극해 깨우기 때문이지.

_ 바그완 슈리 라즈니시가 앤디 퍼버에게

뉴로셸의 남쪽 끝, 웨스트체스터 카운티에서 가장 넓은 사유 해변에 높은 탑이 달린 웅장한 저택 한 채가 서 있었다. 그곳에서는 롱아일랜드해협과 점점이 흩어진 요트들, 그리고 저멀리 코네티컷이 어렴풋이 내다보였다. 미국이 독립 이백 주년을 축하하던 그해, 탑의 맨 꼭대기 층에서는 수염을 기른 남자가 윗옷을 벗은 채 맨발로 뜀뛰기를 하는 모습이 간혹 목격되었다. 그의 등뒤로는 바닥부터 천장까지 벽 하나를 온통 메운 서가에 남자의 조부와 부친 그리고 본인에 이르기까지 삼대에 걸쳐 수집한 의학 문헌이 빼곡하게 꽂혀 있었다. 그 서가에는 남자 아내의 의학 서적, 장모의 의학 서적, 장인의 법률 서적과 더불어 서구의 문학, 역사, 철학, 과학, 심리학을 망라하는 서적들도 적절히 비축되어 있었다.

뜀뛰기를 하는 남자는 정신과의사였다. 하지만 그는 그 모든 것에 등을 돌리고, 널따란 곡면 창문 너머로 펼쳐진 어둑한 바다와 환한 하늘을 바라보았다. 남자의 목에는 나무 구슬 백팔 개를 꿰어 만든 염주가 걸려 있었고, 염주에는 틀에 끼운 작은 사진 하나가 달려 있었다. 커다란 눈으로 웃고 있는 수염 기른 남자의 사진이었다. 남자가 뛸 때마다 염주도 함께 출렁거렸다.

와일드클리프 로드의 굽은 진입로를 따라 삼백 피트를 들어와야만 비로소 저택에 도착할 수 있었다. 저택은 롱아일랜드 북쪽으로 뻗은 화려한 동네에서 서쪽으로 떠내려왔거나, F. 스콧 피츠제럴드의 소설 속 페이지에서 뜯겨 나온 것처럼 보였다. 마이클은 그 집을 "개츠비 하우스"라고 불렀고, 그 집에 머물렀던 운명의 해 1986년에, 밤늦게 깨어 있으면 저멀리 어딘가에서 녹색 불빛이 반짝이는 게 보인다고 주장했다. 그렇게 야심한 시각까지 그는 밤을 깊이 들여다보며 소설을 썼다. 그는 피츠제럴드도 되고 싶었고, 개츠비도 되고 싶었다. 꿈꾸는 자와 꿈 자체, 둘 다가 되고 싶었다. 누군들 그러고 싶지 않았을까?

저택 자체는 갖가지 다양한 요소를 시각적으로 통합한 형상이었다. 『밤은 부드러워라』 속 늠름한 정신과의사 딕 다이버와 정신질환이 있는 그의 아름다운 아내 니콜—피츠제럴드가 정신질환이 있는 자신의 아름다운 아내 젤다를 모델로 하여 만든 인물이었다—이 소설 첫머리에서 머물던 호텔과 흡사했다. "호텔과 밝은 황갈색 기도용 깔개 같은 해변은 하나였다."

마이클과 내가 성장기를 지나던 때 와일드클리프 로드에 위치한 저택의 주인은 두 심리학자, 앤드루 퍼버와 제인 퍼버였다. 어떤 의미에서는 그들 또한 딕 다이버와 니콜 다이버만큼이나 화려한 인물이었다. 비록 그들이 시간을 내어 어울리는 상대는 뉴로셸 도심의 곤궁한 정신질환자들이라는 차이가 있었지만. 퍼버 부부와 그 친구들은 정신병원의 "냉혹한 자비"를 "지역사회의 관심과 역량이라는 활짝 열린 따뜻함"으로 대체하라는 케네디 대통령의 명령에 응답하고 있었다. 그들은 정신병원 바깥에서 실천되던 새로운 유형의 정신의학에 몸을 바쳤고, 정신 자체를 새로이 개척해나갈 지평으로 삼았다.

마이클이 내게 퍼버 부부의 저택과 그곳의 거주자들에 대해 들려준 이야기들은 하나같이 꿈결처럼 아련한 빛에 휘감겨 있었다. 웨스트체스터가 영화 산업의 허브였던 20세기 초, 저택의 주인은 D. W. 그리피스였다. 인종차별적 걸작 〈국가의 탄생〉이 인종차별주의자 대통령의 지시로 백악관에서 상영되던 그 시절, 그리피스는 저택 근처 머메러넥의 '악마의 발가락'이라고 불리는 땅에 자신의 영화 스튜디오를 지었다. 롱아일랜드 해협을 향해 불쑥 튀어나온 그 땅에서, 그리피스는 릴리언 기시와 도로시 기시 자매를 캐스팅하고 지역 엑스트라 이백 명을 동원하여 18세기 파리를 재현해낸 영화 〈풍운의 고아〉를 촬영했다. 당시에 기시 자매가 살던 붉은 용마루 기와를 얹은 스페인양식의 저택은 1960년대에 휴거낫 요트 클럽이 다른 많은 것들과 더불어 화재로 소실되었을 때 클럽 건물로 새롭게 탈바꿈했다.

하지만 사유 해변의 중심이자 훗날 마이클의 인생에서도 중심적인 역할을 한 것으로 밝혀진 와일드클리프의 그 저택은 여전히 꿈의 공장이었다. 퍼버 부부는 찰리 채플린, 메리 픽퍼드, 루돌프 발렌티노, 기시 자매가 아니라 지역사회 정신과의사, 프로이트 정신분석가, 텔레비전 프로듀서, 자기실현적 '포옹 치료사', 노벨상을 수상한 양자물리학자, 심지어 D. W. 그리피스의 유령에 불만을 토로하는 흑표당원 몇 사람을 집에 초대해 들였다.

탑 꼭대기에서는 카리스마 있고 명석한 가족 정신의학의 선구자가 제자리에서 뜀뛰기를 하고 찬트를 암송했다. 그는 환자들에게 즐겨 읊어주던 글귀의 진실에 마침내 스스로 눈을 떴다. 조현병을 미친 세상에 대한 저항의 한 형태로 보았던 스코틀랜드의 정신과의사 R. D. 랭의 말이었다. "자신이 속한 시대보다 앞서 깨어나려 하는 모든 시도는 엄중하게, 특히 우리를 가장 사랑하는 이들에 의해 벌을 받는다. 다행스럽게도 그들 자신은 잠들어 있기 때문이다. 그래서 그들은 깨어난 사람이, 혹은 아직 잠들어 있지만 현실이라고 여겨지는 것이 사실 '꿈'임을 자각한 사람이 미쳤다고 생각한다."

처음 바그완을 본 순간 퍼버 박사는 그를 영겁의 시간 동안 알고 지냈다고 느꼈다. 퍼버 박사는 바닥을 기어 그에게 다가가서 발을 만졌다. 전통적인 존경의 제스처였다.

"기다리고 있었소, 보디치타." 바그완은 자신의 산야신*을 새로운 이름으로 불렀다. 그리고 손을 아래로 뻗어, 제3의 눈 자리를 건드렸다. 앤디는, 아니 보디치타는, 자기 안에서 세 차례 폭발하는 빛을 보았다. 그리고 자신이 지금까지 사랑에 대해 안다고 생각했던 건, 이 남자의 사랑이라는 대양에 비하면 한 알의 모래에 불과하다는 걸 깨달았다.

앤디는 뉴로셀로 돌아왔지만 인도에서 어떤 일이 일어났으며 앞으로 어떤 일을 해야 하는지 설명하기 어려웠다. 그가 어딘가 달라졌다는 걸 단번에 알아차린 건, 그가 애정을 담아 "미치광이 안아주기hug a nut 센터"라고 불렀던 휴거낫Huguenot 센터의 조현병 환자들뿐이었다. 앤디는 주로 환자들과 시간을 보내며 목에 건 사진 속 그 남자, 위대한

---

* '수행자'를 뜻하는 산스크리트어로, 라즈니시가 자신의 제자들을 부른 단어.

치유자인 바그완에게 돌아갈 준비를 했다. 스승은 앤디 퍼버에게 새로운 이름을, 그의 등뒤에 놓인 의학 서적에서 찾을 수 없는 지혜를, 가족에게 느끼는 모든 감정을 초월하는 사랑을 주었다. 뜀뛰기를 하는 내내 앤디의 시선은 덩달아 오르내리는 바다에 고정되어 있었다. 맑은 날이면 인도 푸나를 볼 수 있었다.

9장
그림자가 아는 것

악의 힘이 결정적 공격 작전을 개시했습니다. 그들이 가해오는 압박이 느껴지는데도, 여러분의 스크린과 출판물은 작위적 미소와 건배하는 술잔들로 가득합니다. 도대체 뭐가 즐거운 겁니까?

—알렉산드르 솔제니친, 1978년 하버드대학교 졸업식 축사

나는 UC 버클리에 가서 영문학 박사학위를 받기로 결정했다. 훌륭한 영문학과가 있는 대학이었다. 하지만 UC 버클리를 선택한 진짜 이유는 한 차례의 여름 동안 내게 자유를 안겨주었던 1968년산 볼보와, 내게 그 차를 빌려준 탁월한 셰익스피어 전공 교수 때문이었다. 차도 세상도 아직 새로웠던 시절, 그는 버클리에서 박사학위를 받은 다음 베이 에어리어*에 자리를 잡았다. 내가 처음 캠퍼스를 방문한 겨울, 갈색 언덕에는 뽀송한 초록빛 솜털들이 돋아나 있었고 길거리에선 꽃향기가 났다. 스프라울광장에서 마주친 사지마비 학생들조차 대담하고 날렵해 보였다. 그들은 버클리 공대에서 설계한, 빨대에 숨을 불어넣어 조종하는 전동 휠체어를 타고 내 곁을 날듯이 스쳐지나갔다.

---

* Bay Area. 샌프란시스코만을 둘러싼 지역.

합격 통지서에는 인간미 없는 각서 비슷한 게 동봉되어 있었다. 의무총감의 경고장 같은 느낌의 그 반쪽짜리 복사된 종이에는 인문학 취업 시장이 암울하며, 예측 가능한 가까운 미래에는 그 사실이 달라질 것 같지 않다고 적혀 있었다. 베이비붐 세대는 세상을 자기들 마음에 드는 부분만 빼고 싹 다 바꿔놓더니, 일자리를 죄다 독차지하고는 영원히 살아갈 계획인 모양이었다.

그렇다고 해도 나는 단념하지 않았다. 어차피 학계에 남는 것에 대해서는 원래도 마음이 미적지근했고, 게다가 나의 경제관념은 말도 못하게 비현실적이었다. 나는 마이클처럼 경영 컨설팅 회사에서 십 년을 보내고 조기 퇴직을 하겠다는 식의 계획을 세울 능력은 없었다. 하지만 버클리에서 최고 장학금을 받았다. 수업료 면제에 추가로 연간 8천 달러의 지원. 마이클이 육 주 남짓이면 벌어들이는 돈이었지만 내게는 후하게 느껴졌다. 어쨌거나 내가 홀로서기에는 충분한 금액이었고, 대학원에 다니는 동안은 학자금 대출을 갚지 않아도 되었다.

정작 캘리포니아로 떠나는 게 힘들었던 이유는, 내가 대학 졸업을 몇 달 앞두고 사랑에 빠져버린 2학년 여학생의 존재였다. 그녀의 이름은 미할, 우리 가족이 뉴로셸로 탈출하기 전 망명생활을 했던 매사추세츠주 브루클린 출신이었다. 미할과는 히브리어 수업에서 만났다. 이미 히브리어를 할 줄 아는데다 성경에서 유래한 후두음 섞인 이름을 가진 그애가 그 수업을 듣는다는 건 우스운 일이었다. 미할의 부모님은 아이의 이름이 미셸Michele로 혼동될까봐 철자를 'i' 대신 'y'를 넣어 'Mychal'로 썼는데, 텔레마케터들은 그 이름을 마이클이라고 잘못 읽곤 했다.

나는 그녀가 다른 사람에게 노엄 촘스키 강연을 언급하는 걸 언뜻 듣고 관심 있는 척 같이 가겠느냐고 은근히 데이트를 신청했다. 미할은 그게 데이트 신청이라는 것조차 알아차리지 못하고 강연 날 내 옆에 앉지도 않았다. 하지만 강연이 끝난 다음 우리는 교내 서점 겸 카페인 애티커스에 갔고, 우리 주위의 의자들이 뒤집혀 놓이고 테이블 아래를 빠르게 누비고 다니는 진공청소기에 부딪혀 발뒤꿈치가 멍들 때까지 오래오래 이야기를 나눴다.

마이클이 베인에서 보낸 첫해에 나는 그와 연락이 닿지 않았다. 부모님을 방문했을 때 한두 번인가 미어랜드 로드에서 내 이름을 들은 일이 전부였다. 뒤를 돌면, 언덕을 천천히 달려 올라오는 마이클이 보였다. 싱긋 웃는 그의 얼굴을 마주하면 순간 우리가 아직 5학년이고 그가 몸에 걸친 고급 코트는 변장용 의상에 불과하다는 착각이 일었다.

그는 박사학위를 받겠다는 내 결정을 승인해주면서 "전통을 이어나갈 사람도 있어야지"라고 말했다. 마이클이 의미한 전통이 서구의 지적 전통인지, 교수직인지, 만성적 직업 불만족과 낡은 차를 끌어안고 살아가는 인생인지는 알 수 없었다. 마이클은 자신이 내린 선택에 대해서는, 그리고 미디어에서 여피족이라고 불리는 계급 상승을 지향하는 젊은 속물들에 대해서는 비꼬는 태도로 일관했다. 그는 어떤 부족을 관찰하다가 그 부족에 편입되어버린 인류학자의 태도로 헤드헌터들의 습속을 묘사했다.

그들은 밤낮으로 정장을 입는다고 했다. 보아하니 마이클 본인도 예외는 아닌 듯했다. 그들은 항상 일했다. 번듯하게 꾸며진 술집에 몇 시간이고 눌러앉아 자기들이 일하는 시간, 자기들이 버는 돈, 클라이언트를 만나는 고급 레스토랑, 자기들끼리 만나서 한잔 걸치며 레스토랑과 일과 돈에 대해 이야기하는 바에 대해 논하는 것도 일의 일부였다. 마이클 말로는, 그런 자리에서 여자가 남자의 명함 앞면에 적힌 회사 이름에 마음이 동하면, 뒷면에 자기 이름과 전화번호를 적어서 돌려준다고 했다. 이 얼마나 얄팍한 세계냐며 고개를 절레절레 젓는 마이클은 반쯤은 우쭐하고 반쯤은 겸연쩍어 보였다.

뉴로셸에서 누군가가 대학 졸업 파티 겸 비공식 동창회를 열었을 즈음 나는 마이클을 보지 못한 지 오래였다. 파티는 뉴로셸의 어느 거대한 저택에서 열렸다. 핼러윈 날, 대문 안쪽으로 멀리 떨어진 현관문에 사탕이 준비되어 있음을 알리는 해골이 붙어 있더라도 선뜻 발을 내딛기 겁나는 종류의 저택이었다. 뒤쪽에 딸린 넓은 테라스에는 이미 다른 세상에 속해 있음이 드러나는, 애매하게 낯익으면서도 친숙한 얼굴들이 가득했다. 분위기는 너그러웠고 희미하게 애수에 젖어 있었다. 우리의 운전면허증에는 아직 유년기를 보낸 집주소가 적혀 있었고 명절마다 부모님 집을 찾았지만, 우리가 곧 서로를 쉬이 알아보지 못할 만큼 뿔뿔이 흩어지리라는 예감이 엄습했다.

몇 명이 내게 마이클은 잘 지내냐고 물었다. 그들의 머릿속에서는 우리가 여전히 한 팀으로 묶여 있는 모양이었다. 나는 마이클이 파티에 올지 안 올지는 몰랐지만, 힘든 시간을 보내고 있다는 얘기는 건너서 듣고 있었다. 마이클은 실적을 내야 한다는 압박에 지속적으로 시달리고 있었다. 심장이 빠르게 뛰고 소화가 잘 안 된다고 불평했다. 그를 진료한 의사들은 스트레스가 몸을 망가뜨리는 거라고, 그렇게 쉼 없이 달린다면 결코 부족한 수면을 만회할 수 없다고 입을 모아 말했다.

느지막이 파티에 등장한 마이클은 과거와 별반 달라 보이지 않았다. 이제 그를 빅이라고 부르는 사람은 없었지만, 그럼에도 마이클은 과거의 별명에 걸맞은 존재감을 내뿜었다. 그는 흡사 참전 용사 같은 권위로 비즈니스 업계의 냉혹한 동지애에 관해 일장 연설을 늘어놓으면서, 요점을 강조할 때마다 예전처럼 살짝 까치발을 들었다. 하지만 그의 말에서 느껴지는 억제된 격식 때문에 마치 대사를 미리 연습해 온 것처럼 들렸다.

그가 속한 케이스 팀이 단 일주일 만에 어떤 업계 전체를 파악해야 했다는 무용담은 이미 들은 적이 있었다. 기업 보고서를 연구하고, 마이클이 태어나기 전부터 사업을 꾸려 온 클라이언트들에게 그들이 어떤 실수를 하고 있는지 알려줄 최선의 방법을 알아내느라 이틀 밤을 꼬박 샜다는 이야기도 내겐 처음이 아니었다. 마이클은 자신이 내린 결론으로 인해 누군가 일자리를 잃을 수도 있다고 생각하고 싶지는 않다고 했다. 하지만 그것이 베인, 아이비리그, 그리고 마이클 자신의 황금 혀에서 굴러 나온 단어들에 깃든 힘이었다.

그처럼 새파란 신참에게 그만한 영향력이 있다고 상상하긴 어려웠지만 마이클은 진심으로 우려하는 것처럼 보였고, 그만큼 그가 늘어놓는 자기 자랑의 신뢰도도 올라갔다. 자신의 말로 누군가가 일자리를 잃을 수 있다는 감각은, 필연적으로 자신 또한 다른 누군가의 말로 일자리를 잃을 수 있다는 염려를 낳았다. 그는 이익을 위해서라면 수단과 방법을 가리지 않는 높으신 분들이 "자기를 괴롭히고" 있다는 의심이 든다고 말했다. 아무리 베인이 컨설팅 업계의 KGB라 해도, 설마 그럴까 싶었다. 하지만 한때 황홀하게만 느껴졌던 베인의 신비는 날이 갈수록 마이클에게 불길한 예감을 불어넣고 있는 듯했다.

보스턴도 마이클을 괴롭히고 있었다. 운전자들이 정말로 미쳤다고, 한 번은 정신 나간 택시에 치이는 걸 아슬아슬하게 면하고 "뉴로셸고등학교 시절로 돌아갔다"고 마이클은 말했다. 그는 신호를 받아 멈춘 택시를 성큼성큼 따라가서 루프와 앞유리를 마구 두드리며 고함쳤다. "씨팔놈아, 한판 붙자는 거냐?"

친구들 사이에서 "택시 사건"으로 통하게 된 그 일은 일종의 행위예술적 촌극이었다. 마이클은 운전사가 아니라 차체를 공격하는 자신의 모습을 기계 소에게 덤비는 투우사처럼 만화적으로 묘사했다. 그러나 마이클이 아무렇지 않은 척 웃어넘기려 해도, 택시 운전사의 잘못이나 마이클 자신의 정당한 분노가 지워지지는 않았다.

마이클의 아버지는 한바탕 연설을 늘어놓을 때면 그 주제가 레이거노믹스든 쇠파이프든 관계없이 청자 한 사람 한 사람의 얼굴을 똑바로 마주보며 빠르게 동의를 구하는 버릇이 있었다. 마이클도 똑같은 버릇이 있었고, 지금 자신이 무엇에 동의하는지 잘 모르겠더라도, 설령 이야기가 마냥 재미있게 느껴지지는 않더라도, 그에게 웃거나 고개를 끄덕여주는 게 예의로 느껴졌다.

택시 사건이 남긴 진정한 교훈은 마이클에게 새로운 환경이 필요하다는 거였다. 마이클 본인이 설명하기로, 문제는 그가 신입 컨설턴트에 불과하지만 업무 능력이 출중한데다 베인 입장에서는 이미 그에게 상당한 투자를 했으니 어지간해서는 그를 놓아줄 리가 없다는 것이었다. 적어도 싸우지 않고 순순히 보내주지는 않을 것이었다.

내가 '비즈니스'에 대해 알고 있던 것들의 출처는 대부분 마이클과 〈대부〉 영화 두 편(당신이 그들에게서 벗어나려고 하면, 그들은 당신을 다시 끌어당긴다), 그리고 누나에게 빌린 책 『욕망의 시대: 한 급진적 정신분석가의 회고The Age of Desire: Reflections of a Radical Psychoanalyst』였다. 마르크스주의를 신봉하는 정신과의사 조엘 코벨은 이 책에 불행한 투자은행 직원들의 병력을 담았다. 그들은 감정적 분리, 일중독, 전반적 괴로움을 칭찬과 승진과 갈수록 오르는 연봉으로 보상받고 있었다. 고용주들은 직원들에게 문자 그대로 머리의 병을 안고 사는 대가로 돈을 주었다. 시스템 자체가 병들어 있었다. 매우 일리 있는 이야기라고 나는 생각했다.

마이클은 우리 중 이제 막 일을 시작하려는 친구들에 대해 안타깝다는 어조로 이야기했다. 베인에서 보낸 일 년 동안, 원래 계획했던 십 년 치의 무게를 짊어지게 된 사람 같은 말투였다. 그나마 경영 대학원에 가기로 한 이들은—베인 같은 회사들 덕분에 새로이 인기를 얻고 있는 선택지였다—마이클을 산 채로 집어삼키고 있는 회계연도 대신, 오랫동안 우리의 삶을 지배했던 기존의 역년을 조금 더 오래 따를 수 있을 터였다.

마이클과 나는 그레그 모리슨 선생님이 프랑스에서는 느린 시간, 느린 음식, 시간을 초월하는 예술에 가치를 두기 때문에 성인들도 직업을 불문하고 여름을 통째로 쉰다고 말했던 걸 기억해냈다—비록 그레그가 프랑스인들은 개선문, 루브르박물관, 레되마고*가 독일군에 폭격당하는 일을 피할 수만 있다면 어머니라도 팔아넘길 "창놈"들이라고 덧붙이긴 했지만. 그렇다고 해서 우리 안에서 파리의 매력이 흐려지는 일은 없었다. 우리는 『태양은 다시 떠오른다』를 읽은 이래 줄곧 파리에 "글을 쓰러" 가는 이야기를 했었다. 하지만 10학년 때 한 여자애를 두고 경주용 요트의 선체 같은 굴곡을 지녔다고** 말한 건 마이클뿐이

---

* Les Deux Magots. 19~20세기 프랑스의 예술가들과 문인들이 즐겨 찾아 유명해진 파리의 카페.
** 헤밍웨이가 『태양은 다시 떠오른다』에서 여자 주인공을 묘사한 표현이다.

었고 말로 내뱉으니 그 표현은 훨씬 덜 섹시하게 느껴졌다.

파리로, 나아가 글쓰기로 가는 열쇠는 아무도 우리에게 권장하지 않는 일을 하기 위해 모두가 우리에게 권장하는 특정한 일들을 회피하는 것 같았다. 마이클 말로는, 영국인들조차 프랑스의 긴 휴가에 대한 나름의 응답으로 "실업 수당"이라 불리는 비공식적 예술 프로그램을 만들었다고 했다.

우리 둘 다 실제로 글을 쓰고 있진 않았지만, 글쓰기의 꿈은 여전히 오래된 경쟁심이라는 끈으로 우리를 묶어주었다. 거리에서 우연히 마주치면 우리는 서로 어디까지 나아갔는지 궁금해했다. 현재가 우리에게 안겨주는 괴로움조차, 미래에 있을 문학적 탈바꿈의 재료라고 생각하면 한결 희망적인 색채를 띠었다.

나는 부자가 되겠다는 마이클의 계획을 믿지 않은 건 아니었지만, 어떤 차원에서는 그의 직업이 농구의 헤드 페이크 기술*과 비슷한 거라고 생각했다. 마이클은 곧 버려둔 척했던 길로 되돌아와 전진해 나아갈 것이라 여겼다. 베인이 자기를 놔주지 않을 거라는 주장은 단순히 체면치레로 느껴졌다.

플로베르는 발작을 일으켜서 법학 공부를 그만두었고, 어머니 집에 틀어박혀 글을 썼다. 병을 어떤 유예나 심지어 건강으로 가는 우회로로 삼는 흥정은 유년기 적 나의 전공이었다. 건전한 행동은 아니었지만, 아주 실패한 전략도 아니었다. 어쩌면 마이클에게는 택시를 공격하는 것이 그런 발작이었는지도 몰랐다. 우리가 꿈꾸던 파리와 닮아 있던 개츠비 하우스로의 전략적 후퇴를 허가받기 위해 그는 원인 불명

---

* 머리를 원래 가려는 방향과 반대 방향으로 움직여 상대를 교란시키는 기술.

의 경련을 일으킨 걸지도 몰랐다.

졸업 파티에는 마이클의 옛 짝사랑 조앤도 참석해서, 특유의 진솔하고 열정적인 말투로 클라리넷 연주에 대해 이야기했다. 그녀는 음악원과 인문학 학사 커리큘럼을 결합한 오 년짜리 과정을 마무리하고 있었으며, 음악가가 되기를 꿈꾸었다. 대단한 열정이 필요한 일이었다. 그녀의 이야기를 듣는 마이클의 얼굴에는 동경의 빛이 선명했다.

마이클은 고등학교를 마칠 무렵 졸업 앨범에 공개 고백을 적어넣어 조앤을 놀라게 했던 사건의 쓴맛을 극복한 것처럼 보였다. 대학 시절 그의 기숙사 방에는 날씬한 금발의 발레리나가 소년 같은 몸을 뒤로 크게 젖혀 말도 안 되는 각도로 휘어진 호를 그리고 있는 포스터가 붙어 있었다. 검은 머리를 치렁치렁 늘어뜨리고 앞을 향해 현실적 에너지를 발산하는 조앤과는 정반대의 이미지였다.

두 사람이 샤카 칸의 〈I Feel for You〉에 맞춰 춤추던 모습이 기억난다. 마이클은 조앤과 함께 춤추는 동시에 조앤을 향해 춤추는 것 같았고, 희한하게도 조앤을 둘러싸고 춤추는 것 같기도 했다. 그는 박자에 맞춰 기다란 팔을 쫙 펼치고 뻣뻣하게 들어올렸다. 하반신은 그 시절 힙합의 원형이라 할 수 있었던 스타일로 다리를 넓게 벌리고 골반을 튕겨 올렸다. 조앤은 기분좋게 놀란 듯 키득거리면서 마이클을 올려다보며 상냥하게 활짝 웃어주었다. 마이클은 입을 꽉 다문 채 침착한 무표정으로 그녀를 뚫어져라 보면서, 몸은 거의 광란에 가까운 혈기를 담아 움직였다. 샤카 칸 널 흔들게 해줘 내가 원하는 건 그것뿐, 샤카 칸 널 흔들게 해줘 왜냐면—음 음—네 마음을 아니까.

<h1 style="text-align:center">10장
회전문</h1>

세상엔 조현병 같은 건 존재하지 않아요, 정신적 텔레파시가
존재할 뿐이죠.
　　　　　—수전 시핸의 『세상에 내 자리는 없나요?』에
　　　　　　　　　　　인용된 실비아 프럼킨의 말

마이클은 베인을 퇴사하고 미어랜드 로드로 돌아와서 진지하게 글을 쓰기 시작했다. 십 년 계획이 어느새 일 년 계획으로 변경되었다. 나는 비행기를 타고—이제는 운영하지 않는, 버클리 자체 항공사 같은 이름을 지닌 피플 익스프레스*에 운임으로 99달러를 냈다—부모님 집에 돌아왔다가 마이클과 마주쳤다. 그는 경영 컨설턴트 시대의 유물인 의복들을 다른 옷과 섞어서 믹스 앤드 매치 스타일로 입고 다녔는데, 그렇게 힘을 빼서 입으니 감청색 정장 바지가 번즈에서 경비원으로 일하던 어느 여름에 입었던 근무복처럼 보였다.

마이클은 베인 시절 저축한 돈으로 알뜰하게 생활하면서 삼촌 밑에서 텔레마케터로 일하며 가욋돈을 벌었다. 내가 '텔레마케팅'이라는

---

* UC 버클리의 사유지였으나 학생들이 개발을 막고 공공의 공원으로 지켜낸 부지를 피플스 파크(People's Park)라고 부른다.

단어를 들은 건 그때가 처음이었다. 마이클이 이 단어를 말하는 투는 그가 좋아하는 공상과학소설에 나오는 가짜 미래 용어를 말할 때와 비슷해서, 나는 그가 또 내 이해를 넘어선 세상 이야기를 하는구나 싶었다. 마이클의 삼촌은 보수를 후하게 주었고 근무시간이 느슨했던 덕분에 마이클은 글쓰기와 언젠가부터 진지하게 임하고 있던 기타 연주에 쏟을 시간을 충분히 확보할 수 있었다.

마이클은 월요일 저녁에 포크 음악가들에게 문을 열어주는 서점을 알게 되어서 그곳으로 즉흥연주를 하러 다녔다. 소설『피네건의 경야』에 나오는 '리버런riverrun'이라는 단어를 따서 이름 붙여진 그 서점은 뉴로셸에서 북쪽으로 11마일 떨어진 예술적 분위기의 강변 헤이스팅스 온 허드슨에 있었다.

우리 어머니에 따르면 루스 라우도어는 리버런에서 열리는 "후터내니"*를 탐탁지 않아 했다. 마이클은 그 모임을 "즉흥 세션"이나 "그냥 놀다 오는 거"라고 불렀다. 내가 짐작하기로 루스가 품은 반감의 원인은 연주 모임 자체보다는 마이클이 노동시장에서 물러난 것에 대해 가족 안에서 쌓여가던 초조함 때문인 것 같았다. 이제 다시 우리 아버지와 대화를 나누게 된 척은 아들들이 집에 와서 마냥 늘어져 지낸다며 불평했다.

근무시간이 유연한 텔레마케팅 일자리조차, 글쓰기와 음악에 더 많은 시간과 에너지를 쏟고 싶었던 마이클에게는 부담이 되었다. 게다가 그는 자기 전화가 도청당한다고 믿고 있었다. 베인 앤드 컴퍼니를 나올 때 두려워했던 결과가 현실로 나타나기 시작한 것이었다.

---

* hootenanny. 포크송을 연주하고 춤을 추는 사교 파티.

마이클은 회사가 내면의 삶을 가꾸고 싶다는 자신의 갈망을 존중하거나, 단순히 건강 문제로 떠나겠다는 말에 수긍하여 자신을 놔줄 일은 없으리라 확신하고 있었다. 연봉을 인상해줄 테니 퇴사하지 말라고 압박을 가할 것이 분명했다. 회사의 손아귀에서 벗어날 유일한 방법은 그들이 이해하는 유일한 언어, 즉 돈의 언어로 이야기하는 것뿐이라고 믿었다. 그래서 마이클은 베인이 차마 맞춰주려는 시도조차 못할 만큼 연봉이 높은 일자리를 제안받았다는 이야기를 지어내기 시작했다.

마이클의 선택은 벤처 캐피털 회사였다. 좀더 그럴듯한 이야기를 만들기 위해 마이클은 일자리 제안뿐 아니라 회사마저 지어냈는데 그건 어지간한 위업이 아니었다. 베인에서 일하느라 이미 기진맥진해 있던 그는 정말로 두 일자리를 병행하는 것처럼 느끼기 시작했다. 비록 그 중 하나는 허구였는데도 그랬다. 어쨌거나 계략이 먹혀서 베인은 마이클을 놓아주었다. 그때는 그렇게 보였다. 하지만 이제 마이클은 현실이 그렇게 녹록할 리 없다는 걸 실감하고 있었다. 마이클이 모시던 파라오, 빌 베인은 마음이 바뀌어 자신의 임금 노예를 다시 불러들이길 원했다.

마이클은 베이니들이 자기를 염탐하고 있다고 의심해서 어머니에게 그 사실을 알렸지만 어머니는 마이클이 의심하는 사람들이 통일교나 하레 크리슈나* 신도들일 가능성이 더 높다고 생각했다. 그게 마이클의 어머니가 후터내니를 마뜩잖게 여긴 이유 중 하나였다. 한번은 그곳에서 만난 뮤지션 몇 명이 그를 집까지 쫓아왔는데, 그들은 베인에서 일하는 사람들이 아니었다고 마이클이 이야기한 적이 있었다. 마이

---

* 힌두교의 크리슈나 신을 섬기는 종파.

클 본인의 행동도 비밀스러울 때가 많았고 때로는 설명하기 어려운 행동을 하기도 했다. 루스는 마이클이 쉽게 함정에 빠질 만큼 어리숙한 아이는 아니라고 생각했지만, 어떤 곤경에 처한 건 아닌지 걱정이 되었다.

마이클의 형 대니를 집에서 독립시키는 데 열중하고 있던 척은 막내 아들마저 자기 집 현관으로 돌아오자 한층 더 성질이 났다. 하지만 당시에 컬트는 실제로 위험했다. 모두가 〈뉴욕 타임스〉에 실린 기사들을 읽었고, 스트레스에 시달리던 아이비리그 학생들이 상냥한 젊은이들에게 유혹당해 사원인지 어딘지로 들어갔다는 소문을 들었다. 막후에서 모든 걸 조종하는 권력자들이 몰래 약을 섞은 채식 음식을 젊은이들에게 먹이면, 그들은 세뇌된 군대의 보병으로 전락하여 거리에서 땅콩을 팔거나 신입 회원들을 끌어오는 식으로 길 잃은 영혼들의 다단계에 이용되었다.

몇 년 전 일어난 존스타운 학살 및 집단 자살 사건과 관련한 뉴스는 이제 수그러든 뒤였다. 하지만 바그완과 그 추종자들이 오리건주에 세운 코뮌이 편집증, 생화학 테러, 살인 교사, 광란의 도주 등의 키워드로 최근 신문 1면을 장식하고 있었다. 조시 퍼버의 아버지는 마지막까지 믿음을 잃지 않고 라즈니시푸람에서 바그완 곁을 지켰다. 심지어 정신과의사도 그렇게 될 수 있었다.

마이클이 그때 내게 겁먹은 티를 냈었는지, 아니면 통화중에 딸각 소리를 들었다거나 헤이스팅스의 후터내니에 참석했다가 운전을 해서 돌아오는 길에 미행을 떨궈내려고 교란 작전을 펼쳐야했다는 이야기를 나중에야 들려줬었는지, 애석하게도 기억이 나지 않는다. 하지만 혹여 내가 당시 마이클에게 그런 이야기를 들었다 해도 아예 말도 안 되는 헛소리로 치부했을 것 같진 않다. 무엇보다 나는 마이클의 권위에 길들여진 입장이었다. 그리고 컬트에 대해서는 나 자신도 상당히 경각심이 있었다. 베인에 관해서는, 마이클이 그 업계 전체를 일종의 신용 사기처럼 묘사했었고, 일을 그만두기가 그렇게까지 어렵다는 설명이 과장스럽게 들리긴 했어도 그가 베인에서 처음 일하게 되었을 때도 비슷한 수준으로 과장하는 것을 목격한 바 있었으니 딱히 이상하다고 느끼지 않았을 것 같다.

베인이 마이클에게 투자한 게 아까워 그를 잃고 싶지 않으리라는 것도 영 말이 안 되는 소리 같지는 않았다. 이러나저러나 당시 내 머릿속은 마이클이 글을 쓰고 기타를 연주할 수 있어서, 모여야 할 사람들을 모아들이는 데 탁월한 재능을 지닌 제인 퍼버가 문을 활짝 열어둔 개츠비 하우스에서 남들과 어울릴 수 있어서 얼마나 행운인가 하는 생각으로 가득차 있었다.

조시의 친구 딜런은 고등학교 3학년 때 자기에게 푸주 칼을 던진 아동 정신과의사 어머니에게서 벗어나고자 집을 나와 제인 퍼버의 품으로 들어갔다. 딜런의 어머니는 이미 수년 전부터 아들에게 네겐 정신 질환이 있다고 말해왔었다. 하지만 마지막에 그녀는 전문가의 관점에서 너는 정신병원에 입원하는 신세가 되거나 스스로를 죽일 가능성이 높다는 말까지 덧붙였다.

이 극단적인 선언을 듣고, 딜런은 마법에서 깨어났다. 푸주 칼이 일으킨 효과는 말할 필요도 없으리라. 실제로 정신병원에서 일하는 제인 퍼버의 친절함 역시 그가 깨어나도록 도왔다. 제인의 사적인 의견과 정신과의사로서의 의견 둘 다, 딜런이 어머니에게 받은 학대를 치유해주는 해독제와 같았다. 제인의 너그러운 본성과 모두에게 저택 문을 열어주는 정책도 마찬가지였다. 퍼버 저택은 사람들이 잃어버린 평정을 되찾기 위해 가는 곳이었다—단 한 사람, 라즈니시푸람이 붕괴한 뒤 중유中有*를 공부하러 네팔로 떠나버린 제인의 남편만 제외하고는.

이제는 마이클이 퍼버 가족에게 거두어질 차례였다. 마이클의 집은 여전히 미어랜드 로드에 있었지만, 제인 퍼버가 옛 독일 유대인 방식대로 꾸민 우아한 크리스마스 만찬 식탁에는 마이클이 앉을 자리와 아름답게 포장된 선물이 있었다. 마이클은 이에 감동하고 기뻐했다. 그는 제인이 맨해튼 동쪽의 고급 호텔에서 주최한 웅장한 송년의 밤 파티에도 참석했다.

마이클은 저택을 드나드는 개성 넘치는 학자들이나 정신건강 전문가들과 편안하게 어울렸다. 스스로를 "네트워크"라고 칭하는 그들은 개인적 친분과 직업적 소명을 공유하는 오랜 친구들의 모임이었다. 지역사회 정신의학의 경험, 세상을 그들이 경험한 것보다 더 나은 곳으로 만들겠다는 진심어린 갈망, 그리고 압도적일 만큼 너그럽고 우아하게 사교 모임을 열면서도 사회정의에 대한 헌신을 저버리는 모습은 한 번도 보인 적이 없는 제인 퍼버에 대해, 그럼으로써 모두에게 면죄부라는 선물을 준 그녀에 대해 감사하는 마음이 그들을 하나로 결집시켰다.

그들 대부분이 처음 만난 1960년대는 우정과 일과 대의명분이 하나의 점으로 수렴하는 시대였고, 제2차세계대전이 끝난 후에 교도소보다 별반 나을 바 없으며 오히려 못하기 십상이라는 사실이 드러난 주립 정신병원에서 정신질환자들을 해방시키겠다는 그들의 대의는 국가

---

* 티베트 불교에서 죽음 후 환생 전까지의 상태를 일컫는 용어.

전체가 공유하는 것이었다. 1963년 10월 31일 케네디 대통령이 암살당하기 전 마지막으로 공식 서명한 중요 법안이었던 지역사회 정신 보건법 덕분에 그들의 꿈에는 활력이 더해졌다.

대통령은 반드시 달에 가리라고 선언했던 때와 동일한 기개로 "환자들을 정신병원에 가둬놓고 시들어가도록 하는 비합리적인 방식 대신, 예방과 치료와 재활에 대한 강조가 그 자리를 대체할 것"이라고 약속했다. 이제는 정신병원이 시들어갈 차례였다. 그 자리를 대신할 것은 제인 퍼버가 뉴로셸 도심에서 운영했던 휴거닛 센터에서 제공하는 것과 비슷한 지역사회의 돌봄이었다.

1963년에 '정신지체 및 지역사회 정신보건 센터 건립법'이라는 정식 명칭의 법안에 서명하던 때, 케네디 대통령은 서명에 사용한 첫번째 펜을 정신건강과 관련해 활발한 운동을 펼치고 있던 여동생 유니스에게 주었다.* 그녀는 〈새터데이 이브닝 포스트〉에 당시 사용하던 표현으로 '가벼운 정신지체'가 있다고 알려졌던 언니 로즈메리에 대한 획기적인 기사를 기고한 바 있었다. 로즈메리는 유니스가 장애인들을 위해 훗날 '스페셜 올림픽'으로 불리게 될 행사를 개최한 동기이기도 했다. 유니스는 당대의 정신의학이 언니와 같은 사람들, 그리고 기사가 나오기 전까지 그늘에 가려져 있었던 그녀의 정신 상태를 무시한다고 느껴서 그에 대한 거부감을 가지고 있었다.

로즈메리가 1941년에 아버지의 명으로 전두엽 절제술을 받았다는 사실은 기사가 나온 뒤에도 여전히 그늘 속에 감춰져 있었다. 감정 기복, 언어 혼동, 폭력성을 보이는 스물 한 살의 로즈메리 앞에서, 조지

---

* 미국 대통령은 주요 법안에 서명할 때 여러 자루의 펜을 사용하고 그걸 관련자에게 나눠주는 전통이 있다.

프 케네디는 광기와 수치, 낙인, 그리고 가문의 야망이 좌절될 가능성이 겁나기 시작했다. 케네디 가족은 로즈메리를 런던 외곽의 수녀원에 보냈지만 그녀는 개인 수행원을 피해 탈출했다가 흐트러진 옷차림으로 머리칼에는 나뭇잎을 매단 채 돌아오곤 했다. 그러자 루스벨트 대통령이 성 제임스 궁정*에 보낸 사절이었던 조지프 케네디는 얼음송곳을 이용한 전두엽 절제술의 선구자 월터 프리먼 박사를 호출했다. 그는 뇌의 작은 부분을 파내는 자신의 수술을 어울리지 않게 "영혼 수술"이라고 불렀다.

어떤 낙인은 다른 것보다 유독 나빴다. 유니스는 〈새터데이 이브닝 포스트〉에 전두엽 절제술이나 언니가 정신질환에 걸렸을 가능성에 대해서는 언급하지 않은 채 다만 이렇게 적었다. "정신지체자와 정신질환자 사이에는 중요한 차이점들이 있다. 정신지체자의 대다수는 감정적 장애가 없다. '난동을 부리는' 일도 없다."

유니스와 존 남매는 쾌활했던 로즈메리가 전두엽 절제술을 받은 뒤에 거의 반응조차 하지 않는, 한때 그녀였던 사람의 한낱 그림자로 쪼그라든 것에 충격을 받았다. 이 경험에 영향을 받아 케네디 대통령은 "지금까지 고립된 구금이라는 냉혹한 자비에 의존했던 정신질환자들은 이제 지역사회의 관심과 역량이라는 활짝 열린 따뜻함에 기대게 될 것"이라고 의회 앞에서 서약했다.

아이러니하게도, 전두엽 절제술을 더 널리 활용하려고 나선 프리먼 박사를 움직인 동기도 정확히 같았다. 그는 잡지 『라이프』에 실린 참혹한 화보 〈베들럼** 1946〉을 보았다. 사진에 포착된 주립 정신병원은

---

* 영국 궁정의 공식 칭호.

** bedlam. '소동'이나 '혼란'을 뜻하는 말로 정신병원을 가리키기도 한다.

불결하고 과밀했다. 항정신성 약물이 발명되기 전이었던 당시, 프리먼 박사의 눈에 전두엽 절제술은 환자들을 따뜻한 가족의 품으로 돌려보낼 빠르고도 인간적인 방법이었다.

젊은 노동부 차관보의 신분으로 케네디 대통령의 정신건강 태스크 포스에서 복무했던 대니얼 패트릭 모이니핸 역시 자신이 초안 작성을 도운 법안 서명식에서 펜을 받았다. 여러 해 뒤, 뉴욕주 상원 의원이 된 그는 그 순간을 돌아보며 깊은 회한에 잠겼다. "정신이 이상한 노숙인들로 가득한" 도시에서 그는 누군가가 케네디에게 다음과 같은 사실을 알려줬더라면 어땠을지 상상하는 편지를 써서 〈뉴욕 타임스〉에 보냈다. "서명을 하시기 전에, 우리가 짓게 될 지역 정신보건 센터가 필요한 개수에 전혀 미치지 못하리라는 걸 아셔야 합니다. 다섯 개 중 하나가 뉴욕시에 몰려 있을 겁니다. 주립 정신병원은 텅 비겠지만, 지역사회에는 환자들을 돌볼 장소가 없을 겁니다." 모이니핸은 대통령이 이 사실을 알았더라면 "펜을 내려놓지 않았겠느냐"고 물었다.

그러나 대통령은 알지 못했다. 그는 법안에 서명하고 미처 한 달이 지나지 않아 암살당했고, 그의 자리를 물려받은 존슨 행정부에서는 지역사회 정신보건법을 존 F. 케네디 정부의 유산으로 내세워 '위대한 사회 정책'*에 편입시켰다. 이 법안은 아직 존재하지 않는 치료제의 가능성과, 여전히 손에 잡히지 않는 예방책과, 순응하는 소수에게만 통하는 치료를 전제로 하고 있었다. 그럼에도 지역사회의 변혁을 촉구하는 광범위한 명령과 유동적인 정신건강 개념—긴급한 중증 질환을 넘어 넓게 확장되었다—은 유니스 케네디의 남편 사전트 슈라이버가 진

---

* 존슨 행정부가 시행한 빈곤 추방 및 경제 번영 정책.

행하고 있던 빈곤과의 전쟁과 한동안 장단이 잘 맞았다. 슈라이버는 신설된 '경제 기회국'을 이용해 초기에 개설된 지역사회 정신보건 센터 몇 군데에 자금을 댔다.

〈뉴욕 타임스〉에 보낸 편지에서 모이니핸 상원 의원은 케네디 대통령의 태스크포스에서 일했던 사람들이 "정신질환을 없애는 것에 대해서는 고려하지 않았다"라고 주장했다. 반대로 그들은 "조현병이 본질적으로 유전에 의한 병이며 많은 인구에서 거의 꾸준히 발생한다는" 사실을 인정하고 그저 "정신질환자들을 더 인간적이고 치료적인 환경에서 돌볼" 방법을 구축하고 싶었다.

그 시대에는 정신의학의 개념 자체에 관해서도 이론이 분분했다. 대통령에게 자문한 사람은 당시 대다수의 정신과의사들이 그랬듯 중증 정신질환으로 고통받는 이들을 직접 진료해본 경험이 없는 국립 정신건강 연구소의 원장 로버트 펠릭스와 같은 전문가들이었다. 정신분석 훈련을 받고 공중 보건 학위를 소지한 정신과의사 펠릭스 박사는 항정신성 약물이 출현하기 전이었던 1940년대에 국립 정신건강 연구소를 세웠다. 국립 암 연구소를 모델로 만들어진 국립 정신건강 연구소는 가칭에 붙어 있던 "신경정신과적"을 버리고 "정신건강"을 취했다. 사람들의 이해가 크게 부족했던 불가해한 소수의 정신장애와 그에 시달리는 적지만 무시할 수 없는 비율의 사람들에 좁게 초점을 맞추는 대신, 국민 전체의 안녕을 책임지는 것을 임무로 삼은 것이다.

자세한 내막은 모르더라도 모두가 모이니핸 상원 의원이 길거리에서 목격한 것을 똑같이 보았다. 그리고 무언가 끔찍하게 잘못되었다는 걸 알아차렸다. 우리 어머니는 어느 날 유령이라도 본 것 같은 표정으로 집에 돌아오더니 어퍼 웨스트사이드에 살던 시절 우리 이웃이었던 매티가 완전히 정신이 나가서 도시를 배회하는 "백 레이디"*가 되었다고 말했다.

매티에게는 내 또래의 아들이 있었다. 1970년에 그애와 함께 우리가 살던 건물 옥상에 서서 눈이 멀지 않고 개기일식을 볼 방법을 궁리했던 기억이 난다. 우리가 찾아낸 묘수는 네모난 판지에 작은 구멍을 뚫어서 햇빛이 종이에 비치도록 하고, 바로 지난해 인간이 발을 디뎠던 달이 해를 집어삼키는 과정을 천천히 감상하는 것이었다. 그애는 지금 어디 있을까?

우리는 도심에 나갈 때마다 매티가 있는지 살펴보았지만, 설령 그녀를 찾더라도 다음 계획이 없었다. 어떤 계획이 존재할 수 있었겠는가? 우리가 가진 건 랜터먼-페트리스-쇼트 법령이나 그와 비슷한 법들이 전부였다. 캘리포니아주에서 통과된 이 법은 정신의학이 보수파를 병원에 가두려는 공산주의자들의 음모라고 믿는 존 버치 협회의 극우 성향 회원들과, 정신질환이 문화에 의해 만들어진 신화에 불과하다는 토머스 사츠의 이론을 믿고, 정신질환을 정신병원의 산물로 본 어빙 고프먼의 『수용소』를 읽은 좌파 시민자유주의자들 양쪽 모두에게 지지받았다.

1975년에 뉴욕주에서도 그와 비슷한 법이 통과되자, 중증 정신질환을 지닌 사람들은 "자신이나 타자에게 즉각적 위협"을 가하지 않는 한, 길거리에서 아무리 불안하고 엉망진창인 삶을 살아가더라도 강제적인 치료가 불가능했다. 단순 정신증으로는 단기 입원조차 할 수 없었고, 매티는 무질서한 생각을 바로잡는 데 도움을 줄 수 있는 치료를

---

* bag lady. 가방에 소지품과 전 재산을 넣고 돌아다니는 여성 노숙인.

마음껏 거절할 자유가 있었다. 그녀가 자신의 생각이 무질서하다는 것조차 모를 만큼 심한 혼란에 빠져 있다 해도 달라지는 건 없었다.

매티는 브로드웨이의 차도로 누군가를 밀거나 그녀 자신에게 즉각적인 해를 입히는 모습이 목격되었을 때에만, 즉 이미 너무 늦은 시점에 이르러서만 강제로 입원할 수 있었다.

지역사회 정신보건 센터들은 연방의 자금을 받는 대가로 "낮 병동"—외래 정신과 진료 서비스를 제공하는 개방 병동—과 더불어 병상들을 제공하기로 약속했었지만, 법이 통과되고 몇 년이 흘러 1970년대에 이르러서도 낮 병동을 갖춘 센터의 수는 6퍼센트에 불과했고 그조차도 원래 돕기로 약속했던 범주의 사람들을 기피하는 경향이 있었다. 일부 지역사회 정신보건 센터들은 중독 센터로 둔갑하거나, '건강염려증' 환자들을 주요 진료 대상으로 삼았다. 많은 경우, 실제 환자는 지역사회 자체였다.

심리학자 로저 R. 버트는 1960년대 말에 볼티모어에서 지역사회 정신보건 서비스를 운영했던 시절을 되돌아보며, 젊고 이상주의적이었던 직원들이 사회에서 가장 심각한 장애를 겪고 있는 구성원들을 용의주도하게 회피했다고 묘사한다. "해로운 정책, 상황, 환경이 정신질환을 유발하기 전에 적절히 대응하는 것"에 집중한 그들은 지역사회 프로그램이 "단순히 만성질환을 앓는 주립 정신병원 환자들을 위한 외래 부문"으로 전락할까봐 겁내고 있었다.

"우리가 까다로운 환자들을 다루는 데 관심이 없었던 건 아니다." 버트는 저서 『지역사회 정신보건에 무슨 일이 있었나?Whatever Happened to Community Mental Health?』에 이렇게 적었다. 문제는 지역사회 정신보건 센터에 병상이 적다는 것이었다. "'투척'되는 환자들을 맹목적으로 받아들이면 직원들은 시간을 빼앗길 테고, 우리가 제공하는 서비스에서 혜택을 입을 수 있는 사람들이 서비스를 받지 못할 터였다."

이른바 해로운 환경에 살면서 긴급한 도움을 필요로 하는 중증 환자의 경우, 환자의 가족이 택할 수 있는 방법은 경찰을 부르는 것뿐이었다. 경찰은 "보통 극적인 사건 도중" 환자를 체포했다. 버트는 경찰이 "그런 일을 전적으로 불쾌하게 느꼈다"라고 적었다. 누가 경찰을 탓할 수 있겠는가? 경찰은 중증 정신질환자에게 돌봄을 제공하려고 취직한 게 아니었다. 실제로 그런 일을 하려고 취직한 건 볼티모어 지역사회 정신보건 센터 직원들이었으리라 생각하겠지만, 현실은 달랐다. 이런 상황 속에서 지역사회의 가장 취약한 구성원들은 범죄로 내몰리고 있었다.

전문가들은 톰과 데이지*처럼 온 사방을 부수며 돌아다닌 다음, 개인 병원이나 정부 기관이나 어디든지 종신 재직권을 받은 곳으로 후퇴했다. 정신과의사들은 주립 정신병원에서도 이미 수가 부족했고, 1970년대에는 지역사회 정신보건 센터에서도 사라지기 시작했다. 지역사회 정신보건 센터에서 근무하는 심리학자의 수는 늘어났지만, 애초에 지역사회 돌봄이라는 개념의 중추는 정신과의사와 그들이 처방할 수 있는 약물이었다. 조현병에 걸린 사람들의 값비싸고 끈질긴 요구들을 알약으로 잠재울 수 있다면, 가장 병이 중한 사람조차도 다시 정신보건의 주류에 동화될 수 있으리라는 발상이었다.

'네트워크'는 지역사회 정신보건 운동의 여명기를 보내면서 한데 뭉

---

* 『위대한 개츠비』에 등장하는 부부로, 제멋대로 행동하는 인물들로 묘사된다.

쳤다. 제인의 너그러운 마음과 사람들을 안정시키는 고요한 힘이 어느 때보다도 귀중했던 시기였다. 네트워크에는 과거에 제인과 그녀의 남편과 함께 휴거낫 센터에서 일했던 사람들도 있었고, 현재 퀸즈의 크리드무어 정신병원에서 제인과 일하는 사람들도 있었다. 한때 환자들을 집어삼켜 무기한 잡아두는 거대한 요새였던 크리드무어 정신병원은 이제 남아 있는 몇 안 되는 정신병원 중 하나가 되어 있었다. 그곳 환자들은 짧고 혼란스러운 입원, 퇴원, 재발, 재입원을 반복하며 소위 회전문을 돌게 되었다.

지역사회 정신보건 센터가 실패하면서, 역설적으로 주립 정신병원은 생존을 보장받았다. 모든 병원이 살아남은 건 아니었지만—1970년에서 1973년까지 병원 열두 개소가 문을 닫았다—크리드무어 같은 일부 병원들은 어떤 면에서 지역사회에서 실천되는 정신의학보다 더 지역사회 정신의학에 가까운 돌봄을 제공했다. 그렇다고 해서 주립 정신병원이 사람들이 기꺼이 입원하고자 하는 곳이 된 건 아니었다. 하지만 심각한 정신증에 시달리는 갈 곳 없는 사람들을 단기간이라도 수용할 수 있는 시설로서 기능하는 한 주립 정신병원이 사라지는 일은 없을 터였다.

그리 오래지 않은 옛날에 의사들은 '광증lunacy'이 달과 관련되었다고 믿었는데 알고 보니 사람이 달에 가는 것보다 광증을 치료하거나 예방하는 게 더 어려웠다. 단지 충분한 치료를 제공하는 것조차도 쉽지 않았다. 광증이라는 단어는 오바마 행정부가 들어서기 전까지 연방 법령에서 사용되었다.

리지 퍼버는 아주 어릴 적 아버지 손에 이끌려 정신질환자 '숙식 돌봄' 센터에 갔었던 경험을 생생히 기억했다. 숙식 돌봄 센터는 처참한 주립 정신병원을 대체하기 위해 만들어졌으나 그에 못지않게 처참했다. 아버지를 따라 들어갔던 어둑하고 불결한 방은 쉽사리 잊을 수 없었다. 고양이 오줌, 썩어가는 음식, 분뇨가 풍기는 냄새. 그늘진 곳에서 서성이며 담배를 피우는 사람들, 더러운 침대에 웅크리고 누워서 꼼짝도 하지 않는 사람들, 조용히 웅얼거리거나 시끄럽게 고함을 지르거나 혹은 그 짧은 방문 시간 동안 두 가지를 다 하던 사람들. 리지의 아버지는 가장 상태가 나쁜 사람에게도 기이할 정도의 연민을 담아 공감해주었고, 주변 사람들에게는 무례하기로 정평이 나 있었음에도 감상성을 걷어낸 자연스러운 존중심을 담아 환자들 모두를 대했다.

리지는 그 집에 살던 독선적이고 카리스마 있는 남자가 떠나면서 남긴 빈자리를 마이클이 채워주고 있다는 걸 말없이 이해하고 있었다. 다락방에서 뜀뛰기를 하고 롱아일랜드해협에서 수영을 하다가, 인구 과잉과 지구 붕괴에 대한 보고서를 곱씹다가 죽음의 공포에 압도당한 나머지 치료법을 찾으러 인도로 달아나버린 그 남자의 자리를.

제인은 결국 그녀가 이길 수 없었던 종교에 몸소 뛰어들어보고자 사랑하는 아이들을 친구들의 손에 맡기고 인도로 떠났다. 그들은 제인을 대신해 인도와 뉴로셀을 잇는 밧줄을 잡고 있다가, 몇 달 뒤 상심한 채 돌아온 그녀의 손에 다시 쥐여주었다. 인도 여행에서 제인은 바그완에게 할머니를 포함해 네 사람이 자살한 외가의 내력을 어떻게 극복할 수 있을지, "가족 내에서 주선율처럼 반복되는 죽음에 대한 도착倒錯"에 어떻게 맞서야 할지 물었다. 구루는 R. D. 랭과 비슷한 논조로, 예민하고 지성적인 사람이 미친 세상에서 살아가다보면 그에게 남겨지는 선택지는 광기, 자살, 또는 자신의 가르침을 추종하는 산야신이 되는 것뿐이라고 답했다.

제인은 세 가지 선택지를 모두 거부했다. 한동안 주황색 옷을 입기는 했지만 산스크리트어 이름을 받지는 않았다. 바그완은 그녀를 제인 퍼버 또는 "보디치타의 아내"라고 불렀다. 제인이 집으로 돌아온 이후에도 머나먼 인도와의 줄다리기는 여러 해 동안 계속되었고 마침내 밧줄의 올이 다 해어졌을 무렵 제인의 친구들은 명석하고 까다로운 제인의 남편이 주황색 옷을 입고 시간과 공간의 굴레를 벗어던진 채 끝내 의무와 회한이 닿지 않는 곳으로 떠나버리는 것을 슬픔 반, 안도 반으로 지켜보았다.

기념비적인 저서 『가족 치료의 책The Book of Family Therapy』에서 앤드루 퍼버 박사는 적었다. "우리는 우리 아이들의 미래를 위해 나아간다." 그러나 보디치타는 퍼버 박사에게, 그리고 그의 아내와 아이들에게 작별을 고했다. 리지가 아버지에게 "이제 너는 혼자 살아갈 만큼 컸고, 더는 내 인생에서 우선순위가 아니다"라는 말을 들었을 그녀는 고작 열여섯 살이었다.

바너드 칼리지의 학부생이 된 리지는 바닷가의 저택에 들렀다가 마이클이 부엌에서 간식을 만들어 먹거나, 테라스에서 기타를 치거나, 그녀의 오빠 조시와 다락방에서 노닥거리는 걸 봐도 놀라지 않았다. 조시는 다니던 대학을 그만두고 다른 대학을 알아보면서 집에서 생각을 정리하려 노력하고 있었다. 마이클은 제인과 특별히 유대감이 깊었고, 그녀가 베푼 남다른 관대함의 수혜를 입었다. 마이클은 제인의 남편이 집으로부터 수천 마일 떨어져 있던 내내 제인의 곁을 지켜준 사람들에게도, 다시 말해 부엌에 옹기종기 모인 여자들, 오래된 친구들, 그리고 주로 심리학자와 사회복지사였던 네트워크 사람들에게도 양아들 같은 존재가 되었다.

리지에게 마이클은 오빠의 똑똑한 친구라는 위신에 더해, 예일대학교를 삼 년 만에 가뿐히 졸업하고 잘나가는 회사에 취직한 다음 문학이라는 꿈을 좇고자 그 대단한 회사에 등을 돌린 덕분에 더 큰 매력을 지니게 된 인물이었다. 마이클은 퍼버 저택의 낮은 탑에서 제인이 조시에게 사준 데스크톱컴퓨터 앞에 구부정하게 앉아 밤늦게까지 단편을 썼다.

리지와 조시 둘 다, 마이클이 손댄 모든 일 가운데 유일하게 글쓰기만은 마이클다운 걸출함의 인장을 지니지 못했고, 성공이 저절로 굴러드는 일도 없다는 걸 알았다. 그럼에도 마이클이 이룬 성취의 후광은 빛을 잃지 않았다. 리지에게 마이클은 여전히 거대한 존재감을 발휘했다. 마이클은 거대한 스테이션 왜건에서 나와 머뭇거리는 기색 없이 차문을 쾅 닫고, 그들을 향해 언덕을 천천히 달려 내려와, 저택 뒤뜰 가장자리에서 롱아일랜드해협까지 흐르는 널따란 해변에 발을 디디는 그런 사람이었다.

그때 마이클은 어머니에게 크리스마스 선물로 받은 흰색 케이블니트 피셔맨 스웨터의 깃을 엘리자베스 시대의 주름 칼라처럼 높이 세워 입고 있어서 붉은 얼굴과 큰 키가 도드라져 보였다. 마이클은 빈손으로도 한아름 선물을 들고 나타나는 사람처럼 등장했다. 그의 자신감 자체가 공물이었다. 비록 리지가 바너드 칼리지 수업에서 읽고 있던 여성 시인들에 대해 마이클이 무시하듯 손을 내저으며 여자들은 남자들만큼 잘 쓰지 못한다고 태평스럽게 말할 때, 그 오만함은 아주 짜증스러웠지만.

그럼에도 마이클은 매력적이었다. 그는 지나치게 도를 넘는 말을 하고 나면 사과하듯 웃었고, 때로는 말을 하는 도중에 웃기도 했다. 규칙을 만든 건 자기가 아니고, 진실을 말했다는 이유로 자신을 나무랄 수는 없다고 덧붙이려는 듯, 대위법적으로 어깨를 으쓱하면서.

11장
제정신으로 돌아오기

내게 진짜 사람은, 오로지 미친 사람뿐이다.

—잭 케루악, 『길 위에서』

버클리에서 나는 10단 기어 자전거를 샀고, 체육관에 다녔으며, 등산로와 물길이 가로지르는 스트로베리 캐니언의 옥외 수영장에서 수영을 했다. 오랜 투병을 마치고 회복하는 사람처럼 서서히 체력이 붙었다. 나는 광나는 옷을 입고 미친듯이 페달을 밟아 버클리힐스를 오르는 말라깽이들의 대열에 속하지는 못했을지라도, 학군단 단지 앞에서 종종 반대 시위가 열리는 전망 좋은 버클리 연구소까지는 올라갈 수 있었다.

진짜배기 시위는 그곳에서 30마일 떨어진 로런스 리버모어 국립 연구소에서 열리고 있었다. 대중에게 '스타워즈 계획'이라고 알려진 레이건 대통령의 전략 방위 구상* 계획에 참여한 물리학자들이 그곳에서

---

* 탄도미사일을 요격시켜 파괴하는 방어 시스템 구축을 위한 구상.

연구를 하고 있었다. 에설린 연구소에서 뉴에이지 성향의 소련 관료들과 추진하고 있던, 대중에게 '온탕 외교'로 알려진 교환 프로그램이 핵무장 해제를 낳지 못할 경우를 대비한 전략이었다.

나는 당시 거주하던 인터내셔널 하우스에서 물리학과 대학원생 몇 명을 알게 되었다. 그들은 스타워즈 계획이 원하는 효과를 거둘 리 없다며 못마땅해했지만, 그래도 그들은 쾌활했고 나와 달리 암울한 취업 전망에 대한 경고장 같은 건 받지 않은 게 분명했다. 정부의 돈은 그쪽으로 쏟아져 흘러가고 있었다.

여러 세기 동안 인내심 있게 물질과 에너지를 탐구한 끝에 세상 전체를 날려버릴 방법을 알아낸 물리학자들은 합리의 시대가 몰수해버린 연금술의 빛과 두려움을 과학에 되돌려주었다. 생물학자들 역시 생명을 연구하는 것에서 생명을 설계하는 것으로 한 발짝 나아가, 저 옛날 시작된 프랑켄슈타인의 환상을 충족시키면서 떼돈을 벌어들이고 있었다. 심지어 컴퓨터밖에 모르는 괴짜들도 신적인 존재로 등극했다. 환각제를 복용하는 너드 히피들이 자기 집 차고에서 최초의 PC를 조립해내어 지역 영웅으로 떠받들어지고, 곧 세계를 거머쥘 준비를 하던 베이 에어리어에서는 더욱 그랬다.

우리 문학도들은 위태로운 지위를 벌충하기 위해서일까, 심문, 해체, 분열, 파괴 따위 단어를 국방부 도급업자나 CIA보다도 더 자주 입에 올렸다. 『채털리 부인의 연인』 속에 드러난 가부장적 지배 구조에 관한 논문을 패권을 쥔 서구 신제국주의를 위협하는 우주 배치 레이저라도 되는 양 휘두르는 이들도 있었다. 그런다고 해서 문학적 권력이 다른 힘들과 대등해지는 건 아니었다. 기껏해야 프란츠 파농이 『대지의 저주받은 사람들』에서 처방한 폭력처럼, "원주민을 열등감 콤플렉스에서 해방시켜주고" 또한 "자존감을 복원하는" 기능을 하는 게 전부였다.

나는 버클리에서 좋은 친구들을 사귀었고, 소박한 모험들을 했고, 성경만큼이나 오래된 나무에 손을 대보았으며, 구불구불한 1번 고속도로를 타고 태평양 해안을 따라 남쪽의 빅 서Big Sur까지 가보기도 했다. 아찔한 아름다움이 넘쳐흐르는 드라이브였다. 높다란 절벽과 놀치는 푸르른 대양이 펼쳐졌고, 하얀 물결을 장식처럼 두른 거대한 바위들이 중압감을 더했다. 고속도로 전망대에 멈춰 선 나는 잭 케루악이 "대륙성 슬픔의 끝"이라고 불렀던 기분을 느끼며 대양의 상승기류 한가운데에 한참 서 있었다. 나는 친구들과 함께였고, 집에서 3천 마일 떨어져 있었으며, 행복했다.

비트 세대 작가들은 빅 서에 와서 자신을 찾거나, 자신을 잊거나, 대개는 둘 다를 했다. 파도에 대고 찬트를 읊으며 일본을 더 가까이 끌어들였고, 올더스 헉슬리가 활짝 연 인식의 문을 통과해 들어갔다. 1960년대에 마약을 선물한 늙은 남자 헉슬리가 그들의 옷을 벗겨 온천에 담가두면, 1960년대에 섹스를 선물한 늙은 남자 헨리 밀러가 빨래를 했다.

내가 애늙은이처럼 보낸 청소년 시절에 애타게 그렸던 청춘 혁명이 시간과 유한성의 한계에 저항하던 늙은 남자들의 손끝에서 태어났다는 사실을 나는 그때 알지 못했다. 내 정신을 해방시키고 자연스레 내 육체도 뒤따라 해방시켜주리라 희망했던 의식의 혁명이 누군가가 겪은, 내가 차마 헤아리려 시도조차 하지 못할 정신적 고통을 대가로 이루어졌다는 사실 역시 알지 못했다. 내가 그 모든 걸 알게 되는 건 더 나중의 일이다.

헉슬리는 그가 세상을 떠나기 직전 해였던 1962년에 빅 서를 방문했다. 장신에 잿빛 머리를 뒤로 빗어 넘긴, 귀족적 분위기를 풍기는 이민자였던 그는 "인간 잠재성"에 대한 그의 개념들로 새로운 삶의 방식을 만들고 싶었던 두 청년에게 상담을 해주면서 기적에 가까운 일을 행했다. '인간 잠재성 운동'은 마이클 머피와 딕 프라이스가 당시 만들고 있던 에설린 연구소의 근간을 이루는 철학이 되었다. 에설린 연구소 덕분에 훗날 빅 서 온천은 히피들의 루르드*가 되었고, 그곳에서 배양된 대항문화는 그야말로 대성공을 거두어 내가 캘리포니아에 도착했을 즈음에는 '대항'을 뗀 그냥 문화로 자리매김하고 있었다.

머피와 프라이스는 그로부터 십 년 전 스탠퍼드대학교에서 심리학을 공부했고, 동양 신비주의와 초월에 대한 갈망, 『멋진 신세계』의 저자에 대한 존경심을 공유하고 있었다. 본래 소설가이자 극작가, 언론인, 사회 참여적 지식인이었던 헉슬리는 동양 종교와 화학적으로 유도된 의식 변형 상태에 깃든 신비주의적 가능성을 대중에 보급하는 역할을 맡으면서 새로운 청중을 확보하게 되었다. 그는 진지한 CBS 방송에 출연해 인구과잉의 위험에 관해 언론인 마이크 월리스에게 경고하던 때와 동일하게 박식한 권위를 담아 메스칼린**의 마법에 대해 글을 썼다.

어쩌면 그의 할아버지가 빅토리아시대의 저명한 동물학자 T. H. 헉슬리―그는 진화론을 거의 무서울 만큼 열렬히 옹호해서 '다윈의 불

---

* 프랑스 남서쪽에 위치한 마을로, 19세기에 성모 발현이 목격되었다 하여 가톨릭 성지가 되었다.
** 선인장에서 추출한 환각 물질.

독'이라는 별명이 붙었다—였던 덕분에, 올더스 헉슬리는 태양을 똑바로 들여다봤더니 시력이 좋아졌다는 주장을 펼쳐도 진지한 사회참여 지식인이라는 명성이 흐려지지 않았다. 머피와 프라이스는 "비언어적 인간성"에 관한 헉슬리의 강연에서 인간 잠재성이라는 단어를 골라냈다. 헉슬리는 인간의 지적 한계가 제약이 없는 가능성의 지평이라고 논하면서, "신경과학자들은 뇌에 있는 뉴런 중 10퍼센트라도 사용한 인간은 지금껏 아무도 없었음을 밝혔다"라고 강조했다. 그 논리에 따르면 모든 사람은 정신적으로 성과 부진인 셈이었지만, 덕분에 우리의 뇌는 아직 채굴되지 않은 "인간 잠재성"이 그득한 알래스카로 부상했다.

마이클과 내가 어렸을 적 선생님들은 이 10퍼센트 가설을 입에 달고 살았고 우리도 서로서로 그 얘기를 했다. 그게 우리가 실제보다 자신이 훨씬 똑똑하다고 느낀 이유였다. 뇌 전체를 활용하는 방법이 더 열심히 노력하거나 공부를 더 많이 하는 것이라고 주장하는 사람은 없었다. 잘못은 우리의 머리가 아니라 마음에 있었기 때문이었다. 관습에 주눅들고 두려움과 습관에 의해 진정한 능력에서 유리되어버린 우리에게 생각하는 방식을 바꿀 길은 단 하나, 살아가는 방식을 바꾸는 것이었다.

데일 카네기도 『데일 카네기 인간관계론』에서 10퍼센트 가설을 언급했다. 마이클은 광고인 할아버지 덕분에 이 책을 알고 있었다. 마이클은 드러나지 않은 뇌의 90퍼센트를 언제나 의식하고 있는 듯 보였고, 그것이 외상 매출 계정이라도 되는 것처럼 마음껏 빌려 썼다. 자신감과 믿음 역시 지성을 구성하는 요소임을 직감했던 것이다.

선생님들의 말에 따르면 알베르트 아인슈타인은 자기 뇌의 10퍼센트보다 약간 더 많은 부분을 사용했는데, 그 미미한 차이만으로도 천재로 불리기에 모자람이 없었다. 그러니 우리가 뇌 전체를 사용하는 법을 알아낼 수만 있다면, 어쨌거나 뇌의 일부만을 사용했던 아인슈타인보다도 더 똑똑해질 터였다—아버지가 들려준 농담 속에서, 자신에게 로스차일드의 전 재산이 주어진다면 자신은 부업으로 계속 바지를 만들 수 있을 테니 로스차일드보다 더 부자가 될 거라고 주장하는 양복장이와 비슷한 논리였다.

헉슬리는 뇌가 "감압 밸브"처럼 작동한다고 믿었고, 뇌를 활성화시키는 재료를 더하는 방법으로든 장애물을 제거하는 방법으로든 인식의 좁은 문을 활짝 열어젖힐 수만 있다면, 우리를 비참하게 옭아매는 정신적 수갑을 풀고 해방될 거라고 생각했다. 그것이 헉슬리가 영국의 정신과의사 험프리 오즈먼드에게 편지를 써서, 메스칼린의 실험 대상자가 되고 싶다고 제안한 이유였다.

당시 메스칼린은 '모형 정신증'을 만들어낼 수 있는 '정신 모방성' 약물로 여겨졌다. 오즈먼드는 "스스로 조현병적 세계를 경험해보지 않고서는 조현병을 치료할 능력이 있다고 할 수 없다"라는 믿음에서 후배 정신과의사들을 교육시킬 때 메스칼린을 사용하고 있었다.

훗날 오즈먼드 박사는 『멋진 신세계』의 작가가 선을 넘도록 만든 의사로 알려질 것이 두려워서 헉슬리를 돕는 걸 주저했다고 털어놓았다. 하지만 1953년에 열린 미국 정신의학회 회의에 참석하기 위해 로스앤젤레스를 찾은 그는 결국 왕진을 가서 헉슬리에게 알약 형태의 메스칼린 0.4그램을 주었다. 의사가 처방한 건 약한 수준의 조현병이었다. 헉슬리는 한쪽 눈은 실명했고 반대쪽 눈은 시력이 나빴는데, 알약을 입에 넣자 돌연 눈을 감고도 볼 수 있었다. 눈을 떠보니 외눈박이 남자는 세상의 왕이었다. 바지의 주름은 "끝없이 유의미한 복잡성의 미궁"이었다. 이것이 조현병이 있는 사람들이 세상을 바라보는 방식이라면, 그들 역시 우주적 의식으로 가는 왕도를 걷고 있는 셈이었다.

헉슬리는 꽃병을 바라보면서 자신이 지금 "아담이 창조된 그날 아침 본 것을, 즉 매 순간 벌거벗은 존재의 기적을 보고 있음을" 알았다. 윌버포스 주교에게 성직자의 후손이 되느니 차라리 유인원의 후손이고 싶다고 발언한 것으로 유명한 '다윈의 불독'의 손주는, 할아버지가 카펫처럼 둘둘 말아서 내다 치운 에덴동산으로 돌아와 있었다.

헉슬리가 한 달 만에 써 내려간 저서 『지각의 문』에 따르면 그의 에덴동산에 존재하는 유일한 그림자는, 좋은 것이 너무 많아서 미치는 게 아닌가 하는 찰나의 두려움이었다. "표현할 수 없을 만큼, 거의 공포스러울 만큼 근사했다. 갑자기 나는 미친다는 게 어떤 느낌인지 어렴풋이 알 것 같았다." 근사한 감각들이 꽃피었던 그 경험은 모형 정신증 이론이 틀렸을 가능성을 제기했고―실제로 틀린 것이긴 했다―동시에 정신증 자체가 과거에 상상한 그 무엇보다도 훌륭한 것일지 모른다는 주장을 낳았다.

헉슬리는 독자들에게 "메스칼린 복용자 대부분은 조현병을 이루는 천상의 부분만을 경험한다"라고 적었다. 그럼에도 그는 메스칼린의 명성을 더럽히지 않기 위해 환각성 약물에 새로운 이름을 붙이기로 결정했다. "이런 약물이 대중의 정신 속에서 계속 조현병 증상과 관련된 것으로 여겨지면, 이 영약에 오명이 붙을 것이다. 약물을 복용한 사람들은 실제로는 제정신으로 돌아가기 시작하지만, 자신이 미쳐간다고 오해할 것이다." 이것이 헉슬리의 주장이었다.

헉슬리가 모형 정신증을 영적인 여정으로 둔갑시키는 것을 지켜본 오즈먼드 박사는 환각적 왜곡이 실제로 단순한 증상이 아니라 그 이상이라는 데 동의했다. 헉슬리의 도움을 받아 그는 '정신을 드러내는'이라는 의미의 새로운 용어 '사이키델릭'을 만들어냈고, 1957년 뉴욕에서 열린 국립과학원 학회에서 이 신조어를 소개하며 "사이키델릭은 현실에서의 도피가 아니라, 현실의 확대이자 급속한 확장"이라고 설명했다. 실제로 확장하는 것은 현실이 아니라 보는 이의 정신이었으므로 전적으로 과학적인 설명은 아니었지만, 사고 장애에서 영감을 얻은 지적 혁명치고는 충분히 과학적이었다.

결국 헉슬리는 조현병과의 달갑지 않은 연상 관계에 대해 걱정할 필요가 없었다. 그후 십 년 사이에 대중의 정신 속에서 조현병은 정신의 본질을 드러내는 상태로, 정신의학적 장애가 아니라 사이키델릭한 상태로, 심지어 일종의 깨우침으로 새로이 상상되었기 때문이다. 조현병을 이루는 천상의 부분은 조현병의 본질적 요소로 여겨지게 되었다. 조현병으로 괴로워하는 사람에게는 그렇지 않았더라도, 조현병 증상을 빌려 제정신으로 돌아가길 원했던 이들에게는 그랬다.

에설린 연구소의 공동 설립자였던 딕 프라이스는 과거에 정신증이 발병해서 스탠퍼드대학교 시절 은사인 그레고리 베이트슨 교수에게 상담을 청한 일이 있었다. 저명한 인류학자였던 베이트슨은 켄 키지가 『뻐꾸기 둥지 위로 날아간 새』에 영감을 준 약물을 처음 접했던 멘로파크 보훈병원에서 LSD를 연구하던 중에 조현병의 '이중 구속' 이론*을 창시하여 이름을 알린 인물이었다. 베이트슨은 프라이스를 시인 앨

---

* 상대에게 모순적인 메시지를 보내 어느 한 쪽을 선택하기 어렵게 만드는 소통 방식이 조현병을 일으킨다는 이론.

런 긴즈버그의 정신과의사에게 보냈고, 의사는 프라이스에게 LSD를 소개해주었다. 베이트슨이 암으로 죽어가던 1970년대 말에 프라이스는 그에게 태평양을 내다보는 둥근 돌집을 내주었다. 원래 그 집은 게슈탈트 심리 치료의 아버지이자, 에설린 연구소가 "정신을 잃어서 감각을 깨워라"라는 모토로 유명세를 얻을 수 있도록 도운 프리츠 펄스를 위해 지은 것이었다.

연구소의 모토는 딕 프라이스에게 단순한 은유 이상이었다. 그는 정신병원에서 약물 치료를 받으면서 보낸 한 해에 대해 여전히 쓰라린 분개심을 느꼈고, 부모와 의사들이 모든 걸 후퇴시켰다고 확신했다. 그들이 정신증이라고 부른 것은 사실 병든 상태를 건강한 상태로 착각하는 유독한 사회가 유발한 영혼의 병을 역행시켜 치유하는 과정이었다. 그가 받은 '치료'는 자가 치유를 방해했을 뿐만 아니라 그가 깨우침을 향해 나아가는 걸 가로막았다.

그를 정말로 무너뜨린 건 병원에서의 경험이었다. 프라이스는 자신의 괴롭혔던 정신병원과 정반대인 공간을 꿈꾸며 에설린 연구소를 만들었다. 마이클 머피는 연구소를 "딕 프라이스가 정신병원에 가하는 복수"라고 불렀다.

우리가 뇌의 10퍼센트밖에 사용하지 못하고 있다는 말을 하도 많이 들어서, 뇌의 90퍼센트가 사용되지 않는다는 신경학적 연구에 과학적 근거랄 게 전혀 없다는 사실을 비로소 알았을 즈음에도, 내가 실지로는 가진 적 없는 소중한 무언가를 잃어버렸다는 느낌을 떨쳐낼 수가 없었다. 내가 지금껏 뇌 전체를 사용하고 있었다면, 너무나 자주 내가 이해력이 부족하다고, 제약되었다고, 아무것도 모르겠다고 느낀 데에는 다른 이유가 있을 터였다. 문제는 뇌를 너무 적게 쓰는 게 아니라, 너무 많이 쓰는 걸지도 몰랐다. 그게 내가 버클리에 온 이유이기도 했다. 생각하지 않는 법을 배우기 위하여.

그러나 나는 여전히 내 뇌의 어두운 부분에 빛을 비추고 싶었다. 캘리포니아 자체가 내가 더 넓은 현실에 눈을 뜨도록 도와줄 거라고 반쯤은 믿고 있었다. 비록 눈을 떴을 때 내가 보게 될 현실은 그저 더 큰 꿈속일지도 모르지만. 버클리에서 상담을 받던 치료사에게 인터내셔널 하우스 엘리베이터에서 공황 발작을 겪는다고 말하자 그는 마치 내가 일부러 발작을 일으킨 것처럼, 발작을 일으킨 이유를 물었다. 그리고 내가 어릴 적 구타당한 경험, 홀로코스트, 언젠가 쿠퍼스 너서리 묘목상에서 소형 벚나무를 샀는데 알고 보니 크게 자라는 일반 벚나무라서 화가 머리끝까지 난 우리 어머니가 가을마다 내게 꼭대기를 잘라내게 시켰다는 프로이트적 서사 등등을 하나하나 되짚기 전에, 그가 먼저 내 말을 잘랐다.

"이유는 이거예요." 그가 연필 끝에 붙은 지우개를 마침 설명에 편리하도록 삭발한 머리에 대고, 눈 한참 위쪽을 툭툭 치며 말했다. "이걸 전두엽이라고 부릅니다."

나는 웃었지만 그는 웃지 않았다. 그는 뇌가 단계별로 발전한 탓에 뇌의 부분들이 서로 잘 맞물리지 않게 되었다는 게 아주 단순 명료한 사실이라고 말했다. 직립보행이 허리 통증을 유발하듯, 생각은 불안을 유발했다. 과거를 기억하고, 미래를 상상하고, 언어를 사용하는 비교적 최근에 획득된 능력들은 먼 옛날부터 우리를 보호해주었고, 현재밖에 모르며, 상상 속 공포와 현실 속 곤경을 구분하지 못하는 뇌의 오래된 영역과 잘 어울리지 못했다.

뭐, 좋다. 하지만 내 뇌의 원시적인 부분이 변연계의 밀주에 취해 현실의 괴물과 상상 속 괴물을 구분하지 못하는 게 어째서 내 전두엽의 잘못이란 말인가?

그 이유는 진짜 괴물과 상상 속 괴물이 다르지 않기 때문이었다. 그게 치료사의 설명이었다. 과거와 미래 역시 다르지 않았다. 둘 다 존재하지 않는다. 남은 평생을 엘리베이터 바닥에서 보내고 싶지 않다면, 위장이 미식가가 아니듯 뇌가 지식인이 아니라는 걸 깨닫는 편이 좋을 거라고 그는 말했다. 뇌는 몸이고, 몸은 현재에 살며, 현재 외에는 무엇도 존재하지 않는다.

좋은 소식은 그가 내게 전두엽 절제술을 권하지는 않았다는 거였다. 그가 권한 건 버클리 건강보험으로 보장받을 수 있는 바이오피드백 요법이었다. 대뇌피질은 충분히 남아 있을 터였다.

그의 주선으로 만나게 된, 무릎까지 올라오는 스타킹에 샌들을 신은 친절한 백발의 여성은 내 왼손을 기계에 연결된 전선에 부착했고, 그 기계에서 나온 더 많은 전선들을 내 머리에 부착했다. 내가 해야 할 일은 생각으로 손을 따뜻하게 만드는 것이었는데, 그건 말하자면 코끼리를 공중에 띄우려 노력하는 것과 비슷했다. 전선을 몸에 칭칭 감고 하나의 폐쇄회로가 된 나는 모니터에 체온과 더불어 표시되는 뇌파와 심박을 싸움 붙이고 있었다. 무조건 지도록 만들어진 인간 버전 퐁 게임기가 된 기분이었다.

백발의 여성은 그런 부정적인 생각은 내려놓으라고 조언했다. 이기고 지는 건 없었다. 그녀는 내게 "배를 통해" 호흡하라고 가르쳤고, 대화를 통한 이완 기법을 알려주었다. 권위 있고 안도감을 주는 그녀의 목소리가 따뜻한 햇살이 내 머리 위로 내리쬐다가, 이윽고 몸 바깥을 향해 손가락 끝과 발가락 끝까지 퍼져나가는 것을 상상해보라고 지시했다.

나는 시각화 요법이 대단히 마음에 들었다. '지금, 여기'에서 삶을 살아가는 비결이 다른 어딘가에 있는 척하는 것임을 진작 알았더라면 훨씬 일찍 현재를 살아갈 수 있었을 것을. 나는 불교가 예방적으로 죽음을 맞는 것에 가까우며 정신을 비우는 명상은 지나치게 섣부른 비움과 흡사하다는 인상을 품고 그곳에 갔지만, 오히려 내 안이 채워지는 것을 느끼기 시작했다. 조언받은 대로 샌프란시스코 선禪 센터를 방문해 아침 좌선을 해볼까 하는 생각마저 들었다.

신체-정신 혁명의 작은 파동이 마침내 부르주아 문화에 길들고 희석된 상태로 나에게까지 도달했다. 내가 행복한 장소에서 햇살이 머리칼을 데워주는 상상에 젖을 수 있기까지, 얼마나 많은 동양으로의 순례와 깨어진 결혼과 버려진 아이와 나쁜 환각 여행과 에설린 연구소의 뜨뜻한 의자에 앉아 이루어진 '참만남집단'에서의 굴욕적인 세션들이 있었을까? 나는 굳이 그 이상 파고들어 생각하지 않았다. 소크백신과 세이빈백신*, 매독을 치료하는 파울 에를리히의 '마법 총알'을 시험하며 죽은 사람들에 대해 굳이 생각하지 않는 것과 같았다.

작은 창문을 통해 내다보이는 샌프란시스코만과 골든게이트교가 영감을 불러일으키는 인터내셔널 하우스의 비좁은 방에서, 나는 스카스데일 초월 명상 센터에서 받은 낡은 만트라를 오랜만에 발음해보고, 시각화와 손 덥히기를 연습했다. 아무리 좋게 봐줘도 느린 수준의

---

* 둘 다 소아마비 백신이다.

진전이었지만, 내 맥박을 올려서 무조건 항복을 받아내려는 노력을 내려놓을수록 기분은 점점 더 나아졌다. 어쩌면 나의 불안이라는 코끼리가 시간이 흐르면 풍선으로 변하고, 어느 날 조금의 기대도 없이 따뜻한 숨을 한 번 내쉰 순간 그것이 공중으로 날아가버릴 일말의 가능성에, 나는 정말로 인식할 수 없을 만큼 서서히 다가가고 있었는지도 모르겠다.

내가 버클리에 도착했을 때 혁명의 조수는 이미 썰물이 되어 모조리 빠져나간 지 오래였다. 혁명은 길모퉁이마다 〈미스터 탬버린 맨Mr. Tambourine Man〉을 연주하는 텁수룩한 기타리스트 한 명씩을 남겼고, 텔레그래프 애비뉴의 귀금속 노점상의 머리 위 나무에서 잠을 자는 한 남자를 남겼고, 랍비의 아내가 한때 자기 아들의 할례에 반대해 시위를 벌인 스프라울광장에 잔부의회* 비슷한 것을 남겼다.

그레이트풀 데드는 아직 살아서 연주를 하고 있었지만, 콘서트가 끝나고 홀치기염색 티셔츠 차림으로 브리개둔**으로 복귀한 가족들을 맞이한 건 죽지도 않고 돌아온 남학생 클럽과 여학생 클럽, 캘리포니아 주립대학교가 득점을 올릴 때마다 대포를 쏘아올리는 풋볼 경기장, 그리고 언젠가는 구직에 나서야 하며 반드시 구직에 성공할 것처럼 보이는 삼만 명의 학부생이었다.

그럼에도 나는 샌프란시스코만 저멀리에서 예기치 못한 순간마다 눈짓을 보내듯 어른거리는 앨커트래즈섬처럼, 설핏 눈에 들어오는 환상 속 버클리의 유물들을 발굴하는 작업을 멈출 수 없었다. 나는 앨

---

* 영국 청교도혁명 당시 온건파를 몰아내고 과격파로만 구성했던 의회.
** 백 년에 단 하루만 모습을 드러낸다는 스코틀랜드의 전설 속 마을.

런 긴즈버그가 1955년에 샌프란시스코에서 낭송하여 극찬을 받은 시 「울부짖음」을 완성했다고 알려진 카페 메디터레이니엄에서 커피를 샀다. 비록 메디터레이니엄이 문을 연 건 1956년이지만, 그게 뭐 어쨌단 말인가? 어쨌거나 그곳은 내가 간 시점으로부터 채 십 년이 지나지 않은 가까운 과거에 작가, 힙스터, 흑표당원들이 단골로 드나들던 곳이었다.

어느 날, 나는 앨런 긴즈버그와 1950년대부터 오랫동안 그의 동료였으며 때로는 연인이기도 했던 피터 오를로브스키의 시 낭송회를 보러 휠러 홀에 갔다. 긴즈버그는 손으로 바람을 넣어 쌕쌕 소리를 내는 하모늄을 연주했고, 티베트 만트라를 찬트로 읊었고, 윌리엄 블레이크의 시를 낭송했고, 최근에 쓴 자신의 시를 읽었다. 그러는 동안 오를로브스키는 핑거 심벌을 연주했고, 긴 잿빛 머리칼을 나부끼며 흥에 겨워 경련하듯 춤을 추었다. 그는 이따금 페이소스로 충만한 기묘한 울부짖음을 내뱉었는데 그때마다 나는 미묘한 당혹감을 느꼈다. 그가 춤추는 곰처럼 전시되어 있고, 내가 보아선 안 될 걸 보고 있는 기분이었다.

긴즈버그도 전시되어 있었지만, 그는 자신을 스스로 전시하고 있었고 어쩌면 오를로브스키도 그의 전시 대상이었다. 푸른색 블레이저 차림에 턱수염을 잘 손질하고 올빼미 같은 안경을 쓴 예순 살의 긴즈버그는 마치 그가 될 수도 있었던 회계사처럼, 자신이 만들어낸 세상을 감사하러 온 사람처럼 보였다. 사십 년 전에 그가 컬럼비아 장로교 병원 정신병동에서 일 년을 보냈다고는 믿기 어려웠다.

병원을 나와서 「울부짖음」을 쓰기 전까지 긴즈버그는 엠파이어스테이트빌딩 오십이 층에서 시장 조사원으로 일하면서, '매혹적인'과 '반짝이는' 중 어느 단어가 치약 매출을 더 높이는지 알아내려 애쓰며 시간을 보냈다. 그러다가 삼십대에 이르러 그는 정신과의사의 도움을 받아 회사를 그만두고 샌프란시스코로 이사해서, 공개적으로 동성애자 생활을 하다가, 그가 목격한 "내 세대 최고의 정신들이 광기에 파괴되어, 굶주리고 발작하고 벌거벗은" 모습을 글로 옮길 용기를 냈다. 비트 세대 작가 대부분은 정신병원에서 부화했다. 나로서는 그들이 정신병원에 들어가기 전에 최고의 정신이었는지, 아니면 그로 인해 최고의 정신이 되었는지 분명하지 않았다.

1960년대가 본격적으로 펼쳐질 무렵 긴즈버그는 사십대였고, 종종 발작하고 벌거벗는 일이 있었을지언정, 유명하고 유복했다. 내가 그를 보러 갔던 때 그는 명성을 얻기 직전이었다. 얼마 전 『뉴욕 타임스 매거진』에 소개된 기사에서 그는 회색 정장을 입고 마케팅 업계에서 "손으로 만든 표현들"이 대중 여론을 어떻게 조작할 수 있는지 배우면서 보낸 이십대가 자신에게는 중요한 시절이었다고 회상했다. 이는 작가의 여정에 대해 내가 품고 있던 기대와는 썩 달라 나는 혼란스러웠다. 모름지기 작가라면, 잭 케루악의 『길 위에서』에서 묘사된 것처럼 "미쳐 날뛰는 운전대"를 잡고 우주를 누비는 운전수 딘 모리아티와 시속 100마일의 속도로 어둠을 향해 달려들어야 마땅한 것 아니었던가.

딘 모리아티는—제임스 딘과 모리아티 교수*를 섞은 이름이다—실존 인물 닐 캐서디를 모델로 한다. 교도소에서 길러진 자동차 강도이자, 서로에 대해 그리고 자신들에 대해 글을 쓴 비트 세대 작가들에게 사랑받은 조증 철학자 캐서디. 긴즈버그는 「울부짖음」에서 마력馬力

---

* 셜록 홈스 시리즈에 등장하는 홈스의 숙적.

을 단위로 측정해야 할 만큼 강력한 캐서디의 리비도를 찬양했고, 케루악은 『길 위에서』에 캐서디를 넣었으며, 그와 함께 긴즈버그도 넣었다. 작품 속에서 긴즈버그는 "거룩한 사기꾼" 모리아티와 함께 길거리를 내달리는 "시적인 사기꾼" 칼로 마크스다. 그리고 케루악 본인임을 거의 감추지 않는 화자 샐 패러다이스는 그들에 대해 이렇게 말한다. "나는 평생 내 관심을 끄는 사람을 만나면 늘 그래왔던 것처럼 휘청거리며 그들을 쫓아갔다. 내게 진짜 사람은 오로지 미친 사람뿐이니까."

비트 세대 작가들은 사냥을 시작할 때 여우를 풀어놓듯 광기를 풀어놓은 다음 그 뒤를 쫓아 내달렸다—돕거나 치유하기 위해서가 아니라 단지 그것이 어디로 가는지 확인하기 위해서, 그리고 추격이 벌어지는 동안 더 생생히 살아 있음을 느끼기 위해서. 그것이 아직 보편적 관습이자 공공 정책이 되기 전이었던 1950년대에는 제법 급진적인 행위였다.

긴즈버그의 어머니는 편집증에 사로잡혀 비명을 질러대고, 조현병에 고통받고, 자기 손목을 그었으며, 심한 섬망 도중에 벌거벗고 아들을 유혹하려고 시도했던 사람이었다. 청년이 된 긴즈버그는 어머니에게 전두엽 절제술을 시행하는 데 동의했다. 항정신성 약물이 발명되기 전이었던 시대에 자신이 목격한 어머니의 고통을 조금이나마 줄여보려는 절박한 최후의 노력이었다. 그는 평생 그 결정을 속죄하며 살았다.

아니, 그가 한 건 속죄 이상이었다. 헤밍웨이 못지않게 삶과 예술을 결합하는 재능이 있었던 그는 어머니의 질환을 온 세상이 돌아가는 중심축으로 고정시켰다. 전구를 끼우기 위해 전구 대신 방을 돌린다는 농담에서처럼, 그는 어머니의 정신증과 나란히 정렬하도록 그것을 둘러싼 문화를 돌렸다.

시인이 자신이 겪은 유년기의 고통을 모두의 기준이 되도록 그리니치표준시를 알리는 시계로 만드는 일은 드물지 않다. 그러나 여기서 눈여겨볼 점은, 긴즈버그가 자신을 둘러싼 문화에서 상당한 도움을 받았다는 것이다. 작가와 예술가들뿐 아니라 정신과의사, 심리학자, 철학자, 문학비평가, 사회과학자, 영화 제작자, 입법자, 보통 시민들 모두 벽에 어깨를 대고 방을 돌리는 걸 도왔다.

내 볼보가 만들어진 1968년 여름에 빅 서의 에설린 연구소에서는 "정신증적 경험의 가치"라는 이름 아래 일곱 개의 행사를 후원했다. 정신과의사들, 심리학자들과 어깨를 나란히 하고 "정신증의 시" 패널로 등장한 긴즈버그는 이런 말로 청중의 갈채를 받았다. "지금까지 '광기'나 '정신증 경험'이라고 불렸던 건 위대한 행성 차원의 의식에 대한 경험입니다. 흔하죠, 오늘날 우리에게는 너무나 흔한 것이라 구태의연한 정신의학 용어로 논한다는 게 우스울 정도입니다. 그게 랭이 지금껏 해온 이야기입니다."

나는 느긋하게 자리에 앉아, 긴즈버그가 뉴욕 주립 정신병원에 입원했던 시절의 친구 칼 솔로몬에게 헌정한 시 「울부짖음」을 낭독하기를 기다렸다. 그는 시에서 "필그림, 로클랜드, 그레이스톤 주립 정신병원의 악취 나는 복도"를 이야기하고, 솔로몬에게 다음과 같은 신화적 헌사를 바치며 시를 마친다.

로클랜드에서 너와 함께 있다
내 꿈속에서 너는 바다 여행으로 흠뻑 젖어 물을 뚝뚝 흘리면서

미국을 횡단하는 고속도로를 울면서 걸어
서부의 밤에 나의 오두막 문 앞에 도착한다

긴즈버그의 시가 출판되고 삼십 년이 지난 그때 칼 솔로몬이 아직 살아 있었다는 걸 나는 몰랐다. 그는 병원에서 무력하게 지내거나, 그렇지 않을 때에는 뉴욕시에서 도보 배달원으로 일했다. 내 사촌 하나도 같은 일을 했다. 그도 조현병이 있었고, 매일 약을 먹고 망상에 시달리면서도 영웅적인 어머니와 누나의 도움을 받아 하루하루 영웅적으로 악전고투를 치렀다. 그러한 일상은 소동과 입원으로 이따금 중단되지만 '조현병'이 금기어였듯 누구도 그 사실을 입에 올리지 않았다.

칼 솔로몬은 배달원으로 동네를 돌아다니면서 길모퉁이 공중전화를 볼 때마다 긴즈버그에게 전화를 걸어, 오랫동안 고통받은 긴즈버그의 조수 밥 로즌솔에게 소리쳤다. "그가 내 인생을 망쳤어!" 그리고 다음 공중전화에서 다시 전화를 걸어 말했다. "어우, 괜찮아."

물론 당시에 나는 그런 사실을 몰랐다. 내가 버클리에 진학하기 직전 해에, 긴즈버그가 중국 순회 여행을 떠난 사이 피터 오를로브스키가 가위로 로즌솔의 가랑이를 찌르려고 했다는 것도 몰랐다. 로즌솔은 1970년대부터 긴즈버그와 일했고, 여러 해 동안 정신병원을 들락거렸던 오를로브스키를 돌보는 일도 도왔다. 로즌솔은 한겨울에 창문을 열어놓는 것도, 아파트에 비둘기들이 들어와 음식을 먹고 똥을 싸는 것도, 약물과 알코올과 온갖 종류의 비명이 오가는 환각 파티도 전부 견뎠다. 하지만 이제 로즌솔은 처음 긴즈버그와 일하기 시작했던 때의 젊은 시인이 아니었고, 이번에 오를로브스키는 로즌솔을 찌르려고 하는 것에서 더 나아가 그의 아이들을 죽이겠다고 협박했다. 로즌솔은 경찰을 불렀다.

"나는 그를 아꼈다. 그 친구를 정말 좋아했다. 내 아이들을 위협하기 전까지는." 로즌솔은 자신의 회고록에서 이렇게 회상했다. "그가 내 아이들을 위협한 순간 튜브에서 치약을 짜듯 내 안에서 사랑이 전부 빠져나갔다. 그와 같은 금기의 힘을 경험하는 건 처음이었다. 돌연 그전처럼 느끼는 일이 불가능해졌다." 로즌솔이 경찰을 불렀을 때 오를로브스키는 나체로 마체테 칼을 공중에 휘두르고 있었다. 경찰은 그를 잡아서 의자에 묶은 다음, 목이 터져라 울부짖는 그를 들고 계단을 내려갔다.

로즌솔은 바로 일주일 전 브롱크스에서 혼자 사는 정신질환이 있는 흑인 여성 엘리너 범퍼스가 경찰의 총에 맞아 죽은 사건을 잘 알고 있었다. 그녀 역시 체구가 컸고, 나체였으며, 커다란 칼을 휘두르고 있었지만 그녀에게는 로즌솔처럼 경찰과의 사이에서 중재 역할을 해줄 사람이 없었다. 로즌솔은 오를로브스키가 침실에서 방문을 닫아걸고 들어앉자 지역의 선사를 데려와서, 사케 한 병을 건네줄 테니 문을 조금만 열어달라고 오를로브스키를 설득해달라고 부탁했다. 문이 열린 순간 경찰이 재빨리 안으로 돌진해 그를 제압했다.

범퍼스는 벽과 바닥을 통해 사람들이 들어와서 자기 물건을 훔친다며 월세 내는 걸 거부하고 있었다. 나중에 뉴욕시를 고소한 범퍼스의 딸은 어머니에게 전화로 현관문을 잠가두라고 조언했다. 그녀의 불만을 해결하러 자택을 찾아간 정비공들이 집안에 망가진 건 하나도 없고 다만 욕조에 배설물이 있다고, 그리고 범퍼스가 그것에 대해 "레이건과 그 수하들"을 탓하고 있다고 보고하자 정신과의사는 그녀에게 정신증이 있다는 결론을 내렸다. 사회복지 감독관은 그녀를 입원시키려면 집에서 쫓아내는 게 최선이라고 판단했고, 뉴욕시 주택청 요원들이 왔다가 펄펄 끓는 잿물을 붓겠다는 그녀의 협박에 주춤하여 물러나자 다음 타자로 경찰이 호출되었다. 뉴욕 경찰국에서는 정신질환자들을 다루기 위해 특별히 훈련된 위기 대응 팀을 파견했다. 그러나 벌거벗은 체중 118킬로그램의 여자가 10인치 길이의 푸주 칼을 들고 한 경관에게 달려드는 순간 그의 파트너 경관이 그녀를 쏘아 죽였다.

로즌솔은 그 사건을 잘 알고 있었지만—매일 신문 1면을 장식했으니까—자녀들이 위협을 받았기 때문에 어쨌거나 경찰을 불렀다. 오를로브스키가 이전에 들어간 적 있던 벨뷰병원에 입원하자, 로즌솔은 중국에 있는 긴즈버그에게 떨리는 손으로 편지를 써서 오를로브스키가 어떤 짓을 저질렀는지 알렸다. 그 결과는 "앨런이 자기 어머니의 옛날 일화들을 상기시킨다며 매우 좋아한" 게 다였다.

로즌솔은 오를로브스키가 술을 마시고 마약을 복용하면서 신경증 삽화를 향해 나아갈 때마다 긴즈버그가 서둘러 개입하지 않고 가만히 지켜보았다는 걸 기억해냈다. "그는 늘 피터에 대해 기록을 수집하고 있었다. 그러니 사실 피터의 미친 짓을 조장하던 사람은 긴즈버그였던 것이다. 그가 지닌 특별한 빛이 꺼지지 않도록." 하지만 난동과 입원이 잦아지면서 그 특별한 빛도 차츰 흐려졌다. 결국 긴즈버그는 정신증에 사로잡혀 있지 않을 때는 모든 면에서 누구보다도 온화한 남자인 오를로브스키에 대해 보호 명령을 신청한다.

회고록에는 모든 걸 망치는 힘이 있다. 내가 낭독회에 간 건, 「울부짖음」을 듣고 잔인한 문화가 어떻게 최고의 정신들을 배반하고 그들을 순응과 광기로 몰아가는지 스스로에게 상기시킴으로써 더 단단히 방어 태세를 세우기 위해서였다.

긴즈버그는 그날 「울부짖음」을 낭송하지 않았다. 그가 새로 쓴 시라며 가져온 것들은 즉석에서 지은 것처럼 들렸지만, 몇 편은 종이에 적혀 있었고 긴즈버그는 그것들을 깊고 울림이 좋은 목소리로, 처음 시상이 떠오른 순간처럼 자연스럽게 읊었다. 아무튼 분명 그는 그곳, 버클리에 있었고, 나 역시 그곳에 있었다. 긴즈버그가 하모늄을 연주하고, 피터 오를로브스키가 핑거 심벌을 연주하며 춤추는 광경을 바라보면서.

12장
이야기들

조앤은 통합 학위 과정 오 년을 마치고 뉴로셸의 부모님 집으로 다시 들어갔다. 음악가가 되겠다는 그녀의 결의는 굳건했다. 하루에 몇 시간씩 클라리넷을 연습했고, 자신을 받아주는 앙상블이라면 어디든지 기꺼이 가서 연주했으며, 맨해튼의 유명한 선생을 사사했다. 요컨대 그녀는 대학을 건너뛰고 음악원으로 직행해서 이미 커리어를 시작한 외골수 음악가들을 따라잡으려 혼신의 힘을 다하고 있었다.

졸업 파티 이후 일 년이 흘렀고 조앤은 무엇보다 마이클이 자신에게 쏟는 관심에 대해 놀라고 있었다. 마이클은 고등학교 시절에도 과장된 존재감을 발휘했고 그를 휘감은 숙명의 빛은 예일대학교와 베인을 거치면서 명도를 한층 높였다. 조앤에게 깊은 인상을 준 건 마이클의 지성뿐 아니라, 그가 대화에 부여하는 일종의 도덕적 위엄이었다. 그런 그가 조앤 안에서 매혹적인 것들을 보고 있었다. 조앤이 살짝 으쓱해질 만도 했다. 마이클이 그녀의 눈을 지그시 들여다보는 시선에는 그녀를 읽고 그녀에게 읽히고 싶다는 욕망이 태연하게 드러났다. 그는 원하는 대로 사용해도 좋다며 온 영혼을 그녀에게 바쳤고 조앤은 어찌할 도리 없이 공주가 된 기분을 느꼈다.

그럼에도 조앤은 무언가가 마음에 걸려 주저했다. 앞으로 마냥 내달리는 그의 정신을, 세상을 바라보는 그의 독특한 방식을 자신이 결코 따라잡지 못할 거라고 본능적으로 느꼈다. 말로 표현하진 않았지만, 그의 뇌가 어딘가 다른 구역, 그녀가 동경하기는 하지만 자신은 출입이 금지되었다고 느끼며 사실 그리 들어가고픈 마음도 없는 구역에 있다는 직감이 들었다.

조앤은 바로 얼마 전에 몇 살 연상의 남자와 진지한 장기 연애를 끝낸 뒤였다. 전 연인이 원하는 종류의 관계에 뛰어들 준비가 되지 않아서였다. 조앤은 마이클이 원하는 것에 대해서도 준비되어 있지 않았다. 그러나 조앤이 차차 깨닫게 된 건, 마이클에게는 둘의 관계가 이미 실체가 있다는 사실이었다. 마이클의 시간은 그녀의 시간과 사뭇 다르게 흘렀다. 마이클에게 두 사람이 함께 보내는 시간은 그의 머릿속에서 이미 진행중이었던 관계의 확장이었다.

마이클과의 관계에서 조심하기로 결심한 조앤은 저녁 초대를 은근슬쩍 피하고 그 대신 한낮의 산책을 제안했다. 마이클은 함께 발길 닿는 대로 돌아다닐 동반자로서는 훌륭했지만 이따금 그가 특유의 깊은 시선으로 조앤을 바라볼 때면 그녀는 두려움을 느꼈다. 조앤이 자신의 안전을 걱정한 건 아니었다. 마이클은 신사였을 뿐만 아니라 온화한 남자였다. 위협을 느낀 건 그녀가 지금까지 대단한 노력을 기울여 가꾸고 보호해온 그녀의 자아감이었다. 마이클이 눈을 맞춰올 때, 조앤은 그가 보고 있는 사람이 실은 자신이 아니라는 깨달음에 불안해졌다. 마이클이 응시하고 있는 사람은 그녀와는 완전히 별개인 다른 누군가로 느껴졌다.

한편 조앤의 꿈은 차츰 형태를 갖추기 시작했다. 예일대학교 음악과 석사과정에 합격했고, 명망 높은 슐레스비히홀슈타인 음악 축제에 연주자로 초청받아서 뉴헤이븐으로 이사하기 전에 독일 북쪽 끝에서 육 주를 보내게 되었다. 진짜 성에서 잠을 자고, 우아한 장원 저택과 외양간을 개조한 건물과 유서 깊은 교회에서 레너드 번스타인과 축제의 감독을 맡은 콘서트 피아니스트 유스투스 프란츠의 지휘 아래 전 세계에서 모여든 음악가들과 함께 연주를 하게 될 터였다.

그즈음 조앤은 전 연인과 대화하는 시간이 늘어가고 있었다. 서로에게서 떨어져 보낸 시간이 두 사람 모두에게 명확한 진실을 알려주었다. 영구적 이별로 시작했던 것이, 새로운 관계의 서곡으로 바뀌어가고 있었다. 마이클은 불길한 조짐을 알아차렸고, 여름이 다가오면서 조앤이 축제 준비로 바빠지자 그는 자기 안으로 침잠해 들어갔다.

마이클은 글쓰기를 멈췄고, 기분이 가라앉았다. 그는 마이크 커티스에게 전화를 걸어 스위스에 계신 그의 부모님과 시간을 보내도 되겠느냐고, 유럽에 가면 다시 활력을 찾고 글을 쓰는 데 도움이 될 것 같다고 말했다. 런던과 파리를 보고 싶었다. 무엇보다도 마이크 부모님의 샬레*가 있다는 이야기를 들은 알프스의 전원 마을에서 시간을 보내고 싶었다.

그로부터 오래되지 않은 과거에 마이크는 케이프코드에 있는 할아

---

* 스위스 고산지대에 있는 목조 오두막.

버지 집을 마이클에게 빌려주었다. 명목상으로는 마이클이 집을 봐주는 것이었지만, 약속한 기간을 일주일 남겨놓은 날 마이클은 전화를 걸어 지금 떠나겠다고 말했다. 마이크는 몇 시간을 운전해서 그곳까지 간 다음, 몇 시간을 더 들여서 청소를 해야 했다. 짧은 시간 머문 것 치고는 놀라운 양의 쓰레기가 쌓여 있었다. 맥주병, 소다 캔, 더러운 변기, 스토브에 들러붙어서 수술하듯 세심히 떼어내야 했던 정체불명의 진갈색 물질까지.

그러나 마이크는 정이 많았고 의리도 있었으며 마이클을 아주 좋아했다. 그는 케이프코드 건은 지나간 일로 묻어두고 빠르게 일을 처리해주었다. 다른 사람의 부모가 베푸는 친절은 언제나 마이클에게 기댈 언덕이 되어주었다.

마이클은 런던, 파리, 스위스 마을에 더해 독일의 킬에도 체류하기로 결정했다. 디플로머시 보드게임에서 전략적 공급지 역할을 하는 킬은 슐레스비히홀슈타인 지역에 있었다. 발트해와 킬 피오르가 보이는 그 지역의 성에 조앤이 머물고 있었다.

수백 년 동안 지역의 시골 사람들에게 쓰이다가 버려진 외양간과 석조 헛간이 음악당으로 개조되었다. 지역 사람들도 부담없이 참석할 수 있도록 티켓은 염가로 책정되었고, 곡식 헛간은 천 명의 관객을 수용할 수 있는 크기였다. 조앤은 서늘한 석조 헛간에서 오케스트라와 리허설하는 게 무척 좋았다. 음향이 훌륭했고, 코를 쿵쿵대면 희미하게 빵과 흙의 냄새가 났다. 축제가 시작되고 이 주가 지나지 않은 어느 날, 누군가가 조앤에게 방문객이 기다리고 있다고 알렸다. 짚이는 구석이 없어 의아해하며 텅 빈 헛간 뒤쪽으로 걸어가보니 마지막 줄에 그가 앉아 있었다. 마이클이었다. 그는 멋쩍게 웃으며 자리에서 일어나, 반가움의 표시로 두 팔을 크게 벌렸다.

조앤은 얼떨떨한 기분으로 그를 안았다. 달리 어떤 행동을 해야 할지 몰랐다.

"초대하지 않은 건 알아." 마이클이 곧장 정곡을 찔렀다. "네 시간을 빼앗으려고 온 것도 아니야." 마이클은 글쓰기가 막혔으며, 그녀가 가까이 있으면 다시 뭔가 쓸 수 있을 것 같다고 느꼈다는 설명을 늘어놓았다.

마이클은 여느 때와 똑같이 예의 바르고, 합리적이고, 정중했다. 그럼에도 그의 존재 자체가 변명조로 늘어놓은 주장들과 모순을 이루었다. 조앤은 둘 사이는 끝났다고 제법 분명하게 뜻을 밝힌 바 있었다. 애초에 둘 사이에 무언가가 시작되었다고 말하기도 어려웠다. 조앤은 다시 한번 그가 인식하는 자신이, 나아가 그를 둘러싼 세상이, 그녀 자신이 보는 세상과 어긋나 있다는 기묘한 감각에 사로잡혔다.

조앤은 자신이 축제에 완전히 몰두하고 있으며 앞으로도 그럴 거라고, 함께 공연하는 사람들을 위해 제 몫을 해내야 한다고, 아주 조그맣고 귀중한 시간의 창이 열려 있는 동안 기회를 최대한 활용할 요량이라고 애써서 강조했다. 마이클은 모든 걸 이해한다는 표정으로 고개를 주억거렸다. 그녀의 일정을 방해할 의도는 없었다.

조앤은 마이클의 이 무리한 행동을 하는 게 조금 무섭다는 생각이 들었지만 자신을 만나러 4천 마일을 날아온 친구를 매정하게 내칠 수는 없었다. 그는 이미 근처 여관방을 빌렸고, 다른 사람들처럼 교통수단으로 사용할 자전거도 마련했다. 조앤은 자기 방을 구경시켜주겠다는 마이클의 제안에 응했다. 창밖으로 황홀한 호수 풍경이 내다보였다.

마이클이 조앤을 초대한 건, 말하자면 그곳에 머무는 동안의 행동

지침을 정하기 위해서였다. 리허설에 가도 괜찮을까? 조앤은 그건 괜찮지만, 같이 식사나 다른 일을 하는 건 무리라고 답했다. 그녀는 내내 연주단과 함께 행동해야 했다.

마이클은 그녀가 제시한 조건을 전부 받아들였다. 조앤이 리허설 도중 시선을 들면, 동굴 같은 헛간의 저 뒤쪽 줄에 마이클이 앉아 있는 게 보였다. 그가 자리에 없을 때에도 멀리 흐릿한 곳에 있는 그의 모습이 쉽게 상상되었다. 조앤은 그가 다른 종류의 재회를, 더 깊은 교제를 원한다는 걸 알고 있었고, 자신은 그에게 언제나 솔직하게 마음을 밝혔다는 사실을 애써 스스로에게 환기시켜야 했다.

언젠가 마이클의 침대에 함께 누워 있던 중 일어난 사건이 조앤의 머릿속을 자꾸 맴돌았다. 두 사람 사이에 육체적 접촉은 거의 없었지만, 그날은 서로 껴안고 입을 맞추기 직전이었다. 조앤이 마이클의 몸에 팔을 두르고 있는데, 돌연 마이클이 발작적으로 몸서리를 쳤다. 조앤이 살면서 처음 보는 장면이었다. 강한 전류가 몸을 관통하고 지나간 것처럼 전신이 전율했다. 괜찮으냐고 묻자, 그는 아무것도 아니라는 듯 손을 휘저었다.

조앤은 마이클이 전에도 이런 일을 겪었는지, 아니면 그때가 처음이었는지 알지 못했다. 분명한 건 마이클이 그 일에 대해 말하기를 원치 않는다는 것뿐이었다. 그는 괜찮다는 간결한 한마디로 그녀를 안심시켰다. 아무 일 아니라고 했다. 그게 없던 일이 될 수는 없었다. 그때 마이클을 안고 있었던 조앤이 모를 리 없었다. 하지만 한편으로 그녀는 마이클이 진실을 말하고 있다고 직감했다. 그 일은 신체적인 건 아니었다. 적어도 기원을 따지자면 그랬다. 마이클의 몸을 순간적으로 지배한 전율이 강렬한 열정의 산물은 아닐까, 마이클이 내면에서 자기 자신과 싸움을 벌이고 있던 건 아닐까, 괴로운 생각이 물리적 재난과 같은 위력으로 그를 통과해 지나간 건 아닐까, 그런 생각들을 그녀는 좀처럼 떨칠 수 없었다.

마이클은 독일에서 비행기를 타고 스위스로 떠났다. 케이프코드의 집에서 신의를 저버린 일은 마이크 커티스가 덮어주었기에, 커티스가의 농장에 도착한 마이클은 따뜻한 환대를 받았다. 그 집은 빌트슈트루벨 산괴라고 불리는 산맥 발치의 계곡에 있었다. 그 이름을 소리 내 말하는 것만으로도 명랑한 기분이 들었다. 알프스와 빙하로 덮인 산봉우리가 보였고, 아기 고양이들과 코코아, 진한 커피, 훌륭한 치즈, 외출할 때 골라잡을 수 있는 경량 지팡이 한 세트가 준비되어 있었다.

스위스는 치유의 장소였다. 마이클은 글을 쓰고 산을 올랐다. 발길이 닿는 대로 걷다가 콸콸 쏟아져 내리는 지멘펠레 폭포에 도착한 어느 날은 "쏟아지는 물 위에서 자세를 잡고 모리아티와 몸싸움을 하는" 셜록 홈스를 떠올리고 농장 방명록에 그런 이야기를 적었다. 홈스와 그의 숙적이 생사의 결투를 벌인 건 실제로는 그곳에서 한 시간 반 거리인 라이헨바흐 폭포였지만, 지멘펠레 폭포는 마이클에게 「마지막 문제」를 충분히 연상시켰다. 이 이야기에서 작가 아서 코난 도일은 위대한 탐정 홈스와 그만 헤어지고자 하지만, 홈스는 그를 죽여 없애는 게 불가능할 정도로 인기가 높았기에, 결국 악한 교수와 창조자의 바람에 굴하지 않고 살아 돌아와서 더 많은 모험을 겪게 되었다.

마이클이 쓰고 있던 스파이 소설에도 초자연적이라 할 만큼 죽이기 어려운 악당들이 득실거렸다. 마이클은 그중 한 사람을 마을에서 얼핏 보았다고 믿었다. 재킷 주머니에 한쪽 손을 넣고 다니는, 모래 빛깔 머리칼을 지닌 청년이었다.

마이클은 남들보다 뒤처지고 있다는 감각에 재촉을 받으며 소설에 집요하게 몰두했다. 이제 막 스물넷이 된 그는 평생 무슨 일을 하기 위해 시간을 정해놓을 필요 없이 살아왔지만, 이제 그에게는 시간도 돈도 부족해지고 있었다. 마이크 커티스는 케이스웨스턴 의과대학에서 이미 이 년을 보냈고, 대학 시절 여자친구이자 같은 의과대학에 진학한 앤 칼라브레시를—하지만 모두 그녀를 니나라고 불렀다—계속 만나고 있었다.

마이클이 뉴로셸로 돌아가면, 조앤은 이미 뉴헤이븐으로 떠나고 없을 터였다. 뉴로셸에서 그를 기다리고 있는 건 소규모 잡지들에서 보낸 거절 편지 더미가 전부일 테다. 그는 법학대학원 입학시험을 보겠다고 약속했고 지원서도 보냈지만, 다른 길이 나타나기를 바라고 있었다. 아들이 집에서 나가길 원하는 아버지의 뜻에 부응하여 아예 퍼버가로 입주할 계획도 있었다. 하지만 그는 이미 머릿속으로 스위스로 돌아갈 생각을 하고 있었다.

내가 버클리 대학원에 진학한 첫해, 아버지가 파킨슨병을 진단받았다. 집을 방문할 때마다 아버지는 떨리는 왼손을 오른손으로 가리려 애썼지만 증상은 날이 갈수록 눈에 띄게 심해졌다. 아버지가 걸을 때 한쪽 발을 반대쪽보다 무겁게 끄는 것도 눈에 들어왔다. 가장 괴로운 건, 그토록 기억력이 뛰어났던 아버지가 자꾸만 뭔가를 잊는다는 거였다. 아버지는 경계심을 바짝 세운 동시에 체념한 듯한 모습이었다. 이미 어떤 말이나 행동을 해버린 다음, 자신도 알지 못하는 어떤 이유로 권력자들의 눈치를 보는 사람 같았다.

아버지의 상태는 예전의 건망증과는 결이 달랐다. 누나가 고등학생 시절 웨이트리스로 일했던 프렌들리스에 마주앉아서 참치 샌드위치를 먹던 날, 나는 아버지가 한 입을 베어 물면서 끝에 셀로판지가 붙은 이쑤시개까지 먹으려는 걸 가까스로 막았다.

아버지는 내게 글을 쓰고 있느냐고 물었는데 마치 마약중독자에게 약을 하고 있느냐고 묻는 듯한 말투였다. 나는 박사 논문 주제를 고민하고 있었지만, 아버지의 말뜻은 그게 아니란 걸 알았다. 사실 나는 당시 작업하고 있던 단편소설 모음을 완성하면 박사학위를 받는 과정에서 순수예술 석사학위도 받을 수 있다는 사실을 알게 된 참이었다. 아버지의 질문은 신묘하게도 그 사실을 간파해냈다. 그는 앞으로 몸을 기울이더니 음모를 꾸미는 사람처럼 목소리를 낮추며 말했다. "그건 모든 걸 망가뜨린단다."

아버지가 영민한 정신을 유지하고자 책상 위에 테이프로 붙여놓은 고대 그리스 알파벳처럼, 아버지가 오랜 시간 미뤄두었던 문학에 대한 야망은 아버지의 정신 상태와 한데 뒤엉켜버리고 말았다. 우리 부모님이 죽어도 치매라고 부르지 않았던 그 상태는 결론적으로 루이소체병으로 밝혀졌다. 병명이 무엇이든 아버지는 그게 이야깃감으로서 형편없다는 걸, 아니, 아마도 모든 이야기들을 끝장내라는 걸 이해하고 있었다.

마이클이 별안간 자기가 쓴 단편소설을 읽어보라며 찾아온 날, 나는 마이클에게 내 글에 대해 말하지 않았다. 마이클은 자기 글을 둘둘 말아서, 신문배달원들이 던지기 용이하도록 〈뉴욕 타임스〉를 묶을 때 쓰는 것과 같은 넓은 고무줄로 고정시켜 들고 왔다.

마이클은 글을 어딘가에 "싣는" 데 곤란을 겪고 있다고 말했다. 언제나처럼 자신이 난관에 봉착했다는 걸 인정하면서도 듣는 사람이 그가 부당한 일을 당하고 있다고 인식할 거라 단정하는 그의 능력에 나는 또 한번 감탄하고 말았다. 그럼에도 그는 나의 의견을 물으러 찾아온 것이다. 나는 나도 모르게 우쭐해졌다. 하지만 마이클의 소설을 읽고 싶었던 건 아니었다. 마이클의 글이 마음에 들지 않을까봐 겁이 났고, 마음에 들까봐 똑같이 겁이 났다. 비로소 나만의 '목소리'를 찾으러 나선 마당에 마이클의 목소리가 내 머릿속에 들어오는 게 싫었다. 그러나 나는 마이클이 졸업장처럼 건네준 원고 두루마리를 받아들었다.

그러는 내내 우리는 나의 부모님 집 현관에 서 있었다. 마이클은 평소보다 더 크고 구부정해 보이는 자세로, 내가 그 자리에서 즉시 원고를 읽으리라 생각하는 것처럼 기대감에 차서 나를 내려다보았다. 평소에 그는 내가 듣는 수업에 대해 자주 캐물었고, 나는 그가 보이는 열띤 관심과 거기서 느껴지는 질투에 가까운 감정에 놀라곤 했다. 그러나 지금 그는 양쪽 발에 번갈아 무게를 실으며 다소 초조하게 몸을 흔들고 있었다. 아버지는 마이클의 이런 습관을 '쇼클링shokeling'이라고 불렀다. 정통파 유대인들이 기도를 하며 몸을 흔드는 걸 표현하는 이디시어 단어였다.

마이클은 소설을 다 읽고 나면 우리 어머니에게 전해달라고 부탁하더니, 그다음에는 어머니에게 부탁해 그녀의 친구 신시아에게도 전달해줄 수 있느냐고 물었다. 그게 불편하면 그가 찾다가 포기한 신시아의 주소를 알려달라고 했다. 그러면 자신이 직접 신시아에게 원고를 가지고 가겠다는 거였다. 불현듯 깨달음이 일었다. 마이클은 내가 부모님 집에 와 있다는 걸 몰랐다. 그가 찾아온 건 우리 어머니를 만나기 위해서였다. 그로써 망설임과 초조함이 섞인 그의 묘한 태도가 설명이 되었다. 그와 일상적 대화를 나누거나 안으로 들어오라고 권하기가 꺼려진 데에는 이유가 있었던 것이다.

마이클의 단편들은 이상하고, 폭력적이고, 초현실적이었다. 한 편은 멕시코 국경 마을을 배경으로 한 소녀가 잔인하게 강간당한 사건을 다루고 있었다. 동네 사람들이 자경단처럼 가해자를 잡아서, 옷을 벗기고 몸을 결박한 뒤 한밤중에 들판으로 끌고 왔다. 마을 여자들은 겁먹은 강간범을 둘러싸고 둥글게 섰다. 그들의 손에 들린 붉은색 덮개가 달린 손전등은 어둠 속에서 "울혈로 부어오른 수족"처럼 섬뜩한 빛을 냈다. 폭력을 당한 소녀의 어머니가 칼을 높이 들어올려 찌를 태세를 하고, 한 발짝 앞으로 나섰다.

나는 소설이 마음에 들지는 않았지만 그 강렬함에 감탄했다. 부풀어오른 손전등에 관한 묘사가 말도 안 된다고 느껴졌지만 기억에 남았다. 다가올 폭력의 가능성으로 인해 소설에는 기대감에 찬 에너지가 가득했다. 어쩌면 그건 얼른 원고를 끝까지 읽어치우고 싶은 나 자신의 긴박한 바람이었을지도 모르지만. 나는 해결을 바랐다. 소설 속 사건이 아니라, 나 자신을 괴롭히는 성가신 불확실성이 해결되길 바랐다.

내가 마이클의 소설에 대해 평가한다는 건, 자석 옆에 나침반을 놓는 것과 같았다. 졸작인가? 수작인가? 나는 대답할 수 없었다. 내가 마이클의 소설에서 느끼고 부러워한 건, 그 안에 깃든 확신의 힘이었다. 폴란드의 유대인 마을을 배경으로 아이작 바셰비스 싱어 풍으로 쓴 소설조차 마이클의 목소리를 담고 있었다. 물약을 만들기 위해 벌거벗은 허벅지 위에 와인을 붓는 젊은 여자 이야기든, 디부크—죽은 이의 영혼—가 산 사람의 몸을 차지하는 이야기든, 그 안에서 마이클이 느껴졌다.

마이클의 단편들은 순 아류작에 불과했지만 그것들 전체를 관통하는 불가사의한 조류가, 남의 몸을 빌려 말하는 악령의 목소리와 비슷한 무언가가 존재했다. 바로 그 지점에 기묘한 독창성이 있었다. 나는 이것이 마이클이 지닌 집요한 고집과 관련이 있다고 생각했다. 내가 웃음을 터뜨리기 시작해도 용케 무표정을 유지하는 마이클, 누가 보거나 말거나 호수를 끝까지 헤엄쳐 건너고야 마는 마이클, 출처를 지어낸 다음 그것을 각주에까지 넣는 마이클. 바로 그거군, 하고 나는 깨달았다. 마이클의 소설은 자기 자신을 믿었다. 마이클 본인이 그러듯이.

캘리포니아로 돌아온 뒤 어머니에게서 전화가 왔다. 마이클이 그랜드센트럴역에서 신시아를 알아보고 기차를 같이 탔다는 이야기였다. 뉴로셸에 도착하자 마이클은 자기 소설을 읽어달라고 부탁했고, 신시아는 그에게 집주소를 주었다.

마치 내가 마이클에게 시킨 일인 양, 어머니의 어조에서는 짜증이 묻어났다. 하지만 나는 마이클의 소설을 싫다는 어머니에게 보여주지 않았고, 마이클에게 돌려주지도 않았다. 뉴로셸 집에서 내가 쓰던 해체된 2단 침대 아래에 밀어넣고는 머릿속에서 지우려고 노력했다. 그와 한 약속을 지키지 못했지만, 그럼에도 그가 원래 내 소유였던 무언가를 훔쳐갔다는 느낌이 들었다.

대학을 졸업하는 나에게 신시아는 펜 한 자루를 주면서 그것을 "거룩한 목적"으로 사용하라는 쪽지를 동봉했다. 글쓰기는 언제나 목표 중의 목표였지만, 신시아는 "자기 스스로 강박적이고 특유하게 선택한 강박적이고 특유한 수단이 필요"하다고 덧붙였다. "거룩한 목적어는 저만의 법칙이 있기" 때문이었다. 그러니 신시아의 선물은 내가 돌에서 뽑아내야 하는 한 자루의 검과 같았다. 다른 누가 먼저 검을 뽑아내는 일은 원치 않았다. 나는 두 배로 더 노력하겠다고 나 자신에게 맹세했다.

　나는 마이클이 그가 원하는 삶을 살고 있다고 생각했다. 의심의 여지 없이, 그는 내가 원하는 삶을 살고 있다고 믿었다. 나는 마이클이 스스로 묘사한 그의 모습을 머릿속에 그려보았다. 거절 편지들을 벽지처럼 바른 탑 꼭대기의 방에서 컴퓨터 키보드 앞에 옹송그리고 앉아, 꿈꾸고 도전하면서 롱아일랜드해협을 내다보는 그를.

　마이클의 유럽 여행에 대해서도 그가 내게 들려준 내용을 곧이곧대로 믿었다. 그 여행이 한 여자의 마음을 얻기 위한 원정, 문학적 순례, 자유의 선언이었다고 생각했다. 마이클은 일순간의 변덕에 이끌려 비행기에 올랐지만, 우리가 공통으로 품은 야망의 결승선을 향해 언제나 나보다 한 걸음 더 가까이 다가가고 있었다. 우리 부모님의 서가에 꽂혀 있던 낡은 책 『천의 얼굴을 가진 영웅』을 내게 소개시켜준 것도 마이클이었다. 새로이 유행으로 재부상하고 있던 이 책에서 조지프 캠벨은 모든 신화가 역경과 승리 그리고 우리를 더 강하게 만드는 상처로 이루어져 있다는 매력적인 "단일 신화론"을 펼쳤다. 실연이나 거절당한 원고마저도 작가의 영혼을 살찌우는 양식이 될 수 있었다.

　나는 스위스에서 마이클이 자신의 상상 속에서 탈출해 나온 적국의 요원들을 얼핏 보았을 줄은 전혀 몰랐다. 육신을 취한 상상 속 존재들이 그를 집까지 따라왔다는 것도, 고향에서는 또다른 존재들이, 예를 들어 리버런에서 음악가 행세를 하는 흉악한 컬트의 비밀 회원들이 그를 기다리고 있었다는 것도 전혀 몰랐다.

　신시아가 기차에서 마주친 마이클이 대단히 "서먹해" 보여서 놀랐다는 것도 몰랐다. 훗날 그녀는 그가 "괴짜 외톨이" 같았다고 회상했다. 마이클이 어찌나 소심하게 굴었는지, 그가 글쓰기에 대해, 그것에 얼마나 진지하게 매진하고 있는지에 대해 이야기하기 시작하자 신시아는 깜짝 놀랐다. 반면 그가 보낸 소설은 전연 기억에 남지 않았다.

나치들이 뉴로셸에 쫙 깔려 있었다. 그들은 상상 속 존재였지만, 마이클이 운전중에 도로 밖으로 벗어나도록 유도하고 길을 걷다가 차에 치이게 만들 힘은 있었다. 그들은 낮에는 그를 몰래 따라다녔고 밤에는 그를 사냥하듯 뒤쫓았다. 마이클은 내가 평생 보지 않겠노라 맹세한 호러 영화 속 희생자처럼, 잠깐이라도 졸면 괴물이 꿈으로 들어와 그를 실제로 죽이기라도 할 것처럼 밤새 깨어 있었다.

그는 자신이 쓰고 있던 소설을, 그리고 그 소설을 쓴 자신을 탓했다. 소설이 세상에 풀어놓은 무시무시한 존재들은 밤마다 살아나서 퍼버가의 저택 가까이로 모여들었다. 그래서 마이클은 침대에 누울 때 야구방망이를 곁에 두었다.

야구방망이는 차치하더라도, 조시 퍼버는 마이클의 전반적인 행동에 불안을 느꼈고 친구의 정신 상태가 악화되고 있을까봐 걱정했다. 마이클은 전 남자친구와 재결합한 조앤에게 병적으로 집착하고 있었다. 실연이 그를 더 온전하게 만들어주는 일은 없었다. 마이클이 뉴헤이븐에 있는 조앤에게 강박적으로 전화를 걸어대던 어느 날, 어떤 남자가 전화를 받더니 준엄한 목소리로 다시는 전화하지 말라고 말했다.

조시도 자기 몫의 곤경을 겪고 있었다. 우울증 성향이 있는 그는 차디찬 어둠 속 깊이 가라앉은 채 무감각과 공포에 번갈아 빠지기를 반복하고 있었다. 야구방망이를 옆에 두고 자는 남자와 다락방을 함께 쓰는 것도 이로울 리 없었다. 마이클은 자주 새벽까지 방안을 서성였다. 조시는 언젠가 마이클의 야구방망이에 얻어맞거나, 정신적 고통이 자신을 망가뜨리거나 둘 중 하나가 될까봐 두려웠다. 얼마나 더 오래 버틸 수 있을지 확신이 서지 않았다. 애초에 버티고 싶기는 한 건지도 알 수 없었다.

마이클은 야구방망이를 들고 자러 갔고, 조시는 올가미를 들고 자러 갔다. 말만 들으면 코미디 레퍼토리 같지만—조시도 우리처럼 리처드 프라이어를 보고 자랐다—당시엔 조금도 우습게 느껴지지 않았다. 조시는 정말로 침대나 베개 아래에 올가미를 두고 잤다. 그게 위안이 되었다는 데에서 그의 고통이 얼마나 컸는지를 헤아릴 수 있다. 조시에게 그 올가미는, 집에 불이 날까봐 두려워하는 아이가 잠에 들도록 도와주는, 실은 너무 짧아서 땅에 닿지는 못할 밧줄 사다리와 비슷했을 것이다.

조시의 어머니도 점점 수심이 깊어졌다. 그녀는 가족 내에 전해 내려오는 "죽음에 대한 도착"에 대한 응답으로 바그완이 제안한 세 가지 선택지—광기, 자살, 그의 제자가 되는 것—를 전부 거절하고, 세상에 존재할지 알 수 없는 네번째 방법을 찾으려 고군분투하는 동시에 자기 집 지붕 아래에서 사는 청년들의 안전을 지켜주려 애쓰고 있었다. 크리드무어 정신병원과 뉴로셸의 개인 병원으로 출근하는 것에 더해 이 모든 일을 해내는 건 쉬운 일이 아니었다.

조시는 함께 대화를 나누고 파티를 열고 존 프라인의 〈파라다이스 Paradise〉를 기타로 연주하는 법을 알려주는 친구가 있어 기뻤지만, 컴퓨터와 다락방과 어머니—이자 그의 정신과의사—를 공유하는 건 달갑지 않았고 시기도 좋지 않았다. 애초에 조시가 집으로 돌아온 이유는 우울증이 깊어지고 자살 충동이 빈번해져서였다.

호시절에 마이클은 퍼버가를 드나드는 정신과의사, 심리학자, 사회복지사, 학자, 급진적인 기인들 틈바구니에서도 거대한 존재감으로 남들에게 그림자를 드리우며 쉽게 자신의 자리를 지켜냈다. 마이클은 빛나는 걸 즐겼고, 제인과 네트워크의 친구들은 그에 대해 공동의 자부심 비슷한 것을 느꼈다. 모두가 그의 자아에 대해 조금씩 지분을 나누어 갖고 있는 것처럼.

마이클은 잡지와 문예 저널에서 받은 거절 편지들을 퍼버 저택 다락방의 둥그런 벽에 빼곡히 붙여두었다. 적어도 처음에 이는 열패감의 표출인 만큼이나 반항심의 표출이었다. 거절 편지들을 기워서 승리의 깃발을 만들 수 있는 사람이 있다면, 그건 바로 마이클일 것이었다. 퇴짜 맞은 것에 대해 그렇게 솔직하게 구는 사람에게는 편지가 힘을 쓸 수 없었다.

그러나 제인은 벽에 붙인 편지를 발견했을 때 마이클에게 뭔가 문제가 있다고 처음으로 의심하기 시작했다. 유럽에서 돌아온 마이클은 떠나기 전보다 상태가 더 나빠져 있었다. 비록 조리 있는 대화를 나누고 유머를 던지고 조앤을 감동시켰던 정중한 배려심을 발휘하는 능력은 여전히 탁월했지만.

다락방에서 조시가 괴로워하고 있으니 마이클은 부모님 댁으로 돌아가는 게 합당했다. 제인은 퍼버 저택을 떠나는 그에게 정신과의사 한 사람을 붙여주었다. 제인의 오랜 친구이자 동료인 머리Murray는 제인이 주최하는 모임의 고정 멤버로, 마이클과도 아는 사이였다. 마이클은 집으로 돌아갔지만 여전히 네트워크라는 대가족에 소속되어 있었다. 그들이 활짝 펼친 보호의 우산은 미어랜드 로드까지 닿았다.

한때 발레리노의 길을 걸었던 머리는 여전히 무용수다운 몸가짐과 극적인 성향의 소유자였다. 그러나 사려 깊고 지적인 태도가 그러한 특질을 누그러뜨리고 있었다. 제인은 이 점이 마이클에게 매력으로 다가가리라는 걸 알았다. 머리는 스탠퍼드대학교 의과대학 시절에 어빙 고프먼의 『수용소』를 읽고 정신과의사가 되기로 결심했다. 조현병의 이중 구속 이론의 아버지가—머리는 훗날 그를 "위대한 그레고리 베이트슨"이라고 불렀다—스탠퍼드대학교 정신의학과와 협력 관계였다.

머리는 낙관주의가 팽배했던 1960년대 초에 브롱크스 주립 정신병원에서 앤디 퍼버와 함께 일하며 지역사회 정신보건에 발을 들였고, 이윽고 뉴로셸의 휴거닛 센터에서 제인과 함께 일했다. 이제는 제인과 마찬가지로 최후의 대형 주립 정신병원인 퀸즈의 크리드무어 정신병원에서 일하고 있었다. 그는 맨해튼 어퍼 웨스트사이드에도 진료실이 있어서, 마이클은 그곳에서 진료를 받았다. 머리는 여전히 네트워크의 가치에 헌신하고 있었다. 그 가치가 무엇인지는 1970년대에 제인이 동료 한 사람과 공동으로 집필한 『위기: 체계적 개입을 위한 편람Crisis: A Handbook for Systemic Intervention』에 잘 드러나 있었다. 이 책은 맞서 싸워야 할 적을 정신질환이 아니라 정신병원으로 규정했다.

이 책을 제인과 공동으로 집필한 존 슌벡은—언론인이었다가 심리학자가 된 인물로, 앤디 퍼버가 베이스를 담당했던 밴드 녹터널 이미션스에서 드럼을 쳤다—위기 대응 업무를 하면서 "어떤 사람에 대해서든, 그가 미쳤다는 생각을 받아들여서는 안 된다고" 배웠다고 적었다. 그가 얻은 교훈은 "정신증이라는 상태가 존재한다고 믿어서는 안 된다는 것"이었다. 정신증은 그저 상황에 따라 달라지는 행동이었다.

편람에 담긴 사례에는 "퇴행적 정신증"이 있는 유대계 여성 노인이 등장한다. 그녀는 하숙을 치는 어퍼 웨스트사이드의 자기 집 복도를 벌거벗은 채 돌아다니곤 했다. 제인의 위기 대응 팀은 그녀를 요양원으로 데려가는 걸 도우라는 명을 받고 호출되었다. 그러나 그들은 도리어 그녀에게 "정신병원 입원을 피하는 방법"을 귀띔해주었다. "항상 옷을 입으세요" "바닥이 아니라 변기에 변을 보세요" 같은 팁을 주었고, 간호사를 만나면 "무조건" 미소를 지으라고 강조했다.

정신병원측에서도 사람들의 입원을 최대한 저지하는 정책을 펼치고 있었다. 다만 그 이유는 지역사회에서 돌봄을 제공할 거라고 믿어서라기보다, 법적 제약과 이용 가능한 병상 수 때문이었다. 또다른 사례에 등장하는 크루즈 부인의 경우도 예외가 아니었다. 35세 여성인 그녀는 브롱크스 주립 정신병원으로 걸어들어와서 다섯 살 난 아들을 죽일 거라고 선언했다. 당직을 서고 있던 의사는 그녀를 망상성 조현병으로 진단하고, "소라진* 한 병"을 들려 집으로 보내면서 약물이 효과가 없을 경우 다시 내원하라고 일렀다.

이튿날 치료사가 염려하는 마음에서 크루즈 부인의 아들을 집 밖으로 대피시켜야 한다고 주장하자 제인과 그녀의 팀이 호출되었다. 관건은 "크루즈 부인이 아들을 죽일지 죽이지 않을지, 만일 죽인다면 그 책임은 누구에게 있을지" 알아내는 것이었다. 쉬운 결정은 아니었다. 편람에는 이렇게 적혀 있었다. "인생의 어느 시점에든 부모나 자녀로 살아본 적이 있는 사람이라면 누구나 가족 누군가를 죽이고 싶다는 기분을 느낀 적이 있을 것이다. 하지만 대부분의 여자들은 남편을 칼로

---

* 조현병에 쓰이는 약물인 클로프로마진의 상표명.

찔러 심한 상처를 입힌 적은 없다."

크루즈 부인은 남편을 칼로 찌른 전적이 있었고, 남편은 목숨은 부지했으나 집을 나갔다. 제인의 팀은 "살인 또는 살인 후 자살이 일어날 실질적 위험"이 있다고 결론지었다. 그럼에도 그들은 크루즈 부인에게 선택권을 주기로 결정했다. 크루즈 부인은 위기가 지나갈 때까지 병원에 입원하거나, 위기 대응 팀에게 아들을 임시로 맡겨 다른 장소에 머무르게 하거나, "자기 자신이나 아들을 지금부터 이튿날까지 죽이지 않겠다"고 맹세하는 계약에 동의하는 세 가지 방법 중 하나를 선택할 수 있었다. 크루즈 부인은 계약을 택했고, 마음이 바뀌면 위기 대응 팀이나 경찰에 전화하겠다고 약속했다.

제인의 위기 대응 편람에는 내가 대단히 설득력 있다고 느꼈던 마르크스주의자 정신과의사, 조엘 코벨의 추천사가 붙어 있었다. 그는 친구 앤디 퍼버가 심리학을 가르쳤던 알베르트 아인슈타인 의과대학에서 레지던트 과정의 책임자로 재임하고 있었다. 추천사에 의하면 『위기』 편람은 "정신병원, 교도소, 감화원, 비밀리에 족벌주의로 운영되는 위계적 기업, 혹은 정부의 존재에 의해 어떤 방식으로든 억압받는다고 느끼는" 정신건강 전문가들에게 헌정된 책이었으며, 이 편람에 담긴 기술은 "그런 기관으로 인도되지 않고도 변화하는 사람들의 모습에서 개인적 기쁨을 느끼는" 이들의 손에 주어졌다.

13장
선택

이성은 광기의 궁극적 언어다.

—미셸 푸코

이성은 다만 선택이다.

—존 밀턴

나는 이 년 만에 대학원 과정 수업을 마쳤다. 장학금이 주어지는 세 번째 해에는 구두시험을 대비해 공부하고 학위논문에 대해 고민하는 것밖에는 할일이 없었다. 나는 그해를 뉴욕시에서 보내기로 결정했다. 인터내셔널 하우스에서 사귄 친구가 어퍼 웨스트사이드에 아파트를 갖고 있는데, 최소한의 월세만 내고 살도록 해주겠다고 제안했다. 내가 동부로 돌아간 건 아버지의 병이 갈수록 중해지고 있어서이기도 했지만, 가장 큰 이유는 미할의 곁에 있고 싶어서였다. 그녀는 맨해튼으로 이사해서 랍비 학교에 다니기 시작할 예정이었다.

나 자신에게 솔직해지는 일이 매우 드물었던 그때, 사실 나의 진심은 미할의 곁에 있고 싶다는 것이었다. 학부 졸업반 중반에 노엄 촘스키의 말은 귓등으로 흘린 뒤 그녀와 '데이트 아닌' 시간을 보내고 커피를 마신 그날 밤 이후 줄곧 그랬다. 나는 그녀에 대한 마음이 졸업을 앞두고 저지르는 불장난이 아니라고 그녀를 설득하고, 그녀가 아랍어를 배우러 갔던 예루살렘까지 따라갔고, 여름이 끝날 무렵 운명과의 약속을 지키러 캘리포니아로 떠났다. 그 이래 나는 최대한 그녀와 거리를 유지해왔다. 그러나 이제는 당장 그녀와 함께 시간을 보내지 않으면 우리를 둘러싸고 너무나 많은 것들이 자라나서, 둘이 함께 있는 것 자체가 불가능해질까봐 두려웠다.

버클리에서 지내면서 나는 스스로에게 감정적 속임수를 써야 했고, 그 속임수에 깃든 위선을 최선을 다해 부정해야 했다. 그러나 결과는 실패였다. 나는 심지어 미할과 사랑에 빠진 것이 내가 뜯어고치겠노라 마음먹고 캘리포니아까지 떠난 내 의존적 천성의 잔여물이며, 내가 용감해질수록, 자유롭다고 느낄수록 그녀에게 이별을 고하기가 더 쉬워질 거라고 스스로를 속이려 했다. 그러나 막상 내가 맞닥뜨린 진실은 정반대였다. 더 강해지고 더 자립할수록, 나는 더욱더 그녀와 함께 있고 싶었다.

또한 나는 학계의 지적인 분위기에서 점점 소외감을 느끼고 있었다. 문학에서 내가 좋아했던 부분 중 하나는 문학이 철학도, 역사도, 사회과학도 아닌 오로지 문학 자체로 존재하면서 세상과 그 안에서 내가 차지한 자리에 대해 생각하도록 도와준다는 것이었다.

이론이 내가 새로 들어간 학계의 도구라는 건 이해했지만, 버클리에서는 주전자보다 손잡이가 더 큰 형국이었다. 그야 손잡이가 더 짜릿한 부분이기도 했다.

그 시절 우리는 데리다와 푸코를 위시해 묵시록의 프랑스인 기수들의 위협적인 카리스마를 느낄 수 있었다. 우리는 학과의 떠오르는 스타 교수들이 가르치는 수업에서 그들의 사상을 흡수했고, 나는 감히 그 교수들에게 감명을 주겠다는 야심을 품었다. 나는 후기구조주의 이론을 이해하는 데 상당한 에너지를 쏟았고 그것이 나를 향해 날아오는 총알인 양 피하는 데에는 더 많은 에너지를 쏟았다. 그러나 둘 다 완전한 성공은 아니었다.

학과의 위상에 광휘를 더해주는 소위 잘나가는 교수들은 문학을 아주 좋아하는 것처럼 보이지 않았다. 하지만 내가 피신처로 여겼던 전통적 가치를 옹호하는 교수들은, 이제는 다소 공허한 소리를 늘어놓는 것처럼 느껴졌다.

알면 알수록 풍요로워지는 문학의 길고 암시적인 여정은 마침내 종착점에 이르렀다. 아니, 종착점을 벌써 지나쳤다. 만화 캐릭터가 창밖으로 달려나가지만 아래를 내려다보기 전까지는 추락하지 않는 것과 비슷했다. 아직 추락은 일어나기 전이었지만, 발밑에 분필로 몸의 외곽선이 그려져 있다는 건 인정해야 했다. 나의 장점은 여전히 '전통'이라고 불리는 영역에 거주하는 파리한 그림자들과 친밀하다는 것이었다. 반면 라캉의 「무의식에서의 문자의 심급 또는 프로이트 이후의 이성」을 독파하는 걸 예삿일로 여기는 명석한 학생들은 필독 도서였던 『실낙원』 읽기를 매년 이듬해로 미루었다.

내가 『실낙원』에 다다른 건 필요에 의해서였지만, 그곳에 머문 이유는 그보다 더 단순할 수 없었다. 나는 이 시가 마음에 들었다. 전체를 좋아하는 건 아니었지만, 좋아하는 곡처럼 듣고 또 듣는 부분들이 있었다. 집필 당시 시력을 잃었던 저자는 밤에 꿈꾼 글귀를 매일 아침 구술해 받아 적게 했다고 한다. 내가 이 시에 마음이 끌린 계기는, 대학 신입생 시절 한 영문학 교수가 수업에서 해준 이야기였다. 그는 결혼식에서 혼인 서약을 대신해 아담이 선악과를 먹은 하와에게 한 말을 암송했다고 말했다. 아담은 아직 타락하지 않았으나 하와와 운명을 함께하겠노라 결심한다. 어릴 적 배를 타고 홍콩에서 미국까지 왔다는, 커다란 안경을 쓴 숫기 없는 교수가 아담의 말을 읊기 시작했다. 그의 부드러운 목소리는 거의 속삭임에 가까웠다.

> 내가 어찌 그대 없이 살리,
> 그대와의 달콤한 사귐을, 애틋하게 하나된 사랑을 잃고서
> 이 황량한 야생의 숲속에서 어떻게 다시 살아가리

이런 소박한 구절들과 복잡하고 카리스마 넘치는 사탄에게 마음이 이끌려 나는 『실낙원』을 학위논문 주제로 정할지 고민하고 있었다. 어쩌면 내가 잃어가고 있다고 느낀 무언가를 회복하고 싶다는 바람이 작용했는지도 모르겠다. 학위논문 주제를 선정하는 이유로서는 단연 최악일 것이다.

대학원에 왔을 때 나는 사상에 대해서는 워낙 문외한이었으므로 "포스트모더니즘"이 단순히 모더니즘 다음에 온 사조라고, 그러니까 독자들에게 아방가르드적 눈짓을 날리는 자기 지시적 작가들이 버지니아 울프와 윌리엄 포크너의 지위를 이어받을 참신한 목소리라고 인정받아 글쓰기라는 고리타분한 업계에 받아들여진 것이라고 짐작했다. 그러다가 서서히 모더니즘이 현대의 모든 징후—계몽주의, 경험과학, 합리적 사고 등등—를 의미하며 후기구조주의라고도 불리는 포스트모더니즘은 그에 대한 반박이자 대체재라는 사실을 깨달았다.
옛 체제가 이성의 시대였다면, 새로운 체제는 반反이성의 시대였다.

이로써 미셸 푸코의 『광기의 역사』가 모든 것의 배경에 숨어 있는 기준 텍스트가 된 이유가 설명되었다. 저자가 포스트모던이라는 꼬리표를 거부했다는 건 상관이 없었다. 푸코 같은 포스트모더니스트들은 모든 고정된 의미를 거부했으니까. 거부 자체가 요점이었다.

이 새로운 세상에는 진실이 없었다. 알아차리든 알아차리지 못하든, 따옴표 안에 거주하는 '진실'—때로는 '지식'이라고도 불리는—이 있을 따름이었다. 진실은 경험적 증거로 수립되는 것이 아니라 '담론'이라는 수사적 마법을 거쳐서, 즉 무언가를 그 무언가로 만드는 어떤 표현 방식을 통해서만 존재하게 되었다.

진실이 담론의 '산물'이었지, 그 반대가 아니었다. 진실은 보이지 않는 권위의 체제가 운영하는 은유적 의미의 공장에서 살라미처럼 제조되었다. 그렇게 생산된 진실은 궁극적으로 체제의 이익에 복무했고, 체제의 유일한 목적은 권력을 유지하는 것이었다. 따라서 『광기와 문명』에서 광기는 의학적 진단이 아니라 '사회적 구성물'이자, 관습의 경계 너머에서 헤매는 모든 사람을 악마화하여 이성의 규칙을 집행하기 위해 17세기에 고안된 인공물이었다. '광기'는 순응하지 않는 자들을 '타자'로 만들어서 정신병원에 가두었다. 광기가 이성에 대립하는 개념으로 발명된 것처럼, 정신병원은 자유에 없어서는 안 될 대립물이었다. 강제 감금은 계몽주의의 어두운 면일 뿐 아니라 그 존재 이유가 되었다.

푸코가 탐구한 진정한 주제는 유일하게 실제로 실재하는 것, 바로 권력이었다. 모든 것을 권력과의 비밀 관계라는 관점에서 검토하고, 비평가를 그 가면을 벗기도록 훈련받은 사람으로 보는 시각은 유혹적이었다. 그로써 지식인은 제도, 사회체제, 예술작품에 깊이 내재된 역압의 구조에서 사람들을 구해주는 일종의 슈퍼히어로로 등극했다. 시에 의해 감금된 사람들의 괴로움이 대단하지는 않을지 모르지만 그 괴로움을 폭로하는 사람은 해방자가 되었다. 나 역시도, 내가 직접 써 내려가는 이야기 속에서 살 수 있도록, 나 자신을 허위 구조에서 해방시키려고 조금이나마 노력하고 있지 않았던가?

포스트모더니즘의 아름다움이란 한 손으로 세상을 지우면서 다른 손으로는 세상을 다시 써 내려감으로써 방금 자신이 깎아내린 권위를 전쟁의 전리품처럼 물려받을 수 있다는 것이었다. 그러나 여기에는 어딘가 자의적인 부분이 있어서, 나는 정확히 꼬집어 말하기 어려운 어떤 술수에 속아넘어간 기분이었다. 숨겨진 권력에 대한 푸코의 강박이 일으킨 가벼운 편집증은 한때 생각이 차지했던 자리를 꿰차고, 우리에게 똑똑해진 기분을 안겨주었다.

계몽주의의 초이성적인 면모에 어두운 이면이 있었던 건 사실이다. 권력 있는 자들이 부단히 임의적인 선을 그어서 권력 없는 자들을 그 너머로 밀어낸 것도 사실이다. 그러나 계몽주의가 정말로 자유의 시대를 파괴했을까? 계몽주의가 정말로 단지 적들을 억압하기 위해 이성을 사용한 걸까? 의학적 원인을 배제하고 나면, 『광기의 역사』에서 광기를 설명할 방법은 사회적 산물이라는 설명 하나뿐이었다. 사회가 악마화된 "타자"를 공급하여 정신병원의 수요를 낳고, 정신병원은 다시 광인의 공급을 늘리는 악순환이 점점 더 범주를 확장시키고 격리 공간을 늘리다가 결국은 "대규모 감금"에 도달한다는 논리였다.

푸코는 심지어 에이즈조차 사회적 산물로 간주했다. 그는 버클리대학교 교수직에 있던 1980년대 초에 작가 에드먼드 화이트가 보낸 경고를 이런 말로 가뿐히 무시했다. "당신 같은 미국 청교도들은 툭하면

질병을 발명하지요." 그러나 당시에도 이미 에이즈로 사망하는 사람들이 있었고, 그중에서도 가장 두드러진 희생자는 난잡하게 흥청댔던 1970년대 샌프란시스코의 목욕탕 문화*에 발을 들인 이래로 줄곧 약물을 연료삼아 벌어지는 익명의 가학피학성 섹스에 열정을 쏟았던 푸코 본인과 같은 동성애자 남성들이었다. 그럼에도 그는 내가 버클리 대학원에 입학하기 직전 해에 자신의 목숨을 앗아간 그 병을 허구의 장애로 보는 편을 선호했다. "게다가 흑인, 약물 사용자, 게이만 골라내는 병이라니—어찌나 완벽한가!"

내 생각에 지배적 이론들 사이에서 문학이 저만의 빛을 잃은 한 가지 이유는, 그 이론들 자체가 이미 픽션의 법칙에 따라 작동하고 있었기 때문이었다. 포스트모던 지식인들은 외견상 역사나 과학에 대해 이야기할 때조차도 세상을 상징적인 것으로 보았다. 문학을 해부해 그 요소들을 취하고 나니, 문학은 이제 그들에게 불필요한 존재가 되었다. 그리고 그들은 남들도 그렇게 느끼도록 부추겼다.

무언가를 이용하는 것과 그것을 즐기는 건 같지 않다. 내가 언제나 문학을 좋아했던 또다른 이유는, 내가 언제나 문학을 좋아했기 때문이었다. 모든 형식의 문화가 부당한 권력을 은폐하기 위해 만들어진 권력의 하인으로 취급받던 시기에 나는 그 사실을 당당히 밝히기 어려웠다. 문학의 잘못을 폭로하는 게 아니라 문학을 좋아한다는 건, 자신이나 다른 사람의 얼굴을 짓밟고 있는 장화에 입을 맞추는 일이나 다름없었다.

이런 어두운 생각들로 인해 나는 때늦게 나의 본능에 의문을 품기

---

* 당시 미국 동성애 문화의 중심지였던 샌프란시스코에서는 게이 전용 목욕탕이 성업중이었다.

시작했다. 푸코는 정신병원이 현대 가족을 본떠 조직되었다고 주장했다. 미쳤다고 불리는 자들은 자녀로 취급받았고, 의사와 간호사는 그들을 훈육하는 의학적 어머니와 아버지였다. 푸코는 그 역逆 또한 참이라고 주장했다. 다시 말해 가족이 정신병원을 본떠 조직되었다는 거였다. 부르주아 권력의 처벌적 논리를 국가가 보호해야 할 연약한 대상들에게 주입하기 위해 자본주의 문화에 의해 설계된 국가 권력의 요새, 그것이 바로 가족이었다.

이런 발상의 한 가지 버전을 중심으로 쓰인 책이 푸코가 머리말을 붙인 『자본주의와 분열증*』이었다. 여기서는 가족을 단순히 정신질환을 배양시키는 장치를 넘어, 병든 사회의 증상 자체로 보았다. 이 책의 공저자 중 한 사람인 급진적 정신 치료사 펠릭스 가타리는 정신질환자들을 치료하는 어느 실험적인 클리닉에서 "에로틱 가미카제"를 조직하여, 직원들 사이에 연애 관계가 생겨날 경우 당사자 둘 중 하나를 유혹하여 관계를 파괴시키도록 했다. 부르주아 가족을, 그리고 그것이 유지되도록 돕는 일부일처제를 박살내는 건 『자본주의와 분열증』이 없애고자 한 억압적 위계를 향한 일격이었다.

나는 가족과 거리를 두고 싶었지만 '가족'이라는 단어를 없애고 싶은 건 아니었다. 부모님의 서재가 드리운 길고 긴 그림자에서 벗어나고 싶었지만 문학이나 의미의 가능성 자체를 없애고 싶은 건 아니었다. 아버지의 가족은 한 민족 전체를 말살하려는 계획의 일환으로 풍비박산이 났다. 아직 태어나기 전이었던 누나와 나 역시 그 민족에 속해 있었다. 아버지는 어린 나이에 망명을 떠날 수 있어서 겨우 살아남

---

* 『안티 오이디푸스』와 『천 개의 고원』 두 권으로 이루어졌다.

았지만, 아버지의 가족은 가장을 빼앗겼다. 아버지의 아버지는 강제수용소에서 노역을 하다가, 죽음의 공장이 가동을 시작하기도 전에 살인적인 조건을 견디지 못하고 세상을 떠났다.

아직 전쟁 초기였던 그때 나치들은 희생자를 화장한 재를 가족에게 보냈다. 할머니는 남편의 재를 땅에 묻었다. 하지만 그 순간에도 삶과 가족에 대한 집념이 강했던 그녀는 젊은 묘비공에게 마지막 잔금은 자신의 아파트에서 치르겠노라 이야기하며 그를 집으로 데려와 자신의 딸이자 우리 아버지의 누이인 패니에게 소개했다. 두 남녀는 육 주 뒤 결혼했고 러시아를 통과하는 고된 경로로 탈출했다. 할머니는 다른 방법으로 떠나겠다고 고집하며 뒤에 남았다. 그러나 다른 방법 같은 건 존재하지 않았다. 고모는 어머니의 죽음에 대해 영영 자신을 용서하지 못했다.

다시 말하면, 나는 가족이 진보를 막는 부르주아적 방해물이나 자본주의적 억압의 수단이 아니라는 걸 알았다. 가족은 국가 독재라는 바다에 맞서는 저항의 구명보트였다. 가족은 죽음을 무릅쓰고 지켜내야 할 가치를 보존하고 전달하는 방식이었고, 가족 자체가 그런 가치 중 하나였다. 우리 조부모님은 아버지와 어머니가 나와 누나에게 만들어준 것을 지키려다가 돌아가셨고, 나와 누나에게 당신들의 이름을 물려주었다.

이상하게도 나는 성경의 대지 속 깊숙이 곧게 뿌리내린 『실낙원』에 대해서도 비슷한 기분을 느꼈다. 내가 이야기를 쓰는 게 아니라 이야기가 나를 쓴다는 말이 사실이라면, 적어도 내 영혼에 말을 걸어오는 이야기를 선택할 수 있기를 원했다. 처음으로 집을 떠난 내가 교수가 들려준 구절에, 허구의 아담이 가상 하와에게 충성을 맹세하는 말에 그토록 큰 위안을 얻은 건 그때 내가 아직 아이라서였을까? 그날 이후 한 세기는 족히 흐른 것처럼 느껴지는데도, 정원에서 아담이 사랑을 선언하는 말은 변함없이 내 마음을 휘저어놓는다.

하나님께서 또하나의 하와를 만드시고, 내가
또하나의 갈비뼈를 내주더라도, 그대에 대한 그리움은
결코 내 마음에서 사라지지 않으리……

14장
무너지다

어느 추운 겨울날 아침 아버지는 과거의 유물인 고급 트렌치코트를 펄럭거리며 미어랜드 로드를 걷고 있는 마이클을 보았다. 그는 다소 산만한 태도로 급히 가야 할 곳이 없는 사람처럼 걷고 있었다. 아버지는 우리집 앞에서 기차역까지 태워다줄 차를 기다리고 있었다. 그런데 마이클은 가까이 올수록 상태가 안 좋아 보였고, 아버지는 그에게 괜찮으냐고 물었다.

"그동안 좀 안 좋았어요"라고 마이클은 아버지에게 말했다. 그답지 않게 말수가 적었다. 그는 단어를 찾느라 애쓰는 것 같더니, 마침내 의사 둘에게 진료를 받고 있다고 덧붙였다. 정신과의사라고 했다.

아버지는 마이클을 재미있고 대단한 아이로 여기는 만큼이나 자주 경계했지만, 그날은 그의 산만하고 핼쑥한 모습과 겁에 질린 분위기, 거의 손으로 만져질 듯 선명한 괴로운 기운에 깊이 마음이 쓰였다. 아버지는 마이클과 좀더 오래 대화를 나누고 싶었지만, 그때 회당에 같이 다니는 이웃 데이비드 프리드먼이 낡은 플리머스를 집 앞에 세웠다. 언젠가 한 번 마이클과 나를 뉴로셸고등학교로 태워준 적이 있는 차였다. 아버지와 데이비드는 여전히 말로는 '카풀'을 한다고 했지만, 모두에게 다행스럽게도 아버지가 운전할 차례는 오지 않았다. 아버지는 위기에 처한 누군가를 내팽개치는 기분을 느끼면서 차에 올라탔다.

며칠 뒤 아버지는 미어랜드 로드에서 척을 마주쳤고, 마이클이 컬럼비아 장로교 병원의 신경정신과 병동에 있다는 소식을 들었다.

부모님이 내게 전화해 그 소식을 알렸다. 당시 맨해튼에 살고 있던 나는 수화기에서 두 분 모두의 목소리가 들린 순간 무언가 나쁜 일이 일어났다는 걸 알아차렸다. 생일이 아니고서야 그런 경우는 흔치 않았다. 내 스물다섯번째 생일은 이미 몇 주 전에 지나갔고 그날 부모님은 전화로 내게 축하 노래를 불러주었다. 수화기 너머 들려오는 두 분의 목소리가 어찌나 침통하고 생소한지, 나는 할머니가 돌아가셨거나 누나에게 무슨 일이 생긴 줄 알았다. 하지만 아버지는 마이클 라우도어 일로 전화했다고 말했다. 성을 붙여 공식 이름을 말하는 것은 나쁜 소식의 전조인 동시에, 우리 사이가 그간 얼마나 멀어졌는지를 보여주었다. 하지만 내 안에 남은 유년기 소년은 언제나 마이클의 소식에 귀를 쫑긋 세우고 있었다.

아버지야 원체 말을 얼버무리는 사람이긴 했지만, 그날 통화에서는 갈수록 말에 생략된 부분이 많아졌다. "무너짐break"이라고 하면서 '정신'이라는 말은 빼놓았고, 컬럼비아 장로교 병원에 입원했다고 알리면서 신경정신과 병동이라는 말은 빼놓았다. 그는 마이클에게 일어난 비극이 장로교도들과 관련된 것인 양, 병원 이름을 말할 때 의미심장하게 목소리를 깔았다.

결국은 어머니가 사실대로 밝혔다. "거기 정신병원이야."

어머니는 마이클이 자기 부모님이 나치라고 생각한다고, 부엌칼을 들고 집안을 돌아다녔다고 설명했다. 그러니까 무너졌다는 말이 마이클이 육체적으로 쓰러졌다는 뜻은 아니었다. 루스는 마이클에게 자신은 나치가 아니라 네 어머니라고 설득하려 했지만 실패했고, 결국 침실에 들어가 문을 걸어 잠그고 경찰을 불렀다.

대화가 이어지던 도중 어느 시점에 아버지가 미어랜드 로드에서 마이클을 마주쳤던 이야기를 들려주었다. 아버지의 죄책감이 얼마나 심했는가 하면, 그 이야기에서 클라이맥스는 아버지가 기차 시간에 맞추기 위해 데이비드 프리드먼의 차에 올라타는 부분이었다. 거기에는 아버지가 조금만 더 마이클 곁에 있어주었더라면 그에게 닥칠 운명에서 구해줄 수 있었을지도 모른다는 함의가 깃들어 있었다. 그 운명이 무엇인지는 아직 분명하지 않았지만.

아버지의 목소리에는 슬픔이 가득했다. 아버지는 세상에 대해, 그 안의 나쁜 소식들에 대해, 마이클에 대해, 나에 대해, 자기 자신에 대해, 그리고 자신의 뇌리를 떠나지 않는 신경 장애라는 불가사의에 대해 온통 슬퍼하고 있었다. 어머니도 아버지만큼 근심어린 목소리였지만, 루스에게서 마이클의 이야기를 들었기에 정신증의 끔찍한 속성을 조금은 알고 있었다. 어머니의 목소리에서 느껴지는 냉정한 자제심은 마이클을 향한 연민이 부족해서가 아니라, 마이클의 어머니를 향한 연민 때문이었다.

어머니는 루스가 나름대로 상황에 대처하기 위해 엉뚱한 순간에 터뜨리는 웃음을 항상 거슬려 했었다. 하지만 이제 어머니는 루스의 입장에 서서, 그녀를 여성의 취약성을 대표하는 인물로 보게 되었다. 어머니는『인 콜드 블러드』*의 살인마들이 찾아올까봐 두려워 우리집에서든 다른 집에서든 절대 밤에 혼자 있지 않았다. 누군가가 자기 자신의 집에서 침입자처럼 행동할 수 있다는 사실은—혹은 자기 어머니를 낯선 침입자로 오인할 수 있다는 사실은—공포의 신세계를 열어주었다. 여러 해 전, 루스가 우리집 파티오로 피신을 온 적이 있었다. 남편이 아들 중 누군가에게 부엌칼을 던졌다고 했다. 당시 어머니는 그 사건에 별다른 인상을 받지 못했지만, 이제는 그 기억이 자꾸만 떠올랐다. 집에서 가장 온화한 남자였던 막내아들 때문에 겁에 질려 침실 문을 닫아걸고 숨은 어머니의 이미지와 함께.

전화를 끊자 머리가 어찔했다. 마이클이 자동차 사고를 당한 건 아니라고 재차 되뇌었지만, 물리적 재난이 일어났다는 느낌이 가시지 않았다. 나는 정확히 무슨 일이 있었던 건지 알지 못했고, 그게 무슨 의미인지는 더더욱 알지 못했다. 부모님은 의학적 용어 대신 그냥 무너짐이라고만 했고 예후에 대해서도 언급하지 않았다. 롤링 스톤스가 노래했던 "열아홉번째 정신적 무너짐19th Nervous Breakdown"과 비슷한 걸까? 이미 열여덟 번이나 일어났고 앞으로도 또 일어날 수 있다면, 그렇게 심각한 일처럼 들리진 않았다. 허리가 부러진 것처럼 영구적인 걸까, 아니면 팔이 부러진 것처럼 더 튼튼하게 회복할 수 있는 걸까?

부모님의 전화를 끊자마자 라우도어 가족의 집으로 전화를 걸었다. 여전히 외우고 있는 그 번호로 실제로 전화를 거는 건 여러 해 만의 일

---

* 1959년에 실제 발생했던 일가족 살인 사건을 소설로 재구성한 트루먼 커포티의 작품.

이었다. 척이 특유의 굵은 목소리로 전화를 받았다. 그가 우리 아버지를 만나, 내가 타고난 권리로 마이클에게 주어졌어야 할 편집장 직위를 훔쳤으며 사임하는 게 마땅하다고 이야기한 이래로 우리는 거의 말을 섞지 않았지만, 그가 걸걸하고 따뜻한 목소리로 내게 인사를 건넨 순간 마음속에 그를 향한 애정이 밀려드는 게 느껴졌다.

척은 마이클이 집에서 지내는 걸 힘들어했다고 이야기했다. 대니 형이 돌아와 있었고, 안식년을 보내고 있던 척은 다른 가족들이 집에서 나가길 바랐다. 척은 마이클이 대니가 집을 떠나 이사하는 걸 도왔지만 "마이클 자신은 그렇게 하지 못했다"고 했다. "이제 부지에서 퇴거할 시간이라고 힌트를 줬지만" 이미 퍼버 저택의 다락방에서 퇴거한 뒤였던 마이클은 그 힌트를 알아채지 못했다.

척의 직설적인 말을 듣고 나는 다소 안도했으나 그에게서는 무언가 숨기는 기색이 느껴졌다. 크게 상심한 건 분명했지만, 마이클을 집에서 쫓아내려고 한 것에 대해 죄책감을 느낀다거나 미안해하는 기색은 없었다. "그게 마이클에겐 어떤 식으로든 압박을 준 모양이다"라고 말한 게 전부였다.

마이클이 모아놓은 거절 편지도 압박으로 작용했다고 척은 말했다. 그중에는 편집자가 직접 쓴 편지와 격려하는 쪽지도 있었다고 덧붙일 때는, 저 옛날처럼 뽐내는 분위기가 언뜻 스쳤다. 하지만 그것들조차 점점 편집증적으로 변해가던 마이클에게는 우울감을 더해주었다. 마이클의 망상에는 "가족이 포함되었다"고 그는 말했다.

척은 다음에 또 대화하게 되면 "다른 얘기도" 해주겠다고 말하면서, 168번가에 있는 워싱턴하이츠의 컬럼비아 장로교 병원 폐쇄 병동에 있는 마이클에게 전화를 해보라고 권했다. 폐쇄 병동, 그 무시무시한 표현을 처음 들은 순간이었다. 방에는 전화가 없고, 복도에 공용 유료 전화만 있다고 했다. 척은 전화번호를 알려주면서 토요일은 "안식일이라 전화를 받지 않을 수도 있으니" 다른 날 전화하라고 덧붙였다.

마이클이 언제부터 안식일을 지켰나? 척은 내 질문에 한숨을 쉬더니, 마이클의 "종교성"이 점점 깊어지고 있다고 설명했다. 정신적 무너짐이 율법을 엄수하는 유대인을 낳는다니, 마이클이 좋아했을 법한 농담이었다. 본인이 그 희생자가 아니었더라면 말이다. 그에게 종교적인 주제는 절대 꺼내지 말라고 말하는 척의 목소리에서 짜증이 배어났다. 그럼에도 그는 내가 마이클에게 전화해주기를 바랐다.

척은 의사들이 마이클에게 가끔 특별한 약을 준다며, 마이클이 "조율된 상태"면 말을 할 거라고 했다. 그 개념이 '폐쇄 병동'만큼이나 내게 충격을 주었다. 언제나 달변이었던 마이클이 "조율된 상태"여야만 말을 한다니, 상상하기 어려웠다.

척이 알려준 번호로 전화를 걸었다. 수화기 너머에서 들리는 마이클의 목소리가 전화기 옆에서 기다리다가 잠들었던 것처럼 혼미해서 놀랐다. 그가 내 목소리를 알아듣지 못하거나 말하기를 원하지 않을까봐 ─말하지 못할까봐─ 걱정했지만 그는 즉시 내가 누구인지 알아차렸고, 지친 기색이 역력한데도 내가 전화해준 것에 기뻐하는 티가 났다. 무기력하고 멀게 느껴지는 목소리였지만, 내게 친숙한 강렬한 존재감이 한층 풀죽은 상태로도 분명하게 느껴졌다.

"감옥은 처음이야." 어떻게 지내느냐고 묻자 그가 씁쓸하게 말했다. "주간 휴게실"은 소음과 담배 연기가 가득했으며 항시 텔레비전을 켜두었다. "텔레비전이 있는 연기 자욱한 방이 마음에 안 들어." 그는 말했다. "하지만 여기서 나가고 싶으면 거기 가서 사람들이랑 어울려야 한대."

암울하게 들렸다. 다른 할일은 없나?

"오전 8시 아침. 오후 12시 점심. 오후 5시 저녁."

나는 웃음을 터뜨린 다음에야 마이클이 진지한 척 농담을 한 게 아니라 진지하게 사실을 전했을 뿐이라는 걸 깨달았다. 아니, 진지하게 사실을 전한 게 맞긴 할까? 확신이 서지 않아 문득 심란해졌다.

마이클은 과거와 다르지 않은 어투로 말했고, 나는 그의 말에 귀를 기울이면서 습관적인 기대를 품었다. 설령 *그가* 전하고자 하는 의미는 달라졌을지라도, 마이클이 여전히 비꼬는 말을 할 수 있지 않을까? 농담을 할 수 있지 않을까?

나는 그에게 웃어서 미안하다고 사과하고 싶었지만 하지 않았다. 마이클은 말할 상대가 필요해 보였다. 나와 대화를 나누기보다는 그저 내게 말을 하고 싶은 것 같았다. 척의 표현대로라면 그는 내가 익숙했던 것과는 다른 상태로 "조율"되어 있었다.

"퍼버 박사님 말로는, 내 뇌가 섬세하대." 그의 말에서 느껴지는 일말의 자부심은 현재 그가 놓인 비참한 상황의 페이소스를 더욱 짙게 만들 따름이었다. 그는 의학적 설명보다는 영적인 설명을 늘어놓았다. 모든 이야기에 죄와 참회의 언어가 스며 있었다. 본래도 틀에 박힌 격언을 읊는 듯했던 그의 말투는 고해라는 새로운 목적을 부여받았다.

"나는 탐욕스럽고 교만했어." 마이클이 느린 목소리로 말했다. "이제는 편집증에 걸렸고, 정신적 평균에도 미치지 못하지."

마이클은 감옥에서 나오길 원했지만, 또한 자기 죄를 고해하길 원했다. 그는 "자신을 특정한 방식으로 전시하는 데 도취되어 있었다"고 말했다. 집에서 생활할 때는 부모님의 관계에 지나치게 개입했다. 부모님에게 "빌붙어서" 살았으며, 브루클린에 계신 할머니의 아파트를 "약탈"했고, 코네티컷에 계신 조부모님이 법학대학원 학비를 대주길 기대했다.

나는 약탈 얘기는 터무니없다고 생각해서 더 묻지 않았지만, 마이클의 거의 로봇처럼 억양 없는 어조를 듣건대 그에게는 없는 말을 지어낼 능력이 없어 보였다. 마이클은 마치 진실의 약을 먹은 사람, 또는 고문 끝에 자백하는 사람 같았다. 그가 "기이한 죄책감이 아니라 기이한 두려움"이라고 말하는 걸 들으면서 그가 단어를 이어붙여 문장을 만들기 위해 얼마나 애써야 하는지 실감이 났다.

"내 안의 좋은 부분에서 너무 멀리 떠나왔어." 마이클은 이렇게 말했지만 뒤이어 이제는 "천천히 치유하는 과정"을 시작했다고 덧붙였다.

마이클은 그 모든 경험을 "롤러코스터를 타는 것 같았다"고 묘사했다. 그 순간, 과거의 그라면 그런 상투적인 표현은 사용하지 않았을 거라는 생각이 떠올랐고 즉시 그런 생각을 한 자신이 부끄러워졌다. 인생은 작문 세미나가 아니다. 내가 자라나며 주입받은 믿음과는 반대로, 독창적인 어구보다 상투적인 표현에 더 큰 가치가 있을지도 몰랐다.

"긍정적인 태도를 가져야 해." 마이클이 말했다.

나는 동의했다.

그는 한때 상당한 낙관을 품고 이야기했던 자신의 장편소설을 이제는 사악한 생각과 나쁜 단어의 저장소로 취급했다. "여기 오기 전에" 160페이지를 쓴 소설은 "남들에게 잘 팔릴 거라고 생각한 것들, 과거의 자신이라면 견디기 힘들었을 불쾌한 것들"로 채워져 있었다고 했다. 플롯에는 CIA, 모사드*, 남색, 프랑스 동성애자들의 "지저분한 지하 세계", 아동 고문, 비밀 요원으로 일하는 홀로코스트 생존자들이 등장했다.

마이클의 표현에 의하면 그 책은 "언어에 대한, 생존자에 대한 모독"이었다. 그 책을 쓰는 것 자체가 속죄를 요하는 죄스러운 행위였다. 그래서 그는 그 원고를 부모님 집 앞 진입로에서 태워버렸다. 나는 마이클이 툭하면 고장나는 그의 작은 차 피아트 스파이더의 후드를 내려다볼 때의 구부정한 자세로, 연기 나는 쓰레기통 위로 몸을 숙이고 그 안에 라이터액을 짜 넣으면서 엄숙하게 막대로 불꽃을 휘젓는 모습이 생생히 그려졌다.

"태워버려서 기분이 좋아." 그가 말했다.

기분이 좋은 듯한 목소리는 아니었지만, 자기반성을 반복하는 말을 듣고 있자니 그의 고통에는 신의 섭리나 적어도 논리적인 이유가 있는 모양이었다. 마이클이 선택한 단어들에서는 우울한 희망이 내비쳤다. 마치 그가 저지른 죄들이 더 큰 패턴의 일부가 됨으로써 어떤 역할을 부여받은 것 같았다. 그는 당분간은 글을 쓰면 안 되지만 대신 "경전들"을 많이 읽고 있다고 했다―창세기, 출애굽기, 『아버지들의 금언 Sayings of the Fathers』. 그는 "가치 있는 말을 만드는 일"에 헌신하고 싶다고 했다. 앞서 자신이 교만했다는 고백이 기묘하게도 그가 부정하는 교만함을 내세우는 것처럼 들렸듯, 이 소박한 포부 또한 역설적으로 우쭐대는 것처럼 들렸다.

"내가 하는 말들이 선했으면 좋겠어. 중요하기까지 하면 더 좋겠

---

* 이스라엘의 비밀 정보기관.

고." 그가 말했다.

그 순간 한 가지 사실이 뚜렷해졌다. 전화로 이런 고해를 늘어놓는 것 자체가 자신의 말에 의미를 담으려는 노력의 일부이며, 마이클은 내가 전화하길 기대하면서 이 대사들을 머릿속에서 연습했으리라는 것이었다. 마이클에겐 할말이 더 남아 있었고, 그중 마지막으로 꺼낸 이야기가 가장 고통스러웠다. 적어도 내게는 그랬다.

"6학년인가 7학년 때, 너랑 시빌리가 나를 계단에 앉혀놓고, 나보고 카멜레온 같다고 했었지."

"세상에, 마이클. 설마 그 기억이 떠올라서 괴로워하고 있는 건 아니겠지."

"그건 아니야." 마이클은 고통스러울 만큼 진심을 담아 말했다. "그 기억은 날 도와주려고, 날 치유해주려고 떠오른 거야. 너희가 한 말이 사실이니까. 나는 내가 진짜로 누구인지 알아내야 해."

청소년 시절 던진 비난의 말이 그 오랜 세월 동안 그의 머릿속에 머물러 있었다고, 그의 죄책감을 키우고 그가 무너지는 데 아무리 작더라도 어떤 역할을 했다고 생각하는 것만으로 속이 안 좋아졌다. 마이클의 말투는 과거의 자신에게서 한 세대 떨어져 있는 사람처럼 멀게 느껴지는 동시에 강렬했다. 모든 게 초현실적이었지만 알아볼 수 있는 수준으로 변질되어 친숙하기도 했다. 나 자신이 하는 말은 마치 꿈속인 것처럼 입으로 말하는 게 아니라 귀로 듣는 것 같았다. 내가 참여하고 있는 우리 두 사람의 대화인데도, 어쩐지 몰래 엿듣는 기분이었다.

하지만 그때 마이클이 우리가 지극히 평범한 대화를 나누고 있었던 것처럼 나는 어떻게 지내느냐고 물었다. 그가 겪고 있는 일을 감안하면 내 안부를 물을 생각을 했다는 것 자체가 감동이었다. 나는 불확실한 대학원 생활 이야기는 제쳐두고, 러시아 이민자들에게 제2 언어로 영어를 가르치고 있다고 이야기했다. 장학금만으로는 뉴욕시에서 생활하기 부족해서 자금을 벌충할 수단이 필요했다.

"우리가 시작한 지점으로 되돌아간 셈이지." 내가 말했다. 나는 이민자인 우리의 뿌리, 옹송그린 사람들*, 마이클이 〈헤럴드〉 편집부실에서 소리 내어 읽었던 『하이먼 캐플런의 교육The Education of Hyman Kaplan』**을 떠올리고 있었다.

"좋네." 마이클이 말했다. "아주 좋아."

그는 랍비가 되려고 공부하는 여자친구를 사귀는 걸 승인해주었듯 나의 교사 생활도 승인해주었다. 내가 뉴로셸로 이사하면서 그의 세계로 들어갔듯이, 질환이 그의 윤곽선을 따라 도려낸 공간에 새로이 만들어진 허가 구역으로 들어가고 있었다. 우리가 공유한 유년기 자체가 내 출입을 허락해주는 신성한 요소였다. 그러나 그의 부모님은 편집증이 휘두르는 불붙은 칼에 출입을 저지당했다.

마이클은 병원에서 부모님을 보기만 해도 즉시 쿵후 자세를 취하고 전투태세로 팔을 들어올렸다. 반면 미어랜드 로드에서 마이클을 버리고 떠난 것에 대해 죄책감에 젖어 있던 나의 아버지는 밤중에 남몰래 그를 보호해주는 수호자 중 한 사람으로 여겼다.

전화의 다이얼을 돌리던 때만 해도 반쯤은 그가 받지 않기를 바랐건

---

* 1883년에 쓰인 에마 래저러스의 시 「새로운 거상」의 구절 "지친 사람들, 가엾은 사람들/ 옹송그린 채 자유로이 숨쉬길 열망하는 사람들을 내게 주시오"에서 인용한 것이다. '옹송그린 사람들'은 1880년대에 특히 뉴욕항을 통해 미국으로 들어온 수많은 이민자들을 가리킨다.
** 리오 로스튼의 유머 단편집으로, 주인공 하이먼 캐플런은 야간학교에서 영어를 공부하는 뉴욕의 이민자다.

만, 어느새 나는 마이클에게 면회를 가도 괜찮겠냐고 묻고 있었다. 기꺼이 오라는 대답이 돌아왔다. 가져다줄 물건이 있는지 묻자 그는 답했다. "테필린을 부탁하고 싶은데, 내가 진짜로 깨닫고 있기 때문인지 가짜로라도 보호받고 싶어서인지 모르겠어."

테필린은 가죽끈에 작은 검은색 상자 여러 개가 달린 물건으로, 전통 유대교 신자들은 아침기도를 할 때 이것을 팔에 묶고 두 눈 사이 이마에 위치하도록 착용한다. 상자 안에는 양피지에 쓴 경전의 글귀가 들어 있다. 나도 바르 미츠바 때 한 쌍을 받아서 한동안 사용해본 적이 있었다.

테필린을 영어로는 그리스어 어원의 '필랙터리phylactery'라고 부르는데, 한때 마이클과 나는 이 단어를 '프로필랙터리prophylactery —영적 콘돔—'*라고 부르며 배꼽을 잡고 웃었었다. 하지만 마이클은 지금 농담을 하는 게 아니었다. 그는 자신이 원하는 것이 진짜인지 확신하지 못한 채로 과거의 자아와 새로운 욕망 사이에서 아슬아슬한 균형을 잡고 있었다. 그가 다른 무언가로 위장한 정신증의 증상과 실제 지각을 구별하기를 어려워한다는 걸, 나는 이때 처음 어렴풋이 느꼈다. 나는 언제나 자신만만하게 확신에 차 있던 마이클에게 자주 분통을 터뜨리곤 했다. 하지만 이제는 돈을 내밀며 "이걸로 뭘 살 수 있어요?"라고 묻는 어린아이 같은 그의 정직한 불안에 마음이 찢어졌다.

종교 얘기는 피하라는 척의 경고를 기억하고 나는 테필린은 다음으로 미루자고 했다. 긴 가죽끈이 위험할 가능성이 있으리라는 생각도 스쳤다. 마이클은 수긍했지만 이렇게 덧붙였다. "유대교가 내 것이라

---

* 영어로 '프로필랙틱(prophylactic)'은 질병 확산을 방지하는 예방책이나 예방약을 의미하며 피임 기구나 콘돔을 뜻하기도 한다.

는 느낌이 들어. 기분이 나아지게 해주기도 하고. 더 잘 알면 좋을 텐데."

여러 해 동안 마이클은 '구세계'로 이끌리는 내 성향과 종교에 대한 헌신을 놀려댔다. 그러나 나는 마이클에게 설욕하려는 마음은 없었다. 마이클이 회의적인 영혼을 잃어버렸다는 게 애달플 따름이었다. 그리고 내가 우리의 운명이 최대한 멀리 동떨어져 있기를 바란 바로 그 순간, 우리가 오히려 더 비슷해지고 있다는 깨달음에 소름 끼치는 두려움을 느꼈다. 하지만 동시에 마치 우리가 형제이고 내게 다른 선택권이 없는 것 같은, 강력한 가족의 이끌림도 느꼈다.

나는 다음주 화요일에 면회를 가기로 약속을 잡았다. 마이클이 이미 외우고 있던 면회 시간을 불러주었다. 나는 공책에 시간을 받아 적었다. 1시부터 5시, 6시부터 8시. 나는 맨해튼에서 지내는 아파트 전화번호를 알려주었다. 숫자 하나하나를 아주 천천히 반복해 말해주어야 했다.

"지금은 글씨 쓰기가 힘들거든." 그가 말했다.

15장
얽히다

나는 형이 두려웠고, 형을 대신해 걱정했다.

형에게 현실이 되어가고 있는 악몽이 두려웠다.

이제 마이클 형은 어떻게 될까? 나중에 나도 형처럼

되는 건 아닐까?

—올리버 색스, 『온 더 무브』 중

형의 조현병에 대하여

마이클의 질환에 대해서 나는 여전히 아는 바가 없었다. 아무도 정확한 병명을 알려주지 않았다. 마이클의 질환은 장애보다는 어떤 사건처럼 논해지기 일쑤였다. 모종의 사건이 일어나 경찰을 부른 것이라고. 마이클 본인도 병원이 아니라 감옥에 갇혀 있다고 말했다.

마이클은 자신에게 편집증이 있다고 했지만, 그거야 누구에게나 있는 것 아니던가? "당신에게 편집증이 있다고 해서, 그들이 당신을 쫓고 있지 않다는 뜻은 아니다." 나는 『캐치-22』의 이 문장을 마이클에게서 처음 들었다. "서른 살이 넘은 사람은 아무도 믿지 마라"*라는 말을 이유는 생략하고 읊고 다녔듯이 이 문장도 누구나 읊고 다녔다. 고등학교 시절 우리는 "미국 정치에서 발견되는 편집증적 방식"이라는

---

* 1960년대에 언론의 자유 운동에 앞장섰던 미국의 환경운동가 잭 와인버그의 발언이다.

제목의 글을 읽었다. 역사학자인 저자는 정신의학의 용어를 빌려 와서, "거의 정상에 가까운 사람들"이 음모론적 환상의 언어를 사용하는 이유를 설명했다.

마이클은 자신의 편집증을 징벌로 묘사했지만, 그의 설명은 어딘가 이성적으로 들렸다. 적어도 내적 일관성은 있었다. 과거에 그가 편집증을 언급하는 게 만사에 통달한 듯한 특유의 분위기를 자아냈던 것과 비슷했다.

하지만 그럼에도 나는 마이클에게 뭔가 끔찍한 일이 일어났다는 걸 알았다. 단순히 편집증적인 생각이 든다거나 "정신적 평균" 이하의 상태로 떨어졌다고 해서 어머니가 경찰을 부르지는 않는다.

여러 해 동안 나는 마이클과의 사이에 우정이랄 게 남아 있는지 확신할 수 없었다. 통화중에 그와 나를 하나로 묶어주는 공감대를 느끼긴 했지만, 그건 현재 우리의 우정 상태와는 별 관련이 없었다. 처음에 내 감정은 그를 향한 본질적인 애착에 압도되었지만, 이윽고 애정과 연민이 뒤섞인 감정 속에서 회의감과 경쟁심이 고개를 들었다.

내가 거북이라면 마이클은 토끼였기에, 나의 일부는 여전히 그가 여전만큼 힘차고 의욕이 넘친다고 믿었다. 일이 이렇게 된 상황에서도 나는 그가 잠깐 늘어져서 낮잠에 든 것뿐이라고, 금세 벌떡 일어나 달리기 시작할 거라고 짐작했다. 〈뻐꾸기 둥지 위로 날아간 새〉에서 잭 니콜슨이 처음 전기치료를 받고 나서 동료 환자들 앞에서 좀비가 된 시늉을 하다가 이내 씩 웃어 보이듯이 그를 불편하게 하고 있는 게 무엇이든지 훌훌 털어버릴 수 있을 거라고.

일기장의 다른 페이지에 나는 우리 삶의 평행한 요소들을 나란히 목록으로 적어보았다. 그것들이 어떤 본질적인 문제에 답해주기라도 할 것처럼. 중학교 교지 편집부(그가 편집장이었다)와 고등학교 교지 편집부(내가 편집장이었다), 우리가 키우던 고양이들의 이름, 두 번의 합격(텔루라이드 프로그램과 예일대학교). 어떤 이유에선지 나는 우리의 이름 대신 '그'와 '나'라는 대명사를 사용하고 있었다.

우리 인생에서 포개지는 부분들을 적어본 건, 표류하는 우정 앞에서 우리의 연결고리를 떠올리고 그를 만나러 갈 결의를 다지기 위해서였을까? 혹은 반대로, 나는 그와는 다르며 그에게 빚진 게 없으니 죄책감 없이 그를 외면해도 괜찮다는 걸 증명하기 위해서였을까? 하지만 우리가 서로 다르다고 느낄수록, 나는 그를 집어삼킨 숙명에 나마저 전염될 거라는 걱정을 내려놓고 한결 가벼운 마음으로 그를 만나러 갈 수 있을 터였다.

내가 적은 목록은 시간순은 아니었으나 고등학교 첫 주를 마친 시점에 끝났다. 10학년, 구타당함—도망침. 구타당한 건 나였고, 도망친 건 그였다. 하지만 지금은 쓰러진 사람이 마이클이었고 나는 도망치지 않겠다고 스스로에게 약속했다. 방문 시간을 받아 적은 종이 아래쪽에 그의 곁을 지키겠노라고, 그를 방문하고 도울 수 있는 만큼 돕겠다는 맹세의 말을 적어넣었다.

마이클이 문학적 야망, 거절 편지, 시간을 때우기 위한 일자리들로 빚어가고 있던 무정형의 세계는 그에게 재난과 같았다. 첫 장편소설은 이미 불태웠다고 했다. 부모님의 압박으로 법학대학원에 지원했지만, 이제는 너무 늦어버렸다. 학창시절 우리의 교실 벽에 붙어 있던 포스터들은 우리에게 공중누각에 사는 것도 괜찮다고 말했다. 그 아래에 토대를 쌓아올리기만 하면 된다고 했다. 하지만 헨리 데이비드 소로도, 선생님들도, 그 누구도 우리에게 바닥에서부터 삶을 쌓아올리는 것보다 공중에서 아래로 쌓아 내려가는 게 얼마나 더 어려운 일인지 알려주지 않았다.

나는 여전히 대학원에 자리가 있었지만, 학자로서의 정체성은 마이클이 입던 정장만큼이나 얇게 해어지고 있었다. 시계가 장학금 지원 종료를 향해 째각거리며 달려가는 가운데, 시세보다 낮은 월세를 내면서도 돈이 부족해 외부 일자리를 구해야 했다. 내게도 마이클처럼 문학적 야망이 있었다. 미국 동부로 돌아온 이유 중 하나가 그를 따라잡기 위해서였다. 그런데, 무엇을 따라잡는단 말인가?

어머니는 단순히 죄책감이나 동정심 때문에 마이클의 삶에 다시 휘말리지 말라고 경고했다. 누나는 논문 지도 교수의 말을 인용하여 누구나 정신적 무너짐을 겪을 수 있다고 말했다. 정신증 발병 시기가 늦을수록, 뇌가 정상 기능의 일부를 되찾고 지금까지 배운 걸 잃지 않을 확률이 높다고도 했다.

마이클이 무언가를 잃게 되리라고는 미처 생각하지 못했었다. "무너짐"이라는 말을 완곡어법으로 여겼었다. 이제는 그 단어가 망치로 때리듯 선명하게 느껴졌다. 하지만 굳이 따지자면, 마이클은 운이 좋은 편이었다. 스물다섯 살이 다 된 나이였으니까.

면회를 확정하려고 마이클에게 전화를 걸자 낯선 목소리가 수화기를 들더니, 내가 미처 이름을 말하기도 전에 급히 사라졌다. 복도 멀리에서 마이클을 외쳐 찾는 소리가 들렸다. 낯선 사람들 틈바구니에 긴 아이처럼, 서글픈 에너지가 담긴 목소리였다. 한동안 기다리다가 수화기를 내려놓으려는 찰나, 전화선 저편에서 마이클의 목소리가 들렸다. 마치 친숙한 음반을 느리게 재생하는 것처럼 느껴지는 목소리였다.

마이클이 신중하게 단어를 골라 병원 주소를 알려주는 걸 들으면서 그가 주소를 아는 것에 내심 놀랐다. 모든 단어가 그 둘레에 작은 공간을 지니고 있는 것처럼 들리긴 했지만, 마이클의 정신은 멀쩡해 보였다. 내가 가져다줄 만한 게 있느냐고 묻자 마이클은 테필린은 언급하지 않고, 엄숙하고도 긴급한 어조로 카메라, 테이프녹음기, 그리고 로버트 올터와 프랭크 커모드가 쓴『성경에 대한 문학적 지침서The Literary Guide to the Bible』가 필요하다고 말했다.

마이클에게서는 내가 익숙한 자신감이 느껴졌지만, 마이클이 하는 모든 말을 반대 방향으로 잡아끄는 불안한 저류 역시 느껴졌고 그건 내가 익숙하지 않은 부분이었다. 마이클은 예전처럼 적극적이었지만, 한편으로는 자신의 필요가 내게 부담을 지우는 것에 대해, 심지어 뭔가를 필요로 하는 것 자체에 대해 거의 미안해하는 것처럼 지나치게 배려하고 살피는 소극적인 모습을 보이기도 했다.

나는 그가 말한 물건들을 종이에 적고, 애써 보겠노라고 말했다. 전화를 끊고 나는 짐을 뒤져 휴대용 카세트 재생기와 오래된 인스터매틱 카메라를 찾아낸 다음 브로드웨이에 있는 셰익스피어 앤드 컴퍼니 서점에 가서『성경에 대한 문학적 지침서』페이퍼백 판본을 샀다.

그날 저녁 미할에게 그 책을 갈색 종이에 싸서 배낭에 넣어야 경비원들에게 들키지 않고 통과할 수 있다고 설명하던 도중, 그녀가 동정에서 혼란을 거쳐 우스움을 참는 표정을 짓고 있는 걸 알아차렸을 때에야 나는 내가 다른 사람의 망상에 동참하고 있다는 걸 깨닫고 굴욕을 느꼈다.

마이클이 카메라와 테이프녹음기가 필요하다며 어떤 이유를 댔는지도 기억나지 않았다. 어떤 위험이 있다고 모호하게 암시했고, 기록을 해야 한다고 했다―그러나 대체 무엇을 기록한단 말인가? 마이클과 대화를 나누던 순간에는 모두 어느 정도 말이 되게 느껴졌다. 마이클의 긴급하고 은밀한 어조에는 설득력이 있었고, 그가 내린 구체적인 지시도, 갈색 종이봉투와 비밀을 유지하는 게 무엇보다 중요하다는 말도 그의 주장에 힘을 실어주었다. 원체 잘 속아넘어가는 나의 기질과 착한 사마리아인의 허영심이(내가 엄청난 도움을 주고 있어!) 평생 마이클의 권위에 복종해온 내력과 손을 잡고 알아서 척척 마무리 작업을 해주었을 것이다.

결국 나는 다른 물건은 제외하고 책만 가져갔다. 미할은 척이나 병원 로비의 경비원이 『성경에 대한 문학적 지침서』를 마이클을 자극하는 물건으로 여기지는 않을 거라고 나를 안심시켰다. 나도 그 사실을 아주 잘 알고 있었다. 그걸 알면서도 학문적 연구라는 안정제가 헤로인이라도 되는 양 국경 너머로 밀수할 준비를 하고 있었던 거다. "그들"이 병원 구내에 성경 연구서를 들여오길 원치 않는다는 마이클의 말에 그토록 쉽게 넘어갔다는 사실이, 나 자신에 대해 무엇을 알려주는 걸까?

미할은 걱정할 필요 없다고, 위기에 빠진 친구를 도우려다가 말려든 것뿐이라고 일축했다. 다만 그녀는 내가 버클리 교수인 로버트 올터의 히브리어 성경 수업을 들었다는 이야기를 마이클에게 한 적이 있는지 궁금해했다. 나는 올터에게 마이클이 원한 바로 그 책의 색인 작업을 부탁받았었다.

분명 이야기한 적이 있을 것이다. 마이클은 내가 듣는 수업에 대해 꼬치꼬치 캐묻기 일쑤였고, 성경 공부는 그에게 들려주기 괜찮은 내용이었다. 나는 올터 교수와 그의 사무실에 앉아서 창세기를 한 문장씩 번갈아 번역해가며 읽었다. 내가 그 이야기를 잘 알고, 책의 반대쪽 면에 영어가 적혀 있었기 때문에 가능한 일이었다. 이 수업은 고대 언어 필수 학점마저 채워주었다. 그러나 색인 작업은 상상만 해도 악몽이었다. 수백 페이지의 원고를 읽고, 주석을 붙이고, 다시 읽고, 정보를 뽑아내 한 단어짜리 범주로 정리한 가로 3인치, 세로 5인치 크기의 색인 카드에 담는 작업을 마주하고, 나는 그 일에 평생을, 혹은 그보다 긴 시간을 바쳐야 하리라는 걸 깨달았다. 마이클이라면 노도즈*를 삼키고 하룻밤을 꼬박 새면 끝마칠 종류의 일이었지만, 나는 교수의 제안을 거절했다. 그로써 내가 어떤 종류의 학문에든 부적합하다는 두려움이 한층 더 깊어졌다. 그게 내가 마이클에게 색인 작업을 제안받았다는 것까지만 이야기하고 나머지는 생략한 이유였다. 내가 스스로를 짓궂은 장난의 놀림감으로 만든 기분이었다.

미할에게 의미 있게 보인 사실은 마이클이 나와 관련된 물건을 원했다는 것이었다. 하지만 나는 다른 생각에 잠겨 있었다. 그전에 나는 광기가 이성과 논리를 명백히 포기하는 것이라고 믿었다. 생각만 해도 두려운 일이었지만, 제정신과 정신이상을 흑백으로 단순하게 구분하는 데에는 만족스러운 명료함이 있었다. 2 더하기 2가 4라고 답하면 제정신이고, 5라고 답하면 미친 것이다. 하지만 가끔만 제정신인 사람은 어느 쪽일까? 어떤 날에는 4라고 답하고, 어떤 날에는 5라고 답하는 사람은? 아니면 4.5라고 답하는 사람은?

다른 사람의 광기에 동참하는 것도 광기일까? 눈을 감고 보도에서 열 걸음을 내딛는 것은 눈이 먼 채로 사는 것과 같지 않았다. 하지만

---

* 카페인 각성제의 상표명.

내가 『성경에 대한 문학적 지침서』를 정신병원으로 밀반입할 계획에
골몰하는 동안, 내 눈은 나도 모르는 사이에 감겨 있었다.

마이크 커티스의 경우, 마이클에게 병원에 있다는 전화를 받고도 그
에게 휘말려 들어가지 않을 적정 거리를 유지하고 있었다. 마이크가
다니는 의과대학은 클리블랜드에 있었기에 그는 밤늦게 뉴로셸에서
걸려온 우울한 전화를 받는 일에 익숙했다. 발신자 확인 장치가 없던
시절이었지만, 전화벨이 울린 시각이 저녁 11시 이후라면 수화기 너
머에서 마이클이 약쟁이 흉내를 내며 과장되게 느린 목소리로 인사를
건넬 게 분명했다. "이봐아아, 마이크, 어떻게 지내?"

마이클의 목소리는 장난기를 담을 수 없을 만큼 지나치게 우울하지
는 않았지만 우울을 완전히 떨칠 만큼의 장난기는 없었다. 어쨌든 매
력적인 목소리였다. 마이크는 저 나름대로 꾸며낸 목소리로 답했다.
"이봐아아, 마이크, 나야 잘 지내지." 두 사람의 관계에서 활기찬 역할
을 맡은 그는 마이클이 이요*처럼 오랫동안, 때로는 몇 시간씩 한탄을
늘어놓는 걸 참을성 있게 들어주었다.

병원에서 전화를 건 그날 밤, 마이클은 "이봐아아, 마이크" 대사를
한 차례 주고받은 뒤에야 고백했다. "나 지금 컬럼비아 장로교 병원
십층이야. 폐쇄 병동에 있어." 그뒤에는 놀라울 만큼 여느 때와 다르
지 않은 대화가 이어졌다. 다른 점이라면 마이클이 이따금 이런 말을
덧붙인다는 것 정도였다. "그렇지만 그들이 날 죽이려 하는 걸 알아.
여기서 나가야 돼."

마이크는 이튿날 비행기를 타고 뉴욕으로 날아와 신경정신과 병동

에 입원한 마이클을 만났다. 두 사람을 둘러싼 환경은 평소와 달랐지만, 마이클이 이야기하는 말투만은 과거의 그와 똑같았다. 하지만 그러다가 마이클은 의사들이 자신에게 마취 없이 뇌의 일부를 제거하는 수술을 시행할 계획을 세우고 있다고 말했다.

마이크가 아무리 이성과 논리로 호소해도 마이클의 망상은 흔들림 없이 굳건했다. 마이클은 언제나 눈부시게 이성적인 사람이었고 지금도 거의 그러했지만, 문제는 이제 그의 가공할 만한 지성이 비이성적인 생각을 빚어내는 데 쓰이고 있다는 거였다. 마이크는 자신이 무시무시한 전두엽 절제술을 받게 될 거라 굳게 믿고 있는 전 룸메이트를 남겨두고 의과대학으로 돌아갔다.

고등학교 시절, 마이클은 내가 무슨 수를 써서든 피하려 했던 AP 물리 수업을 들었다. 대학에서 나는 '시인들을 위한 물리학' 강의를 수강하겠다고 도전해보았지만, 물리는 어떤 이름으로 부르든 결국은 수학이었다. 나는 F학점을 면하고자 수강을 철회해야 했다. 그러나 그 강의는 내게 은유적으로 기억할 만한 개념 몇 가지를 남겨주었다. 그중 하나가, 두 개의 입자가 양자 수준에서 '얽히면' 한 입자에 일어나는 모든 일이 다른 입자에 똑같은 일이 일어난다는 기이한 개념이었다. 두 입자를 우주의 양쪽 끝에 떨어뜨려놓더라도 수억 광년의 거리를 뛰어넘어 동일하게 행동했다. 마치 서로에게 화답하는 부두교 주술 인형이나, 보이지 않는 끈으로 서로의 운명에 단단히 매인 쌍둥이 같았다.

이렇듯 기이한 양자 얽힘 현상을 두고 아인슈타인은 "으스스한 원격 작용spooky actions at a distance"*이라고 표현했다. 필립 K. 딕이라면 이 개념을 SAD라는 약어로 칭하고, 마이클이 내게 들려주곤 했던 시간, 공간, 자유의지, 정신을 흐트러뜨리는 공상과학소설에 써먹었을 것이다. 물론 입자는 사람과 다르고, 또하나의 기억할 만한 개념이었던 슈뢰딩거의 고양이와도 다르지만, 양자 얽힘은 엄연한 과학이었다. 나는 마이클과 내가 모종의 으스스한 끈으로 이어져 있다는 느낌을, 그 두려운 감각을 떨칠 수 없었다.

　면회를 가기 전날 밤 나는 악몽을 꾸다가 헛숨을 들이켜며 잠에서 깼다. 기억나는 부분은 하나뿐, 내가 마이클과 싸우다가 달아나려 하는데 그가 내 다리에 이를 박아 넣고 매달리는 장면이었다.

---

* 물리학 용어로, 떨어져 있는 두 물체가 물리적 접촉 없이 상호작용하는 현상을 말한다.

16장
폐쇄 병동

아, "그게 무엇이냐?" 묻지 말고

우리 일단 찾아가보자.

　　　　　　—T. S. 엘리엇, 「J. 앨프리드 프루프록의 연가」

카리브해 말씨를 쓰는 무뚝뚝한 직원이 영화 속 간수처럼 열쇠 여러 개가 달린 고리를 들고 나타나서 마이클의 병동으로 향하는 묵직한 문을 열었다. 머리 높이에 안쪽을 들여다볼 수 있는 작고 두꺼운 창문 하나가 나 있었다. 직원이 우리 등뒤에 있는 문을 잠그자 삽시간에 폐소공포증이 엄습해왔다. '폐쇄 병동'이라는 말은 은유가 아니었다. 열쇠를 가진 사람이 문을 열어주지 않으면 나 역시 이곳에서 나갈 수 없었다.

나는 직원을 뒤따라 걸어갔다. 스페인어로 뭐라 말하며 훌쩍이는 여자의 목소리가 복도 전체에 서글픈 분위기를 불어넣고 있었다. 지나다가 흘긋 들여다본 병실 안쪽에 그녀가 있었다. 딸로 보이는 젊은 여자가 나로서는 짐작할 수 없는 어떤 이유로 산소마스크를 쓰고 있었다.

마이클은 자기 침대에 꼿꼿이 앉아서, 명상을 하던 때처럼 무아지경에 빠져 있었다. 그 옆에 침대가 몇 개 더 있었지만 방안에 있는 사람은 마이클과 그의 부모님뿐이었다. 침대 옆 의자에 앉아 있던 라우도어 부부는 내가 들어오자 자리에서 튀어오르듯 일어섰다. 루스가 나를 꼭 껴안았다. 척은 나와 악수를 하고, 병실에 들어올 수 있는 면회객은 한 번에 두 명뿐이라고 설명하더니 밖으로 나갔다.

나는 루스 옆자리에 앉았다. 어느새 눈을 뜬 마이클은 안경을 집어들더니 조심스럽게, 그러나 비뚤게 썼다. 그는 운동화 신은 발을 이불 위에 올려놓고 무릎을 세운 채 앉아 있었다. 온몸이 마르고 삐죽해져 있었다. 툭 튀어나온 팔꿈치, 무릎, 턱이 눈에 들어왔다. 마이클은 내게 지친 듯한 미소를 지어 보였는데, 이번만큼은 마이클 특유의 늙은이 같은 한숨이 상황과 잘 어울렸다.

대단히 꼿꼿하게 앉은 그의 모습은 불상을 연상시켰지만, 머리에는 정통파 유대인들이 쓰는 검은 천 키파가 씌워져 있었다. 불그스름한 머리칼 위에 어색할 만큼 높게 얹힌, 살짝 주름진 키파는 마치 누군가 몰래 그 자리에 떨어뜨려놓은 것처럼 보였다.

나는 배낭 지퍼를 열고 『성경에 대한 문학적 지침서』를 꺼냈다. 마이클이 자기가 부탁한 책을 그렇게 공공연히 건네주는 걸 불편하게 느끼거나, 다른 물건들은 어떻게 된 건지 의아해하지 않길 바랐다. 그는 커다란 손으로 책을 받아들었다. 며칠 전 우리가 나눈 대화를 기억하는 기색은 없었다.

"나 수표장 있어." 그는 그저 이렇게만 말했다.

루스는 어린아이를 타이르듯 마이클에게 설명했다. "병원에 면회를 오는 사람들은 선물을 가지고 오기도 한단다."

마이클은 내가 준 책을 침대 옆 탁자에 올려두었다. 탁자 위에는 이미 킹 제임스 성경, 히브리어와 영어로 된 기도서 몇 권, 먹다 만 꽈배기 모양 할라 빵 조각이 든 봉지가 놓여 있었다.

루스는 우리끼리 대화할 시간을 주겠다며 자리를 비켜주었다. 부모님이 두 분 다 방에서 나가자 마이클은 살짝 긴장을 내려놓았지만, 예전처럼 그들이 가짜라고 생각하는 단계는 지난 게 분명했다. 그는 침대 위에서 불편하게 몸을 기우뚱거렸고 이따금 몸서리를 쳤다.

의사들이 약을 주고 있지만 치료는 거의 해주지 않는다고, 마이클은 말했다. 수신이 불량한 텔레비전 수상기가 된 기분이라고 했다. 화상이 또렷해지길 바라면서 안테나를 이리저리 돌려보고, 한 쪽을 두드려보고, 다른 쪽을 두드려보는 것 말고는 뭘 해야 하는지 아무도 몰랐다.

강력한 약물이 마이클의 광기와 제정신 둘 다를 가두고 있는 게 느껴졌다. 적어도 나는 그렇게 상상했다. 약물은 그를 숨기는 동시에 자유롭게 해주고 있었지만 어느 쪽 비율이 더 높은지는 알 수 없었다. 나는 마이클이 쓴 가면을 뚫고 비어져나온 작은 제정신의 목소리를 들을 수 있는 것에 감사했다. 마이클의 말투는 본연의 마이클과 많이 달랐지만, 그럼에도 자신이 원래부터 자신의 연구 대상이었다는 듯이 스스로 서사를 써나가는 친숙한 방식에서 나는 일말의 안도감을 느꼈다.

마이클은 입원하기 전에 미국 최고의 법학대학원 일곱 곳에 지원했었다고 설명했다. 모두 합격했지만, 그 소식을 알았을 때 마이클은 이미 병원에 있었고 뭘 어떻게 해볼 상태가 아니었다. 그는 대니에게 예일대 법학대학원만 제외하고 모두 거절해달라고 부탁했고, 대니는 예일 법학대학원 입학을 일 년 연기해두었다.

전형적으로 마이클다운 일화였다. 너무 과해서 난감하다는 점이 그러했고, 법학대학원이 그를 거절한 게 아니라 그가 법학대학원을 거절했다는 점이 그러했다. 평소와 다른 점이 있다면 마이클이 혼란스러운 투로 본심을 털어놓았다는 것이었다. "어떤 차원에서는 가고 싶지 않은 걸지도 몰라. 무의식적으로." 그는 이렇게 덧붙였다. "어쩌면 그게 내가 여기 있는 이유일지도 모르지."

나는 그렇다면 다른 무얼 하고 싶으냐고 묻지 않았다. 그가 다른 무얼 할 수 있는지 나는 알지 못했다.

마이클은 내내 불편하게 몸을 기우뚱거리다가, 앉아 있는 것보다는 걷는 게 더 편하다고 말했다. 그가 조심스럽게 침대에서 내려오자 우리는 함께 복도를 이쪽저쪽으로 거닐었다. 마이클은 느리게 움직였지만 그래도 걷기 시작하니 말하는 게 한결 쉬워진 것 같았다. 그는 가족의 품으로 돌아가 "개성을 가두지" 않아도 되는 예술적 영혼으로 살고자 했던 자신의 시도가 얼마나 불운하게 끝났는지에 관해 다시 한번 넋두리했다.

그리고 마이클은 또다시 신체적인 균형과 심리적인 균형 이야기를 꺼냈다. 나는 그의 몸가짐과 대화 주제가 약간 우리 아버지를 연상시킨다고 느꼈다. 학교 운동장에서 통통 튀어오르듯 걷던 걸음걸이는 이제 온데간데없었고, 복도를 걸어가는 모습은 눈 위로 끌려가는 무거운 썰매처럼 거의 무생물에 가까워 보였다. 마이클은 마치 머리 위의 천 키파가 날아갈까봐 걱정하는 것처럼, 몸을 힘들여 곧게 세우고 동작을 최소화했다. 그의 몸짓은 우리가 어릴 적 읽으면서 자란 어린이 책에 나오는, 머리 위에 모자를 잔뜩 쌓아놓은 모자 장수 같기도 했다. 모자 장수는 "모자 팝니다!"라고 외치면서 돌아다니다가, 원숭이들이 자기 모자를 몽땅 훔쳐갔다는 걸 알게 된다.

음수대에 도착하자 마이클이 천천히 머리로 손을 올렸다. 몸을 굽혀

물을 마시려면 에너지와 집중력을 끌어모아야 했다.

어느 시점엔가 그는 나를 창살 달린 창문 앞으로 데려갔다. 창문 너머로 화재 비상계단, 급수탑, 철거로 드러난 건물의 창문 없는 뒷모습이 보였다. 본디 노출되지 않았어야 할 것들이었다.

"내가 어떻게 됐는지 봐." 마이클은 자신이 창밖의 풍경인 양 처량하게 말했다.

연한 황록색의 성당처럼 생긴 발전소와 강이 보이긴 했지만, 창살이 없었대도 충분히 울적했을 풍경이었다. 여기저기 흩어진 건물들과 얽히고설킨 고속도로들은 레고 상자 속에서 마구 뒤섞여 있었던 것처럼 무작위하고 완성되지 않은 듯한 모양새였다.

마이클은 어수선한 도시 풍경을 내다보았다. 어쩌면 우리 아버지가 낭송한 릴케의 시 속 표범처럼, 그가 바라보고 있던 건 단지 창살이었는지도 모르겠다. 창살 뒤에는 아무 세상도 없었다. 카이네 벨트.*

우리는 다시 걷기 시작했다. 마이클은 지칠 때마다 병실로 돌아와서, 운동화를 신은 채 침대로 기어 올라가 긴 다리를 쭉 뻗었다. 한번은 간호사가 약물의 부작용을 관리하기 위한 것이라며 알약 하나를 들고 들어왔다. 성실하게 알약을 입에 넣고 고개를 뒤로 젖히는 마이클의 모습은 꼭 목이 긴 새가 생선을 잡아먹는 것 같았다.

마이클의 생일이 육 주 앞으로 다가오고 있었다. 마이클은 그날도 병원에 있을까? 병원이 아니라면 어디에 있을까? 척이 아들을 집에 받아줄까? 궁금증을 차마 질문으로 옮기지 못하는 내게, 마이클은 자신이 자의로 입원했기 때문에 원하면 언제든지 떠날 수 있다고 설명했

---

* '아무 세상도 없다'는 뜻의 독일어로, 릴케의 시 「표범」에 나오는 구절이다.

다. 마이클이 병원 생활을 끔찍이 싫어했을 뿐 아니라, 그가 입원한 경위에 대해 이미 극적인 사연을 들은 바 있었기 때문에 나는 그 사실에 짐짓 놀랐다.

나는 입원 법규에 대해 전혀 몰랐다. 부엌칼을 들고 돌아다니는 사람이 자신이나 타인에게 위험하다고 간주되지 않을 수도 있다는 생각은 하지 못했다. 마이클이 입원 전에 어퍼 웨스트사이드에서 진료를 받고 있던 정신과의사는 그가 폭력적이라고 진단하지 않았다. 마이클은 칼을 들고 다녔고 잘 때는 야구방망이를 곁에 두었지만, 그건 그의 부모와 똑같은 얼굴로 성형수술을 한 나치들이 그의 부모를 살해하고 가짜로 부모 행세를 하고 있으며 이제는 그 역시 죽이려 한다는 생각 때문이었다. 그러니 마이클의 정신과의사가 보기에 마이클의 행동은 공격적인 행동이 아니라, 방어적인 행동이었다.

컬럼비아 장로교 병원의 의사들은 마이클이 퇴원하기에는 이르다고 판단했다. 오래 입원할수록 치료와 치유에 필요한 시간이 확보되었다. 가시적 증상은 약물만으로도 일시적으로 완화되지만, 진정한 치료와 치유가 이루어지려면 그보다 훨씬 오랜 과정이 필요했다. 마이클은 병원에 더 머무르라는 설득에 응했다. 어쩌면 단순히 떠나기가 두려웠는지도 모르겠다.

마이클은 퇴원 후 72시간의 관찰 기간을 통과하지 못할까봐 걱정이라고 털어놓았다. 그러면 타의로 다시 입원을 해야 했다. 아무리 있고 싶지 않은 곳이라도, 자신이 선택한 곳이라면 자유롭다는 환상이나마 누릴 수 있었다. 병원에서 달아나려 하다가 타의로 다시 입원해서 자유를 완전히 빼앗기는 경우보다는 그게 훨씬 나았다. 결과적으로는 제자리로 돌아오게 된다 하더라도 그랬다. 심지어 더 나쁜 곳으로 가게 될 수도 있었다. 마이클이 웅얼웅얼 설명한 바에 의하면 컬럼비아 장로교 병원은 개인 병원이라서 예일대학교 학비보다도 돈이 더 많이 들었다.

한번은 마이클과 내가 그의 병실로 돌아갔을 때, 연한 머리색의 건장한 청년 한 명이 방 한가운데에서 서성이고 있었다. 그에게서 담배 냄새와 섞인 희미한 대변냄새가 났다. 마이클은 룸메이트에게 알은척을 하지 않고 침대로 올라갔고, 청년은 서성이기를 멈추더니 내적으로는 즐거우나 외적으로는 고통스러워 보이는 묘한 표정으로 우리를 지켜보았다. 그러다가 돌연 마이클의 침대 옆 탁자에 놓인 할라 꽈배기 빵을 가리키고 특이한 웃음을 지으며 말했다. "그 유대인 빵 좀 줘봐."

마이클은 그를 향해 멀뚱히 눈을 깜빡이기만 했다.

마침내 내가 떠나야 할 시간이 오자 마이클은 힘겹게 자리에서 일어나 내 손을 붙들고 악수를 했다. 내게 정중히 예의를 차리는 마이클의 모습은 나를 붙잡는 무기력한 손과 더불어 마이클의 달라진 상태를 드러내는 것처럼 느껴졌지만, 동시에 깊은 친숙함과 거의 응축되었다 할 만큼 짙은 존재감도 느껴졌다. 나는 조만간 다시 방문하겠노라 약속했다. 다음번에는 함께 성경을 공부하기로 했다.

"여기서 뭔가를 배우고 있다고 생각하고 싶어." 마이클이 말했다.

등뒤로 병동의 문이 잠기는 즉시 마음의 고통과 더불어 날것의 안도감이 거센 파도처럼 밀려왔다. 지하 세계의 오디세우스가 된 기분이군, 이라고 생각했다가 곧장 나 자신의 문학적 충동에 흠칫했다.

마이클과 방안을 서성이는 그의 룸메이트와 연기 자욱한 주간 휴게실에서 내가 얼핏 본 환자들이 유령이 아니었듯, 나는 오디세우스가 아니었다. 폐쇄 병동은 하데스가 아니었으며, 켄 키지의 뻐꾸기 둥지도 아니었다. 영화 〈왕이 된 사나이〉에 등장하는, 전쟁으로 인해 광기가 제정신이 된 프랑스 마을은 더더욱 아니었고, 전쟁으로 인해 제정신이 광기가 된 프란츠 파농의 알제리도 아니었다. 『제인 에어』에서 로체스터가 폭력적인 아내를 가둬놓은 다락방도 아니었다. 『다락방의 미친 여자』에서 로체스터 부인은 빅토리아 문화에 의해 응징되는 섹슈얼리티와 지성과 자유의 페미니즘적 상징으로 떠받들어진다. 집을 불태웠는데도.

내가 받은 교육이 이토록 부족하게 느껴진 건 처음이었다. 은유는 나를 도울 수 없었고, 부모님 집 진입로에서 자기 소설을 태워버린 마이클을 도울 수 없다는 것도 불 보듯 뻔했다. 그에게 알약을 가져다준 사람은 래치드 간호사*가 아니었고, 마이클은 건방지게 굴어서 병원에 갇힌 랜들 맥머피가 아니었다. 그가 병원에 있는 건 병이 있어서였다.

그럼에도 마이클은 내 머릿속에서 상징적인 자리를 차지했다. 나는 경건하게 머리를 모자로 가리고, 경직된 걸음으로 복도를 느릿느릿 걷고, 자신이 물이 가득찬 유리잔이 된 것처럼 몸가짐을 조심하는 마이클의 모습을 보았다. 또한 내 꿈에서처럼 분노에 사로잡혀 날뛰는 그의 모습을 보았다. 나는 마이클을 있는 그대로 보려고 노력했지만, 어두운 거울 속에서 흘끗 스친 이미지밖에는 볼 수 없었다. 그 이미지는 선택이 낳은 귀결, 경고, 위험을 의미했다.

마이클의 정신은 오랫동안 내게 높은 정신적 기능의 기준이자, 내 정신을 견주어 평가할 척도였다. 그는 나보다 빠르게 읽었고, 더 많은

---

* 『뻐꾸기 둥지 위로 날아간 새』에 등장하는 정신병원의 간호사로, 냉혹하고 잔인한 인물로 묘사된다.

것을 기억했으며, 정보를 더 신속하게 처리했다. 만약 마이클이 걸린 병이 암이었다면, 나의 몸도 더 취약하게 느껴지긴 했겠지만 그의 병에 이렇게 쉽게 감정을 이입하기는 어려웠을 것이다. 암을 유발하는 건 비정상 세포다. 정신질환을 일으키는 원인은 그만큼 분명하지 않았다. 저명한 연구자들이 거의 동시라 할 만큼 짧은 기간 동안 지목해낸 조현병의 원인은 부모의 양육, 비타민 결핍, 화학적 불균형으로 완전히 제각각이었다.

적어도 제인 퍼버가 사용한 "섬세한 뇌"라는 표현은 구체적인 신체 기관을 가리켰다. 하지만 마이클에게 "뇌질환"이 있다고 말하는 사람은 아무도 없었다. 모두가 마이클에게 "정신질환"이 있다고 말했는데, 정신질환이란 사고와 언어와 생물학의 경계를 흐려놓는 표현으로, 폐소공포증부터 조현병까지 광범위한 증상을 일컬을 수 있었다. 마이클이 〈코스모스〉 속 칼 세이건이나 개혁파 랍비들을 따라 할 때 쓰는 목소리로 흉내내던 로드 설링*의 명료한 내레이션 대사를 빌리자면, 정신질환은 "시각과 청각뿐 아니라 정신적 차원"의 문제였다. 탈출하는 방법을 확실히 아는 사람은 없었으나 입구는 멀지 않았다. "저 앞에 표지판이 있군요. 다음 정류장은, 환상 특급입니다!"

정신과의사, 보험회사, 법원, 문화, 모두가 정신질환을 저마다 다르게 정의했다. 프로이트는 신경과학자로 경력을 시작했지만 최면, 코수술, 코카인이라는 우회로를 거쳐 뇌가 상징적으로 작동하며 열쇠는 대화에 있다는 결론에 이르렀다. 그의 후계자들은 뇌 자체에 대해서는 새까맣게 잊었다. 르네상스시대에 벌거벗은 동상들이 충분히 발굴

---

* 공상과학, 미스터리 등의 이야기를 주로 다루었던 텔레비전 시리즈 〈환상특급〉의 각본가이자 내레이터.

되기 전까지 중세 예술가들이 인간의 신체가 어떻게 생겼는지를 잠시 '잊었던' 것과 비슷했다. 뇌를 기억해내는 작업은 서서히 이루어졌다. 선두에 선 사람들은 신경과학자들이었다. 그들의 손에는 얼음송곳이 들려 있었다. 한 외과의사가 적시에 소라진을 발견했지만, 조악한 도구와 섬세한 뇌 사이의 대조는 여전히 좁혀지지 않았다.

마이클은 허물어진 체계의 폐허 속에서 발병했다. 우리가 자라는 동안 많은 것들을 분리하는 벽이 무너졌고, 정신병원과 길거리를 분리하는 벽도 예외가 아니었다. 중증 정신질환과 프로이트가 "일상의 정신병리학"이라고 부른 것의 구분 역시 무너졌다. 정신의학은 조각난 자기 자신을 다시 이어붙이는 작업을 하고 있었지만, 과연 험프티 덤프티*가 충분히 치유되어 마이클을 다시 온전히 만들어줄 수 있을까?

마이클이 병원 복도에서 내게 전화를 걸어 한 가지를 청했다. 다음에 면회를 오면, 밖으로 데리고 나가달라는 거였다. 실내에만 갇혀 있는 게 지긋지긋하다고 했다. 내가 병원의 정신과의사 아무에게나 전화를 걸어서 일일 외출을 신청하면 되는 간단한 일이었다. 마이클 말로는 의사들은 그가 병원 밖으로 나가는 걸 싫어하지만, 내가 바깥에서 그와 내내 동행하다가 병원으로 복귀시키겠다고 약속하면 거부할 방법이 없다고 했다.

마이클이 얼마나 답답할지, 유령 같은 복도와 너무 더운 병실에서 나올 수 있다면, 내가 마음속으로 '유대인 빵'이라고 부르고 있던—음침한 유머 감각을 지닌 정신의학 짝짓기 서비스로 맺어진 듯한—룸메

---

* 영국 동요에 나오는 달걀 형태의 인물. 동요에서 그는 담 위에 앉아 있다가 추락해서, 어떤 수단을 써도 원래 모습으로 돌아가지 못한다.

이트에게서 벗어날 수 있다면 얼마나 기분좋을지 나로서는 상상할 수 없었다. 그러나 나는 주저했다. 그건 처음에 마이클의 편집증에 공모했던 당혹스러운 기억 때문일지도 몰랐고, 굳게 잠긴 묵직한 문과 창살이 달린 창문—그것들이 존재하는 이유가 있을 터였다—때문일지도 몰랐다.

동네가 안전하기는 할까? 약물로 몸이 뻣뻣해져서 노인처럼 움직이는 사람에게도 과연 안전할까? 워싱턴하이츠는 뉴욕시 마약의 중심지였다. 지하철역에서 병원까지 걷는 짧은 동안에도 나는 신문에서 "크루crew"라고 칭하는, 골목길에 모여 마약을 파는 벙벙한 코트 차림의 아이들을 보았다. 마이클은 동네에 대해 염려하는 내 말을 들은 척도 하지 않았다. 물론 그 동네에는 오래전 독일에서 들어온 유대인 난민, 도미니카 이민자, 병원 근처의 흉물스러운 베이지색 고층 건물에서 지내며 수련중인 의사와 간호사들도 살고 있었다. 어쩌면 마이클은 내가 자신에 대한 두려움을 감추기 위해 동네에 마약이 유행하는 걸 핑계삼거나, 반대로 동네에 퍼진 마약 유행에 대한 두려움을 감추기 위해 자신을 핑계삼는다고 의심했을지도 모른다. 질환과 약기운과 공중전화의 탁탁거리는 소리를 뚫고 마이클의 짜증이 느껴졌다. 나는 병원에 전화해보겠노라 약속했다.

정신과의사가 내게 던진 질문은 단 하나였다. 마이클을 데리고 외출했는데 그가 도망치면, 망설임 없이 경찰을 부를 수 있겠는가?

마이클이 도망칠지도 모른다는 생각은—혹은 도망치는 게 가능하리라는 생각은—미처 하지 못했다. 마이클은 금방이라도 부러질 듯 연약해 보였지만, 설령 그를 잡을 수 있더라도 나는 그와 몸싸움을 벌일 생각은 없었다. 그 시절 경찰을 부른다는 건 공중전화 부스와 25센트짜리 동전을 찾거나 고래고래 소리를 질러야 한다는 뜻이었다. 내가 둘 중 하나에 성공했을 즈음에 마이클은 이미 떠나버렸을 것이었다. 달릴 수 없다면 택시를 타서라도 도망쳤을 것이었다.

그건 그렇고, 어째서 병원이나 마이클의 부모가 아닌 경찰을 불러야 한다는 말인가? 경찰이 일종의 비공식 무장 구급차 서비스로 사용되고 있다는 것쯤이야 나도 슬슬 알아차리고 있었지만, 의사의 말에서는 좀더 불길한 함의가 느껴졌다. 진짜 위험 요소는 단순히 마이클이 '도망'을 치는 게 아닐지도 몰랐다.

나는 정신과의사에게 망설임 없이 경찰을 부르지는 못할 것 같다고 말했다.

그럴 경우 더이상 할말이 없다고 그는 내게 통보했다. 나는 그에게 대들지 않았다.

마이클이 자의로 입원하도록 설득을 당한 방법도 비슷했는지 몰랐다. 엄격해진 입원 법규가 그를 병원에 붙들어두는 걸 정당화했을 것 같지는 않았고, 첫번째 투약으로 그가 안정화된 이후에는 더더욱 방법이 없었을 것이다. 아마 마이클은 애당초 투약조차 법적으로 거부할 수 있었다.

나중에 마이클은 이미 도망치려고 시도한 적이 있다고 털어놓았다. 아이오와 작가 워크숍에 가겠다는 결심에서 벌인 일이었다. 그곳에 도착하면 무얼 할 계획이었는지는 얘기해주지 않았다. 그는 화재 대피용 비상문으로 몰래 빠져나간 뒤, 계단을 내려가 보안 창구를 지나서 길거리에 도착했다. 그곳까지만 가면, 나머지는 누군가가 나타나서 도와줄 거라고 막연히 생각하고 있었다. 눈이 아직 녹지 않은 쓰라리게 추운 날이었다. 마이클은 동전 한 푼 없었고, 도와줄 친구는 나타나지 않았기에, 멀리 가지 못하고 병원으로 돌아가기로 결정했다. 마이클의 탈출이 현실에서 일어난 것인지 그 또한 하나의 망상인지 나로서는 알 길이 없었으나, 그 이야기를 들려주는 마이클의 얼굴에는 고통스러운 회상의 빛이 떠올라 있었다.

나는 당시 마이클의 탈출 시도에 대해서는 전혀 모르고 있었는데도 의사가 내게 겁을 주어 마이클을 병원 바깥으로 데리고 나가는 걸 막으려 한다는 걸 알 수 있었다. 굳이 겁을 줄 필요까진 없다고 생각했다. 또 한번 마이클과 달갑지 않은 방식으로 얽혀버린 기분이었다.

마이클이 나를 원망하지 않기만을 바랐다. 어쩌면 카메라와 테이프 녹음기에 대해 잊었듯 내게 청했던 일 자체를 잊을 수도 있었다. 혹은 그 화제를 다시 꺼내지 않을 수도 있었다. 게다가 우리는 이미 성경 공부를 하기로 약속을 해두었다. 나는 예루살렘에서 구입해서 버클리 대학원에서 사용한 두터운 히브리어-영어 대역 성경을 들고 갈 계획이었다.

마이클과 공부하는 게 기대되었다. 마이클은 문학적 차원이나 지적 차원이 아니라 현실적 차원에서 긴급하고 강렬하게 의미를 원하고 있었다. 그것이 척이 내게 그의 "종교성"을 부추길 만한 건 멀리하라고 경고한 이유였지만, 마이클은 이미 혼자서 "성서를 탐독"하고 있었고, 나로서는 다른 사람과 함께 공부하는 게 그에게 더 건강할 거라고 생각할 수밖에 없었다. 나의 면회에 초점이 생길 것이고, 그 외떨어진 장소에서 함께 공부하는 건 친숙한 느낌마저 불러일으킬지 몰랐다.

다시 병원을 찾았을 때, 마이클은 지난번과 거의 다름이 없어 보였다. 침대 위에 무릎을 세우고 앉은, 온몸이 삐죽하고 거미 같은 모습이었다. 척이 함께 있었다. 그는 저번처럼 나를 맞이하고, 똑같이 악수를 하며 인사하고 나갔다. 루스는 그 자리에 없었지만 대신에 다른 면회객이 있었다. 나는 이전에 한 번도 만난 적 없는 말수 많은 동창이었다. 마이클처럼 졸업 후 경영 컨설턴트로 일했고 지금은 경영대학원에 다닌다는 그는 돈방석에 앉는 일에 대해 계속 농담을 했다. 그러는 내내 마이클은 밤이 오기를 기다리는 야행성 동물처럼, 눈을 깜박이지 않고 침대 위에 동그마니 앉아 있었다.

동창이 늘어놓는 돈 이야기는 1980년대답게 다소 천박했고, 때와 장소에 조금도 어울리지 않았다. 동창은 몇 년 전의 마이클을 상대로 말하고 있었지만, 워낙 사람이 좋고 마이클의 기운을 북돋으려고 애쓰는 게 보여서 나는 그에게 화를 내기가 쉽지 않았다. 그는 병원까지 먼 길을 왔을 것이고, 직장 얘기를 하는 것도, 마이클이 예전에 속했던 세계가 그가 다시 일어서기를 기다리고 있다는 느낌을 주려는 의도인 게 분명했다. 마이클의 망상 속에서 베인의 총무가 흡혈귀 같은 이와 긴 손톱을 지닌 괴물로 돌변했다는 걸 그가 어찌 알겠는가? 그는 마이클을 높이 평가하는 게 분명했고, 마이클이 나와 둘이서 공부할 계획이라고 말하자마자 우리끼리 시간을 갖도록 면회를 마쳐주었다.

마이클이 우리 계획을 기억하고 있어 기뻤다. 그는 외출 요청 역시 기억하고 있었으며, 내가 허가를 받지 못했다고 말하자 풀이 죽었다. 나는 의사와의 통화에서 어떤 말이 오갔는지 밝히지 않고 단지 의사가 당장은 좋은 생각이 아니라고 했다고만 전했다.

마이클은 별말이 없었으나 그가 자기 안으로 더 깊이 침잠해 들어가는 것을 느낄 수 있었다. 후에 마이클이 다시 한번 그 화제를 꺼냈을 때는, 나를 비난하려는 목적이 아니라 단지 자신의 고난을 한탄하기 위해서였다. 하지만 나는 수화기 너머로 느껴지던 억눌린 짜증을 기억했다. 면회 시간이 흘러갈수록 그의 짜증은 더 심해지는 듯했다.

마이클은 늘 권위에 맞서지 못하는 내 무능을 경멸했었다. 이번에도 그런 걸까?

내가 들고 온 성경을 보고 마뜩잖은 낯빛이었던 척은 마이클의 동창이 자리를 뜨자마자 돌아왔다. 그는 우리의 공부 계획에 대해 내가 돈 얘기를 들으며 느낀 것과 비슷한 감정을 느끼는 듯했다. 내가 아들을 향해 붉은 깃발을 흔들어대는 것이나 다름없다고 여기는 게 분명했다. 나는 그저 내가 들은 수업에서 했던 것처럼 창세기를 소리 내어 읽으려는 것뿐이라고 설명했다. 마이클은 지난번 면회 때처럼 키파를 쓰고 있었다. 나도 내 키파를 가져와서 머리에 쓰는 걸 보고 척은 더욱 약이 오른 것 같았다.

척은 아들이 끔찍하고 불가사의한 병에 걸려서 괴로워하고 있는 아버지였다. 어쩌면 그 병이 척에게 전적으로 불가사의하지는 않다는 점 때문에 더 괴로웠을지도 모른다. 나는 마이클의 질환을 그가 자기 할머니에 대해 들려주던 이야기들과 미처 연결 짓지 못했으나 척의 가족에는 정신질환의 병력이 있었다. 척은 아들이 유전적으로 불리한 상황에 놓여 있다는 걸 알고 걱정했을 것이다. 그가 자기 어머니의 조현병을 입에 올리지 않는다고 해서, 그가 그 병에 의해 양육되었다는 사실이 달라지지는 않았다.

척이 다시 자리를 비우자 마이클과 나는 의자에 앉아서 책상 대용으로 쓸 침대에 성경을 펼쳤다. 성경은 마이클의 것이었다. 그는 침대 옆 탁자에 둔 킹 제임스 성경을 쓰길 원했다. 나는 창세기를 처음부터 읽자고 제안했지만 마이클은 고개를 저었다. 그가 읽고 싶은 건 카인과 아벨 이야기였다.

우리는 차례로 한 절씩 소리 내어 읽었다. 성경에서 사건이 얼마나 빠르게 전개되는지를 보면 늘 놀라게 된다. 우리는 아담이 자기 아내 하와를 알게 되매* "임신하여 카인을 낳는" 절부터 읽기 시작했다. 하와는 어머니가 되는 것을 묘사하는 방식으로서는 특이하게도 이렇게 말한다. "내가 주로부터 남자를 얻었다."

옛날에 우리는 너무 엄숙해서 웃긴 킹 제임스 성경의 문체에 웃음을 터뜨리곤 했다. 영화 〈몬티 파이튼의 성배〉에 등장하는 『무기의 책』 2장에 수록된 성스러운 수류탄 사용법에 웃음을 터뜨렸듯이. "그대가 세어야 할 숫자는 삼이며, 세어진 숫자는 삼이어야 한다. 사는 세지 말 지어다."

그러나 마이클은 아이러니가 느껴지지 않는 엄숙한 태도로 읽어나 갔다.

> 때가 되어 카인은 땅에서 난 곡식을 야훼께 선물로 드렸고
> 아벨은 양떼 가운데서 맏배의 기름기를 드렸다. 그런데 야훼께 서는 아벨과 그가 바친 예물은 반기시고
> 카인과 그가 바친 예물은 반기지 않으셨다. 카인은 고개를 떨어 뜨렸다. 몹시 화가 나 있었다.

마이클은 읽기 능력이 떨어졌다고 넋두리했었다. 읽기를 천천히 하는 것과 말하기를 천천히 하는 건 달랐지만, 나는 마이클이 둘 중 어느

---

* 여기서 '알게 되었다(knew)'는 것은 '동침했다'는 말의 완곡어법이다.

쪽인지 구분할 수 없었다. 우리는 성경을 함께 보고 있었고, 우리 둘 다 시력이 좋지 않아서 눈앞에 책을 바짝 갖다대야만 읽을 수 있었다.

마이클이 먼저 이렇게 질문했다. "카인의 제물은 왜 거부당한 걸까?"

나는 마이클이 그걸 물을 줄 알고 있었다. 답할 수 없는 질문이었고, 내 머릿속에도 같은 질문이 떠올라 있었으니까. 나로서는 지극히 진부하고 평범한 대답 이상을 내놓을 수 없었다. 카인의 열매가 아벨의 "맞배"와 달리 최고의 것이 아니었던 걸까. 아니면 진정한 시험은 카인의 제물이 아니라, 제물을 거부당했을 때의 반응이었던 걸까.

야훼께서 이것을 보시고 카인에게 말씀하셨다. "너는 왜 그렇게 화가 났느냐? 왜 고개를 떨어뜨리고 있느냐?

네가 잘했다면 왜 얼굴을 쳐들지 못하느냐? 그러나 네가 만일 마음을 잘못 먹었다면, 죄가 네 문 앞에 도사리고 앉아 너를 노릴 것이다. 그러므로 너는 그 죄에 굴레를 씌워야 한다."

마이클은 이 구절에 동요했다. 혼자서 공부하고 있던 부분인 것 같았다. 이윽고 그는 처음 통화했을 때 나를 놀라게 했던 "악한 충동"이나 죄와 같은 정서들에 대해 이야기했다. 마이클은 문 앞에 엎드린 죄, 그 똬리를 튼 적이라는 개념에 사로잡혀 있었다. 우리가 읽고 말하고 있는 단어들이 아니라, 단어들의 물결 아래 도사린 더 큰 힘에 붙들려 있었다. 나는 그것이 감동적인 동시에 걱정스러웠다.

척은 고작 10분쯤 지나서 병실로 돌아왔다. 마이클은 척을 다시 내보내려 했다. 아직도 마이클이 자기 부모가 다른 사람이라고 믿는 날들도 있었다. 그날은 그런 상황은 아니었던 것 같지만, 그럼에도 마이클은 아버지에게 정교하고 부담스러울 만큼 신중한 태도로, 거의 의미가 사라질 정도로 간접적이면서도 더없이 분명한 태도로 자신의 뜻을 밝혔다. 척은 아들의 현란한 조르기에 면역이 있었다. 그는 침대 끄트머리에 앉아 탐탁지 않은 표정으로 우리의 공부에 귀를 기울였다.

카인과 아벨의 이야기는 금방 끝났다. 카인이 "벌이 너무 무거워서, 저로서는 견디지 못하겠습니다"라고 항의한 뒤에 하느님이 카인에게 보여주는 동정에 나는 감명을 받았다. '카인의 표식'이 카인에게 벌을 주기 위한 것이 아니라 카인을 보호하기 위한 것이었다니, 생각이나 했을까.

나는 그전까지 나와 카인을 동일시해본 적이 없었다. 하지만 "네 아우의 피가 땅에서 나에게 울부짖고 있다" 하는 하느님의 말씀이 그 순간 내게 개인적으로 와닿았다. 척이 못마땅한 기색으로 도끼눈을 뜨고 있었기 때문일지도 모르고, 마이클이 일일 외출을 하지 못해 실망했기 때문일지도 모른다. 정신과의사의 질문이 내 머릿속을 온통 휘저어놓았다. 필요할 경우 내가 정말 경찰을 부를 수 있을까? 만일 경찰이 없다면 어떤 일이 벌어질까?

나는 내 형제의 간수가 되고 싶지는 않았다. 마이클에게 작별을 고하기도 전에 나의 일부는 이미 묵직한 문을 통과하여 집으로 내달리고 있었다.

17장
질환을 무기로 바꾸다

"한때 프랑스는 한 나라의 이름이었다. 1961년에 그것이 신
경증의 이름이 되지 않도록 유의할 것."

—장폴 사르트르, 프란츠 파농의
『대지의 저주받은 사람들』 서문 중

버클리 대학원 시절에 나는 문학 이론들이 어째서 정신질환의 은유
를 그토록 많이 빌려 썼는지에 관해 깊이 생각해본 적이 없었다. 프랑
스 비시정부의 대독 협력 직후 씁쓸한 분위기에서 탄생해 병에 밀봉되
었다가 1968년 파리에서 조약돌처럼 공중을 날아다니게 된 어떤 개념
들이, 1980년대 말 미국의 공기 중에서 웅웅거리고 있는 이유를 궁금
해하지 않은 것처럼……

그러나 마이클을 면회하고 그의 달라진 모습을 직접 목격하고 나니,
그가 '사회적 구성물'로 인해 고통받고 있다는 시늉을 하는 건 그의 혼
란과 고통이 '담론'의 산물이라고 믿는 것만큼이나 불가능했다. 나는
병원이 싫었지만, 굳게 잠긴 육중한 문 앞에서도 그것이 권력에 미친
사회가 그를 고문하려고 설계한 '수감 국가'의 부속 기관이 아니라는
건 분명히 알 수 있었다. 비록 병에 '시달리고 있던 마이클은 그렇게

믿었지만.

어떤 연유인지 정신질환은 문학 이론에 필수적으로 들어가는 묘약이 되어 있었다. 『광기의 역사』 『영향에 대한 불안』 『다락방의 미친 여자』, 내가 버클리에 있을 때 영문판이 출간된, 『안티 오이디푸스』의 후속작으로 많은 기대를 받았던 『자본주의와 분열증』 2권—1970년대 말에 번역된 이 책을 격찬하는 서문에서 푸코는 우리가 "정신증이 있는 사람들로부터 오이디푸스적 멍에와 권력의 영향을 떨치는 방법을 배운다"라는 이 책의 주장을 칭찬했다—에서 정신질환은 문학 이론이라는 칵테일의 베르무트일 뿐 아니라 진, 올리브, 또는 유리잔 자체였다.

문학 세미나가 거울 나라에서 열리는 공중 보건 컨퍼런스와 흡사해야 할 까닭이 무엇인지, 그것이 문학을 넘어 공중 보건에까지 어떤 영향을 미칠지 염려가 되기 시작했다. 내가 그런 걱정을 품게 된 건 마이클 때문이었을까? 나는 은유적 버전의 정신질환이 학계의 울타리 안에 수용된 시점과, 실제 정신질환으로 고통받는 사람들이 병원에서 쫓겨나고 잊히기 시작한 시점이 일치한다는 사실을 언제부턴가 무시할 수 없었다. 마치 대학과 정신병원 사이에 일종의 교환 프로그램이 마련된 것 같았다.

『자본주의와 조현병』의 공저자 펠릭스 가타리는 자신의 실험적 클리닉에 입원한 정신병 환자들을 파리로 데려가서 1968년 시위의 폭력에 가담시키려고 시도했다. 시도 자체는 실패했으나 학생들은 "조현병 환자들이 곧 프롤레타리아다"라고 적힌 플래카드를 들고 장 들리의 사무실로 돌격했다. 그는 마이클이 거칠게나마 일상을 회복하도록 돕고 있는 항정신성 약물의 선구자였다.

가타리의 실험적 클리닉에서—그가 조현병이 자본주의 문화가 낳은 질환이자, 자본주의를 무너뜨릴 해방의 도구라는 이론을 개진한 곳이었다—진짜 논란이 되었던 사실은, 지극히 개방적이고 포용적인 정책을 채택한 이 클리닉에서도 항정신성 약물과 전기경련요법을 보완책으로 사용한다는 것이었다. 은유적 조현병이 이론상의 임무를 해내기 위해, 생물적 질환은 잠자코 물러나 있어야 한다는 게 당시 많은 이들의 생각이었으니까.

실제 정신과의사였던 프란츠 파농은 폭력이 "정화하는 힘"이며 "식민화된 사람들의 열등 콤플렉스와 수동적이고 자포자기한 태도를 제거하는" 치유력을 지녔다고 말했다. 그것이 그가 『대지의 저주받은 사람들』에서 폭력을 처방한 이유였다. 폭력은 알제리 독립을 위한 투쟁에서 실용적으로 필요할뿐더러, 식민주의가 일으키는 정신적 착란을 치유할 해독제가 될 것이었다. "그들을 식민주의의 억압에서 구출해낼 수 있는 건 오로지 이런 광기뿐이다." 사람들이 주어진 환경에 적응하는 걸 돕도록 설계된 기성 정신의학은 그런 일을 해낼 수 없을 뿐 아니라 바람직하지도 않았다. "식민주의의 본질 자체가" 정신병원을 만들어내고, 저 자신이 광기로 내몬 사람들을 그 안에 채우기 때문이었다.

이것이 지식인 이론가로서 파농이 펼친 논리였다. 한편 정신과의사로서 파농은 프랑스 중부의 진보적 정신병원에서 수련했다. 제2차세계대전중에 나치에 부역한 프랑스 의사들은 정신질환자들을 "살 가치가 없는 생명"으로 취급하는 정책을 펼쳤고 그 결과 사만 명이 목숨을 잃었다. 그러나 전쟁중 레지스탕스의 중추 역할을 담당했던 파농의 정신병원에서는 전복적인 태도로 환자들을 돌보았다. 레지스탕스의 영웅이었던 파농은 이러한 인도주의적 정신을 품고 알제리로 향해, 식민지 정착민들과 알제리 토착민 양쪽 모두를 돌보는 정신병원의 원장으로 일했다. 그곳에서 그는 환자들에 대한 신체적 구속을 제한했고, 사교 클럽을 열었으며, 안정화된 환자들은 집에서 잠을 자도록 허락했다. 프랑스에서 얼마 전 개발된 항정신성 약물과 이탈리아에서 전쟁중에 개발된 전기경련요법 덕분에 가능해진 일이었다. 파농은 알제리 독립을 위한 투쟁을 계속하기 위해 튀니지로 떠난 뒤에도 약물과 전기경련요법을 계속 활용했다.

그러나 파농의 저서에서 정신의학의 이러한 측면은 쏙 빠져 있었다. 사회학자 어빙 고프먼이 『수용소』를 쓸 때, 정신질환을 완화시키기 위해 만들어진 정신병원이 정신질환을 오히려 유발한다는 주장의 단순성을 해칠 만한 개혁에 관한 내용은 전부 생략한 것과 같은 이유에서였다. 『대지의 저주받은 사람들』과 같은 연도에 출판된 『수용소』에서 고프먼은 환자가 편집한 출판물, 무용, 그리고 1950년대에 국립 정신 보건원 소속이었던 그가 연구를 위해 세인트 엘리자베스 병원에 운동부부감독으로 위장 취업하여 몸소 조직했던 스포츠 활동에 대해서는 모르는 척했다. 정신병원을 교도소와 강제수용소 같은 "총제적 기관total institution"과 동일시하려면, 그 안에서 이루어지는 테니스 수업은 빼놓는 편이 앞뒤가 맞지 않겠는가. 먼저 퇴원한 환자들이 연합을 결성하여, 점점 늘어나는 신규 퇴원 환자들이 병원 바깥의 삶으로 복귀하는 일을 돕고 있다는 사실 역시 생략해야 마땅했다.

아마도 같은 이유로 푸코 역시 『광기의 역사』에서 18세기 정신과의사 필립 피넬—파리 살페트리에르 병원에서 자신이 돌보는 정신질환자들을 묶은 사슬을 끊어준 진보적 개혁가였다—을 악당으로 둔갑시켰다. 푸코의 입장에서 병원 내 환경을 개선하는 건 병원의 수명을 늘리고, 정신질환의 개념을 확장시키고, 의사에게 환자를 자유롭게 해줄 권위를 주는 사악한 행위였다. 인도적 정신의학의 상징인 환자 해방은 전체 구조를 무너뜨리는 걸 더 어렵게 만들 따름이었다.

원인이 치료약이 되고, 광기가 건강한 정신으로 인정받으며, 살인이 순수를 회복시키는 이 거꾸로 뒤집힌 세상에서 마이클에게 어떤 희망이 남아 있었을까? 『대지의 저주받은 사람들』을 축복하는 서문에서, 장폴 사르트르는 본인이 억압된 환자의 경과를 논하는 정신과의사라도 된 듯이 말한다. 그 환자는 바로 세상이었다. 사르트르는 "살인을 불사하는 난폭성이 식민화된 자들의 집단 무의식"이기 때문에, 유혈 혁명은 성공적인 정신분석과 동일한 효과를 낳는다고 설명했다. "일단 분노를 폭발시키고 나면 그들은 잃었던 일관성을 되찾고, 자아의 재구성을 통해 자기 이해를 경험한다."

프로이트 덕분에, 유럽의 병자는 유럽 그 자체가 되었다. 마르크스 덕분에, 그 치료제는 혁명이 되었다. 사르트르에 의하면, 유럽인들은 알제리인처럼 되어야만—그들만큼 짓밟히고, 굴욕을 당하고, 자기혐오에 젖고, "비로소 이 새로운 폭력의 고삐를 풀 만큼" 충분히 착란에 빠져야만—내면에서부터 스스로를 탈식민화하고 평화를 찾을 수 있었다.

"신은 파괴하고자 하는 자를 먼저 미치게 만든다"라는 그리스신화의 저주는 이제 지워졌다. 광기는 회복을 향해 나아가는 첫걸음이 되었다. 그 회복이라는 것이 철학자의 조력을 받은 자살에 더 가깝게 들린대도 상관없었다.

내가 사르트르의 실존주의에 대해 아는 건 모두 마이클에게 배운 것이었다. 신은 존재하지 않고, 인생에는 의미가 없으며, 죽음은 부조리하다. 그럼에도 인간에겐 '행동'할 자유가 있기에, 자신의 행동에 대해 책임지는 한, 더 많이 행동할수록 더 자유로워진다. 홀든 콜필드가 "가짜들"에 집착했듯 사르트르는 진정성에 집착했다. 하지만 나로서는 어차피 세상이 "완전히 부조리"하다면 진짜와 가짜를 어떻게 구분하겠다는 건지 알 수 없었다. 마이클은 "부조리"라는 단어를 어깨를 으쓱하는 것과 비슷한 의미로, 우주에 경의를 표하는 방식으로 사용했다. 마이클에게 실존주의는 그가 낭송했던 "내 운명의 주인"*이 되는 것에 관한 시와 비슷하게, 남성적 도의를 고양시키는 위로의 철학이었다.

그는 우리 아버지의 서가에서 실존주의 고전문학의 자그마한 보물단지를 발굴해냈고―그의 아버지에게도 비슷한 컬렉션이 있었다―내게 『구토』를 읽어보라고 권하면서 그게 내 전문 영역 아니냐고 비꼬았다. 나는 결국 그 책을 읽지 않았지만 침대 옆에 『닫힌 방』을 놓아두었고 이따금 세상만사에 통달한 어조로 "지옥은 바로 타인들이야"라고 읊었다. 그러나 나의 본심은 그게 아니었다. 나는 격렬하게 외로웠다.

나는 마이클의 성화를 이기지 못하고 카뮈의 『이방인』을 읽었다. 그가 텔루라이드 지원서에 적었던 이 책은 내게 순전한 불안만을 안겨주었고, 진지하기 짝이 없는 서술자가 여자친구와 에로틱하게 수영을 하는 대목과 비로소 비뚤어진 살인을 저지르는 대목에서만 잠시 불안이 가셨다.

---

* 영국 시인 윌리엄 어니스트 헨리의 시 「인빅터스」의 한 구절이다.

하지만 카뮈는 삶의 부조리가 급진적 악 앞에서는 빛이 바랜다는 결론에 다랐고, 그리하여 프랑스혁명에 몸을 바치기로 했다. 그러나 그는 폐결핵에 걸려 있었기 때문에 지원 역할 이상은 맡을 수 없었다. 카뮈와 함께 신문 〈콩바〉의 공동 편집을 맡고 있던 사르트르는 이 위대한 도의를 둘러싼 싸움에서 기껏해야 지원 역할로 떠밀린 것에 마음이 불편해진 나머지, 레지스탕스 자체를 새로 정의했다. 사르트르의 정의에 의하면 말하고 글을 쓰는 것이야말로 혁명 정신의 가장 주요한 표출었다. "우리의 임무는 모든 프랑스인들에게 우리가 독일인의 지배를 받지 않으리라 알리는 것이었다. 레지스탕스의 임무는 여기저기서 기차나 교각 몇 개를 더 폭파시키는 게 아니라 바로 그것이었다."

바야흐로 담론의 전성기였다. 비록 프랑스인들은 독일인들에게 실제로 지배받았고, 사르트르는 한 유대인이 강제 추방되어 자리가 빈 교수직을 받아들였으며, 『닫힌 방』에 스와스티카 승인 도장을 찍어준 나치 공무원들에게 아첨을 떠는 데 많은 시간을 들였지만, 그는 여전히 자기 나름의 기준에서는 레지스탕스의 영웅이었다. 사르트르가 『닫힌 방』에 자기 자신을 포함해 도저히 견딜 수 없는 사람들과 내세에 갇히는 것이 죽음보다도 나쁜 운명이라고 적었던 바로 그 순간, 프랑스 레지스탕스 회원들은 실제로 신체적 고문을 당하고 있었다.

보편적 사상으로—적어도 대학의 사상으로—등극한 프랑스 사상은 결국 나치 부역의 모순과 그보다 훨씬 많은 것들을 다루기 위해 만들어진 셈이었다. 밀턴의 사탄은 "마음은 저만의 곳이라서 스스로 지옥을 천국으로, 천국을 지옥으로 만들 수 있으리"라고 주장했지만 심지어 자기 자신도 그 말이 거짓임을 안다. "내가 날아서 향하는 곳이 지옥이요, 나 자신이 지옥이니." 사르트르의 변증법에 힘입어, 카페소사이어티*는 나치 고문보다 더 끔찍한 지옥인 동시에 용감무쌍한 저항의 한 형태가 되었다.

유럽에 『대지의 저주받은 사람들』을 소개하고 십 년이 지난 뒤, 사르트르는 "질환을 무기로 바꾸어라Turn Illness into a Weapon"라는 제목의 소책자에 서문을 썼다. 파농의 책보다 유명하지는 않아도 예언적이기로는 한 수 위였던 이 책을 쓴 '사회주의 환자 연합' 회원들의 활동 구호는 "죽임, 죽임, 죽임으로 내면의 평화를" "폭파, 폭파, 폭파로 정신의 건강을"이었다. 사르트르의 서문은 환자 연합에 보내는 편지의 형식을 띠었다. "동지들이여! 질환을 무기로 바꾸어라!"

환자 연합의 설립자였던 독일인 정신과의사 볼프강 후버는 자본주의가 자신의 환자들을 아프게 만들고 있으며 병을 고칠 유일한 치료제는 혁명이라고 믿었다. 그의 활동 모토는 "광인들에게 무기를!"이었다.

제인 크레이머의 책 『유럽인들Europeans』에서 "정신과의사이자 스승"이며 "레닌주의자가 된 R. D. 랭"으로 묘사된 후버가 이 단체를 결성한 건 하이델베르크대학교의 정신의학-신경과학 클리닉에서 일하던 1970년이었다. 대학측에서 후버를 해고하자, 그의 제자이자 환자들은 대학의 일부를 점거하고 집단 자살과 폭력을 들먹이며 협박했다. 그런 전술이 통하던 시대였다.

대학은 후버 박사를 복직시키면서 교내 클리닉에 여분의 공간을 내주었다. 후버 박사는 원래 클리닉에서 진행되던 집단치료, 해시시, 변증법적 유물론 연구 프로그램에 무술과 폭발물 워크숍을 추가했다. 환

---

* 세련된 카페에 단골로 드나드는 상류사회의 사교계 명사와 유명인들을 일컫는 용어.

자 한 명이 "마르크스, 레닌과 잘 지낼 수 없어서"라는 이유를 유서에 적고 뛰어내려 자살하자, 후버 박사는 이에 대해 대학을 탓하며 전면 전을 선포했다.

환자 연합의 회원들은 『대지의 저주받은 사람들』을 일종의 정신건 강 편람으로 읽었고, 폭력에 유익한 효과가 있다는 주장을 부풀려서 자신들의 선언문에 인용했다. "자유의 투사들은 정신의학적 증상들이 사라졌을 뿐 아니라, 척추 디스크, 위궤양, 근육경련 등 만성으로 보였 던 신체질환도 없어졌다."

『질환을 무기로 바꾸어라』가 출판된 1972년까지, 볼프강 후버와 환 자 연합 회원 몇몇은 이미 테러 행위를 저지른 죄로 체포된 적이 있었 다. 그러나 사르트르는 환자 연합 회원들에게 "같잖은 체포"에 굴하지 말라고 촉구했으며, 다수가 그의 말을 따랐다. 그들은 이윽고 '바더-마 인호프 그룹'이라고도 알려진, 급진적 언론인이자 반反정신의학 옹호 자였던 울리케 마인호프가 동료들과 함께 창설한 테러 조직 '적군파' 에 합류했다. 1977년에 팔레스타인해방인민전선에서 루프트한자 항 공기를 납치했을 때, 그들의 요구 사항 가운데 하나가 독일에 수감된 적군파 회원들을 석방해달라는 것이었다.* 그러나 울리케 마인호프는 이미 교도소에서 자살한 뒤였다.

나는 1977년에 루프트한자 납치 사건을 생중계로 보았다. 뉴욕 양 키스 대 로스앤젤레스 다저스의 월드 시리즈 중계를 끊고 자꾸 뉴스가 나왔기 때문이다. 납치범들은 독일 특공대원들에게 살해당했다. 만일 열네 살의 내가 그들의 유령이 훗날 대학원에서 나를 기다리고 있으리

---

* 적군파는 팔레스타인해방인민전선과 협력 관계를 맺고 기술과 장비를 지원받았다.

란 걸 알았다면 깜짝 놀랐을 것이다. 대학원 시절에도 질환은 여전히 무기였다. 심지어 자신이 질환을 무기로 취급하고 있다는 걸 자각하지 못하는 사람들에게도, 자신이 그러는 이유를 알지 못하는 사람들에게도, 질환은 무기였다.

납치 사건 이후 사르트르, 들뢰즈, 가타리, 푸코와 다른 지식인들은 적군파의 한 회원이 프랑스에서 독일로 인도되는 일을 막으려고 애썼다.*

볼프강 후버는 이렇게 말했다. "환자에게 자신의 질환과 맞서 싸울 계획적 방법은 하나뿐이다. 그것은 곧 질병을 유발하는 기업 중심의 가부장적인 우리 사회를 해체하는 것이다." 누가 이 구절을 내게 읽어주면서 정신과의사가 아니라 어느 비평가의 발언이라고 했다면, 나는 그 말을 곧이 믿었을 것이다.

---

* 그 회원은 적군파의 변호사였던 독일인 클라우스 크로이산트다.

18장
하류계급

역병이 일으키는 고통을 목격하면,

미쳤거나 눈이 멀었거나 겁쟁이가 아니고서야

그것에 몸을 내맡기지 않을 것이다.

—알베르 카뮈, 『페스트』

마이클은 컬럼비아 장로교 병원의 폐쇄 병동에서 팔 개월을 보냈다. 환자의 자의라는 것이 실제로 환자가 결정하는 게 아님을 알고 있던 그의 가족이 마이클에게 제 발로 입원하라고 강제하지 않았더라면, 아마 마이클은 그보다 훨씬 일찍 퇴원했을 것이다. 아니, 처음부터 입원을 하지 않았을지도 모른다. 정부의 원래 계획대로라면 강력한 항정신성 약물 덕분에 이미 여러 해 전에 정신병원들이 문을 닫았어야 할 시점이었다. 길었던 입원 생활 덕분에 마이클을 담당한 의사들은 약을 얼마나 써야 그를 무능력하게 만드는 부작용을 최소화할 수 있는지 알아낼 수 있었다. 항정신성 약물이 도입되고 삼십 년이 흐르는 동안 약물이 효과를 발휘하는 방식이나 이유는 정확히 밝혀지지 않았지만, 약물의 효능 자체는, 사람마다 크게 다르기는 해도, 쉽게 확인이 가능했다.

마이클은 여전히 정신의학의 개입을 지직거리는 화면을 고치기 위해 텔레비전을 세게 두드리는 것에 비유했으나, 마이클에게 마냥 어설퍼 보였던 그 약물은, 그가 멩겔레 선생*이 마취 없이 자기 뇌를 잘라내려 한다는 믿음에서 벗어날 수 있도록 신중한 조정을 거쳐 주어진 것이었다. 마이클은 의심을 완전히 버린 건 아니었으나, 나치 의사들에게 묶여 뇌를 절제당하기 전에 스스로 파괴하겠다며 싱크대에 대고 두개골을 깨려 시도하는 선제적 조치는 그만두었다. 마이클은 이제 환각이 손짓하며 다가오면 그 정체를 알아차리고, 그의 표현을 빌리자면 "채널을 바꿀" 수 있었다. 또는 진짜 텔레비전처럼 화면을 분할할 수도 있었다.

주류 정신의학은 정신분석이라는 긴 꿈에서 깨어나, 아직 지도상에 정확히 표시할 수 없는 조현병의 생물학적 차원을 받아들인 참이었다. 감정적 요소를 완전히 배제한 건 아니었지만, 이제 나쁜 부모가 조현병을 유발한다고 말하는 건 적절하지 않았다. 원래도 그 주장은 아무 근거 없이 전문가들이 입을 모아 하는 소리일 뿐이었다. 이제는 전문가들 사이에서도 말이 갈리고 있었다. 그러나 조현병이 생물학적인 뇌 질환임을 아는 것과, 그것이 어디서 유래하며 어떻게 없앨 수 있는지 아는 건 완전히 별개였다.

정신병원의 상황도 같았다. 정신병원이 그 안에서 지내는 사람들에게 끔찍한 타격을 입힐 수 있으며, 부분적으로는 신약 덕분에 조현병을 앓는 대다수의 사람들이 더이상 정신병원에서 지내지 않아도 된다는 건 분명한 사실이었다. 그러나 처음에 주립 정신병원 체계를 탄생시킨 '수용소'의 개념을 무효화하지 않으면서, 그 체계가 돕고자 한 사람들에게 해를 끼치지 않으면서, 무엇이 주립 정신병원 시스템을 대체

---

* 나치 치하 아우슈비츠 수용소에서 유대인들을 대상으로 인체 실험을 벌였던 요제프 멩겔레를 뜻한다.

할 수 있을지 알아내는 건 별개의 문제였다. 그리고 한순간 정답을 찾아낸다 하더라도, 마침내 권리를 인정받기는 했지만 이성과 의지를 질환 자체에 의해 침해당하고 있는 환자들에게 매일 현실적인 돌봄을 제공하는, 느리고, 어렵고, 복잡하고, 불완전한 작업을 대체할 수는 없었다. 그리고 이 마지막 사실을 깨닫는 것이 가장 어려웠다.

나는 혼자서 마이클을 몇 차례 방문했고, 그레그 모리슨 선생님과 함께 면회를 가기도 했다. 그는 교사에게 어울리는 자그마한 빨간색 자동차에 나를 태우고 마이클이 있는 언덕진 워싱턴하이츠를 향해 달렸다. 레이건에게 저항하는 의미로 길렀던 턱수염은 말끔히 면도한 상태였다. 고등학교 시절 우리에게 공포를 불어넣었던 '레이 건ray gun*'은 결국 미국을 파멸시키지 않았고 세계를 파괴하지도 않았다.

그러나 레이건은 조현병이 있는 사람들에게는 안 하느니만 못한 일을 했다. 정신병원 앞에서는 좌파와 우파가 손을 잡기 일쑤였다. 1960년대에 캘리포니아 주지사였던 레이건은 비용을 절감하기 위해 주립 정신병원을 전부 폐쇄하려 시도했고, 유토피아를 꿈꾸던 낙관주의자들은 정신질환과 그 환자들, 그리고 그들을 돌보는 체계의 현실을 무시하고 자신들의 뜻을 거칠게 밀어붙였다. 1980년대에는 강건한 개인주의자들이 그나마 남아 있던 잔해 위로 SUV를 끌고 후진했다. 병원에서 퇴원한 마이클은 허물어진 체계들의 폐허 속에서 살아가야 했다.

1980년대가 되자 탈시설화로 알려진 현상의 결과를 분석하는 동시에, 돌봄 체계에서 벗어난 친족을 보살펴야 하는 마이클의 가족과 같은 이들을 돕기 위한 책들이 등장하기 시작했다. 가장 이르게 나온 지

---

* '광선총'이라는 뜻.

침서 가운데 한 권은 1983년에 출판된 정신과의사 E. 풀러 토리의 『조현병의 모든 것』이었다. 토리는 프린스턴대학교 학부생이었던 1950년대 말, 어머니에게 전화를 한 통 받았다. 그의 여동생이 앞마당에 누워서 영국인들이 온다고 소리치고 있다는 것이었다. 토리는 어머니 곁에 앉아, 매사추세츠 종합병원의 전문가가 여동생의 조현병이 아버지의 죽음으로 유발되었다고 설명하는 걸 들으면서 정신과의사가 되겠다고 결심했다. 어떤 전문가들은 그의 어머니의 양육 방식을 탓했다.

『조현병의 모든 것』은 여전히 밝혀지지 않은 부분이 많고 어디 하나 단순한 구석이 없는 이 병에 관해 독자들이 잘못된 믿음과 사실을 구별해내도록 도왔다. 조현병은 가족 내에서 전해지지만, 무조건 부모에게 물려받지는 않는다는 점에서 복잡했다.

가까운 친척에게 조현병이 있는 건 위험 요소 중 하나였으나 그것 말고도 위험 요소는 많았다. 토리는 수치를 가지고 발병을 예측하는 건 거의 무의미하다고 강조하면서도, 마이클의 아버지처럼 조현병이 있는 어머니에게서 태어났을 경우 자녀가 조현병을 얻게 될 확률이 9퍼센트에서 13퍼센트 사이임을 보여주는 표를 책에 실었다. 조현병이 있는 쪽이 어머니가 아닌 아버지일 경우 자녀가 같은 병을 얻을 확률은 살짝 낮아졌는데, 여기에 내포된 여러 의미 가운데 하나는 마이클이 지나친 걱정을 내려놓고 아이를 낳을 수도 있다는 것이었다.

통념상 평균적으로 조현병을 얻을 확률은 1퍼센트였다. 이 수치는 전쟁 후 독일에서 기괴한 방식으로 확인되었다. 입원해 있던 조현병 환자들이 말살되었음에도, 조현병 인구가 다시금 전쟁 전과 같은 비율로 늘어났던 것이다.

양친 모두에게 조현병이 있더라도 자녀가 조현병을 앓을 확률은

36퍼센트였다. 즉 조현병을 앓지 않을 확률이 60퍼센트 이상이었다. 경제학자의 아들이자 본인도 경제학을 전공한 마이클은 통계가 얼마나 쉽게 왜곡되는지 알았다. 다른 모든 조건이 같을 때, 대마를 피우는 것이 조현병에 걸릴 확률을 두 배로 높인다고 말할 수도 있었고, 조현병에 걸릴 확률을 1퍼센트에서 2퍼센트로 높인다고 말할 수도 있었다. 물론 마이클의 경우 다른 모든 조건이 같지는 않았다. 할머니에게 조현병이 있는 것이 마이클이 조현병에 걸릴 확률을 네 배 높였다고 말할 수도 있었고, 그저 확률이 4퍼센트라고 말할 수도 있었다. 어느 쪽이든, 마이클이 조현병에 걸렸다는 건 달라지지 않았다.

알려진 치료제는 없었지만 조현병을 진단받은 사람 가운데 25퍼센트는 최초 발병 후 이 년 안에 완전히 회복했다. 무서운 진단에 자주 가려지긴 하지만, 놀랍고 희망찬 통계였다. 증상이 육 개월 이상 지속된 사람들만을 대상으로 할 경우 완전한 회복에 이르는 사람의 비율은 낮아지지만—단기 정신증이 조현병과 흡사할 수 있기 때문이었다—가장 좁은 의미의 조현병을 앓는 사람들조차 완전 관해*에 도달할 수 있었다. 하지만 안타깝게도 그들이 비결을 공개하는 일은 없었다.

토리에 의하면 조현병에서 완전히 회복하는 사람들은 "항정신성 약물, 맥아 기름, 티베르식 정신 치유, 정신분석, 노란색 젤리빈 중 무엇으로 치료받든" 나아졌다. 그러니 과거에 사이비 치료가 성공적인 치료법으로 오해받는 일이 많았던 것도 무리가 아니었다. 회복한 25퍼센트의 환자 중에는 미국 정신의학의 아버지이자 독립선언문의 서명자였던 벤저민 러시가 개발한 회전의자에서 구역질을 유발하는 속도

---

* 완치는 아니지만 외적인 증상이 완전히 사라진 경우를 뜻하는 의학 용어.

로 빙글빙글 돌았던 사람도 있을지 모른다. 그러고는 집에 돌아가 현대 과학이라는 기적을 찬양했을지 모른다. 실제로는 러시가 자신의 이름을 따서 "러시의 벼락"이라고 부른 폭발적인 구토제와 회전의자 둘 다 마음속에 묻어둔 성적 갈등에 대해 이야기하는 이백 년 뒤의 치료에 비해 효과가 낫다고 할 수 없었다.

마이클은 병원에서 팔 개월을 지냈고, 망상을 키우면서 조현병의 소용돌이의 속으로 빨려들어가던 혼탁한 '전구기'*까지 포함하면 유병 기간은 그보다 훨씬 길어졌다. 정확히 얼마나 오랜 시간인지는 아무도 알 수 없었다. 열일곱 살 때 텔루라이드 캠프에서 만난 남자애에게 여자친구에게 잡아먹히지 않도록 조심하라는 말을 건넨 건, 말투가 아무리 엄숙했어도 청소년 특유의 농담이었을 수 있다. 고등학교 시절 마이클이 쓴, 한 조숙한 남자아이가 바람 속에 숨어 있는 사악한 어둠에 의해 살해당하는 이야기는 단지 공상과학소설을 쓰려는 순진무구한 시도였을 수 있다. 그러나 마이클이 베인의 비서가 기다란 손톱이 돋아난 손과 피 묻은 치아를 드러내고 자신을 잡으러 오는 걸 본 게 이미 사 년 전이었다. 마이클은 수년째 남모를 전쟁을 치르고 있었다.

마이클이 갑작스럽게 무너진 건 아니었지만, 그가 최종적으로 발병한 나이는 스물 넷이었다. 마이클은 조현병에 대한 책을 읽어보았고, 발병이 늦은 덕분에 자신의 뇌에 지식과 경험을 저장할 충분한 시간이 주어졌다는 걸 알았다. 마이클은 그렇게 저장된 것을 연방 보험에 가입된 저축예금처럼 꺼내 쓸 수 있었다.

마이클은 계속 항정신성 약물을 복용해야 할 것이었다. 약물로 완전

---

* 병이 일어나기 직전에 전구증상이 나타나는 시기.

한 치료는 불가능하더라도 도움은 받을 수 있었다. 그러나 토리에 의하면 조현병에 걸린 사람의 15퍼센트에게는 "치료 저항"이 있었다. 투약에 저항한다는 뜻이 아니라, 약물에서 도움을 받지 못한다는 의미였다. 투약에 저항하는 사람의 비율은 15퍼센트보다 훨씬 높았는데, 특히 급성 정신증 삽화 중에 자신이 아프지 않다고 확신하는 것 자체가 조현병의 한 증상이었기 때문이었다. 토리는 자신이 아프다는 걸 "알지 못하는" 상태를 질병 인식 불능증이라고 불렀다.

나는 극심한 정신증에 시달리는 상태의 마이클을 목격한 적은 없었지만, 질병 인식 불능증으로 인해 그의 병이 마치 솜씨 좋게 묶은 밧줄처럼 벗어나려고 몸부림칠수록 더 바짝 옭매어오리라는 건 어렵지 않게 짐작할 수 있었다. 마이클이 제정신을 잃었다고 말하기야 쉬웠지만, 마이클의 정신은 그가 잃은 것을 찾아낼 유일한 도구이기도 했다. 애초에 아는 것과 모르는 것의 영역은 모호하고 무지와 부정으로 가득했다. 우리 아버지는 파킨슨병이 있을지도 모르는 사람들을 위한 자조 모임에 들어갈 의향이 있다고 말했다. 농담이긴 했지만 그 농담을 던지는 아버지의 태도는 사뭇 진지했다. 아버지는 자신의 몸이 이제 충분히 생산하지 못하는 도파민 수치를 높이도록 돕는 약을 먹고 있었는데도 여전히 병을 확신하지 못하고 있었다.

마이클의 정신적 무너짐이 균형추를 한쪽으로 옮기고, 약물이 다시 그 균형추를 반대쪽으로 옮겨놓기 전에, 마이클은 자신에게 무슨 일이 일어나고 있는지 아는 듯도 싶었고 모르는 듯도 싶었다. 그를 둘러싼 사람들의 태도도 묘하게 비슷했다. 모두가 그의 병을 인정했다가 다시 모른 체하길 반복했다. 나도 마이클이 얼마나 이성적인 태도로 비이성적인 것들을 논리적으로 만들어내는지 몸소 경험한 적이 있었다. 루스와 척은 마이클이 전화에 도청 방지 장치를 설치하는 걸 도왔고, 아들의 망상에 놀아났다는 걸 알아차렸을 즈음에는 마이클에 의해 이중간첩으로 재분류되었다. 마이클의 정신 속에서는 기이한 결론이 그가 품고 있던 의심과 논리적으로 완벽히 맞아떨어졌다. 나치 요원들이 성형수술을 해서 원래의 사람을 대체한다는 생각이 그의 머릿속에서는 반박 불가능한 진실로 느껴졌다. 마이클은 아름다운 글씨체로 헛소리를 적은 다음 자기 글을 이해할 수 없다면 문맹임이 분명하다고 결론을 내리는 사람과 비슷했다.

그럼에도 제인 퍼버만큼은 마이클에게 진실을 말할 수 있었다. 그녀는 자기 집에서 지내던 마이클에게 그가 늘어놓는 말들이 실제가 아니라고 지적했다. 마이클은 제인을 동경하고 신뢰했기 때문에, 그리고 아직 정신증이 완전히 진행되기 전이었기 때문에, 그녀가 추천한 정신과의사에게 진료를 받고 집으로 돌아갔다. 집에 돌아간 마이클은 자신의 진짜 부모가 살인자인 가짜 부모로 대체되었다는 결론에 이르렀다. 다행히 가짜 척은 아들에게 자신이 그의 진짜 아버지라고 잠깐이나마 설득할 수 있었다. 마이클에 의하면, 척이 맹장 수술 상처를 보여줬다고 했다. 척은 심지어 마이클에게 그가 자유로워질 최선의 가능성은 그가 감옥이라고 부르는 그곳, 병원에 있다는 것까지 설득해내는 데 성공했다.

조현병으로 추락하는 과정에 역설이 있었듯, 회복의 과정에도 역설이 있었다. 웅장한 망상과 편집증이 일으킨 공포에 시달리는 채로, 마이클은 폐쇄 시설에 입원했다. 마이클에게는 모든 의사가 잠재적인 나치로 보였다. 바닥을 걸레질하는 수위를 비롯해 열쇠를 가진 병원 직원들은 모두가 마이클이 누구인지 마이클 본인보다 더 잘 아는 것 같았다. 마이클은 자신을 잃게 하는 망상을 막고자 자신을 잃게 하는 약을 먹으면서, 기분이 나빠진 덕분에 서서히 상태가 나아졌다. 병원에 복종한 대가로 마이클은 자신이 한때 자신이었던 사람에서 얼마나 많이 달라졌는지 차차 깨달을 수 있었고, 다시는 자신다운 모습으로 돌아갈 수 없으리라는, 점점 커져가는 두려움을 느꼈다.

제정신의 조각들을 기워 만들어진 마이클의 광기에는 묘한 활력이 돌았다. 반대로 회복은 조현병의 고통으로 점철되어 있었다. 퇴원했을 즈음엔 마이클이 지키고 있던 연약한 제정신조차 질환의 한 조각처럼, 마이클의 정신이 지닌 주요 원잣값에 대항하여 작용하는 힘인 것처럼 느껴졌다. 마이클은 머리가 맑아질수록 정신증에서 떨어져나오는 동시에 본연의 자신에게서도 떨어져나오는 것처럼 보였다. 그 정도가 제법 심했다. 이따금 약물로 유도된 그의 명료한 정신 상태가 아직 건재한 조현병 속에 잠시 찾아온 손님에 불과한 건 아닌지 의심이 들 정도였다. 모두 입을 모아 통찰이 회복의 열쇠라고 했다. 하지만 마이클은 통찰을 얻을수록 더 슬퍼졌고, 더 외로워졌고, 더 분노했다.

이러한 중간적 존재 상태에서 고통에 빠진 마이클을 길거리에서 마주치는 일보다는, 병원으로 면회를 가는 편이 차라리 쉬웠다. 나는 병과 회복이 서로 명확히 구분되는 정반대의 상태라고 간절히 믿고 싶었다. 하지만 마이클 앞에서는 그렇게 믿을 수 없었다. 그것이 『조현병의 모든 것』에서 감상성을 걷어낸 채로 조현병의 모든 측면을 인식하기를 권장한 이유였을지도 모른다. 우선은 조현병이 하나의 질환이라는 사실부터 인정해야 했다. 토리가 보기에는 이런 인식이야말로 동정과 지지를 향해 나아가는 길이었다. "우리가 광기를 이해하게 될수록, 광기의 얼굴은 우리 눈앞에서 공포에서 슬픔으로 서서히 바뀌어간다. 병을 않는 사람에게 이는 중요한 변화이다."

나는 마이클을 볼 때 그러한 슬픔을 느꼈다. 마이클의 느려진 말씨, 뻣뻣한 격식, 과거의 자신에게서 물려받은 짙은 색 정장 앞에서 나는 고전영화 속 장의사를 떠올렸다. 마이클이 실제로 조문객이라는 걸, 그의 가장 큰 자부심이었던 자신의 일부를 애도하고 있다는 걸 마음 깊은 곳 어딘가에서 느끼고 있었던 모양이다. 마이클이 겪어야 했던 상실이 너무 막대해서 나는 그것을 외면하려고 최선을 다했다. 나는 마이클에게 동정과 혐오, 애정, 공포라는 낯설고 자꾸 변화하는 감정들의 조합을 느꼈다. 마이클의 옷깃은 반은 올라가고 반은 내려가 있었다. 나는 그를 위해 옷깃을 모두 내려주거나, 아니면 모두 올려주고 싶었지만, 둘 중 어떤 일도 하지 않았다.

마이클은 내게 자신이 가난하다고 말했다. 보헤미안처럼 가난하거나 예술가처럼 가난한 게 아니라 그냥 가난하다고 했다. 마이클은 직업도 미래의 전망도 없었다. 다만 병원에서 퇴원한 덕분에 공공 보조금을 받을 수는 있었다. 사실 그거야말로 그가 가난하다고 느끼는 이유였다. 마이클은 일반적으로 SSI라고 불리는 '노인과 맹인과 장애인을 위한 생활 보조금Supplemental Security Income' 대상자였다. 1935년에 루스벨트 대통령이 통과시킨 사회보장법의 일환이었던 생활 보조금법은 통과 후 이십 년이 지난 시점에 50세 이상의 신체장애인을 포함하게 되었고, 닉슨 대통령은 다시금 법령을 수정해 정신장애를 비롯해 어떤 이유로든 일할 수 없는 모든 연령의 사람을 포함하도록 했다.

마이클은 생활 보조금 대상자였기 때문에 자동으로 메디케이드 수혜 자격을 얻었다. 메디케이드는 1960년대에 사회 보장법을 수정하여 가난한 사람들이 의료 혜택을 누릴 수 있도록 해준 장치였다. 루스벨트, 아이젠하워, 존슨, 닉슨 대통령 모두가 마이클의 후원자였던 셈이다. 반면 캘리포니아 주지사 시절 레이건은 "지원금을 거저 얻으려고 기다리는 얼굴 없는 대중"을 맹비난했고, 대통령이 되어서는 집무실에 들어가자마자 1985년이면 35억에 달할 것으로 예측되던 예산을 아끼고자 장애 지원금을 삭감하려 시도했으나 거센 반발에 부딪쳐 결정을 번복했다.

마이클은 자신이 가난하다고 느꼈을 뿐 아니라, 보이지 않는 존재가 되었다고 느꼈다. 행정적으로 그는 아동, 임신부, 노인, 시각장애인, 빈곤층, 정신이상자, 실업자와 같은 부류로 묶여 있었다. 그래도 엄밀히 따지면 복지 수혜자가 아니라 생활 보조금의 변형된 형태를 받고 있을 뿐이라는 점에서 마이클은 일말의 자부심을 느꼈다. 작은 행정적 착오를 바로잡기 위해 화이트플레인스 시내의 복지 사무소에 가서, 담배 한 대만 꿔달라고 조르는 빈털터리와 같은 줄에 서서 기다렸던 이야기를 하며 그는 혐오감을 감추지 않았다.

복지 사무소에 비하면 차량 관리국은 스위스 은행처럼 보였다. 과거 언젠가의 마이클이었다면 밑바닥 세계를 흘긋 엿보는 경험을 즐거이 음미했을 테지만 그 광경은 이제 흘긋 보고 지나칠 수 있는 게 아니었고, 마이클이 본 건 밑바닥이 아니라 그 아래의 지하층이었다. 그는 우리가 저녁 식탁에서 오가는 이야기에서나 듣던 '하류계급' 사이에 끼어 있었다. 빈곤과 박탈 상태에서 결코 벗어날 수 없을 사람들, 가장 심하게 학대받고 가장 위험한 사람들, 도움을 가장 필요로 하지만 도움에 가장 닿지 못하는 사람들을 부르는 엄숙한 완곡어법이 이제 마이클을 수식하고 있었다.

마이클은 복지 사무소를 혐오했다. 마이클에게 그곳은 자기 인생에서 잘못되었다고 느끼는 모든 것을 축약해서 눈앞에 들이미는 장소였다. 사소한 서류상의 오류를 바로잡기 위해 어떤 서류 양식을 얻으려면, 처음에 안내받았던 줄과 다른 줄에 서서 기다려야 했다. 마이클이 "뇌를 감싼 약물의 탈지면"이라고 부르는 것으로 인해 지시를 잘못 듣는 일도 종종 벌어졌다. 그 모든 과정이 캄캄한 미로 속을 더듬어 나아가는 것과 같았다. 창구 뒤의 여자에게는 마이클의 매력이 전혀 통하지 않았다. 그가 매력을 모조리 잃었기 때문인지, 아니면 그가 가난하거나 백인이거나 정신질환자여서 그런 건지, 마이클로서는 알 수 없었다. 그녀를 탓하지는 않는다고, 마이클은 동정을 섞어 깔보는 어조로 말했다. 격무와 박봉에 시달리는 사람이니까. 마이클은 자신이 예일대학교에 다녔든 베인에서 일했든 신경쓰지 않는, 격무와 박봉에 시달리지만 자신에게 남들처럼 권력을 행사할 수 있는 그런 사람들에게 의존해야 한다는 게 씁쓸했다. 창구의 유리창 너머에서 여자는 입술을 움직이면서 아마 올바른 양식 번호나 그 양식을 얻으려면 어디에 줄을 서야 하는지 따위를 알려주고 있었겠지만, 마이클이 들은 건 "씨팔놈아 제발 죽어, 씨팔놈아 제발 죽어"의 반복이었다.

병이라는 악몽에서 깨어나보니 그는 본연의 자신이었다면 본능적으로 옹호했을 사람들과 나란히 서 있었다. 그러나 거기서 마이클의 역할은 옹호자가 아니었다. 그들을 위안해주기엔 그들과 너무 가까웠다. 잘못된 줄에 섰다고 보기엔, 마이클의 상처와 혼란이 너무 깊었다. 그래도 그건 잘못된 줄이어야 했다. 내게 마이클과 나를 분리해주는 무언가가 필요했듯, 마이클에겐 그들과 자신을 분리해주는 무언가가 필요했다.

19장
중간 거주 시설

　　　　　　　　　　　　　　—조지 칼린, 〈클래스 클라운Class Clown〉

나는 미어랜드 로드에서 마이클을 종종 보았다. 마이클이 미어랜드 로드로 아예 돌아온 건 아니었고, 나처럼 이따금 부모님을 뵈러 방문했다. 그는 화이트플레인스의 퓨투라 하우스라는 중간 거주 시설에서 지내고 있었다. 나는 중간 거주 시설이 정확히 무엇인지 몰랐지만, 아버지는 그 단어를 말할 때마다 근처에 있는 누군가가 수치심을 느끼지 않도록 보호하려는 것처럼 목소리를 낮추었다.

교외 지역은 중간 거주 시설이나 그룹홈을 반기지 않았고, 뉴욕주의 교외 지역들은 그런 시설을 성공적으로 배척하고 있었다. 1978년에 크리드무어 정신병원이 포함된 퀸스 지역구의 뉴욕주 상원 의원이었던 공화당의 프랭크 패더밴의 후원을 받아 법안 하나가 통과된 뒤에야 상황이 달라지기 시작했다. 세 차례의 시도 끝에 통과된 일명 패더밴 법은 한 가족은 아니지만 같은 어려움과 소소한 필요들을 공유하며 한 지붕 아래 살게 된 소규모 집단을 배척하기 위해 토지 사용 제한법을 악용하는 편법 행위를 더 어렵게 만들었다.

마이클에게 퓨투라 하우스는 우리가 어릴 적 아주 좋아했던 조지 칼린의 코미디 레퍼토리 속 림보와 같은 곳이었다. 림보는 교회에서 세례를 받지 못한 아기들의 영혼을, 죄를 묻기엔 너무 어리지만 세례를 받지 못해 신을 볼 수 없는 영혼들을 모아두는 곳이었다. "림보로 떠나거라!"

마이클과 나는 우리 유대인이 그리스도를 죽였다고 비난하는—이 점은 코미디언 레니 브루스 덕분에 알게 되었다—딱한 가톨릭 애들과 달리, '우리의' 내세에는 징벌적 추적 제도가 없다는 점에 대해 자축했다. 가톨릭 애들은 지옥뿐 아니라 연옥에 대해—"지옥만큼이나 나쁘지만, 언젠가는 떠날 수 있다는 걸 알지"—그리고 그것으로도 모자라 아기들을 위해 준비된 하늘의 작은 보관소에 대해서도 걱정해야 했다. 마이클은 칼린을 흉내내어, 저멀리 바위에 부딪쳐 돌아오는 으스스한 메아리처럼 이 단어를 발음했다. 림보-오-오-오.

마이클은 림보에 대해 재미있다고 여겼던 모든 부분을, 중간 거주 시설에 대해서는 혐오했다. 일단 그곳에 있어야 한다는 것 자체가 싫었다. 승리하기 일보 직전이었던 보드게임에서 시작점으로 돌아와버린 사람이, 비로소 자기 순서에 주사위를 굴려 두 개 다 6이 나오더라도 신이 날 리 없었다.

퓨투라 하우스는 '하우스'라는 이름과 달리 단독주택이 아니라 화이트플레인스의 몰개성한 주거 지역에 위치한 한 건물의 두 층을 쓰는 아파트 두 채였다. 아파트는 남녀로 나뉘어 각각 열 명이 지낼 수 있었다. 두세 명이 한 침실에서 같이 잤고 거실과 식당 구역과 공동 주방을 공유했다. 매일 저녁, 지도사의 도움을 받아 거주자들이 한 사람씩 번 갈아가며 모든 사람이 먹을 저녁을 준비했다. 저녁은 긴 식탁에서 다 함께 모여 먹었다. 사회복지사가 하루 24시간 상주했다. 거주자마다 문제 해결사이자, 비밀을 털어놓을 친구이자, 멘토이자, 관리인 역할 을 하는 지도사가 한 사람씩 배정되었다.

뉴욕주 지적장애 및 발달장애 사무소에서 일하고 있던 마이클의 어 머니는 마이클이 중간 거주 시설에 들어갈 수 있었던 건 행운이라고 말했다. 중간 거주 시설은 숫자에 비해 들어가려는 사람이 훨씬 많았 고, 입소 절차는 예일대학교보다도, 베인보다도 더 까다로웠다.

퓨투라 하우스는 우리 어머니가 로버트 프로스트의 시구를 인용하 여 묘사하는 집과는 달랐다. "당신이 그곳에 가야 할 때면, 당신을 들 여보내주어야 하는"* 곳은 아니었다는 뜻이다. 마이클은 병원 직원들 에게 추천을 받았고, 퓨투라 하우스의 원장이 마이클의 날것 그대로의 의료 기록과 학력 및 취업 이력을 살펴보았다. 다음으로 마이클은 혼 자서, 집단으로, 가족과 함께 면접을 보았다. 직원들을 만났고, 아파트 안을 돌아보았고, 기존 거주자들과 함께 식사를 한 번 했다. 그후 거주 자들은 회의에서 그가 자신들과 함께 생활할 수 있을지 의논했다.

퓨투라 하우스의 거주자들은 모두 중증 정신질환으로 입원한 경험 이 있었다. 여기에 더해 중독과도 싸워야 하는 이중적 난관에 처한 사 람도 있었다. 이들 모두 유희 목적의 마약 사용을 피하고, 처방된 약물 을 복용하고, 정기 회의에 참여해야 했다. 회의에서 거주자들은 지도 사들의 코칭을 받으며 서로 격려해주었다. 텔레비전을 독차지하거나,

---

* 「고용인의 죽음(The Death of the Hired Man)」에 나오는 표현.

허드렛일을 내팽개치거나, 자신을 돌보지 않거나, 더 심각한 문제의 징후일 수 있는 무신경하거나 파괴적인 행동을 할 경우 서로에게 해명을 요구할 때도 있었다.

그들이 퓨투라 하우스에서 지내는 이유는 질환으로 인해 잃어버린 자신감을 회복하기 위해서였고, 다음 단계로 나아가는 데 필요한 자기 돌봄 및 대처 능력을 키우기 위해서였다. 마이클이 보기에 그들 중 한두 사람은 "불이야"라고 외치는 소리를 들어도 건물 밖으로 대피하지 못할 것 같았다. 그 능력은 그룹홈에 거주하기 위한 최소 요건이었다.

하지만 마이클은 그곳에서 수줍음이 많고 날씬한 젊은 여자를 만났고, 바로 아래층에 사는 연한 금발머리의 그 여자를 좋아하게 되었다. 그녀는 대학에 다니다가 정신적으로 무너졌으며 언젠가는 학교로 돌아갈 수 있으리라는 희망을 품고 있었다.

두 사람은 같은 병원의 낮 병동에 다녔다. 근처 해리슨에 있는 세인트 빈센트 정신병원은 입원이 필요한 환자들을 위해 폐쇄 병동도 운영하고 있었지만, 낮 병동에는 약물 관리와 각종 치료 목적으로 내원하는 환자들이 있었고 마이클이 중학생 때 이미 자기 수준 아래로 취급했던 직업 기술을 가르쳐주는 워크숍에 참여하러 오는 사람들도 있었다.

마이클의 생활 보조금은 대부분 곧장 중간 거주 시설로 들어갔고 마이클의 손에 생활비로 남는 돈은 매달 72달러 정도였다. 개인이 연방 정부에서 생활 보조금을 받으려면 주립 정신병원에 입원해 있지 않아야 했고, 주립 정신병원은 메디케이드에서도 제외되었다. 이런 요건들이 낳은 의도치 않은 결과로 인해, 연방의 재정 지원 정책은 탈시설화를 부추기는 엔진으로 탈바꿈하여 지역사회 돌봄을 이야기하는 그 어떤 고매한 계획보다도 병동을 비우는 데 이바지했다. 그러나 그 대안이 될 체계를 만들어내는 데는 아무런 도움도 되지 않았다.

정부에서 주립 정신병원을 연방 보조금 지원 대상에서 제외한 한 가지 이유는 각 주정부의 권위를 인정하기 위해서였으나, 주정부의 입장에서 이는 비용이 많이 드는 환자들을 주립 정신병원의 담장 너머로 밀어내 연방 보조금을 받게 할 유인책이 되었다. 제일 먼저 노인들이 대거 사설 요양원으로 이동해 메디케이드와 메디케어 자격을 얻었다. 오늘날 이 현상은 탈시설화가 아니라 재시설화, 또는 "횡수용화"였다고 이해되고 있다.

사설 요양원으로서는 횡재나 다름없었다. 회복할 가망이 없고, 따라서 소송을 걸거나 비난조의 회고록을 쓸 가능성도 없는 노인들로 병상을 채울 수 있었던 것이다. 그러나 최악의 주립 정신병원에 견줄 만한 요양원의 열악한 환경이 마침내 임계점에 달하자, 요양원에서 자행된 방임에도 대중의 열띤 관심이 쏟아졌다.

이러한 폭로가 이루어지는 데에는 오랜 시간이 걸렸다. 지원금을 주는 연방 정부는 멀리 있었고, 요양원의 운영 주체는 민간이었으며, 둘의 연결고리에서 배제된 주정부로서는 그 실상을 들여다볼 책임을 거의 느끼지 못했다. 그럼에도 나는 1970년대에 야간 뉴스를 보다가 마치 치킨 프랜차이즈처럼 요양원 '체인'을 소유하고 있던 한 정통파 유대교 랍비가 메디케이드 사기 혐의에 대해 유죄를 선고받았으며, 그의 요양원에서는 노인들이 똥오줌 위에서 구르고 있었다는 이야기가 나오자 아버지가 격분하고 수치스러워했던 걸 기억한다.

궁핍한 노인들이 메디케이드 자격을 얻기 위해 그런 상황으로 내몰렸다면, 다른 이들은 생활 보조금 자격을 얻기 위해 같은 상황으로 내몰렸다. 리지 퍼버가 아버지와 함께 방문했던 불결한 사설 숙식 돌봄 센터의 운영자들은 생활 보조금 수표를 대가로 받고 정신병원에서 퇴원한 환자들을 받아주었다. 어떤 면에서 이는 위탁 가정과 비슷했는데, 차이점이라면 센터에서는 어떤 종류의 감독도 이루어지지 않는다는 거였다. 주립 정신병원의 치료 보조원들이 퇴원하는 환자들을 자신들이 만든 미니어처 병동으로 데리고 가서 사적인 이득을 취하는 일도 자주 일어났다.

병원에서 벗어난 환자들은 자신의 돈을 자신이 원하는 대로 쓸 수 있는 자유로운 시민이었다. 아무리 영양이 결핍되고, 약을 복용하지 못하고, 옷을 제대로 입지 못하고, 겨울에 난방을 누리지 못한다고 해도 그건 그들의 자유였다. 그것이 크리드무어 정신병원에서 물리치료사로 일했던 사람이 〈뉴욕 데일리 뉴스〉와의 인터뷰에서 자신이 치료 보조원에게서 사들인 집으로 데려온 퇴원 환자 세 사람에 대해 한 이야기였다. 그 시설의 거주자들은 한 사람도 제대로 투약을 받지 못했다. 전직 물리치료사는 그들이 건네준 생활 보조금 수표를 받고 크리드무어 정신병원을 그만두었다.

약물이 주립 정신병원을 대체했듯, 돈이 지역사회 정신보건 돌봄을 대체했다. 그러나 투약에 저항하는 사람에게 약물이 스스로 찾아갈 수는 없었고, 돈이 스스로를 집행할 수도 없었다. 어느 쪽에도 상담이나 지원은 주어지지 않았다. 마이클이 받은 생활 보조금 수표와 그에게 주어진 메디케이드 지원 자격은 따스한 돌봄이 있는 지역사회를 만들지 못했다. 아니, 무관심한 지역사회조차 만들지 못했다. 원대했던 약속에서 남은 건 수표와 알약뿐이었다. 그것들은 정신건강 돌봄 체계를 만들 재료로서 주어졌으나 빵은 완성되지 못했고, 재료들은 밀가루와

이스트처럼 따로따로 포장되어 굶주리는 사람들에게 배포되었다.

병원에서 이미 몇 달, 길게는 몇 년을 보낸 환자들이 밀물처럼 쏟아져나온 탈시설화의 초기에는 요양원이든 그룹홈이든 다른 시설로의 전환이 더 부드럽게 이루어졌다. 하지만 마이클이 속한 세대는 병원에서 충분히 안정화되기 전에 너무 빨리 퇴원하기가 일쑤였다. 퓨투라 하우스는 그로 인해 발생하는 격차를 메우려 노력했다. 원장들은 임대인들에게 사탕발림을 해가며 거주자들이 살 아파트를 구하고, 토지 사용 제한법에 맞서 싸우고, 교부금과 주에서 내려오는 재정 지원과 거주자들의 생활 보조금 수표를 모두 그러모아도 부족한 운영비를 메꾸기 위해 모금을 벌이느라 초과근무를 했다. 그들은 화이트플레인스의 아파트를 최대한 진짜 집처럼 꾸미고자 짝이 맞는 그릇과 은식기를 사들였고, 거주자들이 공간을 취향에 맞게 꾸밀 수 있도록—토론과 투표를 거쳐—가구를 재배치했다. 원장들은 퓨투라 하우스에 들어오는 거주자 한 사람 한 사람에게 열쇠를 주는 의례가 중요하다고 강조했다. 이는 "자유와 독립의 회복"의 상징이었다.

그러나 마이클에게 퓨투라 하우스는 자신이 다른 사람의 취향, 검약, 규칙, 낮은 기대에 갇혀 사는 포로가 되었다는 사실을 초라하게 일깨워주는 장소일 뿐이었다. 현관 열쇠가 있거나 없거나, 오전 9시부터 오후 4시까지는 아파트 밖에서 시간을 보내야 했다. 외부 활동을 장려하기 위해 만들어진 이 규칙으로 인해 마이클은 늦잠을 잘 수 없었다. 하루종일 감시의 눈이 그를 따라다녔다.

마이클은 언제나 지독히 자립적이었다. 그러나 이제 그는 스물다섯 살의 나이에 노인처럼 몸이 뻣뻣해지는 부작용이 있는 약물에 의

존했고, 한때 그의 조숙함을 칭찬하고 독립을 격려했던—그게 마이클이 무너지기 직전까지 그를 집밖으로 내보내려 노력했던 이유였다—부모에게 의존했고, 이제는 퓨투라 하우스 직원들에게 의존하고 있었다. 마이클은 퓨투라 하우스의 원장인 중년의 사회복지사 실비아를 실컷 경멸했다. 여자친구와 함께 자지 못하게 한다며 그녀를 욕했다. 하지만 엄밀히 말하자면 그녀는 시설 정책에 의거해, 거부감과 수치심을 느끼기 쉬운 거주자들을 배려하여 연애 관계의 "육체적 부분"에 관해서는 다른 장소를 찾으라고 권장한 게 다였다.

최후의 결정타는 주에서 내려온 지시에 따라 남녀 거주자들이 한 자리에 모여 콘돔 사용법 시연을 본 날이었다. 마이클의 눈에는 이 행사가 위선의 극치로 보였다. 시연 도중 그는 여자친구의 아래쪽으로 내려갈 때는 혀에 콘돔을 껴야 하느냐고 질문했다. 부끄러움이 많았던 그의 여자친구는 굴욕감에 몸을 움츠렸지만, 마이클은 그 사건을 돌아보며 자신이 독재에 영웅적 태도로 맞섰다는 만족감을 내비쳤다.

병원에서 지내던 때는 마이클이 어디를 가든 질환이 끈질기게 그를 따라다녔다. 마이클은 자신의 질환이 생물학적이거나 정신적인 장애가 아니라 일종의 종교적 형벌이자 자신보다 더 큰 힘이 내린 영혼의 심판인 것처럼 이야기했지만, 그래도 벗어날 수 없는 건 매한가지였다. 하지만 마이클이 중간 거주 시설에 대해 이야기할 때는, 그의 질환이 장애이든 형벌이든, 그것이 그가 거기 머물고 있는 이유라는 사실이 거의 언급되지 않았다.

마이클이 마침내 한없는 죄책감이라는 짐을 내려놓았다는 것은 그의 건강이 나아지고 있다는 증표처럼 느껴졌다. 그러나 마이클이 자신의 인격을 병리화하여 통제 수단으로 삼은 행정가들의 몰지각한 관료주의에 갇혀버렸다며 불평할 때, 그가 스스로 지원해서 들어간 퓨투라 하우스는 푸코가 묘사한 정신병원이나 감옥처럼 들렸다. 나는 의아했다. 마이클에게 하루 중 대부분의 시간을 바깥에서 보내라고 하는 사람들이, 어떻게 모든 것을 보는 사우론의 눈*처럼 마이클을 지켜본단 말인가?

마이클은 직원에게 반항하고 규칙을 거부하는 게 "반항성 행동"이 아니라 자신이 회복하고 있음을 증명하는 일종의 자기주장이라고 생각했다. 독립적으로 사고하고 자신의 권리를 옹호하는 것은 정신이 건강하다는 증표였다. 만일 그에게 정말로 병이 있다면, 그 병은 권위를 의심하고 권위에 저항하는 것을 주요 증상으로 하는 "뉴욕 유대계 지식인 병"이었다. 이 병은 『정신질환의 진단 및 통계 편람』에는 실려 있지 않았지만 그의 가족 내에서 전해졌고, 미어랜드 로드에서 활개를 쳤으며, 미국 전역의 대학에서도 발견되었다.

마이클은 자신이 어디에 있으며 그곳이 아닌 어디에 있어야 하는지 분명히 알았고, 그로 인해 괴로워했다. 마이클이 해야 할 일은 정족수를 이루는 정신질환자들과 낡은 아파트에 함께 사는 것, 저녁에 스파게티와 미트볼을 먹을지 셰이크 앤드 베이크 치킨을 먹을지 투표하는 것, 화장실 소독하는 법을 배우는 게 아니었다. 노벨상 수상자 아래에서 경제학을 공부했던 마이클이 이제는 예산을 세우고 수표책을 결산하는 법에 대해 가르침을 받고 있었다. 마이클은 그런 단순한 일조차 할 줄 모른다는 오해를 받는 것도 속상했지만, 실제로 집중력이 떨어져서 둘 다 해내지 못하는 현실이 더욱 괴로웠다.

---

*J. R. R. 톨킨의 『반지의 제왕』에 나오는 사악하고 초월적인 존재.

마이클은 자기가 무슨 말을 하는지도 모르면서 자기 말에 권위를 싣는 능력으로 베인의 면접자들을 감탄시켰다. 따지자면 바로 그것이 마이클이 채용된 이유였다. 특별함 하나만 있으면, 다른 자격은 하나도 필요가 없었다. 탁월함은 마치 장애를 반전시킨 것과 같아서 고유한 대우를 받을 자격이 있었다.

이런 관점이야 나도 익숙했지만 그런 생각을 한 이유는 정반대였다. 나는 한 방 크게 노리는 것 말고는 내게 희망이 없다는 생각에 자주 괴로워했다. 맥주에 가격표를 잘못 붙여서 그리스티디스에서 해고되었던 때, 나는 별일 아니라는 듯 어깨를 으쓱해 보이는 마이클에게서 위안을 받았었다. 그는 내게 출퇴근 기록 카드를 찍는 건 "임금 노예"들이나 하는 일이라고, 우리 둘 다 그런 처지가 되진 않을 거라고 말했다. 하지만 나는 마이클이라면 절대 그런 종류의 실수는 하지 않았으리라는 생각을 떨칠 수 없었다.

우리가 사는 세계에서 명석함은 그것만 있으면 나머지 뇌 기능이 전부 보장되는 양 드높이 칭송받았다. 같은 맥락에서, 우리는 자신이 명청하거나 이해력이 부족하다고 느낄 때나 기억력이 떨어지거나 뭔가를 헛갈릴 때, 자신이 제정신을 잃어가는 게 아닌지 걱정하곤 했다.

마이클은 그가 밟아나가고 있는 회복의 일상적인 면모들을, "한 걸음씩"이라는 만트라를 읊으며 그가 한 번에 한 가지만 말하고, 의미하고, 행동할 수 있다고 예상하는 것을 더없는 모욕으로 느꼈다. 이것들 모두가 마이클을 저 아래 명청함의 차원으로 끌어내리려는 노력처럼 느껴졌고, 심지어 마이클을 고도로 기능하는 세상으로 천천히 되돌려 보내는 과정의 일부가 아니라, 그가 무언가를 잃어버린 원인 자체로 여겨지기도 했다.

과거에 마이클은 필요할 경우에는 단순한 일도 할 줄 알았다. 하지만 그냥 할 줄 아는 것보다는 똑똑한 것이, 그리고 똑똑한 것보다는 탁월한 것이 더 유리했다. 그즈음 나는 서서히 한 가지 사실을 깨달아가고 있었다. 나는 여태껏 나의 무능을 불안 탓으로 돌렸다. 그런데 어쩌면 선후 관계가 반대일지도 모른다는 것을 서서히 깨달았다. 나는 무능하기 때문에 불안한 것이었다. 나는 잘하는 일은 아주 잘했지만, 내가 이룬 성취는 금방이라도 고꾸라질 듯 위태로웠다. 나는 해묵은 두려움에 사로잡혔다. 교수들은 '딴생각에 빠져' 있었다는 말이면 온갖부족함을 덮고 넘어갈 수 있지만, 내가 교수가 되지 못한다면 과연 무얼 할 수 있을까? 아버지가 오래전부터 즐기던 농담—"내가 그 책을 읽었느냐고? 아직 가르치지도 않았는걸!"—은 교수에게 당연히 고등한 능력이 있다고 상정하는 고등교육에서나 통하는 것이었다. 치매에 걸려도 일을 계속할 수 있는 직업이 교수 말고 또 뭐가 있겠는가?

성인 이민자들에게 숙어 표현을 가르치는 건 『로빈슨 크루소』에 대해 이야기하는 것보다 훨씬 힘든 일인데도 그리스티디스에서처럼 보수를 시급으로 쳐주었다. 어쨌거나 나의 경우에는 학계에 머물 것이냐 말 것이냐의 선택이 내게 달려 있었다. 반면 질환으로 인해 갑자기 자기 삶에서 끌려나온 마이클의 앞에는 어떤 선택지가 존재할지 알 수 없었다.

마이클은 약물이 모든 걸 흐릿하게 만든다고 말했지만, 『조현병의 모든 것』에는 조현병이 "특히 네 가지 유형의 인지 기능을 손상시킨다"고 설명되어 있었다. 처음 세 유형은 단기 혹은 '작업' 기억, 실행 기능, 일반적 주의력이었다. 네번째 유형은 자신의 병을 알아차리는 능력과 관련된 것이었다.

마이클은 처음 세 가지 기능을 평생 탁월하게 발휘하며 살았다. 학창시절에 우리끼리 생물 모의 시험지를 만들어서 교환했을 때, 마이클은 몸을 수그린 채 우리 누나가 고민해서 만든 문제들을 로봇처럼 빠른 속도로 해치웠다. 마이클이 집중력을 순간적으로 끌어올린 이유가 어서 집중하지 않는 상태로 되돌아가기 위해서였다고 해도, 그가 발휘한 집중력은 초자연적으로 느껴질 만큼 강렬했다. 마이클이 페이지를 넘기는 소리가 들렸을 때 나는 첫번째인가 두번째 문제를 읽은 다음, 또다시 읽고 있었다. 손목시계를 보고, 다시 보고, 그제야 내가 무얼 하고 있었는지 깨닫고 시간을 확인해야 한다는 걸 기억해내는 평소 내 모습과 다를 바 없었다. 나의 경우 조현병이 손상시키는 네 가지 인지력 가운데 세 가지는 이미 얼마간 손상되어 있었다. 그저 늘 그랬으니 딱히 문제가 되지 않았을 뿐이다.

네번째 유형의 인지 기능은 나머지와 달랐고, 평가하기도 더 어려웠다. 마이클은 자신이 아프다는 걸 믿지 않았을지 모른다. 적어도 남들이 한 말을 곧이듣지는 않았을지 모른다. 아니면 마이클은 자기가 아픈 걸 잘 알면서도, 그 모든 상황을 뚫고 나아가게 해줄 자신감을 과시하고 있었던 것뿐인지도 모른다.

지능, 주의력, 이성은 종종 우리가 제정신이라는 걸 확인해주는 요소들로 여겨졌다. 어린 시절 나는 단순한 주의 산만과 병적인 '주의 산만'—토리에 따르면, 후자는 과거에 광기를 의미했다—사이의 흐릿한 경계에서 장시간 머무르며 내가 어느 쪽에 속하는지 고민했다. 마이클은 수업중 창밖을 자주 내다보기로는 옆자리 아이에 뒤지지 않았지만, 교실 맨 뒷자리에서 혼자 행맨 게임을 하고 있을 때든, 책상에 쌓인 책들을 손에 잡히는 대로 읽어나갈 때든, 세상의 정보들이 마치 꽃가루처럼 그에게 가서 달라붙는 것 같았다.

내가 질투한 건 마이클이 지닌 지식이 아니었다. 나는 원할 때마다 그 지식을 꺼내서 쓸 수 있으리라는 걸 아는 데서 비롯하는 마이클의 자신감이 부러웠다. 조현병에 걸린 지금도 그의 성격의 바탕에는 여전히 동일한 대전제가 있었다. 한편 내 안에는 유년기의 내가 항상 지니고 다니던 걱정, 바르 미츠바에서처럼 내가 갑자기 고장이 날지도 모른다는 걱정이 변함없이 도사리고 있었다.

그리하여 마이클은 과거와 다름없이 내 지성을 뒤집어서 보여주는 거울의 자리를 지킬 수 있었다. 나는 빠르게 움직이고 있을 때조차 나 자신이 택시에 탄 거북이 같다고 느꼈다. 반면 당장은 속도가 느리다 해도, 마이클은 교통 정체에 걸린 토끼였다.

마이클이 끝없이 도망치는 인생을 살게 되었다는 사실이 내겐 실감이 나지 않았다. 약물로도 완전히 가려지지 않는 환각과 침투적 사고에 맞서 싸우는 데 더해, 마이클은 낯선 인지적 좌절에도 대항해야 했다. 마이클이 약물의 부작용 탓으로 돌린 인지 능력 저하는 조현병 자체의 증상이었을지도 모른다. 마이클이 백과사전적 지식을 으스댈 수 없게 된 뒤에도 내려놓지 않은 지적 거만함은 그가 처한 새로운 현실을 다른 사람들에게서, 그리고 어쩌면 자기 자신에게서도 차단하고 있었다.

마이클은 탈시설화 후에 성년이 된 첫 세대에 속했다. 역기능적 체계들 틈에서 갈 곳을 잃은 그 세대의 상당수가 가족과 시간을 보냈다. 집에서의 생활은 입원이나 떠돌이 생활로 드문드문 중단되기는 했지만, 그래도 쇠락해가던 주립 정신병원에서 점점 더 심하게 방치당하는 것에 비하면 나은 편이었다. 하지만 마이클의 세대는 순응을 거부하도록 길러졌고 길거리에 마약이 넘쳐나는 시대에 병원 밖으로 풀려난 불안한 세대이기도 했다.

우리는 자동차 범퍼에 "권위를 의심하라"라는 스티커를 붙이고, 대통령을 '비열한 딕'이라고 부르고*, 각자 자기 식대로 살아가는 걸 칭송하는 포스터가 나붙은 시대에 자랐다. 마이클의 반항적 영혼은 그 주인을 잘 섬기고 있었으나, 교사의 잘못을 교정해주기를 좋아하고 남들이 하라는 대로 따르는 걸 싫어했던 사람에게는, 언젠가 돌려주겠다는 모호한 약속만 믿고 자신의 자율성을 타인에게 여권처럼 넘겨주는 일이 남들보다 배로 어려웠을 것이다.

지역사회 정신보건 센터가 마이클 같은 사람들을 돕기를 그만두었고, 공포의 주립 정신병원은 장기 입원을 허락하지 않게 되었다면, 그들은 모두 어디로 갔을까? 1980년대 말, 국립 정신건강 연구소에서 지역사회 돌봄의 위기에 관한 의회 증언을 위해 제출한 표에 따르면 조현병이 있는 성인 가운데 외래로 돌봄을 받고 있는 비율은 17퍼센트에 불과했다. 나머지 가운데 6퍼센트는 주립 정신병원에, 5퍼센트는 요양원에, 14퍼센트는 단기 입원 시설에 머물고 있었다. 그렇다면 조현병 인구의 무려 58퍼센트가 그냥 사라져버린 것이다.

마이클도 사라진 인구에 속하게 될까? 상상하기 어려운 일이었지만, 따지고 보면 그의 질환도 상상할 수 없긴 마찬가지였다. 마이클이 다시 입원해야 할 경우, 만일 그의 가족에게 돈을 대줄 여력이 없다면, 그는 어디로 가게 될까?

---

* 리처드 닉슨 대통령을 일컫는 별명.

마이클은 퓨투라 하우스를 림보라고 불렀다. 하지만 중간 거주 시설의 진정한 문제는 수요자의 일부만 수용한다는 것에 더해, 장기적 필요를 지닌 이들에게 단기적 해법을 제공하는 데 그친다는 것이었다. 거주자들은 약물을 복용하고, 모든 규칙을 지키고, 자신의 임무를 전부 성실히 수행하더라도 주어진 일 년 또는 이 년의 제한 시간이 흐른 시점에 아직 다음 단계로 나아갈 준비가 되지 않을 수 있었다. 회복의 곡선이 언제나 자립을 향해 휘는 건 아니었다. 때로는 휘지 않았고, 반대쪽으로 휘는 일도 있었다. 더이상 상태가 나아지기 어려우며 중간 거주 시설에서 지내는 걸 좋아하는 환자들조차, 곰들이 집에 돌아오면 급히 밖으로 나가야 하는 골딜록스처럼 불안한 처지였다.

중간 거주 시설을 졸업한 일부는 지원이 줄어드는 대신 독립성이 더 보장되는 다른 유형의 '지원 주택'으로 옮겨가서, 그곳에서 지내면서 혼자 살 집을 찾아볼 수도 있었다. 하지만 지원 주택을 찾는 건 더 어려웠다. 그보다 더 빈번하게 벌어지는 일은 중간 거주 시설을 나와서 임시 주택, 가족의 집, 병원, 병원 부지 내에 있는 단기 '호텔', 숙식 돌봄 센터, 다른 친척의 집, 또다른 병원 등을 전전하는 것이었다. 어디에서나 오래 머물 수 없었고, 종착점으로 생각했던 것이 알고 보면 완전히 새로운 또다른 과정의 시작점이었다. 증상이 나아졌다가 심해졌다가 하고, 시기마다 약물에 반응이 좋기도 하고 나쁘기도 하며, 제대로 파악되지 않은 기타 수많은 요소들에 의해 자꾸 달라지는 질환을 따라가는 과정은 결코 일직선일 수 없었다.

어떤 방법도 당장의 주거 문제를 해결해주지 않았다. 혼자 살기를 원하지만 일자리를 구할 수 없고, 아파트에 들어가기엔 턱없이 부족한 생활 보조금을 받으며, 당시 몇 군데 없었던 지원 주택을 찾지 못한 사람을 본인의 뜻에 반하여 가족의 품으로 돌아가게 할 방법도, 가족들에게 그런 사람을 돌볼 의향을 불어넣을 방법도 없었다.

마이클은 퓨투라 하우스를 좋아하지 않았지만 거대한 시침이 움직이는 소리가 그의 귀에 또렷이 들려왔다. 몇 달 주기로 이루어지는 거주자 면담에서 지도사들은 "인생 계획"과 "직업 준비 상태"에 대해 이야기했다. 퓨투라 하우스, 그리고 정신병원의 낮 병동과 제휴를 맺은 지역 사업체들은 장애가 있는 사람들을 채용할 의향이 있었다. 언제나처럼 강조점은 한 걸음씩 나아가는 것, 스트레스를 적게 받는 것, 경쟁적이지 않은 환경에 놓이는 것에 있었다. 영원히는 아닐지라도, 당장은 그런 것들이 중요했다. 마이클에게 주어진 한 가지 가능성은 세인트 빈센트 정신병원의 정신과의사들의 보증을 받아 메이시스백화점의 계산원으로 일하는 것이었다. 마이클은 이 제안에 심한 굴욕감을 느꼈다.

그때까지 척은 마이클이 자진해서 컬럼비아 장로교 병원에 입원하고 정신과의사들의 지시에 따르도록 격려하려 애썼지만, 이번만큼은 마이클과 함께 분개했다. 명석한 젊은이에게 권할 수 있는 최선의 미래가 메이시스라는 발상 자체가 도통 이해가 가지 않았다. 그럼에도 그는 아들을 데리고 "계산하는 남자"의 삶이 어떤지 보러 메이시스로 향했다. 아마 의사들은 그 일자리를 다른 말로 불렀겠지만, 이 표현은 두 사람이 느낀 모욕을 잘 포착하고 있었다.

두 사람은 뉴로셸의 메이시스 몰이 아니라—도심의 데스 스타*처럼 메인 스트리트의 쇼핑 구역에서 남아 있던 몇 안 되는 상점들조차

---

* 영화 〈스타워즈〉 시리즈에 등장하는 거대한 우주 무기.

싹 쓸어버린 이곳은 집과 너무 가깝다고 여겼던 듯하다—헤럴드스퀘어에 있는 메이시스백화점 본점으로 향했다. 거대한 건물 옆면에 세계 최대의 백화점이라는 홍보 글귀가 적혀 있었다. 척은 불운한 직원들이 인내심 없는 고객들에게 시달리는 장면을 보고 명쾌한 결론을 내렸다. 예일대 법학대학원이 이것보다는 스트레스가 훨씬 덜할 것이라고. 법학대학원은 마이클에게 구직 문제보다 더 큰 부담으로 다가오고 있던 주거 문제도 한시적으로나마 해결해줄 것이었다. 당시 부동산 시장에서 벌어지고 있던 변화들로 인해 살 곳을 구하는 일은 초 단위로 더 어려워지고 있었다.

1970년대에 약 오만 호를 기록했던 뉴욕시의 일인용 주택의 수는 그사이 만 팔천 호로 뚝 떨어져 있었다. 오래된 건물들이 조합식 공동주택으로 바뀌거나 고층 아파트 건설을 위해 불도저로 철거되면서 그 숫자는 계속 줄어드는 중이었다. 고층 아파트 집세는 기존 세입자들은 물론이요, 다시 뉴욕시로 이사를 생각하고 있던 우리 부모님의 수입으로도 어림없는 가격이었다. 우리가 살던 오래된 블록의 일인용 호텔은 이제 도어맨이 딸린 빌딩으로 바뀌어 있었다. 화이트플레인스의 퓨투라 하우스조차, 건물이 조합식 공동주택으로 바뀌게 되자 관리하에 있던 지원 주택들 가운데 하나를 포기하든가 아니면 돈을 더 투자해야 했다. 이미 자금이 부족했던 퓨투라 하우스 입장에서는 운영을 지속하기 위해 더 많은 돈을 모금해야 한다는 의미였다.

그해에 공정 주거법—인종, 종교, 출신 국가, 성별을 근거로 하는 주거 차별을 금지하는 1968년의 기념비적인 법—이 이십 주년을 맞아, 정신 및 신체상의 장애가 있는 사람을 보호 대상에 포함시켰다. 마이클은 우리가 어린 시절 목격했던 민권운동이라는 신화적 투쟁 속으로 소급해 들어가고 있었다. 그러나 그 이유는 어렸던 우리의 눈에 그토록 중요해 보였던 이유들과는 달랐다. 마이클에게 정부의 특별 보호를 받을 자격을 부여한 건 종교나 피부색이 아니라 그의 정신이 작동하는 방식이었다. 권리와 배척의 도식에서 마이클은 이제 어디에 속하게 된 걸까?

마이클의 자부심은 늘 다른 사람의 인권을 수호하는 데 있었지, 다른 사람들의 수호를 받는 데 있지 않았다. 우리의 시선은 여전히 미시시피에서 체이니와 함께 살해당한 슈워너와 굿맨에 고정되어 있었다. 마이클은 문을 부수어야 한다고 믿었고, 그건 우리끼리도 할 수 있는 일이라고 내게 항상 말했었다.

주거 개방법, 감당 가능한 융자 조항, 전반적인 인종 통합 목표를 골자로 하는 1968년의 공정 주거법이 제정된 의도는 인종 분리가 남긴 상처를 치료하는 것이었다. 그런데 정신질환으로 고통받는 사람들은 어떻게 치료해야 할까? 〈뻐꾸기 둥지 위로 날아간 새〉로 대표되는 반反정신의학 운동의 정점에서, 정신질환자를 병원에 입원시키는 것과 순전히 편견을 이유로 흑인을 분리시키는 것을 동일시하기는 쉬웠을 것이다. 지역사회 돌봄에 대한 요청 역시, 인종 통합에 대한 요청이었다. 그러나 이런 식의 비유는 두 집단 어느 쪽에도 별반 도움이 되지 않았다.

마이클은 물론 원하는 곳 어디에서든 살 권리가 있었지만, 그의 특수한 필요에 맞는 주택이 존재해야 했고, 그 주택은 마이클이 괴로움 없이 그러한 필요들을 자연스럽게 받아들일 수 있도록 해주는 곳이어야 했다. 그러나 공교롭게도 마이클은 자신이 남들과 다르고, 타인의 도움을 필요로 하며, 그가 여전히 정의하거나 받아들이기를 어려워하는 질환을 가졌다는 점을 전제로 마련된 장소에는 살고 싶지 않았다.

텔루라이드 캠프에서 나는 기존의 공정 주거법이 중요하긴 하지만, '슬럼 청소'와 '도심 재생'처럼 지나치게 포괄적인 목표로 시행되었던 기존의 연방 정책으로 인해 굳어진 차별적 주거 패턴을 되돌리는 데에는 실패했다고 배웠다. 과거에 연방 자금을 지원받은 지방자치 당국에서는 노후 주택을 불도저로 싹 밀어버렸다. 그러자 인종이 혼합되어 살고 있던 '슬럼'이 해체되면서 지역에 따른 인종 분리 관습은 더 강력해지고 심지어 한층 심화되었다.

탈시설화는 정신질환자들에게는 일종의 슬럼 청소이자 도심 재생과 같은 것이었다. 이 개념은 서면상으로는 고매해 보였지만, 지역사회의 편견으로 훼손된 포괄적인 중앙집권적 접근법에 의해 변질되었다. 정부에서 고용한 전문가들은 프로젝트를 정당화하기 위해 예방적 조치라는 허울을 내세웠다. 하지만 그들의 주장은 의학적 증거가 없었고, 아직 존재하지 않는 치료제로 뒷받침할 수도 없었다. 연방의 감독에서 멀리 벗어난 지역 차원의 시행에 의존하여 빈곤한 동네를 경제적·정치적으로 바꿔놓음으로써 정신질환을 단순히 완화하는 데 그치지 않고 아예 뿌리 뽑는다는 목표를 달성하기는 어려웠다.

탈시설화의 첫걸음은 정신병원을 '슬럼'에 상응하는 기관으로 규정하는 것이었다. 잡초와 같이 앞길을 막고 자라나는 불필요한 장애물은 무엇이든 슬럼으로 정의될 수 있었다. 그러나 그 목표는 통합이었다. 우생학이 판치던 과거의 미국에서 흑인들은 유전병이 있는 사람처럼 취급받았다. 그러나 이제 조현병이 있는 사람들은 피부 아래로는 남들과 조금도 다르지 않은 사람으로 대우받았고, 그저 벽을 무너뜨리고, 외적 방해물을 제거하고, 차이를 거부하기만 하면 평등으로 나아갈 수 있다고 여겼다.

이러한 긴장이 여실히 드러난 건 당시 연일 신문에 보도되었던 조현병이 있는 여성 조이스 브라운의 사건이었다. 과거에 그녀는 사람들이 길거리에서 객사하지 않도록 예방하는 새로운 프로그램의 일환으로 자신의 의지에 반하여 정신병원에 입원해 지냈다. 하지만 이제 병원 밖으로 나온 그녀는 인도의 환풍구 위에서 잠을 잤고, 아무때나 도로로 뛰어들어갔으며, 자기 배설물을 온몸에 묻힌 채 (본인 역시 흑인이었음에도) 흑인 남자들에게 인종차별적인 욕설을 고래고래 퍼부었다. 달러 지폐를 갈기갈기 찢어 불태웠고 그 위에 오줌을 누기도 했다. 그러나 판사는 그녀에게 석방을 명했다. 미국 시민 자유 연맹 뉴욕 지부에 소속된 그녀의 변호사들이 내세운, 그녀의 행동은 노숙의 결과이지 노숙의 원인이 아니라는 주장에 동의한 것이다. 판사는 돈을 태우는 것이 "이윤을 추구하고 실용주의를 우선하는 사회의 방향성과는 맞지 않을지 몰라도" 조이스의 행동은 "그녀가 행사하겠노라 격렬히 고집하는 독립성 및 자존심과 일관적이다"라고 판결 의견에 적었다.

반면 브라운이 정신증이 발병하고 마약을 남용하고 폭력적인 행동을 보여 더는 집에서 돌보기가 불가능할 때까지 그녀를 보살폈던 네 자매는 다른 결론에 이르렀다. 고래고래 욕을 해대고 치마를 들어 맨 엉덩이를 행인들에게 보여주는 흑인 여자가 "독립성 및 자존심"을 표현하는 삶을 살고 있다고 믿는다면, 판사는 이런 타락이 "자기 자신이나 자기 동류에겐 적합하지 않지만 그녀에겐 괜찮다고" 생각하는 인종차별주의자임에 틀림없었다. 만일 자기 누이가 길거리에서 그런 짓을 하고 있으면 판사가 "절대 찬성하지 않을 것"이라고 그들은 확신했다.

저멀리 배경 어딘가에 희망이 도사리고 있었다. 주거와 정신건강 돌봄의 관료주의적 미로 너머에, 일상적 허드렛일과 점진적 발전과 구입한 알람시계를 침대에서 얼마나 떨어진 위치에 두어야 룸메이트의 지나친 짜증을 유발하지 않고도 잠에서 깰 수 있는지를 둘러싼 의논과는 전연 동떨어진 어딘가에, 희망이 설핏 엿보였다. 희망은 화이트플레인스도 뉴로셸도 아닌 뉴헤이븐에 있었다. 마이클이 입학을 포기하지 않고 형에게 연기해달라고 부탁했던 예일대 법학대학원이 그의 희망이었다.

마이클은 합격 당시 환각을 보고 있었고, 원숭이들이 자기 뇌를 먹고 있다고 말했다. 광기의 물결이 그 모든 것을 한바탕 쓸고 지나간 지금, 예일대 법학대학원 합격증은 과거의 자신이 유리병에 넣어 바다로 던졌던 메시지처럼 천천히 둥둥 떠서 그에게로 돌아오고 있었다.

가능성이 점차 눈앞으로 다가왔다. 멀리서 울리는 종소리처럼, 손이 닿지 않는 곳에 놓여서 주인을 침대에서 일으켜세우고야 말 시계의 알람 소리처럼, 마이클의 귀에도 그 소리가 선연히 들렸다.

병원에서 그는 법학대학원에 가야 한다는 압박감이 자신을 무너뜨리는 데 일조한 요인이라고 이야기했었다. 그의 꿈은 소설을 쓰는 것이었지만, 의사들은 그 꿈은 이제 접으라고 만류했다. 그리고 그들이 제시한 대안은 메이시스에서 일하는 거였다. 어쩌면 마이클을 치유해줄 수 있는 건 법학대학원일지도 몰랐다.

그러나 아직도 입학을 할 수 있는지는 불확실했다. 중간 거주 시설에 살면서 정신병원의 낮 병동에 다니는 그가, 의사와 지도사들이 입을 모아 반대 방향으로 가라고 말하는 상황에서 법학대학원을 향해 가도 되는 걸까. 어쩌면 예일대 법학대학원의 학장인 귀도 칼라브레시는 그에게 상황이 달라졌으니 다시 지원해야 한다고 결정할 수도 있었다. 애초에 조현병이 있는 사람을 받아주기나 할까?

공교롭게도 마이크 커티스가 귀도의 딸과 사귀고 있어서, 실제로 그런 질문을 던질 수 있는 입장이었다. 그는 코네티컷주에 있는 칼라브레시 가족의 집에 방문했을 때, 누구나 이름으로 부르는 귀도 학장에게 자신의 룸메이트였던 명석한 친구가 예일대 법학대학원에 합격했지만 그후로 고난을 겪었다는 이야기를 했다.

진보주의자로 유명했던 귀도는 사실 설득할 필요조차 없었다. 그의 입장에서 예일대 법학대학원이 해야 할 올바르고도 명백한 행동은, 마이클의 합격을 인정하는 것이었다. 어떤 이유로든 입학을 연기한 여느 학생의 합격을 인정하는 것과 마찬가지로 그를 받아주고, 1989년 가을부터 수업을 들을 수 있게 해주는 것이었다. 다른 결정은 불공정할 뿐더러 실용적이지도 않았다. 귀도가 즐겨 말했듯, 정신건강에 너무 주의를 기울여서는 최고 명문 법학대학원을 운영할 수 없는 법이니까.

3부

법의 집

우리는 형법뿐 아니라 정신의학도 원했다.

_ 미국 대법관, 윌리엄 O. 더글러스

입원의 필요성에 관한 질문은 의학적 질문이 아니라 법적인 질문입니다.

_ 필그림 주립 정신병원 환자들을 대리한 수석 변호사 이네스 T. 아울,
〈뉴욕 타임스〉 1988년 11월 7일자에서 재인용

어릴 적 내게는 『다윗왕의 전설』이라는 책이 있었다. 책에 실린 마지막 이야기에서, 신은 늙은 다윗왕의 영혼을 거두어들이기 위해 그에게 죽음의 천사를 보낸다. 그런데 죽음의 천사는 다윗왕이 감미롭게 하프를 연주하는 소리에 홀린 나머지 자신의 임무를 잊고 가만히 멈춰서 음악에 귀를 기울인다. 상황을 파악한 왕은 아름다운 선율을 끊이지 않게 연주하면서 궁전의 문을 나가려 한다. 신은 마침내 천사를 가엾게 여겨 다윗왕이 딛고 있던 궁전의 계단을 허물어뜨리고, 그 순간 왕이 휘청거리며 음악이 멈추자, 죽음의 천사는 그의 영혼을 거두어간다.

똑똑함이 제정신과 성공과 어쩌면 불멸까지 보장해준다고 우리에게 말해준 사람은 없었다. 그건 말할 필요가 없는 당연한 사실이었다. 마이클이 지성의 현을 퉁겨서, 광기의 천사가 자신을 데려가지 못하도록 막아내리란 것도 그만큼 당연했다. 말할 필요가 없는 당연한 사실을, 마이클은 굳이 말했다. "내가 미쳤을지는 몰라도, 멍청하진 않아." 그 말의 속뜻은 자기는 미치지 않았고 멍청하지도 않다는 것이었다. 메이시스백화점은 그를 파괴하고 예일대 법학대학원은 그를 해방시키리라는 사실 역시 두말할 필요 없이 당연했다.

나는 그렇게 믿었다. 우리 부모님과 마이클의 부모님도 그렇게 믿었다. 귀도 칼라브레시와 마이클의 멘토가 된 교수들도 그렇게 믿었다.

20장
두뇌들

뇌는— 하늘보다 넓어라—

—에밀리 디킨슨

그때 마이클은 원숭이들이 자기 뇌를 먹고 있다는 생각에 사로잡혀 있었지만, 형에게 예일대 법학대학원에 입학 의사를 전해달라고 부탁한 건 좋은 선택이었다. 첫째로, 예일대 법학대학원은 1968년부터 학점제를 폐지했다. 둘째로, 예일대 법학대학원이 매년 입학시키는 신입생 수는 이백 명 이하로, 하버드대 법학대학원 신입생 정원의 3분의1 규모였으며, 신입생들은 다시 열여섯 명 남짓의 소그룹으로 나뉘어 첫 학기 동안 모든 수업을 같이 들었다. 첫 학기에는 네 가지 필수 영역—계약, 불법행위, 민사소송, 헌법—중 하나를 다루는 '소그룹 세미나'도 진행됐는데, 이 세미나에서 '1L'*들은 예일대 법학대학원의 자랑인 소크라테스식 친교를 맛보는 동시에, 그들을 위해 준비된 사교 모

---

* 법학대학원 1학년생을 부르는 용어.

임과 감정적 지원 체계와 스터디 그룹을 누릴 수 있었다.

마이클에게 소그룹은 유독 큰 의미로 다가왔다. 소그룹 구성원들은 그에게 책을 읽어주었고, 강의를 받아 적어주었다. 그가 쓴 글을 편집하고, 교정을 보고, 타이핑하고, 또다시 타이핑해주었다. 그들이 마이클의 조현병에 대해 아무것도 모르고 있었음을 감안하면 더욱 감동적인 행동이었다. 마이클은 자신의 상태에 대해 막연하게 눈에 문제가 있든가, 간헐적으로 눈이 보이지 않고, 모호한 소근육 문제로 읽고 쓰기가 어렵다는 식으로 둘러댔다.

변호사와 흡혈귀의 차이점이 뭐냐는 질문이 수시로 오가던 시절이었다(정답은 하나는 남의 피를 빠는 영혼 없는 괴물이고, 다른 하나는 박쥐로 변신한다는 것이다). 보통 본인이 이런 질문을 던지는 쪽이었던 마이클은 동기들이 자신에게 보여주는 친절에 압도당했다. 동기들도 대출금이 있고 지치고 혼란스러운 상태였으며, 기혼자 기숙사에 사는 일부는 학업에 더해 삶의 터전을 떠나게 된 배우자와 어린 자녀 역시 돌봐야 했다. 그럼에도 그들은 자신의 짐과 더불어 마이클의 짐을 함께 짊어져주었다.

마이클이 넌지시 자신의 상태를 암시하는 것만으로도 그토록 많은 자발적 도움을 받을 수 있었다는 건, 지금껏 숱하게 비방당해온 인구 전반의 아량에 대해 많은 것을 말해주는 한편, 자신에게 연민을 품고 헌신하도록 북돋는 마이클의 능력에 대해서도 말해주는 바가 있다. 그가 직접적으로 도움을 청한 게 아니라 자신이 뭔가를 잃어버렸고 필요한 것이 있음을 은근히 전달했을 뿐이라는 점을 염두에 두면 더욱 놀라운 결과였다. 마이클은 시력이 떨어져서 전처럼 한 페이지를 한 눈에 읽어낼 수 없었다. 사진 기억력은 그 자체가 과거의 기억이 되었다.

그가 암송하는 문학 속 구절들은 이제는 불러도 오지 않는 모든 것을 상기시키는, 그가 잃어버린 거대한 도서관의 빈자리를 채워주는 대체품이었다. 작은 모임에서 기타를 칠 때면 마이클은 자신의 커다란 손이 얼음덩어리 안에 갇혀 있기라도 한 듯 그것들을 내려다보았다. 그는 손가락이 뻣뻣해져서 재즈에 어울리는 속도로 즉흥연주를 할 수 없고, 컴퓨터를 사용하지 못할 때도 있다며 불만을 토했다.

마이클은 동기들이 자신을 위해 해준 고마운 일들에 대해 이야기하며 믿기지 않는다는 듯 고개를 저었다. 자선의 수혜자가 된다고 생각하기는 싫었지만, 그를 향한 도움의 손길은 —마이클은 자신이 청한 적 없는 것이었다고 빠르게 덧붙였다— 거지에게 하는 적선보다는 집에 도둑이 든 사람을 위한 모금과 더 비슷했다. 마이클이 겪은 상실의 이야기를 듣고 있노라면 그가 얼마나 높은 곳에서 떨어졌는지 알 수 있었다. 마이클이 동기들이 자신을 위해 책을 읽어주고 타이핑과 자료조사를 해준다고 이야기할 때에도 그의 말투에서는 동기들에 대한 겉허한 칭찬과 솔직한 우쭐함이 둘 다 느껴졌다. 마이클은 동기들 사이에서 자신을 도우려는 경쟁이 붙었다고 말했다. 마치 자신이 그들에게 선심을 베풀고 있다는 투였다.

마이클은 자신이 학업을 제대로 해낼 수 없다는 사실에 한층 더 비애감을 느꼈지만, 그럼에도 그가 천재라는 세간의 믿음은 흔들리지 않았다. 마이클의 천재성은 외적 척도로 평가되는 성취와는 별개로 꿋꿋이 저만의 생명을 이어갔다. 마이클은 머리카락이 다시 자라기를 기다리는 삼손*처럼, 상처투성이지만 강해 보였다.

---

* 구약성경에 등장하는 인물로, 머리카락이 힘의 원천이다.

마이클의 질환에 대해 아무것도 모르는 사람들은 남들과 다른 세상에 속한 사람처럼 느껴지는 그의 분위기가 상징적인 것이라고 생각했다. 그가 어떤 위험을 경험한 적 있기 때문이라든지, 불가사의한 기질 때문이라든지, 눈에 보이는 천재성처럼 손에 잡힐 듯이 그를 둘러싸고 있는 지성 자체 때문이라든지 하는 식으로. 마이클의 동기였던 제임스 포먼 2세는 소그룹 세미나 구성원들을 위한 사교 파티에서 그와 처음 대화를 나누었던 때, 키가 훤칠하고 뻣뻣하며 과묵한 그의 존재에 즉시 기가 죽었다. 고상한 지적 분위기가 팽배한 학교에서 제임스는 자신이 이곳에 속하는 사람이 맞는지 고민하고 있었던 반면, 마이클은 제 집에 온 사람처럼 말도 안 되게 편안해 보였다.

마이클은 특유의 심드렁하고 무심한 방식으로, 자신이 예일대학교를 삼 년 만에 최우등으로 졸업하면서 파이베타카파 협회*에 선발되었다는 화제를 꺼냈다. 기왕 말이 나온 김에, 법학대학원 입학시험은 딱히 준비하지 않았는데도 탁월한 점수를 받았다는 이야기도 덧붙였다. 마이클은 그 모든 성공담을 학업 성취가 중요하지 않다는 주장을 뒷받침하는 예시로서 별것 아니라는 듯 어깨를 으쓱하고 손을 내저으면서 이야기했다.

그때 마이클은 중간 거주 시설을 갓 벗어나 여전히 조현병으로 휘청거리고 약물의 장막을 뒤집어쓴 상태였다. 그럼에도 브라운대학교를 갓 졸업했고 훗날 예일대 법학대학원 교수가 되며 대규모 투옥에 대한 저서로 퓰리처상을 받는 제임스를 기죽게 만들 능력이 있었다.

나는 마이클이 병원에 몇 달 입원해 있었으며 그가 강제로 전두엽

---

* 미국 일부 대학에서 성적이 우수한 소수의 졸업생을 선발하는 명성 높은 사교 모임.

절제술을 받게 될까봐 겁냈다는 걸 잘 아는 사람이었다. 마이클이 이미 전두엽 절제술을 받은 것처럼 행동하는 모습마저 두 눈으로 똑똑히 보았다. 하지만 그가 내게 전화를 걸어 제대로 준비하지 못하고 들어간 수업에서 즉흥적으로 던진 촌철살인으로 교수들에게 큰 감명을 줬다고 말한 순간, 나는 그의 목소리에서 두려움보다는 자랑을 느꼈다. 법학대학원이 그렇게 쉬운 곳이었나? 교수들이 그가 연방 대법관의 재판 연구관으로 일하길 바란다는 말이 사실이었을까?

제임스는 마이클을 처음 만났을 때 다소 "자기 자랑이 심한 사람"이라고 느꼈지만, 첫인상은 이내 그와 정반대로 거의 신비롭기까지 한 이미지에 자리를 내주었다. 마이클이 기른 턱수염과 때로 머리에 쓰고 다니는 검은색 키파, 그리고 깊이 성찰하는 태도는 "반은 교수요, 반은 랍비" 같은 이미지를 자아냈다. 마이클은 수업에서 말을 많이 하지는 않았지만, 그의 신중한 발언은 혼란과의 씨름 때문이 아니라 숙고의 결과로 여겨졌고, 그가 내놓는 차분한 논평은 열띤 토론을 마무리하는 광택제와 같았다.

마이클이 하는 일은 무엇 하나 조급해 보이지 않았다. 성미 급한 세상을 무시하는 듯한 태도는 마이클이 말하는 방식뿐 아니라 복도를 걸어 다니는 방식에서도 묻어났다. 그건 일종의 자신감이었다. 마이클은 남들 눈에 보이지 않는 자신만의 박자를 따라 움직이는 것 같았다. 제임스는 마이클이 달리는 모습은 상상조차 할 수 없었다.

불법행위 수업 첫날, 강의실에 불이 난 걸 보고도 마이클은 달리지 않았다. 불길이 살아 있는 생물처럼 벽을 휘감고 올라 천장을 뒤덮는 동안, 그 누구도 터럭만큼의 관심조차 주지 않았다. 마이클은 "불이야" 하고 외치지 않았다. 하지만 가만히 앉아 있으라고 자기 몸을 설득하는 데에는 실패했다. 그는 공포에 사로잡힌 채 자리에서 벌떡 일어나, 떨리는 몸으로 남들의 눈에 띄지 않게 불타는 강의실을 걸어 나갔다.

　마이클의 동기들이 그를 위해 해주던 일은, 제인 퍼버의 친구 보니가 마이클에게 필요하리라 생각했던 것이었다. 심리학자인 보니는 예일대 법학대학원 진학이 마이클에게 최선이라는 네트워크의 중론에 유일하게 반대했던 사람이었다. 제인의 집에서 몇 년 동안 마이클과 알고 지낸 보니는 정신적으로 무너지기 전의 마이클과 무너진 후의 마이클, 퓨투라 하우스를 나와 법학대학원에 입학하기 전 막간의 마이클을 두루 보았다. 그래서 보니는 더욱 확신할 수 있었다. 마이클은 명석하긴 하지만 법학대학원의 압박을 견뎌낼 준비는 되어 있지 않았다.

　제인과 네트워크의 다른 구성원들은 그녀와 생각이 달랐다. 마이클의 정신과의사 머리도 네트워크와 뜻을 같이했다. 마이클이 중간 거주 시설에서 나온데다, 계산원 일자리를 권해서 마이클 부자를 격분시킨 정신병원 낮 병동 의사들과도 관계를 끊은 상황에서, 머리의 역할은 그 어느 때보다도 중요했다.

　제인의 딸 리지 퍼버와 이야기할 때 머리는 자신의 매혹적인 환자를 "우리 마이클"이라고 부르곤 했다. 맨해튼의 어퍼 웨스트사이드에 있는 그의 진료실은 뉴헤이븐에서 기차 한 번만 타면 도착할 수 있었다. 네트워크의 관점에서 예일대 법학대학원은 이미 마이클을 구원했고 앞으로도 구원할 장소였다.

　보니는 주립 정신병원이 마이클을 망가뜨릴 끔찍한 장소라는 네트워크의 판단에는 동의했지만, 성공적인 지역사회 돌봄에 무엇이 필요한지에 관해서는 생각이 달랐다. 지역사회 돌봄이 성공하려면, 일단은 지역사회가 있어야 했다. 그리고 현장에 실질적 임상 판단을 내릴 수 있는 사람이 있어야 했다. 너무 노골적인 이야기로 들릴지 몰라도, 여기서는 후각도 중요한 역할을 했다. 만일 환자가 스스로 보고하는 바와 달리 투약을 중단했거나 자신을 제대로 돌보지 않고 있으면 냄새로 티가 났다. 보니는 이미 마이클이 삽시간에 불안정해지는 모습을 본 적이 있었다.

네트워크의 다른 구성원들처럼 보니도 지역사회 돌봄이 사실상 게릴라 운동에 가까웠던 초기부터 대의에 헌신해온 열정적 이상주의자였다. 그녀는 필라델피아에서 자동차 판매소로 사용되던 장소에 임시 정신보건 센터를 세워 운영한다는 짜릿하지만 기력이 많이 드는 짧은 모험을 벌였다. 심리학자로서 인도주의적인 지역사회 돌봄에 꾸준히 헌신했고, 조현병 환자와 그들의 가족들과 계속 작업하면서 몇 가족을 하나로 모아서 다가족 지원 모임을 결성하기도 했다. 다시 말해보니는 그 일이 얼마나 힘든지 몸소 해봐서 아는 사람이었다. 환자의 순종을 이끌어내는 것이 복잡한 일이라는 걸, 안정이 대단히 중요하다는 걸, 아무리 긍정적인 변화라도 부정적 효과를 낳을 수 있다는 걸 그녀는 잘 알았다.

그러나 보니는 어떤 말로도 네트워크를 설득할 수 없었다. 정신병원의 낮 병동 의사들이 메이시스에 취직하라고 권한 건 잘못일지도 모른다. 하지만 진짜 중요한 질문은 따로 있었다. 자아가 산산이 부서지는 타격을 입은 사람이 다시 안정적인 자아를 쌓아올리는 데 얼마나 오랜 시간이 걸리는가? 마이클에겐 다른 선택지도 있었지만, 그것들은 모두 경계가 흐려져 '계산대 남자'에 상응하는 것으로 뭉뚱그려졌다. 마이클이 세운 '메이시스 대 예일'이라는 대립 구도가 어째서인지 모든 걸 아우르는 패러다임이 되었고, 누구나 마이클의 선택지가 둘 중 하나인 것처럼 이야기했다. 이런 상황에서 보니가 예일을 대신해 무얼 권할 수 있었겠는가?

많은 고민 끝에, 보니는 자신이 할 수 있는 유일한 일을 했다. 오랜 친구의 배우자이자 오랜 지인인 예일대 법학대학원 교수에게 연락을 한 것이다. 그의 이름은 로버트 버트였지만, 모두가 '보'라고 불렀다. 보는 대단히 똑똑하고, 사려 깊고, 인정 많고, 정신분석에 호의적인 사람이었다. 보니는 마이클이 그와 만나게 되리라 확신하고, 그에게 마이클 라우도어라는 청년을 만나게 될 거라고 일렀다. 매력적이고 명석한 청년이니 아주 좋아하게 될 거예요, 하지만 그애는 아주 아프답니다, 라고 그녀는 말했다. 보이는 것보다 훨씬 더 아픈 아이예요.

보니는 보에게 마이클을 지켜봐달라고 말했다. 사실 마이클에게는 그저 지켜보는 것 이상이 필요하다고 말했다. 예일대 법학대학원에 마이클을 위한 낮 병동이 필요해질 거라고 말했다.

보는 교내에 낮 병동을 설치할 수 있는 지위와는 거리가 멀었다. 그러나 보가 실제로 마이클을 만났을 때, 마이클은 스스로 자신이 지낼 낮 병동을 만들어낸 것 같았다. 마이클은 그에게 도움이 필요하다는 걸 알고 기꺼이 그를 돌봐주는 사람들에게, 정확한 이유를 모르면서도 그렇게 해주는 사람들에게 둘러싸여 있었다.

귀도 칼라브레시의 입장에서, 마이클이 동기들에게 받는 지원이야말로 예일대 법학대학원을 특별하게 만드는 특질이었다. 귀도 본인도 그런 특질 중 하나였다. 삼십 년 이상 교수로 재임하며 사랑을 듬뿍 받았고 이제 학장으로 오 년을 보낸 귀도는 법과 경제 분야의 선구자로도 이름을 날렸지만, 크리스마스가 오면 초록색 타이츠와 끝이 말린 신발까지 제대로 갖추어 엘프로 변장하는 것으로도 유명했다. 그의 익살스러운 에너지와 도덕적 진중함이 예일대 법학대학원 구석구석까지 퍼져 있었다.

누구나 귀도를 찾아가 그에게 이런저런 이야기를 늘어놓았다. 피아노에 기댄 감성 발라드 가수처럼 책상에 기대서서, 제군들을 교육하는 동시에 즐겁게 해주는 그의 강의를 들은 적이 없더라도 학장실을 찾아갈 수 있었다. 귀도는 누구든지 두 팔 벌려 안아주었고, 교수들을 사랑스러운 어린이처럼 대하여 그들의 거대한 자아를 길들였고, 생일을 맞은 교수에게는 전화를 걸어 영어와 이탈리아어 둘 다로 생일 축하 노래를 불러주었다.

귀도는 예일대 법학대학원에 활기를 불어넣었을 뿐더러 자칭 "학장의 전설"을 일구어냈다. 실화를 바탕으로 만들어진 그 전설들 덕분에 귀도는 한결 신비로운 인물로 등극했고, 그로써 매사를 처리하기가 좀더 쉬워졌다. 귀도가 학장 자리에 올라 이룩한 업적 가운데 하나는 예일대학교와 협상해서 법학대학원의 재정적 독립을 쟁취한 다음, 법학대학원 동문이라는 거대한 나무를 흔들어 진보와 보수 양쪽에서 전례 없이 큰 기부금을 모금한 것이었다.

가을마다 귀도는 신입생에게 그 유명한 "쳇바퀴 연설"을 들려주었다. 새로 법학대학원에 들어온 1L 학생들에게, 그는 학문적 목표에 다다르기 위해 게르빌루스쥐처럼 하염없이 쳇바퀴를 도는 시간은 이제 끝났다고 통지했다. 또다른 산의 발치에 다다랐다고 생각하고 있을 신입생들에게, 귀도는 미국 최고의 법학대학원에 선발되고 현명하게 진학을 택한 것만으로 이미 정상에 도달한 것이라고 말해주었다. 그러니 이미 보장된 미래에 도전하느라 공연히 진을 빼지 말고, 부디 "쳇바퀴에서 내려와" 앞으로 삼 년 동안, 첫번째 라운드는 불안에 시달리느라 제대로 즐기지 못했을 교양 교육의 두번째 라운드를 즐기라는 거였다. 예일대 법학대학원은 법에 밝은 사람을 대량 생산해서 시장에 공급하는 컨베이어벨트가 아니었다. 그건 하버드대 법학대학원에서 하는 일이었다.

쳇바퀴 연설은 마이클에게 깊은 감명을 주었다. 첫째로 그 메시지는 학업으로 인해 진짜 공부를 방해받지 말라고 가르쳤던 그의 아버지의 교육 철학에 부합했다. 둘째로 그 메시지는 인생의 어두운 시기를 지나고 있던 마이클에게 그가 엘리트 중의 엘리트이자, 법학대학원에 선발된 것이 구체적인 목적으로 가는 수단이 아니라 그 자체로 성취임을 상기시켜주었다.

마이클은 자신이 알기로 텔루라이드 캠프와 아인슈타인이 긴 시간 머물렀던 프린스턴 고등연구소를 제외하면, 구성원들에게 다른 일은 아무것도 하지 말고 오로지 생각만 하라고 장려하는 기관은 예일대 법학대학원이 유일하다고 말했다. 이미 뉴헤이븐에서 삼 년 동안 성공적으로 교양 공부를 마친 그에게, 앞으로 다가올 삼 년의 전망은 그리 벅차게 느껴지지 않았다.

품위 있는 학장의 존재 역시 그의 부담을 덜어주었다. 마이클은 자신을 위해 활짝 열린 학장실의 문을 수시로 드나들었다. 때로는 불안하거나 불안정한 상태로 학장실을 찾는 날도 있었다. 마이클의 설명에 따르면, 귀도는 연방 대법관과 통화중일 때조차 그가 오면 전화를 끊었고, 그는 '린다'의 안내를 받아, 책상 위에는 서류가 쌓여 있고 벽에는 나무 패널이 둘러져 있으며 높다란 고딕양식 창문이 달린 넓은 사무실로 들어갔다.

귀도의 관대한 자기중심주의는 그에 대한 깊은 존경의 폭을 줄이기는커녕 더욱 넓혀주었다. 그는 누구에게나 금가루를 아낌없이 뿌려주는 유형이었지만, 마이클의 명석함에 대한 믿음만큼은 진심이었고, 따라서 마이클에 대한 믿음도 진심이었다. 자신이 전과 달리 '최고'가 아니며 한때 식은 죽 먹기였던 일들이 힘들게 느껴진다고 좌절하는 마이클에게, 귀도는 기운을 북돋아주고 자신감을 키워주는 역할을 했다. 그는 마이클을 경청했고, 격려했고, 그에게 간곡히 권했고, 포기해서는 안 된다고 상기시켰다. 뇌에는 가격표가 달려 있다. 마이클은 그 가격을 지불하고 있는 것뿐이다. 다가올 미래는 분명 밝을 것이다.

마이클이 지닌 주변자적 특질의 뿌리에서 어딘지 낯익은 반짝임을 발견한 후원자는 귀도 말고도 더 있었다. 마이클이 지닌 천재성의 기운은 그가 겪고 있는 곤경의 근원인 '뇌'가 예선 통과 자격이자, 평등의 장치이자, 여권이자, 나라 그 자체였던 저 먼 옛날을 떠올리게 했다. 마이클은 초등학생 시절부터 문학작품을 인용했고, 보드빌 극 흉내를 즐겼고, 어깨를 으쓱이며 숙명론적 유머 감각을 발휘하고, 불꽃처럼 명석한 청년이었다. 그 모든 특성으로 인해 마이클은 현재 그의 멘토가 된 남자들이 똑똑한 유대인 소년들이었던 시절 그들을 구원해주었던, 전후戰後 실력주의 시대에 속한 사람처럼 특별 대우를 받았다.

냉전 시대에 팽배했던 실용주의 덕분에 '좋은 혈통'을 좋은 두뇌보다 높이 쳐주는 것은 부도덕할 뿐 아니라 무책임한 행위가 되었다. 우리 머리 위에서 스푸트니크가 궤도를 돌고 있는 판에, 핏줄을 따지고 있어서야 안 될 일이었다. 미국 정부가 달에 사람을 보내기 위해 베른

헤르 폰 브라운 같은 나치를 고용할 수 있다면, 아이비리그 대학교들이 똑똑한 유대인 몇 명을 더 받는 것도 문제는 아닐 터였다. 특히나 원자폭탄 만드는 일을 도운 수많은 유대인 가운데 러시아인들에게 정보를 빼돌린 사람은 한둘밖에 되지 않았으니 더욱 그랬다.

서구의 가치를 보존하기 위해 뾰족한 머리에 갈고리 코가 달린 유대인들을 배척해온 '와스프'의 수호자들은, 이제 동일한 목적에서 유대인들을 포용하기 시작했다. 마이클과 내가 유년기에 품었던, 우리의 뇌가 위로 올라가고 밖으로 나아갈 티켓이라는 믿음은 단순히 한 가족의 특이한 믿음이나 이민자의 강박이 아니었다. 두뇌에 대한 믿음은 국가 정책이었고, 그 믿음이 새로운 진보적 질서를 향해 교수들을 인공위성처럼 쏘아올렸다. 법학대학원은 엄밀히 말해 맨해튼 프로젝트와는 달랐으나 사법체계를 망치로 두드려 해외에서 자유를 위해 싸울 칼을 만들고 국내에서 개인의 권리를 보호할 방패를 만드는 것도 일종의 애국 행위였다.

신동 중의 신동이었던 귀도는 파시즘을 피해 이탈리아에서 도망쳐나온 난민의 신분으로 뉴헤이븐에 도착했다. 여섯 살 어린아이였던 귀도가 아는 영어 단어는 세 개뿐이었다 ―"네" "아니요" "서류가방". 그리고 그는 유성처럼 화려한 성공을 거두었다. 오십대 후반에 이르러서도, 장난스럽게 회색 염소수염을 기른 그의 이탈리아계 얼굴을 잘 들여다보면 미소 짓고 있는 조숙한 아이를 발견할 수 있었다. 그러나 귀도는 자신이 통제할 수 있는 영역 바깥에서 대립하고 있는 힘들에 자신의 운명을 맡긴다는 것이 어떤 의미인지 결코 잊지 않았다. 그가 사랑해 마지않는 뉴헤이븐에서조차, 그는 이탈리아인과 유대인의 핏줄이라고 조롱을 당한 바 있었다.

귀도와 보내는 시간은 마이클에게 지극히 소중했다. 유대교 회당에 새겨진 기부자 이름처럼 전 법학대학원 학장들의 이름이 새겨진 아치형 스테인드글라스 창문을 통해 들어오는 무지갯빛 햇빛을 받으며, 마이클은 튼튼한 가죽 안락의자에 앉아 귀도와 이야기를 나누었다. 망상을 공유하는 때도 있었다. 아침마다 침대에 불이 난 걸 본다는 이야기를 할 때는 듣는 이와 자신 둘 다를 안심시키기 위해 신중하게 과거 시제를 택했다. 귀도는 존중하는 태도로 홀린 듯 그의 말에 귀를 기울였다.

마이클이 새로운 생활을 시작하기 위해 캠퍼스에 도착한 첫날부터 둘 사이에는 강력한 유대감이 형성되었다. 마이클은 신입생들이 북적거리며 들어오는 시기를 피해, 먼저 기숙사 방에 들어가서 적응하고 있으라는 권유를 받았다. 척이 마이클을 태우고 왔다. 뉴헤이븐은 뉴로셸에서 두 시간도 걸리지 않았고—운전대를 잡은 사람이 척일 경우 시간은 그보다 훨씬 단축되었다—중간 거주 시설에서는 몇 광년이나 떨어져 있었다. 그러나 아무리 가족과 제인, 머리 선생, 네트워크 사람들의 축복을 한몸에 받고 있다 해도, 뉴헤이븐으로의 이사는 마이클에겐 두려운 도약이었다.

런던의 인스오브코트*를 본떠 만들어진 신고딕양식의 스털링 법학대학원 건물은 정방형 블록 하나를 온전히 차지했다. 가운데에는 잔디밭이 있었다. 마이클이 머물렀던 실리먼 칼리지와 길모퉁이 하나를 사이에 둔 법학대학원 건물 안에는 실리먼 칼리지처럼 자족적인 세계가 펼쳐져 있었다. 기숙사, 강의실, 카페테리아, 사무실, 강당, 도서관이

---

* Inns of Court. 영국 런던에 있는 변호사 양성을 위한 유서 깊은 법학원.

모두 가고일 장식을 달고 사방으로 뻗어나간 하나의 복합 건물 안에
자리잡고 있었다.

다들 캠퍼스 바깥보다는 법학대학원 안에서 지내는 편이 마이클의
스트레스가 덜할 거라고 생각했다. 그런데 학장 사무실에서 보낸 지원
인력이 마이클 부자를 기숙사로 안내하고 보니, 방안에 침대가 없었
다. 마이클로서는 기함할 노릇이었다.

텅 빈 방 앞에서, 마이클이 지금껏 제 안에 꾹꾹 눌러두었던 의심과
공포가 일시에 터져나왔다. 방 정리에 실수가 있는 건 드문 일이 아니
고 학기 시작 직전에는 더욱 비일비재했다. 사무실 직원은 사과하며
침대가 없는 건 쉽게 바로잡을 수 있는 사소한 문제라고 해명하려 애
썼다. 그러나 마이클은 듣지 않았고 소리를 지르며 울었다.

마이클은 화가 나면 턱수염 선과 눈 밑 사이의 볼에 진홍색 반점이
올라왔다. 턱수염마저 더 붉어지는 것 같았다. 기숙사 방에서 그는 타
는 듯 붉어진 얼굴로 눈을 가늘게 뜨고 울면서 욕을 퍼부었다. 척은 특
유의 엄한 투로 마이클을 진정시키려 노력했지만 통하지 않았다. 기숙
사에 마이클의 자리는 없었다. 법학대학원에도, 뉴헤이븐에도, 그의
인생에도, 어디에도 그의 자리는 없었다.

텅 빈 작은 방안에서는 소리가 잘 울렸다. 마이클이 목소리를 높이
자 반향이 일었고 척도 덩달아 목소리를 높였다. 두 남자 모두 흥분하
면 발뒤꿈치를 들고 몸을 앞뒤로 움직였는데, 마이클은 발을 들지 않
아도 이미 키가 190센티미터였다. 사무실 직원은 당황해서 다급히 귀
도를 찾아갔다.

귀도는 자초지종을 듣자마자 재정을 담당하는 부학장 스티븐 앤들
과 함께 급히 출동했다. 귀도는 정신질환이 있는 사람이라면 법학대

학원에 적격이라고 농담을 해왔을지는 몰라도, 실제로는 명석한 두뇌를 계발시키는 것만큼이나 학생들의 정신적 안녕을 중요하게 여겼다. 법학대학원이 취약한 학생에게 가장 기본적인 가구를 제공하는 일에 실패했다면, 그래서 그 학생이 무너지고 있다면, 귀도와 스티븐은 직접 두 팔을 걷고 나설 것이었고, 실제 문자 그대로 그렇게 했다. 두 사람은 지체 없이 직접 침대를 찾아서 들고 잔디밭을 가로질러 마이클의 방으로 가져왔다.

귀도와 스티븐이 씨름 끝에 간신히 침대를 방안에 밀어넣고 벽에 붙였을 때, 마이클은 여전히 울면서 길길이 날뛰고 있었다. 마이클이 자신의 모습을 되찾고 세상으로 돌아오는 데에는 시간이 좀더 걸릴 터였다. 하지만 척은 끈기가 있었고, 귀도는 참을성이 있었다. 법학대학원의 우두머리와 그가 신뢰하는 부학장이 직접 침대를 들고 왔다는 걸 알면 무언가 달라질지도 몰랐다. 지금 당장은 아니더라도, 나중에 돌이켜보면 분명 느끼는 바가 있을 것이었다. 어느 모로 보나 진심이 담긴 행동이었으니까.

마침내 마이클이 자기 말을 들을 수 있는 상태가 되었다고 판단한 귀도는 괴로움에 빠진 신입생에게 말을 걸었다. "이봐요. 장애나 그 비슷한 어려움을 겪는 사람은 아주 많아요. 그래서 경사로를 만들었지요. 엘리베이터도 만들었고요. 스티븐과 내가 학생의 경사로가 되어줄게요."

귀도의 말은 마이클을 향한 것이었지만, 척에게 들려주는 말이기도 했다. 그 말은 법학대학원 학장이 도움을 필요로 하는 학생에게 하는 약속인 동시에, 한 아버지가 다른 아버지에게 하는 서약이기도 했다. 법학대학원은 마이클에게 시험이었지만, 마이클이야말로 법학대학원을 진정한 시험대에 올린 셈이었다. 학장은 그 시험을 통과하겠노라 결심했다.

귀도는 해결 불가능한 법의학적 딜레마를 탐구하는 '비극적 선택'이라는 과목을 가르쳤지만, 그는 천성적으로 낙관주의자였다. 그의 아버지는 파시스트 깡패들에게 구타당하고 옥살이를 했으며 그의 어머니는 재산을 빼앗겼다. 두 사람은 여덟 살 먹은 첫째와 여섯 살 먹은 귀도를 데리고 무솔리니 치하의 이탈리아를 탈출했다. 이유는 단 하나, 의사였던 귀도의 아버지가 예일대학교 의과대학에서 일 년짜리 펠로십을 제안받았기 때문이었다. 그 보잘것없는 약속 하나를 믿고 온 가족이 밀라노에서 뉴헤이븐으로 이주하기로 결심했다. 심지어 귀도 가족이 미국에 도착했을 때 펠로십은 이미 기한이 만료된 뒤였다. 그러나 예일은 그들을 구해주었다.

시간이 흐르며 귀도의 아버지는 의학 학위에 예일대 공중 보건 박사학위를 추가했고, 예일대 의과대학의 교수가 되었으며, 지역 병원의 심장과를 이끄는 수장이 되었다. 어머니는 예일대학교 프랑스어과에서 박사학위를 받고 지역 대학에서 인문학을 가르치는 교수가 되었다. 귀도와 형은 둘 다 예일대학교에서 학사학위를 받았다. 형은 예일대 의과대학에 진학하여 명성 높은 종양학자가 되었다. 귀도는 예일대 법학대학원에 진학했다. "네" "아니요" "서류가방" 말고는 아는 말이 없었던 소년은 이십대의 젊은 나이에 종신 재직권을 받았고, 그로부터 이십오 년 뒤에는 법학대학원의 학장이 되었다.

귀도가 자신이 다스리는 학교를 사랑하고, 그곳을 하나의 성소로 대우하는 건 놀랍지 않았다. 일 년짜리 의과대학 펠로십이 재능과 용기 외엔 아무것도 가진 것 없이 고국에서 버림받은 칼라브레시 가족을 구했다. 법학대학원은 당연히 마이클을 구할 수 있을 것이었다.

21장
멘토들

예일대 법학대학원의 정신은 오언 피스와 같은 교수들에 의해 고취된 것이다. 연방 민사소송법 책을 집어들어 문자 그대로 창밖으로 내던져버리는 그의 모습에서 학생들은 영감을 받는다.

—밥 콘, 〈뉴스위크〉, 1993년 3월 28일자

강의실마다 문 뒤에서 마이클의 양아버지가 되어줄 유대인 교수가 기다리고 있었다. 명석하고, 자기중심적이며, 동시에 자애로운 그들은 도무지 만족시키기 불가능한 이상을 품고 있었고, 그럼으로써 자신도 모르는 사이에 학생들의 기를 죽여놓았다. 마이클은 그런 종류의 위압감 앞에서 눈 하나 꿈쩍하지 않았다. 게다가 그에게는 걱정할 것들이 따로 있었다. 예를 들면 강의실에 실제로 불이 났는지 아닌지와 같은 것들.

그는 동기들에게는 결연히 비밀로 하고 있었던 조현병을 교수들에게는 스스럼없이 털어놓았다. 조현병에 대해 고백할 때마다, 그는 마치 상대방을 구슬려 음모에 끌어들이기 위해 진실을 밝히는 것처럼 말문을 열었다. "아무한테도 말하면 안 된다고 하는데요." 비밀을 밝힐 상대를 엄선했다는 인상을 주는 표현이었다.

마이클의 고해 방식은 자신에게 정신질환으로 인한 장애가 있다고 설명하면서 오히려 자신의 정신적 능력이 남다르다고 은근히 강조하는 효과를 거두었다. 마이클이 동정이나 특별한 배려를 원하는 게 아니라고 명확히 밝히자, 그가 둘 다를 청하고 있다는 걸 알아들은 교수들은 마이클의 지성과 취약성에 깊은 인상을 받았다. 교수들은 또한 자신의 경험을 명료하게 이야기하는 마이클의 힘에 감탄했다. 그는 정신병원과 중간 거주 시설, 자신을 인생의 실패자 취급한 의사들, 그리고 예일대 법학대학원이 그랬듯 그에 대한 맹렬한 믿음으로 그를 메이시스 계산원이 되는 신세에서 구해준 대단한 아버지에 대해 이야기했다.

뉴헤이븐까지 자신을 따라온 매서운 망상에 대해 마치 우연히 얘기가 나온 것처럼 고백하는 마이클의 태도에서는 왠지 모를 부조화가 느껴졌다. 마치 집에서 물건을 가져와서 발표하는 수업 시간에, 책가방에서 메두사 머리를 꺼내는 아이 같았다. 하지만 마이클은 건조한 투로, 큰 싸움은 이제 다 끝났다는 듯이 이야기했다.

마이클이 교수들에게 조현병 이야기를 꺼낸 건, 자신은 족쇄를 달고 경주에서 이긴 사람이니 움직일 때 쩔렁거리는 소리가 나는 것 정도는 무시해달라는 뜻이었다. 약물 때문에 행동이 느리고 과제를 하는 데 시간이 더 걸릴지 모르겠지만, 가장 중요한 건 자신을 진단명으로 섣불리 규정하지 말고 있는 그대로의 모습으로 봐주는 거라고, 마이클은 교수들에게 진심을 담아 열성적으로 말했다.

교수들이 마이클에게 이끌린 건 단순히 연민 때문이 아니었다. 그들은 마이클 안에서 자유방임적 실력주의의 시대에 두뇌를 금본위 화폐로 등극시킨 생생한 총명함의 불꽃을 알아보았다. 교수들이 지적인 부를 쌓아가고 있던 시절 자유방임주의는 그다지 공평하지 못했고, 똑똑한 유대인들은 엄하게 집행되는 관세를 물어야 했다. 입학 정원이 할당제로 가득 채워지던 그 시절 아이비리그라는 바늘구멍을 통과하려면, 총명해야 했다. 항생제와 세균 이론과 백신이 발명되기 이전 시대에 유년기를 넘어 살아남으려면 튼튼한 면역 체계와 많은 행운이 반드시 필요했던 것과 같았다.

교수들에겐 여전히 승전에서 얻은 흉터들이 남아 있었다. 모르는 사람의 눈에는 보이지 않지만, 체제에 의해 학대당한 뒤 지금은 그 체제를 지배하게 된 세대가 폭발시키는 공격적인 불안과 적극적 이타주의에 익숙한 사람의 눈에는 그것들이 결투에서 남은 상처처럼 선명하게 보였다.

첫 학기의 모든 강의는 성적이 통과 또는 낙제, 둘 중 하나로 매겨졌다. 그 다음 학기부터는 '통과'와 '낙제'에 '낮은 통과'와 '우수 통과'가 추가되었다. 낙제하는 사람은 거의 없었지만, 그냥 통과하는 건 낙제처럼 느껴질 수 있었고, 낮게 통과하는 건 그보다도 더 나빴다. 이런 성적 제도의 본래 목표는 학생들의 불안을 경감해주는 것이었고, 1960년대에 로비를 통해 성적 체계의 변화를 이끌어낸 학생들에게는 더 큰 평등으로 나아가는 한 걸음이기도 했다. 하지만 성적이 알파벳으로 매겨지지 않는 상황에서, 학생들이 교수들과 맺는 관계는 한층 더 중요해졌다. 학생이 여름방학 동안, 그리고 졸업 후에 어떤 일을 할지는 교수들이 로펌을 운영하는 파트너 변호사들과 재판 연구관을 고용하는 판사들에게 써주는 추천서에 달려 있었다.

예일대 법학대학원 강의실과 법정을 잇는 든든한 파이프라인은 교내에 휘황찬란한 광휘와 그에 상응하는 스트레스 둘 다를 더해주었다. 법학대학원 교수들은 법조계 안에서 길게 이어지는 행운의 편지에서 연결고리 역할을 했다. 그들은 아끼는 학생을 본인이 재판 연구관으로 일하면서 법리를 배운 판사들에게 보내기도 했고, 판사석에 오르기 전에 본인이 몸소 사법 철학을 빚어준 과거의 제자에게 보내기도 했다. 예일에서 공부한 판사들이 자신의 은사가 보내준 사람, 또는 지금은 예일 교수가 된 자신의 전 재판 연구관이 보내준 사람을 연구관으로 고용하는 것은 엄밀히 말해 규칙은 아니었지만 관습으로 굳어져 있었다.

예일대 법학대학원에는 영화 〈하버드 대학의 공부벌레들〉에 등장하는 동굴 같은 강의실은 없었다. 임의로 선정된 희생자가 익명의 학생들 틈바구니에서 일어서서 집요한 판사 역할 학생에 대항하여 판례법에 대해 열변을 토하다가 다시 익명의 무리 속으로 사라지는 일도 없었다. 그러나 학생들끼리 아무리 친밀하더라도, 교수가 아무리 좋은 마음으로 가르치고 강의가 아무리 방목식으로 이루어지더라도, 예일대 법학대학원 역시 호전적인 법정의 정신에서 자유로울 수 없었다. 지적인 근접 전투에 익숙지 않은 학생들에게는 소그룹 세미나조차도 참혹한 시험장으로 느껴졌다.

소니아 소토마요르 전 연방 대법관은 연방 대법원이라는 성소에서 예일대 법학대학원 시절을 돌아보며, 수업 준비를 아무리 철저히 한대도 "언제든지 굴욕을 당할 위협"이 있는 곳이었다고 기억했다. "정답을 맞히더라도, 점점 더 깊이 파고드는 질문들을 받다보면 결국은 기어들어갈 구멍을 찾고 싶은 기분이 된다." 클래런스 토머스 전 연방 대법관은 "새로 만난 동기들이 복잡하게 얽히고설킨 법적 원칙이 마치 자신에겐 제2의 천성이라도 되는 양 교수에게 말대꾸를 하고 자신만만하게 싸움에 뛰어드는 모습을 보고" 혼란과 두려움을 느꼈다고 회상했다.

마이클은 조지 H. W. 부시 대통령이 "더 친절하고 더 신사적인 미국"이라고 부르던 시대에 법학대학원에 입학했지만, 그 시대에도 여전히 소토마요르와 토머스 시절의 교수들이 교편을 잡고 있었다. 개중에는 스승이 드리운 기다란 소크라테스적 그림자 속에서 햇빛과 관심을 갈구하며 자라난 젊은 세대의 교수들도 있었다. 소토마요르 대법관처럼 브롱크스의 공공 주택 출신이거나, 토머스 대법관처럼 인종이 분리된 남부에서 찢어지게 가난한 유년기를 보내지 않았어도, 얼마든지 토머스 연방 대법관과 같은 의문을 품을 수 있었다. "대체 어디서 저렇게 많은 걸 알게 된 거야?"

마이클의 경우 그 답은 미어랜드 로드 28번지, 고양이가 자기 엉덩이를 한 번 핥으려 해도 언쟁을 치러야 하고, 집안에서 누군가 한 사람은 반드시 수정 헌법 제1조와 미국 시민 자유 연맹에 대해 고함을 지르고 있는 그곳이었다. 마이클은 친구들이 저녁을 먹으러 왔다가 그 장관을 좀더 보려고 머무르곤 했다는 이야기를 즐겨 했다. 마이크 커티스는 전운이 감도는 라우도어 가족의 유월절 식사에서 당장 도망치고 싶었지만, 마이클은 그곳에서 제대로 훈련받았다.

마이클이 수업에서 토론이 끝나기를 기다렸다가 비로소 입을 열었던 한 가지 이유는, 남들의 말을 들으면서 그가 끝까지 읽지 못했거나 누군가 읽어주긴 했지만 내용을 잊어버린 글을 역으로 추론해내기 위해서였다. 마이클의 분석적이고 이성적인 태도에는 언제나 설득력이 있었다. 정신증에 사로잡혀 자신의 지적 능력을 비이성적인 대상에 적용할 때조차 예외가 아니었다.

실용적인 사안보다 지적인 사안이 얼버무리기 더 쉽다는 건, 내가 학문의 길을 밟아나가면서 알게 된 사실이었다. 마이클은 말솜씨와 권위적 태도를 활용해 논리적 빈틈을 회반죽으로 때우는 일에 유독 재능이 있었고, 정신증에 사로잡혀가던 베인 시절에도 그런 능력을 충분히 발휘했다.

법학대학원 전체에 팽배하며 특히 1학년 담당 교수들에게서 두드러진 철학적 성향도 마이클과 운좋게 맞아떨어졌다. 그들은 널리 숙달하는 것보다 깊이 파고드는 것을, 그리고 어떤 주제에 관해서든 대화하는 것을 높이 평가했다.

칼라브레시 학장의 보이지 않는 손이 작용했는지 아니면 단순히 우연이었는지 여부는 알 수 없으나 마이클이 속한 소그룹 세미나의 담당 교수는 조지프 골드스타인이었다. 그는 편견을 혐오했고, 이디시어 표현에 애정이 있었으며, 학생들에게—특히 그가 무엇보다도 가치를 두는 명석함의 증표를 나타나는 학생들에게—헌신한다는 점에서 마이클과 천생연분이었다. 골드스타인 교수는 삼십 년 이상 정신의학과 법에 대해 글을 써왔을뿐더러, 미국 법학 교수로서는 최초로 1960년대에 비전문 정신 분석가로서 훈련을 마쳤다. 사무실에 소파를 두고 가끔 환자의 진료를 보기도 했다. 면담 시간, 심리 치료, 형법이 그에겐 하나인 것 같았다.

마이클과 처음 만났을 때 골드스타인 교수는 제멋대로 자라난 흰머리에 구겨진 정장을 걸치고 커다란 나비넥타이를 맨 괴짜 교수로 명성이 높았다. 프로이트적 침묵을 지키다가 직설적으로 상대의 말을 끊는 것으로 유명했던 그의 양서류처럼 부드러운 목소리를 듣기 위해 학생들은 안간힘을 쓰고 귀를 기울였다. 골드스타인은 대담한 추측을 환영하는 한편 조잡한 논리에는 무자비할 만큼 솔직하게 대응해서, 마치 소크라테스적 개구리에게 해부당하는 듯한 기분을 선사했다.

골드스타인은 마이클을 믿었다. 마이클에게는 그가 가치를 두는 특별한 정신적 능력이 있었고, 순수한 목적의식도 있었다. 즉 마이클은 골드스타인 교수의 수업이 지양하는 식견 좁은 전문직 기술자가 되는 길에서 그 누구보다도 거리가 먼 사람이었다. 골드스타인은 일찍부터 마이클의 든든한 후원자 대열—귀도는 이들을 두고 마이클의 "추진제"라고 불렀다—에 올랐고 적절한 때가 오면 마이클이 연방 대법관의 재판 연구관으로 일하지 못할 이유가 없다고 생각했다.

'조' 골드스타인은 마이클을 우드브리지에 있는 자택에 초대했다. 한때 안나 프로이트—지그문트 프로이트의 딸이자 아버지의 유산을 지키는 수호자—가 그 집에 드나들면서 골드스타인에게 어른과는 매우 다른 아동의 요구와 인식을 정신분석을 통해 파악하여 양육권 재판에 적용할 수 있으리라고 가르쳤었다. 골드스타인에게는 아내와 네 자녀가 있었다. 그와 함께 아들 셋과 딸 하나를 키운 아내 소냐는 어린 시절 히틀러 치하의 유럽에서 도망쳐 나온 뒤 예일대 법학대학원을 졸업해 변호사가 된 인물로, 남편의 연구와 집필을 돕기도 했다. 마이클은 언제나 다른 사람의 집을 좋아했으며 결국은 다른 사람의 집 안에 초대받고야 마는 신묘한 습성이 있었다. 골드스타인의 집에는 해가 잘 드는 커다란 거실이 있고, 교수가 직접 구운 팝오버 빵이 있고, 벽에는 그가 제2차세계대전중 일본 암호를 풀었다는 사실을 상기시키는 신비로운 일본 판화가 걸려 있었다.

마이클은 제2차세계대전의 도가니에서 빚어진 앞선 세대의 사람들을 편안하게 느꼈다. 해외에서 독재와 편견이라는 용을 해치우고, 고국으로 돌아와 억압이라는 용과 싸운 그들에게 홀로코스트는 꺼지지 않는 경고등이었고 '브라운 대 교육위원회' 판결은 영원히 꺼지지 않는 약속의 등대였다.

골드스타인은 이십 년 동안 안나 프로이트와 함께 세미나를 진행했고, 그녀와 예일대 아동 연구 센터의 수장 앨버트 솔닛과 함께 『아동의 최선의 이익을 넘어Beyond the Best Interests of the Child』와 같이 대단히 영향력 있는 책들을 썼다. 이 책에서는 생물학적 부모보다 "정신적 부모"가 중요하다고 강조했다. 저자들은 심지어 똑같이 자녀에게 헌신하는 두 부모 사이에서 양육권 다툼이 일어날 경우, 제비뽑기를 해서 승자에게 단독 양육권을 주고, 아동 발달을 크게 저해하는 신의 상충을 피하기 위해 패자는 자녀에 대한 접근을 금지하는 편이 낫다고 주장하기까지 했다.

골드스타인 교수의 권위는 대단해서, 그의 형법 소그룹 세미나를 신청한 학생들은 자동으로 오언 피스 교수가 가르치는 민사소송 강의에도 등록되었다. 형법 소그룹 세미나에서는 사실 형법을 배우지 않았다. 피스 교수의 강의에서도 학생들이 소송을 제기하거나 증언을 받는 방법을 배우는 일은 없었다.

피스 교수는 한 학기 대부분의 시간을 '골드버그 대 켈리'라는 연방 대법원 판결 하나에 할애했다. 1970년대에 내려진 이 기념비적인 판결은 별로 유명하지는 않았지만, 그 내용이 특이했다. 복지 급여를 정부가 빈자에게 수여하는 임시적 자선으로 보지 않고 정부가 증거 청문의 기회를 주지 않고 종료할 수 없는 사유재산의 일종으로 본 것이었다. 즉 정부는 시민의 적법 절차권을 침해하지 않고서는 시민의 자동차를 견인할 수 없듯이, 복지 급여를 중단할 수도 없었다.

하나의 사건을 이리저리 뒤집어 살펴보는 건 원래도 마이클의 장기였지만 현재 그의 상태를 감안할 때 '메타-절차' 수업은 신이 내린 축복이었다. 국제적으로 이름 있는 헌법학자이자 세계적으로 손꼽히는 위인이었던 교수 역시 마이클에게 축복이었다. 피스 교수는 마이클에게 조현병이 있는 걸 알고 즉시 그에게 관심을 기울였다.

마이클 입장에서 '골드버그 대 켈리' 사건은 전혀 '메타'적이지 않았다. 그는 어떤 사무적 오류나 정부의 변덕으로 갑작스럽게 복지 수혜가 끝날 것을 두려워하면서 보조금 줄에 서 있는 것이 어떤 기분인지 알고 있었다. 해당 판결에서 다수 의견서를 작성한 윌리엄 브레넌 대법관에 의하면, 마이클이 받은 지원은 "거저" 주어진 게 아니라, 노예에서 해방된 사람들과 미국 밖에서 태어난 사람들의 시민권을 지키기 위해 비준된 수정 헌법 제14조의 보호를 받는 "생명, 자유, 재산"의 일부였다. 이 셋은 마이클의 재산권이었고, 판결로 뒷받침되고 수업에서 매일 논해지는 마이클의 적법 절차권이었다. 그러니 마이클의 숨겨진 자아는 하찮은 것이 아니라 상징적인 지위를 지니고 있었고, 어떤 의미에서는 강의의 본질 그 자체였다.

브레넌 대법관의 재판 연구관이었던 오언 피스의 입장에서도 '골드버그 대 켈리' 사건은 전혀 '메타'적이지 않았다. 그는 이 사건이 황금기가 끝나가던 사법 적극주의의 마지막 몸부림이라고 보았다 ─하지만 다윈이 인간이 다른 손가락과 마주보는 형태의 엄지손가락을 갖게된 것을 생활양식상의 선택이라고 여기지 않은 만큼이나, 이 사건을 적극적 사회운동으로 여기지는 않았다. 키가 훤칠하고 회색 정장을 입고 다니는 피스 교수는 언제나 고고한 태도를 유지했으나, 밝고 단조로운 옷을 입고 학생들에게 다가와서, 정의 구현을 가능하게 하는 것은 정답이 아니라 옳은 답이라는 인식을 이끌어내려 애쓸 때만은 학생들에게 집중했다.

피스 교수는 브롱크스의 소박한 가정에서 자랐고, 1955년에 고등학교 친구들과 워싱턴 D.C.로 여행을 갔을 때 처음으로 법이 어떤 일을 할 수 있는지 어렴풋이 느꼈다. 그가 처음으로 뉴욕시를 벗어나는 모험을 벌인 때였다. 십대 소년들이 으레 그렇듯 자유를 만끽할 태세가 되어 있었던 그는 친구들과 함께 연방 대법원 방청석을 돌아다니다가, 무수한 흰 얼굴들 사이에서 시선을 붙드는 훤칠한 흑인 남자를 보았다. 그는 '브라운 II'로 알려진 '브라운 대 교육위원회' 재판의 구제 단계에서 변론을 펼치는 중이었다는 것을 피스는 나중에 알게 되었다. 청중을 사로잡고 있던 그 변호사는 다름 아닌 서굿 마셜 본인이었다. 그는 자신이 전년도에 "분리하되 평등한" 학교가 위헌이라는 판결을 얻어낸 '브라운 I'의 즉시 적용을 주장하고 있었다.

마셜을 본 그 찰나 피스의 인생은 송두리째 바뀌었다. 구 년 뒤 그는 연방 항소법원 제2 지구에서 마셜의 재판 연구관으로 일했다. 이듬해에는 얼 워런이 이끄는 연방 대법원에서 진보적 성향으로 알려진 윌리엄 브레넌 대법관 아래에서 재판 연구관으로 일했다. 법무부 민권국에서는 슈워너, 굿맨, 체이니의 살인자를 두려움 없이 뒤쫓고 있던 존 도어 아래에서 일했고, 1970년대에는 다시 한번 존 도어 아래에서 미 하원 탄핵 조사 자문으로 일했다. 피스는 뉴헤이븐과 워싱턴 D.C.를 오가며 워터게이트 침입, 캄보디아 불법 폭격, 닉슨 대통령의 비밀 테이프들을 탄핵소추안에 담아냄으로써 한 시대의 문을 굳게 닫았다.

'골드버그 대 켈리' 판결을 학생들에게 거듭해서 가르치며, 피스 교수는 워런 대법원장이 이끌었던 과거의 대법원과, 그리고 자신의 사법적 영웅이자 친구였던 브레넌 대법관과의 이별을 애도하고 있었다. 피스 교수가 십대였던 시절에 브라운 판결을 내렸던 대법원은 즉시 인종 분리를 폐지하라는 마셜의 요구를 끝내 수용하지 않았다. 그 대신 대법원에서 제시한 기준은 "가장 신중한 속도로"라는 모호한 표현이었다. 이 표현은 해가 갈수록 조지 오웰의 디스토피아를 연상시키는 의미로 변해가는 것처럼 보였다.

마이클에게 피스 교수는 예일대 법학대학원을 일종의 캐멀롯* 망명지로 등극시킨 고귀한 사법 기사단의 일원이었다. 피스 교수의 사무실을 방문한다는 건, 서굿 마셜 아래에서 일했을 뿐 아니라 그 위대한 법학자가 손수 만든 크랩 검보 수프를 먹어본 사람과 시간을 보낸다는 뜻이었다. 마셜의 할머니는 손주에게 인종 분리가 시행되는 볼티모어에서 자라려면 의지할 만한 기술 하나쯤은 있어야 한다며 요리법을 가르쳤다고 한다.

피스 교수는 마이클의 멘토의 전형에 부합하는 사람이었다. 기회와 불평등의 땅에서 강력한 정신과 부모의 독려 외에는 가진 것 없이 태어나, 아이비리그라는 고지에 오른 유대인 남자들. 영화 〈제3의 사나이〉에서 대관람차에 오른 오슨 웰스와 달리, 저 아래쪽에 남겨진 사람들을 한낱 점으로 보기보다는 도움이 필요한 고통받는 이들로 보는 사람들. 그들에게 법은 저 아래 보이는 점들에게 생명줄을 던져줄 수단이었다. 그들에게 마이클은 오슨 웰스와 조지프 코튼과 함께 흔들리는 곤돌라에 타 있는 동시에 저 아래에서 하나의 점이 되어 누군가 밧줄을 내려주기를 기다리고 있다는 점에서 남다른 대우를 받았다.

피스 교수는 신화적 세계에서 뚜벅뚜벅 걸어나온 인물이었고 마이

---

* 아서왕의 궁전이 있었다는 전설적 장소로, 이상적이고 목가적인 공간을 일컫는 표현이다.

클 역시 그러했다. 마이클은 저만의 방식으로 워런이 대법원을 이끌었던 열정적 시대와, 그 시대가 불러온 영웅주의를 상기시켰다. 피스는 마이클이 겪어온 여정에 대해 듣고 감동한 나머지, 즉시 자신이 할 수 있는 일이면 무엇이든 돕겠노라 나섰다. 자신의 연구 보조를 포함해 마이클에게 수입을 안겨줄 만한 일자리를 주선해주기도 했다. 보통 뛰어난 조직력과 부두 일꾼 못지않은 체력, 글을 효율적으로 빠르게 읽어나가는 재주를 갖춘 사람들에게 주어지는 일을 하기에는 마이클의 능력이 부족하다는 걸 알게 된 뒤에도, 그는 자신의 결정을 철회하지 않았다.

보니가 예상했듯 마이클이 보 버트의 사무실 문을 두드리는 날이 찾아왔다. 그날 마이클은 대단히 동요해 있었다. 법과 의료윤리를 주제로 하는 보의 세미나를 신청한 사람이 자신을 제외하면 여러 해 만에 법학대학원으로 돌아온 중년 여성 한 명뿐이라는 소식을 들은 참이었다. 마이클은 학생 수가 그렇게 적은 것도 심란했지만, 보가 세미나 첫날 보여주려고 계획하고 있던 영화 〈나를 죽게 해줘Please Let Me Die〉 때문에 기분이 크게 상해 있었다. 보가 진행하는 세미나 커리큘럼의 핵심이었던 이 다큐멘터리는 한 정신과의사가 폭발 사고로 심한 화상을 입고 삶을 끝내고 싶어하는 청년의 정신을 탐구하는 내용이었다.

마이클은 보에게 화상 병동을 배경으로 하는 영화는 절대 볼 생각이 없다고, 자신은 매일 아침 눈을 뜰 때마다 방에 불이 난 걸 보기 때문이라고 말했다. 그렇게 마이클은 보에게 자신의 조현병에 대해 털어놓았다. 보에게 들려준 이야기 속에서, 마이클은 아침마다 두려움에 마비되어 침대에 누워 있었다. 매일 아침 그를 일으켜세우는 건 아버지의 전화였다. 아버지는 그에게 화염이 진짜가 아니라고 말했다. 말만 한 게 아니라, 증명도 했다. 그는 마이클에게 손을 뻗어 불을 만져보라고 지시하고는, 무엇이 느껴지는지 물었다.

"열기가 느껴지냐?" 아버지가 물었다. "열기가 느껴져? 아니야? 좋아!"

다음으로 그는 마이클에게 반대쪽 손도 똑같이 해보라고 지시했다.

문답이 한 차례 더 반복되었다. "뜨겁냐? 열기가 느껴져? 불에 탔냐고!" 마이클이 그렇지 않다고 인정하자 아버지는 말했다. "네가 보는 불은 진짜가 아니야." 아버지는 마이클에게 일어나서 바닥에 한 발을 디디라고 했다. 불은 무시해라. 마이클은 두 손으로 다리를 들어 억지로 바닥에 내려놓는 한이 있더라도, 바닥에 발을 대고 아버지에게 바닥이 뜨거운지 아닌지 보고해야 했다. "뜨겁냐? 그래. 이제 다른 발!"

이 이야기를 들려줄 때 마이클은 아버지를 흉내내어, 목소리에 껄렁한 브루클린 악센트를 봄버 재킷처럼 걸치고서 말했다. 그로써 이야기에는 극적인 긴급함이 더해졌고, 마이클은 숙달된 공연자 같은 분위기마저 풍겼다. 비록 그가 공연하는 것은 그를 압제하는 끔찍한 현실이었지만.

보니의 예상은 또 한번 들어맞아서, 마이클은 보의 마음을 사로잡았다. 자신의 지성과 질환을 똑같이 당당하게 드러내는 마이클의 태도에는 강렬한 매력이 있었다. 그러나 시간이 흐르면서 보는 한 가지 걱정이 들기 시작했다. 동기들 앞에서는 그토록 신중한 마이클이, 교수들에게는 거의 무분별할 만큼 스스럼없이 자신의 정신증에 대해서 말했다. 마이클은 세상 물정에 훤한 분위기를 풍겼지만 조현병에 대한 낙인이 계몽된 환경에도 엄연히 존재한다는 사실은 제대로 인지하지 못하고 있는 듯했다.

결국은 마이클을 가르치는 모든 교수가 척과 불이 난 방에 대해 알게 되었다. 마이클에게 직접 듣기도 했고, 서로에게 듣기도 했다. 그들은 마이클의 고군분투와 그의 강인함이 완벽하게 요약된 이 일화를 서로에게 반복해 들려주었다. 마이클은 매일 지독한 고난을 극복했고, 다음날이 되면 같은 일이 다시 반복되었다. 마치 매일 아침 독수리에게 간을 쪼아먹히고, 밤새 간이 새로 자라나서 다음날 새벽에 다시 고문을 받는 프로메테우스 같았다.

보는 마이클에게 영화를 보지 않아도 된다고 이르고는 이 주제를 다룰 대안을 논하기 위해 면담을 잡았다. 수업을 계획하는 면담은 또다른 면담으로 이어졌고, 한동안 보는 수강생이 두 명뿐인 세미나를 둘로 나누어 진행하는 기분이었다. 수업의 보충 자료를 찾기 위해 마이클과 나눈 토론은 그 자체로 수업의 보충 자료가 되었다. 마이클은 보의 수강생이라기보다는 보의 수업 그 자체가 되었다.

보는 자신의 첫번째 저서 『타인 돌보기Taking Care of Strangers』에서 정신분석의 렌즈를 통해 의사와 환자가 심리적, 도덕적, 법적으로 어떻게 얽히는지 살펴보았다. 보의 멘토 조 골드스타인과 제이 카츠가 정신분석가가 아니었듯, 보 역시 정신분석가가 아니었다. 하지만 보는 정신분석적 관계가 치료를 받는 사람들이나 모든 유형의 의사와 환자뿐 아니라, 판사와 소송인에게, 무엇보다도 교사와 학생에게 모범적 관계일 수 있다고 보았다. 보는 보기 드문 유형의 청자였다. 그의 따스한 태도와 지성이 빚어내는 대화에 빠져 있노라면, 레스토랑에서 주문한 음식을 내오는 종업원이 모임의 진정한 목적을 함부로 방해하고 있다고 느껴질 정도였다.

그러나 보는 대화에 대해 굳은 믿음을 지닌 사람이었음에도 학생들에게는 단순히 말솜씨 이상을 원했다. 그는 마이클의 명석함이 자신이 학생들에게 기대하는 일관적인 사고나 성실한 작업물을 생산해내는 능력과는 다르다는 사실을 금세 알아차렸다. 이 점이 보에게 특별히 문제가 되지는 않았다. 그의 입장에서 가장 흥미로운 학생들은, 예일대 법학대학원이 배출한 진정한 성공 사례에 해당하는 이들은 오히려 법률가가 되지 않는 경우가 많았다. 보는 마이클이 조현병을 겪는 사람들을 위한 설득력 있는 옹호자가 될 수 있으리라 믿었다. 예일 법률가보다는, 예일 법학대학원에 다녔던 사람으로 활동할 수 있을 거라고 생각했다.

얄궂게도 마이클 본인은 이미 자신을 '예일 법률가'로 여기고 있었다. 자신에게 쓰라린 일격을 가했던 낮 병동 의사들과의 언쟁을 회상하면서 그는 이렇게 말하곤 했다. "예일 법률가가 될 수 있는데 봉지에 식료품이나 담고 있으라고?" 예일 법률가가 되는 것, 마이클에게는 그게 요점이었다.

22장
선례

그래서 나는 다시 세상을 향해 나아갔고, 폭력과 망상을 벽장 안에 쑤셔넣은 다음, 온 힘을 다해 벽장 문을 닫고 막아섰다.

—엘린 색스, 『마음의 중심이 무너지다』

조 골드스타인 교수에게 마이클은 조현병이 있는 최초의 법학대학원 제자가 아니었다. 마이클이 입학하기 삼 년 전, 엘린 색스가 예일대 법학대학원을 졸업했다. 골드스타인은 그녀에게도 너그러운 멘토가 되어주었고, 그녀가 법학 학위를 받은 뒤 정신분석가의 길로 나아겠다는 결정을 내릴 때 역할 모델이 되어주기도 했다.

색스는 얼마 전 서던캘리포니아대학교에서 법학 교수로 채용되었다. 그 성취가 대단했던 건, 단순히 조현병 진단을 받았다는 사실 때문만은 아니었다. 색스가 병을 진단받은 건 법학대학원 첫 학기 때였다. 어느 날 그녀는 춤을 추며 교수 사무실 창문 밖으로 나가서 법학대학원 건물 지붕으로 올라갔다.

교수는 그녀를 달래서 사무실로 다시 불러들인 다음, 자기 집에서 저녁을 함께하자고 초대했다. 색스가 자신의 비범한 회고록 『마음의 중심이 무너지다』에서 묘사한 바에 의하면, 그 식사는 "순조롭지 않았다." 색스는 교수가 도움을 청한 학생 보건 서비스 소속 정신과의사의 전화를 끊어버리고, 옥스퍼드대학교에서 공부하던 시절에 만난 친구이자 영국의 신경과의사인 리처드에게 전화했다. 색스는 자신에게 무언가 끔찍한 일이 벌어지고 있다는 것을, 도움이 필요하다는 것을 알았다. 하지만 수화기를 들자 이런 말이 튀어나왔다. "나는 생명을 주고 앗아가. 나를 건드릴 생각은 마, 리처드. 난 너보다 나은 사람들도 죽여봤으니까. 아이들. 레몬주스."

리처드는 그녀의 말을 조금 더 듣고 있다가, 교수에게 지금 엘린이 정신증 발작을 겪고 있으니 당장 병원에 데려가야 하며, 현 상태로는 교수의 어린 딸이 위험할 수도 있다고 말했다. 경각심을 느낀 교수는 그녀를 차에 태우고 예일 뉴헤이븐 병원으로 갔다. 엘린은 법학대학원 지붕에서 춤추던 중에 주워서 주머니에 넣어두었던 지붕용 못을 내놓지 않겠다고 고집을 부리다가 결국 들것에 눕혀져 온몸을 결박당했다.

삼 주 뒤 그녀는 만성 편집형 조현병을 진단받았고, 자신이 이제 법학대학원 학생이 아니라는 소식을 들었다. 병원에서 법학대학원 학생처장에게 전화해 질환에 대해 알렸다고 했다. 색스는 학교로 복귀할 수 없었다.

색스는 마이클과 동일한 진단을 받았고, 그와 마찬가지로 의사들에게 실망스러운 예후를 들었다. "그들은 내가 커리어를 쌓거나, 급여를 받는 일자리를 가지는 것 자체가 불가능할 거라고 생각했다"라고 그녀는 적었다. 하지만 사설 병원에서 몇 달을 보낸 뒤 엘린의 가족은 그녀를 플로리다의 집으로 데려왔고, 그곳에서 엘린의 아버지는 마이클의 아버지가 그랬던 것처럼 자식에게 "강해져야 한다"고 이야기하며,

운명의 키를 잡은 사람은 그녀 본인이라고 강조했다. "지성에 규율을 결합한다면, 어떤 난관이든 극복할 수 있다."

가족들과 방문한 플로리다 해변의 모래밭에 누워, 낯선 사람들과 외계인들이 자신을 죽일 음모를 세우고 있으니 총이 있었으면 좋겠다고 생각했던 시점으로부터 사 개월 뒤, 엘린은 신입생들과 함께 다시 학업을 시작하기 위해 뉴헤이븐으로 복귀했다.

마이클은 정신증이 발병하기 전에 법학대학원에 지원했었다. 입학처에서 지원 당시와 입학할 때의 정신건강 상태가 다른 명석한 학생이 있다며 이런 이례적인 경우에는 어떻게 해야 할지 귀도에게 자문을 구하자, 귀도는 마이클의 상태를 보증하는 의사들이 그가 이미 최악의 시점을 지났다고 주장하고 있으니, 입학처에서 괜찮다고 판단한다면 자신도 괜찮다고 말했다.

반면 엘린 색스는 창문 밖으로 나가 빙글빙글 돌면서 생명을 주느니 빼앗느니 하는 이야기를 하던 때 이미 법학대학원 학생이었다. 그러나 첫 학기를 시작하고 고작 몇 주가 지난 시점에 그녀의 학업은 극적으로 중단되었고, 따라서 가을에 다시 학업을 시작하기 전에 대학 보건 정신의학국 국장과 면접을 보아야 했다. 언제나 학구적이었던 색스는 국장이 쓴 논문을 찾아냈다. 그의 논문은 정확히 그런 식의 면접에서 어떤 질문을 던져야 하는지 설명하면서 모의 질문과 모범 대답을 제시하고 있었다. 엘린은 그것들을 전부 외웠다. 실제 면접날, 국장은 대본에 충실했고 엘린도 대본을 따랐다. 그녀는 별 탈 없이 재입학에 성공했다. 마이클과 내가 예일 학부생이었던 1983년에 있었던 일이다.

엘린은 자신에게 필요한 도움을 반복적으로 거부했다. 약을 내다버렸고, 지성과 제정신을 혼동했다. "정신증이 있는 슈레버 박사"—지

정신을 잃은 독일인 판사에 대한 프로이트의 유명한 사례연구—를 다룬 에세이를 제출하고 교수에게 "출판 가능한 수준"이라는 평가를 받자마자 색스는 즉시 복약을 중단했다. 회고록에서 그녀는 이렇게 생각했다고 적었다. "나는 출판될 만한 논문을 쓸 수 있는 사람이야. 정신질환이 있는 게 전혀 아니야. 즉 정신질환자를 위한 약을 먹을 필요가 없다는 뜻이지. 이제 약은 끝이야."

완벽히 합당한 논리였다. 마이클과 내가 자라난 세상에서 예술가들과 지식인들은 귀족이었고, 지성은 우리에게 내려지는 일종의 축복이었다. 우리가 알기로, 참치잡이 그물에 걸린 돌고래를 구조해야 하는 이유는 그들의 뇌가 우리 뇌만큼 크기 때문이었다. 정확히 말하면 우리의 뇌보다 더 컸다. 그러니까 돌고래는 사실 우리보다 똑똑하고, 영화 〈돌고래 알파〉에서처럼 고주파로 옹알거리며 소통하는 단계를 지나면 우리에게 많은 걸 가르쳐줄 수 있을 것이었다.

우리가 몰랐던 건, 이 방정식의 이면이었다. 지능이 부족해서 구조할 가치가 없다고 여겨지는 사람들이 어떤 운명에 처해지는지 우리는 알지 못했다. '벅 대 벨' 사건에서 대법원은 캐리 벅이 강제로 불임 시술을 당하는 게 옳았다는 입장을 내놓았다. 판사 올리버 웬들 홈스 2세의 표현에 의하면 벅은 "정박아"였다. 그는 말했다. "예방접종을 의무화하는 원칙은 나팔관을 제거하는 행위를 포괄한다."

우드로 윌슨—박사학위를 소지한 유일한 미국 대통령이자, 프린스턴대학교의 전 학장이었다—이 뉴저지 주지사 시절에 "가망 없는 결함이 있는" 사람들과 "범죄 계급"을 겨냥한 강제 불임화 명령에 서명했다는 사실을 그 누구도 우리에게 가르쳐주지 않았다. 윌슨 대통령의 입장에서, 그의 전임자들이 아직 우생학을 발견하지 못했다는 건 행운이었다. 정부의 권위와 학문적 전문성의 동맹이야말로 진보로 나아가는 길이라는 윌슨의 믿음을 전임자들이 갖지 않았다는 것 또한 행운이었다. 그런 행운이 없었다면 윌슨이 아내와 결혼하기 바로 전 해에 밀리지빌 중앙 주립 정신병원에서 자살한 예비 장인은 불임 시술을 당했을 것이고, 그랬을 경우 윌슨의 아내도, 그의 딸들도, 태어나지 못했을 것이다.

우리는 존 스코프스*가 진화론을 가르칠 때 사용한 교과서에서 '인종'을 다섯 가지로 분류했으며 그중 백인 '인종'이 제일 위, 흑인 '인종'이 제일 아래라는 사실도 알지 못했다. 이 사실을 알았더라면, 마이클과 나는 생물 시간에 본 영화 〈침묵의 소리〉에서 "오래된 종교" 운운하며 노래하는 시골뜨기 창조론자들이 실은 클래런스 대로**와 그가 증인으로 소환하려 계획했던 아이비리그의 우생학자들보다 미국의 평등 정신을 더 잘 지키고 있었다는 사실을 억지로라도 인정해야 했을 것이다. 우생학자들의 경우 평등 따위는 안중에도 없었다.

우리는 1927년에 캐리 벅의 강제 불임 시술에 반대하는 입장이었던 유일한 대법관이 — 때는 이미 늦어서, 캐리와 그녀의 어머니와 아홉 살 난 딸 모두 불임 시술을 받은 뒤였다 — 보수 가톨릭 신자이자 훗날 뉴딜 정책을 방해한 장본인이었다는 사실도 알지 못했다. 그는 우생학 전문가들의 증언이 헛소리임을 인정하지 못한 올리버 웬들 홈스 2세와 루이스 브랜다이스(마이클과 우리집에서 영웅으로 떠받들어진 인

---

* 1925년에 진화론을 부정하는 테네시주의 법을 공격하기 위해, 학생들에게 진화론을 가르친 자기 자신을 고소한 생물 교사.

** 스코프스의 재판에서 피고인 스코프스를 변호한 변호사.

물이다) 같은 진보적 법관들보다 훨씬 진보적인 입장을 취한 셈이었다. 물론 터무니없는 판결이 내려진 것이 단지 엉터리 과학 탓은 아니었다.

홈스 판사가 캐리 벅의 불임 시술에 찬성하는 편에 선 이유는, 미국이 "무능에 뒤덮이는" 것이 두려웠기 때문이었다. 개인의 가치를 측정하는 단위로서 불멸의 영혼이 갖던 자리를 정량화 가능한 정신이 대신하고 있던 그 시절, 정신적 무능보다 더 무서운 건 없었다. 우생학은 모든 장애를 공중 보건적 조치를 필요로 하는 오염 물질처럼 취급했다.

진보 시대*의 개혁가들은 그들이 외래종으로부터 지켜내려 노력했던 토착 동식물과 마찬가지로 자신들도 보호받아야 하는 대상인 양 굴었다. 자연히 그들은 자신들을 위한 피난처를 지었다. 여러 대학과 동네들과 미국의 가능한 한 많은 부분이 그들을 위한 울타리 두른 정원으로 바뀌었다. 그들은 병원, 대학원, 공공기관도 만들었다. 그러고는 과학과 사회과학, 질병, 지성, 열등함을 구분 짓는 경계를 온통 흐려놓은 다음, 그것들을 구별하여 규정할 권력은 자신들이 독차지했다.

뉘른베르크 의사 재판에서 '벅 대 벨' 판례는 정신질환자들의 대규모 살상을 감독한 의사를 변호하는 데 사용되었다. 그러나 결국 의사는 교수형에 처해졌다. 시대의 분위기를 감안하면, 전후의 지식인들이 우생학이라는 아기를 내다버리기 위해 생물학이라는 목욕물까지 몽땅 내다버린 것도 이해 못할 일은 아니다. 그들은 옳은 일을 한다고 생각하면서 그렇게 행동했다. 그래야만 과거의 잘못을 보상할 수 있

---

* 미국에서 자본주의가 급격히 발전한 도금 시대 이후, 그동안 간과되었던 사회운동 및 정치 개혁에 대한 열망이 확산되었던 1890년대에서 1920년대를 가리킨다.

다고, 혹은 먹칠을 당한 전문가의 이미지를 구제할 수 있다고 느껴졌을 것이다.

생물학에 대한 거부는 정신분석적 정신의학이 널리 받아들여짐으로써 새로운 세상이 만들어지는 데에도 중요한 역할을 했다. 하지만 캐리 벅에게 지능검사를 실시하고 그녀에게 "저능아"라는—홈스가 자기 나름의 이유로 선택한 용어 "정박아"와는 과학적으로 다른 분류였다—꼬리표를 붙인 사람은 심리학자였다.

심리학psychology은 정신의 과학이었지만, '심리psyche'란 '정신'을 의미하기 전에 본디 '영혼'을 뜻했다. 제우스는 프시케 공주에게 불멸성을 내려주어 그녀가 불멸의 존재인 에로스와 결혼할 수 있도록 했다. 현대의 심리학은 이 과정을 거꾸로 뒤집어서 영혼을 측량 가능한 정신으로 만들었다. 정신의 점수가 높으면 예일대학교에 들어갈 수 있었다. 정신의 점수가 낮으면 남들과 분리되어 정신병원에 들어가거나, 불임 시술을 받을 수 있었다.

개혁가들은 정신병원을 없앴지만, 영혼을 개인의 가치를 측정하는 척도로 회복시키는 일에 대해서는 까맣게 잊었다. 그렇게 스탠퍼드-비네 지능검사보다 더 신뢰도 높은 평등의 지표인 영혼의 가치는 간과되었다. 예일과 메이시스 가운데 하나를 선택하는 건 누가 보아도 쉬운 결정 같았지만, 알고 보면 그 결정의 기준이 되는 정신은 마이클의 가장 강력한 힘이자 가장 큰 취약점이었다.

엘린 색스의 경우, 출판 가능한 논문을 쓸 수 있는 능력의 이면에는 그럴 능력이 없다면 자신은 가치 없는 사람이라는 느낌이 있었다. 옥스퍼드대학교에서 철학을 공부하던 시절, 튜터에게 글이 조리에 맞지 않는다는 평을 듣고 그녀는 자신을 불태우는 망상에 젖었다. 친구들이 그녀의 말이 앞뒤가 맞지 않는다고, 팔에 난 화상 자국은 무엇이냐고 물었을 때 그녀는 답했다. "난 아픈 게 아니야. 그냥 똑똑하지 못한 거지."

엘린 색스의 회고록은 그녀가 자신이 지닌 질환의 가장 기본적인 요소들을 받아들이고, 약물이 필요하다는 사실과 마침내 화해하기까지, 오류와 깨달음으로 점철된 외롭고 느리고 긴 여정을 걸어야 했다는 사실을 뚜렷하게 보여준다. 논문이 출판할 만하다는 평을 듣고 약을 끊은 지 닷새째 되던 날, 그녀는 "사악한 존재들이 자신을 파괴하려 한다고 확신"했다. 담당의는 더 나쁜 일이 일어나기 전에 다시 그녀에게 약물을 복용시켰다. 회복을 향해 나아가는 동안 그녀는 이렇듯 걷다가 멈추기를 수차례 반복해야 했다.

엘린은 매일 정신분석을 받게 해줄 만큼 여유로운 부모를 두어 행운이었다. 부모에게 예일 정신 의료원 같은 사설 병원에 그녀를 입원시켜줄 돈이 있는 것도 행운이었다. 그녀는 법학대학원에서 정신증이 발병한 이후 몇 달을 그 병원에서 보냈다. 자신이 얼마나 행운아인지 깨달은 건, 예일 정신 의료원에 입원한 첫날이었다. 그날 그녀는 아이비리그의 한 대학을 졸업하고 자신처럼 예일 뉴헤이븐 병원에서 지냈던 에릭이라는 청년과 대화를 나누었다. 엘린은 대형 교육 병원이었던 그곳의 정신병동이 "비인간적이고 불친절"하다는 인상을 받았다. 어떤 병원에서든 퇴원하고 싶다는 생각만이 간절했다. 그러나 에릭은 그녀와 다른 종류의 회한을 품고 있었다.

에릭은 엘린에게 말했다. "저를 계속 거기 입원시켜두었다가, 당신처럼 이곳으로 옮기게 했으면 좋았을 거예요. 제가 이제 괜찮아진 척 그들을 속였거든요. 그렇게 저는 퇴원해서 집에 갔죠. 그다음엔 아버지를 죽였어요."

엘린은 자기가 잘못 들었다고 생각했다.

"미안한데, 당신이 뭘 어쨌다고요?" 그녀가 말했다.

에릭이 고개를 끄덕였다. "목을 졸라 죽였어요. 아버지를요."

23장
비밀들

> 내게 지켜야 할 비밀이 있다는 감각은, 내 질환을 관리하기
> 위해 익힌 다른 위장술과 마찬가지로, 조현병 경험의 핵심
> 요소가 되었다.
>
> —엘린 색스, 『마음의 중심이 무너지다』

시간이 흐르며 마이클은 자신이 가장 가깝게 느끼고 가장 신뢰하는 동기들 몇몇에게 비밀을 털어놓았다. 고백하기 앞서 그는 상대에게 일대일로 엄숙한 비밀 서약을 시켰다. 그리고 먼저 상대에게 가상의 시험을 제시했다. 마치 교수가 학생들에게 법적 딜레마를 제시하면서 점점 더 복잡한 도덕적 압박을 가하는 것처럼. 만일 어머니가 크리스천 사이언스* 교도였다면? 만일 몽유병 상태에서 살인을 저지른 것이었다면?

마이클은 동기들에게, 만일 그들이 마이클에 대해 알고 있는 어떤 비밀이, 그들이 일어나길 원하지 않는 어떤 중요한 사건을 막는 데 쓰일 수 있다면 어떻게 행동할 것인지 물었다. 그 유혹을 견딜 수 있을까?

---

* 기독교 교파의 하나로서, 기도로 병을 치유할 수 있다고 믿는다.

추상적인 질문을 구체적으로 예증하기 위해 마이클은 '만일'로 시작하는 시나리오까지 준비해두었다. 만일 오랜 세월이 지난 뒤 마이클이 정치적 악몽과 같은 존재로 변한다면, 예를 들어 1964년에 제정된 민권법을 "미합중국 의회에 도입된 가장 위험한 법안"이라고 맹비난했으며 여전히 현역 의원으로 활동하면서 누군가가 에이즈 이야기를 꺼낼 때마다 소돔과 고모라 운운하는 노스캐롤라이나주 상원 의원 제시 헬름스 같은 사람이 된다면 어떻게 할 것인가?

마이클은 상대에게 물었다. 만일 자신이 "제시 헬름스보다 한 술 더 뜨는 사람"으로 변해버린 상황에서 미국 대통령이 그를 대법관으로 지명한다면 어떻게 할 것인가? 우정으로 서약한 침묵의 맹세를 따를 것인가, 아니면 온 세상에 그의 비밀을 폭로하여 그를 무너뜨릴 것인가?

대체 지켜야 할 비밀이 얼마나 대단하기에 이렇게 알쏭달쏭한 질문을 하는 건지, 동기들로선 짐작할 길이 없었다. 마이클이 던지는 암시는 강렬했지만 두리뭉실해서 아무것도 명확히 밝혀주지 않았다. 아무리 야심찬 예일대 법학대학원 학생이라 해도, 연방 대법관으로 임명될 훗날을 대비하여 말할 수 없는 어떤 비밀이 누설될 가능성을 미리 차단하려는 그의 모습은 어딘지 과하게 느껴졌다.

한번은 마이클이, 마치 자기 방이 도청당할까봐 두려워하는 소련 반체제 인사처럼, 동기의 차 안에서 대화를 나누겠다고 고집했다. 그 동기는 처음에 마이클의 상태에 관해 자세히 물을 필요조차 느끼지 않고 즉시 그를 돕겠다고 나섰던, 공익 변호사를 지향하는 관대한 학생이었다. 그런 그녀조차도 그 비밀이 제시 헬름스처럼 변한 마이클을 망가뜨릴 수 있다는 점 말고는 전혀 짚이는 바가 없는 상태에서 평생 비밀을 지키겠다고 서약하기가 망설여졌다. 한편 마이클은 서약을 받기 전에는 비밀을 밝힐 수 없다고 했다.

한참 밀고 당기기를 하던 중, 마침내 동기가 희망을 담은 목소리로 불쑥 물었다. "너 동성애자야?"

마이클이 답했다. "그보다 나빠. 나 미쳤어."

마이클은 "미쳤다"는 단어를 선호했고―"내가 미쳤을지는 몰라도 멍청하진 않아"라는 말에서처럼―그 말에 담긴 유머는 고백의 충격을 조금이나마 완화시켰다. "조현병"이라고 말할 경우 아무도 웃지 않았다. 마이클은 일단 비밀을 끌어안은 부담에서 벗어나면, 자신의 상태에 내포된 심각성을 감추는 명료한 말투로 본격적인 이야기를 풀어놓기 시작했다.

사람들이 마이클의 질환에 대해 똑같은 이야기들을 반복했던 건, 마이클 본인이 그 이야기들을 반복했기 때문이었다. 즉흥에 강한 마이클이었지만 그에겐 분명히 레퍼토리가 있었다. 코미디언들이 루틴의 한 부분에서 다음 부분으로 넘어갈 때 연결고리로 사용하는 대사들처럼, 친숙한 표현들이 줄줄이 이어지는 레퍼토리 목록이 있었다. 악마 이야기가 나와서 말인데, 여기 〈엑소시스트〉 본 사람 있습니까?

그래서 레퍼토리에 속하지 않은 적나라한 이야기를 듣게 된 사람은, 아무리 가까운 친구일지라도 심하게 놀랐다. 어느 날 마이클은 코셔 키친에서 만난 학부생과 차를 타고 뉴헤이븐을 돌아다니다가, 그 학부생이 마이클치고도 너무 속도를 내는 거 아니냐고 말하자 그는 지금 길에 시체들이 가득하다고 설명했다. 시체를 통과해서 운전할 수 있으니 환각이라는 건 알았지만, 그래도 빠르게 통과하는 쪽이 나았다. 동승자에게 처음 조현병이 있다고 고백했던 때, 그녀는 아무렇지 않게 그의 질환을 받아들여주었다. 그러나 시체 얘기를 듣고는 심란해졌다. 마이클이 이미 써먹어본 이야기를 고수하는 게 더 안전하다고 느끼는 것도 무리는 아니었다. 자기 자신을 믿어도 될지 확신할 수 없을 때에도, 이야기는 믿을 수 있었다.

조현병이 있다고 사람들에게 털어놓으면서 마이클은 어떤 기분이었을까? 마이클은 자신의 병을 밝히는 행위를 벽장에서 나온다는 의미로 '커밍아웃'이라고 불렀지만, 그는 자신이 직접 고백하지 않은 사람들에게까지 비밀이 알려질지도 모른다는 두려움, 병을 고백한 사람들에게 너무 많은 걸 말해버린 건 아닐까 하는 두려움에 사로잡혀 있었다. 그래서 마이클의 고백은 사실 엄선한 소수를 초대해 자기 벽장 안을 살짝 엿보게 해주는 것에 더 가까웠다. 마이클은 진지함과 유머를 겸비한 사람이었고, 강의실 안에서 오간 논의를 재구성하는 수준의 논평만 던져도 지적 권위가 있다고 여겨졌다. 그래서 사람들은 그의 고백을 받아들이기가 더 어려웠다. 사람들이 일반적으로 조현병에 대해 가진 인식과 마이클이 자신의 병에 대해 이야기하는 방식은 심하게 어긋나 있었다.

마이클의 고백을 듣고 나면, 누구도 비밀에 대한 그의 태도가 과하게 편집증적이라고 생각하지 않았다. 다들 비밀을 지키겠다고 맹세했고, 가능한 어떤 방식으로든 그를 돕겠다고 서약했다.

동기들은 단순히 마이클에게 책을 읽어주거나 자료 조사와 에세이 타이핑을 대신해주는 것 이상으로 그를 살뜰히 돌보았다. 마이클이 수업에 나타나지 않으면 기숙사 방까지 찾아가서 그가 잘 있는지 확인했다. 마이클이 식사를 잘 챙기도록 식당에 데리고 가거나, 방으로 음식을 가져다주었다. 마이클이 격앙되어 있을 때는 진정시켜주었고, 제대로 기능할 수 없을 때는 곁에 있어주었다. 마이클이 운전중에 시체 이야기로 놀라게 했던 친구는 한밤중에 전화를 받고 그의 방으로 와서, 남들 눈에는 보이지 않는 공포에 사로잡혀 주체할 수 없이 떨고 있는 그의 몸을 꼭 안아주었다.

계절이 바뀌어 여름이 오자, 마이클은 그를 떠받쳐주던 지원 체계에서 벗어나야 했고, 그것은 쉽지 않은 일이었다. 수업, 식당, 피자를 먹으면서 공부하는 세션으로 구성된 일상이 깨졌고 교수와 동기들로 이루어진 연결망은 산산이 흩어졌다. 봄에 있었던 졸업생 초청 주말을 위해 심었던 화사한 꽃들이 채 갈색으로 변하기도 전에 기숙사는 단기 체류용 호텔처럼 휑하니 비어갔고, 이내 뉴헤이븐의 진짜 주민들이 본래부터 그 자리에 있었다는 듯이 시야에 들어오기 시작했다.

마이클에겐 머물 장소가 필요했고, 함께 머물 사람도 필요했다. 룸메이트에게 조현병이 있다고 밝히고 싶지는 않았지만 환각을 내내 숨기고 지내는 건 어려웠다. 약물, 부작용, 기묘한 수면 패턴, 자신이 무언가를 숨기고 있다는 것, 자신이 부단히 현실에서 망상을 걸러내는 작업을 하고 있다는 것을 모두 숨기고 사는 건 보통 일이 아니었다. 그나마 장소가 대학이라서 머릿속에서 이루어지고 있는 작업이 자기 성찰인 척 시늉을 할 수는 있었지만, 그렇다 해도 품이 많이 들었다.

다행히 라이너스 야마네가 뉴헤이븐에 머물고 있었다. 라이너스는 마이클이 케인스, 슘페터, 오스트리아 학파에 대해 불가사의할 만큼 친숙하게 떠들던 신입생 시절에 실리먼 칼리지 소속으로 경제학 박사과정을 밟고 있던 대학원생이었다. 그로부터 구 년이 흐른 지금 라이너스는 아직 박사과정을 마치지 못했지만, 교수로 임용되어 캘리포니아의 피처 칼리지에서 강의를 하고 있었다. 여름을 맞아 뉴헤이븐에 돌아온 그는 박사논문을 마지막으로 다듬는 중이었다. 친절하고 우울한 그 경제학자는 마이클과 같이 지내는 데 동의했다.

두 사람은 여름방학 동안 대부분의 법학대학원 학생들이 하는 일들을 하러 도시를 떠난 학생들에게 침실 네 개짜리 아파트를 빌렸다. 방마다 모르는 사람의 잡동사니가 잔뜩 쌓여 있었지만, 아파트는 충분히 넓었고 라이너스는 이상적인 룸메이트였다. 그는 마이클의 조숙함이 빛을 발하던 영광의 시대에 마이클을 만났고, 마이클이 인생의 밑바닥으로 떨어졌던 시절에 병원으로 문안을 갔으며, 마이클에게 조현병이 있다는 사실을 알았다. 라이너스는 그 모든 것에도 불구하고 마이클을 있는 그대로 수용해주는 사람이었다.

약물의 부작용으로 인해 마이클은 더위에 극도로 민감해졌다. 마치 정신을 조절하는 능력을 높이는 대가로 신체를 조절하는 능력을 포기한 것 같았다. 마이클과 라이너스는 에어컨을 구입했지만, 마이클은 조금만 기분이 상해도 땀을 줄줄 흘렸다. 그는 마치 온도 조절 장치가 고장난 집 같았고, 그의 몸뿐만 아니라 정신에도 수동 조절기가 필요했다. 라이너스가 마이클에게 저녁을 함께하자고 하자 마이클은 라이너스가 자신을 잡아먹으려는 줄 알고 겁에 질렸다.

그러나 마이클은 적어도 가끔씩은 자신이 어떤 두려움을 품고 있는지 언어로 표현할 수 있었다. 그는 머릿속 생각을 말로 내뱉은 다음, 의심에 사로잡힌 채 자신이 비밀스럽게 품고 있는 생각이 사실로 확인되기를 기다렸다. 때로는 방안에 들어가서 문을 닫고 밖에 있는 라이너스를 향해 이야기하는 날도 있었다. 그렇게나마 마이클이 어떤 생각을 하고 있는지 알려줄 때면, 라이너스는 참을성 있게 그의 말을 들어주었다. 마이클이 방에서 나오려 하지도 않고 말도 하지 않으려 하는 날들도 있었다. 라이너스는 그를 은둔으로 몰아넣고 있는 게 우울함인지 두려움인지 궁금해지곤 했다.

라이너스는 조부모님이 네 분 모두 일본 출생이었다. 라이너스 본인은 뉴저지의 한 좌파적인 마을에서 성장기를 보냈다. 토지는 공공 소유이고 그 위에 지어진 주택은 사적 소유라는 점에서 유토피아주의 비슷한 것의 뿌리가 슬쩍 엿보이는 동네였다. 유대인들에 둘러싸여 유일한 아시아계 미국인으로 살았던 라이너스는 유월절 만찬에 참석해보았고, 개혁파 회당에서 바이올린을 연주했다. 마이클의 소용돌이치는 지적 에너지와 인종의 용광로 출신이라는 자부심은 라이너스에게 익숙한 것이었지만, 그는 마이클이 조현병에 걸린 이래로 새롭게 취하게 된 신비로운 구도자의 모습 역시 존중했다.

매사추세츠 공과대학교를 갓 졸업한 라이너스는 예일 크리스천 펠로십을 받고 연구를 하면서 아시아계 성경 스터디 모임에 참석했다. 태권도 수업도 들었다. 신체를 단련하면서 정신을 함께 수련하는 태권도 수업은 아시아계 미국인으로서의 정체성을 찾으려는 그의 여정에서 중요한 부분을 차지하게 되었다. 라이너스는 검은띠를 땄고, 태권도에서 이야기하는 균형의 원칙에 따라 살아가려고 노력했다. 신체를 가꾸기 위해 정신을 정복한다. 폭력을 멀리하기 위해 폭력을 연구한다. 자유를 찾기 위해 자기 통제를 실천한다. 강해지는 길에서 겸허, 은총, 친절을 발견한다.

여러 해 전 실리먼 칼리지에서 마이클은 라이너스의 머리보다도 더 높이 발차기를 할 수 있다고 우쭐대며 시범을 보인 적이 있었다. 유연성보다는 높은 신장 덕분에 가능했던 그 업적이, 지금의 마이클에겐 불가능했다. 마이클이 자기 부모로 위장한 사악한 사기꾼들이 자기를 죽이러 정신병동을 찾아올 때마다 취한 태권도 자세도 라이너스에게 배운 것이었다.

그해 여름, 라이너스는 박사논문을 마무리하는 작업을 하면서 아시아계 미국인 연구에 관해 그가 찾을 수 있는 자료를 모조리 읽고 있었다. 피처 칼리지에서 라이너스를 경제학 교수로 임용하기 직전 해에 그곳의 학부생이었던 젊은 아시아계 미국인 여성이 자살했다. 학교 전체를 뒤흔든 그 사건은 피처 칼리지에 어째서 학생들이 요구해온 아시아계 미국인 연구 수업이 개설되지 않는지 고민하게 만드는 촉매 역할을 했다. 커리큘럼 때문에 자살하는 사람은 없다. 그러나 그 학부생의 죽음을 계기로 라이너스는 모범적 소수자라고 불리는 아시아계를 둘러싼 신화에 관해, 성공한 사람처럼 보이는 외양이 내면의 좌절과 절망을 얼마나 쉽게 가릴 수 있는지에 관해 깊이 생각하기 시작했다.

대부분의 법학대학원은 제2차세계대전중 일본계 미국 시민들이 대규모로 투옥당하는 동안 침묵을 지켰지만, 당시 예일대 법학대학원 교수였던 유진 로스토만큼은 예외였다. 그는 루스벨트 대통령이 "일본 인종은 우리의 적 인종"이라 주장한 드윗 장군의 인종차별적 논리에 굴복하고 그가 강제수용소라고 올바르게 칭한 곳에 십만 명 이상의 남녀와 아동을 감금한 것을 맹비난했다. 대통령이 내린 행정명령을 지지한 사람은 캘리포니아주 법무장관 얼 워런이었다―그는 십 년 뒤 시민의 자유에 헌신하는 대법원장으로 활약하며 일종의 속죄를 하게 된다. 그러나 로스토는 집단의 죄에 대한 믿음을 비준하고, 개인의 자유를 저버리고, 미국이 해외에서 맞서 싸우고 있던 적들의 이데올로기를 답습한 것에 대해 연방 대법원을 가장 크게 비판했다.

귀도 칼라브레시가 예일대 법학대학원 교수가 되고 싶다는 꿈을 키우게 된 계기가 바로 〈예일 법학 리뷰〉에 실린 로스토의 논문이었다. 당시 로스토는 예일대 법학대학원 학장의 지위에 올라, 역대 가장 명석한 교수진을 임용한 인물로 잘 알려져 있었다. 로스토의 논문이 처음 나온 시기에 그의 폭로는 보기 드문 숭고한 행위로 여겨졌다. 하지만 전쟁이 끝나자 그간 침묵을 지켜왔던 미국인들은 사방팔방에서 강제수용소를 발견하기 시작했다. 우선 1946년에는 양심적 병역 거부자들이 주립 정신병원에서 대체 복무를 하면서 몰래 찍은 끔찍한 사진이 『라이프』지에 공개되었다. 해방된 나치 강제수용소의 충격적인 이미지와 비교를 피할 수 없는 사진들이었다. 물론 둘 사이에는 엄연한 차이가 존재했다. 나치는 전쟁이 시작되기도 전에 정신병원의 병상을 비우기 시작했고, 샤워실로 위장된 최초의 가스실을 만든 다음 정신질환자와 똑같이 공중 보건의 위험 요소로 취급되었던 유대인 말살을 위한 예행연습 차원에서 정신병원 환자 칠만 명을 살해했다.

신경과의사였던 월터 프리먼은 『라이프』지에 실린 광경과 정신과의사들이 사용하는 비과학적 치료법에 심한 역겨움을 느낀 나머지, 환자와 기관 양쪽 모두에게 간단한 수술적 해법을 홍보하고 나섰다. "전두엽 절제술은 그들을 집으로 보내줍니다"라는 문장이 그가 내세운 슬로건이었다. 1960년대에 사회학자 어빙 고프먼은 정신병원을 강제수용소와 같은 분류로 묶고, 그 분류에 "전체 시설"이라는 이름을 붙였다. 베티 프리단은 교외의 저택을 "안락한 강제수용소"라고 불렀고, 아이히만 재판에 충격을 받은 예일대학교 심리학 교수 스탠리 밀그램은 올드 캠퍼스의 린슬리-치텐든 홀 지하에서 권위에 대한 복종 실험

을 진행했다. 그 나름대로 잠재적 아이히만들에 대한 재판을 벌인 셈이
었다.

밀그램 박사는 평범한 미국인들이 백색 가운을 걸친 권위자의 명령
을 받았을 경우 완전한 타인에게 치명적 전기 충격을 가할 수 있는지
확인하고 싶었다. 이 실험은 홀로코스트에 충격을 받은 심리학자가 나
름의 선의를 가지고 사전 동의를 받지 않은 채 피험자들로 하여금 자신
이 가림막 뒤에서 비명을 지르는 연기자를 죽였다고 생각하게 만들 수
있다는 것을 보여주었다. 한 참가자는 표현했다. "예일대학교에서 어
떤 형태로든 고문이 일어나도록 놔둘 거라고는 상상도 못했습니다."

그해 여름에 마이클은 오언 피스 교수를 위해 교수의 오래된 벗인
'골드버그 대 켈리' 판결을 조사하고 있었다. 피스 교수는 이 판결의
내용을 옹호하는 글을 쓰고 있었는데, 그가 겨냥한 독자는 이 판결에
반대하는 사람들이 아니라 이 판결에 찬성하지만 그 이유가 잘못된 사
람들이었다. 판결을 내린 브레넌 대법관 본인도 그런 사람들에 속했
다. 브레넌 대법관은 얼마 전에 한 강연에서 법정의 의사 결정에서 감
정의 중요성을 이야기하면서, 정부가 사전 청문회를 열지 않고 혜택을
철회하려 했던 복지 수혜자들을 증거물 1호로 제시했다. 마음 저리도
록 절절한 그들의 증언이 '골드버그 대 켈리' 사건에서 브레넌 대법관
이 내린 판결에 영향을 미쳤다는 것이었다.

피스 교수는 철학적 이상주의자였다. 그는 감정이 개입하면 법이 통
제 불가능한 주관성에 휘둘리게 된다고 믿었다. 정의는 법학자들이 보
편적 진리와 합치되도록 조정하여 지상에서 구현된 힘이어야 할진대,
감정이 개입하면 한낱 행운의 복주머니 열기처럼 보이게 된다는 것이

었다. 그런 믿음을 지닌 피스 교수에게 브레넌 대법관의 말은 이단과도 같았다. 교수는 자신의 글에 "찬란히 빛나는 이성"이라는 제목을 붙일 예정이었다. 피스 교수가 브레넌 대법관을 존경하지 않는 건 아니었지만 피스 교수에게 '골드버그 대 켈리' 판결은 어디까지나 헌법의 궁극적 약속을 충족시키기 위해 법을 통하여 행해진 이성의 산물이었다. 자신의 전 상사가 그것을 마음을 사용해 내린 판결로 치부하는 일을 그냥 두고 볼 수는 없었다.

피스 교수는 '골드버그 대 켈리' 판결을 둘로 나누어 부르고 있었다. 실제 판결은 '골드버그 I', 그에 대한 비현실적 해석은 '골드버그 II'라고 불렀다. 여기서 역설은 골드버그 I을 만들어낸 장본인이 골드버그 II를 지지했으며, 자신이 내린 판결을 그의 생애에서 최고로 훌륭했던 법적 성취로 간주했다는 것이었다. 마이클은 둘의 미묘한 차이를 이해할 수 있었다.

마이클은 피스 교수가 자신에게 주는 믿음을 재료로 삼아, 간절히 필요했던 자신감을 키워나갔다. 피스 교수는 고딕양식으로 세워진 법학대학원을 속세의 신학대학처럼 여겼다. 그에게 법학대학원이란 순수한 마음이 헌법의 정신을 예지하고, 그것을 법학 저널에 적어넣고, 입회자들의 손을 통해 상고 법원과 대법관의 방으로 전달하는 곳이었다. '골드버그 대 켈리' 판결 자체도 법학 저널에 실린 "새로운 사유재산"이라는 제목의 글에서 영감을 얻어서 내려진 것이었다. 법학 교수들은 사실 세상의 법을 정하는 알려지지 않은 입법자들이었다.

명망 높은 헌법학자의 연구 보조원으로 일하는 것은 마이클에게 재판 연구관으로 일하는 것과 비슷했다. 피스 교수는 마이클을 스티븐 위즈너 교수에게 보내서 해당 판결에 대해 논하라고 시켰다. 위즈너는 예일대 법학대학원 교수가 되기 전에 청년 공익 변호사의 신분으로 대법원에서 '골드버그 대 켈리' 사건의 변호를 맡았던 사람으로, 법학대학원 안에서 법무 실습 프로그램을 운영하고 있었다. 마이클만큼이나 키가 크고 논쟁적이었던 그는 마이클을 만나자마자 그와 마음이 통했고, 두 사람은 길거리에서 보도로 올라갈 생각조차 못할 만큼 토론에 푹 빠져들었다.

위즈너는 당시 바워리의 한 상점가에서 법률 사무소를 운영하고 있었는데, 바로 그곳에서 이십 년 전에 강렬한 사연들로 연방 대법원의 연민을 끌어낸 빈곤하고 취약한 복지 수혜자들을 모집했다. 워런 대법원장이 이끌던 시기에 일어난 대법원의 '권리 혁명'이 기본적 원칙을 이성적으로 확장한 것에 불과하다고 고집하는 건 피스 교수의 자유였다. 그러나 위즈너는 감정을 자극하는 사연들이 법정에 등장하지 않았더라면 권리 혁명도 일어나지 않았으리라고 믿었다. '골드버그 대 켈리' 판결에 대해 그가 쓴 에세이의 제목은 "법적 논증과 법정 의사 결정에서의 감정"이었다.

마이클로서는, 뉴헤이븐 길거리에 서서 법학 교수와 1970년의 대법원 판결에 관해 대화하는 시간이 마냥 행복했다.

사람들은 흔히 젊은 운동선수들에게, 부상을 당했을 경우 의지할 구석이 필요하니 학업을 놓지 말라고 말한다. 그러나 학문에 재능이 있는 사람들에게 뭔가 잘못될 경우 어디에 의지해야 하는지 이야기해주는 사람은 없다. 마이클에겐 예일대 법학대학원이 의지할 곳이 되어주었다. 그곳에서 마이클은 학업의 쳇바퀴에서 내려왔고, 복지 수급자-줄에서 나왔고, 자신의 능력을 믿어주는 명망 높은 학자를 돕고 있었다. 마이클은 이미 법학이 자신의 길이라고 생각하고 있었다.

라이너스는 실리먼 칼리지 시절에 마이클 말고 다른 학부생과도 친구가 되었다. 무술 수업을 들으러 페인 휘트니 체육관에 처음 간 날, 작고 우아한 몸으로 태권도 품새를 선보이고 있는 매력적인 학부생이 라이너스의 시선을 끌었다. 알고 보니 그녀는 실리먼 칼리지의 교환학생이었다. 이름은 캐럴라인 코스텔로, 모두가 캐리라고 불렀다.

라이너스와 캐리는 함께 식사를 했고, 영화와 연극을 보러 갔고, 한 번은 매사추세츠주 뉴턴에 있는 코스텔로 가족의 집까지 자전거를 타고 여행하기도 했다. 도중에 친구들 집에도 두 차례 머물렀다. 라이너스와 캐리는 워낙 친해서 남들 눈에는 사귀는 사이처럼 보였고, 본인들도 자기들이 사귀고 있는 건지 헷갈렸다. 하지만 라이너스는 실리먼 칼리지 소속 대학원생으로서 자신이 지켜야 할 의무들을 고려하지 않을 수 없었다. 그렇게 두 사람은 애정과 혼란, 엇나간 타이밍을 중심으로 형성된 진주와도 같은 우정을 쌓게 되었다.

두 사람은 졸업 후에도 연락을 이어갔다. 캐리는 뉴헤이븐으로 이사했고, 라이너스는 워싱턴 D.C.의 세계은행에서 일할 때든 캘리포니아에서 교수로 일할 때든 언제나 박사논문 작업을 하러 뉴헤이븐에 돌아왔기 때문에, 인연의 끈을 이어나가기가 어렵지 않았다. 그러나 그해 여름은 라이너스와 캐리 두 사람이 같은 시기에 뉴헤이븐에 머무는 마지막 여름일 것으로 전망되었다. 캐리는 라이너스의 집에 놀러왔고, 자연히 마이클과도 시간을 보내게 되었다. 노랫소리 같은 에어컨의 소음을 배경으로 꼼짝 않고 앉아서 캐리의 말에 귀를 기울이는 마이클은 훌륭한 청자였다.

정확히 말하면 마이클과 캐리 역시 오랜만에 재회한 셈이었지만, 둘의 첫 만남은 제대로 된 만남이라 부르기 어려웠다. 당시 마이클은 캐리의 룸메이트 로빈과 짧고 강렬한 연애를 하고 있었다. 그땐 별달리 눈길이 가지 않았던 캐리가, 이제는 그의 시선을 온통 사로잡았다.

캐리는 금발머리에 예쁘장하고 체구가 아담했는데, 키가 152센티미터도 되지 않아서 눈에 잘 띄지 않았다. 키가 190센티미터에 달하는 마이클은 그녀 옆에서 우뚝 솟아난 거대한 탑처럼 보였다. 캐리의 외모는 마이클이 중간 거주 시설에서 사귀었던 방랑자 분위기의 여자 친구와 닮았지만, 캐리의 수줍은 행동을 잘 들여다보면 그 안에서 의연한 결의가 느껴졌다. 캐리는 운동에도 소질이 있었다. 캐리와 라이너스 둘 다 실리먼 칼리지의 실내 축구팀에서 측면 공격수로 활약했고 페인 휘트니 체육관에서 무술을 수련했다. 그곳에서 캐리는 가느다란 손가락들을 딱 붙이고 기합을 넣으면서 손날로 널빤지를 격파하는 방법을 익혔다.

캐리는 IBM의 뉴헤이븐 지사에서 시스템 엔지니어로 일하고 있었는데, 문학 전공자임을 감안하면 놀라운 진로였다. 그녀의 일 대부분은 코네티컷의 공립학교에 컴퓨터 네트워크를 설치하고 교사와 행정 직원들에게 사용법을 알려주는 것이었다. 캐리는 컴퓨터를 다루는 능력도 뛰어났지만 IBM에서는 기술적인 내용을 평이한 일상 영어로 설명하는 그녀의 능력을 특히 아꼈다. 애초에 인문계 학생들을 채용해 훈련시키는 이유가 그런 능력이 필요해서였다. 캐리는 대부분의 시간을 현장에서 보냈고, 엔지니어 일 자체보다 학교에 가서 설명하는 것을 더 좋아했다. 코네티컷의 가난한 동네에 사는 아이들에게는 아낌없는 도움이 필요했다.

캐리는 전부터 교육대학원에 진학할지 고민중이었지만, 지원하는 일을 계속 미루고 있었다. 라이너스 같은 친구들은 그녀가 외적으로 드러내는 겸손한 태도 뒤에 얼마나 많은 다정함과 에너지를 숨기고 있는지 알아보았다. 하지만 그녀의 인생 전반에는 자기 의심이라는 가느다란 균열이 이어지고 있는 듯했다. 실리먼 칼리지 시절에 그녀는 누가 봐도 교환학생인 티가 나는 사람 중 하나였다. 친구를 사귀는 타이밍을 혼자서 놓친 것처럼 보였다.

막 학교에 도착해서 수줍게 두번째 기회를 모색하고 있는 사람들만의 간절한 분위기, 그것이 여러 해 전 함께 뉴헤이븐을 탐험하던 라이너스와 캐리가 가진 공통점이었다. 하지만 졸업하고 육 년이 지난 지금도 그녀는 여전히 다소 유랑자 같은 분위기를 풍겼다. 마치 일시적 지위인 줄 알았던 교환학생이 알고 보니 영구적인 상태였던 것처럼, 캐리의 생활과 직업과 그녀가 사귀는 남자친구들에게는 어딘지 다소 회피적이거나 잠정적인 부분이 있었다. 라이너스는 언젠가 캐리에게 지금 사귀는 상대의 어디가 좋은지 물은 적이 있었다. 캐리는 이렇게 대답했다. "부엌 청소를 도와주는 점이 좋아."

마이클은 캐리와 머리끝부터 발끝까지 다른 사람이었다. 캐리는 마이클이 주제를 한없이 넓혀가며 대화하는 것에, 그녀가 동경하며 대학을 졸업한 이래 계속 그리워하고 있었던 지적 세계와 친밀한 것에, 문화의 나무 높은 곳에 위치한 가지에서 참고 자료를 끌어다가 그녀에게 부케처럼 선물해주는 것에 마음이 끌렸다.

라이너스는 캐리가 마이클과 사귀는 건 그다지 좋은 생각이 아니라고 판단했다. 두 사람 다 그가 아끼는 친구였기에 더욱 그랬다. 캐리의 부모님은 교회에 다니는 아일랜드계 가톨릭 신자였다. 아버지는 성가대에서 노래를 했고 어머니는 매일 미사를 드렸다. 캐리는 신앙생활에서는 대체로 벗어났지만 크리스마스와 그에 수반되는 모든 것을 사랑했다. 한편 마이클은 유대인이었고, 그것도 유대교를 실천하는 유대인이었다. 입원했던 시절 마이클은 신과 유대교 전통에 의지하여 자신을 일으켜세웠고, 그 경험이 한 올 한 올 그가 재구성한 삶에 누벼져 타고난 아이러니와 회의주의적 기질에 진중하고 구도적이고 성직자 같은 면모를 더했다. 마이클은 유대인 여자를 만나 유대인 자녀를 낳고 싶다고 자주 이야기했다.

라이너스가 무엇보다 걱정했던 건 마이클의 조현병이었다. 그는 조현병이 친구에게 얼마나 가혹한 대가를 치르게 했는지 가까이에서 지켜본 바 있었다. 병중의 마이클은 라이너스가 처음 만났던 마이클의 70퍼센트에 미칠까 말까 한 사람이었다. 약물을 복용하고 있을 때조차 마이클은 —본인의 말에 의하면— 정신적 힘의 많은 부분을 실재하지 않는 세계의 허상들을 피하는 데 썼다. 하지만 그럼에도 그는 똑똑했고, 재미있었고, 매력적이었고, 친절했고, 잘생겼고, 종교적이었다. 이따금 라이너스가 자기를 잡아먹으려 한다고 생각할지언정, 결국은 그 생각에서 벗어날 방법을 찾아내는 이성의 소유자이기도 했다.

마이클과 캐리가 사귀기 시작했을 즈음 라이너스는 캘리포니아로 복귀했고, 마이클은 법학대학원 기숙사로 돌아갔다. 그는 관계가 진전되고 몇 달이 지난 뒤에야 캐리에게 자신의 조현병에 대해 털어놓았지만, 캐리는 혹시 그간 의심 가는 바가 있었는지는 몰라도 그런 이야기는 전혀 하지 않았다. 마이클의 조현병을 알아채지 못한 사람이 그녀가 처음은 아니었을 것이다. 겉으로 드러나는 신체적 경련부터 이해하기 어려운 묵시록적 발언까지 그 모든 것이 남들에게 보이지 않을 만큼 깊고 복잡한 영혼 때문일 거라고 이해해준 사람도, 그녀가 처음은 아니었을 것이다.

마이클의 고백을 듣고 캐리는 울었다. 병을 숨겼다고 마이클을 비난하지 않았다. 분노도 두려움도 회한도 없이, 오로지 그의 고통에 함께 아파했다. 마이클이 과거에 겪어야 했고 지금도 겪고 있는 괴로움이 부당하다고 느껴서 그녀는 울었다. 조현병이 끔찍한 질환이라는 건 알았지만, 캐리는 마이클을 사랑했고 그거면 충분했다.

마이클은 캐리의 반응에 깊이 감동했다. 마이클 본인의 설명에 따르면, 그는 캐리에게 자신도 그녀처럼 그 자신을 위해 울어줄 수 있으면 좋을 텐데 그럴 수 없어서 유감이라고, 캐리가 대신 그렇게 해줘서 고맙다고 말했다.

라이너스는 캐리가 온전히 수용하는 태도를 보인 것에 놀라지 않았다. 그녀가 애정이 많은 성격이라는 걸, 깊은 연민을 지닌 사람이라는 걸, 친절하게 타인을 돌보는 사람이라는 걸 이미 잘 알고 있었다. 1986년에 라이너스는 캐리와 롱워프극장에 가서 에이즈를 주제로 하는 래리 크레이머의 연극 〈노멀 하트〉를 관람했다. 그후로 캐리는 에이즈에 걸려 집밖으로 나오기 어려운 사람들에게 식사를 배달해주기 시작했다. 캐리는 그런 사람이었다. 어떤 대의나 사람에게 헌신한 이상, 뒤로 물러나는 법이 없었다.

24장
질환에 대한 동정의 빛

언젠가 절도나 살인이 질환의 존재를 시사하는 하나의 증상
으로 생각되는 날이 올 것이다.

—칼 A. 메닝거 의학박사,

「미국 정신의학회의 법의학 제안」, 1928년

모든 문명의 유일한 기본적 공통분모이자 문명이라는 도착
을 낳을 수 있는 유일한 심리적 힘은 도덕, 즉 옳고 그름의
개념이자 오래전 "선악의 지식이 달린 나무의 과실"로 묘사
되며 우리에게 경고되었던 독약이다.

—G. 브록 치점 의학박사, 에이브 포터스가 서문을 쓴

『지속적 평화와 사회 발전의 정신의학The Psychiatry of
Enduring Peace and Social Progress』, 1946년

마이클은 예일대 법학대학원에 진학함으로써 망가진 정신보건의
세계를 아슬아슬하게 탈출했다. 그러나 그 세계는 마이클의 시야에서
완전히 사라지지 않고 만화경 속 풍경처럼 변화된 형태로 계속해서 나
타났다. 법 문화 자체가 정신의학과 사회과학에 의해 빚어졌기에, 법
문화가 만들어낸 세계의 정책과 역설과 의도치 않은 결과들이 신문 기
사와 법정과 강의실과 길거리에서 계속 망가진 정신보건의 세계를 불

러냈다.

마이클의 두 멘토에게 깊은 영향을 준 인물로 데이비드 L. 배즐론 판사를 꼽을 수 있다. 배즐론 판사는 극빈층 출신으로 D.C. 연방순회항소법원 판사석까지 올라간 입지전적인 위인으로, 중증 정신질환자들이 놓인 법적 지형을 바꾸는 데 있어 미국의 다른 어떤 판사보다도 더 많은 일을 했다. 조 골드스타인은 1950년대에 배즐론 판사의 재판 연구관으로 일했고, 법학대학원 교수가 된 후로는 매년 봉헌물처럼 최고의 학생들을 그에게 보냈다. 그중 한 사람이 1960년대에 배즐론 판사의 재판 연구관으로 일한 보 버트였다. 두 교수 모두 훗날 탈시설화로 알려지게 될 변화를 이끌어낸 배즐론 판사의 기념비적 판결들에 기여했다.

D.C. 연방순회항소법원에는 연방 대법원에 버금가는 권위가 있었다. 권력의 요지와 지리적으로 근접한 덕분이기도 했지만, 워싱턴 D.C.에는 주 법원이 부재한 까닭에 연방순회항소법원의 판사들은 경범죄는 물론이요, 소박한 머리글자로 이루어진 이름과 달리 점점 커지는 예산으로 전국에 영향을 미치던 거대한 규제 관료제의 운영 주체인 여러 정부 기관들과 관련된 소송들까지 갖가지 사건을 다루어야 했기 때문이었다. 배즐론 수석판사는 드높은 판사석에 올라서 살충제 DDT를 금지시키고 닉슨 대통령에게 테이프를 제출하라고 명령하는 등 나와 마이클의 유년기 내내 반향을 일으킨 판결들을 내렸다. 판사로 재직한 삼십 년이 넘는 기간 동안 그는 법과 정신의학의 결합을 주재하는 일에도 열심이었다.

그가 정신의학에 대해 품고 있던 믿음에는 개인적 이유가 있었다. 배즐론 판사는 발작적으로 분노를 터뜨리는 것으로 유명했는데, 한번은 또다시 분노 발작을 일으킨 후에 보에게 정신분석이 자기 인생을 구원했다고 털어놓았다. 정신의학이 그를 구원할 수 있다면, 가난하고 권리를 박탈당하고 정신이 아픈 사람들을 냉담하게 대하는 형사사법 제도에서도 인도적 역할을 담당할 수 있지 않겠는가?

공교롭게도 배즐론 판사를 수석판사로 임명한 트루먼 대통령도 이런 생각에 동의했다. 제2차세계대전중 백칠십오만 명의 병사들이 신경 정신적 문제를 이유로 군에서 거부당했다는 건 대단히 높은 비율로 정신건강의 위기가 일어나고 있다는 증거이자, 전후 세계에서 정신의학이 거국적 역할을 맡아야 한다는 근거였다. "인간 공학 전문가들이 지금보다 더 긴급히 필요했던 적은 없다." 1948년에 트루먼 대통령은 미국의 정신과의사들에게 이렇게 말했다. 그해에 미 육군에서 최고 계급을 지닌 정신과의사로서 『타임』지의 표지에 등장한 윌리엄 C. 메닝거 준장은 이렇게 설명했다. "총알, 박테리아, 그리고 배우자의 어머니가 똑같은 유형의 피해를 입힐 수 있다는 사실이 밝혀지고 있다."

프로이트는 그의 치료 범위 밖이었던 중증 정신질환을 일상의 정신 병리학으로 탈바꿈시켜 보편적 장애로 취급했다. 한때 '에일리어니스트alienist'라고 불렸던 정신과의사들에게 '사이카이어트리스트psychiatrist'라는 새로운 이름을 주고, 그들을 시골의 정신병원에서 해방시켜주었다. 정신과의사들은 사무실을 열어서 치과의사나 도수 치료사처럼 정규 시간만 일하기 시작했고, 과거에는 문제가 없다고 여겨졌던 새로운 환자들의 치료에 나섰다. 윌리엄 메닝거의 형 칼 메닝거가 1963년에 발표해 베스트셀러가 된 저서 『활력의 균형The Vital Balance』에서 선언했듯 정신분석은 사람을 "멀쩡한 것보다 더 멀쩡하게" 만들어줄 수 있었다.

정신병원에서 소파로, 이윽고 소파에서 전쟁터로 무대를 옮긴 정신의학은 바야흐로 법원에 진출할 준비가 되어 있었다. 그곳에서는 법 전문가들 역시 인간 공학에 손댈 수 있었다. 앨런 더쇼비츠가 회고록 『증인대에 서서: 법조계에서 보낸 나의 인생Taking the Stand: My Life in the Law』에서 회상했듯 배즐론 판사는 "기소된 범죄자들에 대해 연민을 거의 느끼지 못하는 여론에 의존해서는 절대 승리할 수 없으며, 교육과 엘리트 학계의 의견을 무기로 삼아야 한다는 것"을 잘 알았다. 더쇼비츠는 예일대 법학대학원 시절 골드스타인 교수의 뛰어난 제자였고, 골드스타인 교수와 제이 카츠 교수가 팔백 쪽에 달하는 판례서 『정신분석과 정신의학 그리고 법Psychoanalysis, Psychiatry, and Law』을 편집하는 일을 도왔다. 1962년에 그가 배즐론 판사의 재판 연구관으로 일하던 때 의지한 것이 바로 이 책이었다.

조 골드스타인 교수가 초안을 쓴 '더럼 대 미합중국' 판결은 정신의학에 대해 널리 퍼진 새로운 믿음을 활용함으로써 정신이상 항변 개념을 진보화하고, 나아가 형사사법제도 전체를 진보화했다. 일종의 대규모 사회적 실험이었던 더럼 판결은 제2차세계대전 이전에는 급진적으로 여겨졌던 정신분석 개념에 그 뿌리를 두고 있었다. 프로이트의 개념들은 예일과 컬럼비아에서 태동한, 이름은 모호하지만 영향력은 대단했던 '법현실주의'* 개혁 운동에 숨결을 불어넣었다. 법현실주의자들은 첫째로 '맹목적 정의'의 가능성을 부정했고, 둘째로 법학자들이 안대를 벗고 법 너머를 보기만 하면 맹목적 정의보다 더 나은 것을 발견할 수 있으리라 주장함으로써 급진적이라는 명성을 얻게 되었다.

---

* 실제 법이 법률뿐 아니라 사실적 행위 판단 및 사회적 효과를 고려하면서 적용되어 왔으며 그래야 한다고 믿는 사상.

법은 안대로 눈을 가리고 있는 게 이제 지겨웠다. 어쩌면 참을성을 잃은 쪽은 법학 교수들이었는지도 모른다. 그들은 법체계의 느리고 더 듬거리는 발전 속도가, 객관적인 시늉을 하는 태도가, 법을 가르치는 데 사용하는 사례 연구법이 이제 지겨워졌다. 프로이트의 야간 투시경을 쓰면 저 밑에서 자석처럼 정신에 작용하는 무의식적 힘들을 눈으로 확인할 수 있었다. 구두 논증과 판례법은—심지어 미합중국 헌법까지도—가장 바깥쪽에 있는 정신의 의식적 부분 아래에 거대한 몸뚱이를 숨기고 있는 비이성이라는 빙산의 일각에 불과했다. 바닥 깊숙이 비이성의 영역까지 들어가면, 법이 판사에 의해 발견된다는 전통적 생각과, 법이 만들어진다는 법현실주의자들의 주장 사이에 존재하는 경계가 흐려지고 사라졌다.

재판관이 피고의 정신이 무얼 생각하는지 모르는 때가 절반이라면, 혹은 피고의 정신 중 절반이 무얼 생각하는지 언제나 모른다면, 형법의 핵심 개념인 "죄가 있는 정신"을, 즉 범행의 고의성 유무를 어떻게 판가름할 수 있는가? 새로운 지식 앞에서는 무죄 추정의 원칙도 달라져야 했다—피고를 위해서가 아니라, 재판관을 위해서였다. 피고가 제정신이라는 추정 역시 달라져야 했다.

정신분석의 전복적 아름다움은 정신분석이 인간 정신의 비이성적 속성을 폭로함으로써 법정, 법, 사실, 재판관의 권위를 모조리 약화시키는 동시에, 『나니아 연대기』 시리즈 속 사자 아슬란만이 알고 있는 더 심오한 마법처럼, 더 심오한 법들에 관한 약속을 내놓는다는 데 있었다. 아슬란은 고대의 암호를 연구한 끝에 자신을 하얀 마녀에게 제물로 바치면 부활하여 전보다 더 강한 존재가 될 수 있다는 것을 알게 된다. 법현실주의자들은 "정의란 판사가 아침으로 먹은 것"이라고 즐겨 말했지만, 아침식사가 부족했던 판사라 해도 자기 이해와 사회과학이라는 보충제를 섭취한다면 계몽된 사회 변화의 옹호자로 깨어날 수 있었고, 그렇게 법학 교수들은 알려지지 않은 인류의 입법자로 다시 태어났다.

더럼 판결이 뒤집은 전통적 정신이상 항변 '맥노튼 규칙'에 이름을 빌려준 남자는 영국 수상에게 총격을 가하려다가 대신 그 비서를 죽인 뒤, 편집증과 망상이 심해 옳고 그름을 구별하지 못한다는 판결을 받고 교수대가 아닌 정신병원으로 보내졌다. 맥노튼 규칙은 영국에서 백여 년 전에 만들어졌지만, 극단적인 정신 상태는 면죄를 받는다는 개념 자체는 훨씬 오래된 관습법 전통에 속한 것이었다. 선한 사람이 끔찍한 행위를 하고도 자신의 행위가 도덕적이라고 믿을 만큼 극단적인 정신 상태에 놓일 수 있다는 법정의 믿음 덕분에, 전통적 정신이상 항변에서는 역설적으로 가해자가 밝혀져도 유죄 판결이 내려지지 않았다. 그로써 형법상의 유죄는 정신이상으로 대체되고, 교도소는 정신병원으로 대체되었다.

더럼 판결은 정신이상과 제정신을 극명하게 대조시키는 맥노튼 규칙의 옳고 그름 검사를 '산물 검사'로 대체시켰다. 즉, "피고인이 저지른 불법행위가 정신질환이나 정신적 결함의 산물"일 경우 그에게는 형법상의 책임이 없었다. '산물 검사'의 전제는 정신과의사들이 어떤 요인들이 정신질환을 낳는지, 어떤 정신질환들이 범죄를 낳는지, 그리고 어떤 힘들이 한데 얽혀서 피고가 거미보다 거미줄에 걸린 파리에 더 가까워지는지 전부 이해하고 있다는 것이었다.

과거의 관습법에서는 마치 이성을 잃은 사람들은 선악과를 맛보기 전 에덴동산에서처럼 무구하지만 자유롭지 못하다는 듯이, '옳고 그름'이 아닌 '선과 악'을 이야기했다. 설사 수감되지 않는다고 해도 그들은 큰 대가를 치러야 했다. 선악을 모르는 채로 이 세상에서 살아가기란 거의 불가능에 가까웠으니까.

맥노튼 규칙은 선악의 개념을 세속화하여 옳고 그름으로 바꾸었고, 더럼 규칙은 거기서 한 발짝 더 나아갔다. 더럼 규칙에서는 법정에서 범죄를 대할 때 질환을 대하는 의사의 관점을 취해달라고, 즉 범죄를 선악을 넘어 비인격적 체계의 중립적 '산물'로 보아달라고 청했다. 그리고 심각한 망상에 시달리는 드문 경우뿐 아니라 남의 집을 털다가 자기 이름을 딴 규칙을 탄생시킨 가난한 백인 몬티 더럼 같은 사람들에게도 정신이상 항변을 적용해달라고 요청했다.

더럼에게 유리한 판결이 내려지도록 로비를 벌인 정신과의사들은 자신들의 권한을 질환에서 정신건강으로, 그리고 개인에서 사회로 넓혔고, 이제 그들은 범죄 역시 자신들의 영역으로 취급해줄 체계가 필요하다고 주장하고 있었다. 범죄가 질환의 증상이라면, 가해자는 자기 행동의 피해자이거나 기껏해야 방관자였다. 의사들은 변호사처럼 행동하며 질환에 면죄부를 주는 설명을 제공할 것이고, 반대로 변호사들은 의사 역할을 맡아서, 가해자가 처벌되는 대신 치유될 수 있도록 교도소가 아닌 치료 시설을 요구할 것이다.

전문가 증인으로 법정에 출석한 정신과의사들은 배심원들에게 특정 장애가 어떤 식으로 구체적 환경 요인들과 결합하여 피고에게 책임을 묻기 어려운 행동을 낳았는지 설명할 것이다. 의사들은 치료법 역시 제안할 것이고, 덕분에 환자가 된 가해자는 빠르게 사회에 복귀해 생산적인 구성원 노릇을 할 수 있을 것이다.

적어도 이론상으로는 그러하다고, 더럼의 변호를 맡은 공익 변호사에이브 포터스는 대단히 세심한 주의를 기울여 주장했다. 예일대 법학대학원 출신 법현실주의자이자, 훗날 연방 대법관이 되는 그는 배즐론 판사와 교집합이 있는 법률 및 정신분석 모임들에 속해 있었다. 1946년에 트루먼 대통령의 내무부 차관이었던 포터스는 인류가 살아남기 위해서는 "인간 성격 및 행동에 대한 과감한 재조정"이 필요하다고 경고하면서 이렇게 말했다. "이 모험에서 정신과의사의 역할은 단지 치료사가 아니다. 공포, 불안, 편견, 악독한 감정의 원인을 찾는 것, 그리고 그 원인들을 근절하기 위해 노력하는 것이 그에게 맡겨진 더 큰 임무이다." 그러니 포터스가 자신이 애쓴 결과로 탄생한 더럼 판결을 "정신의학의 마그나카르타"라고 부른 건 놀랍지 않다. 포터스가 연방 대법관의 자리에 오르자, 배즐론 판사에게 재판 연구관을 보내주고 있던 조 골드스타인은 포터스에게도 재판 연구관을 보내주었다.

배즐론 판사가 더럼 판결을 내린 의도는 가난한 사람들과 억압받는 소수자들에게 범죄적 과실이 있다기보다 정신적으로 무능하다고 평가받을 기회를 주는 것이었다. 그는 '더럼 대 미합중국' 판결을 20세기 최고의 인권법 제정과 비교했다. "더럼 판결이 '브라운 대 교육위원회' 판결과 같은 달에 내려진 단순한 우연이 아니었다. 어떤 면에서 이 둘은 당시 깨어나고 있던 보편적인 사회적 관심에 대한 응답이었다. 과거에 정신이상 항변은 법적으로 인정받는 정신질환을 가진 이들만 독점적으로 사용하는 '백인 전용' 변론으로 간주되었다." 배즐론 판사는 몇 년 뒤에 이렇게 적었다.

여기서 목표는 전통적인 정신이상 항변에 대한 접근권을 넓히는 것이 아니라, 백인이 아닌 인구 집단을 위해 새로운 기준을 세우는 것이었다. "정신이상 항변을 확장시켜 더 넓은 범위의 인간 행동에 적용함으로써, 실질적으로 우리는 여태껏 일탈 행동을 하더라도 질환에 대한 동정의 빛으로 조명받는 일이 없었던 소수자들과 빈곤층들에게 정신이상 항변의 문을 열어준 셈이었다." 배즐론 판사는 심리학, 정신의학, 사회학, 경제학의 통찰들을 이용해 범죄의 근원을 밝히면, 범죄의 책임이 범죄를 구성하는 여러 요소로 분배될 테고, 범죄 자체의 무게는 경감될 거라고 믿었다. 정신이상의 문턱을 낮추는 만큼 유죄판결의 문턱은 높아질 것이고, 이는 금리를 인상하거나 인하하는 행위가 그러듯 죄와 벌의 경제에 영향을 미칠 터였다. 법은 정신과의사들이 범죄를 낳는 정신질환의 원인으로 지목한 환경을 변화시킬 것이고, 그렇게 도시 재생은 공중 보건을 위한 긴급성을 부여받게 될 것이었다.

조 골드스타인이나 배즐론 판사가 미처 예상하지 못했던 건, 그들이 교도소에서 보내는 시간을 줄여주려고 했던 빈곤층 및 소수자 피고들이 유죄판결을 받고 투옥되었을 경우 비교적 짧은—더 중요하게는 끝이 정해진—형을 살고 나올 수 있었던 반면, 주립 정신병원에서는 몇 년이고 갇혀 지내야 했다는 점이었다. 더럼 규칙의 목표는 가해자들을 치료함으로써 범죄행위에 따라붙는 낙인을 덜어주는 것이었지만, 실제로는 죄수와 정신질환자의 경계가 흐려졌고, 결국은 질환 자체가 범죄화되고 주립 정신병원이 교도소와 연상 관계에 놓이는 결과에 이르렀다.

몬티 더럼은 배즐론 판사에게 보낸 편지에서 이제 자신에게 "미치광이 더럼"이라는 낙인이 찍혔다고 분통을 터뜨렸다. 그는 치유되지 못했고, 면죄를 받지도 못했다. 그가 얻은 건 오로지 낙인뿐이었다. 십팔 년 뒤 배즐론 판사는 과거 자신의 판결을 뒤집으면서, 당시 자신의 의견이 높았던 기대와는 정반대의 결과를 낳았음을 용기 있게 인정했다. 그는 이제 정신의학을 '새로운 묘기'라고 부르면서, 정신의학이 당시 그 분야의 전문성을 과장했다고 탓했다.

판결을 내리고 뒤집기까지 18년 사이에 배즐론 판사는 케네디 대통령의 지적장애 위원단에 들어갔다. 위원단의 연구 내용은 정신건강 태스크포스의 연구 내용과 더불어 희망찬 지역사회 정신보건법을 만드는 데 일조했다. 하지만 정신의학과 사회학의 개념들, 연방의 권위, 공중 보건의 목표들—진료권역, 치료제, 예방—의 결합은 더럼 규칙의 경우와 마찬가지로 계획했던 것과 다른 결과를 낳았다. 광기의 뿌리는 범죄의 뿌리가 그렇듯 여전히 모호했다.

골드스타인 교수는 결국 정신이상 항변 자체에 대한 믿음을 잃고 폐지를 주장하기에 이르렀다. 1970년에 〈뉴욕 타임스〉는 이렇게 보도했다. "현대의 법적 정신이상 검사가 그 초안을 작성한 사람에 의해 공격당하다." 골드스타인 교수는 정신이상 항변을 "대부분의 교도소보다 열악할 수 있는 정신병원에 가해자를 자동으로 입원시키는 장치"라고 불렀고, 공영 텔레비전 토론에서 『정신질환의 신화The Myth of Mental Illness』의 저자 토머스 사스와 같은 편에 서서 정신이상 항변을 폐지하라고 주장했다. 여기서 사스는 법적 정신이상이 존재하지 않음은 물론이요, 생물학적 정신이상도 존재하지 않는다고 일축했다. 한편 골드스타인 교수는 정신질환에 대한 질문을 받고 날카롭게 답했다. "저는 그게 뭔지 전혀 모릅니다."

그는 강제 치료가 유형을 불문하고 "인간 존엄성의 침해"라고 선언하면서, 가장 심하게 고통받는 인구 집단이 제기하는 가장 어려운 질문들은 간과했다. 다시 말해 그는 심장마비가 온 사람이 직접 911에 전화할 수 없듯이, 최악의 상태에서 자신이 앞으로 어떤 치료와 돌봄을 받고 싶은지에 관해 직접 현실적 결정을 내릴 수 없는 사람들이 존재한다는 것을 무시했다.

골드스타인 교수가 더럼 판결문의 초안을 작성하고 십 년 뒤, 배즐론 판사는 또하나의 중요한 판결이었던 '레이크 대 캐머런' 판결을 내릴 때 보 버트가 작성한 메모를 사용했다. 이 판결의 목적은 정신과 환자들이 "최소로 제한적인 환경"에서 치료받을 권리를 보호하는 것이었다. 보는 이후 많은 연방법과 주법이 본보기로 삼게 된 이 판결에서 중요한 역할을 맡은 것이 자랑스러웠다. 하지만 보에게는 그의 멘토와 달리 맹렬한 확신과 유토피아적 낙관주의가 없었다.

언젠가 보는 배즐론 판사에게 '레이크 대 캐머런' 판결이나 그와 비슷한 많은 판결들이 낳은 의도치 않은 결과들에 대해 이야기를 꺼낸 적이 있었다. 법정과 병원은 사람들을 길거리로 풀어주었지만, 그게 인도주의적 지시가 요구한 대로 제한이 덜한 환경이 조성되었기 때문은 아니었다. 혹시 실수를 하고 있다는 걱정이 들지는 않는지?

배즐론 판사가 이 문제에 접근하는 관점은 전혀 달랐다. 그는 보가 무얼 염려하는지 이해했지만, 수많은 정신질환자들을 길거리로 풀어주는 일 자체가 긍정적 결과를 낳으리라 믿었다. 자신은 미국의 선함을 믿는다고, 그는 보에게 말했다. 사람들이 정신질환자를 인간으로 보지 않는 이유는 그들이 길거리에서 자취를 감추었기 때문이었다. 그들을 바깥세상에 두면, 사람들의 공감 능력이 깨어날 것이라고 판사는 말했다. 미국인들이 지금껏 숨겨져 있던 고통을 직접 목격하고, 자신들의 무관심이 어떤 피해를 초래했는지 알게 되면, 자연히 연민을 느끼고 비로소 올바른 행동을 하게 되리라는 것이었다.

마이클과 내가 학부생이었던 시절, 조현병이 있는 여자가 맨해튼 시내에서 판지 상자에 들어가 잠을 자다가 동사하는 사건이 있었다. 처음에 언론에서는 그녀를 "상자 속 여자"라고 불렀으나 보도를 본 그녀의 딸이 엄마를 알아보고 그녀의 이름이 리베카 스미스라고 알려주었다. 사연은 이러했다. 버지니아주 출신으로 대학 졸업생 대표를 맡았던 리베카 스미스는 주립 정신병원에서 십 년을 지냈고, 아름다운 얼굴을 화장과 베일로 가리고 살다가—자신이 받은 전기 경련 요법이 눈에 보이는 상처를 남긴다는 상상에 사로잡혀 있었다—마침내 가족이 있는 집을 도망쳐 나와 뉴욕시로 향했다.

1980년대 초에 일어난 리베카 스미스의 죽음은 탈시설화에 대항해 일어난 백래시에서 분수령을 이루는 사건이었다. 모든 걸 해체하려 했던 분노의 시대에 '시설'이 분노와 회한을 의미하는 단어였다면, 백래시가 일어난 그때는 탈시설화가 같은 의미를 띠었다. 하지만 사실 '탈시설화'는 여러 정책, 태도, 일부 의도한 결과들과 예측에서 벗어난 결과들이 하나의 물줄기로 합쳐진 다음 관료제의 보호하에서 저 나름의 생명을 지니게 된 현상에 사후적으로 붙인 이름이었다.

상자 속 여자를 다룬 〈뉴욕 타임스〉의 한 사설에서는 쓰라린 어조로 물었다. "그녀를 도울 수 있었던 많은 이들에 대해 우리는 어떤 말을 해야 할까?" 그러나 알고 보면 노력한 사람은 많았다. 뉴욕시 성인 보호 서비스국 국장이 〈뉴욕 타임스〉에 밝힌 바에 의하면, 리베카 스미스를 입원시켜도 좋다는 법원 명령은 그녀가 동사하고 몇 시간 뒤에 떨어졌다. 명령이 내려오는 데 열흘이나 걸린 이유는 일단 리베카 스미스가 상자에서 자는 걸 좋아했고, 뉴욕시측에서는 할 수 있는 모든 노력을 했다고 법원에 증명할 의무가 있었기 때문이었다. "인권은 중요하니까요"라고 그는 말했다.

한편 자유주의자였던 정신과의사 토머스 사스는 〈뉴욕 타임스〉에 리베카 스미스를 본인의 의지에 반하여 강제 입원시켰다면 심각한 인권 침해였으리라고 적었다. 그녀는 단지 사스가 "생활 문제"라고 부른 것으로 고생하고 있었을 뿐이다. 그녀가 자신을 돌보는 데 실패한 건 단순히 "안타까운" 일인데, 사회가 그녀의 문제를 "존재하지 않는 질환" 탓으로 돌리는 바람에 "비극적인" 일로 변모했다는 것이었다.

중증 정신질환자들의 고통에 그토록 무관심해 보이는 사람이 사회에서 가장 취약한 구성원들의 치료에 적용되는 법을 만드는 데 참여했다는 건 믿기 어려운 일이다. 그러나 사스 박사가 보인 무관심한 태도는 이십 년 전 그가 『정신질환의 신화』에서 펼친 주장에서도 이미 충분히 엿볼 수 있었다. 그는 리베카 스미스의 질환이 실제로는 존재하지 않는다고 부정했고, 그녀의 가족이 돕지 못할 경우 국가가 개입하여 그녀를 돕는 것은 적법하지 않다고 주장했으며, 여기서 한 발 더 나아가, 치료되지 않은 정신장애로 고통받으며 제대로 기능하지 못하는 사회 하위 집단의 구성원들을 개인적 자유를 주장하기 위한 선례로 삼겠노라 고집했다. 사스는 리베카 스미스가 지닌 질환의 특수한 성격을 부정함으로써, 그녀의 자율성을 자신의 자율성을 주장하기 위한 필수적인 요소로 만들었다. 그 자율성을 지키기 위해 그녀가 길거리에서 숨을 거둔대도 상관없었다.

정신질환자들이 법적 사고에서 차지하는 상징적 역할과 그에 따르는 역설들은 그후에도 사라지지 않았다. 스티븐 위즈너가 운영하던 법률 서비스 프로그램에는 법현실주의의 설계자이자 임상법학 교육 프로그램의 초기 지지자였던 제롬 프랭크의 이름이 붙어 있었다. 프랭크는 실습생들이 현장에서 실용적 기술을 갈고닦는 의대생보다는, 상아탑의 이론을 지역사회로 끌고 나오는 '과학자'에 더 가깝다고 상상했다. 위즈너가 예일대 법학대학원에 도착한 1970년에도 이미 한 학생이 코네티컷주의 모든 치료감호소를 폐쇄할 목적으로 집단소송을 조직하는 일이 있었다.

예일대 학부생 출신이었던 그 학생은 캠퍼스에서 학군단을 몰아내는 일에도 동참했고, 남학교였던 예일대학교에 여학생 칠백오십 명을 버스에 태워 데려옴으로써 남녀공학으로의 변화를 강력히 요구했다. 그러나 전쟁이 아닌 사랑을 하는 일보다, 코네티컷주의 모든 정신질환 환자들에게 출애굽기 속 이스라엘 노예 역을 맡기고 그들을 일거에 풀어주는 일이 더 어려웠다. 치료감호소 폐쇄는 사회운동이 밟아야 할 논리적인 다음 단계로 느껴졌지만, 쉬운 일은 아니었다. 소송은 연방법원에서 패소했다. 실제로 아끼는 사람들 가운데 비자발적 입원이 필요한 이들이 있었던 위즈너는 돈키호테처럼 무모하게 구는 학생들의 고삐를 잡으려 노력했고, 문제의 학생은 이후 승승장구하여 어느 법학대학원의 학장이 되었다.

마이클은 정신보건 임상법학 교육에 자원하지 않았다. 그가 어떤 대가를 치르더라도 피하고 싶었던 세계와 너무 가깝다고 느꼈다. 하지만 위즈너와 대화하는 건 무척 좋아했다. 그는 석좌교수임에도—또 한 명의 예일대 출신 법현실주의자인 윌리엄 O. 더글러스 판사의 이름이 붙은 직위였다—길거리를 돌아다닐 때 가장 행복해 보였다. 어지간해선 눈에 띄지 않는 뉴헤이븐의 다수 집단 구성원들이 그에게 슬렁슬렁 다가와서, 어떤 서비스를 해준 것이나 친절하게 상담해준 것에 대해 감사를 표하곤 했다.

1980년대에 엘린 색스는 마이클이 정신보건 임상법학 교육에 참여하지 않은 이유와 정확히 같은 이유로 교육에 참여했다. 그녀가 스스로 경험한 바 있는 두려운 영역에 맞서고, "가장 취약한 상태일 때의 나처럼 말하거나 행동하는" 사람들을 돕고 싶어서였다. 함께 실습하던 동기가 아직 준비가 되지 않았다고 주장하는 부모의 반대를 꺾고 한 청년을 정신병원에서 퇴원시켰을 때, 색스는 함께 축하했다. 학생 활동가의 승리였다. 청년은 부모님이 사는 트레일러 주택으로 돌아왔고, 몇 달 뒤 집을 불태웠다. 화재 당시 잠들어 있던 그의 부모와 일곱 살 난 남동생이 사망했다.

색스는 회고록에서 이 참사를 회고하며 이렇게 적었다. "이상주의적인 법학도들에게는 배우기가 유독 어려운 종류의 교훈들이 있었다. '사람들을 돕는' 일이 반드시 좋은 건 아니라는 (혹은, '돕는 일'이 무엇인지는 상황에 따라 다르게 해석될 수 있으니 신중하고 세심하게 살펴보아야 한다는) 이 교훈은 사건과 관련된 모든 사람에게 비극으로 다가왔다.

그 사건은 청년의 부모와 일곱 살 난 아이에게 비극이었다. 정신질환이라는 부담에 더해, 자신이 부모와 남동생을 죽였다는 가늠하기 어려운 마음의 짐마저 안고 살아가게 된 청년에게도 비극이었다. 학생 활동가였던 엘린의 친구 댄에게도 비극이었다. 그는 자신의 전 의뢰인에게 살인죄로 경찰서에 구금되어 있다는 전화를 받고서야 무슨 일이 벌어졌는지 알았다.

"댄은 심한 충격을 받았다. 사실 정신보건법 실습을 하던 학생들 전체가 충격을 받았다." 엘린은 적었다.

그녀는 "댄의 개입이 이 사건에 어떤 유의미한 차이를 일으켰는지 여부는 알 길이 없다"라고 덧붙였다. 청년이 진단받은 병명은 기묘하게도 단순한 주의력 결핍 장애였고, 병원에서는 그를 언제든지 퇴원시킬 수 있었다. 하지만 이 사건은 색스의 회고록 내내, 그리고 서로 결합하고 결별하고 다시 화해하기를 거듭하며 법정을 통과하여 느리고 불확실한 길을 여전히 걸어가고 있는 법과 정신의학의 역사 전체에 그늘을 드리운다. 청년은 정신의학의 도움이 필요했지만 법의 도움을 받았다. 그리고 이제는 정말로 법의 도움이 필요해졌다. 어쩌면 교도소에서는 정신의학의 도움을 받게 될지도 몰랐다.

25장
행복한 백치

나는 행복한 백치가 되겠어.

그리고 법정화폐를 벌려고 노력하겠어.

—잭슨 브라운, 〈더 프리텐더The Pretender〉

나는 결국 대학원을 포기했다. 전업으로 일하기 시작했고, 약혼을 했고, 여전히 밤에 글을 쓰긴 했지만 학자의 꿈과 더불어 문학적 날개를 펼치는 꿈도 고이 접어두었다. 내 직장은 〈포워드〉라는 이름의 신생 신문사였다. 원래 〈포워드〉는 백 년에 가까운 세월 동안 이디시어로 발행되어온 사회주의적 신문이었는데, 〈월 스트리트 저널〉 출신의 편집자 세스 립스키가 영문판을 따로 내기로 결정했다. 나는 영문판 문화면 편집을 담당했다.

"이성은 다만 선택이다." 나는 종종 존 밀턴의 말을 스스로에게 들려주었다. 이 개념을 한없이 훌륭하게 탐구한 『실낙원』에 대한 박사논문은 이제 쓸 일이 없어졌다. 박사학위를 받지 않기로 했기 때문이었다. 나는 선택이 싫었지만 밀턴이 "그저 만들어진 아담"*이라고 부른 존재가 되는 건 더 두려웠다.

마이클과 나는 이제 이십대 후반에 접어들었다. 마이클이 고등학교 교지 편집부를 탈퇴했을 때 끝난 줄 알았던 우정은 치유되었지만, 우정이 무너졌던 자리가 다시 붙은 건 아니었다. 우리의 우정은 또다른 무너짐을 둘러싸고 새로이 구성되었고, 따라서 과거와는 다른 우정이 되었다. 우리는 여전히 깊이 연결되어 있었다. 우리 사이에는 기억, 습관, 죄책감, 의무, 심지어 애정마저도 존재했으나 우리는 그 이상의 무언가에 의해 묶여 있었다. 그것은 우정에 미치지 못하는 동시에 우정을 뛰어넘는 무언가였으며, 그것을 마주할 때마다 내 안에서는 가벼운 두려움의 감각이 퍼져나갔다.

마이클은 때때로 전화를 걸어, 느리고 신중한 특유의 목소리로 인사를 건넨 다음, 마치 자신이 전화를 받은 쪽인 것처럼 침묵했다. 그는 불길한 느낌이 들 만큼 참을성 있게 내가 말하기를 기다렸다.

마이클이 내게 전화를 건 까닭은 그저 기분에 이끌려서이거나, 또는 대화를 나누는 도중에 서서히 밝혀지는 어떤 필요에 의한 것이었다. 마이클이 2학년을 마친 여름, 오언 피스 교수가 누구나 바라마지 않는 로펌 어소시에이트 인턴십을 주선해주었다. 그리하여 마이클은 뉴욕에서 법학대학원 친구와 "헨리 제임스 소설에서 튀어나온 것 같은" 아파트를 함께 쓰게 되었다. 마이클은 로펌에서 고개가 설레설레 저어질 만큼 큰 금액을 받았다. 그는 내게 아버지에게 빌린 8천 달러를 벌써 갚았다고 말했다.

화이트플레인스의 복지 사무소가 신기루처럼 사라지고, 베인의 세계가 돌아왔다. "매일 80달러짜리 점심을 사줄 필요는 없는데 말이

---

* 표현의 자유를 찬양하는 내용이 담긴 밀턴의 산문 『아레오파지티카』에서, 자유의지의 중요성을 강조하는 맥락에서 사용한 표현이다.

야." 그가 내게 말했다. "터무니없잖아. 차라리 30달러짜리 점심을 사주고 50달러는 자선단체에 기부하면 좋겠어."

하지만 유독 길게 이어지는 침묵을 깨고 요즘은 어떻게 시간을 보내고 있느냐고 묻자 마이클은 답했다. "아, 자살할 방법들을 생각하고 있지. 약을 더 많이 먹고. 태아 자세로 침대에 누워 있고."

내가 즉시 마이클에게 달려가지 않았던 건 무엇 때문이었을까? 호사로운 세부 사항을 곁들여 자신이 얼마나 성공했는지 이야기하다가 돌연 그런 말을 하니 뜻밖이어서 그랬을까? 아니면 마이클의 말이 특유의 말버릇으로 인해 미리 연습한 것처럼 들려서 그랬을까? 아니면 혹시 그가 자랑을 하고 있다는 느낌—그런 생각이 들자마자 나는 스스로를 꾸짖었다—때문이었을까? 마이클은 절망 속에서 최선을 다하고 있었다. 혹은 그저 우리가 정상적인 대화를 나누고 있는 것처럼 구는 나에게 그게 얼마나 순진한 행세인지 까발리고 싶었는지도 모른다. "어떻게 지내?" "요즘 무슨 일 있어?" 물으면 "잘 지내" "별일 없어"라고 대답할 줄 알았느냐는 듯이. 회사에서 돈을 아무리 많이 받더라도, 그는 매일 악마와 난투를 벌여야 했다.

그러면서도 한편으로 마이클은 자신의 질환에 대해 내가 염려하는 말이나 질문을 던지면, 내가 어딘가 부적절하거나 모욕적인 말을 한 것처럼 무시하는 경향이 있었다. 게다가 그와 헨리 제임스 소설에 나올 법한 아파트를 함께 쓰고 있는, 나와 이름이 같은 정통파 유대인 친구가 그를 돌봐주고 있다고 했다. "걔는 아이네아스가 안키세스를 업고 다녔듯이 나를 업고 다녀."* 마이클이 말했다.

---

* 안키세스는 그리스신화 속 인물로, 트로이의 왕자이자 아이네아스의 아버지다. 트로이 전쟁에서 아이네아스는 안키세스를 업고 탈출한다.

그게 우리 사이의 대화 패턴이었다. 마이클은 기분이 저조한 상태로 내게 전화를 걸어, 이런저런 이야기를 하면서 차츰 기분을 회복해갔다. 내가 염려하는 마음으로 마이클의 속내를 보려 하면, 마이클은 내가 자신의 고통에 대해 오해하고 있는 부분을 바로잡아주면서 위안을 얻는 것 같았다. 그렇게 마이클은 자신이 내가 상상하는 것보다 더 힘들다고 주장하면서, 그 주장을 자신이 내가 인정하는 것보다 더 잘하고 있다는 의미로 바꿔버리는 놀라운 재주를 부렸다.

이상하게도 그런 순간에 마이클의 기분이 한결 나아졌다는 증표는 그의 목소리에 배어든 친숙한 경멸의 울림이었다. 나 역시 그가 내비치는 경멸의 기색에서 어떤 안도감을 느꼈다. 오랜 경쟁자였던 우리 사이의 평형이 비로소 회복된 것 같았다. 우리가 쌓은 우정의 핵심은 서로에게 지지 않으려 안달복달 경쟁하는 데에 있지 않았던가.

그러나 이따금 내가 지금껏 전부 잘못 해석하고 있었다는 걸, 오래된 직감에만 의존하다가 길을 잃었다는 걸 깨닫는 순간들이 찾아왔다. 마이클은 종종 내 아버지의 건강에 대해 나보다 자기가 더 잘 안다는 듯이 논하곤 했다. 가장 최근에 미어랜드 로드를 방문했던 때에는 너무나 늙고 구부정해진 나의 아버지를 보고 놀랐다고 했다.

"우리 아버지랑 연세가 같으신데 훨씬 나이들어 보이셔."

나는 순간적으로 이 말에서 해묵은 경쟁심을 읽었다. 그러나 다음 순간, 그 안에 진정한 고통이 숨겨져 있다는 걸 불현듯 알아차렸다. 내 아버지의 모습은 마이클의 안에서 나오는 전연 다른 감정들을 일으키고 있었다. 아버지가 척보다 나이들어 보인 거야 하루이틀 일이 아니었지만, 병이 진척되면서 면도를 하기가 어려워지는 바람에 흰 턱수염이 자라게 놔두자 구세계 할아버지 같은 분위기가 한층 짙어졌다. 하지만 나는 어머니에게 들어서 척도 걷기를 어려워한다는 사실을 알았다. 마이클은 입에 올린 적 없지만, 암 치료의 부작용이었다.

나는 굳이 마이클에게 캐묻지 않았다. 나도 그에게 숨기는 것들이 있었다. 그러나 내가 우리 중 누구를 보호하려는 건지는 좀처럼 확신할 수 없었다. 나는 미할과 가을에 결혼할 계획이라는 소식을 마이클에게 알리지 않았다. 숨기는 게 어렵지는 않았다. 마이클은 내가 신문사에서 하는 일에는 관심을 보여도 일상생활에 대해서는 묻지 않는 경향이 있었다. 언젠가 내가 장편소설을 다 쓰고 에이전트를 찾고 있다고 불쑥 알린 날, 그는 불길한 어조로 말했다. "그거 태워버리지 않게 조심해라."

내 원고를 태운다는 건 생각해본 적도 없는 일이었다. 하지만 머릿속 깊은 곳 어딘가에서 나는 마이클이 개츠비 하우스의 다락방에서 무너졌다는 걸, 우리가 폐쇄 병동의 침대에 앉아 있을 때 그가 음울한 자부심 비슷한 것을 내비치며 의사들이 당신은 상상력을 통제할 수 없으니 글을 쓰지 말라고 경고했다는 이야기를 들려주던 걸 생각했다. 어머니는 내게 몇 번인가 제임스 조이스가 조현병을 진단받은 딸 루시아를 데리고 칼 융을 만나러 갔던 이야기를 들려주었다. 조이스는 루시아가 단지 자신과 똑같이 언어를 가지고 놀고 있을 뿐이라며 진단을 인정하지 않으려 했다. 그러나 융은 조이스에게 일러주었다. 당신은 강바닥으로 다이빙을 하고 있지만, 당신 딸은 강바닥으로 가라앉고 있다고.

마이클과 통화를 마친 다음 머릿속에서 그날의 대화를 되짚어보고 일기장에 기록광처럼 대화 내용을 낱낱이 적은 뒤에야, 나는 마이클이 신문 업계의 표현대로라면 '변죽을 울려서' 이야기했다는 사실을 깨닫았다. 어쩌면 단지 듣는 내가 이야기의 핵심을 제대로 파악하지 못한 걸지도 몰랐다. 마이클은 고액 연봉, 고급 아파트, 비싼 점심에 대해 이야기하려고 전화한 게 아니었다. 그의 용건은, 졸업 후 로펌에 돌아와 일하라는 제안을 받지 못했다는 소식이었다.

마이클은 그 소식에 앞서 로펌에서 있었던 일화를 전했다. 로펌에서 일하는 한 여자가, 마이클이 그렇게 똑똑하다니 "전화번호부 한 권만 주면" 무슨 일을 할지 궁금해하더라고 했다. 마이클은 로펌의 한 파트너 변호사가 개인 사무실을 달라는 그의 요청을 거부했다는 이야기도 들려주었다. 마이클은 로펌에서 하계 인턴으로 일하는 다른 어소시에이트 변호사와 사무실을 함께 쓰려니 집중이 되지 않았다. 동료는 마이클이 느끼기에 무례할 만큼 마이클의 요구에 대해 몰인정했다. 그래서 마이클은 책임 파트너 변호사에게 자기만의 사무실이 필요하다고 말했다.

여름 동안만 일하는 어소시에이트 변호사에게 개인 사무실을 내주는 건 로펌의 관례가 아니었다. 그래서 마이클은 파트너 변호사에게 자신이 조현병으로 입원한 적이 있다는 이야기도 했다. 마이클이 주장하듯 파트너 변호사가 질겁했는지 아니면 그저 놀랐을 뿐인지는 알 수 없지만, 결국 마이클은 그녀를 향해 고래고래 소리를 지르는 지경에 이르렀다. 마이클의 묘사 속에서 그 순간은 영웅적 저항의 정점이었다. "귀도 칼라브레시 같은 사람들은 당신 따위 기억도 못할걸요!"

내게 진정한 수수께끼는, 마이클이 아직 잘리지 않았다는 거였다.

상황을 이해하고 나니 마이클이 얼마나 심하게 좌절했을지 실감이 났다. 한때 마이클은 전교생 삼천 명이 서로 밀치고 다니는 공립 고등학교 복도에서 교실로 걸어가면서 과제를 끝마칠 수 있었다. 이제는 다른 어소시에이트 변호사의 존재로 인해 일을 전혀 할 수 없었다. 하지만 아무리 그래도 그런 말은 해서는 안 된다는 걸 마이클이 정말로 몰랐을까? 아니면 자신을 괴롭히는 권력자에게 가혹한 진실을 말해주는 것뿐이라고 진심으로 믿었던 걸까?

어느 쪽인지 알 수 없어서 나는 불안했다. 하지만 헨리 제임스 소설 속 아파트 운운하는 미끼에 냉큼 낚여서, 쓰리카드몬테 테이블에 덥석 20달러를 거는 관광객처럼 순식간에 질투와 분노에 굴복한 나 자신 역시 불안하긴 매한가지였다. 시간이 조금 지나서야 나는 내 이해력이 얼마나 모자랐는지 절감했다. 마이클이 일을 하는 건 처음부터 예정된 재난이었다. 자살을 생각하며 침대에 몸을 말고 누워 있다는 설명을, 화려하게 과장하는 과거의 습관이 돌아온 걸로 여기고 진지하게 대하지 못한 것 또한 나의 이해 부족이 낳은 결과였다.

마이클은 자신이 겪은 과거가 없었던 일인 척하지는 않았다. 하지만 예일대 법학대학원을 일종의 중간 거주 시설처럼 이야기하는 마이클의 교활한 유머 속에서 진짜 중간 거주 시설의 존재와, 그가 그곳에 보내진 이유와, 그가 무시했던 작은 발걸음들과 겸허한 목표에 대한 조언들은 모조리 지워졌다. 어쩌면 마이클은 그것들을 인정하기는 하되, 자신과 함께 쳇바퀴에서 내려와 다른 규칙들에 의해 살아가고 있던 최고로 명석한 학생들과 함께하는 삶에 끼워 넣어서, 하나의 보편적인 조건으로 만들어버린 걸지도 몰랐다.

로펌에 개인 사무실을 요청하기 전에, 마이클은 뉴헤이븐으로 돌아가 보 버트를 비롯한 다른 멘토들과 상담을 했다. 보는 동정적인 태도로 마이클의 말을 들어주었다. 마이클은 그가 법학대학원에 입학한 해에 부시 대통령이 서명한 미국 장애인법에 자신의 입장을 뒷받침해줄 조항이 있는지 알고 싶어했다. 조현병은 법안에 포함된 무수한 장애 가운데 하나였다.

보는 마이클이 로펌에서 처한 상황이 나쁘다는 데 동의했고, 개인 업무 공간이 상식적 예우임은 물론이요 장애인법에 의해서도 요구되는 합리적 합의 사안이라는 데에도 동의했다. 그러나 그는 어떤 종류든 법적 조치는 권하지 않았다. 보가 이 분야에 대해 밝았던 건 1968년에 공정 주거법 입법에 참여한 경험 때문이기도 했지만, 정신질환자를 법적으로 지원하기 위해 조직된 정신보건법 프로젝트 위원회에 속해 있었기 때문이기도 했다. 이 프로젝트에는 머지않아 배즐론 센터라는 이름이 붙게 된다.

마이클이 명석하다고 믿는 건, 그가 로펌에서 해내야 하는 일을 할 수 있다고 믿는 것과는 달랐고, 개인 사무실을 받으면 상황이 달라질 거라고 생각하는 것과도 달랐다. 보는 오언 피스 교수가 마이클의 한계를 잘 알면서 이런 일자리를 마련해주었다는 것에 놀랐다. 로펌과 법학대학원은 달랐다. 특히 대학원은 교수들이 학생들에게 정보를 나눠주고 무언가를 요구하기보다는 학생들의 사고를 자극하는 일에 자부심을 느끼는 호의적 공간이라는 점이 달랐다. 보는 마이클이 법조인이 되지는 못할 거라고 내심 결론을 내린 상태였다. 그러면, 마이클이 할 수 있는 일은 무엇일까?

로펌이 법학대학원처럼 자신에게 맞춰주고, 로펌의 파트너 변호사가 보와 동료 교수들처럼 자신을 있는 힘껏 포용해줄 거라는 마이클의 기대 앞에서 보는 심란해졌다. 그럴 수는 없다는 걸 잘 알았다. 미국 장애인법이 마이클에게 필요한 방식으로 사안을 해결해줄 것 같지도 않았다. 심리적 만족감을 보장하는 법은 아직 만들어지기 전이었다.

마침내 보가 두려워한 일이 벌어졌다. 로펌도 결국은 법조인들이 운영하는 곳이었기에, 법을 준수할 방법을 찾아내는 데 성공했다. 마이클에게는 개인 사무실이 주어지지 않았다. 그리고 할일도 주어지지 않았다. 사무실 안에 다른 사람이 있어서 집중이 안 된다면, 집중을 하지 않으면 되는 것 아닌가. 마이클은 월급을 받았고, 내게 이야기했듯 잘나가는 로펌에서 여름 동안 일하고 있다고 남들에게 얼마든지 말할 수 있었다. 그러나 그는 일거리를 받지 못했고 그에게는 아무런 기대도 주어지지 않았다. 마이클은 그렇게 덩그러니 홀로 남겨졌다.

26장
박사후 연구원

지성은 숙명을 무효화한다.

—랠프 월도 에머슨, 『인생의 운영The Conduct of Life』

냉전이 끝나고 장벽이 무너졌다. 우리가 루스벨트초등학교 복도에서 몸을 수그린 채 두려워하던 무너짐은 아니었다. 예상대로 벌어진 일은 아무것도 없었지만, 그랬더라면 역사는 경직된 궤도를 따라 달려갔을 것이고 서구 세계는 승리를 거두지 못했을 것이다. 나는 마이클의 손끝에서 반질반질하게 닳은 솔제니친의 『수용소군도』*를 여전히 가지고 있었다. 이제는 그 책을 읽지 않아도 괜찮을 것 같았다. 1967년에 앨런 긴스버그의 찬트에 맞추어 펜타곤을 공중 부양시킬 기세로 시위를 벌인 사람들은 어쩐 일인지 펜타곤 대신 크렘린궁을 들어서 뒤집어버렸다. 정치가 아니라 청바지가 해낸 일이었다. 아니, 사실은 한 번도 죽은 적 없었던 음악이 해낸 일이었다.

---

* 러시아의 작가 알렉산드르 솔제니친이 소련의 강제수용소를 직접 경험하고 쓴 르포르타주.

예일대 법학대학원을 다니기에 흥이 나는 시기였다. 학교의 주가는 전례없이 치솟았다. 민주당 대선 경선에 나선 주요 후보 세 사람이 예일대 법학대학원 졸업생이었는데, 〈뉴욕 타임스〉에서는 이 사실을 정책에 대한 입장을 다루듯 상세히 보도했다. 귀도는 〈뉴욕 포스트〉에 가십난 단골 연예인보다 더 자주 등장해서 인터뷰를 하거나 당하거나 했다.

귀도는 신입생 모두에게 명석하다고 말하는 사람인데 선두 후보 세 사람은 그 말을 진심으로 믿은 것 같다는 어느 법학대학원 3학년생의 발언이 언론에 보도되었다. 그렇다고 해서 귀도 칼라브레시가 하는 말의 가치가 깎이는 건 아니었다. 오히려 귀도의 말을 진지하게 믿어서 그렇게 높은 곳까지 올라갈 수 있다면, 뭔가 있는 게 분명하다는 분위기였다. 특히 선두 후보가 예일대 법학대학원에서 마약과 수업 빼고는 뭐든 열심히 했던, 색소폰을 연주하는 베이비붐 세대의 일원이라면 더욱 그랬다. 빌 클린턴은 법학대학원에서 보낸 시간의 대부분을 정치운동에 쏟았고, 지금도 알칸소주 주지사 일은 일개 취미처럼 보였다. 매력과 카리스마와 대담함을 앞세워 모든 일을 손쉽게 해치우는 그를 보고 있노라면 마이클과 닮았다는 생각이 들었다.

교수들은 빌보다 그의 아내 힐러리 로댐을 더 선명히 기억했다. 빌만큼이나 만만찮은 인물이었던 그녀는 법학대학원을 졸업하자마자 오언 피스 교수와 함께 닉슨 탄핵안을 작업했다. 힐러리는 마이클의 멘토였던 조 골드스타인 교수와 제이 카츠 교수의 연구 보조로 일했으며, 『아동의 최선의 이익을 넘어』 감사의 말에 이름이 언급되었고, 예일 아동 연구 센터에서 "아이를 키우는 데에는 마을 전체가 필요하다"는 사실을 배웠다.

법조인을 길러내는 데에도 마을 전체가 필요했다. 〈뉴욕 타임스〉에 예일대 법학대학원 졸업생 공동체를 "칠천 명이 사는 마을"이라고 칭한 귀도의 발언이 실렸다. 마이클이 품은 공동체주의적 가치를 확인해주는 발언이었다. 귀도는 빌이 수업을 듣던 모습은 기억하지 못했지만, 후보로 나선 빌 클린턴의 차량 행렬을 기다리면서 너무나 들뜬 나머지 말 그대로 제자리에서 폴짝폴짝 뛰었다고, 그 자리에 동행했던 〈뉴욕 타임스〉 기자는 말했다. 클린턴은 원래 차를 타고 빠르게 지나갈 계획이었지만 귀도에게 포옹과 입맞춤을 받은 뒤에는 졸업생 야유회에 와달라는 초대를 거절할 수 없었다.

마이클의 명석함을 굳게 믿었던 귀도에게는 승자를 알아보는 눈이 있었고, 그것은 학점과는 아무런 관계가 없었다. 〈뉴욕 타임스〉에서 설명했듯 "성적이 불필요하고 심지어 잉여적인 것으로 간주되어온 엘리트 기관에서, 기록이 휘황찬란하지 않다는 사실은 별로 중요하지 않다." 귀도는 예일대 법학대학원이 "파리 고등사범학교와 가장 비슷한 미국의 기관, 즉 사회 지도자를 훈련해내는 장소"라고 공표했다.

빌 클린턴이 대선에서 승리하자 예일대 법학대학원도 승리를 선언했다. 귀도는 취임식도 하기 전에 새 대통령 초상화를 걸었다. 대통령 선출자를 올해의 인물로 표지에 실은 『타임』에서는 빌과 힐러리가 예일대 법학대학원 도서관에서 서로 사랑에 빠졌고, 법과도 사랑에 빠졌다고 보도했다. 한 법학대학원 학생이 졸업생 잡지에 이야기했듯 학생들은 "언제 자신의 힐러리나 빌을 만날지 궁금해하며 돌아다녔다."

무명의 "관찰자"가 잡지에 이야기한 것처럼, 교수들 역시 기대감이 하늘을 찔렀다. "우리는 법학대학원이 일종의 그림자 정부가 될 가능성을 점치고 있다." 존 F. 케네디가 하버드에 해준 일, 프랭클린 루스벨트가 '전문가 위원회'를 결성하여 예일, 하버드, 컬럼비아에 해준 일을 빌과 힐러리가 예일에 해주리라는 추측이 공공연히 오갔다.

마침내 전성기를 맞은 1960년대생 역시 승자였다. 구시대 예일의 상징이었던 조지 H. W. 부시가 물러나고, 새로운 예일의 아바타 윌리엄 제퍼슨 클린턴이 등장했다. 부시는 1990년대가 "두뇌의 십 년"이 되리라 공표하면서 조현병과 알츠하이머병 치료제를 찾겠다고 약속했었다. 그 작업도 물론 계속되겠지만, 두뇌의 또다른 십 년 역시 시작된 참이었다.

대선 유세 기간 동안 이백오십 명에 가까운 대학 총장과 학장들이 클린턴을 지지하는 공개서한에 서명하는 전례없는 움직임이 일어났다. 그들은 "대담한 정신"으로 교육의 문화적 지위를 다시 드높여주리라 믿은 로즈 장학생*이자 예일대 법학대학원 졸업생 클린턴을 지지하기 위해 연방 기금을 잃을 위험마저 감수하고 평소와 달리 중립을 포기했다. 심지어 귀도 역시—그는 클래런스 토머스의 청문회에서 1974년도 졸업생 토머스와 1980년도 졸업생 애니타 힐 양쪽 모두를 믿어준 전적이 있었다—지지 서한에 서명했다.**

지성이 승리했다. "뇌사 상태인 양당의 정책"을 비난했던 후보는 이제 백악관에 다시 뇌를 넣어줄 것이었다. 그는 레이건의 뇌에서 풀려나온 시냅스를 마지막 한 가닥까지 깡그리 쓸어내고, 그저 대통령직을 물려받은 게 전부인 해골단원***도 치워버릴 터였다.

---

* 전 세계에서 우수한 학생들을 선발해 옥스퍼드대학교에서 유학할 기회를 주는 '로즈(Rhodes) 장학금'의 수혜자.

** 클래런스 토머스는 1991년에 연방 대법관 지명자 검증 청문회에서 부하 직원이었던 애니타 힐이 그에게 지속적으로 성희롱을 당했다고 고발당했음에도 불구하고 인준 표결을 통과했다.

*** 예일대의 엘리트 비밀결사 모임 'Skull and Bones'의 단원을 가리키며, 레이건 이후

유세 도중에 제니퍼 플라워스가 자신이 빌 클린턴의 불륜 상대라고 주장하고 나서자, 힐러리는 그녀를 "제대로 된 이력서도 없는 실패한 카바레 가수"로 일축했다. 이 말에서 그녀의 실력주의가 드러난다. 네가 내 남편이랑 잤을지는 몰라도, 네 이력서는 엉망이구나.

여태껏 살아 있었던 리처드 닉슨은 〈뉴욕 타임스〉에 "아내가 너무 강하고 똑똑하면 남편이 유약해 보인다"라고 발언했지만, 똑똑한 사람이 남의 지성을 폄하하는 문화가 이미 다시 유행하고 있었다. 클린턴은 "문제는 경제야, 바보야"라는 슬로건으로 대선에서 승리했다. 유약함 운운하는 지적은, 사 년 전에 불운한 매사추세츠주 주지사 마이클 두카키스에게는―그의 아내가 미할의 유치원 시절 무용 선생님이었다―먹혔을지 몰라도,* 빌 클린턴은 비행기를 타고 아칸소주로 날아가 정신장애가 있는 흑인의 처형에 직접 참관할 만한 배짱이 있었다. 그 사건 이후로는 누구도 그를 나약하다고 부르지 않았고, 주요 언론이 두카키스를 거듭 공격한 재료였던 정신과 진료에 대해 비난하는 일도 없었다.

과거로부터 배울 수 없는 사람이라면, 대학 교육자 이백오십 명에게 지지를 받을 수 없다. IQ가 60인 사람을 처리함으로써 자신의 정신의학적·도덕적·군사적·법적 약점에 대해 면역을 키울 수 있다면, 대통령 집무실에 들어가 진짜 변화를 일으킬 기회를 얻기 위해 충분히 감당할 만한 조치였다. 정신장애가 있었던 그 죄수는 약물 주사로 사형당하기 전 마지막 식사에서 "나중에 먹겠다며" 피칸 파이를 남겼다

대통령이 된 조지 H. W. 부시가 이 모임 소속이었다고 한다.

* 1988년에 민주당 대선 후보로 나섰던 두카키스는 리더십과 결단력이 부족하다는 공격을 받은 끝에 낙선했다. 그의 아내는 반대로 강한 성격의 소유자로 평가받았다.

고 한다.

마이클에게 있어 대선이 불러온 가장 큰 변화는 신임 대통령이 귀도 칼라브레시를 미국 제2 순회항소법원 판사로 임명한 것이었다. 사법적 권위에 한층 더 가까워졌다는 점에서 마이클은 대단한 자부심을 느꼈다. 하지만 귀도의 임명은 마이클에게 큰 타격이기도 했다. 마이클이 예일대 법학대학원에 도착한 그날부터, 아니 그전부터, 그의 수호천사가 되어준 인물을 잃게 된 것이다.

이번 임명은 귀도에게도 아쉬움이 따랐다. 예일대 법학대학원을 미국 최고의 법학대학원으로 변혁시킨 교육의 귀재이자 기관 설계자였던 그는 법무차관의 자리를 노리고 있었으나, 그 자리는 법학대학원의 다른 교수에게 주어졌다. 그래도 한때 파시스트 이탈리아를 도망쳐 나온 난민이었던 사람에게는 충분히 괜찮은 직위였다.

귀도는 로어 맨해튼의 판사실을 쓰게 되었지만, 뉴헤이븐 그린 공원의 아름다운 풍경이 내다보이는 사무실 역시 사용할 수 있었다. 그곳의 문은 여전히 마이클에게 활짝 열려 있었고 마이클은 계속 귀도를 찾아갔다. 한번은 마이클이 귀도에게 말했다. "있잖아요, 오늘 아침 잠에서 깨었을 때, 학장님이 악마라고 생각했어요."

마이클은 이런 발언을 다소 거리를 두고 사색적인 말투로 내뱉는 경향이 있었다. 그래서 그의 말은 고백보다는 그저 신기한 일화처럼 들렸다. 귀도는 사실을 건조하게 전달하는 마이클의 선언에 매혹을 느꼈다. 마이클이 다시 곰곰이 생각해보니 자신이 틀렸고 귀도가 악마가 아니라는 결론에 다다랐다고 덧붙였기 때문에 더욱 그랬다.

마이클이 잠에서 깬 순간 그렇게 비이성적인 믿음을 품을 수 있었다는 건 확실히 우려스러웠지만, 그 믿음이 거짓이라고 스스로를 설득할 수 있었다는 건 이성이 승리했다는 뜻이었다. 내면의 갈등을 그토록 정확히 표현할 능력 역시, 질서가 혼란에 맞서 거둔 승리였다.

귀도는 종종 의사가 된 딸 니나에게 전화를 해서 마이클이 들려준 흥미로운 이야기들을 공유했다. "누구나 어느 정도 신경증이 있지." 귀도가 입버릇처럼 하던 말이었다. 하지만 그는 조현병이 있는 사람의 신경증은 그 정도가 상당히 심하다는 것에 놀라고 있었다.

니나는 마이클을 못 본 지 꽤 되었지만 마이클의 지성과 매력은 생생히 기억했고, 그가 즐거운 대화 상대일 수 있다는 걸 잘 알았다. 정신과의사가 되기 위해 수련중이었던 그녀는 자기 방에 불이 났다고 믿거나 그녀의 온화한 아버지가 악마라고 믿는 사람이라면 단순히 '신경증'이 있는 게 아니라는 것 역시 잘 알았다.

니나는 아버지의 오해를 풀려고 최선을 다해 노력했지만, 귀도는 법과 사회과학을 통합하는 사법 혁명이 탄생시킨 고집스러운 낙천주의자였다. 귀도의 전문 분야는 경제학이었지만, 그의 정신은 심리학이 무려 인종 분리에 대항하는 전투에서 영웅적 역할을 해낸 시대에 정신분석적 사고를 통해 형성되었다. 마이클이 자신의 내면세계를 말로 표현하는 능력으로 면담 시간 자체에 정신분석적 권위를 부여하고 있었다는 점 역시 귀도의 오해를 불식시키는 데 도움이 되지 않았다.

귀도는 딸을 사랑하고 존중했지만, 그는 법조인이자 세계 최고의 법학대학원을 다스리는 사람이었다. 즉 무엇에도 쉽사리 설득되는 법이 없었다. 성공한 법학대학원 학장과 보스턴에서 정신질환자 노숙인들과 일하고 있던 젊은 정신과 수련의 부녀는 그렇게 한참 실랑이를 벌였다. 니나가 돌보는 사람들, 혹은 돌보려 시도하는 사람들은 공원이나 다리 아래에서 밤을 보내기가 일쑤였고 남들에게 어떤 방식으로든 도움을 받는 걸 거절했다.

그들에게서 니나는 이미 많은 교훈을 얻은 바 있었다.

"아빠." 그녀는 아버지에게 말했다. "아빠는 지금 아빠가 무슨 말을 하는지 전혀 모르고 계세요."

스티브 앤들은 마이클을 처음 본 날, "이 친구는 절대 못 버틸 것"이라고 생각했다. 그가 귀도를 도와서 마이클이 쓸 침대를 짊어지고 잔디밭을 가로질러 작은 기숙사 방으로 향한 날이었다. 안경을 쓴 법학도 한 명이 몸을 가누지 못하고 화를 내면서 울고 있었다. 그날 이후 앤들은 마이클을 북돋아주는 가장 강력한 추진제 중 한 사람이자, 그의 천재성을 믿어주는 든든한 신봉자가 되었다.

법학대학원에 도착한 첫날 마이클의 방으로 침대를 옮겨준 두 사람은 마이클이 그곳에서 가질 수 있는 최고의 부모였다. 재무를 담당하는 부학장이었던 앤들은 귀도가 법학대학원을 예일대학교에서 재정적으로 독립시키려고 운동을 벌이던 시절에 그의 필수적인 우군이었고, 그후 졸업생 대상 모금이라는 노다지를 캐내는 일에서도 핵심적 역할을 해냈다. 마이클은 자기 앞을 가로막는 행정 및 관료적 절차 관련 업무들을 열정적으로 처리해주는 앤들을 자신의 '블로킹 백'*이라고 불렀다.

앤들은 법학계에 진출하겠다는 마이클의 꿈을 후원해주었다. 다른 어떤 길보다도 어렵고 경쟁도 심한 길이었다. 학자로서 커리어를 쌓으려면 반드시 법학 저널에 논문을 게재해야 했는데, 앤들은 저널에 실

---

* 미식축구에서 공을 막아주는 포지션.

릴 만한 연구물을 써내느라 애쓰는 마이클을 지도해주고, 격려해주고, 논문 편집을 도와주었다. 마침내 예일대 법학대학원은 삼 년의 법학대학원 수학 기간이 끝나자 마이클을 박사후 연구원으로 채용했다.

전례없는 일이었다. 마이클은 내게 이 소식을 전할 때, 법학대학원에서 자신의 능력을 인정하고 앞으로 해나갈 연구를 기대하기 때문에 오로지 자신을 위해 자리를 만들어주었다는 식으로 말했다. 소식을 전하는 마이클 자신도 좋은 소식을 듣고 기뻐하는 청중인 것처럼 이야기하는 투가 어린 시절과 똑같았다. 하지만 그의 말에서는 깊이 상처를 입은 인정 욕구가 묻어났고, 그가 내비치는 우월감마저 사무치는 절박함을 띠고 있었다. 수업에서 해방된 마이클은 홀로 자신의 연구를 해나가면서 전처럼 교수들의 연구를 보조하게 되었다. 종종 수업에 들어가, 장애인법과 관련된 자신의 경험을 적절한 선에서 학생들에게 공유하는 것도 마이클이 할 일 중 하나였다.

마이클은 속으로는 자신을 연구원으로 임명한 것이 법학대학원 행정실에서 특별히 마련해준 배려라고 생각했을지 몰라도, 남들에게는 그렇게 말하지 않았다. 오히려 처음부터 자신의 편이었던 귀도의 믿음이 보란듯이 증명된 거라고 말했다. 마이클이 머리에 박히는 말로 표현한, 그가 "조현병 환자로서는 고기능이지만 인간으로선 저기능이라고" 간주했다는 의사들에 대한 반발이기도 했다. 그가 자신에게 개인 사무실을 내주지 않고, 미국 장애인법을 위반했으며, 월급은 주되 일거리를 주지 않는 모욕을 가했던 파트너 변호사에게 윽박지른 예언은 현실이 되었다. 귀도 칼라브레시 같은 사람들은 그녀 같은 사람을 기억하지 않았다. 그들이 기억하는 건 마이클 같은 사람이었다.

마이클에게 가장 좋았던 부분은 예일대 법학대학원의 박사후 연구원이 됨으로써 마이클의 인생에 드리워진 문제가 단기적으로나마 해결되었다는 것이었다. 법학대학원을 졸업한 다음에는 무엇을 할 것인가? 그는 일자리를 제안받지 못했고, 조 골드스타인의 믿음과 연줄과 상당한 노력에도 불구하고 그를 재판 연구관으로 불러주는 사람은 없었다. 골드스타인은 반쯤 은퇴한 것이나 마찬가지였던 루이스 파월 판사 아래의 파트타임 일자리라도 주선하려 했으나 실패했다.

연구원이라는 잠정적 지위는 마이클이 다음으로 어떤 단계를 밟을지를 둘러싼 고민을 연기해주었다. 예일대 법학대학원 자체가 다음 단계가 되었다. 어쩌면 그 다음 단계도 예일대 법학대학원일지 몰랐다. 마이클이 이곳에 영구적으로 머물지 못하리란 법은 없었다.

한편 마이클이 법학대학원에 연구원으로 남게 되면서 마이클이 학자가 되리라는 골드스타인 교수의 기대와 마이클이 정신건강의 옹호자가 되는 미래를 그리고 있던 보의 꿈은 조금 더 오랫동안 평화롭게 공존할 수 있었다. 장애인법에 집중하기 시작한 마이클은 자기도 모르는 사이에 두 멘토의 꿈을 하나로 합치는 길을 향해 나아가고 있었다. 학문, 권익 보호 활동, 법적 개혁을 한데 묶어서 그가 "공동체주의적 가치"라고 부르는 것을 기반으로 하는 사회를 만드는 것이 마이클의 관심사였다.

'공동체주의'라는 단어는 학계에서 통용되고 있기는 했지만 아직은 의미가 모호해서, 마이클은 그 단어에 상호 의존성과 그가 "성장을 돕는 포괄성"이라고 이름 붙인 특질을 강조하는 의미를 부여할 수 있었다. 그는 자본주의 문화가 비경쟁적 영역에서 상호 헌신을 장려하는 데 실패했다고, 산업 사회의 무자비한 힘을 더는 버티지 못하는 개인에게만 지나치게 초점을 맞추는 건 함정이었다고 진지하게 이야기했다.

미국에서 가장 경쟁적이고 엘리트적인 기관 중 하나인 예일대 법학대학원에서 마이클은 역설적으로 일종의 공동체주의 생활을 엿보았고, 그 생활이 더 넓은 세상에서 재현되길 바랐으며, 연구원으로 일하면서 자신이 몸소 그런 생활을 촉진시키길 꿈꾸었다. 마이클에게는 법학대학원 자체가 "성장을 돕는 포괄성"의 상징이었다.

마이클은 침대 일화를 남들에게 들려줄 때 실제 있었던 일을 약간 수정해서, 앤들 부학장의 역할을 척 라우도어에게 맡기곤 했다. 자기 아버지와 귀도가 묵직한 철제 프레임 부품들과 매트리스를 지하 창고에서 끌고 나와 좁은 계단을 오른다는 대칭적 이미지 앞에서 저항할 수 없었던 것이다. 하나의 윤색은 다른 윤색을 낳았고, 마이클은 두 남자가 바닥에 무릎을 꿇고 앉아 벽돌을 주고받으며 침대를 조립하는 장면을 묘사하기까지 했다. 뉴로셸의 아버지와 뉴헤이븐의 아버지가 문자 그대로 그의 잠자리를 만들어주고 있었다.

법학대학원은 정말로 마이클에게 가정과 일터를 결합한 공간이 되어주었다. 수업과 강의에서 벗어나자 그 사실이 마이클에게 더욱 뚜렷해졌다. 그에게 한결 외로운 장소가 되기도 했다. 마이클의 동기 대부분은 삼 년이 지나자 졸업했으며, 뉴헤이븐에 남은 이들도 기숙사 생활은 그만두었다.

하루가 길었다. 마이클은 카페테리아 바깥 자리에서 많은 시간을 보냈다. 오가는 학생들과 대화를 나누고, 지나가는 사람들에게 손을 흔들어주고, 하버드 야드*나 워싱턴 스퀘어 파크에서 체스판과 경기용

---

* 하버드대학교 캠퍼스의 중심에 있는 공간으로 여러 건물과 더불어 녹지가 조성되어 있다.

시계를 차려놓고 스피드체스 5달러 내기 상대를 기다리는 남자들처럼, 펼치지 않은 법전을 옆에 두고 명상하듯이 그 자리에 가만히 앉아있었다. 오언 피스는 사무실로 가는 길에 마이클을 보았고, 사무실에서 나오는 길에 같은 자리에 그대로 앉아 있는 그를 보았다.

마이클에게는 캐리도 있었지만 두 사람은 같이 살지 않았다. 캐리는 IBM에 출근하느라 일찍 일어나야 했는데 마이클에게는 정해진 취침시간이랄 게 없었다. 그럼에도 두 사람의 관계는 차츰 깊어졌고, 마이클은 캐리의 아름다움과 헌신과 자신을 내세우지 않는 친절에 대해 감사와 동경이 느껴지는 어조로 이야기하곤 했다. 캐리에 대해 이야기하는 마이클의 말투에는 카운터 위에 자기가 가진 동전 전부를 올려놓고 무얼 살 수 있냐고 묻는 어린아이를 연상시키는 진심어린 순수함이 깃들어 있었다.

그러나 나는 동시에 그가 매번 새로운 얘기를 하는 것처럼 캐리가 가톨릭 가정에서 자랐다는 걸 강조하는 방식에서 약간의 유감을 감지했다. 이것은 마이클이 과거에 친구들과 연인들을 묘사할 때, 그들이 거대한 다문화 퀼트를 이루는 조각들인 것처럼 만화적으로 과장해 표현하던 방식과는 달랐다. 그때 그에게서는 미국이라는 문화적 용광로에 대한 자부심이 느껴졌었다. 열정적인 아시아인, 할리우드에서 온 유대인, 크림 넣은 커피색 피부를 지닌 여자, 몇 촌 건너이긴 하지만 친척이 뉘른베르크 재판에서 교수형을 당했고 할머니가 나치인 완전히 미국적인 남자.

하지만 마이클이 가톨릭 신자 캐리 이야기를 꺼낼 때면—캐리 본인은 자신을 그런 틀에 넣어 생각하지 않았다—어딘지 복잡한 고해의 분위기가 감돌았다. 그는 내게 무언가 알리려는 것 같기도 했고, 내게 비난할 테면 비난해보라고 으름장을 놓는 동시에 비밀스럽게 면죄를 부탁하는 것 같기도 했다. 나는 마이클의 그런 태도가 나 개인과 관련된 문제이거나, 혹은 내 아버지와 관련된 것이라는 느낌을 받았다. 마이클이 정신적으로 무너졌던 시절 나의 아버지는 그의 창밖을 지키고 서서 아무 문제 없다는 뜻으로 종을 울려주던, 홀로코스트 생존자들 가운데 한 사람이었으니까.

마이클은 어떤 공간이든 자신의 필요와 개성으로 채우는 사람이었고, 캐리는 한 발 물러나서 그의 곁을 지키며 그를 보호했다. 그래도 두 사람이 서로 사랑하는 건 분명했다. 마이클은 결혼해서 가정을 이루는 일에 대해 이야기하기 시작했다. 아버지가 되고 싶다는 갈망을 이야기하는 목소리에서 열의가 묻어났다. 하지만 자신이 자녀에게 조현병을 "물려줄" 가능성, 혹은 자녀를 키우기 위해 필요한 일자리를 찾지 못할 가능성에 대한 두려움에 그는 괴로워하고 있었다.

27장
사려 깊은 북돋음

어떤 상황에서 우리에게 필요한 건, 터무니없는 무지일지도
모른다.

—마이클 라우도어, 「장애와 공동체: 배제의 방식,
포괄의 기준, 그리고 1990년의 미국 장애인법」,
〈시러큐스 법학 리뷰〉, 1992년

마이클은 예일대 법학대학원을 미국에서 환자를 가장 잘 지원해주
는 정신건강 돌봄 시설이라고 이야기하길 좋아했다. 마이클은 이런 말
로 얄궂게 감사를 표현했고, 동시에 법학대학원의 다른 모든 사람들에
게도 그런 서비스가 필요했다고 넌지시 암시하기도 했다. 두 의미 모
두 마이클의 첫번째 학술 논문의 핵심 소재였던 좋은 사회의 그림에
꼭 들어맞았다. 쉽게 소화하기 어려운 학술적 제목이 붙은 그의 논문
은 법뿐만 아니라 "기본적인 사회적 태도"에도 변화가 필요하다고 제
안하면서 "표준 사고방식의 재정의"를 이야기했다.

미국 장애인법이 하계 인턴으로 일하던 자신을 돕지 못했을 만큼 현
실적 적용 범위가 협소하다는 점에 문제를 제기하면서, 마이클은 모두
가 환자인 동시에 치료자이며 궁극적으로는 둘 사이의 구분이 무의미
해지는 사회를 그렸다. "공동으로 상처 입고 공동으로 치유하기"라고

직접 이름 붙인 개념을 역설하는 마이클은 마치 고린도인들에게 설교하는 사도 바울을 연상시켰다 ―"한 구성원이 고통받으면, 모든 구성원이 고통받는 것이다." 그는 비장애인과 장애인이 서로에게 의존하여 하나의 직물로 직조되는 사회를 호소했다.

마이클은 정치학자 헨리 키신저와 그가 어릴 적 끼고 다니던 페이퍼백 소설 속 무법자 영웅이었던 총잡이 셰인이 "강인하고 성공한 외톨이"라는 신화를 강화시켰다고 비난했고, 1990년에 제정된 미국 장애인법에 영향을 준, 1970년대에 연방 대법원에서 루이스 파월 대법관이 쓴 의견 역시 비난했다. 파월 대법관은 당시 판결에서 청각장애인 지원자를 탈락시킨 간호학교의 권리를 손들어주었다. 병원 내 많은 구역에서 필수인 수술용 마스크를 착용할 경우 지원자는 독순술을 사용할 수 없고, 고통받는 환자가 누르는 버저의 소리를 들을 수 없으며, 위급 상황에서 사람들이 외치는 지시를 이해할 수 없다는 이유에서였다. 학교측에서는 그녀를 청능사에게 보내보고 보청기를 사주는 등의 조치를 취했으나 역부족이었다고 주장했다.

연방 대법원에서는 간호학교측에서 선의를 품고 장애를 합리적으로 배려하려 노력했음에도 청각장애인 지원자가 간호사 양성 프로그램의 핵심 요건을 충족시킬 수 없었으므로, 간호학교에서 프로그램에 자금을 대는 주정부에 "지나친 재정 및 행정 부담"을 지우는 일을 피하기 위해 지원자를 탈락시키기로 결정한 것이 정당했다고 판결했다. 이에 대해 마이클은 미국 장애인법에서 재정적 고려를 근거로 하는 면제 사항을 삭제함으로써 법의 실효성을 강화해야 한다고 생각했다. "사업상 필요"나 "지나친 곤경" 같은 단어들은 "교묘한 말장난"에 지나지 않는다고 마이클은 적었다. 기업측에서 장애인법이 요구하는

"합리적 순응" 조건에 부합하도록 경제적으로 계산기를 두드리게 되기 때문이었다. 애초에 "합리적"이라는 단어 자체가 말장난이었다. 가능한 선택지는 장애인들을 반갑게 맞아들이거나, "과거의 문둥이들처럼" 내쫓거나, 둘 중 하나였다.

이 사건이 연방 대법원까지 올라간 이유이자 마이클의 관심을 끌었던 이유는 법에 적힌 "그 점을 제외하면 자격이 충분한 장애인"이라는 표현이 혼선을 빚었기 때문이었다. 이 법의 의도는 장애가 있음에도 불구하고 자격이 있는 사람을 보호하는 것일까? 아니면 "그 점을 제외하면 자격이 충분한" 사람이란, 합리적 배려를 받고서도 남들과 같은 일을 해내지 못하는 사람을 의미할까? 윌리엄 브레넌 대법관과 서굿 마셜 대법관이 있던 연방 대법원에서는 "그 점을 제외하면 자격이 충분한" 사람이란, 가령 보청기와 같은 합리적 배려가 제공될 경우 "장애에도 불구하고" 다른 사람들과 똑같이 일할 수 있는 사람을 의미한다고 만장일치로 판결했다.

법정에서는 이 점을 설명하기 위해 시각장애인 버스 기사는 존재할 수 없다는 예를 들었다. 시각장애인은 눈이 보이지 않는 점만 제외하면 뭐든지 할 수 있으니 "그 점을 제외하면 자격이 충분"하다고 해석할 수도 있지만, 사실은 눈이 보이지 않으니 버스 기사의 핵심 업무인 운전을 할 수 없다. 따라서 "그 점을 제외하면 자격이 충분"하다는 말의 상식적 해석은 장애에도 불구하고 자격이 있다는 의미여야 했다.

파월 대법관은 앞으로 기술이 더 발전하면 간호학교에 지원한 청각장애인 여성의 상황은 물론 장애가 있는 다른 사람들의 상황도 달라질 수 있으리라는 희망을 피력했다. 그는 법이 제대로 지켜지는지 주의 깊게 감독하길 요구했고, "합법적 범위 내에서 약자에 대한 배려를 확장하길 거부하는 것"과 "장애인에 대한 불법적 차별"을 정확히 구분하는 것이 언제나 가능하지는 않다는 점을 인정했다. 그러나 마이클은 이런 단서들까지 고려하더라도 판결이 잘못되었다고 비판했다.

마이클은 파월 판사가 시각장애인 버스 기사보다는, "휠체어를 타고 있기 때문에 출근길에 계단을 오르지 못하지만 능력은 충분한 소프트웨어 엔지니어"의 예를 사용했어야 마땅하다고 적었다. 이와 같은 소프트웨어 엔지니어의 경우, 경사로 하나만 놓으면 문제가 해결되므로 법정에서 자격이 충분하다고 간주하는 부류의 사람에 완벽히 들어맞았다. 계단을 오르는 일은 소프트웨어 엔지니어의 업무에 속하지 않았다. 즉 걸을 수 없다는 건 업무와 무관하고 합리적으로 극복 가능한 장애물이었다.

논문의 첫 페이지 아래에 마이클의 이름을 꾸미고 있는 "예일대 법학대학원 박사후 연구원"이라는 자랑스러운 단어들과 그 덕분에 얻게 된 이 년의 유예에도 불구하고, 마이클은 큰 소리로 똑딱거리는 시계에 맞서 경주를 벌이고 있었다. 그가 자신이 하고 있는 싸움을 학문적 연구에 녹여낼 방법을 찾는 날이 올지도 몰랐다. 하지만 당장 그가 해야 할 일은 더 많은 논문을 쓰고, 일자리를 구하는 것이었다. 마이클은 미래가 두려웠다.

매 순간 질환을 관리하며 사는 것과 장애인법에 대해 글을 쓰는 건 별개의 일이었다. 마이클의 연구에 형태와 목적을 주는 것이 바로 그 질환이라 해도 달라지는 건 없었다. 마이클은 학생들 앞에서 법과 장애에 대해 이야기해달라는 교수들의 초청을 받으면서 갈수록 자신의 경험을 더 많이 풀어놓게 되었지만, 공식적으로는 조현병 환자라고 커밍아웃을 하지 않았다.

당연히 마이클은 법을 바꾸는 것을 넘어 사람들의 마음을 바꾸기를 원했다. 미국 장애인법을 만들어낸 문화와 그 문화를 만들어낸 법 둘 다를 고치길 원했다. 의식적 차원에서 사람들에게 "성장을 돕는 포괄성"을 고취하는 동시에, 그것이 현실에 확실히 적용되도록 "포괄의 의무"를 법으로 의무화하고 싶었고, 그가 "사려 깊은 북돋움enabling*"이라고 부른 배려의 결과로 세상이 그를 받아줄 만큼 넓어지길 바랐다.

마이클은 어릴 적 우리를 가르친 선생님들을 고무시켰던 '권리 혁명'에 참여하기에는 한 발 늦었지만, 이제 "한 사람이 설령 원하지 않더라도 자신을 받아들이고 성장시키는 공동체를 가질 권리"를 확립하길 원했다. 이는 치료를 받거나 치료를 거부할 권리와는 달랐다. 마이클이 주장한 건 사회에 의해 사랑받고 돌봄을 받을 권리였다. 그는 개인이 공동체 안에서 성장할 권리를 구체적으로 어떻게 확립하거나 집행할 수 있을지에 대해서는 밝히지 않고 다만 이렇게 적었다. "많은 민권운동가들처럼 나 역시 미국 공동체가 성장하고 변화하고 받아들일 궁극적 능력이 있다고 확신한다."

요컨대 마이클은 케네디 대통령이 죽기 전 서명했던 법안 속 표현대로 "지역사회의 활짝 열린 따뜻함"과 비슷한 것을 원했다. 그러나 무려 대통령이 원했는데도 그런 따뜻함은 현실이 되지 못했다. 실상은 따뜻함이 대체하기로 한 "냉혹한 자비"조차 부족한 지경이었다. 그런 사회 앞에서, 마이클은 약속어음을 들고 서서 지급을 요구하고 있었다.

조 골드스타인 교수와 데이비드 배즐론 판사는 불법행위로 체포된

---

* 개인이 능력을 최대한 발휘할 수 있도록 도구, 자원, 기회 및 지원을 제공하는 것. 특히 자율성과 자신감을 북돋는 것에 집중한다. '권한 부여'라고도 번역한다.

빈곤층과 유색인종이 짊어져야 하는 과도한 책임의 부담을 완화하고자, 중증 정신질환자들에게서 장애의 사면적 속성을 빌려 왔다. 자율성에 대한 기대를 일시적으로 축소함으로써 처벌을 경감시키고자 한 것이었다. 마이클은 반대로 인종 및 경제적 평등을 위한 싸움을 빌려와서, 모든 종류의 장애를 가진 사람들을 서로 구분 없는 하나의 집합체로 묶어 적용하고자 했다.

마이클은 초등학생 때 프랭클린 루스벨트 대통령의 '치욕'* 연설의 첫 부분을 외우고 있었듯, 존슨 대통령이 1967년 인종 폭동 도중에 조직한 커너 위원회의 보고서 첫 문장을 통째로 외우고 있었다. 미국은 "흑인 사회와 백인 사회라는 분리되고 불평등한 두 개의 사회가 되어가고 있다"라는 의미심장한 경고가 담긴 문장이었다. 마이클의 버전은 이러했다. "장애인들은 체계적으로 미국 공동체에서 배제되어 왔다. 분리되었으나 불평등한 대우를 받는 그늘진 세계에서 살아왔다."

이 지점부터 마이클은 인종과 심지어 생물의 경계를 초월해서 주장을 밀고 나갔다. 그는 우리 모두 "굴을 파서 흙에 산소를 공급하는 눈먼 벌레들"에게 의존하고 있으며, "질소를 고정시키는 박테리아들의 미세하지만 조용한 영웅적 노력 덕분에 우리가 먹을 음식이 자란다"고 적었다. 따라서 진정한 자주성이란 현실적으로 불가능한 이기적이고 파괴적인 환상에 불과하다는 것이 그의 주장이었다. 우리가 모두 "상호 의존적"이며 "성장을 돕는 공동체"를 필요로 한다는 그의 말에서는, 마틴 루서 킹 2세가 논한 "사랑받는 공동체"의 메아리가 느껴졌다.

---

* 진주만 공습 다음날인 소위 '치욕의 날'에 루스벨트 대통령이 대일 선전포고를 위해 의회에서 했던 연설.

마이클이 민권운동의 언어를 빌려 이야기하는 건 자연스러웠다. 우리는 민권운동의 리듬 속에서 성장했고, 그가 들은 강의에도 민권운동의 법학이 새겨져 있었다. 마이클이 팜 캠프 로이에서 "우리 승리하리라"를 불렀던 유년기를 기억하는 것 역시 자연스러웠다. 마이클이 써낸 첫 학술 논문의 마지막 문장, "마음속 깊은 곳에서 나는 진심으로 믿는다"는 그 모든 것과 기억에 남을 대칭을 이루었다.

마이클이 법학대학원에서 보낸 마지막 해에 나는 랍비 학교 졸업반이었던 미할과 결혼했다. 결혼식은 미어랜드 로드의 우리 부모님 댁에서 올렸다. 날씨가 좋으면 하객들 모두 파티오에 앉고, 날씨가 나쁘면 하객들 모두 식사실에 앉을 수 있는 조촐한 규모의 결혼식이었다. 집에서 치르느라 식을 작게 올린 건 아니었다. 식이 작아서 집에서 치르기로 선택한 것이었다.

바르 미츠바는 먼 과거의 일이 되어 있었고 나는 그후로 인생의 절반을 더 살았다. 하지만 트랙터가 굉음을 낼 때마다 쓰러져 기절하는 염소 같은 꼬락서니로 결혼생활을 시작할 마음은 없었다. 우리의 작은 결혼식은 아름답게 진행되었다. 비록 아버지가 어떤 이디시어 시의 후렴구를 암송하다가―"그들은 우리를 불태우고 불태웠네"―나머지를 잊는 바람에 그 대목에서 건배를 하고 물러나긴 했지만.

마이클은 내가 랍비와 결혼했다는 사실에 대단히 흡족해했다. 미어랜드 로드에서 우리 부부를 볼 때마다, 팔을 들어 크게 흔들면서 언덕을 천천히 달려 올라와 우리에게 인사를 건넸다. 미할의 존재가 나라는 사람을 보증하는 것처럼, 혹은 유년기에 우리의 우정이 베풀었던 무언가를 복구하는 것처럼 느껴졌다. 나는 결혼하고 일 년이 지나도록 마이클에게 결혼했다는 사실을 밝히지 않았다. 그를 식에 초대하지 않은 게 민망했다. 하지만 내가 마이클이 얘기해주지 않아도 그의 아버지가 암에 걸렸다는 걸 바로 알았듯, 마이클 역시 내 결혼에 대해 바로 알았다. 우리에게 서로의 소식을 전해주는 건 어머니들이었다. 두 분은 다시 외교적 관계를 회복하여, 마이클과 내가 공통으로 아는 친구들에게 전해듣는 소식에서 빠진 부분을 채워주었다.

마이클은 나의 부모님이 집을 팔고 곧 맨해튼으로 이사한다는 것도 알았다. 그게 내가 미어랜드 로드에서 시간을 더 보내려 했던 주된 이유였다. 우리 아버지의 병에 대해서는, 굳이 그에게 이야기할 필요가 없었다. 병 자체는 신경에 생기는 것이었으나 겉으로 뚜렷이 드러났다.

마이클은 미할을 대할 때 언제나 공손한 예의를 갖추었다. 과거에 조앤이 자신의 오스트리아―헝가리계 할아버지를 연상시킨다고 느꼈던 태도였다. 마이클이 '랍비'라는 단어를 말할 때 살며시 반어적인 억양을 얹는 건 미할의 권위에 대한 도전이 아니라, 그 단어와 어울리지 않는 미할의 젊음과 아름다움에 대한 찬사였다.

마이클은 히브리어인 미할의 이름 중간에 들어가는 후두음에도 지당한 존경을 표했다. 그는 성경에서 사울왕의 딸 이름이 미할이라는 것도 알았다. 사울왕은 자신의 딸과 결혼하는 조건으로 미래에 왕이 되는 다윗에게 블레셋 사람의 성기 포피 이백 개를 받았다고 한다. 우리 유대인들 사이에서 통하는, 포피로 만든 지갑을 문질렀더니 서류가방이 되었다는 농담이 등장할 차례였다. 미할의 중간 이름 바쎄바는 지붕 위에서 목욕을 하다가 다윗왕에게 나체를 보이고 그의 것이 된 여자의 이름이었다. 다윗왕은 이 일로 예언자 나단에게 꾸짖음을 당한다. 그대가 그 남자로구나.

마이클이 성경 속 구절들과 마르틴 부버*의 말을 섞어 인용하며 미할에게 진중한 관심을 쏟은 건 단지 그녀의 호감을 사려는 의도만은 아니었다. 한때 우월한 지식을 뽐내기 위해 질문을 던지고, 남들에게 자랑하기 위해 호기심을 표현하던 마이클은 이제 신실한 구도자의 질문을 던지고 있었다. 말로 온전히 다 표현하지는 못해도, 그에게는 알아야 하는 것들이 있었다.

미할은 종교적 관심을 표현하고 자신에게 답을 청해 듣는 마이클의 열띤 태도를 진지하게 받아들였다. 캐리 이야기가 나왔을 때 마이클은 무언가 살피듯 긴장한 기색으로 미할의 얼굴을 뜯어보았다. 그리고 그녀의 얼굴에서 허락하는 듯한 미소가 떠오르자 눈에 띄게 안도했다. 미할은 단지 마이클이 사랑하는 사람을 만난 것에 기뻐함으로써 자기도 모르게 그를 사면해준 것이다.

우리 부부는 캐리를 만나본 적이 없었지만 미할이 자랐던 보스턴 교외의 브루클린은 캐리가 고등학교를 다닌 뉴턴 바로 옆 동네였다. 트롤리 노선으로 연결된 인접한 교외에서 살았으니 둘은 이웃에 가까웠다고 할 수 있었다. 예일대학교에서 교육받고, 문학을 사랑하는 레드삭스 팬이며, 타인을 돕는 일에 인생을 바치고자 하는 지적이고 공감 능력 높은 여성인 것도 둘의 공통점이었다. 캐리는 밖으로 나오기 힘든 에이즈 환자들에게 식사를 배달했고, 저소득 지역 아동들이 컴퓨터를 사용할 수 있도록 돕는 게 꿈이었다. 미할은 병원 목사가 되고자 훈련중이었고 낮이면 암 병동 환자들을 방문했다.

---

* 오스트리아 태생의 유대인 종교철학자.

마이클과 그의 친구들은 캐리에 대해 마이클의 그림자 속에 머물기를 선호하는 사람으로, 수줍게 밖을 내다보면서 마이클을 보호하는 모습으로 묘사하는 경향이 있었다. 마이클은 캐리네 집 저녁 식탁에서는 누구도 사상에 대해 이야기하는 사람이 없었다고, 마치 극빈했던 유년기를 묘사하는 것처럼 서글프게 이야기했다. 반면 캐리는 매일 당연한 듯 언어적 난투가 일어나고 아이디어들이 유혈 스포츠를 벌이는 마이클의 집에서 겁을 먹었다. 퍼버 저택의 모임에서 재치와 수 싸움을 겨루는 대결이 벌어질 때면 마이클은 그 중심에서 스타로서 활약했고 단골로 저택을 드나드는 그의 정신과의사에게조차 명사 대접을 받았지만, 캐리는 한 발 물러서 있었다.

마이클은 캐리의 가족과 자기 가족의 코믹한 차이점에 집중했다. 캐리의 어머니는 매일 미사에 가는 독실한 가톨릭 신자로서, 세 딸을 자신보다 남들을 먼저 생각하는 사람으로 길러냈다. 마이클의 어머니는 음식과 정치를 두고 록 밴드 스투지스처럼 서로 싸워대는 장대한 아들 셋을 기르면서, 노래와 급작스러운 웃음 발작으로 제정신을 지켜냈다. 그럼에도 두 사람 다 도움을 필요로 하는 사람들에게 헌신한다는 공통점이 있었다. 캐리의 어머니는 배변 주머니를 찬 사람들을 전문으로 돌보는 간호사였고 마이클의 어머니는 지적장애가 있는 사람들을 그룹홈과 연결해주는 에이전시에서 일했다.

솔직히 내게는 두 가족이 그렇게까지 달라 보이지 않았다. 차이가 있다면 캐리의 아버지가 잠수함에서 군복무를 했다는 것 정도였다. 마이클은 그것을 이교도적 행위의 정수로 여겼다. 또한 그게 캐리가 버지니아주 노퍽의 거대 해군기지 근처에서 태어난 까닭이었다. 생물통계학 박사학위를 따고 가족과 함께 북쪽으로 이사한 캐리의 아버지는 변덕스럽고 과묵한 남자로, 교회 성가대에서 노래를 했다. 경제학 박사학위를 따고 브루클린 해안에서 수영하는 법을 배운 마이클의 아버지는 변덕스럽고 말 많은 남자로, 미어랜드 로드의 반대쪽 끝에서도 쩌렁쩌렁하게 들릴 만큼 목소리가 컸고 조용함과는 거리가 멀었다. 마이클의 아버지는 텔레비전에 대고 욕을 하는 버릇이 있었는데, 마이클이 캐리에게 설명한 바에 의하면, 원래 유대인들은 뉴스에 대고 소리를 지르기 때문이었다. 그건 가구를 내던지는 것과 마찬가지로 미친 세계에 대한 완벽히 정상적인 반응이라는 게 마이클의 의견이었다.

캐리는 IBM에서 일하는 데 필요한 실용적 기술은 충분했으나 마이클의 독려 끝에 일 년짜리 하버드 대학원 석사과정에 등록했다. 공교육의 질이 떨어지는 빈곤 지역 아동들에게 컴퓨터를 이용해 더 나은 교육을 선사한다는 꿈을 이루려면 석사학위가 필요하리라는 게 마이클의 주장이었다. 그로서는 관대한 행동이었다. 예일에서 박사후 연구원으로 일할 수 있는 건 감지덕지였지만, 들을 수업이 없는 뉴헤이븐은 그에게 외로운 장소였다. 그게 우리 부부가 미어랜드 로드에서 마이클을 더 자주 마주치게 된 이유였는지도 모른다.

마이클에 따르면 캐리의 부모님은 딸이 조현병이 있는 유대계 남자와 ―마이클의 표현대로라면 "미친 유대인"과― 사랑에 빠진 걸 못마땅하게 여겼다고 했다. 마이클은 유머를 섞어 가볍게 이야기했지만 씁쓸한 뒷맛을 숨길 수는 없었다. 마이클은 분명히 괴로워하고 있었다. 가톨릭 신앙을 가진 부모가 딸을 가톨릭 남자와 맺어주고 싶어하리라는 건 상상하기 어렵지 않았다.

마이클 본인도 유대인 가정을 이루고 싶은 바람이 있었으니, 신실한 가톨릭 신자 부부가 딸과 결혼할 사람을 성당 내에서 찾고 싶어하는 게 놀랄 일은 아니었을 것이다. 하지만 마이클은 그들의 바람을 유대교에 대한 해묵은 증오와 구분하기가 어려웠다. 자기 소설을 불태운 적이 없는 사윗감을 선호하는 부모의 마음과, 1927년에 '벅 대 벨' 판결에서 미국이 "무능에 뒤덮이는" 일을 막고자 강제 불임화를 지지했던 올리버 웬들 2세 대법관의 마음을 구분하는 것 역시 어려웠다.

남들이 보지 못하는 불을 보는 사람에게, 자기 방에 불이 난 게 아니라고 확신하기를 어려워하는 사람에게, 이런 구분은 더욱 힘겨웠다. 그리 멀지 않은 과거에도 알 만큼 아는 사람들이 그의 종교를 유전병으로, 그의 질환을 악마의 작품으로 취급하지 않았던가. 루이스 브랜다이스 대법관조차 캐리 벅과 그녀의 어머니와 어린 딸의 불임 시술을 정당화한 8대 1의 판결에서 다수의 편에 섰다. 홈스 대법관은 "정박아가 세 세대면 충분하다"라는 결정적 표현을 사용했다.

1967년 대법원에서 내려진 '러빙 대 버지니아주' 판결 덕분에 흑인과 백인의 결혼을 막는 버지니아주의 혐오적인 '인종 순결법'이 일부 폐지되었다는 건 잘 알려져 있었다. 하지만 백인이었던 캐리 벅에게 적용된 1924년의 법에는 인종 말고도 다른 혼인상의 제약이 포함되어 있었다는 걸 아는 사람은 몇이나 되었을까? 결혼할 때 신랑은 "신부와 신랑 두 사람은 상습적 범죄자, 백치, 정박아, 유전적 간질병자, 혹은 정신이상자"가 아니라고 맹세해야 했다. 이 조항은 워런 대법원장이 연방 대법원을 이끌던 시절에도 살아남아 1976년까지 법전에 그대로 있었다.

마이클 본인은 자녀를 낳는 것이 자신의 종교적 의무라 여겼으나, 저주와도 같은 조현병을 물려줄지도 모른다는 두려움 앞에서 망설였다. 그는 「장애와 공동체」의 후속으로 작업하고 있던 논문에서 어떤 비참한 아동들에게는 그들을 출생시킴으로써 "차라리 존재하지 않는 편이 나은 상태로 태어나지 않을 권리"를 침해한 부모를 고소할 권리가 있다고 주장했다. 그가 나중에 "부당한 생명을 옹호하며"라는 제목을 붙인 이 논문은 아직 태어나지 않은 이들을 위한 권리 선언이었다. "우리에게는 다만 비참하지 않고, 지독히 고통스럽지 않고, 지극히 처참하지 않게 태어날 권리가 필요하다." 마이클은 "우리가 출생시킨 자녀로 인해 피해를 입은 사람들" 역시 보호하고자 했다. 이런 사고의 흐름으로 인해, 자녀를 가진다는 책임에 대해 마이클은 더욱 겁을 먹게 되었다. 마이클의 설명에 따르면, "신의 무한함 앞에서는 미래의 사람들도 우리만큼 중요"했다.

28장
커리어 파괴자

조현병을 갖고 살아가는 인생에서 최악의 부분은 두말할 필요도 없이 직업이 없는 것이다. 아무도 나를 고용하지 않는다. 백 번 면접을 보아도 돌아오는 말은 똑같다. "아, 정신질환이 있으시다고요. 그런 분은 고용하지 않아요." 힘든 일이다.
—의사 프레더릭 J. 프리즈 3세,
웨스턴 리저브 정신병원 심리학과장

박사후 연구원으로 기약한 이 년이 지나자 마이클은 법학계에서 일자리를 찾기 시작했다. 그의 꿈은 예일대 법학대학원 교수가 되는 것이었다. 단기적으로는 친구, 가족, 의사, 멘토 들과 가까이 지낼 수 있는 뉴욕 지역에서 일하고 싶었다.

마이클은 '커리어 파괴자'인 조현병에 대해서는 일언반구 말라는 조언을 들었지만, 면접에서 그 이야기를 하지 않으면 재판 연구관으로 일한 적이 없는 이유나 단 한 번의 하계 인턴을 제외하고는 로펌에서 일하지 않은 이유를 해명하기가 불가능했다. 그런 일에는 자신이 원하는 지적 자극이 부족했다는 마이클의 대답은 별반 도움이 되지 않았다. 마이클은 취직에 실패했다. 쓰라린 타격이었다.

멘토들은 여전히 마이클을 지지해주었고, 연구원으로 일할 자리가 있는지 물색해주었으며 연사로 수업에 초청했다. 그러나 이제 예일대 법학대학원은 마이클의 집이 아니었다. 마이클은 브롱크스의 리버데일 지역에서 작은 아파트를 얻어 캐리와 함께 살다가, 캐리가 뉴욕시에서 북쪽으로 14마일 거리에 있는 웨스트체스터의 터커호에 집을 얻어 독립해 나가자 혼자 지내게 되었다. 두 사람이 헤어진 건 아니었다. 하지만 습관도 일과도 전혀 다른 두 사람이 함께 살기에 브롱크스의 아파트는 너무 작았다.

캐리는 카리스마 있는 미디어 사업가 크리스 휘틀이 요란한 팡파르를 울리며 창업한 에디슨 프로젝트라는 야심찬 스타트업에 채용되어 맨해튼에서 일하고 있었다. 에디슨 프로젝트의 목표는 다름 아닌 공립학교 교육을 변혁시키는 것이었다. 휘틀은 영리를 목적으로 하는 기존 체계를 변화시켜 빈곤층에게 무상 교육을 제공하길 원했다.

컴퓨터 전문가이자 마이클의 격려로 교육 석사학위를 받은 캐리는 모든 가정에 무상으로 컴퓨터를 지원한다는 참신한 약속을 내건 기술 프로젝트의 적임자였다. 업무는 즐거웠다. 휘틀은 예일대학교의 총장 베노 슈밋을 에디슨 프로젝트의 CEO로 스카우트했다. 예일대학교에서 비교적 짧은 재임 기간 동안 10억 달러를 모금하는 업적을 세웠던 슈밋이 보기에, 에디슨 프로젝트는 규모로 보나 야심으로 보나 노르망디상륙작전에 견줄 만했다.

마이클이 학문의 꿈을 접어야 할지 고민하는 동안, 캐리는 피프스 애비뉴에 위치한 에디슨 프로젝트의 화려한 임대 사무실로 출근하고 있었다. 그녀는 얼 워런의 재판 연구관으로 일했고 예일대학교 총장이 되기 전에는 컬럼비아대 법학대학원 학장이었던 저명한 수정 헌법 제1조 학자 슈밋을 간접적으로나마 상사로 두고 있었다.

마이클과 나는 더이상 미어랜드 로드에서 우연히 마주치지 않았다.

드문드문 통화를 할 때마다 마이클은 우울에 잠긴 목소리였다. 그는 오 년 동안 피난처가 되어준 세상을 잃었다. 그곳을 대체할 만한 일자리나 공동체는 아직 나타나지 않았다.

한편 캐리는 스타트업이 던져주는 수많은 할일에 파묻혀 허우적거리고 있었다. 시범 학교로 출장을 가고, 더 큰 네트워크를 만들고, 그 네트워크에 각 가정의 컴퓨터를 연결시켜주느라 눈코 뜰 새 없이 바빴다. 캐리가 방문하는 학교들은 보통 지역에서 가장 가난한 동네에 있었다. 이미 엉망진창이라서 외부의 개입을 환영하는 학교들이었다. 캐리는 몸을 바쳐 일했다. 목표는 고결했고, 일은 매력적이었다. 하지만 출장을 나가지 않는 날조차도 근무시간이 너무 길었다. 캐리가 곁에 없을 때 마이클은 더욱 힘든 시간을 보내야 했다.

그 시기에 마이클은 화이트플레인스에 있는 웨스트체스터 독립 주거 센터에서 자원봉사를 했다. 센터에서는 피어 서포트,* 추천 서비스, 신체적·정신적 장애인 권익 보호 활동 등에 주력했다. 마이클은 센터의 원기 왕성한 수장 조 브라보를 무척 따랐다. 삼십대 후반의 산만한 장애 옹호 운동가 브라보는 열두 살 적 브롱크스의 집 근처에서 자전거를 타다가 가슴에 총을 맞은 이래로 내내 휠체어를 타고 생활하고 있었다.

최초의 독립 주거 센터는 장애인 인권 운동이 시작된 버클리대학교에서 탄생했다. 장애인 인권을 위한 싸움—표현의 자유 운동보다도 이른 시기에 시작되었다—이 없었더라면 귀도는 마이클에게 자신과 스티브 앤들이 그의 경사로가 되어주겠노라 말할 수 없었을 것이다.

---

* peer support. 같은 집단 사람들끼리 서로 돕기 위해 지원하는 것.

소아마비로 인해 사지가 마비되었지만 이루 헤아릴 수 없이 용감했던 남자 에드 로버츠가 버클리대학교를 고소하고 결국 입학 허가를 얻어 낸 1962년에, 경사로 같은 건 존재하지 않았다. 휠체어를 탄 사람들은 앞문으로든 뒷문으로든 버스에 탑승할 수 없었다. 에드 로버츠는 그가 360킬로그램이 넘는 철제 호흡 보조기구를 매단 채 머물고 있던 대학 병원의 빈 병동을 기숙사이자, 떠들썩한 모임 장소이자, 하나의 정치 운동으로 만들었다.

로버츠와 다른 장애인 활동가 백오십 명이 1970년대에 샌프란시스코의 연방 건물을 점거했을 때, 흑표당원들이 그들에게 음식을 가져다 주었다. 조 브라보가 운영하는 웨스트체스터 센터는 버클리대학교에서 독립 주거 운동의 지류에서 만들어진 자조적 공동체였다. 연방정부의 명령으로 모든 주에서 이와 같은 시설이 운영되어야 했다.

마이클이 신체적 장애의 은유에 이끌린 건 놀랍지 않다. 신체적 장애는 잠재력을 펼치지 못한 사람들이 어떤 사회적 조건에 처하는지, 그들을 배려하기 위해 어떤 변화가 필요한지 매우 구체적으로 설명해주었다. 갇힌 자아를 해방시킨다는 개념은, 걷지 못하는 사람에 대한 이야기일 때 그 의미의 무게가 달라지곤 했다.

조 브라보는 월 스트리트 은행가처럼 차려입고 놀라운 호소력을 담아 자기 이야기를 솔직하게 들려주는 예일대 법학대학원 졸업생에게 깊은 인상을 받았다. 마이클은 학부생 시절에 또래 상담사로 일한 경력이 있었고, 브라보와 힘을 모아 웨스트체스터 내에 정신 및 신체에 장애가 있는 사람들에게 상담을 해주는 소비자 권익 센터를 설립했다. 또한 조현병을 앓으면서 예일대 법학대학원을 졸업한 자신의 이야기를 기꺼이 들려줌으로써 남들에게 영감을 주는 인물이 되었다.

그 시기에 마이클은 리버데일과 부모님 집을 오가며 지내고 있었다. 척의 전립선암은 이제 치료가 효과를 발휘하지 못할 만큼 진행되어 있었고 마이클은 아버지와 더 많은 시간을 보내고 싶었다. 아버지를 잃는다는 두려움이 인생의 모든 부분에 그늘을 드리웠다. 척은 마이클을 북돋아주는 추진제 중의 추진제로서, 그를 법학대학원에 입학시킨 장본인이자 매일 아침 불길을 뚫고 방에서 나오도록 설득해낸 인물이었다. 그랬던 척이 이제는 자기 침대에서 나오지 못하는 나날을 보내고 있었다.

마이클이 독립 주거 센터와 교수들의 초청으로 참석한 세미나에서 들려준 감동적인 투쟁과 승리의 이야기들은, 전년도에 그가 교수로 지원하던 때에는 모조리 숨겼던 것들이었다. 혹시 남들에게 그림자를 보여주면, 그의 빛이 더 인정받을 수 있는 건 아닐까? 혹시 숨기는 게 고백하는 것만큼 위험한 건 아닐까?

마이클은 병을 숨기고도 성공하지 못했다. 자신의 경험을 저버렸지만 원하는 결과는 얻지 못했다. 긍정적인 부분이 있다면, 지난해 취직에 실패한 사람은 진짜 마이클이 아니라는 것이었다.

만약 성공하려면 반드시 질환을 숨겨야 한다는 사람들의 조언에 동의했더라면, 그의 낙담은 두 배가 되었을 것이다. 하지만 마이클은 언제나 자기 자신의 이야기에 깃든 힘을 믿었다.

마이클은 이듬해 교수직에 재차 지원하면서 이번에는 조현병을 숨기지 않았다. 자신이라는 사람을 구성하는 큰 부분을 숨긴다는 게 이제는 불가능해 보였다.

그러나 안타깝게도 때는 아직 1995년이었고, 미래의 고용주에게 법학대학원 시절 로펌에서 일하지 않은 이유가 조현병 때문이었다고 고백하는 것은, 전년도에 그런 일은 자신의 지적 수준에 미치지 못한다는 이유를 댄 것만큼이나 설득력이 부족했다. 마이클은 기력을 약화시키는 약물을 복용해도 어떤 망상들은 지워지지 않아서 로펌에서 겪는 스트레스를 견딜 수 없었다고 이야기했다. 그 말을 들은 면접관들은 마이클이 또 무엇을 견디지 못할지 생각할 수밖에 없었다.

마이클은 솔직함과 짙은 호소력을 내세워, 그럼에도 그가 할 수 있는 일에서 ―그리고 그가 할 수 없는 일을 훌륭하고 분명하게 설명하는 능력에서― 자신을 채용할 만한 이유를 찾아달라고 청했다. 하지만 그런 일은 끝내 일어나지 않았다. 마이클이 아직 취업 과정의 초기에 있던 어느 날, 척이 세상을 떠났다.

마이클은 아버지의 장례식에서 추도 연설을 했다. 누군가가 정확한 내용은 기억나지 않지만 그의 연설이 "걸작"이었다고 내게 말해주었다. 또다른 누군가는 마이클의 연설이 흑인 목사의 흡인력 있는 연설처럼 한바탕 신명나게 쏟아낸 애가였다고 묘사했다. 마이클이 몸짓을 활용하고 수사적 나래를 펼치며 말하는 건 나도 본 적이 있었다. 하지만 과거에는 오로지 우스꽝스러운 효과를 내는 게 목표였다면, 이번엔 달랐다. 마이클은 자신의 안에 존재하는 슬픔, 사랑, 열정, 정신적 혼란을 땔감으로 삼아 추도 연설에 진중한 종교적 카리스마를 담아냈다.

유대교의 전통적 애도 기간인 시바 동안 머나 루빈이 아들 에릭을 데리고 라우도어가를 방문했다. 두 가족은 라우도어 가족이 미어랜드 로드로 이사하기 전 이웃에 살았고, 머나는 마이클이 슈퍼맨 의상을 입는 꼬마였을 적부터 그를 알았다.

머나는 정신의학 사회복지사이자 제인 퍼버의 절친한 친구였으며 네트워크의 일원이기도 했다. 머나가 사회복지사가 된 건 제인 덕분이었다. 제인은 머나에게 학교로 돌아가라고 격려했고, 일자리를 찾아주었다. 머나는 처음엔 브롱크스에서 앤디 퍼버와 일했고 다음엔 휴거낫 센터에서 제인과 일했다. 앤디에게 막 인도에서 돌아온 요가 강사로부터 새로운 뜀뛰기 기법을 배웠다고 이야기한 것을 훗날 크게 후회하게 된 사람도 머나였다. 그 한마디가 결국은 앤디를 바그완에게로 떠나보냈다.

머나는 제인의 또다른 절친한 친구였던 보의 친구 보니와 마찬가지로, 제인의 부엌에서 다른 여자들과 함께 여러 해 동안 마이클을 주의 깊게 관찰했다. 라우도어가 거실에서 마이클을 본 머나는 즉시 그의 상태가 우려스럽다는 걸 알아차렸다. 마이클은 눈빛이 거칠었고, 언어와 감정은 상황과 어울리지 않았을뿐더러 어째서인지 그 자신과도 조화를 이루지 못했다. 더빙이 잘못되었거나 음성 싱크가 맞지 않는 영화 속 인물처럼, 마이클의 말과 행동은 서로 어긋나 있었다. 언어와 그 이면의 감정들이 서로를 따라잡지 못하는 것 같았다.

마이클은 부모님의 결혼생활에 대해 열광적으로 이야기를 늘어놓다가, 갑자기 그들의 성생활을 찬양하며 세세한 부분까지 노골적으로 묘사하기 시작했다. 크리드무어 정신병원에서 일하면서 웬만한 일에는 면역이 있었던 머나조차 이 대목에선 충격을 받았다. 방안의 분위기가 삽시간에 얼어붙었다. 마이클의 어머니는 마이클에게 피로감 섞인 책망의 눈길을 던졌다.

"그건 사적인 거란다." 루스가 낮고 조심스러운 목소리로 마이클에게 일렀다. 같은 말을 반복하는 게 익숙한 사람처럼, 거의 의례적으로 느껴지는 어투였다. "그런 것들에 대해선 남들 앞에서 이야기하지 않아. 사적인 거니까."

4부

꿈의 집

영웅은 일상적 삶의 세계에서 초자연적 경이의 영역으로 모험을 떠난다.
그곳에서 그는 굉장한 힘들을 맞닥뜨리지만 끝내 결정적인 승리를 거둔다.
영웅은 이 신비로운 모험을 마치고,
다른 사람들에게 은혜를 베풀 힘을 얻어 일상 세계로 돌아온다.

_ 조지프 캠벨, 『천의 얼굴을 가진 영웅』

내가 남들이 말하는 그런 사람이 아니라면,
이는 곧 당신 또한 스스로 생각하는 그런 사람이 아니라는 뜻이다.

_ 제임스 볼드윈

29장
역할 모델이 되다

저는 끊임없이 부정당하는 조현병 환자들에게 역할 모델이
되어줄 수 있습니다.
—마이클 라우도어, 〈뉴욕 타임스〉, 1995년 11월 9일자

힘들었던 그해 가을, 척이 세상을 떠나고 두 달이 지난 어느 날에 엄청난 사건이 일어나 거의 하룻밤 사이에 마이클의 인생을 완전히 바꿔놓았다. 운명이 〈뉴욕 타임스〉 기사의 모습으로 변장하고 마이클에게 손짓하고 있었다.

1995년 11월 9일자 〈뉴욕 타임스〉 메트로 섹션의 1면에 실린 그 기사에는 "베들럼으로 가는 길, 그리고 돌아오는 길"이라는 제목이 붙어 있었다. 시적인 헤드라인 바로 아래에, 작은 글씨의 부제—내가 일하는 신문사에서는 '덱deck'이라고 부르는 부분이었다—로 설명이 덧붙여졌다. "예일대 법학대학원을 졸업한 조현병 환자, 보이지 않는 휠체어에 묶이다."

기사는 이런 문장으로 시작했다. "마이클 B. 라우도어의 이력서에서 가장 흥미로운 요소는 겉으로 드러나지 않고 행간에서 어렴풋이 엿

보일 따름이다." 기자 리사 포데라로는 전형적인 성공 가도를 달려온 마이클의 생애를 서술하는 한편, 그 행간에서 엿보이는 단서들을 구체적으로 덧붙이면서 이중의 서사를 써 내려갔다. 기사는 이렇게 이어졌다. "예일대학교를 삼 년 만에 최우등으로 졸업하고 예일대 법학대학원에서 모두의 선망을 받는 박사후 연구원으로 발탁된 것처럼 그의 인생에서 빛나는 부분들을 유심히 들여다보면, 그가 정신건강 옹호자이자 정신의학 연구 윤리 자문으로 활동해왔음을 알 수 있다."

이어서 포데라로는 독자들에게 새로운 버전의 또다른 이력서를 제시했다. "어느 모로 보나 천재의 정의에 부합하는 서른두 살의 라우도어 씨는 예일대 법학대학원에 진학하기 전에 컬럼비아 장로교 병원의 정신병동에 팔 개월 간 입원했던 조현병 환자다."

기사의 주제는 자신에게 조현병이 있음을 부인하거나 숨기지 않고 법학 교수 임용에 도전하려는 마이클의 결의였다. "예일대 법학대학원 사람들 일부는 정신질환이 커리어를 망칠 테니 아무에게도 말하지 말라고 조언했습니다. 로펌에서 채용해주지 않을 거고, 교수로 임용될 수도 없을 거라고 했어요." 마이클은 설명했다. 클린턴 대통령이 군대 내 동성애자 문제에 대해 "묻지도 말하지도 말라" 정책을 펼치던 시대였다. 학계 내에서 조현병 환자들의 존재가 거론되는 일은 없었다.

그러나 이제 마이클은 온 세상 앞에 벽장 문을 활짝 열어젖혔다. 포데라로는 이렇게 적었다. "자칭 '지독한 조현병 환자'인 라우도어 씨는 대중에게 조현병을 공개하고 다른 정신장애인들과 긴밀히 협업하겠다는 그의 결심에 정치적인 이유와 종교적인 이유가 있다고 밝혔다." 마이클이 원하는 학자 커리어와 활동가의 삶 사이에 존재했던 긴장은 이 기사로써 해소되었다. 사지마비 환자를 위한 자리는 없다며 내쳐져도 굴하지 않고 버클리대학교 입학에 도전했던 에드 로버츠처럼, 조현병을 부정하지 않고 법학 교수가 되려는 마이클의 도전 자체가 정신질환자들을 위한 사회운동이었다.

기사에서 귀도 칼라브레시는 마이클에게 "보이지 않는 휠체어에 타고 있는 학생을 위해 필요하다면 어디에든 경사로를 놔주겠다고" 약속하고 마이클의 법학대학원 생활 내내 "우호적인 분위기를 조성한" 학장으로서 공로를 인정받았다. 마이클에 대한 귀도의 믿음은 전적으로 옳았던 것으로 증명되었다. 마이클은 졸업할 즈음 "그의 능력을 높이 산 교수들에게 연구원으로 학교에 남아달라는 요청을 받게" 되었다.

기사에서 척은 용맹한 아버지로 그려졌다. 척은 마이클을 데리고 메이시스 헤럴드스퀘어 지점에 가서 계산원이 "무례한 손님들에게 시달리는" 모습을 두 눈으로 확인한 뒤, 마이클의 등을 떠밀어 예일대 법학대학원에 진학시킨 장본인이었다. 척이 병으로 세상을 떠나기 전 몇 년 동안 마이클이 그의 곁을 지키려 애썼다는 사연은 이제 혼자 힘으로 성공해보겠노라는 마이클의 결의에 진한 감동을 더해주었다.

나는 척이 세상을 떠난 것이 마이클이 대중 앞에 나설 결심을 한 원인 중 하나였을지 궁금했다. 만일 척이 살아서 "정신질환은 그의 부계에서 끈질기게 전해 내려오는 것이다"라는 문장을 읽었다면, 뭐라고 생각했을까. 마이클의 승리가 유전적 불리함을 극복하고 거둔 것이라서 독자들은 더 깊은 감동을 느꼈을 것이다. 하지만 내 머릿속에는 마이클이 입원한 뒤 척이 자기 가족 쪽에서 내려오는 정신병력에 대해 에둘러 조심스럽게 이야기하며 괴로워하던 모습이 생생했다.

마이클은 자신의 신앙에 대해서도 숨김없이 밝혔다. "저는 종교적인 사람입니다. '제사장 나라'* 사람인 우리 모두가 세상을 치유하기 위해 제 역할을 해내야 합니다"라고 그는 기자에게 설명했다. 마이클은 우주를 바로잡는 일에서 자신이 맡은 역할에 진지하게 임했다. "조현병이 있는 사람들은 끊임없이 부정당합니다. 저는 그들에게 역할 모델이 되어줄 수 있습니다." 마이클은 "당당히 일어서서 자신이 조현병 환자라고 말할 수 있는" 동시에, 자신이 "법학 교수가 될 자격이 충분하다"라고 선언할 수도 있었다. 〈뉴욕 타임스〉에서 법학 교수가 되겠다는 결심과 자신의 정신질환을 동시에 밝힌다는 건 보통 용기로는 불가능한 일이었다.

지면의 8할을 차지한 기사 위쪽에는 마이클이 예일대 법학대학원 정문의 우울한 고딕양식 기둥에 기대선 사진이 커다랗게 실려 있었다. 콧수염과 턱수염을 깔끔하게 면도하고, 어두운색 정장에 넥타이 없이 흰 셔츠의 깃을 풀어 목을 드러낸 마이클은 진지하고 말쑥해 보였다. 광각으로 찍은 사진에는 두 손을 주머니에 꽂은 채 다리를 꼬고 선 마이클의 전신이 담겨 있었다.

기사에 묘사된 마이클은 "키가 크고 이목구비가 수려하며 알이 큰 둥근 안경을 쓴" 모습이었으나, 사진 속 마이클은 졸업 사진을 찍을 때처럼 안경을 벗고 있었다. 기사에는 마이클이 "매력적이고, 단정한 옷차림을 갖추었고, 적절한 수준으로 눈을 맞춘다"라고도 적혀 있었다.

의도는 분명 조현병 환자들이 옷을 허름하게 입고 눈맞춤을 피한다는 고정관념을 반박하면서 마이클을 칭찬하려는 것이었다. 하지만 나는 이런 식의 논평이 마이클에게 모욕이 아니었을지 궁금해졌다.

---

* 출애굽기 19장 6절에 나오는 표현으로, 모든 백성이 제사장처럼 하나님을 거룩하게 섬기는 국가라는 의미. 특히 유대 민족의 국가를 가리킨다.

조현병을 "주요 정신질환 가운데 가장 흔한 병—백 명당 한 명꼴로 발병하는—이자 가장 심한 장애를 수반하는 병"으로 묘사한 이 기사에서, 마이클이 일궈낸 성취는 상징적인 것인 동시에 이례적인 것으로 그려졌다. "약물에 반응하지 않는 사람들도 많고, 라우도어 씨와는 달리 친구와 친척과 실력 있는 정신과의사에게서 꾸준히 뒷받침을 받지 못하는 사람들도 많다."

기사에서는 마이클의 회복이 얼마나 영웅적인 것이었는지, 그와 그를 둘러싼 사람들 모두가 얼마나 용감했는지를 중점적으로 다루었다. "그의 성공담은 많은 것을 이야기한다. 정신질환을 치료하는 효과적인 신약의 발견, 가족과 친구와 동료의 뒷받침, 그리고 스물네 살에 중병을 앓게 되었으나 병이 자신을 좌초시키도록 놔두지 않겠노라는 젊은이의 강철 같은 의지."

그 화려한 소개 기사에서는 마이클의 비딱한 유머감각을 잘 포착해냈다. "저는 미국에 존재하는 정신건강 돌봄 시설 가운데 환자를 가장 잘 지지해주는 곳에 다녔습니다. 바로 예일대 법학대학원이죠." 강렬한 문장을 구사하는 그의 능력 역시 충분히 담아냈다. "제가 살아가던 현실 속에서는 제가 언제든 마취 없이 수술을 당해 죽을 수 있었습니다." 고통스러운 입원 생활에 대한 감동적일 만큼 솔직한 회상도 빠지지 않았다. "저는 스물여섯번째 생일을 그곳에서 침대에 앉아 울면서 보냈습니다."

기사에는 언뜻 보아도 몹시 마이클답게 느껴지는 표현과 그의 말로 요약된 버전의 이야기들이 수없이 적혀 있어서, 마이클의 말이 직접 인용되지 않는 대목에서조차 마이클이 기사의 주제일 뿐 아니라 기사를 쓴 장본인처럼 느껴졌다. 기사에 담긴 이야기는 물론, 기사가 마이클의 경험을 해석해 형태와 의미를 부여하는 방식에서도 마이클의 스타일과 고유한 특징들이 느껴졌다. 이를테면 포데라로는 마이클의 유년기를 저 옛날의 목가적 시대처럼 묘사했다. "뉴로셸에서 성장기를 보낸 라우도어 씨는 어린 나이부터 눈에 띄는 아이였다. 그는 재즈기타를 연주하려고 걸핏하면 수업에 빠졌지만 그럼에도 결코 A학점을 놓치지 않는 소년이었다."

기사는 이렇게 이어졌다. "라우도어 씨는 삼 년 만에 가뿐히 예일대학교를 졸업했다. 그의 인생에서 더없이 행복한 시절이었다." 마이클은 졸업 후 베인에 입사했고, 이윽고 자신이 전화를 도청당하고 함께 즉흥연주를 하는 음악가들에게 미행당하고 있다는 편집증을 키워갔다. 뉴로셸에서는 마이클이 시편 130편을 낭독하는 동안 이웃의 수호자들이 경고의 종을 울려 사악한 존재들을 쫓아주었다.

기사에서 마이클은 놀랍게도 여러 해 동안 애써 숨기던 이야기들의 뚜껑을 열었다. 주차해놓은 차 안에서 친구들에게 비밀 서약을 시키던 때가 언젠가 싶게, 구독자 백만 명이 넘는 〈뉴욕 타임스〉의 지면에 자신의 사생활을 모조리 공개했다. 마이클은 한번 말문이 트이자 과거가 아닌 현재 경험마저 거침없이 묘사했다. "기자님과 대화하는 지금 저는 면과 거즈를 덧댄 벽을 뚫고 나아가는 기분을 느낍니다. 현실 세상과 적절한 수준의 접촉을 유지하는 데만도 제가 지닌 에너지의 60퍼센트에서 70퍼센트가 소요됩니다." 그는 기자에게 말했다.

기사에서는 그만큼 노력해야만 "현실과의 접촉"을 유지할 수 있는 상태가 질환으로 인한 것인지, 아니면 그가 복용하고 있는 항정신제 리스페리돈(기사에 실린 또하나의 고백이었다) 때문인지는 언급하지 않았다. 원인이 어느 쪽이었든, "현실과의 접촉"을 유지하는 데에만 에

너지의 70퍼센트를 들여야 하므로 제정신으로 살아가는 데 쓸 에너지
는 30퍼센트밖에 남아 있지 않다고 만천하에 알리는 동시에 그럼에도
자신이 "법학 교수가 될 자격이 충분하다"라고 주장하는 건 아무나 할
수 있는 일이 아니었다.

마이클은 스스로 자기 입지를 흔들고 있을지 모른다고 우려하는 것
같지는 않았다. 오히려 그의 말에서는 자신이 잘 아는 주제를 해설하
는 전문가처럼 편안한 권위가 느껴졌다. 내부자의 관점에서 자신의 질
환을 묘사할 때, 마이클은 해부대에 누워서도 말을 하고 있는 기이한
인물을 흥미롭게 내려다보는 병리학자의 자리에 자신을 위치시켰다.
30퍼센트의 능력만 사용하는 마이클이 100퍼센트를 사용하는 남들
못지않게 훌륭해 보였기 때문인지, 아니면 우리가 뇌의 10퍼센트밖에
사용하지 않는다는 믿음이 여전히 팽배했기 때문인지, 마이클의 고백
은 그의 권위를 도리어 강화해주었다. 기자는 "베르길리우스의 『아이
네이드』 구절을 인용하고 신경과학자처럼 편안하게 시냅스와 수상돌
기에 대해 논할 때, 그의 지성은 불꽃놀이처럼 화려하게 만발한다"라
고 적었다.

지성은 마이클 소개 기사의 지렛목이었다. 지성이라는 지렛목은 병
들기 전 마이클을 평범한 사람에 대한 기대보다 더 높은 곳으로 올려
주었듯, 병든 마이클을 조현병 환자에 대한 고정관념보다 더 높은 곳
으로 올려주었다. 기자는 적었다. "라우도어 씨에게 중증 정신질환이
있으리라고는 꿈에도 생각지 못했던 동기들은 무척 놀랐다."

기사가 나간 타이밍이 그보다 절묘할 수 없었다. 여전히 교수가 되
려고 여기저기 지원서를 보내고 있던 마이클은 〈뉴욕 타임스〉에 소개
된 덕분에 공개 구직에 나설 수 있었다. 당시 미국 연방순회항소법원

판사의 자리에 올라 있었던 귀도는 〈뉴욕 타임스〉에 완곡하긴 해도 강한 울림이 있는 추천의 말을 덧붙였다. "마이클처럼 능력이 뛰어난 사람은, 웬만한 사람보다 취업이 쉬워야 한다고 생각합니다. 재능이 정말 대단하거든요."

기사에 묘사된 바에 따르면, 귀도의 낙관과는 반대로 마이클은 자주 타인의 둔감함과 무지와 공포를 직면해야 했다. 기자는 이렇게 적었다. "한 면접관은 그에게 혹시 폭력적이냐고 물었다. 라우도어 씨는 이 말이 사회에 만연한 고통스러운 고정관념을 반영한다고 말했다."

마이클은 확실히 그런 질문을 받고 격분했을 것이다. 하지만 마이클 본인은 그런 질문을 받은 것만으로 심한 모욕을 당했다고 여길지라도, 기자는 그 질문을 조금이나마 더 파헤쳐보았으면 좋았으리라는 생각이 들었다. 폭력적인 조현병 환자라는 고정관념이 괴로운 건 사실이다. 하지만 나는 마이클이 복약을 시작하기 전에 자기 부모가 진짜 부모의 복제품이라는 두려움에 사로잡혀 칼로 무장하고 다녔다는 걸 알고 있었다.

기사에서 마이클이 지적한 또하나의 고통스러운 고정관념에 대해 읽고 나는 더욱 혼란스러워졌다. 이번 편견의 소유자는 얄궂게도 마이클이 다녔던 정신병원의 낮 병동 의사들이었다. 포데라로는 다른 논평을 덧붙이지 않고 마이클의 말을 그대로 인용했다. "그들은 저를 조현병 환자치고는 대단히 잘 기능한다고 보았지만, 보통의 개인으로서는 제대로 기능하지 못한다고 보았습니다. 그리고 조현병 환자는 아무리 잘 기능해봤자 할 수 있는 일이 제한되어 있죠." 쓸쓸함이 묻어나는 어조였다. "저는 기껏해야 메이시스 계산원으로 일하는 걸 목표로 삼아야 한다더군요."

마이클에게 들은 적 있는 이야기였다. 의사들이 마이클에게 권한 일자리는 확실히 형편없었다. 마이클이 아버지와 함께 메이시스를 정찰하면서 얼마나 암울한 기분을 느꼈을지, 나로서는 상상도 할 수 없다. 하지만 내가 알기로 마이클은 중간 거주 시설이 자신의 능력과 독립성을 어린애 수준으로 취급하는 모욕적인 장소라고 느꼈으며, 아직은 떠날 준비가 되지 않았다는 직원들의 만류에도 불구하고 시설을 나왔다.

마이클에게 메이시스 계산원과 같은 일자리를 권했던 서투른 의사들에게도 나름대로 깊은 뜻이 있었다. 그들에게 메이시스는 마이클이 천천히 다시 기술을 쌓고 세상에서 입지를 다지는 동안 큰 스트레스를 주지 않으면서 생활의 틀을 잡아줄 임시방편에 불과했다. 요컨대 그들의 의도는 "저는 기껏해야 메이시스 계산원으로 일하는 걸 목표로 삼아야 한다더군요"라는 마이클의 표현이 암시하는 바와는 달리, 메이시스를 최종 목적지로 삼으라는 게 아니라, 마이클이 마땅히 있어야 할 곳으로 돌아가는 긴 여정에서 차근차근 밟아나갈 하나의 단계로 삼으라는 것이었다.

어떻게 보면 마이클은—이상한 생각이긴 하지만—조현병 환자로서 '잘 기능한다'는 평가의 범위를 확장하여 예일대 법학대학원을 성공적으로 졸업하는 것이나 학계에서 교수로 일하는 것을 포함시킬 생각은 없는 것 같았다. 역설적이게도 벽장 문을 열고 나온 바로 그 순간, 마이클은 조현병이라는 개념 자체를 지워버리려는 사람처럼 굴고 있었다.

마이클이 겪은 정신적 무너짐에 대해 생각할 때면 나는 그의 부모님이 심하게 겁에 질렸던 일이 자꾸 떠올랐다. 마이클은 자신의 의지에 반하여 입원했다. 만일 척 같은 사람이—즉 마이클을 윽박지르고 협박하고 위협해서 이게 분명 마이클에게 이로운 일이니 입원에 동의하라고 강제한 사람이—없었더라면 마이클은 그에게 절실히 필요했던 여덟 달 동안의 돌봄을 받지 못했을지도 모른다. 그리고 입원을 하지 않은 마이클에게 어떤 일이 일어났을지는 아무도 모를 일이다.

아버지의 죽음, 취업 실패, 기분 저하, 위장병, 불면증, 그리고 빙하가 이동하면서 주변의 나무와 바위들을 끌어모으듯 조현병이 데리고 오는 크고 작은 증상에 이르기까지—망상과 환각만으로도 버거웠을 마이클이 추가로 떠안아야 했던 약물의 부작용에 대해서는 더 말할 필요도 없으리라—나는 마이클이 겪은 일들에 대해 조금은 알고 있다고 자부했었다. 그러나 〈뉴욕 타임스〉 기사를 읽고 나는 혼란스러운 감정들의 소용돌이에 빠져들었고, 그런 내 반응에 스스로 충격을 받았다. 내가 지금 느끼는 감정이 단순히 마이클을 향한 질투일까봐 온 힘을 다해 억누르려고 해보았지만 그 느낌은, 무언가 어긋나고 빠져 있다는 감각은, 어떤 방식으로 물어야 할지 몰라 영원히 답을 얻지 못한 질문처럼 계속 내 안에 남아 있었다.

기사에는 전문가가 딱 한 사람 등장했다. 1950년에 버몬트주에 있는 어느 주립 정신병원의 후미진 뒤쪽 병동에서 여러 해를 보낸 뒤 퇴원한 환자들을 연구한 심리학자였다. 퇴원한 환자들 중 절반은 조현병이 있었는데, 이십오 년 동안 시골 지역사회에서 치료와 뒷받침을 경험한 뒤 세 명 중 두 명꼴로 "상당히 호전되거나 완전히 회복되었다." 나머지는 병원으로 돌아갔다. 사망한 이들도 있었다.

이 연구는 지역사회 및 가정에서의 돌봄이 중요하다는 강력한 근거였고, 환자를 뒷받침해주는 돌봄에는 어떤 유형이든 인내심과 지속적 헌신이 필요하다는 사실을 상기시켜주었으며, 한편으로는 단기로

든 장기로든 입원이 필요한 사람들을 위해 정신병원에 입원 가능한 병상이 확보되어야 한다는 근거이기도 했다. 하지만 이 사례는 기사에서 도식화한 마이클의 딜레마와는 딱히 연관이 없었다. 마이클의 서사는 사회에 만연한 편견에 굴하지 않고 엘리트 지식인 문화의 최상층에 진입하려 시도하는 명석한 젊은 법조인의 고군분투기였다.

심리학자는 포데라로에게 말했다. "흰 가운을 입은 누군가에게 당신은 무시무시한 장애가 있으며 영영 낫지 못할 거라는 말을 들은 사람들은 보통 그 말을 믿습니다. 그렇게 그 말은 자기 충족적 예언이 됩니다."

그의 관찰은 진실처럼 보였다. 중요한 의미가 있는 것처럼 보이기도 했다. 마이클은 낮 병동 의사들에게 경고를 받았지만, 그의 편에 선 수많은 사람들이 안전망이 되어주었다. 마이클의 아버지는 그의 멱살을 잡아 예일대 법학대학원으로 끌고 가다시피 했고, 법학대학원 학장은 마이클에게 조현병이 있다는 걸 알고서도 두 팔 벌려 그를 따스하게 맞아주었다. 〈뉴욕 타임스〉 기자는 첫 문단에서 그를 천재라고 불렀다.

기사에서는 마이클에게 필요한 건 단 하나, 사회가 예일대 법학대학원처럼 그를 위해 문을 넓혀주는 것이라고 이야기했다. "예일대 법학대학원을 졸업한 조현병 환자, 보이지 않는 휠체어에 묶이다"라는 부제의 의미는 마이클의 발목을 잡고 있는 게 사실 조현병이 아니라, 귀도와 달리 은유적 경사로를 선뜻 확장해주지 않는 사회라는 것이었다. 눈에 보이는 휠체어에 탄 사람은 리프트를 제공받아 시내버스에 탈 수 있다. 그러나 마이클에게 필요한 배려를 제공하지 않는 사회에서, 그의 단순한 요구 사항은 거추장스러운 짐짝 취급을 받았다.

기자는 마이클이 여태껏 거둔 성공을 찬탄하면서 현재 그의 앞에 놓인 난관을 이렇게 요약했다. "그의 앞길에는 항상 조현병을 공개할지를 둘러싼 문제가 그늘을 드리우고 있다." 낙인은 엄연히 실재했고, 그것이 낳는 결과는 심각했다. 그러나 마이클이 입원한 정신병동으로 병문안을 갔던 나로서는, 조현병을 고백할지 여부가 그의 앞길에 드리운 유일한 문제는 아니라는 생각이 들었다.

내 생각에 문제는 조현병 자체였다. 조현병이 낳는 편집증적 사고, 정신과 신체 둘 다를 답답하게 감싸는 '음성 증상'들, 언젠가는 부작용이 이득보다 커질 약물, 그것들 모두가 문제였다. 마이클이 밑도 끝도 없는 바닥으로 가라앉아 내게 전화했던 때, 태아 자세로 몸을 말고 자살할 방법들을 생각하고 있다고 말했던 때, 내 귀에는 다른 문제들도 들렸다. 마이클이 자신의 자녀들에게도 같은 유전적 저주가 내려질지 괴롭게 고민하던 때에도, 귀도 칼라브레시는 당신 같은 사람들을 기억하지 않을 거라고 로펌의 변호사에게 소리치는 것 등과 같은 행동을 했을 때에도, 그에겐 다른 문제가 있는 것 같았다.

기사의 말미에서 기자는 다시 마이클의 구직이라는 주제로 돌아와 미래에 대한 희망을 내비쳤다. "이제 그는 다시 한번 이력서를 보내고 있다. 그를 잘 아는 사람들은 그 결과를 조심스럽게 낙관하고 있다."

기자는 귀도의 발언으로 기사를 마무리했다. 적절한 선택이었다. 귀도는 조심스럽지 않은 낙관으로 이제 막 여정에 오른 영웅을 맞이했던 사람이자, 그에게 가장 간절했던 소속감과 목적의식을 준 사람이었다. 성경에서 술 맡은 관원장이 요셉을 기억한 것처럼,* 귀도는 마이클을

---

* 성경의 창세기에 나오는 일화로, 옥에 갇혀 있던 요셉은 술 맡은 관원장, 즉 왕에게 술을 올리는 시종의 꿈을 길몽으로 해석해주고, 왕에게 자신의 사정을 전해 풀려나도록 도

기억했다. 이제 연방법원 판사의 자리에 오른 귀도는 마이클에게 마지막 축복을 내렸다. "그는 명석한 청년으로서, 누구나 극복하기 어려운 질환이라는 것을 대단히 잘 극복했습니다."

와달라고 부탁한다. 결국 요셉의 해몽은 들어맞았으나 술 맡은 관원장은 요셉을 잊었다가 이 년 뒤 기억해내고 그가 풀려나도록 돕는다.

30장
거듭남

신화 속 영웅, 샤먼, 신비주의자, 조현병 환자의 내적 여정은
원칙적으로 동일하다. 그들의 귀환이나 증상 완화는 재탄생
으로, 즉 더는 현실 세계의 지평에 묶여 있지 않은 '새로 거
듭난' 자아의 탄생으로 체험된다.

—조지프 캠벨, 『다시, 신화를 읽는 시간』

〈뉴욕 타임스〉 기사가 마이클에게 법학 교수직을 안겨주는 일은 일
어나지 않았다. 그러나 기사가 나간 뒤 마이클을 향해 쏟아진 지지의
물결은 금이 간 정체성을 끌어안고 무수한 타격을 견디며 살아가고 있
던 그를 고양시켰다. 마이클은 오명을 쓴 사람들을 대표하여 발언했
고, 스스로 역할 모델의 자리에 올랐으며, 조현병이 있는 사람들과 그
들의 가족들에게 절실했던 희망을 주었다.

당시 전미 정신질환 연맹을 이끌던 로리 플린은 마이클의 기사에
서 그녀가 거듭 들어 익숙한 이야기를 발견했다. 모두의 기대를 한몸
에 받던 총아가 약속된 영광의 길을 향해 나아가지만, 결국은 심한 정
신질환에 걸려 망가진 채 집으로 돌아온다. 그러나 마이클은 그게 이
야기의 끝은 아니라고 온 세상에 고했다. 결말은 아직 정해지지 않았
고, 희망찬 '두뇌의 십 년'에 연구자, 의사, 전미 정신질환 연맹을 비롯

한 권익 보호 단체 들은 매일 새로운 이야기를 써 내려갔다. 누구보다도 마이클처럼 그림자 바깥으로 나서서 자기 이야기를 세상에 들려주는 사람들이 변화를 이끌고 있었다.

전미 정신질환 연맹은 중증 정신질환이 있는 자녀를 돌보는 부모들이 탈시설화의 여파 속에서 결성한 단체였다. 자녀들은 대부분 성인이 되었으나, 그들에겐 갈 곳이 없었다. 정신질환이 있는 자녀들 못지않게 그 부모들도 심하게 비방을 당했다. 심지어 도움을 청한 의사에게 손가락질을 당하는 일도 비일비재했다. 주립 정신병원 체계가 허물어지고 남은 폐허 속에서, 병원을 대체하겠다는 지역사회 정신보건 운동의 지키지 못한 약속들 사이에서, 그들은 서로를 찾아냈다.

1979년에 전미 정신질환 연맹을 결성한 돌봄 제공자들과 의료인들은 서로를 감정적으로 지지해주고 실용적 정보를 나누었으며, 한편으로는 터무니없는 법과, 부족한 서비스와, 정신질환에 낙인을 찍는 사회의 무지와 맞서 싸웠다. 과거에 사람들은 무서운 질환을 안고 사는 피해자들을 자유로운 영혼이라는 상징적 지위로 끌어올렸다가, 그렇게 이상화된 관념의 피해자들을 다시 위험한 인구 집단을 대표하는 악마의 사절로 추락시킨 바 있었다. 전미 정신질환 연맹 구성원들은 이러한 사회의 신화화 충동에 어떤 위험이 깃들어 있는지 몸소 체험해서 아는 사람들이었다.

플린은 1984년에 전미 정신질환 연맹의 회장이 되었다. 그해에 그녀의 열일곱 살 난 딸이 자살 시도 끝에 입원했다. 플린은 말했다. "가족을 정신병원에 보낸 사람에게는 아무도 캐서롤을 가져다주지 않아요."* 하

---

* 미국에는 어려움에 처한 이웃을 돕기 위해 오븐으로 만드는 한 그릇 음식인 캐서롤을 가져다주는 전통이 있다.

지만 시대는 변화하고 있었고, 상상할 수 있는 가장 넓은 범위의 청중에게 자신의 이야기를 들려준 마이클이 그 살아 있는 증거였다. 기복이 심한 질환과 용감하게 맞서 싸우고 있던 플린의 딸에게 마이클은 진정한 희망을 주는 영웅이었다.

희망찬 이야기는 누구에게나 필요하다. 〈뉴욕 타임스〉 기사는 예기치 못한 곳에서 반향을 일으켜, 사회의 다른 영역에 속한 사람들에게도 영감을 불어넣었다. 할리우드와 출판계에서 마이클에게 손짓을 보내기 시작했다.

그해 겨울 나와 통화를 하면서 마이클은 대단히 들떠 있었고 약간 조증 상태로 보였다. 천문학적 액수의 돈을 제안받았다고 했다. 유명하고 상징적인 이름들이 입에 올랐다. 디즈니에서는 마이클의 인생을 다룬 영화를 만들고 싶다면서 그에게 100만 달러를 제안했고, 얼마 전 범죄 스릴러 영화 〈히트〉로 성공을 거둔 마이클 만을 감독으로 거론했다. 20세기폭스사에서는 디즈니에서 백만 달러를 제안한 걸 알고 판돈을 높여 우리가 고등학생일 때 개봉한 영화 〈보통 사람들〉로 아카데미상을 수상한 로버트 레드퍼드를 감독으로 제안했다.

당시로서는 참신했던 영화 〈보통 사람들〉은 사고로 인한 형의 죽음에 죄책감을 느끼고 그 트라우마로 인해 자살을 시도한 뒤 정신병원에서 넉 달을 보내는 십대 소년을 주인공으로 내세워, 정신질환을 다루는 영화의 신기원을 열었다. 집으로 돌아온 소년은 숄칼라 카디건을 입은 정신분석가의 도움으로 차츰 자신을 용서하고, 자신을 탓하는 어머니의 태도가 잘못되었다는 것을 배운다. 정신분석가 역은 마이클이 제일 좋아했던 시트콤 〈택시〉에서 현명한 택시 운전사로 열연했던 주드 허시가 연기했다.

마이클은 외상 후 스트레스 장애로 정신병원에서 넉 달을 보낸 게 아니라, 조현병으로 정신병원에서 여덟 달을 보냈다. 그리고 가족의 문제를 직면하러 집에 돌아가는 대신, 예일대 법학대학원에 가서 정신력으로 광기를 무찔렀다. 그런 면에서 마이클은 '보통이 아닌 사람'에 더 가까웠다. 하지만 아버지의 헌신적인 뒷받침 덕택에 장애물을 극복했다는 점에서는 마이클도 보통의 약한 사람이었다.

그것이 론 하워드가 마이클을 보는 관점이었다. 그는 그런 관점에서 마이클의 인생을 영화로 만들고 싶어했다. 하워드는 로널드 레이건이 총격을 당한 순간 내가 재방송으로 시청하고 있던 드라마 〈해피 데이즈〉에서 전형적인 미국 고등학생 리치 커닝햄을 연기한 배우였다. 그가 정신질환에 흥미를 품게 된 계기는 스타 아역 배우로 활동하던 여덟 살 때 목격한 사건이었다. 〈앤디 그리피스 쇼〉에 출연한 그는 특별 출연 배우가 촬영장에서 정신적으로 무너지는 모습을 매혹과 공포가 섞인 심경으로 지켜보았다. 배우는 촬영중인 카메라 앞에서 앞뒤가 맞지 않는 말을 내뱉다가, 바닥에 태아처럼 몸을 말고 누워서 엉엉 울기 시작했다.

하워드는 텔레비전 드라마를 졸업한 뒤 자신의 제작사를 소유한 A급 영화감독으로 거듭났다. 론 하워드와 제작자 브라이언 그레이저가 공동 소유한 이매진 엔터테인먼트의 최신작 〈아폴로 13〉은 평단의 호평과 박스오피스 흥행이라는 두 마리 토끼를 잡는 데 성공했고 "휴스턴, 문제가 있어요"라는 대사는 여느 가정의 상용어가 되었다. 이매진은 유니버설 스튜디오와 계약 관계였고, 유니버설 스튜디오는 마이클에게 150만 달러를 제안하며 그의 인생 이야기를 사들이겠다고 했다. 유니버설 스튜디오에서는 하워드가 제작에 착수할 수 있도록 프로젝트를 "빠르게 진행"시키길 원했다.

한편 다른 평행 우주에서는 출판사 편집자들이 마이클이 쓰기로 예정된 회고록 『광기의 법칙』을 두고 입찰 전쟁에 뛰어들고 있었다. 이 회고록을 바탕으로 론 하워드 감독의 동명의 영화가 제작될 예정이었다.

인세로 제안된 금액은 상당한 액수기는 했지만, 영화 판권에는 비할 바가 아니었다. 그럼에도 마이클에게는 출판 계약이 훨씬 큰 의미로 다가왔다. 정신병동에 입원해 있던 시절, 마이클은 현실 세상에 그를 묶어두는 가냘픈 실오라기가 좀더 견고해지기 전까지는 글을 쓰지 말라는 말을 들었다. 의사들이 그에게 투약한 항정신성 약물은 환각을 옭아매 붙잡아두는 신경 이완성 드림캐처와 비슷했다. 보통 사람들에게 상상력이 치유제인 것과 달리 마이클에게 상상력은 적이었다. 혹은 적까지는 아니더라도 신뢰할 수 없는 친구였다.

그러나 조현병이 발병한 뒤에도 마이클의 말재간이 건재했듯, 문학적 야망 역시 사라지지 않았다. 마이클은 고통이라는 볏짚을 재료로 문학적 성취라는 금사를 자아냈다. 이것이 우리가 어려서부터 알고 있던 글쓰기의 마법이었다.

과거에 마이클은 십 년 동안 베인에서 일해서 돈을 충분히 모은 다음 은퇴하고 글을 쓰겠다는 이야기를 했었다. 그 꿈은 마이클이 조현병을 앓게 되면서 중단되었지만, 꿈이 중단된 덕분에 역설적으로 새로이 꿈이 실현될 기회가 찾아왔다. 원래대로라면 십 년 계획의 첫 단계가 끝나가고 있었을 그 시기에 마이클은 계획을 건너뛰고 곧장 작가로 데뷔해 단번에 부와 명성 둘 다를 거머쥐게 되었다.

겨울에 일어난 사건들은 엄연히 현실이었으나, 마이클의 조현병이 도져서 일어난 망상으로 착각할 만큼 비현실적이었다. 그의 이야기가 현실이 아닌 것처럼 들렸던 건, 망상을 묘사할 때조차 정확을 기하는 습관이 있었던 마이클이 흥분한 나머지 자세한 내용을 빠뜨렸기 때문이기도 했다. 많은 부분이 생략된 탓에 모든 게 꿈에서처럼 급작스럽게 일어났다는 인상을 주었다.

마이클은 내게 처음 활기차게 소식을 전하던 때, 몇 달 동안 출판 에이전트와 함께 제안서를 썼다는 부분을 빼놓았다. 실은 그 부분이야말로 마이클의 재능과 결단력을 보여주어 전체 이야기에 감명을 더했다. 마이클이 그의 에이전트 티나 베넷을 만난 건 예일대 법학대학원을 다니던 시절이었다. 베넷은 당시 영문학 박사학위 과정을 밟고 있었지만 곧 학위를 포기하고, 십 년 전부터 출판계에 할리우드의 광채와 더불어 큰돈을 안겨주기 시작한 유력 에이전시 쟁클로 앤드 네즈빗에서 일하기 시작했다. 즉 그녀는 문학에 대한 애정과 마이클의 명석함에 대한 기억으로 무장한 인물이었다. 〈뉴욕 타임스〉 기사가 나간 뒤 은밀히 출판계에 바람을 넣은 장본인이기도 했다.

〈뉴욕 타임스〉에 마이클의 기사가 실린 날, 티나는 출판사 편집자들에게 전화를 걸어 기사를 보았는지 확인하고, 마이클이 기사에서 그려진 것 못지않게 현실에서도 빛나는 사람이라고 알려주었다. 그리고 그가 책 제안서를 쓰고 있다는 정보를 던져주고 앞으로 소식을 전하겠다고 약속하며 통화를 마무리했다.

우리 신문사 사무실에서는 『퍼블리셔스 위클리』와 『버라이어티』를 구독하고 있었다. 어느 소설가가 "일곱 자리 액수"를 받는 거래에 "서명"했다는 기사마다, 어느 기자가 자신이 쓴 기사를 바탕으로 쓰일 아직 제목이 정해지지 않은 책에 대해 양키스 유격수처럼 계약금을 받았다는 이야기마다, 쟁클로 앤드 네즈빗이라는 이름이 빠짐없이 등장했다. 티나는 성실했고, 열정적이었으며, 마땅히 작가들과 아이디어에 헌신했다. 모르는 편집자들에게 대뜸 전화를 걸어 자신을 소개한 순간 이미 그녀는 거물 에이전트가 될 자질을 드러낸 셈이었다.

마이클은 1996년 초까지 티나와 함께 작업하여 80쪽짜리 『광기의 법칙』 제안서를 완성했다. 줄거리는 〈뉴욕 타임스〉 기사의 개요를 따랐고, 자연히 마이클이 묘사하는 그의 인생 이야기와도 맞아떨어졌다. 교외의 평화로운 동네에서 성장한 총명한 젊은이가 매사를 수월하게 헤쳐나가던 중, 갑자기 무서운 병에 걸려서 영원히 세상의 열외로 밀려날 위험에 처하게 된다. 그는 사회적 관습과 정신건강 전문가들의 비관과 사회의 편견에 맞서, 동기들과 교수들의 도움으로, 그리고 무엇보다도 그가 포기하지 않도록 힘을 북돋아준 아버지의 남다른 사랑과 지원 덕분에 지적 성취의 정점에 오른다.

티나는 이미 몇 달 전부터 입맛을 다시고 있던 편집자들에게 제안서를 부쳤다. 80쪽짜리 문서는 열광적인 반응을 일으켰다. 조현병을 내부자의 관점에서 이야기하는 사람이, 하물며 그 시대에 어디 흔했을까?

제안서에서 마이클은 자신이 보는 환각을 생생하고도 내밀하게 묘사하여, 베인의 비서와 대화하던 도중 그가 느꼈던 공포를 독자에게 고스란히 전달했다. "우리는 조명이 환하게 켜진 방안에 서 있었는데, 다음 순간 마치 촛불이 깜박이듯 어른거리는 어둠이 우리를 에워쌌고, 그녀는 이에서 피를 뚝뚝 흘리며 나를 향해 기다란 손톱이 돋아난 손을 뻗었다."

펄프픽션풍의 공포 분위기가 더해진 마이클의 정밀하고 지적인 산문은 책의 주제와 기묘하게 잘 어울렸다. 마이클의 단편소설을 읽을 때 나를 심란하게 했던 장르 혼합이 드디어 적절한 지면을 찾은 것이었다. 마이클이 부모님 집 진입로에서 태워버린 원고에 담겨 있던 스파이 스릴러의 분위기는 마이클이 그 원고를 왜 불태워야 했는지 설명하는 대목에서조차 살아남았다. "뉴로셀 위커길을 걷던 중, 갑자기 내 눈에 트렌치코트 주머니에 손을 찔러넣고 총을 꺼내려 하는 나치들이 보였고, 나는 그들에게 발각될세라 길가로 뛰어들어 몸을 숨겼다. 그들이 너무나 무서웠다."

제안서의 어떤 부분들은 마이클이 학교 운동장에서 내게 들려주던 공상과학소설 이야기처럼 들리기도 했다. 남의 마음을 읽는 "예지자들"과 부모를 살해할 예정인 자신의 아이를 향해 메스를 휘두르는 의사가 등장하는 이야기와 비슷한 느낌이었다. 마이클은 자신의 부모가 실은 부모로 가장한 사악한 존재들이라는 걸 알았을 때 어떤 기분이었는지 묘사했다. "그로부터 얼마 지나지 않아, 나는 새벽 3시에 그들 방에 불쑥 들어가 추궁했다. 당신들은 복제품이라고, 내 진짜 부모를 죽이고 그들과 같은 얼굴로 특수 수술을 하고 그들을 흉내내도록 훈련받은 네오나치 요원들이라고."

마이클이 묘사한 증상은 전문 용어로 카프그라 증후군이라고 한다. 서던 캘리포니아 법학대학원 교수로 일하던 중 카프그라 증후군을 경험하여 그것이 얼마나 무서운지 아는 엘린 색스에 의하면, 과학 문헌에서조차 이 증후군을 영화 〈외계의 침입자〉*에 비유하곤 한다. 『광기의 법칙』 제안서를 읽은 편집자들은 짜릿한 공포를 느꼈다. 무언가 진

---

* 외계 식물에 의해 복제된 인간들이 등장하는 SF 공포 영화.

정 새로운 것을 목격하고 있다는 감각이 한층 강해졌다. 그러니까, 이
게 사랑하는 가족이 알고 보니 나를 암살하러 온 사악한 가짜일 때의
느낌이란 말이지. 마이클이 척으로 위장한 나치에게 버럭 소리를 지르
고서—"나는 당신이 왜 우리 아버지를 죽였는지 몰라. 애초에 당신이
도 누군지 모른다고!"—위층으로 올라가 진짜 부모의 시신을 찾으러
다닌 건 당연한 수순으로 느껴졌다.

하지만 이내 제안서는 주인공인 저자와 더불어 이런 망상의 심연으
로부터 벗어나, 젊은 청년이 부성애에 힘입어 승리한다는 전형적 서
사에 따라 전개되었다. 피 묻은 송곳니를 지닌 뱀파이어와 나치 스파
이가 등장하긴 하지만, 서사의 방향은 틀림없이 예일대 법학대학원을
향하고 있었다. 이런 참신한 요소들의 조합으로 인해『광기의 법칙』은
역설적 힘을 갖게 되었다. 비이성적인 수수께끼로 알려져 있던 질환에
질서를 부여하는, 논문이나 규칙서를 암시하는 기발한 제목부터 그런
역설을 잘 요약하고 있었다.

티나는 먼저 제안서를 내보냈고, 다음으로는 마이클을 내보냈다. 그
녀는 마이클을 대동하여 출판사를 방문했고 마이클은 그곳에서 편집
자들, 그리고 대형 계약의 승인을 결정하는 왕권과 주권과 권세를 지
닌 자들*과 홍보 담당자들 앞에서 흔들림 없는 웅변을 펼쳤다. 소아마
비와 장티푸스가 그 이름이 붙은 백신이 나와 자신과는 동떨어진 다른
사람들에게나 일어나는 재난 목록에 속하게 되기 전까지는 원시적 공
포의 울림을 지녔던 것처럼, 조현병이라는 이름은 현대인들의 귀에 여

---

* 골로새서 1장 16절을 인용한 것이다. "그것은 하늘과 땅에 있는 만물, 곧 보이는 것은
물론이고 왕권과 주권과 권세와 세력의 여러 천신들과 같은 보이지 않는 것까지도 모두
그분을 통해서 창조되었기 때문입니다."

전히 고대의 저주처럼 들렸다. 마이클은 그 병에 친근한 얼굴을 만들어주었다.

마이클은 조현병에 대해서도 이야기했지만, 그가 쓰기로 한 책의 핵심 주제였던 "성장을 돕는 남성" 개념에 대해서도 이야기했다. 마이클은 자기 아버지와 귀도 칼라브레시 같은 남자들이 자신에게 두 팔 벌려 애정을 쏟아주고, 든든한 뒷받침이 되어준 것이 자신의 총명함을 알아준 것만큼이나 중요했다며 그들에게 경의를 표했다. 제안서에 담긴 이야기에서는 귀도, 스티븐 앤들, 척이 모두 합심해 마이클의 침대를 조립했다.

마이클의 제안서에 대한 반응이 매번 열광적이었던 건 아니다. 출판사의 한 고위 간부는 하급 편집자가 이미 값을 높여 응찰한 건을 무르라고 했다. 그는 의사인 배우자에게 조현병의 속성에 대해 부정적인 이야기를 듣고는 잘라 말했다. "우린 빠져. 그 남자 미쳤다며."

하지만 사려 깊고 잘생긴 법조인이 관련자들을 마주보고 앉아서 명확한 권위와 자기 비하적 유머를 섞어가며 까다로운 주제에 대해 달변을 늘어놓자, 원래도 뜨거웠던 열기는 더욱 달아올랐다. 제가 미쳤을지는 몰라도, 멍청하진 않습니다.

법학대학원 교수직 면접을 보던 때 마이클은 조현병이 문제가 되지 않는다고 말하기 위해 먼저 조현병이 있다는 걸 밝혀야 했다. 난감하기 그지없는 모순적 행동이었다. 반면 출판인들과의 회의에서는 마이클의 조현병이 주인공이자 매력이었다. 조현병이 정확히 무엇인지는 여전히 아리송했지만, 그 점마저 매력의 일환이었다. 누구나 새로운 이야기를 듣기를 원하고, 출판하기를 원한다. 마이클은 미답의 나라에서 돌아와 이야기보따리를 풀어놓는 여행자처럼 그런 사람들 앞에 화려하게 등장한 것이다.

얼마 전부터 마이클은 로런 슬레이터의 신간 『나의 나라에 온 것을 환영합니다Welcome to My Country』에 나온 "질환의 나라"라는 표현을 사용하기 시작했다. 작가이자 치료사였던 슬레이터는 자신이 만난 내담자들의 삶과 이야기 속으로 무모하게 뛰어들었다. 그녀의 내담자였던 한 조현병 환자는 공책에 끊임없이 무언가를 휘갈겨쓰면서 자신이 "용의 몸안에 있다"고 말했다. 슬레이터는 아이비리그 대학을 다녔던 그 환자가 글쓰기 프로그램에 등록하도록 도왔다. 하지만 그녀 자신은 어디까지나 내담자들의 이야기를 받아 적고 그들을 위해 삶의 기틀을 잡아주는 사람에 지나지 않았다. 마이클 또한 용의 몸안에서 이야기했지만, 그는 스스로 목소리를 냈으므로, 청자들에게 진짜 불을 얼핏이나마 보여줄 수 있었다.

스크리브너 출판사의 회장이 마이클에게 여전히 환각을 보느냐고 묻자 마이클은 답했다. "지금도 보고 있습니다." 무얼 보느냐고 묻자 마이클은 타오르는 폭포가 불의 호수 안으로 쏟아지는 광경을 묘사했고 회의실 안은 순식간에 조용해졌다. 마이클은 덧문이 달리고 덩굴식물이 자라는 평화로운 집도 보인다고 말했다. 서로 경쟁하는 환각의 이미지들을 거대한 스크린 위에 가장 두려운 것부터 순서대로 정리해서 관리한다는 게 그의 설명이었다. 스펙트럼의 한쪽 끝에는 타오르는 폭포가 있었고, 반대쪽 끝에는 덩굴식물이 자라는 집이 있었다.

입찰 금액은 20만 달러에서 시작되어 빠르게 올라갔다.

마이클은 론 하워드 감독과 이매진 엔터테인먼트의 팀원들을 만나는 자리에서도 환각을 통제하는 자신만의 방법에 대해 이야기했다. 왕년의 텔레비전 스타는 자신의 정신을 거대한 텔레비전처럼 다루는 마이클의 능력에 매혹되었다. 마이클은 여러 이미지를 서로 다른 채널에 배정하거나, 하나의 스크린을 분할한 사분면에 나눠 담았다. 스크린의 가운데 부분은 있는 그대로 현실을 내다보는 창으로 쓸 수 있게 비워 두었다.

각본을 담당한 사람은 크리스 제롤모였다. 그는 1964년 미시시피에서 살해당한 민권운동가 굿맨, 슈워너, 체이니의 살인자를 추적하는 FBI 이야기를 극화한 영화 〈미시시피 버닝〉의 각본가였다. 영화 초반에 등장하는 세 남자는 이름이 밝혀지지 않지만, 어릴 적 우리의 기억 속에 순교자로 남은 그 세 사람이 아니라고는 생각할 수 없었다. 그들이 살해당하는 장면은 팬터마임이나 그림자극과 비슷한 분위기로 연출되어 앞으로 사건이 펼쳐질 잔혹한 무대를 마련해주었다.

마이클은 60만 달러를 제안한 스크리브너와 계약하기로 결정했다. 최고 입찰액은 아니었지만 거의 근접한 금액이었다. 스크리브너는 F. 스콧 피츠제럴드와 어니스트 헤밍웨이의 작품을 낸 출판사였다. 마이클에겐 그런 점이 중요했다. 그가 영리하고 문학적인 편집자 해밀턴 케인과 느낀 유대감 또한 중요했다. 해밀턴은 실비아 플라스를 주제로 졸업 논문을 썼고, 우리 또래였으며, 『광기의 법칙』에 대해 대단한 열의를 보였다.

해밀턴은 마이클과 다른 세계에 속해 있었음에도 마이클이 무슨 이야기를 하고 싶어하는지 직관적으로 이해했다. 사실은 마이클과 다른 세계에 속한 것 자체가 해밀턴의 매력 요소였다. 해밀턴은 예수, 원죄, 지옥이 실제로 존재한다고 믿는 남부의 복음주의 기독교 가정에서 자랐고 결국은 뉴욕시로 도망쳤다. 그의 성장담은 마이클이 제일 좋아하는 종류의 이야기였다. 마이클과 해밀턴 둘 다 지옥 불에서 탈출하려 애쓰고 있었던 것이다.

해밀턴은 마이클이 이야기하는 묵시록적 환각 속에서, 그가 일곱 살 때 영화 〈한밤의 도둑〉을 보면서 느낀 영혼의 공포가 오싹하게 메아리 치는 소리를 들었다. 1972년에 개봉한 그 영화는 휴거 이후 저주받은 지구에 버려진 죄인들의 참혹한 고투를 그려냈다. 해밀턴은 영화의 사 운드트랙으로 잘 알려진 기독교 팝송 〈아이 위시 위드 올 빈 레디I Wish We'd All Been Ready〉의 가사를 여전히 한 자도 빠짐없이 외우고 있었다.

해밀턴은 결혼식에서 입었던 정장 차림으로 마이클과 티나와 만나 는 회의 자리에 나타났다. 그는 얼마 전 로스앤젤레스 출신의 세속적 유대인 여자와 식을 올린 참이었다. 반대로 마이클은 여자친구 부모의 반대를 무릅쓰고 세속적 가톨릭 여자친구와 결혼할 계획을 세우고 있 었다. 회의 도중 해밀턴은 마이크 골드스타인이 자기 장인이라고 언급 했는데, 그는 조현병 환자의 가족에 대한 연구로 이름을 알린 사람이 었다.

마이클은 골드스타인에 대한 이야기에 푹 빠졌다. 캘리포니아주립 대학교 로스앤젤레스 캠퍼스 소속의 저명한 심리학자인 그는 정신질 환이 드리우는 그늘 속에서 자라난 사람이었다. 그가 어렸을 때 그의 아버지가 조현병을 진단받았다. 골드스타인은 생물학을 간과했던 과 거의 연구자들과 달리, 조현병 환자의 가족에게 비난의 화살을 돌리 지 않았다. 그는 의학적 이해 및 유전에 대한 인식과 정신분석적 관점 둘 다를 균형 있게 다루려고 노력하고 있었다. 골드스타인은 정신질환 자의 가족이 정신질환을 치유하는 일에서 어떤 역할을 하는지, 그리고 정신질환을 유발하는 일에서 어떤 역할을 하는지 탐구했다. 마이클과 해밀턴의 만남에서 두 사람 사이에는 마법 같은 공감대가 형성되었다.

31장
크리에이티비티 주식회사

리버런, 하와와 아담을 지나……

—제임스 조이스, 『피네건의 경야』

책과 영화 계약금 덕분에 마이클은 브롱크스의 좁은 아파트를 벗어날 수 있었다. 그는 캐리와 함께 헤이스팅스 온 허드슨의 침실 두 개짜리 아파트로 이사했다. 발코니가 달려 있고 허드슨강이 넓게 내다보이는 집이었다.

언덕과 강이 만나는 곳에 위치한 헤이스팅스는 뉴로셸에서 크로스카운티 파크웨이와 소밀 파크웨이를 타고 차로 20분이면 도착하는 예스러운 마을이었다. 마이클이 베인을 퇴사하고 혼란과 편집증이 깊어가던 해에 연주를 하러 다닌 리버런 북스 서점이 이곳에 있었다.

마이클의 아파트에서 조금만 걸으면 서점이 나왔다. 마이클은 과거의 망령이 그토록 지척에 있는 게 심란했을지도 모르지만, 득의양양하게 돌아왔다는 기쁨이 다른 걱정을 지워주었다. 십 년 사이 많은 것이 달라졌다. 캐리와 함께 그 동네에 살게 된 것 자체가 큰 변화였다. 영화와 책 계약은 도합 210만 달러에 이르는 돈을 마이클에게 안겨줄 터였고, 이제 그에게는 잔고가 두둑한 통장이 있었다.

마이클은 심지어 자신을 기업으로 생각하고 있었다. 그는 이매진 엔터테인먼트에 착안하여 자신의 1인 기업을 크리에이티비티 주식회사라고 불렀다. 하지만 캐리는 마이클의 소득을 아주 오랜 시간 동안 아껴 써야 하는 일회성 수입으로 여겨야 한다고 생각했다. 두 사람은 가족을 이루자는 이야기를 하고 있었고, 그러려면 돈을 최대한 저축해두어야 할 것이었다.

두 사람은 리버 에지 아파트의 정원 딸린 집에 살았다. 흰색 난간을 두른 낮은 붉은색 벽돌 건물들이 다소곳하고 번창한 단지를 이룬 그곳은 허드슨강 동안, 펠리세이즈 절벽 맞은편에 있었다. 깎아지른 듯 가파른 붉은 절벽은 이 지점에서 다소 완만해져서, 강으로 뚝 떨어지기보단 미끄러져 내려오는 형세였다. 마이클네 아파트는 이층이었지만 발코니에 나가서 눈앞에 넓은 호를 그리며 북쪽으로는 넓고 깊은 해협을 따라 태펀지 다리까지 흐르는 허드슨강을 보고 있노라면 그보다 더 높이 있다는 느낌이 들었다.

마이클은 이제 작가였다. 가까운 곳에 리버런 서점이 있든 없든 『광기의 법칙』을 쓰려면 오래된 상처를 다시 헤집어야만 했다. 하강하는 인생의 나선을 되짚어 내려가서, 십 년 전 그를 집어삼킬 뻔했으며 그의 인생을 '전'과 '후'로 거칠게 찢어놓은 심연의 언저리를 더듬어야 했다. 과거에 그가 거둔 성공의 기념물마저 고통스러운 상실의 기억을 촉발할 수 있었다.

하지만 헤이스팅스 온 허드슨은 평화로운 장소였고, 고상하게 허세를 부리는 동네 이름에는 셰익스피어의 고향 스트랫퍼드 어폰 에이번을 연상시키는 문학적 매력이 있었다. 평범한 동네 피자집마저 이탈리아어로 '고요한 마을'을 뜻하는 빌라지오 세레노라는 이름이 붙어 있었다. 헤이스팅스는 고요했고, 3평방마일이 안 되는 면적에 팔천 명도 안 되는 주민들이 살고 있었으니 사실상 작은 마을에 지나지 않았다. 길거리는 안전했고—마이클네 집 현관문에서 엎어지면 코 닿을 거리에 경찰서가 있었다—카페, 골동품 가게, 강변도 걸어갈 만한 거리에 있었다.

기차역까지도 걸어갈 수 있었다. 맨해튼까지 기차로 금방이라서, 에디슨 프로젝트 소속 학교 전체를 연결하는 신규 이메일 시스템을 설계하고 있던 캐리는 통근이 한결 수월해졌다. 미국 전역에서 새 학교들이 문을 여는 중이었다. 이미 마흔두 개의 학교가 개교했고, 앞으로 개교할 학교도 여럿이었다. 캐리는 뉴욕시뿐 아니라 미시간, 캔자스, 텍사스로 출장을 다녀야 했다.

바쁜 건 마이클도 마찬가지였다. 써야 할 책이 있는 건 물론이고, 성공의 첫 물결이 갑자기 들이닥친 시기에는 들뜬 채 지내는 것 자체가 일종의 활동처럼 보였다. 마이클은 뉴헤이븐을 몇 차례 방문했는데, 그의 뉴헤이븐 나들이는 빅토리 랩*과 사은회를 결합한 활동 같았다. 마이클은 교수들을 찾아가서, 이자를 두 배로 쳐서 빚을 갚는 사람 같은 말투로 선생님이 자기 영화에 등장할 거라고 이야기했다. 교수들은 마이클이 꿈꾸던 성공을 이루도록 도와준 인물로 영화에 등장할 것이었고, 재미있게도 그 영화 자체가 바로 마이클의 성공을 의미했다. 교수의 초청으로 세미나 연단에 선 마이클의 머리 뒤로 〈뉴욕 타임스〉와

---

* 경주의 승자가 자축의 의미로 경기장을 한 바퀴 더 도는 것.

스크리브너 출판사와 유니버설 픽처스의 후광이 비쳤다. 그것들은 문화가 직접 수여하는 고급 학위였다.

마이클은 기차를 타고 맨해튼으로 가서 론 하워드와 크리스 제롬모를 비롯한 이매진 팀원들을 만났다. 마이클은 그들을 뭉뚱그려 "양복쟁이들"이라고 불렀다. 그들은 마이클의 조현병이 거쳐간 정류장이자 마이클이 회고록을 쓰면서 머릿속으로 다시 방문해야 할 장소인 병원들과 중간 거주 시설을 직접 찾아다니는 중이었다. 마이클에 관해서는 이미 파일을 두둑하게 채울 정도로 많은 기사와 정보가 있었지만, 그들은 마이클 본인을 만나서 그가 무엇을 입고 어떻게 말하는지와 같은 본질적인 부분도 기꺼이 흡수할 의향이 있는 듯했다.

그들은 자유로운 각색의 전문가치고는 정확성을 꼼꼼히 따지는 사람들이었다. 론 하워드는 팀원들을 데리고 마이클이 과거에 숙적으로 여겼던 퓨투라 하우스 운영자를 만나러 가기까지 했다. 마이클로서는 실망스럽게도, 양복쟁이들은 실비아가 마이클의 묘사와 달리 옹졸한 교관이 아니라 매력적인 사회복지 전문가라고 느꼈다. 하지만 마이클은 여전히 그녀를 '래치드 간호사'라고 부르는 한편 자신은 '맥머피형 인간'으로 칭했다.

양복쟁이들은 마이클을 대단한 인물로 평하긴 했지만, 자신이 맥머피형 인간이라는 그의 생각에는 좀처럼 동의할 수 없었다. 그들은 마이클의 영웅적인 회복의 서사를 스크린에 담길 원했고, 그러려면 조현병과의 싸움을 전면에 묘사해야 했다. 반면 맥머피가 싸운 상대는 병이 아니라 체제였다. 그것이 바로 소련에 침공당한 체코슬로바키아 출신 망명자 밀로시 포르만이 켄 키지의 소설에서 커다란 울림을 느끼고 영화감독을 맡은 까닭이었다. 〈뻐꾸기 둥지 위로 날아간 새〉는 국가 통제의 공포에 대한 우화였으며, 정신질환과는 전연 무관했다.

마이클의 이야기는 그와는 달랐고, 이매진 팀에서는 열의를 불태우고 있었다. 브라이언 그레이저는 어느 할리우드 기자에게 〈광기의 법칙〉이 "〈아폴로 13〉의 후속으로 만들기에 완벽한 작품"이라고 이야기했다. 그레이저는 특히 서사의 핵심인 강렬한 부자 관계에 기대가 컸다. 그는 "두 핵심 배역이 감정적으로 복잡하고, 도전적이며, 배우들이 매력을 느낄 만한 역할이기 때문에 훌륭한 캐스팅으로 선보일 수 있을 것"이라고 말했다.

마이클은 영화의 '가상 캐스팅'을 일종의 실내 놀이로 즐기게 되었다. 보 선생님은 대니 드비토가 귀도 학장님 역을 맡는 걸 어떻게 생각하세요? 선생님 본인 역할은 누가 맡길 원하세요?

"대니 드비토라고 말하면, 둘 다 죽여놓겠어." 보는 말했다.

드비토에 관한 농담은 둘 사이의 유행이 되었고 마이클은 매번 웃음을 터뜨렸다. 그러나 마이클이 정말로 〈택시〉에서 짜증 많은 배차원 역을 맡았던 드비토가—〈뻐꾸기 둥지 위로 날아간 새〉에서는 환자로 분했다—귀도의 영화 버전인 알피에리 학장 역으로 적합하다고 생각했을 가능성은 있다. 염소수염과 안경은 사람을 확 바꿔놓으니까.

마이클 배역에 관해선, 『버라이어티』 보도에 따르면 레오나르도 디카프리오가 관심을 보였다는 소식이었다. 당시 갓 스물한 살이었던 디카프리오는 〈길버트 그레이프〉에서 지적장애가 있는 십대 역으로 열연하여 이름을 알린 뒤였다. 누가 보아도 슈퍼스타가 되기 일보 직전인 젊은 배우가 마이클 역을 탐내고 있었다.

귀도의 후임으로 학장에 온 토니 크론먼 역시 예일대 법학대학원을 뒤흔든 영화 열풍에 동참했다. 그는 마이클을 제자로 가르친 적은 없었지만, 오언 피스 교수와 가까운 친구였고, 〈행운의 반전〉에서 앨런 더쇼비츠 역을 맡았던 배우 론 실버가 그의 계약법 수업을 청강한 적이 있었다. 게다가 크론먼은 론 하워드에게 비밀스러운 전화를 받은 적도 있었다. 그게 비밀이라는 건 크론먼 혼자만의 착각이었을지도 모르지만, 어쨌든 하워드는 그에게 이매진 팀과 함께 캠퍼스 투어를 해도 되겠느냐고 물었다.

예일은 원래도 어느 정도 영화 세트장 분위기가 나는 장소였다. 옥스퍼드를 모방한 건축양식과, 일부러 깨뜨리고 납땜하여 보수한 창문들이 그러했다. 아버지는 그 창문을 보면 〈서 푼짜리 오페라〉에서 피첨 부인이 거지 무리에게 입히려고 일부러 주름지게 다림질하여 만드는 거적때기가 연상된다고 말했었다. 영화 〈인디애나 존스〉에서 숀 코너리가 대학교수인 인디애나 존스의 부친 역을 연기했던 때, 스티븐 스필버그는 예일대 법학대학원 교수 식당을 존스 교수의 사무실로 바꿔놓은 적이 있었다. 이를 재미있게 여긴 교수들은 촬영을 위해 벽에 건 가짜 동양풍 그림 한 점을 기념물로 남겨두었다.

마이클은 크론먼과 잘 맞았다. 크론먼은 예일대학교에서 철학 박사학위를 받았는데, 뉴헤이븐에서 진행중이었던 정신분석가와의 상담이 끝나기 전에 학위논문을 먼저 마치는 바람에 그 동네에 더 머물면서 내면의 여정을 완주하고자 법학대학원 학위를 추가로 따기로 결정한 위인이었다. 그 대단한 크론먼도, 얼마간 용기를 그러모은 뒤에야 마이클에게 내심 궁금했던 것들을 물을 수 있었다. 그가 말하는 현실과의 단절감은 전면적인 것이었는가? 증상이 다시 도지기도 하는가? 마이클은 두 질문 모두에 그렇다고 답했고, 바로 그 순간도 시야 바깥쪽에서 천사들이 불붙은 잎사귀를 흔들고 있다고 설명했다. 그가 묘사하는 정교한 이미지들은 아무래도 단테의 『신곡』이나 밀턴의 『실낙원』에서 빌려온 것 같았다. 크론먼은 잠시 마이클이 거짓말을 하는 게 아닌가 하는 의심이 들었으나 결국 그는 마이클의 말을 있는 그대로 믿어주었고, 그렇게 대화는 이어졌으며, 둘은 친구가 되었다.

크론먼은 마이클이 한 개인으로서도 대단한 인물이지만, 예일에 있어 자부심의 원천이 되어준다는 점에서도 귀한 존재라고 여겼다. 귀도는 예일이 아닌 미국의 어떤 법학대학원도 마이클처럼 열외로 취급당하기 쉬운 사람에게 기회를 줄 수 없었으리라 믿었고, 크론먼 역시 그런 믿음을 공유했다. 크론먼은 훗날 예일대 법학대학원의 자부심은 "모든 종류의 장애와 불리함을 넘어서, 혹은 그것들을 뚫고 어떤 형태로든 드러나는 명석함을 간파하는 능력"에 있었다고 설명했다. 마이클은 예일이 가질 수 있는 최고의 모습을 증명해주는 존재였고, 영화는 마이클뿐 아니라 예일대 법학대학원에게도 자랑거리가 될 것이었다.

학장은 론 하워드에게 기쁜 마음으로 법학대학원 투어를 허가해주고 몸소 투어 가이드로 나섰다.

미드타운의 한 커피숍에서 처음 마이클을 만난 날, 크리스 제롤모는 그의 몸이 카레이서나 전투기 파일럿이 착용하는 것과 같은 5점식 하네스에 묶여 있는 것 같다는 인상을 받았다. 마이클은 의자 등받이에 등을 바짝 대고 앉아서, 엉덩이는 의자에, 양손은 테이블 위에 딱 붙인 채로 두 발로 바닥을 굳게 딛고 앉아 있었다. 제롤모는 그에게서 목숨을 걸고 절박하게 매달리고 있는 남자의 모습을 보았다.

그러나 제롤모에게 가장 인상적이었던 건 마이클에게 가해지는 압박만큼이나 강력한, 그 압박에 저항하겠다는 마이클의 의지였다. 중력이 아무리 자신을 끌어내리려 해도 마이클은 비상 탈출 버튼을 누르지 않을 작정이었다. 오히려 그는 자신의 모든 능력을 동원하여, 모든 게 괜찮다고 상대를 설득하려 들었다. 제롤모의 눈에는 바로 이 점이 마이클이라는 인물의 핵심으로 보였다.

제롤모에게 마이클 같은 캐릭터를 창조해낸다는 건 짜릿한 일이었다. 긴 문단 단위로 생각하고, 말하는 일로 생계를 꾸리고 싶어하며, 자신이 아프다는 사실을 알아차리자마자 탁월한 지성과 말솜씨로 병을 숨긴 인물이라니. 제롤모는 하버드대학교를 나왔고 모교에서 각본 쓰기를 강의한 적이 있었으므로, 일이 조금만 다르게 풀렸더라면 학자와 지식인들의 세계를 더 자주 소재로 삼을 수 있었을 거라고 생각했다.

명작으로 평가받는 〈미시시피 버닝〉 이후 제롤모는 오스카 수상자라는 수식어에 깃든 후광을 빌려주기 위해 다른 프로젝트에 호출되기 일쑤였다. 하지만 유혈이 낭자한 졸작에 윤을 내면서 시간을 허비하는 건 이제 할 만큼 했다고 판단했다. 스티븐 시걸의 어떤 영화에 참여했을 때 그는 불운한 최후가 예정된 한 인물에게 라폴레옹이라는 이름을 붙인 적이 있었다. 단 1분 뒤 "라폴레옹 폭발로 산산조각이 난다"라는 지시문으로 그를 죽여버리는 비밀스러운 즐거움을 누리기 위해서였다.

제롤모는 자신의 뇌를 감싸고 있는 안개를 뚫고 나아가는 일에만 정신 에너지의 90퍼센트를 쓰고 있다는 마이클의 설명에 감명을 받았다. 설명에 담긴 사실 못지않게 그의 마음을 사로잡은 건 마이클의 표현이었다. 이 표현은 마이클의 고정 레퍼토리였고 정확한 퍼센트 수치는 매번 달라졌지만, 중요한 건 마이클이 자신이 벌이고 있는 전투를 민간인들에게 이해시킬 효과적인 방법을 찾아냈다는 사실이었다.

제롤모에게 〈광기의 법칙〉은 단순히 A급 글쓰기 과제 이상의 중요성을 지녔다. 혹시 론 하워드가 앞으로 예정된 많은 프로젝트로 인해 바빠질 경우, 제롤모가 영화를 감독하기로 약정되어 있었다. 전년도에 제롤모는 그가 각본을 쓰고 감독한 HBO의 스릴러 영화 〈시티즌 X〉로 극찬을 받은 바 있었다. 쉰세 명의 여성과 어린이를 살해한 소련 연쇄 살인범의 실화를 기반으로 한 영화였다. 범인이 1980년대 내내 잡히지 않았던 이유 중 하나는, 소련 기관원들이 연쇄살인범은 부패한 서구에서나 발견되는 것이라는 소련의 공식 지침을 위반하는 걸 두려워했기 때문이었다. 살인범은 알고 보니 공산당 내에서 단단한 입지를 지닌 인물이었고, 그는 공산주의가 무너진 뒤에야 체포된다. 그를 오래전부터 뒤쫓던 형사들—스티븐 레이와 도널드 서덜랜드가 연기했다—은 괴짜 정신과의사의 힘을 빌려 범인을 잡는데, 의사 역을 연기한 배우는 대학 시절 우리 기숙사 벽에 영사되던 〈제7의 봉인〉에서 죽음과 체스를 두던 기사를 연기한 막스 폰 쉬도브였다.

〈광기의 법칙〉에 대해 논의하기 위해 레오나르도 디카프리오가 이매진 팀과 만난 자리에서 제롤모는 디카프리오에게 소니 워크맨을 건네주고, 회의가 진행되는 동안 워크맨을 쓰고 재생 버튼을 누르라고 청했다. 디카프리오는 재생을 누른 즉시 기묘한 소음의 습격을 받았다. 쇠가 덜걱거리는 소리, 단어들을 속삭이는 소리, 끔찍한 자동차 사고의 소음, 총성, 비명, 이치에 맞지 않고 각운도 맞지 않게 뒤죽박죽으로 풀려나오는 목소리 토막들이 고막을 때렸다. 그 소음의 한가운데에서 디카프리오는 현실에서 실제로 어떤 일이 일어나고 있는지 이해하려 애써야 했다.

그 테이프는 제롤모가 〈시티즌 X〉를 편집한 자신의 친구이자 영화 편집자 빌리 골든버그에게 만들어달라고 부탁한 것이었다. 젊은 배우에게, 다른 현실이 머릿속을 차지하고 진짜 현실 속으로 뚫고 들어올 기세로 벽을 쾅쾅 두드려대는 상황에서, 아무 문제도 없는 척 연기하는 게 어떤 느낌인지 맛보게 해주려는 의도였다. 현실에서 일어나는 일과 내면세계가 완전히 상충하는 사람을 연기한다는 도전을, 야심찬 젊은 배우가 감히 거절할 수 있을까?

디카프리오는 배역에 홀딱 반했다.

사람들은 마이클을 보면서 그가 마치 투석기로 내던져진 것처럼 단번에 에이브러햄 매슬로의 "욕구 피라미드" 꼭대기에 다다랐다고 여기기 쉬웠다. 때로는 나조차 마이클을 그런 관점에서 보았다. 피라미드 꼭대기에는 "자기실현"을 이루어내 인간적 성취의 정점에 선 사람들이 있었다.

인문주의 심리학의 아버지 중 한 사람인 매슬로가 설계한 욕구 피라미드는 정부에서 만든 식품 피라미드의 영혼판이라 할 수 있었다. 가장 넓은 제일 아래층―보건 선생님들이 빵과 콘플레이크 등등 건강한 식단의 기틀을 이루는 필수 탄수화물을 배치한 그 자리―에는 신체적 욕구가 있었다. 피라미드는 위로 올라갈수록 점점 좁아지면서 안정감, 사랑, 자존감 같은 욕구들로 채워졌다. 식품 피라미드에서 단백질이 차지하고 있던 꼭대기 층에 이르면, 그 자리에 자기실현이 있었다.

매슬로는 "인간 잠재성"에 대한 올더스 헉슬리의 믿음에 이끌려 "인간은 자신이 될 수 있는 사람이 반드시 되어야 한다"고 믿었다. 그는 모든 사람이 환경적 제약과 사회적 관습의 방해를 넘어 이상적 자신에 이르도록 돕는 것이야말로 심리학의 목표라고 생각했다. 물론 세상에는 기본적 단계 이상으로 발전하지 못하는 사람들도 있었다. 그러나 예술적 표현과 더불어 자기실현은 인간이 다른 목표와 욕구를 졸업한 후에 향하게 되는 고지였다. 내가 버클리에 간 이유도 그게 아니었나? 문학 박사학위를 받기 위해서가 아니라, 내 안의 잠재력을 꺼내 실현시키기 위해서. 나는 마이클이 베인을 떠나 퍼버 저택의 다락방으로 들어간 이유도 그것이었다고 생각했었다. 그건 착각이었지만, 일이 풀리고 보니 순전히 착각은 아니게 되었다. 마이클의 기묘한 여정은 결국 마이클을 그가 가고자 계획하고 있던 바로 그곳으로 데려갔으니까. 어떻게 된 일인지는 몰라도, 마이클은 잭스 게임*을 하듯이 매슬로가 이야기한 피라미드의 모든 단계를 한 번에 싹쓸이했다.

매슬로의 이론은 마이클과 내가 성장기에 접했던 여러 가설들을 공식화했다. 우리는 자유롭게 자기 자신으로 살 수 있었다. 하지만 우리가 따라야 할 모범은 매슬로가 "병리학적 평균"이라고 부른 인류의 나머지 구성원보다 더 높은 곳까지 올라가서 자신의 가능성을 실현한, 인구의 상위 1퍼센트에 속하는 예술가와 지식인들이었다. 자기실현에 성공하여 "최고의 경험"을 누릴 수 있는 매슬로의 1퍼센트가 R. D. 랭이 미친 사회에서 유일하게 제정신을 지키고 있는 구성원이자, 관습의 제약을 극복하고 심오한 내면에 감춰진 진짜 자신을 바깥으로 끌어낸 사람들이라고 지목한 1퍼센트와 닮아 있었다는 건 아이러니하다.

사실 매슬로가 사용한 자기실현이라는 단어는 조현병을 연구했던 신경과학자이자 정신과의사 커트 골드스타인에게서 빌려온 것이었다. 골드스타인에게 자기실현이란, "전체적 유기체"가 세포부터 감정까지 모든 차원에서 자신이 진화한 목적에 최대한 가깝게 작동하는 것을 의

---

* 공기놀이와 비슷한 미국의 놀이로, 바닥에 공을 튕기고 공이 떨어지기 전에 공깃돌을 줍는다.

미했다. 골드스타인은 중증 정신질환자나 정신적 외상을 초래하는 뇌 손상을 입은 사람도 냉혹한 생물학적 현실의 경계 안에서는 영웅적인 자기실현에 이를 수 있다는 의미에서 이 단어를 사용했다.

하지만 매슬로는 생각이 달랐다. 그는 심리학을 "장애가 있고, 성장이 부진하고, 미성숙하며, 건강하지 못한 견본에 대한 연구"에서 구해내겠다는 일념으로 가장 똑똑하고 지적인 위인들의 삶에 초점을 맞추었다. 아인슈타인과 헉슬리 같은 사람들의 재능을 연구하다보면, 매슬로가 조현병을 유발하는 어머니의 전형이라고 여겼던 자기 어머니의 악영향에서 어떻게 벗어날 수 있었는지 이해하는 데 도움이 될지도 몰랐다.

그렇지만, 자기 힘으로 생활을 영위하는 것조차 불가능해서 타인의 돌봄과 뒷받침이 필요한 저 아래쪽 사람들은 어쩌란 말인가? 그들을 위해선 무엇이 남아 있단 말인가? 매슬로는 정신병원에서 심하게 망가진 사람들이 다시 온전해지도록 돕기 위해 고안된 자기실현 개념을 빌려와서, "평균의 정신병리학" 상태를 막는 데 사용했다.* 여기에는 우리 아버지가 종종 들려준 하시딕 유대교** 일화와 비슷한 교훈이 있었다. 가난한 사람을 동정해서 가난한 사람처럼 사는 부자가 나오는 이 이야기의 결론은 부자들이 케이크를 먹는 편이 낫다는 것이었다. 그들이 빵을 먹으면, 빈자들의 몫으로는 돌멩이밖에 남지 않을 테니까.

---

* 평균의 정신병리학이란 자신의 잠재력을 실현하기보다 평균에 안주하고자 하는 사람들의 경향을 설명하는 매슬로의 용어다.
** 동유럽에서 기원한, 근본주의 교리를 따르는 유대교.

한동안 마이클은 헤이스팅스를 떠나지 않고서도 온 사방에 존재하는 것 같았다. 마이클은 할리우드 업계 정보지에 등장했고, 〈뉴욕 타임스〉에서는 단순히 정신질환을 극복한 사람이 아니라 정신질환과 관련된 권위자로서 목소리를 냈다.

기자가 이른바 "위험한 행동"을 해서 정신과의사들에 의해 자신이 다니던 대학의 병원에 강제 입원하게 된 어느 의대생의 사연에 대한 의견을 묻자, 마이클은 분개한 투로 말했다.

"그는 인생에서 오 주라는 시간을 잃었고, 의학박사학위까지 잃게 될지도 모릅니다." 조현병 병력이 있는 법학자 마이클 라우도어가 말했다. "그렇다면 그와 달리 활용할 방편이 없는 사람은 어쩌란 말입니까?* 비자발적 입원 적합성 심사는 대다수가 인권 유린입니다."

사실 이 사건은 정확히 어떻게 판단해야 할지 가늠하기 어려웠다. 의대와 병원 관계자들은 모두 비밀 보호 의무를 지키고 있었고, 문제의 의대생과 다툰 뒤 학교측에 조치를 요구한 동기는 기자와의 대화를 거부했다. 그러나 기사에는 그녀의 실명이 실렸다. 이처럼 사건을 해석하기 어려운 상황이었는데도 "의대생, 병원의 지하 세계로 끌려 들어가다"라는 제목이 달린 이 기사에서는 학생이 애초에 입원을 당해서는 안 되었다는 마이클의 관점을 보도했다. 기자는 설명했다. "대부분의 비자발적 입원 적합성 심사는 심각한 폭력 행위나 심하게 왜곡된

---

* 기사에 따르면, 해당 의대생은 저명한 가문 출신으로, 정신과의사들을 고용하여 퇴원 심사를 통과하는 데 도움을 얻었다.

사고가 발생할 경우에 열린다. 아이가 악마에 씌었다고 믿고 아이를 창밖으로 내던지려 하는 경우가 그런 예다."

양극성 장애로 약물을 복용하다가 끊은 상태였던 문제의 의대생은 이미 여섯 차례 입원을 경험한 바 있었고, 그중 두 번은 비자발적 입원이었다. 그는 입원한 이유를 밝히지 않았다. 서른일곱 살이었던 그는 "조현병 병력이 있는 법학자" 마이클보다 조금 나이가 많았다. 마이클은 신의 은총이 없었더라면 자신이 그 기사에 권위자가 아니라 당사자로 등장할 수도 있었다고 느꼈을지도 모르겠다. 사건의 피해자가 아니라 사건에 대해 논하는 전문가가 된다는 것은, 마이클이 조현병 자체만큼이나 두려워하고 있던 지하 세계의 입구를 막아주는 작은 보호장치였다.

32장
케빈이 되다

그리고 우리는 혼잣말을 하는 마법이다.

시끄럽고 외로운……

—앤 섹스턴, 『베들럼으로 가는 길, 그리고 돌아오는 길

To Bedlam and Part Way Back』, 1960년

크리스 제롤모의 임무는 마이클이 살아온 삶의 세세한 내용을 입혀 설득력 있는 이야기를 써내는 것이었다. 조현병이라는 현실에 굳게 닻을 내리고 있는 동시에 할리우드의 마법이 스며든 이야기. 그리하여 그 이야기 속에서 마이클은 케빈이라고 불리게 되었다. 케빈의 부모는 뉴로셸에 살았지만 루스와 척이 아니라 미리엄과 에드워드였다. 척이 여러 해 전 리프슈츠를 라우도어로 바꿨듯, 라우도어는 이제 라우턴이 되었다.

사실 제롤모는 책 제안서나 이매진이 모아 두툼한 파일에 철해놓은 자료에서 집필에 필요한 재료를 전부 얻을 수 있었다. 그러나 그가 마이클을 직접 만나서 알게 된 건 그런 자료에서 얻을 수 있는 정보와는 좀 달랐다. 마이클이 말하는 걸 실제로 들어본 사람만이 그의 캐릭터에 "당신이 일상생활의 지긋지긋한 쓰레기들을 순전히 허위적인 선불

교 정신으로 수용할 만큼 취해 있지 않았더라면 느꼈을 짜증을, 지금 저는 느끼고 있습니다” 같은 대사를 줄 수 있었다.

이 대사는 드레이 앤드 컴퍼니(영화 속 베인이었다)에서 케빈(영화 속 마이클이었다)이 프레젠테이션을 성공적으로 마친 기념으로 마리화나를 피우고 온 경영 컨설팅 팀원을 꾸짖으며 하는 말이다. 젊은 동료는 케빈이 왜 그렇게 편집증 환자처럼 구는지 이해하지 못한다. 물론 그 이유는 케빈이 진짜로 편집증 환자이기 때문이다. 또한 케빈은 “자네를 지켜보고 있다네”라는 상사의 칭찬 한마디에 극도로 예민해지지만 아직은 누구도 그 사실을 모른다. 케빈 본인도 모르고 있다.

〈광기의 법칙〉은 마이클의 이야기였지만, 기묘하게도 마이클의 그림자를 드리우고 있는 케빈이라는 사람의 이야기였고, 어쩌면 마이클의 그림자가 케빈을 드리우고 있는 것일지도 몰랐다. 어느 쪽이든 케빈이라고 불리게 된 마이클은 삼형제 가운데 막내이자 신동이었다. 코미디언이 된 작은형에게는 이제 테리라는 이름이 주어졌고, 큰형으로 승격되었다. 클래식 피아노 연주자인 작은형 조녀선이 새롭게 등장했고, 케빈의 아버지 에드워드는 나의 아버지가 교수로 있던 바루크 칼리지에서 중세 신학을 가르쳤다.

에드워드 라우턴 교수는 브라이언 그레이저가 언급했던 또다른 훌륭한 배역이었다. 마이클은 얼마 전 세상을 떠난 척의 배역을 캐스팅하는 것에 대해 논하기가 힘들었을지도 모른다. 혹은 지난번에 누군가가 자기 아버지 시늉을 하고 있다고 생각했을 때 어떤 일이 일어났는지에 관한 기억을 떨칠 수 없어서 괴로워했을지도 모른다.

그레이저가 〈광기의 법칙〉 캐스팅 순항을 기대한다고 적은 기사에는 또다른 이매진 중역의 말이 인용되었다. 그는 마이클의 아버지가

"개인이 회복하고자 분투하는 동안, 체제 자체의 작동 방식을 바꾸는 데 핵심 역할을 하는 인물"이라고 설명했다. 영화는 촬영이 시작되기도 전에 마치 행성이 중력으로 빛을 굴절시키듯 영화가 바탕을 둔 현실을 바꿔놓고 있었다.

제롬모는 마이클의 조현병을 영화에서 구현할 수 있는 수많은 가능성에 상당히 들떠 있었다. 론 하워드와 함께 조용한 시골길을 거닐며 〈광기의 법칙〉을 논하던 도중 그답지 않게 낙관을 예언하며 아카데미 일곱 개 부문에서 수상할 영화를 만들 접근법을 알아냈다고 장담하기까지 했다.

그 접근법이란, 케빈이 조현병을 앓기 시작했다는 걸 알지 못하는 사람의 관점에서 이야기를 풀어나가는 것이었다. 그로써 관객들 역시 그가 보는 것들을 의심하지 않는 편에 서게 된다. 케빈이 리버런 서점에서 즉흥 세션 연주자들에게 미행당한다고 생각하면, 관객도 그렇게 생각할 것이다. 제롬모는 각본에서 케빈을 군수품 공급 업체 컨설턴트로 설정하여 실제로 정부가 개입되었을 가능성을 열어두었다. 관객은 '검은색 크라운 빅* 세단'이 헤드라이트를 끄고 조용히 미어랜드 로드로 꺾어 들어가서, 기타 케이스를 짊어진 채 천천히 집으로 달려가는 마이클을 뒤쫓는 모습도 실제로 보게 될 것이다.

관객이 케빈과 그가 걷고 있는 길거리만큼이나, 크라운 빅이 갑자기 케빈을 향해 달려들자 케빈이 기타 케이스를 내던지고 연석의 쓰레기통 뒤로 아슬아슬하게 몸을 던지는 장면도 똑똑히 볼 수 있다면, 그 차가 케빈의 머릿속에만 존재한다고 생각할 리 있겠는가? 검은색 세단

---

* 포드사의 '크라운 빅토리아' 모델을 말한다.

이 다시 한번 케빈을 덮치려고 끼익 소리를 내며 후진할 때, 뒷좌석 창문이 스르르 내려가고 "소음기를 단 TEC-9 자동권총의 주둥이가 튀어나올" 때, 관객으로서는 그것이 모두 케빈의 망상이며 카메라 렌즈에 환각이라는 필터가 씌워져 있다고 의심할 이유가 없었다. 영화는 광기를 담아내기에 최적의 매체였다.

이런 연출이 가장 큰 충격을 일으키는 장면은 강제로 정신병원에 입원한 케빈이 아버지가 나치의 지시로 자신을 죽이러 온 "심장 대신 컴퓨터를 단 복제품"이라고 의심하는 병실 장면이다.

케빈은 아버지의 복제품에게 말한다. "내가 당신을 죽인대도, 미국의 모든 법정에서 내게 무죄판결을 내릴 겁니다."

케빈의 아버지는 평소 누구에게든 대들 수 있는 기가 센 인물이지만 아들의 말을 듣고는 잠자코 양방향 거울*에 흘긋 시선을 던진다. 이전 장면에서는 그 거울을 통해 병실 안을 지켜보고 있던 정신과의사가 상황이 심각해지자 지원 인력을 데리고 병실 안으로 들어왔었다. 그때 라우턴 교수는 의사를 염탐꾼 취급하며 간섭하지 말라고 비난했다. 이번엔 아무도 병실의 묵직한 문을 열지 않는다. 교수는 격분한 아들에게 다시 시선을 돌리고, 즉시 그에게 멱살을 잡히고 만다.

"그만해!" 에드워드가 숨이 막혀 컥컥거리며 아들에게 말한다. "난 네 아버지다! 에드워드 라우턴이라고!"

하지만 케빈은 그만두지 않는다. 손의 힘을 풀지 않는다. 오히려 아버지인 척하는 복제품의 목을 더 세게 틀어쥔다. 이제 말을 할 수 없게 된 에드워드는 자리에서 일어나려고 몸부림치지만, 분노에 찬 케빈은

---

* 한쪽에서는 거울로 보이지만 반대쪽에서는 유리창처럼 안을 들여다볼 수 있도록 설계된 거울로, 취조실 등에서 사용된다.

그의 목을 누르며 소리친다. "죽어, 개자식아!"

그리고 침묵. 이윽고 지시문이 나온다. "(마이클은 젖 먹던 힘까지 끌어 모아 아버지의 목을 조르고, 아버지는 마침내 컥컥거리기를 멈추고 힘이 빠져서 천천히 바닥으로 쓰러진다. 생명을 잃은 몸이 축 늘어진다.)"

내가 침대 아래에 숨긴 마이클의 단편소설이나 그가 태워버린 소설에 적혀 있을 법한 문단이었다. 하지만 지금의 마이클이라면, 자신은 물론 정신질환으로 고통받는 어떤 사람에 관해서든 그런 글을 쓸 리 없었다. 이매진 팀과의 회의에서 그는 중증 정신질환자가 폭력적이라는 개념은 오로지 혐오에서 비롯한 낭설이라고 단호하게 주장한 바 있었다.

따지고 보면 이 각본이 마이클의 주장을 무시한 건 아니었다. 병실 장면은 케빈이 숨진 아버지의 시신 옆 바닥에 앉아 손으로 머리를 감싸고 몸을 앞뒤로 흔드는 것으로 끝난다. 다음 장면에서 케빈은 침대에 누워 있고, 눈을 뜨니 바로 옆에 아버지가 멀쩡한 모습으로 앉아서 신문을 읽고 있다. 케빈은 공포와 안도감과 혼란이 뒤범벅된 감정을 느낀다. 이 사건은 그가 비로소 자신이 심하게 아프다는 걸 인정하고 아버지에게 이제는 어떤 도움이라도 받겠다고 말하는 계기가 된다.

하지만 비록 실제 일어난 일은 아닐지라도 살인의 이미지는 관객의 머릿속에 맴돌게 된다. 제롬모는 이 장면이 단숨에 꺼지지 않는 빛처럼 기능할 거라고 생각했다. 빛은 관객의 인식에 흔적을 남길 테고, 케빈에 대한, 그가 싸우고 있는 교활한 병에 대한 관객의 이해도 그만큼 깊어질 것이다.

영화에 이런 내용이 들어간다는 걸 마이클이 조금이라도 예상하고 있었을까? 마이클은 각본을 읽기 전에도 자신이 이 서사에서 순수하게 영웅 역할은 아니라는 걸 알고 있었다. 케빈이라는 인물도 충분히 용감하지만, 진짜 영웅은 그의 아버지였고, 마이클이 쓰기로 한 회고록의 영웅 역시 아버지였다. 하지만 작가로서 책을 쓰는 행위를 통해 마이클 역시 영웅이 될 수 있었다. 그로써 『광기의 법칙』 회고록은 마이클에게 더욱 중요해졌다.

양복쟁이들은 마이클에게 부친 살해에 대해 이야기하지 않았다. 어차피 그 장면은 진짜가 아니라 환각이었고, 마이클 라우도어가 아니라 케빈 라우턴이 겪은 것이었으며, 케빈이라는 인물 역시 레오나르도 디카프리오의 육체를 입은 일종의 환각이었다. 다만 어느 시점엔가 케빈을 연기할 인물은 브래드 피트로 변경되었다. 디카프리오가 이 작품에 열의를 품고 있었음에도 1998년 9월으로 예정된 촬영 일정을 맞출 수가 없었기 때문이다.

사실 확실히 결정된 건 하나도 없었다. 『버라이어티』에서는 이런 기사를 냈다. "20세기폭스사의 〈파이트 클럽〉에 에드워드 노튼, 그리고 아마도 코트니 러브와 함께 출연하기로 예정된 피트는 가을에 '광기' 프로젝트에 참여할 수 있기를 바라고 있다."

마감 시한의 존재로 인해 마이클은 더 심한 압박을 받았다. 출판사 측에서는 당연히 출간 일정을 영화 개봉과 맞추길 원했다. 표지에 배우 사진이 박힌 책들은 베스트셀러에 오르는 경향이 있었다.

영화는 본래 마이클의 책을 바탕으로 제작되기로 했지만, 마이클은 아직 책을 쓰지 못한 반면 영화 각본은 이미 초고가 나온 상태였다. 영화 〈광기의 법칙〉은 불가피하게 마이클이 쓸 책에서 벗어나 저만의 길을 가게 되었다.

마이클은 항상 관심을 갈망했고 나는 영화와 책 작업을 통해 그의 욕구가 충족되고 있으리라 넘겨짚었다. 하지만 마이클이 날이 갈수록 양복쟁이들에 대해 비꼬는 태도로 이야기하는 걸 보고 내가 알지 못하는 무언가가 더 있다는 직감이 들었다. 대화를 하다가 불쑥 "인어공주 영화를 만든 사람이랑 말이 통하겠냐고!" 하고 외치는 마이클은 예전과 달리 즐거운 자기 비하를 하고 있는 것 같지 않았다.

그가 말하는 인어공주 영화란, 톰 행크스와 대릴 해나가 출연한 1980년대 영화 〈스플래시〉를 가리키는 것이었다. 론 하워드의 감독 데뷔작이었던 이 영화가 너무나 큰 성공을 거둔 탓에, 해나가 연기한 아름다운 인어공주가 새로 얻은 다리를 움직이며 나체로 맨해튼을 걷다가 도로 표지판에서 매디슨이라는 단어를 보고 자기 이름으로 삼는 유머러스한 장면이 현실에선 우스갯소리가 아니게 되었다. 영화가 개봉한 시점에 매디슨은 뉴욕시 이스트사이드의 거리 이름이자 미국 건국의 아버지 중 한 명의 이름이었다. 십 년 뒤, 매디슨은 미국에서 가장 인기 있는 여자아이 이름 가운데 하나가 되었다.

〈광기의 법칙〉 작업을 하던 중 론 하워드는 〈생방송 에드 TV〉라는 영화에 관심을 쏟게 되었다. 매분 매초 생중계되는 텔레비전 프로그램의 주인공이 되는 바람에 인생을 망치는 남자를 주인공으로 한 영화였다. 왕년의 아역 스타는 마이클의 환각 관리법에 마음이 동했던 만큼이나 이 줄거리에도 매력을 느꼈다. 하워드가 다른 프로젝트로 분주해지자, 이매진은 할리우드에서 곧잘 깨지는 신의를 지켰다. 제롬모를 〈광기의 법칙〉 감독으로 승격시킨 것이다.

각본가에겐 일생에 한 번 올까 말까 한, 우주의 기운이 모여 만들어낸 기회였다. 제롬모는 그가 쓴 각본으로 일급 배우들을 캐스팅하여 〈시티즌 X〉를 감독했고 호평을 받았지만, 구소련을 배경으로 헝가리에서 촬영된 텔레비전 영화는 아무리 HBO에서 방영되었다 하더라도 극장용 영화에 비견할 수는 없었다. 론 하워드를 대신해 예산 5천만 달러짜리 영화의 메가폰을 잡는다는 건, 그와는 차원이 다른 일이었다. 시기 역시 광기와 회복에 대한 진지한 영화가 나오기에 적절했으며 브래드 피트가 있으니 손익분기점을 넘는 건 문제없었다.

커피숍에서 피트를 만난 날, 제롤모는 긴장해서 다소 뻣뻣한 태도로 마이클 이야기를 들려주었다. 마이클에게는 유혈의 공포가 난무하는 '자살 채널'과 이파네마의 소녀가 한가로이 해변을 거닐고 있는 '휴양 채널' 사이를 오가는 능력이 있다고 설명했다. 제롤모의 표현을 빌리자면, 마이클은 자신의 몸에게서는 다른 이야기를 들으면서 남들 앞에서는 스스로를 완벽히 통제하고 있는 시늉을 하는 게 "인생의 업"인 사람이었다. 피트는 마이클을 연기하는 게 어떤 도전일지 단번에 이해했다.

영화에 대한 보의 생각이 귀도 역이든 보 역이든 대니 드비토가 맡아선 안 된다는 게 전부는 아니었다. 그는 영화로 인해 마이클이 조증 수준으로 들떠 있는 게 마이클에게 해로운 건 아닌지 의심이 들기 시작했다. 칠 년 전에 보에게 전화해, 아주 대단하지만 보기보다 훨씬 아픈 법학도를 만나게 될 거라고 말해주었던 심리학자 보니도 그와 같은 생각이었다.

보니는 다가족 집단 내에서 직접 조현병 환자를 돌봐온 치료사로서, 그리고 그런 유형의 돌봄을 연구해온 학자로서, 누군가의 인생에 일어나는 사건들을 객관적으로 좋거나 나쁘거나 중립적인 것으로 평가하는 게 아니라, 일단은 모두 '스트레스 요인'으로 상정해야 한다는 걸 깨달았다. 좋은 소식도 불운만큼이나 대혼란을 일으킬 수 있었고, 취업에 성공하는 게 취업에 실패하는 것만큼이나 불안정을 유발할 수 있었다. '자극 수준'이 높은 추수감사절을 무사히 치르기 위해 며칠 동안 심리적 준비를 해야 할 수도 있었다. 미리 대비했는데도 테이블 맞은편 사람이 별 생각 없이 내뱉은 "어떻게 지냈어?" 한마디가 몇 달 동안 공들여 재조정한 기대를 뒤엎어버리는 경우도 있었다.

예일대 법학대학원에 진학한 뒤, 마이클에게는 테이블 맞은편의 사람에게 소리쳐 답할 이야깃거리가 충분히 있었다. 지금은 어느 때보다도 근사한 답변을 할 수 있었다. 그에게는 또한 마감 시한과 회의도 있었다. 스크린에 영사된 자신의 삶을 수백만 명이 감상할 거라는 어쩔한 깨달음도 있었다. 영화와 책을 계약한 건 여러모로 동화에나 나올 법한 일이었지만, 마이클에게 필요한 건 차분하고 정리된 삶과 깊은 관심을 기울여 그를 돌봐주는 공동체였다.

그는 매일 글을 쓰려고 여러 시간을 홀로 보냈다. 혼자 있는 시간이 반드시 차분한 시간은 아니었다. 그는 여전히 환각을 보았고, 여전히 망상과 씨름하고 있었다. 보니는 마이클이 멋대로 달려가는 기차에 올라탄 것과 같은 상태라고 생각했지만, 네트워크의 나머지 구성원들에게 경각심을 가져야 한다고 설득할 수 없었다. 마이클이 불리한 확률을 꺾을 수 있었던 건, 그가 성취한 것뿐 아니라 회피한 것들 덕분이기도 했다. 정신병원에서 퇴원하고 중간 거주 시설을 나온 이래로 마이클은 '시스템'을 전적으로 기피하며 지냈다.

보니 역시 지역사회 정신보건에 뿌리를 둔 사람이었다. 그녀는 네트워크의 가치를 온 마음으로 믿었고 전적으로 제인의 편이었지만, 흥겨운 잔치에 찾아가 달갑지 않은 경고를 전해야 하는 외로운 처지가 된 것 같다고 느꼈다. 그녀가 찬물을 끼얹으려 하는 승리는 마이클의 승리였을 뿐 아니라 마이클을 믿어준 사람들, 자신들이 여전히 그를 보살피고 있다고 느끼는 사람들 모두의 승리였다. 제인은 머리와 꾸준히 연락하고 있었고, 캐리에게 치료사를 소개해주기도 했다. 네트워크 출신 심리학자이자 크리드무어 정신병원에서 오래 일한 동료이며, 사적으로도 진료를 보는 사람이었다.

보니가 아무리 자극 수준과 감정 표현, 해악 감소 모델에 대해 열변을 토한대도 과연 소용이 있었을까? 예일, 할리우드, 책 계약, 그리고 마이클을 보내지 않으려 다 함께 애쓰고 있던 "지하 세계"를 고발하는 〈뉴욕 타임스〉의 목소리 앞에서, 그런 개념들이 먹힐 리 있었을까?

보니는 리지의 첫아이이자 제인의 첫 손주인 기디언을 위해 어퍼 웨스트사이드에서 파티를 열었다. 마이클은 어머니와 함께 파티에 참석했고, 축하 분위기에 흠뻑 젖었던 그는 파티를 마치고 부모님과 함께 브루클린으로 돌아가기 위해 천에 싸인 채 엘리베이터에 탄 아기 기디언에게 〈조슈아 핏 더 배틀 오브 제리코Joshua Fit the Battle of Jericho〉를 불러주었다. 그러자 루스도 합세하여, 마이클의 깊게 울리는 바리톤 위에 루스의 높고 아름다운 목소리가 얹혔다. "할렐루야." 마이클은 정말로 벽이 무너지기라도 한 것처럼* 그 비좁은 공간 안에서 발을 구르고 손뼉을 쳤다.

---

* 마이클이 부른 노래는 구약에서 여호수아가 예리코의 성벽을 무너뜨리는 장면을 노래한 흑인영가이다.

33장
샤먼

칼 융은 우리가 꾸는 꿈을 신이 보낸 메시지로 보아야 한다
고 생각했습니다.

환각도 그렇게 보지 못할 이유가 있을까요?

—마이클 라우도어

금요일 밤이면 캐리와 마이클은 헤이스팅스의 개혁파 회당인 베스 살롬 회당에 갔다. 한 시간 일찍 도착해서 에드워드 셰크터 랍비와 함께 공부를 하는 게 그들의 루틴이었다. 캐리는 유대교로 개종할 계획이었다.

셰크터 랍비—하지만 모두가 에디라고 불렀다—는 단정하고 성미가 급하고 감정이 풍부한 남자로, 인생에서 정말로 하고 싶은 일은 유대인 캠프를 운영하는 것뿐이라는 말을 입버릇처럼 달고 살았다. 교외에서 자리잡고 풍족하게 살아가는 중년의 남자인데도, 그는 여전히 모닥불 같은 열정을 불태웠다. 실제로 그는 우리 누나가 십대 시절 참석했던 버크셔의 라마 캠프에서 누나가 속한 조를 통솔했던 지도원으로, 장발에 샌들을 신고 모두 다 함께 노래를 부르도록 이끌었던 과거의 소유자였다.

에디는 1960년대 사람답게 열정이 풍부하고 남들과 어울리길 좋아했으며, 마음에 드는 책이 있으면 서재와 차 트렁크에 여러 권 놔두었다가 친구들과 신도들에게 필요할 때마다 나눠주었다. 에디의 책은 과거에 기적을 행하는 랍비들이 나눠주던 부적 대신이었다. 헤이스팅스는 교외치고는 예술과 지성이 살아 있는 동네였지만, 문자를 통해 치유받기를 원하는 사람들의 세계는 점점 작아지고 있었다. 마이클은 아직 그 세계에 속해 있었다.

에디는 마이클을 처음 만난 순간부터 그와 깊은 유대감을 느꼈다. 그의 눈에 마이클은 유대교에서 말하는 의인 '짜딕'처럼 보였고, 정의로운 기운을 풍기는 고통받는 영혼의 소유자라는 점에서 유대인 작가 엘리 위젤을 연상시키기도 했다. 마이클에게 매우 좋은 인상을 받은 에디는 그에게 히브리어 학교에서 교사로 일하지 않겠느냐고 제안했다. 하지만 마이클은 그 제안을 거절했다. 웨스트체스터 독립 주거 센터의 이사회에 합류해달라는 조 브라보의 제안을 거절한 것과 같은 이유에서였다. 마이클에겐 써야 할 책이 있었다.

마이클과 캐리가 에디에게 어떤 존재였는지는, 금요일 저녁 예배 직전 한 시간을 두 사람에게 할애했다는 사실에서 알 수 있다. 에디는 본디 자기 시간을 남들에게 너그럽게 내주는 사람이긴 했지만 안식일 예배는 홀로 준비하는 편을 선호했고, 그 시간만큼은 자기만의 시간으로 남겨두곤 했다. 그러나 캐리의 수줍은 열정과 마이클의 신비주의적 면모는 그에게 깊은 감명을 주었다. 서로에게 헌신하는 두 사람의 모습 역시 에디의 마음을 움직였다.

예배를 보는 동안 캐리는 한 손을 마이클의 어깨 위에 얹어놓곤 했다. 두 사람은 언제나 신도석 중 앞에서부터 3분의 1 지점에 있는 복도 쪽 자리에 앉았다. 마이클은 정장을 입고 넥타이를 맸다. 캐리는 마이클 옆에 자그맣고 예쁘장한 요정 같은 모습으로 앉아 있다가 이따금 기도책의 어떤 문장을 가리키곤 했다. 성궤에서 성경을 꺼낼 때 모두 자리에서 일어서면 키가 큰 마이클은 캐리 옆에 탑처럼 우뚝 솟은 모양새가 되었다. 두 사람은 서로를 향해 몸을 기울였고, 캐리는 마이클의 어깨에 부드럽게 얹어둔 손을 거두지 않았다.

그런 두 사람의 모습을 보고 에디는 창세기에서 아담과 하와를 묘사하는 "한몸"이라는 표현을 떠올렸다. 이리하여 남자는 어버이를 떠나 아내와 어울려 한몸이 되었다.

에디는 이십오 년 전에 베스 샬롬 회당으로 흘러들어와 랍비로서 첫 걸음을 내디딘 이래 줄곧 그 자리를 지키고 있었다. 헤이스팅스의 가게와 음식점 주인을 한 사람도 빠짐없이 알았고, 계산대에서 사람들에게 책 대신 조언을 나눠주는 괴짜 슈퍼마켓 주인과도 가까운 사이였다. 에디는 헤이스팅스 경찰서의 전담 랍비이기도 해서 경찰들과도 잘 지냈다. 취임 선서를 하던 날 경찰들은 그에게 찬송가hymn를 원하느냐고 묻고는 박자에 맞추어 다같이 "찬송, 찬송, 엿 드쇼fuck him!"라고 외쳤다. 놀림을 받은 에디는 크게 웃음을 터뜨렸다.

마이클이 계약금을 받고 아직 쓰지 못한 책은 마이클의 모든 부분에 그림자를 드리웠다. 평온한 상태에서 광기를 회상하는 것도 쉬운 일이 아닌데, 마이클은 평온하지 못했다. 집필 작업은 진척이 거의 없었다. 어쩌면 전혀 없었을지도 모른다. 반면 영화는 마이클의 의사와는 관계없이 창밖의 허드슨강처럼 빠르게 내달렸다. 이매진 팀은 전원이 영화에 매달리고 있었고, 마이클은 혼자였다.

해가 지나기도 전에 출판사에서는 조바심을 내기 시작했다. 제롬모는 그런 진행 상황을 계속 주시하고 있는 이매진 사람들에게서 마이클이 창작을 하지 못하고 있다는 보고를 전해들은 터였다. 제롤모가 마이클과 첫 미팅을 한 뒤, 이 남자가 천재적인 정신의 소유자임은 틀림이 없지만 책을 완성하지는 못할 것 같다고 출판사 사람들에게 귀띔해주었는지도 몰랐다.

존재하지 않는 책을 바탕으로 영화를 찍는 일이 제롤모에게 처음은 아니었다. 그러니 그건 중요한 문제가 아니었고, 따져보면 그에게 이득일지도 몰랐다. 영화는 이미 궤도에 올라 있었으며 대스타가 출연하기로 결정했다. 그러니 영화 제작자들이 알아서 제 일을 하게 놔두고 책 홍보는 나중에 하면 될 것 아닌가? 그러면 또다른 기회가 열릴지도 모르는 일이었다.

하지만 마이클은 자신의 인생 이야기를 할리우드에 마냥 맡겨둘 생각이 없었다. 〈광기의 법칙〉 영화 제작이 시작되는 날이 다가올수록 책은 그에게 더 중요해졌다. 내가 난생처음 들어본 개념인 '인생 저작권'을 판다는 건, 타인에게 신장을 파는 것과 비슷해서, 자신의 살아 있는 일부를 남의 몸안에 넣는 것이었다. 하지만 책을 쓴다는 것의 의미는 전혀 달랐다. 책은 온전히 자신의 것이었다. 어떤 의미에서, 책은 자기 자신이었다.

영화 계약이 마이클에게 절실했던 돈을 안겨주었다면, 책은 마이클이 스릴러 소설 원고를 태워버리기도 전에 이미 한 가닥 연기가 되어 사라졌던 창조적 성취의 꿈을 되살려주었다. 십 년 전 제인 퍼버에게 앞으로 다가올 폭풍우를 암시해주었던, 둥근 다락방 벽에 너덜거리며 붙어 있던 거절 편지들을 청산할 기회가 온 것이다.

마이클은 내가 이 년 전 랜덤하우스 출판사에 첫 소설을 팔았다는 걸 분명히 인지하고 있었다. 솔직하게 이것저것 캐묻고, 감탄하고, 호기심과 질투를 내비치는 마이클의 태도 자체가 내겐 칭찬으로 느껴졌었다. 마이클은 마치 아이가 많이 컸느냐고 묻는 것처럼 내 책의 진척에 대해 동경이나 경고가 담긴 말투로 묻곤 했었다. 이제는 마이클이 질문을 받을 차례였다.

마이클이 양복쟁이들과 〈스플래시〉에 대한 생각은 그만 접어두고 문학의 순수함으로 돌아올 수 있었으면 좋았으련만, 두 세계는 점점 더 끈끈하게 연결되고 있었다. 스크리브너는 바이어컴 미디어 그룹이 소유한 사이먼 앤드 슈스터의 산하에 있었다. 출판은 영화만큼은 아닐지언정 복합 엔터테인먼트 사업에 속했다.

인수 합병과 초대형 에이전트들이 할리우드와 맨해튼을 뒤흔들던 시대였다. 산란하듯 숫자를 불린 서점 체인은 블록버스터 영화를 개봉하는 멀티플렉스 극장과 비슷하게 운영되었다. 서점 본사에서 베스트셀러를 대량으로 사들여 각 지점에서 할인가로 판매하기 시작하자 작은 서점들은 문을 닫았고, 그렇게 대형 서점은 책의 유통뿐 아니라 조달까지 자기들 영역으로 굳혔다.

마이클은 내가 가진 것을 부러워했을지도 모르지만, 사실은 마이클이야말로 모두가 원하는 것을 가지고 있었다. 할리우드의 돈을 받았다고 해서 오래된 꿈이 사라지는 건 아니었다. 오히려 그 꿈에 화려한 후광이 입혀졌다. 마이클은 한때 내게 우디 앨런이 했다는 농담을 들려준 적이 있었다. 그가 자기 영혼의 대장간에서, 아직 창조되지 않은 자기 부족의 의식을 벼려내 플라스틱으로 대량생산을 시킨다는 이야기였다.* 마이클에게 이 농담은 더이상 우습게 느껴지지 않았다. 마이클은 큰돈을 받았고, 이제는 생산을 해야 했다.

편집자 해밀턴은 마이클의 결의를 북돋아주려는 생각에서 기차를 타고 헤이스팅스 온 허드슨을 방문했다. 해밀턴은 두 사람의 대화가 마이클의 창작에 박차를 가하길 기대하며 테이프녹음기를 가져왔다. 마이클이 하는 말을 편집해서 기존 원고에 적당히 추가하면 마이클이 막혀 있는 부분이 바로 뚫릴지도 몰랐다. 마이클에게서 아직 원고가 한 장도 들어오지 않아서 해밀턴으로서는 기존 원고가 어떤 상태인지 알 길이 없었다. 하지만 어쨌든 마이클도 해밀턴과 대화를 나누고 싶어했고, 두 사람은 면담이 앞으로도 계속될 거라고 생각했다.

가구가 몇 점 놓이지 않은 리버 에지의 휑한 아파트는 임시 거주지에 가까운 느낌을 주었다. 해밀턴은 마이클에게 물을 한 잔 달라고 하고, 그를 따라 간소한 부엌으로 들어가 좁은 공간에 선 채로 물을 마셨다.

캐리는 출근했고 아파트는 고요했지만 마이클은 활력에 차 있었다. 유창하게 말하는 그의 모습에 해밀턴은 한시름을 놓았다. 두 사람은 거실에서 서로 마주보고 앉아서 편안하게 수다를 떨다가, 이내 대화를 녹음하기 시작했다.

마이클에게 그가 쓸 책과 그 안에 들어갈 내용을 논하는 일은, 그의 유년기를 논하는 일과 구별하기 어려워 보였다. 유년기는 그의 이야기의 시작점이었으며 어떻게 보면 종착점이기도 했다. 마이클은 마치 모

---

* 제임스 조이스의 『젊은 예술가의 초상』 마지막 부분에 나오는 문장의 패러디다. "삶이여, 오라! 나는 백만번째로 경험의 현실을 만나러, 내 영혼의 대장간에서 아직 창조되지 않은 내 부족의 의식을 벼려내러 간다."

든 고생을 마치고 나면 자신을 기다리고 있는 좋았던 옛날로 돌아갈 수 있다고 생각하는 것처럼 보였다.

마이클은 미어랜드 로드와 나에 대한 이야기로 대화의 문을 열었다. "제가 살던 미어랜드 로드에는 이웃이라 부를 만한 집이 예닐곱 채밖에 없었습니다. 5학년 때 이사를 온 친구 조녀선과는 늘 붙어다녔죠. 그 친구도 저처럼 책을 좋아했고, 교수 아들이었어요. 제일 중요했던 건, 그애가 소설가의 아들이기도 하다는 거였죠."

마이클의 마음속에서 우리 둘을 연결해준 건 짧은 미어랜드 로드 못지않게 글쓰기와 글쓰기에 대한 꿈이었다. 나라면 우리를 묶어준 끈은 농구였다고 답했을 것 같다. 아니면 몬티 파이선이나 코미디 음반 듣기. 하지만 마이클의 회상 속에서 우리는 아직 알을 깨고 나오지 않은 작가, 혹은 이미 글을 쓰고 있던 작가였다. "조녀선과 저는 짧은 이야기와 시를 쓰고 우리가 읽은 것들에 대해 이야기를 나누었어요. 그러는 사이 어른이 하는 일들 가운데 하나가 소설가가 되는 것이라는 분명한 현실을 마주하게 되었죠."

우리가 함께 보낸 유년기에 대한 그의 기억 속에는 훗날 우리가 걸어간 삶의 길과 훗날 우리가 품었던 희망들이 자연스럽게 스며들어 있었다. 우리가 책을 바꿔 읽은 건 사실이었지만, 보통은 마이클이 일방적으로 내게 책을 빌려주었다. 우리가 각자 쓴 이야기와 시를 공유하는 일은 없었다. 사실 그것이야말로 내가 유년기를 인생에서 가장 행복했던 시기로 느끼는 이유였을지 모른다. 그때 나는 모든 게 다른 무언가로 바뀌어야 한다고, 아니 그 어떤 것도 바뀌어야 한다고 생각하지 않았으니까.

마이클은 내가 어머니의 존재로 인해 글쓰기를 당연하게 여겼으리라고 생각했지만, 한편으로는 "어머니가 가족 내에서 소설가를 맡고 있을 경우, 작가로서 자신의 길을 찾기 위해 제일 먼저 어머니를 극복해야 한다"는 점도 이해했다. 무엇보다 그는 내가 책을 출간했다는 걸 알았다. "조너선은 소설을 출간했어요. 해냈다고요. 소설가가 됐어요. 전에는 저도 소설가가 될 수 있을 거라고 확신했죠."

내가 거북이라면, 마이클은 언제나 토끼였다. 그때조차 나는 그렇게 느꼈다. 마이클은 강변이 내다보이는 집에서, 내가 내 원고에 대해 받은 선금보다 서른 배 많은 돈을 받고 책을 쓰고 있었다. 게다가 '크리에이티비티 주식회사'는 그것 말고도 앞으로 훨씬 더 많은 성과를 내지 않겠는가. 그러나 마이클에게 나는 이미 결승선에 도착한 사람이었다. 마이클은 해밀턴에게 "존은 좋은 작가예요"라고 말한 다음 "그래도 내가 낫죠"라고 덧붙이긴 했지만, 자신이 해낼 수 있을지 의심스러운 일을 이미 해낸 나에게 경의를 표하고 있었다. 거의 추도하는 듯한 그의 말투에 깃든 애수는 자기 자신을 향한 것이었다.

마이클은 언제나 자신이 아끼는 사람과 물건에, 특히 자신의 유년기에 금가루를 뿌릴 수 있었다. 아프게 된 뒤로 이 습관은 한층 심해졌다. 착한 사람은 아주 착한 사람으로, 똑똑한 사람은 천재로, 유망한 사람은 해당 분야의 일인자로 묘사되었다. 이것은 그가 상실한 것과 균형을 맞추기 위해 추를 반대편으로 움직이는 것과 비슷한 행동이었을지 모른다. 또는 그가 앓고 있던 편집증의 이면이었을지도 모른다. 순수함과 조화로움을 주장함으로써, 자기 안에서 어두운 망상이 튀어나오지 못하도록 억누르려는 노력이었을지도 모른다. 혹은 어쩌면 그의 유년기는 바다에서 길을 잃은 사람이 꿈꾸는 육지와 같아서, 좋은 세상이 한낱 기억에만 존재하는 게 아니라 현실에서 그를 기다리고 있다는 약속이었던 게 아닐까.

그렇게 뉴로셸은 마이클의 이야기 속에서 갈수록 에덴동산과 비슷한 장소가 되어갔다. 남자들은 아이가 성장하도록 도왔고, 여자들은 활기차게 출근해서 가족을 부양할 돈을 벌었으며, 아이들은 마틴 루서킹 2세가 "내게는 꿈이 있습니다" 연설에서 묘사한 하나님의 신성한 산에서처럼 인종과 종교를 초월하여 조화롭게 어울려 놀았다. 요컨대 마이클은 세상을 자신이 원하는 대로 지어냈다. 사람들이 그 모든 이야기가 진실이라고 믿은 게 마이클의 잘못일까? 그와 함께 뉴로셸에서 자란 나조차도 그의 말을 반쯤은 믿었다.

마이클은 내 어머니의 친구 신시아에 대해서도 이야기했다. 훌륭한 작가인 그녀가 자신의 글쓰기를 격려해줬고, 포기하지 말라고 해주었다고 말했다. 신시아가 동네를 자주 찾아왔다고도 했다. 신시아가 길모퉁이에 있는 검안사의 집에서 열리는 모임에 참석했으며 동네 파티에서는 그녀의 딸 해리엇을 볼 수 있었다고 했다. 그러나 사실 마이클은 신시아의 딸을 만난 적이 없었고, 그녀의 이름은 해리엇이 아니며, 그녀는 우리 동네에서든 다른 어디서든 파티에 다니는 성격도 아니었다. 신시아 역시 길모퉁이에 있는 검안사의 집을 방문한 적이 없었다. 그 검안사가 내 콘택트렌즈를 무상으로 맞춰주고, 우리 아버지를 기차역까지 데려다주고, 마이클과 나를 학교까지 태워다준 다정한 남자인건 사실이었지만.

점심시간이 되어 해밀턴과 마이클은 잠시 쉬기로 하고, 동네 카페까지 걸어갔다가 돌아오는 내내 대화를 나누었다. 돌아와보니 마이클의 아파트는 늦은 오후의 햇살을 받아 낙엽 빛깔로 물들어 있었다. 아까 앉았던 대로 해밀턴은 낮은 소파에, 마이클은 맞은편 의자에 자리를 잡았다. 테이프에 녹음된 대화는 연상의 고리들을 따라서 자유롭게 펼쳐졌다. 해밀턴은 가급적 마이클이 책의 구조와 그 안에 담길 내용에 대한 주제로 돌아오도록 이끌었다.

마이클은 법학대학원과 텔루라이드에 대해, 귀도가 자신에게 보여준 믿음에 대해, 기도의 힘에 대해 이야기했다. 기도에 힘이 있다는 근거로 그는 캐리와 있었던 일화를 들었다. 마이클은 운전중 누군가가 끼어들면 머리끝까지 화가 나서 그 차를 죽어라 뒤쫓는 버릇이 있었고, 그럴 때마다 캐리는 겁에 질리기 일쑤였다. 그러던 어느 날 마이클은 밤마다 올리는 기도에 이런 내용을 더했다. "신이시여, 저의 생각을 정화해주시옵고, 그리하여 제가 복수심과 폭력과 분노로써 행동하지 않게 해주시옵소서." 전통 기도문에는 포함되지 않는 내용이지만, 일이 년 정도 이 기도를 올린 뒤로는 가속페달을 밟고 싶어 발이 근질거릴 때에도 참을 수 있게 되었다고 마이클은 설명했다. 그의 정신과 의사조차도 이 문장을 덧붙인 게 사람들이 수천 년 동안 해온 기도에 흠을 입히지는 않을 거라고 인정했다.

해밀턴은 스탠퍼드대학교 교수이자 이른바 '천재 보조금'으로 불리는 맥아더 펠로십 수상자인 신경내분비학자 로버트 새폴스키의 담당 편집자이기도 했다. 그는 자신이 편집한 새폴스키의 에세이 몇 편을 마이클에게 보내준 적이 있었다. 새폴스키는 과학 분야의 박식한 저술가이기도 했으며, 해마다 며칠은 케냐에서 개코원숭이들을 돌보며 보냈다. 새폴스키는 정통파 유대인 문화 속에서 성장한 자신의 유년기에 경의를 표하는 의미로 그 원숭이들에게 성경에서 나오는 이름들을 붙여주었다. 그가 유년기에 실천했던 신앙의 그림자는 형태를 바꾸어 사울, 베냐민, 바쎄바라는 이름이 붙은 개코원숭이 안에서, 자유의지와 신경 생물학에 대한 관심 속에서, 꽁지머리와 티셔츠와 청바지가 중화시킨 레위기 율법식 턱수염 속에서 살아 숨쉬고 있었다.

해밀턴이 마이클의 관심을 끌 거라고 판단한 에세이는 샤먼과 조현병에 대한 것으로서 "신을 위해 이불 주위를 돌다"라는 제목이 붙어 있었다. 마이클은 글을 보내준 장본인이 해밀턴이라는 것을 까맣게 잊고 해밀턴에게 글의 내용을 설명해주었다. 마이클 또한 조현병처럼 끔찍한 병이 어째서 계속 존재하느냐는 질문에 대한 답을 탐구할 때 새폴스키가 주목한 대상은 그가 "정신이 망가질 수 있는 아주 파멸적인 방식"이라고 부른 "완연한" 조현병 환자가 아니라, 조현병과 관련이 있는 사람들이 지닌 잠재적 이점이라는 사실 역시 잊은 모양이었다.

새폴스키의 에세이 주제는 그가 "분열형" 인격 장애라고 부르는 병에 걸린 사람들이었다. 분열형 인격 장애란 진짜 조현병의 사촌 격으로, 한두 단계 약해진 버전의 조현병과 비슷했다. 필립 K. 딕이 자기 소설의 어떤 등장인물을 "파트타임 조현병 환자"라고 묘사했을 때* 그도 분열형 인격 장애를 염두에 두었을지도 모른다. 새폴스키의 사변적 생각 속에서, 분열형 인격 장애 환자는 부족 문화 속 샤먼과 연관되었다. 그들은 남들이 보지 못하는 무언가를 보았지만, 그럼에도 사회에 소속될 수 있었다. 자신의 남다름을 허락받은 동시에 신성한 치유자라는 특수 역할을 부여받아, 현실과는 동떨어진 강력한 존재로 살아갈 수 있게 된 것이었다.

새폴스키가 처음부터 사변적인 면모가 있다고 인정한 그 에세이의 바탕에는 1930년대의 인류학자 폴 레이든의 연구가 있었다. 폴란드에

---

* 소설 『스캐너 다클리』의 주인공 밥 아크터에 대한 묘사다.

서 출생한 레이든은 랍비 가문의 자손으로 미국 서부의 아메리카 원주민 문화를 연구했다. 그의 영혼이 자신과 동류임을 감지한 새폴스키가 풍자를 섞어 적었듯, 레이든은 세상에서 유일하게 이디시어-수Sioux* 어 사전을 만들 수 있는 인물이었다. 그러나 새폴스키가 레이든에게 관심을 가진 건 그가 "샤먼, 요술사, 주술사가 '반쯤 미쳤다'는 생각을 최초로 개진"했기 때문이었다.

여기서 방점이 찍힌 단어는 '반쯤'이었다. 여느 사회와 다르지 않게 부족사회에도 완연한 정신증 상태의 사람을 위한 자리는 없었다. 그러나 '반쯤'과 '완전히'의 차이는 무시되기 십상이었다. 레이든에게서 영감을 얻은 조지프 캠벨과 줄리안 실버먼은 1960년대에 에설린 연구소를 비롯한 장소들에서 조현병이 계몽의 여정이라는 내용의 강연을 할 때 이 차이를 무시했고, 마이클 역시 새폴스키가 짚어낸 차이를 무시했다.

마이클은 자신의 유년기와 뉴로셀을 회상하던 방식 그대로 새폴스키의 에세이를 설명했다. 즉, 실제와 연관시키되 내용을 바꾸었다. 새폴스키 본인은 자신이 "열렬한 무신론자"라고 강조했지만, 마이클은 새폴스키를 불가지론자라고 설명했다. 새폴스키는 신과 종교가 정신질환에서 나왔으리라고 추정했지만, 마이클은 선후 관계를 왜곡하여 정신질환이 신에게서 내려온 것이라고 말했다. "칼 융은 우리가 꿈을 신에게서 내려온 메시지로 보아야 한다고 말했죠. 환각도 그러지 못할 이유가 있을까요?" 마이클은 해밀턴에게 말했다.

마이클은 새폴스키가 "왜곡되고 전적으로 서구화된 과학적 방식으

---

* 아메리카 원주민 부족 중 하나.

로 행동을 바라보는 관점"에 대해 개탄했다면서 자기도 같은 생각이라고 말했다. 하지만 사실 새폴스키는 부족사회의 샤먼 종교와 서구의 주요 종교 둘 다 정신질환에 대한 오해에서 비롯되었다고 생각했다. 그렇게 만들어진 종교가 세월이 지나면서 불안한 대중을 위무하기 위한 규범적 가치로 변형되었다는 게 새폴스키의 추측이었다. 레이든은 "원시적" 사회에만 샤먼이 있었다고 생각했던 반면, 새폴스키는 레이든의 이론을 서구로 확장하면서, 종교 개혁가 마르틴 루터의 강박 장애를 샤먼이 사고하는 과정의 예로 들었다.* 신성한 빛이 인간 정신에 생긴 균열을 통해 들어오는 게 아니라 신성한 빛 자체가 균열이었다. 증상은 시간이 흐르며 정제되고 의례화되어 정신적 습관으로 변모했다.

하지만 새폴스키의 에세이를 읽은 마이클은 새폴스키가 유도한 것과는 다른 결론에 이르렀다. 마이클은 자신을 "부족의 선지자"로 보았고, "정신질환의 존재나 의미가 신이 부여한 것인지 여부와 관계없이, 과학이 장애를 치료하는 대단히 유용한 도구일 수 있다"는 점은 인정했으나 그런 사고의 한계에 대해서도 명확히 지적했다. 그는 해밀턴에게 물었다. "사탄이 세상을 활보하면서, 자신이 믿음을 꺾을 수 있는지를 놓고 신과 내기를 벌일 만한 사람을 물색하고 있는 게 아닌지, 누가 알겠습니까?"

욥기에 나오는 이야기였다. 마이클이 사탄의 달갑지 않은 관심을 끄는 사람에 대해 이야기하면서 누구를 염두에 두고 있었는지 상상하기는 어렵지 않다.

12월의 태양이 강 너머 뉴저지 쪽으로 자취를 감추는 사이에 환했

---

* 현대 정신의학 이론에 따르면 루터의 사고방식은 임상적 강박 장애의 증상으로 해석될 수 있다.

던 아파트가 서서히 어두워졌다. 대화 녹음은 끝났다. 아파트에는 전등이 켜져 있지 않았고, 겨울의 어스름이 집안으로 번져나가는데도 마이클은 일어서서 불을 켜려는 낌새가 없었다. 아득히 강물이 흘러가는 소리가 들렸다. 마이클은 흐르는 강물을 들여다보며 얼마나 오랜 시간을 보냈을까. 모든 걸 끌어당기는 급류가 핏줄 안까지 밀려드는 날들이 있었을 것이다. 서늘한 강물이 갈비뼈를 굽이굽이 통과하여 영혼에 차디찬 유사를 쌓아두고 가는 날들이 있었을 것이다.

해밀턴은 대단히 성공적이었다고 자평한 첫 면담에서 마지막으로 몇 가지 아이디어를 포착해내고자 어둑한 실내에서 바쁘게 글을 휘갈겨쓰고 있었다. 침묵이 길어지는 기색을 가까스로 알아차린 찰나, 마이클이 갑자기 한 옥타브는 낮아진 목소리로 입을 열었다. 해밀턴이 놀라서 고개를 들어보니 맞은편에 앉은 마이클이 몸을 앞뒤로 흔들고 있었다.

"제가 아주 지쳤거든요." 마이클이 무언가 변해버린 낮은 목소리로 말했다. "이제 가시는 게 좋겠어요."

해밀턴은 반박할 뜻이 없었다. 몇 글자만 더 적으면 되었다.

"슬슬 마무리하죠." 해밀턴은 다시 공책을 내려다보며 말했다. 지금 그가 포착한 단어들은 모두 잠재적으로 책의 일부가 될 수도 있는 것들이었다. 효과적으로 협업한다면 책을 살릴 수 있을지도 몰랐다. 아직은 기차 시간까지 여유가 있었다.

빠르게 글씨를 써 내려가던 중 그는 문득 마이클이 자리에서 일어나 자신이 앉은 소파로 왔다는 걸 알아차렸다. 몸을 앞뒤로 흔들고 있는 마이클의 존재감이 희미하게 느껴졌다. 고개를 든 순간 해밀턴은 머리칼이 쭈뼛 섰다. 마이클은 조금 전과 전혀 달라진 얼굴로 그의 옆에 우뚝 서 있었다. 해밀턴의 눈에 익숙했던 생기의 빛이 사라지자, 마이클의 얼굴은 가면에 덮인 것처럼 보였다. 그는 아무 말 없이 해밀턴을 내려다보며 천천히 몸을 흔들고 있었다.

"괜찮으신 거죠?" 해밀턴이 물었다.

"이제 가보셔야 할 것 같아요." 마이클의 목소리는 느리고 깊었다. "제가 정말, 정말 지쳤거든요."

해밀턴은 전속력으로 테이프녹음기와 공책, 배낭, 외투를 챙겼다. 하지만 현관문에 서서 인사를 할 즈음 마이클은 다시 원래의 자신으로 돌아가서, 정중하게 예의를 차리며 해밀턴을 기차역까지 데려다주겠다고 고집했다. 잠시 걷는 동안 그는 편안하게 말했고, 승강장에서 허수아비처럼 뻣뻣하게 해밀턴과 포옹했다.

전체적으로 소득이 컸던 하루였다. 어둠 속에서 잠시 찾아왔던 기이한 순간에 대해서는 두 사람 다 언급하지 않았다. 그러나 그 순간의 분위기는 뉴욕시로 돌아가는 기차에서 내내 해밀턴의 마음을 어지럽혔다.

테이프에 녹음한 대화가 마이클의 승인을 받은 녹취록으로 정리되기까지 몇 달이 걸렸다. 타이핑 작업은 에이전트가 맡았다. 처음에 마이클은 녹취록의 어떤 부분에 대해서는 반대를 했던 것으로 보인다. 해밀턴으로서는 녹취록은 대화를 받아 적은 것일 뿐인데 무엇이 마음에 걸린 것인지 확신할 수 없었지만, 어쨌거나 녹취록이 완성된 건 1997년 2월이었고, 그때 그는 이미 스크리브너를 떠나 더턴으로 이직하기로 결정한 상태였다.

종신 재직권을 얻지 못한 교수와 마찬가지로 편집자들은 더 오래 일

할 수 있는 자리를 찾아 처음 취업한 회사를 떠나는 일이 비일비재했
다. 해밀턴은 마이클, 그리고 『광기의 법칙』과 작별하기가 아쉬웠지
만, 마음속으로는 그 책이 과연 완성될 수 있을지 의문을 품고 있었다.

해밀턴은 마이클과 면담을 계속 진행하면서 마이클이 직접 선택한
단어들을 사용해 제안서를 점진적으로 보충하다보면 온전한 한 권의
책이 탄생할 거라고 희망했었다. 물론 그 일을 꼭 그가 해야만 하는 건
아니었다. 책은 믿음직한 후임의 손에 맡겨지겠지만, 해밀턴은 그간
마이클과 끈끈한 관계를 구축했고 마치 오래전부터 알고 지낸 사이처
럼 느꼈다.

마이클에게 해밀턴과의 이별은 큰 타격이었다. 티나는 이 소식을 듣
고 "어떤 사람들"이 대단히 속상해한다고 해밀턴에게 전했다. "어떤
사람들"이 누구인지야 뻔했지만, 해밀턴이 할 수 있는 일은 없었다.
한편 해밀턴의 장인 마이크 골드스타인은 죽어가고 있었다. 조현병 연
구로 마이클을 매혹시켰던 심리학자는 위중한 암을 진단받고, 여명이
몇 달 남지 않은 상태로 집에서 호스피스에게 돌봄을 받고 있었다. 그
는 할리우드힐스에 위치한 자기 집 거실에 병원용 침상을 놓고 그곳에
서 잠을 잤다.

해밀턴의 아내는 아버지의 임종을 지키러 떠난 상태였고 장인과 가
까운 사이였던 해밀턴 역시 대통령의 날을 낀 주말에 작별인사를 하러
로스앤젤레스로 갔다. 골드스타인은 머리가 빠지고 쇠약해진 몸으로
병원 침대에 꼼짝없이 누워 있는 상태였지만, 정신만은 또렷했다. 해
밀턴이 동경했던 따스하게 빛나는 의식도 여전히 지키고 있었다. 골드
스타인은 사위에게 기분 전환 삼아 읽을 만한 게 없느냐고 물었다.

해밀턴에게는 마이클과의 대화를 담은 녹취록이 있었다. "이런 게

있긴 한데, 읽고 싶으실지 모르겠어요." 그가 말했다.

골드스타인은 녹취록을 끝까지 읽은 다음, 사위를 골똘히 바라보
았다.

"믿기지 않는구나." 그가 입을 열었다. "이 사람, 틀림없이 거짓말
을 하고 있어. 그게 아니라면 보기보다 심하게 아픈 게야."

34장
동등한 기회

> 지배 문화는 우리에 대한 두려움을 거두고, 우리의 생물학적
> 질환을 아주 작은 노력만으로도 크게 배려할 수 있는 장애로
> 인식할 필요가 있다.
> ─마이클 라우도어, 〈뉴욕 타임스〉,「정신질환자에게
> 필요한 건 '진짜 일'에 대한 교훈이 아니다」

『광기의 법칙』 편집을 이어받은 건 해밀턴의 동료 제인 로즌먼이었다. 그녀에게 떨어진 문제 중 하나는, 아직 편집할 게 아무것도 없다는 것이었다. 마이클은 풍부한 광맥을 품고 있지만 누구도 광석을 캐낼 방법을 모르는 산과 같았다.

제인이 마이클의 이야기에 매혹된 건 그로부터 이미 한참 전, 록펠러 센터에 위치한 사이먼 앤드 슈스터 건물로 출근하는 아침 버스에서 〈뉴욕 타임스〉를 펼쳤다가 메트로 섹션*에서 그림자 바깥을 응시하고 있는 마이클의 모습을 본 순간이었다. 어린아이를 키우고 있던 그녀는 끔찍한 질환에 굴복하길 거부하는 용감하고 똑똑한 청년의 이야기에 깊이 감동했다. 부모가 아이를 보호하려고 아무리 애써도 막아낼

---

* 신문에서 지역 뉴스를 중심적으로 다루는 섹션.

수 없는 것이 세상에는 존재한다는 게 실감이 났다.

제인은 그날 시간이 나자마자 〈뉴욕 타임스〉 기자 리사 포데라로에게 전화를 걸어서, 이 특별한 기사를 책으로 낼 생각이 없느냐고 물었다. 포데라로는 웃음을 터뜨렸다. 아직 점심시간도 되지 않았는데 똑같은 질문을 벌써 일곱번째 받았다는 설명이 뒤따랐다. 포데라로는 자신은 마이클에 대한 책을 쓰고 있지 않지만, 마이클 본인이 이미 에이전트와 함께 책을 쓰고 있다고 알려주었다. 제인은 그날 티나에게도 전화를 걸었고, 이미 스크리브너의 동료 편집자가 그 책을 담당하기로 결정되었다는 소식을 알게 되었다.

제인은 더턴으로 이직하는 해밀턴의 작업을 이어받을 적임자였다. 티나는 마이클을 데려와 제인을 소개시켰고, 두 사람은 빠르고 편안하게 친밀감을 쌓았다. 제인은 마이클이 말을 느리게 하고 동작이 뻣뻣하다는 걸 알아차리고, 아마도 약물 부작용일 거라고 짐작했다. 하지만 그녀가 마이클에게서 가장 크게 느낀 건 상대를 허물어뜨리는 그의 다정함이었다.

마이클은 약해진 상태에서도 —제인은 자신이 보고 있는 마이클이 그의 아주 작은 부분이라는 걸 인식하고 있었다— 제인이 잘 알고 사랑하는 유대인 가족들을 연상시켰다. 제인의 남편 역시 유대인으로, 두 사람은 어퍼 웨스트사이드의 한 유대교 회당에서 처음 만났다. 마이클은 제인 부부의 첫 만남 이야기가 마음에 쏙 들었는지, 새 편집자에게 원고를 비롯해 이런저런 주제를 논하기 위해 전화를 걸 때면 대화는 그 회당 이야기로 흘러가기 일쑤였다. 그곳은 내가 다니는 회당이기도 했다. 제인에게도 이런 대화는 소중했지만, 마감 시한이 다가오고 또 한 차례 지나가기를 되풀이하는 동안 마이클은 끝내 약속했던 원고를 제출하지 않았다. 언젠가부터는 전화조차 오지 않았다.

나는 마이클이 원고와 씨름하고 있다는 걸 알았다. 하지만 나는 책을 출판한 작가들에 둘러싸여 자란 사람이었고, 그들에게서 "잘 풀리고 있어"라는 말을 들은 적은 단 한 번도 없었다. 가장 성공한 작가들조차 작업중인 원고에 대해서는 나이든 친척들이 협심증이나 당뇨병에 대해 이야기하는 투로 한탄하곤 했다.

그때 나는 마이클이 이미 계약한 책을 쓸 수 없을 거라고는 전혀 생각지 못했다. 어린 날 우리가 글쓰기에 구원받을 거라고 상상했던 그대로, 그 책은 이미 마이클을 구원해주었다. 조현병과 씨름하느라 일자리를 찾지 못하고 있던 *그가*, 남들에게 곤경을 털어놓자 갑자기 일자리를 구할 필요가 사라졌다. 아니, 조현병과 씨름하고 일자리를 찾지 못하는 이야기를 들려주는 것 자체가 그의 일이 되었다.

지금 생각해보면, 나는 슬픔이 단어로 바뀌듯이, 정신증과의 싸움을 이야기로 풀어내면 정신증이 과거 시제의 병이 될 거라고 믿었다. 즉 그때 나는 조현병에 대해 대단히 무지했고, 여전히 다름없이 글쓰기에 대한 환상에 젖어 있었다.

어쩌면 문제는 마이클이 작가가 되기 전에 이미 스스로 이야기가 되었다는 걸지도 몰랐다. 화자가 마이클 본인인 것처럼 보일 때조차, 그의 이야기를 들려주는 주체는 다른 사람들이었다. 사람들은 서로에게, 〈뉴욕 타임스〉 독자들에게, 심지어 마이클 본인에게 마이클의 이야기를 들려주었다. 마이클이 소개된 기사의 헤드라인 "베들럼으로 가는 길, 그리고 돌아오는 길"은 고백시파의 여명이 밝아오던 1960년에 앤 섹스턴이 출간한 시집의 제목에서 따온 것이었다. 섹스턴은 실비아 플라스와 친구였고, 그녀처럼 중증 정신질환을 앓았다. 섹스턴의 시 가운데 상당수가 시집의 제목에 적힌 베들럼, 즉 정신병원을 배경으로 정신분석가에게 이야기하는 형식을 띠고 있다.

프로이트는 새로운 과학을 만들면서 문학을 마음껏 빌려 썼고, 그 대가로 문학에 이야기를 들려주는 행위가 치유의 행위라는 개념을 선사했다. "돌아오는 길"이라는 표현이 마이클이 끔찍이 싫어했던 '중간 거주 시설'보다 훨씬 더 희망차게 들렸던 까닭은, 그 표현이 사용된 맥락을 알든 모르든 문학적 암시라는 것 자체가 청자에게 희망을 안겨주기 때문이었다. 그러나 너무 많은 것을 아는 사람에게는 기사에 깃든 낙관이 제대로 힘을 발휘하지 못했을 것이다. 섹스턴은 플라스처럼 자살했다. 하지만 '베들럼'이라는 낡은 단어조차 의학 용어보다는 시어 같은 분위기를 풍겼고, 마이클이 원래 그의 목적지였던 문학의 품에 마침내 안착하고 있다는 느낌을 주었다.

글쓰기가 구원이라는 개념, 세속적 작업이지만 종교적 보상이 뒤따른다는 개념은 마이클과 내가 성장기에 묻지도 따지지도 않고 받아들인 또하나의 믿음이었다. 글쓰기가 "모든 걸 망가뜨린다"고 말했던 우리 아버지조차 은퇴 후에는 허드슨강이 내다보이는 곳에서 다뉴브강을 떠올리며 자신의 삶을 이루었던 여러 가닥의 물줄기를 조화롭게 엮어내 "두 개의 강"이라는 제목의 책을 쓰기를 꿈꾸었다. 그러나 아버지가 여러 해 전에 골라둔 제사題詞는 —이디시어 시의 한 문단으로, "나는 총격에 잃은 손가락의 감각을 안고 상이군인처럼 살아간다"라는 문장으로 끝난다— 그가 글쓰기에서 바라던 해법을 얻지 못했을지도 모른다는 의미로 읽혔다.

미할은 아이를 원하고 있었다. 나는 아직 때가 아니라고 미루었다. 내 소설을 먼저 마무리해야 한다고 믿었다. 훗날 나는 미할과 난임으로 고생하면서, 어쩌다가 내 머릿속에 한 종류의 창조가 다른 종류의 창조와 경쟁한다는 왜곡된 관념이 들어온 건지 의아해졌다.

마이클은 여전히 다른 사람의 도움 없이 책을 쓰겠다고 고집하고 있었다. 자기 이야기를 자신만의 방식으로 자신의 언어로 써낼 작정이었다. 할리우드에서 무엇을 어떻게 왜곡시키든, 자신이 직접 들려주는 이야기로 전부 바로잡을 수 있을 거라고 믿었다. 마이클이 문학적 순수성과 다락방에서의 고독한 작업에 대해 품은 꿈은 그가 법학 리뷰 저널에 실린 에세이에서 그린 상호 의존적 세상과는 조화를 이루지 못했다. 글쓰기는 매우 고독한 작업이었다.

그로부터 얼마 전, 우리 어머니는 『뉴욕 타임스 매거진』 뒷부분에 실린 한 에세이에서 작가의 여정을 "금방이라도 무너질 듯한 땅을 딛고 일렬로 터덜터덜 걸어가는 것"이라고 묘사했다. 그녀는 덧붙였다. "유사에 빠진 당신을 그 누구도 구해주지 않는다."

나는 마침내 소설을 출판했다. 서평 한 건 한 건을 읽을 때마다 공개적으로 대장 내시경을 당하는 기분이 들었지만, 대체로 호평이었다. 내 편집자는 센터 스트리트의 옛 경찰청 건물인 으리으리한 보자르양식의 자기 아파트에서 파티를 열어주었다. 토니 모리슨이 그와 같은 층에 살고 있었다. 하지만 다음날 아침 나는 다시 우리집에서 눈을 떴다. 책을 출판하면 직장에 출근하지 않아도 될 거라는 나의 비합리적 희망은 현실이 되지 않았다. 내가 마주한 건 오히려 전혀 예상하지 못했던 어머니와의 갈등이었다. 내 소설의 출판을 계기로 어머니는 장거리를 뛰는 작가의 외로움에 대해 어두운 사색에 빠져들었다. 어머니는 "내 아들, 소설가"라는 제목을 붙인 자신의 에세이 주제가 "양가감정이라는 금기"의 탐구라고 미리 귀띔해주었다. 내 소설 출간 기념 파티에서 이 글을 써야겠다는 생각이 숙제처럼 떠올랐다고 했다.

어머니의 글에서 물론 나는 애정과 칭찬을 느낄 수 있었지만, 그 안에는 내가 "다른 할일을 찾았으면 좋았으리라는" 바람 역시 담겨 있었다. 아들의 책이 내 책보다 더 잘 팔리면 어떡하지? 아들이 내가 "찜해놓은" 소재를 침범하면 어쩌지? 어머니는 우리 둘 중 누군가가 "F. 스콧 피츠제럴드가 아내 젤다에게 그녀의 자서전을 두고 대해 한 말―그건 내 소재니까 쓰지 마!―을 해야 할지도 모른다고" 걱정했다.

하지만 젤다와 F. 스콧 피츠제럴드 둘 다 같은 소재를 쓸 수는 없었던 걸까? 피츠제럴드 본인이 자전적 에세이 「무너져내리다」에서 "일급 지성의 기준은 머릿속에 반대되는 두 가지 개념을 동시에 품고서도 기능하는 능력을 잃지 않는 것"이라고 하지 않았던가? 물론 그게 쉽다고 말한 사람은 없었다.

글쓰기가 우리를 치유한다는 생각의 이면에는 두려움이 있었다. 자신의 이야기를 들려주는 데 실패한 사람은, 꿈을 이루는 데 실패한 사람은 저 바깥의 어둠 속으로 내던져질 것이다. 나는 언제나 불안에 시달렸다. 해럴드 블룸이 불안을 문학 이론으로 승화시키든 키에르케고르가 불안을 "자유의 현기증"이라고 부르든 상관없었다. 자유가 그런 거라면 식중독보다도 못했다. 하지만 나는 전만큼 현기증을 느끼지는 않았다. 약물 덕분이었다.

글쓰기 자체가 나를 정신약리학의 절벽 아래로 떨어뜨린 적도 있었다. 『배니티 페어』에 실릴 헨리 로스의 인터뷰를 하러 뉴멕시코에 갔다가 심한 공황 발작을 일으킨 때의 일이었다. 1934년에 걸작 한 편을 써낸 뒤 육십 년 동안 망명과 우울증과 침묵의 삶을 살아온 고령의 작가 헨리 로스는 당시 여든일곱의 나이로 두번째 소설을 출판하려 하고 있었다. 인터뷰는 순조롭게 진행되었고, 나는 로스가 당시 상징적 의미로 거주하고 있던 장례식장을 개조한 집에서 그를 태워 병원 예약에 데려다주는 길에 고속도로 출구를 놓쳤다. 출구를 놓치는 거야 내게 새로운 일은 아니었지만, 정신을 차려보니 나는 공황에 빠져 식은땀을 뻘뻘 흘리고 있었다. 내 옆에는 팔십대 노인이 대단히 불안해하는 기색으로 미래의 크리스마스 유령*처럼 앉아서, 내게 어떤 선고를 내리듯 확신어린 투로 말했다. "한번 길을 잘못 들면, 실수가 눈덩이처럼 불어나기 마련이지." 집에 돌아가는 길에 나는 이제는 달라지겠노라고 맹세했다.

그해 초에 나는 아파트 건물 로비에 나뒹구는 『프로작에게 듣는다 Listening to Prozac』 한 부를 발견했다. 책과 프로작**은 둘 다 베스트셀러였다. 잘 팔리는 약과 잘 팔리는 책이라면, 내가 어릴 적부터 경계하라고 교육받은 것들이었다. 순식간에 우울감이 줄어들 가능성이라니. 자아를 재창조할 수 있다는 약속 ―혹은 위협― 이라니. 그 앞에서 나는 유혹과 수치심을 동시에 느꼈다. 나는 책을 슬쩍 팽겨서 계단을 올라 아파트 구석에 숨겨두었다. 뉴멕시코에서 돌아온 뒤 나는 숨겨두었던 그 책을 꺼냈다.

프로작은 항우울제였다. 내겐 우울증이 없었지만, 프로작의 부작용 하나가 불안을 막아주는 것이었다. 따지고 보면 이 약의 주요 작용도 부작용이라 할 수 있었다. 우연한 발견을 통해 만들어지는 경향이 있

---

* 찰스 디킨스의 「크리스마스캐럴」에 나오는 세번째 유령으로, 주인공 스크루지의 행동이 낳을 음울한 미래를 상징한다.
** 항우울제 플루옥세틴의 상표명.

는 정신질환 약물 중 상당수가 그러했다. 프로작의 작용 기전을 아는 사람은 없었다. 우리가 프로작에 대해 아는 건 단지 그것이 어떤 효과를 내는지, 아니 어떤 효과를 낼 가능성이 있는지가 전부였다. 그럼에도 제약사들은 프로작을 화학적 불균형을 빠르게 바로잡아주는, 세로토닌이 결핍된 사람을 위한 비타민 보충제처럼 묘사했다.

책은 사려 깊게 쓰였고, 저자의 환자들이 스스로 느낀 성격 변화에 대해 놀라울 만큼 양면적인 태도로 접근했다. 저자 피터 크레이머는 정신분석 훈련을 받은 정신과의사였으며 생물학에 대해서도 잘 알았다. 그는 정신의학이 세상을 치유하는 일을 잠시 멈추고 반으로 쪼개진 자기 자신을 먼저 붙이려 애쓰고 있던 시대의 인물이었다. 크레이머는 수치심을 덜 느끼고 유능감과 대담함을 더 느끼는 것 자체에는 아무 문제가 없다고 적었다. 하지만 사람들이 그렇게 느끼기 위해 약을 먹는다면, 그 약은 "미용 약물"로 부르는 게 낫지 않겠느냐고 질문했다. 그는 환자들이 약에 의존하면서 치료를 회피할까봐 걱정하고 있었다.

내게 프로작의 매력은, 뇌에 작용하지만 생각을 요구하지는 않는다는 점이었다. 신경증에서 벗어나기 위해 대화할 필요가 없었다. 단서들을 해석하거나 갈등의 기원을 되짚어가며 유년기의 무의식적 욕망을 들여다보지 않아도 되었다. 알약을 목구멍으로 꿀꺽 넘기면 끝이었다.

프로이트는 머릿속을 떠도는 생각 하나하나에 의미가 있다고 주장했고, 그 의미가 무엇인지까지 얘기해주었다. 한때 헤아릴 수 없는 심연으로 여겨졌던 무의식은 이제 조립식 주택단지가 들어선 레빗타운*비슷한 것으로 생각되었다. 벽에 붙일 포스터는 선택할 수 있지만, 평

---

* 뉴욕주 롱아일랜드에 있는 계획형 주거 도시.

면 구조는 이미 정해져 있는 곳. 그런 면에서 프로작은 마르크스주의
가 그랬듯 지식인들을 끌어당기는 반지성적 자석이었다. 프로작은 내
가 느끼는 정신적 불편에서 어떤 의미를 찾으려 들지 않았다. 아예 생
각을 요구하지 않았다. 바로 그 점이 나를 짜릿하게 했다.

크레이머의 환자 몇 사람은 프로작을 복용한 뒤 "좋은 것보다 더 좋
은" 기분이 들었다고 묘사했다. 칼 메닝거는 1960년대에 자신의 저서
『활력의 균형』에서 정신분석이 정확히 그런 기분을 느끼게 해주리라
약속했었지만, 그때는 누구도 정신분석을 미용 정신분석이라고 부르
지 않았다. 내 목표 역시 그렇게까지 고상한 건 아니었다.

나는 아주 적은 복용량으로 시작했다. 프로작 캡슐을 돌려 열어서,
과립 몇 개를 크랜베리 주스에 타서 농도를 맞추었다. 용액의 절반을
마시고 다음날 나머지를 마시면서 며칠, 몇 주에 거쳐 아주 서서히 용
량을 늘렸다. 처음에는 그렇게 소량을 복용했는데도 뚜렷한 변화가 느
껴졌다. 손가락 끝이 간지러웠고, 마치 내 몸을 구성하는 분자들이 너
무 빠르게 움직이고 있는 것처럼 피부 안쪽에서부터 열기가 올라왔다.
그건 적어도 무언가가 일어나고 있다는 의미였다. 무언가가 일어나지
않고 있다는 의미라면 더 좋았다.

생방송 텔레비전 프로그램이 욕설을 걸러내기 위해 몇 초의 말미를
두고 송출되는 것처럼 내 신경계에 일종의 완충지대가, 몇 초의 지연
시간이 생겨나는 것 같았다. 어떤 무해한 자극에 대해 내 뉴런이 무심
코 부적절한 반응을 내보내더라도, 대뜸 데프콘* 2단계를 발령하기 전
에 한 박자 쉬어갈 틈이 생겼다.

---

* 미국의 군사적 방어 준비 태세. 총 다섯 단계로 이루어져 있다.

물론 내 불안이 감쪽같이 사라진 건 아니었다. 하지만 시간이 흐르면서 불안은 차츰 나를 끊임없이 소모하는 평생의 동반자라는 지위를 잃게 되었다. 그게 플라세보 효과라 한들 상관없었다. 나는 원래도 암시에 잘 걸리는 편이었고, 대개는 그 끝이 추락이었다면 이번엔 목적지가 달랐다.

정신과 약물에 대한 반응은 치료법인 동시에 그 자체로 하나의 진단이다. 흡사 보드빌극의 농담처럼 들리는 이야기다. 약이 통한다고? 그럼 너 아픈 거야. 완치할 방법은 없으니 병을 안고 살아야 하는 건 그대로지만 그래도 고통을 경감시킬 수단은 있는 셈이다. 아스피린은 두통을 치료하지 않는다. 그저 알아채지 못하게 해주는 것뿐이다.

내 병이 무엇이었느냐고? "범불안 장애로 진단할게요." 정신과의사는 말했다.

진단명 자체가 모호했다. 'GAD'*라는 약어로 불리는 그 이름은 조현병이나 양극성 장애에 비해 사소한 병이라는 느낌을 주었고 실제로도 그러했다. 하지만 『정신질환의 진단 및 통계 편람』에 버젓이 실린 장애로 인해 프로작을 복용함으로써 나는 정신질환이 있는 사람이라고 확정을 받은 셈이었다. 편람에 실린 항목에는 정신적 우울증뿐 아니라 거미 공포증도 있지만, 나는 그 사실을 자꾸 잊었다. 내 진단명이 편람에 실려 있다니. 보험 처리도 받을 수 있다니. 그렇다면 나는 미국인의 절반이 평생 한 번 이상 정신질환에 걸린다는 신문 기사에 단골로 등장하는, 보이지 않는 대규모 부대의 징집병 중 하나가 된 셈이었다. 그런 관점에서 마이클과 나는 한배를 타고 있었다.

---

* Generalized Anxiety Disorder.

하지만 요점은 실제로는 우리가 한배를 타고 있지 않았다는 것이다. 하지만 그렇게 생각하기가 너무 쉬웠다. 자연히 내가 복용하는 약과 내가 가진 질환이 마이클의 것들과 유사하다고 상상하기도 쉬웠다. 나는 누군가가 내게 약을 먹으라거나 먹지 말라고 잔소리하면 싫을 것 같았고, 애초에 내가 약을 먹는다는 사실을 남들에게 알리고 싶지도 않았다. 마이클의 상황도 나와 다르다고 생각할 이유가 없었다. 마이클이 복약을 그만두기로 결정했다고 해도, 그게 내가 상관할 일일까?

이분법의 역설은, 이분법이 스펙트럼의 부재를 뜻하지는 않는다는 것이다. 마찬가지로 스펙트럼이 본질적 차이의 부재를 뜻하지도 않는다. 아무리 모호하더라도 경계는 경계다. 문제는 그 경계를 결정할 권한이 누구에게 있느냐는 것이다. 누가 환자고, 누가 단순히 남들과 조금 다른 것이며, 그 차이가 언제 중요해지는지, 이를 어떻게 대해야 하는지를 둘러싼 대중 담론은 여전히 혼란스럽고 말썽이 많았다.

당시 평등 고용 촉진 위원회에서 발행한 신규 지침을 놓고 한바탕 전쟁이 벌어지고 있었다. 1990년에 통과된 미국 장애인법을 정신질환이 있는 직원들에게 어떻게 적용할지 설명하는 지침이었다. 기업들은 "일반적으로 바람직하지 못하다고 간주되는 특질들―습관적 지각, 판단력 부족, 동료나 관리자에 대한 적대적 태도 등―이 '정신장애와 관련된 증상일 수 있다는'" 사실을 염두에 두라는 지침에 반발했다. 어떤 상황이 물리적 폭력이 일어날 위험이 "상당한" 상황인지 아니면 단순히 위험이 "고조된" 상황인지 일일이 구분해야 한다면 어떻게 장애에 대한 "잘못된 믿음과 두려움과 고정관념"에 맞서 싸울 수 있겠는가?

그리고 언론 보도의 홍수 속에서 사례로 등장한 정보 제공 사서으 경우처럼, 손님과 동료들에게 소리를 질러서 두번째로 징계를 받은 뒤에야 자신에게 장애가 있음을 공개했지만, 새 지침에 따르면 징계가 아니라 스트레스를 경감을 위한 휴가를 받게 되는 사람에 대해선 어떻게 이해해야 한단 말인가?

연방의 규제는 많은 면에서 장애와 공동체를 포괄적으로 이해하려 했던 마이클의 관점을 따라잡고 있었다. 평등 고용 촉진 위원회의 법률 고문 두 사람이 신규 지침을 옹호하는 법학 리뷰 논문에서 마이클의 말을 인용했다. 그들이 참고한 건 해당 주제에 대해 마이클이 쓴 논문이 아니라, 〈뉴욕 타임스〉에 실린 기사였다. 그 안에 담긴 마이클의 이야기 자체가 현실에 존재하는 낙인을 예증했다. 미국 장애인법의 목표는 그런 낙인을 제거하는 것이었다. 마이클의 이야기는 정신장애가 신체장애와 동등하게 배려받아야 한다는 근거이기도 했다. 마이클이 앉아 있는 보이지 않는 휠체어에 점점 실체가 생기고 있었다.

신규 지침에 반발한 건 기업만이 아니었다. 마이클은 1997년 봄에 〈뉴욕 타임스〉에 실린 한 사설을 읽고 분통을 터뜨렸다. 그 사설에서 정신과의사이자 예일대 의과대학 강사인 샐리 사텔은 평등 고용 촉진 위원회가 "직업적 의료 과실에 상응하는 실수"를 저질렀다고 비난하면서, "직장에서든 법정에서든 교실에서든" 규칙을 완화해주는 것은 성격 장애가 있는 환자들의 상태를 악화시킬 "잔인한 책략"이라고 주장했다.

사텔은 조현병을 언급하지 않았지만 마이클은 그녀의 주장 전체가 자신을 겨냥했다고 받아들였다. 그는 〈뉴욕 타임스〉에 자기 자신이 사텔이 틀렸음을 보여주는 증거라며 반박 편지를 보냈다. "우리는 사텔 선생이 자기 환자에 대해 당당하게 묘사한 것과 달리 '정신과의사가 정한 한계를 내면화할' 필요가 없습니다." 그는 사텔이 "기질적 뇌질환을 가진 사람들은 보이지 않는 휠체어에 묶여 있는 것과 마찬가지"라는 사실을 이해하는 데 실패했다고도 적었다. 편지에서 마이클은 성격 장애에 대한 사텔의 주장에 답하기보다는—그는 그 주장은 "요점에서 크게 벗어났다"라고 적었다—그녀가 사용한 단어들과 그 단어들이 묘사하는 사람들을 새로 정의하고 있었다. 마치 새로운 정의를 통해 진단이 고쳐질 수 있다는 듯이.

하지만 마이클은 때때로 윌리엄 스타이런의 『보이는 어둠』을 언급하기도 했다. 이 책은 주요 우울 장애가 아직 수치와 비밀의 장막에 감싸여 있던 시절에 뚜껑을 열고 그 속을 드러낸 짧은 회고록이었다. 스타이런은 깊은 절망에 빠져 자살을 생각던 때에는 "부엌 서랍 속 식칼이 내게는 오로지 하나의 목적으로 존재하는 것 같다"고 느꼈다. 그는 정신과의사에게 입원 가능성을 타진했지만, "당신에게 따라붙을 낙인을 생각하면 어떤 일이 있더라도" 입원만은 피해야 한다는 대답이 돌아왔다. 하지만 스타이런이 당시 느꼈던 정신적 고통은 "고집스럽게 항정신제에 충성하고 있던" 그의 정신과의사가 기필코 그를 보내지 않으려 한 병원에 있지 않았다. 그의 고통은 책의 제목이 암시하는 밀턴의 지옥*에 있었다.

정신분석을 훈련받은 앞 세대의 정신과의사들이 약물을 바라보던 관점은 스타이런의 의사가 병원을 바라보던 관점과 같았다. 『프로작에게 듣는다』를 쓴 피터 크레이머는 하버드대 의학대학을 다닌 1970년

---

* 『실낙원』 1권 63행에 나오는 표현이다. "빛이 아니라 보이는 어둠이 비탄의 광경을 드러낼 뿐이었다."

대를 회상하면서 향정신성 약물에 의존하는 것은 "의사의 상상력 부족"으로 간주되었다고 적었다. 정신과의사들 역시 낙인이 두렵기는 마찬가지였다.

의사들이 직접 그 낙인을 강화시키는 때도 있었다. 영화 〈뻐꾸기 둥지 위로 날아간 새〉가 촬영된 오리건 주립 정신병원의 개혁적인 관리자는 자신이 다스리는 병원에 영화 제작팀을 초대했을뿐더러, 직접 랜들 맥머피의 정신과의사로 카메오 출연을 했다. 그는 영화에서 폭력적으로 묘사되는 전기 경련 요법이 이미 삼십 년 전, 근육 이완제와 다른 안전 조치들이 도입되기 이전 먼 과거의 일이라는 걸 알았다. 향정신성 약물이 도래한 1950년대 이래로 그의 시설에서 전두엽 절제술은 한 건도 시행되지 않았다. 하지만 그는 영화의 배경을 1963년으로 정하고, 엔딩 크레디트에 안내문을 넣으면 영화가 정신병원을 사실적으로 묘사한 게 아니라 하나의 '알레고리'라는 점을 명확히 밝힐 수 있을 거라고 희망했다.

의사에게서 기필코 입원만은 피하라는 경고를 받고 몇 주 뒤, 스타이런은 구급차에 실려 컬럼비아 장로교 병원으로 이송되었다. 마이클이 입원했던 바로 그 병원이었다. 스타이런은 "자물쇠로 굳게 잠기고 철망을 친 문과 을씨년스러운 녹색 복도" 그리고 하루종일 십층까지 올라오는 구급차 소리에도 불구하고 병원은 "나의 구원이었다"라고 적었다.

35장
거꾸로 가는 여정

정신이상에서 견딜 수 없는 괴로움이 무엇인지 이제 알겠다.
잘 모르는 사람들은 정신이상자들이 '행복할' 거라고 생각할
수도 있다는 것. 맙소사.

—잭 케루악, 『빅 서』

마이클은 이매진 팀에서 오는 전화를 받지 않았고, 그가 다시 전화를 거는 일도 없었다. 영화 작업은 앞을 향해 내달리고 있었다. 그러나 영화란 유동적인 존재이기에 양복쟁이들은 계속해서 무얼 더 바꾸면 좋을지 고민했다. 마이클이 좋아했던 이매진의 한 여성 중역은 처음부터 더 강한 여성 인물이 필요하지 않을까 생각했다. 마이클은 자신을 성장시킨 정신적 지주는 아버지이며 어머니는 자기 이야기에서 부수적인 인물이라고 못박아둔 터였다. 그렇다면 중간 거주 시설에서 만난 여자 이외에 다른 애정 상대를 등장시키는 것도 괜찮을 것 같았다.

심지어 누군가 조앤에게 연락해서, 그녀를 영화 서사에 포함시킬 가능성을 헤아려보기도 했다. 적어도 조앤이 이매진 사람과의 대화에서 받은 인상은 그러했다. 대화의 목적이 정확히 무엇인지는 불분명했지만, 덕분에 조앤은 불편한 기억을 끄집어내야 했다. 마이클과 연락을

하던 막바지에는 그에게서 하루종일 전화가 걸려왔었다. 결국 그녀의 남자친구가 대신 수화기를 들고, 엄한 목소리로 다시는 전화하지 말라고 말해야 했다.

조앤은 예일에서 음악학을 공부하고 있었고 마이클은 뉴로셸에서 정신적으로 무너지기 일보 직전이었던 시절의 일이었다. 그후 여러 해가 지나는 동안 조앤은 직업 음악가가 되었고, 마이클의 전화를 대신 받았던 남자친구와 결혼했으며, 딸을 낳았다. 자신과 마찬가지로 과거와는 다른 인생을 살고 있는 마이클에 대해 조앤은 애정과 존중과 동정을 느꼈다. 힘닿는 대로 그를 돕고 싶었다. 영화가 마이클에게 긍정적인 것이라면 (그렇게 보였다) 자신이 그 영화 속에 묘사되는 것에 반대할 생각은 없었다. 단, 가능하다면 그가 정신적으로 무너진 걸 그녀 탓으로 돌리진 않았으면 좋겠다고 생각했다.

이매진에서는 전미 정신질환 연맹의 회장인 로리 플린에게도 연락했고, 영화에 대해 조언을 받기 위한 회의 일정을 잡았다. 제작자들에겐 현실을 올바르게 담으려는 의도가 있었음을 확인할 수 있는 대목이다.

마이클은 중증 정신질환을 진단받은 로리의 딸에게 긍정적인 자극을 주는 역할 모델이었고, 로리에게도 그러했다. 로리는 〈뉴욕 타임스〉에 마이클을 소개하는 기사가 실린 이래 그와 간헐적으로 연락을 이어가고 있었다. 그사이 마이클은 조현병을 이겨내고 법학대학원을 졸업한 사람에서 한 발짝 더 나아가, 교사, 친구, 정신과의사, 가족, 약물이 장애와 관련해 어떤 역할을 하는지에 대해 거리낌없이 목소리를 내는 장애 옹호 활동가가 되어 있었다. 〈광기의 법칙〉은 중증 정신질환자를 온 세상 앞에서 긍정적으로 그려낼 절호의 기회였다.

시대가 변하고 있었다. 하지만 1990년대 말에도 전미 정신질환 연맹의 한 프로젝트에서 시작된 '스티그마 버스터즈Stigma Busters'* 같은 단체에서는 중증 정신질환자에 대한 부정적이고 잘못된 묘사를 분주하게 찾아내 깨부숴야 했다. 트라이사이클러를 "세계 최초의 조현병 잔디 깎기 기계"라고 선전한 존 디어**에서는 조현병을 다중 인격 장애와 헛갈렸을 뿐더러—세 종류의 잔디 깎이 도구가 기계 하나에 들어 있습니다!—심신을 약화시키는 뇌질환을 하찮은 것으로 취급하는 동시에 환자들에게 낙인을 찍었다.

다른 중증 질환이 이렇듯 아무렇지 않게 물건 판매에 동원되는 일은 상상할 수 없었다. 저희 목초 종자는 4기 췌장암보다 빠르게 자랍니다! 그런데 어쩐 일인지, 정신질환만큼은 거리낌 없이 가져다 써도 괜찮다고 여겨졌다. 그 대가를 치러야 하는 건 이미 병으로 고통받고 있는 사람들이었다. 나이키에서는 "저스트 두 잇" 광고에서 마운드에 오른 투수가 속구를 던지라고 부추기는 목소리를 듣는다고 묘사했다. "미친 사람들은 혼잣말을 한다. 그래도 상관없다."

투수가 정신증 삽화를 경험하는 중이었다면, 상관이 있었을 것이다. 정신질환자들을 "미친" 사람들이라고 부르면서 동시에 그들의 증상을 별것 아닌 것으로 무시한다는 점에서, 이 광고는 최악의 조합이었다. 나이키에 그 광고를 내리게 만든 전미 정신질환 연맹 자원봉사자는— "다중 인격"이 있는 신발 광고는 철회되지 않았다—중증 정신질환자인 아들과 집에서 함께 지낼 수 없어서 속상해하고 있었다. 존 디어의 트라이사이클러 광고를 철회시킨 것도 그녀였다. 그녀는 존 디어에 보낸 편지에서 물었다. 과연 제가 심각한 뇌기능 손상을 일으키는 질환

---

* '낙인 파괴자들'이라는 뜻.
** 미국의 농기계 제조사.

에 걸린 기계를 사고 싶을까요? 낙인을 정말로 깨부수려면, 실제 질환에 대해 솔직해져야 했다. 그러지 않으면 잔디 깎이 기계가 그 질환에 걸렸다고 주장하는 사람이 나오기 마련이었다.

하지만 마담 알렉산더 돌 컴퍼니의 회장에게 영화 〈사이코〉의 한 장면을 묘사한 수집용 인형―재닛 리 인형이 몸에 수건을 두른 채 베이츠 모텔 샤워기 아래에 서 있고, 샤워 커튼에는 칼을 휘두르는 실루엣이 그려져 있었다―을 거두어들이라고 요구하는 것과 마이클처럼 중증 정신질환을 안고 사는 사람을 주인공으로 긍정적이고 현실적이며 희망찬 영화를 만드는 건 차원이 다른 일이었다. 〈광기의 법칙〉에는 수백만 명의 사람들에게 영향을 미칠 잠재력이 있었다.

하지만 마이클은 자기 인생의 영화 버전을 앞지르려 애쓰고 있었다. 할리우드의 거대한 힘이 앞으로 빠르게 나아갈수록, 마이클의 원고가 뒤처지고 있다는 게 부각되었다. 마이클은 자신만의 언어로 들려주고 싶었던 이야기를 영화에 빼앗길까봐 두려웠다. 그 이야기는 누가 뭐래도 마이클의 이야기였다. 하지만 마이클은 또한 자신이 그 이야기를 써낼 수 없을까봐 두렵기도 했다. 그렇게 마이클은 영화와 책 양쪽에서 이중의 압박을 받고 있었다.

『광기의 법칙』 제안서가 출판사와 영화 제작사 양쪽에서 열광적인 반응을 끌어낸 이유 중 하나는, 조지프 캠벨이 영웅의 여정이라는 구조로 증류해낸 패턴을 충실히 따르고 있었기 때문이었다. 캠벨의 그 짜릿한 공식은 〈스타워즈〉에 녹아 들어갔고, 이제 할리우드 인물 설정의 기틀이 되어 있었다.

마이클의 인생은 실제로 캠벨 본인이 영웅과 조현병 환자의 여정이 지닌 공통점을 조명함으로써 만들어낸 현대적 신화의 일부였다. 캠벨은 로버트 새폴스키가 검토한 인류학 연구 문헌을 똑같이 읽었으나 새폴스키가 꼼꼼하게 짚어냈던 완연한 조현병과 분열형 인격 장애의 구분을 간과했다. 캠벨에게 영향을 준 건 에설런 연구소의 "샤머니즘, 사이키델릭, 조현병" 컨퍼런스에 그를 연사로 초청했던 국립 정신보건원 소속 심리학자 줄리언 실버먼의 연구였다.

캠벨은 거의 무아지경에 빠져 선언했다. "한 가지 이야기하고 싶은 것이 있다. 내면을 향하여 무너지는 조현병의 경이로움에 대해 최근에 들은 이야기다." 그는 마이클과 내가 5학년 때 '인간: 연구 코스' 수업에서 월드먼 선생님에게 배웠던 이누이트 사회를 예로 들어, 정신적으로 무너져 고통받는 에스키모 청소년들이 지혜로운 샤먼들의 신비로운 지도를 통해 치유자로 거듭난다는 이야기를 들려주었다. 그리고 이렇게 적었다. "이런 관점에서 해석한다면, 조현병이라는 정신적 무너짐은 무언가 빠져 있거나 잃어버린 것을 되찾음으로써 활력의 균형을 회복하기 위해 내면을 향해 거꾸로 나아가는 여정이다. 그러니 탐험가가 여정에 오르도록 풀어주어라."

캐리를 대체로 마이클의 여자친구로만 알고 있던 사람들에게 그녀는 그늘 속에서 밖을 내다보면서 시끄러운 대화에 귀를 기울이는 수줍은 수호자였다. 리지 퍼버의 결혼식에서, 약물 부작용과 더위로 인해 땀을 비 오듯 흘리는 마이클을 위해 결혼식 프로그램이 인쇄된 종이로 부채질을 해주던 여자친구 캐리. 그들에게 캐리는 그런 사람이었다. 또 어떤 사람들에게 캐리는 한낱 이름이었고, 설정을 덧붙여 발전시켜야 할 영화 속 인물이기도 했다. 그러나 캐리 자신의 활기찬 세상에서 그녀는 주인공이었고, 에디슨 프로젝트의 핵심 기술 인재인 '오총사'

중 한 사람이었다. 헌신적이고 사이좋은 컴퓨터 매니아들로 이루어진 자칭 오총사는 일주일에 육십 시간을 일했고, 퇴근 후에는 피프스 애비뉴 43번가와 44번가 사이에 위치한 에디슨 사무실에서 길모퉁이를 돌면 나오는 앨곤퀸호텔의 블루 바에서 술을 마셨다.

에디슨의 기술국 부국장이었던 캐리는 넘치는 에너지와 낙관, 불가사의할 만큼 기술을 잘 다루는 능력, 수줍은 행동과 '하하' 하고 커다랗게 울리는 웃음소리의 소유자로서 두루 호감을 샀다. 캐리의 상사 톰은 블루 바에서 그녀의 웃음소리를 처음 들었을 때, 그토록 가녀린 체구에서 그렇게 커다란 소리가 나온다는 걸 믿을 수 없었다. 퇴근 후에 오총사의 나머지 네 사람은 블루 바에서 캐리를 기다렸다. 그들은 캐리가 진토닉을 마신다는 걸 알고 있었고, 쏟아지는 업무와 가정생활의 압박을 뚫고 캐리가 바에 올 시간을 낼 수 있을 경우 제대로 한 잔을 대접할 작정이었다. 하지만 그럴 기회는 잘 오지 않았다.

캐리는 집에서 나와서 5분을 걸어 헤이스팅스 기차역에 갔고, 메트로노스 선을 타고 대략 30분 뒤 그랜드센트럴역에 내려서, 5분을 더 걸어 피프스 애비뉴 521번지에 도착했다. 시간을 잘 맞추면 리버 에지 아파트에서 십오층 사무실까지 한 시간 안에 도착할 수 있었다.

그렇지만 집에서 나오는 건 또다른 문제였다.

상사 톰은 이미 오래전에 캐리가 아침형 인간이 아니며 10시 전에 출근하는 법이 없다는 걸 알고 있었다. 캐리가 아침에 하지 못한 일은 무엇이든 일과가 끝나기 전에 그 이상으로 보충해 마쳐놓는다는 것도 알고 있었다. 혹은 캐리에게 밤에 몇 시간을 여분으로 숨겨놓은 마법의 주머니가 있는 게 아닌지 의심이 들 때도 있었다.

캐리의 동료 바브는 전날 캐리와 논의한 일을 시작해야겠다고 생각하면서 출근해서, 일이 이미 마무리된 걸 발견하는 일이 자주 있었다. 동화 속에서 엘프가 신발을 만들어놓듯이 캐리가 간밤에 일해놓은 것이었다. 캐리는 바브에게 특유의 절제된 투로 마이클이 힘든 시간을 보내고 있다고 설명했다. 마이클의 곁을 지키고 싶어서 밤새 일을 하면서 아침까지 그를 지켜보았다는 것이었다.

이런 이야기를 할 때 캐리는 불평하거나 사과하는 태도가 아니었다. 오히려 불가능해 보이는 일들도 자신이 모두 통제하고 관리할 수 있다는 낙관이 느껴졌다. 예를 들어 전자 성적표를 개발한다는 불가능한 일도 캐리의 손에서는 가능해졌다. 체육 교사부터 수학 교사까지 누구나 중앙화된 포털에 성적과 코멘트를 입력하고 학부모와 학생들이 개인적으로 접속하여 확인할 수 있도록 하는, 당시로서는 참신한 개념이었던 전자 성적표 시스템은 '더 커먼'이라고 불리는 더 큰 인트라넷의 일부였다. 이 인트라넷으로 한 학교의 학생, 학부모, 행정 직원뿐 아니라 에디슨 프로젝트의 모든 학교를 서로 연결시킨다는 계획이었다.

그즈음 캐리의 머릿속은 클론 컴퓨터에 관한 고민으로 복잡했다. 그녀는 정품 매킨토시를 제조하는 애플사에서 운영체제를 돌려도 된다고 허락한 복제품 매킨토시를 사용해도 될지 여부를 고민하고 있었다. 에디슨 프로젝트는 모든 어린이와 모든 학교에 애플 컴퓨터를 보급하느라 수백만 달러를 출혈한 탓에 이제는 정품 애플 컴퓨터를 살 돈이 없었다. 클론은 가격이 저렴한 반면 위험 부담이 있었다. 캐리는 운영체제를 이리저리 건드려보며 새 기계가 옛 기계와 호환이 되는지, 그녀가 대단히 공들여 만든 시스템에 들어맞는지 확인해야 했다. 1998년 가을이 되면 에디슨 프로젝트에 속한 학교 수는 두 배 이상으로 늘어날 예정이었으므로, 클론으로의 전환을 성공시킬 캐리의 능력에 많은 것이 달려 있었다.

기술국 사람들은 다들 마이클에게 조현병이 있다는 걸 알고 있었다. 조현병은 생물학적 병이긴 해도 외적 스트레스 요인에 영향을 받았고, 마이클이 계속해서 넘기고 있던 마감 시한도 스트레스 요인 중 하나였다. 기술국 사람들은 마이클이 "그 상태"에 빠질 때마다 캐리의 생활이 힘겨워진다는 걸 알았다. 마이클의 질환으로 인해 캐리는 더 신비로운 인물이 되었다. 마이클의 질환이 좋아졌다 나빠졌다 하는 것에 따라 캐리에게도 기복이 있긴 했지만, 결코 나약해지는 법은 없었다.

바브는 캐리가 마이클의 영화와 책이 계약되었을 때 얼마나 놀랐던지 생생하게 기억했다. 캐리는 두 사람에게 돈이 생길 거라고 상상해본 적이 없었고 마이클이 돈을 벌 거라는 기대 역시 없었다. 뜻밖의 횡재 덕분에, 어렴풋이나마 두 사람의 좀더 안정적인 미래를 그리는 일이 가능해졌다. 바브는 캐리가 마이클에게 헌신적이며 가족을 이루고 싶은 마음이 간절하다는 것을 알았지만, 그게 둘이 결혼할 수 있다는 뜻이냐고 물었을 때 캐리의 대답에서는 약간의 망설임이 느껴졌다. "그 사람이 충분히 낫는 게 먼저지요." 캐리는 그렇게만 답했다.

캐리는 마이클과의 관계에 대해 객관적이었던 것처럼 마이클의 질환에 대해서도 객관적으로 이야기했다. 캐리의 솔직하고 절제된 설명은 두 사람의 관계가 충분히 온전하다는 인상을 주었다. 거기서 무엇이 빠져 있든, 일시적으로 보이지 않도록 가렸다. 하지만 캐리는 수줍음이 많고 사적인 이야기를 꺼리는 사람이기도 해서, 상대가 너무 꼬치꼬치 캐묻거나 너무 열심히 귀를 기울이면 어느새 입을 꾹 다물어버리곤 했다.

유대교로 개종할 계획에 관한 대화도 정확히 그렇게 흘러갔다. 동료들은 캐리가 개종할 생각이라는 건 알았지만, 그녀가 가톨릭 가정에서 자랐으며 부모님이 여전히 성당에 다닌다는 건 몰랐다. 캐리가 어디를 향해 가는지는 알았지만, 그뒤에 무엇을 남기고 가는지는 아무도 몰랐던 것이다. 바브는 캐리와 함께 전국 각지로 출장을 다니면서 그녀를 좀더 깊이 알게 되었다. 그렇게 바브는 캐리가 매일 어머니와 통화한다는 걸, 마이클을 혼자 두는 것에 대한 걱정을 내려놓기 어려워서 이 분야에 들어오는 것 자체를 고민했었다는 걸 알게 되었다. 바브가 느끼기에 캐리에게 프로그래밍은 치료와 비슷했다. 개인적 삶에 어떤 일이 일어나고 있든, 캐리는 뛰어난 집중력과 재능을 발휘하여 복잡한 기술적 임무를 수행해낼 수 있었다.

캐리보다 열 살 연상인데다 결혼을 하고 안정적으로 정착한 삶을 살고 있었던 바브는 어머니의 마음으로 캐리에게 신경이 쓰였다. 두 사람이 함께 일하던 초기의 어느 날 출장길에서 바브는 캐리에게 최대한 조심스럽게 그렇게 아픈 사람과 함께하는 게 부담스럽지는 않으냐고 물었다.

캐리는 간단히 답했다. "안타깝게도 저는 그 사람에게 마음을 모조리 빼앗기고 말았는걸요."

그녀의 입에서 흘러나온 구식 표현은 1950년대 뮤지컬 노래 가사처럼 예스러운 안도감을 주었다.

"일단 한번 빠졌으면, 영원히 빠진 거죠." 캐리가 덧붙였다.

마이클을 지켜보고 있던 네트워크의 노련한 관찰자들에게 캐리와 마이클의 관계는 마이클의 비범함을 보여주는 또하나의 사례였다. 그들의 경험상, 조현병이 있는 사람이 장기적인 애정 관계를 유지하는 일은 사실상 전례가 없었다. 다만 마이클의 영웅 가운데 한 사람이었던 프레드 프리즈는 자신이 입원하지 않는 건 다 아내 덕분이라는 이야기를 공공연히 한 적이 있었다. 중증 정신질환자의 권리와 존엄성을 위해 신념을 건 투쟁을 벌이고 있던 프리즈는 심리학 박사학위와 더불어 편집형 조현병이라는 진단명을 소유한 사람이었다. 그의 아내 페니는 UN 평화유지군처럼 남편이 앓는 질환의 경계를 순찰했고, 평화유지군과 달리 분쟁이 시작되어도 꽁무니를 빼고 달아나지 않았다. 페니가 "프레드, 또 시작이야"라고 말하면 프레드는 설령 본인은 합리적 이유를 찾지 못하더라도 고분고분하게 평소보다 많은 약을 받아 삼켰다.

프리즈는 청중들에게 그가 페니에게 의존한 이유는 진단을 아는 것과 진단을 믿는 것이 같지 않기 때문이라고 말했다. 프리즈가 처음 입원한 건 젊은 해병대 대위로 복무하던 시절이었다. 그는 베트남전쟁에서 미국이 지고 있는 이유가 적들에게 세뇌되어서라고 믿었다. CIA가 그랬듯 〈맨츄리안 캔디데이트〉를 보고 그 영화에 완전히 설득되어버린 것이다. 병원 차트에 "편집형 조현병"이라고 적힌 것을 보고 프리즈는 의사들이 자신을 보호해주고 있다고 생각했다. 그가 세뇌 음모를 알고 있다는 게 적들에게 발각되었다가는 목숨이 위험해질 테니까.

프리즈가 이 이야기를 들려준 이유는, 믿을 수 있는 사람의 존재가 얼마나 중요한지 강조하기 위해서였다. 그 사람이 반드시 배우자일 필요는 없었다. 누구든지 의견을 믿을 수 있는 사람이면 되었다. 망상에 사로잡혀 있을 때는 그런 믿음 하나에 의지해 망상에서 빠져나가야 했다. 그가 청중에게 상기시켰듯 망상이 정말로 망상이 되는 건, 그게 망상이 아니라고 믿을 때뿐이었다.

프리즈는 결국 그가 처음 입원했던 주립 정신병원의 심리학과장이 되었지만, 자신에게 정말로 문제가 있을 가능성을 진지하게 받아들이기 전까지 그는 다섯 차례 더 입원하고 일 년 넘게 노숙 생활을 해야 했다. 그뒤에도 다섯 차례의 입원이 뒤따랐다. 그는 청중에게 말했다. "어떤 경우에도 정신건강 치료가 강압적으로 이루어져서는 안 된다고 생각합니다!" 그는 박수갈채가 잦아들기를 기다렸다가 덧붙였다. "절대적으로 필요한 경우를 제외하고 말이죠." 프리즈는 결혼한 뒤로는 한 번도 입원한 적이 없었다.

네트워크 사람들은 마이클이 하강 곡선을 타고 아래로 미끄러지는 내내 캐리가 그의 곁을 지킨 이유가 무엇인지 궁금해했을지도 모른다. 하지만 그들에게 캐리의 존재는 그 자체로 마이클이 불리한 확률을 이겨내고 있다는 증거였다. 마이클은 멀쩡할 때는 캐리와의 관계에 힘입어 아주 정상적으로 생활했다. 캐리 덕분에 세상에 속한다고 느꼈다. 그런 소속감은 중요했다. 보니조차도 두 사람의 관계를 마이클이 남다른 환자라는 의미로 해석했다. 하지만 마이클이 약을 끊었다는 뚜렷한 징후가 보일 때마다 보니는 걱정이 들었다.

캐리의 동료들에게는 등식의 방향이 반대였다. 마이클의 질환은 캐리의 비범함을 보여주는 증거였다. 캐리의 동료들에게는 마이클 쪽이 숨겨진 인물이었고, 캐리가 비추는 사랑과 관심의 빛 아래에서 때로 어렴풋이 모습을 드러내는 게 전부였다.

캐리는 동료들에게 모든 걸 터놓고 이야기하지는 않았다. 캐리가 퇴근해서 집에 도착했는데, 마이클이 그녀가 캐리라는 말을 믿지 못해서 문을 열어주지 않는 날들이 있었다. 캐리가 아무리 자신이 캐리라고 주장해도 마이클을 설득할 수는 없었다. 페니처럼 "마이클, 또 시작이

야” 하면서 약을 더 먹이는 것도 불가능했다. 아니, 원래 그가 먹어야
할 약조차 먹일 수 없었다. 마이클이 눈앞의 사람이 캐리라고 믿지 못
하는데, 그녀의 말을 어떻게 믿겠는가? 그런 날이면 캐리는 문 반대쪽
에서 쏟아지는 공포와 분노를 느끼고 친구네 집 소파에서 잠을 잤다.
힘든 밤들이었다.

마이클의 편집자와 에이전트는 의논 끝에 마이클에게 외부의 조력
자를 붙여주는 게 당연한 수순이라고 합의했다.
“작가를 붙이는 일에 대해 진지하게 고민해볼 때가 왔어요.” 제인은
마이클에게 말했지만 마이클은 들은 체도 하지 않았다. 전문가가 마이
클 대신 책을 써주는 게 아니라 마이클과 함께 쓸 거라고 아무리 설득
해도 요지부동이었다.
그래서 제인과 티나는 해밀턴이 했던 것처럼 마이클을 직접 만나 문
제를 해결해보기로 결정하고 기차에 올라 헤이스팅스 온 허드슨으로
향했다. 두 사람은 친밀한 연합 전선을 이루어, 마이클에게 진짜 괜찮
은 작가를 찾아서 원고를 완성하도록 돕겠다고 약속할 작정이었다.
4월의 눈부신 금요일이었다. 제인이 기억하는 어떤 봄날보다도 아
름다운 날이었다. 그런 날씨라서 마이클이 역으로 마중을 나오지 않은
게 더 이상하게 느껴졌다. 두 사람은 오르막길 몇 블록을 걸어 리버 에
지 아파트에 도착했다. 제인은 금요일에 입는 청바지와 편안한 신발
차림으로 온 게 실수는 아닌지 걱정하고 있었다. 티나는 평소와 다름
없는 출근복 차림이었고, 우아하면서도 회사원답게 금욕적인 모습이
었다. 그녀의 하이힐이 보도를 내딛는 소리가 울리는 가운데 이제 막
꽃봉오리를 틔운 나무들 뒤로 강물이 흘러갔다.

마이클이 현관문을 열자마자 제인은 무언가 심하게 잘못되었다는 직감이 들었다. 마이클은 구체적으로 겉모습이 바뀐 부분은 없었지만, 완전히 다른 사람이 되어 있었다. '우울함'이라는 단어로 지칭하기에는 한참 부족한, 보이지 않는 거대한 무게에 짓눌려 안쪽으로 으스러진 것 같았다. 그들을 에워싼 아파트의 공기에서 느껴지는 중압감은 단순히 분위기나 기분으로 치부할 수 없는 것이었다.

마이클의 겉모습은 무기력했지만, 두 사람이 알던 마이클이 완전히 사라져버린 건 아니었다. 제인이 "꾸미지 않은" 자신의 복장에 대해 사과하자 마이클은 수척한 모습으로도 기계적으로 정중한 태도를 보이려 노력했다.

"아니, 아니에요, 제인. 좋기만 한데요." 그가 말했다.

아파트를 구경시켜달라고 청하자 마이클은 형식적으로 실내를 보여주었지만, 닫힌 문 앞에 다다르자 문을 열지 않고 멈춰 섰다.

"캐리가 침실은 보여주지 말라고 했어요." 마이클이 말했다.

제인에게는 그 모습이 특정한 유형의 유대인 남자가 아내의 바람을 존중하는 행동으로 보였다. 캐리는 해밀턴이 방문했을 때처럼 직장에 가 있었다. 에디슨 프로젝트는 6월에 시카고에서 열릴 대규모 컨퍼런스 참가를 앞두고 있었고, 캐리는 그 준비를 하느라 평소보다 더 바빴다.

마이클은 거실에 앉아 캐리의 아버지가 자기를 미워한다며 한탄했다. "제가 못마땅한 이유로 세 가지를 꼽으시더군요. 만성 실업 상태. 유대교. 그리고 조현병." 해밀턴에게도 똑같은 이야기를 했었지만, 그때는 사실을 인정하는 데서 오는 고통보다 반항기 섞인 유머가 두드러졌었다. 지금은 언뜻 스치는 유머가 그 아래의 어둠을 더 짙게 부각시킬 따름이었다.

해밀턴이 방문했던 날, 마이클은 점심에 그를 데리고 동네 비스트로에 가서 양파 스프를 먹어보라고 권했었다. 그러나 지금 그는 아파트를 떠날 마음이 없었다. 제인과 티나는 거실에서 샌드위치를 먹어야 했다. 제인이 차 한 잔을 부탁하자 마이클은 무거운 몸을 끌고 일어서서 그녀를 부엌으로 안내했다. 그곳에서 그는 주전자에 물을 따르고 스토브에 올렸다.

잘 꾸며진 밝은 갤리식 부엌*에 서서, 제인은 근사한 날씨와 강이 내다보이는 경치를 누릴 수 있는 정원 딸린 아파트의 쾌적함을 체감했지만, 오히려 그로 인해 되돌릴 수 없는 상실감이 더 크게 느껴졌다. 무언가 망가졌다는 감각에 마음이 아려왔다.

마이클이 제인과 티나를 기차역까지 바래다줄 수 없다고 해서 두 사람은 돌아가는 길도 단둘이 걸었다. 『광기의 법칙』에 대해 현실적인 이야기를 꺼내고 마이클에게 외부 작가를 붙이는 방안을 설득시키겠다는 계획은 완전히 무산되었다.

제인은 기차에 올라 입을 열었다. "티나, 보셨죠. 저 너무 충격받았어요. 절망적인데요."

제인과 달리 티나는 마이클이 쓸 책과 그 미래에 대해 여전히 희망을 품고 있었다. 하지만 티나에게는 아이가 없었던 반면, 제인은 그날 아침 자신이 어린이집에 데려다준 네 살 난 아들에 대해 생각하고 있었다. 뒤얽힌 취약성에 대한 고통스러운 인식은 금세 사랑하는 사람을 항상 보호할 수는 없다는 깨달음으로 이어졌고, 거기서 비롯한 경

---

* 중앙에 통로가 있고 양옆에 주방 가구가 놓인 기다란 형태의 부엌.

계심어린 보호 본능이 미세하게 퍼져나가 모든 것을 잠식했다. 제인에게 마이클의 질환은 그를 짓누르는 견딜 수 없는 짐으로 느껴졌다. 그 무지막지한 힘 앞에서 아무것도 할 수 없다는 무력감이 제인의 마음속 깊은 곳을 건드렸다. 제인 자신의 내면이 남들에게 이해시키기 어려운 방식으로 짓눌린 기분이 들었다.

"저런 상태인 사람은 처음 봤어요." 제인이 티나에게 말했다.

그녀가 차마 입 밖에 내지 못한 문장은 이것이었다. "책이 완성될 가능성은 없어요."

36장
두 명의 아담

유기물과 무기물에 아로새겨진 메시지는 무엇이며, 우주의 가장자리 너머로부터 그리고 나의 고통받는 영혼 깊은 곳으로부터 내게 와닿은 이 거대한 난관에는 어떤 의미가 있는가?

—조지프 B. 솔로베이치크,
『고독한 신앙의 인간The Lonely Man of Faith』

1998년 6월 12일 금요일 저녁, 캐리와 마이클은 여덟 달 만에 베스 샬롬 회당에 나타났다. 에디가 두 사람을 만나는 건 1997년 가을 대제일 이래 처음이었다. 그들이 함께하던 공부 세션 역시 그때를 기점으로 아무런 설명 없이 끝나버린 터였다.

두 사람이 회당을 탈퇴한 건 아니었다. 애초에 가입한 적이 없었다. 마이클이 하도 돈 걱정을 해서 에디는 두 사람이 빈털터리라고 짐작했고, 원래도 그는 회비를 내라는 요구는 하지 않는 사람이었다. 에디가 생각하기로 인생에서 진실로 중요한 건 몇 개 되지 않았다. 그중 몇 가지라도 가졌다면 많은 걸 가진 셈이었다. 회당을 다니던 때 캐리와 마이클은 그곳에서 중요한 사람들로 대접받았다. 하지만 두 사람이 회당에 발길을 끊자 그들의 행방을 알 만큼 가까운 사람은 없었다는 사실이 드러났다. 에디는 두 사람이 베스 샬롬 회당의 고정 방문자처럼 보이던 시절에도 이방인의 자리에서 벗어나지 못했다는 것을 깨달았다.

두 사람은 처음 회당에 왔을 때처럼 불가사의하게 회당에 돌아왔다. 신도들을 마주하고 선 에디의 왼쪽으로 다섯번째 줄, 처음과 똑같은 자리에 캐리와 마이클이 앉아 있었다. 캐리는 예배 시작 전 에디와 짧게 대화를 나누었을 때, 두 사람이 어딜 다녀온 건 아니고 단지 힘든 시간을 보내고 있었다고 설명했다. 힘들었다고 인정하면서 지금은 괜찮다고, 또는 곧 괜찮아질 거라고 상대를 안심시키는 건 전형적인 캐리의 대화 방식이었다.

캐리는 여전히 작지만 튼튼한 마이클의 바위와 같았다. 캐리는 마이클을 향해 몸을 기울여주었고, 마이클이 붙잡을 지지대가 되어주었다. 브다바크 리시토V'dabak l'ishto 이리하여 남자는 아내와 어울려 한몸이 되게 되었다. 마이클은 그사이 몸이 더 육중해졌고 턱수염은 제멋대로 자라나 있었으며 약간 더 슬퍼 보이기도 했다. 하지만 그가 내뿜는 하시딕 유대인 같은 기운은 여전히 이 울적한 세상 너머에 빛이 존재한다는 걸 넌지시 암시하고 있었다. 에디가 마이클을 만나자마자 깊은 교감을 느낀 이유가 바로 그런 특질 때문이었다.

마이클은 예배 도중 감동한 기색이 역력했고, 에디에게 따로 만날 수 있느냐고 물었다. 그의 청은 긴급하다기보다는 언젠가 한번 만나자는 이야기에 가깝게 들렸으므로 에디는 예배가 끝나고 남으라거나 다음날 찾아오라고 말하는 대신, 화요일 오전에 자기 서재에서 만나는 게 어떻겠느냐고 제안했다. 마이클은 좋다고 답했다.

화요일 아침이 되었다. 에디가 출근 준비를 하는데, 아내 로렛이 마이클을 단둘이 만나지 말라고 경고했다. 다른 이유는 없이 그저 직감이라고 했다. 에디는 당황했다. 아내가 대체 어디서 경각심을 느끼는지 이해할 수 없었다. 로렛은 예전에 에디가 캐리와 마이클을 데리고 진행했던 공부 세션에 참여한 적이 있었다. 세션의 네번째 참가자였던 그녀는 에디 못지않게 마이클을 잘 알고 있었다.

"단둘은 아닐 거야. 린다가 있을 거거든." 에디가 답했다.

린다는 히브리어학교의 접수 담당자였다. 하지만 에디가 회당에 도착하고 나서 로렛이 전화해보니, 그날은 린다가 자리를 비우는 날이었다.

"오늘은 주디가 있어." 에디는 로렛에게 말했다. 주디는 회당의 유아학교 프로그램을 운영하는 사람이었다. 로레렛은 에디에게 마이클과 있을 때는 문을 열어두라고 말했다.

마이클이 에디 맞은편에 앉는 순간, 그 모든 조치는 완전히 불필요한 것으로 느껴졌다. 마이클은 누가 보아도 기분이 처지고 우울한 상태였다. 하지만 평소보다 울적한 걸 제외하면, 에디가 잘 알던 마이클의 모습 그대로였다. 에디는 그에게 정신과적 문제가 있다는 걸 알았지만 자세한 내용은 몰랐다. 마이클이 약을 먹는다는 것도 알았지만, 약을 먹는 신도야 워낙 많았다. 그날 마이클은 맹렬하게 질문을 던지거나 고해하는 일 없이, 그저 해묵은 슬픔에 대해 이야기했다. 그는 써야 할 책, 질환, 영혼을 짓누르는 물질주의 사회의 압박과 신에 대한 목마름 때문에 괴로워하고 있었다. 에디는 그의 외로움이 손에 만져질 듯했다.

에디는 훌륭한 청자였다. 상대의 말에 적극적으로 공감해주었지만, 본인은 충분히 안정되어 있어서 상대의 고통이 자신을 관통해도 번개 맞은 나무처럼 쪼개지지 않고 버텼다. 에디는 마이클의 이야기를 듣고 혹시 조지프 솔로베이치크 랍비의 책 『고독한 신앙의 인간』을 읽어보았느냐고 물었다. 자신의 신도들에게 '라브'라고 불렸던 솔로베이치크는 1903년에 러시아의 저명한 랍비 가문에서 태어났고, 구십 년 뒤 보스턴에서 숨을 거두기 전까지 유대인 전통과 서양철학과 20세기 역사가 휘두르는 잔혹한 힘에 의해 빚어진 삶을 살았다. 『고독한 신앙의 인간』은 에디가 책장에 여러 권을 두고 사람들에게 나눠주는 책들 중 하나였으며 특히 지금 마이클이 읽기에 적격인 것 같았다. 1965년에 처음 출간된 이 책은 제2차세계대전 후 미국의 번영기에 위대한 랍비가 일어나 신의 이름을 부르짖는 내용으로, 대항문화적 성격을 띤 작품이었다.

마이클은 그 책을 읽어본 적이 없다고 답했고, 에디는 한 권을 꺼내 마이클에게 주면서 책을 읽고 다음주에 같이 이야기를 나누자고 말했다. "제목은 고독한 신앙의 인간이지만, 긍정적인 책입니다." 에디가 말했다.

이 짧은 책은 우리 아버지의 침대 근처 책꽂이에 꽂혀 있었으므로, 나는 에디가 "자신이 현대 사회의 이방인 같다고 여기는" 고통받는 영혼에게 들려주는 라브의 고백이 마이클의 공감을 사리라 생각한 이유를 알 것 같았다. 마이클은 성경에 실린 이야기들을 좋아해서, 자신의 논문 「부당한 생명을 옹호하며」 도입부에서 창세기를 인용한 바 있었다. 금요일마다 마이클과 공부를 하던 시절, 에디는 그 주에 봉독할 토라의 내용에 집중했었다. 『고독한 신앙의 인간』에서는 창세기에 실린 아담의 창조 이야기 두 가지를 들어서 인간 본성의 서로 다른 두 면모에 대해 이야기했다. 라브는 이를 "첫번째 아담"과 "두번째 아담"이라고 불렀다. 둘 다 신의 의지를 담고 있으므로, 인간은 두 가지 아담 모두를 체현하도록 되어 있지만, 최근에는 첫번째 아담이 우위를 점하고 있었다.

첫번째 아담은 신의 이미지를 모방하여 하와와 동시에 창조되었으며—그게 어떻게 가능했는지는 설명되지 않았다—세상을 정복하고 지배하면서 스스로 신이 되기 위해 앞으로 나아간다. 그는 힘과 독창성을 발휘하여 새로운 세계들을 창조해나간다. 첫번째 아담에게 자연과의 분리는 그가 지니는 힘의 원천이다. 그는 자기 주변의 것들을 변형시키고, 행동을 통해 존엄을 획득하기 때문이다. 조현병에 걸리기 전에 마이클은 첫번째 아담과 더 비슷했다.

대조적으로 두번째 아담은 먼지로 만들어졌으며 그 사실을 결코 잊지 않는다. 그는 행동하고 창조하기보다는 사물이 존재하는 본연의 이유와 그 의미를 알고 싶어한다. 그는 외톨이이고 고독하며, 다른 피조물들과 분리되어 살아가는 것은 그에게 슬픔의 원천이다. 두번째 아담은 외로움을 느끼고 반려자를 만들어달라고 신에게 청하며 일종의 제물로서 자신의 갈비뼈를 바친다. 그리하여 신은 그의 아내이자 그의 복제품이라 할 수 있는 하와를 창조한다.

두번째 아담은 피조물을 다스리기보다는 피조물의 일부가 되기를 원하고, 물질세계를 정복하기보다는 신의 뜻에 굴복하길 원한다. 그는 영원한 것들과의 접촉을 갈망하며, 마이클이 꿈꾼 배려 가득한 공동체주의적 세상처럼 사랑과 믿음을 기반으로 한 공동체를 원한다.

라브가 보기에 이 이야기들에 깃든 역설은, 구원을 얻으려면 두번째 아담처럼 신의 의지에 굴복해야 하지만, 존엄성을 얻으려면 세상을 지배하고 변형시켜야 한다는 것이었다. 신을 알기보다 신처럼 되기를 원하는 첫번째 아담은 기한 내에 자신의 과제들을 마치는 사람이다. 그의 사회적 인맥은 현실적이고 실용적이며, 합리적인 배려 없이 오로지 창조와 행동을 위해 설계된 공장과 사무실을 만들어낸다.

본래 두 아담의 힘은 우리 안에서 균형을 잡도록 만들어졌다. 그러나 곰곰이 숙고하는 사람보다 창조하고 행동하는 사람을 높이 사는 세상에서, 신을 향한 여정보다 세속적 성취를 높이 평가하는 세상에서 첫번째 아담은 골렘처럼 몸집을 불려나갔다. 반면 두번째 아담은 차츰 작아지고 외로워졌다. 그래서 에디는 갈수록 두번째 아담이 존재해야 한다고, 이 등식에는 무언가 빠져 있다고 생각하게 되었다.

에디는 마이클이 캐리와 있을 때는 첫번째 아담, 혼자 있을 때는 두번째 아담 같다고 생각했다. 마이클이 자신 안에 있는 것들을 끌어안고 홀로 설 용기를 내도록 돕고 싶었다.

마이클은 『고독한 신앙의 인간』을 손에 들고 회당을 나섰다. 여전히 짙은 슬픔에 잠긴 모습이었다. 에디는 그가 책 이야기를 하러 돌아오면 또 한번 기회가 생기리라 생각했다.

마이클에게 두 아담에 대해 이야기하는 동안, 에디는 자기 눈앞의 대화 상대가 약물을 끊고 망상과 싸우고 있다는 걸 알아차리지 못했다. 그 망상 속에는 두 명의 캐리가 존재하며 자신과 같이 살고 있는 캐리는 인간이 아니라고 믿고 있다는 걸, 꿈에도 상상하지 못했다.

힘든 시기는 지나가기는커녕 점점 더 나빠지고 있었다. 여러 해 동안 마이클을 개인적으로 지켜보았고, 직업적으로 치료했으며, 이제는 캐리도 함께 주시하고 있었던 네트워크의 구성원에게는 그 사실이 명백하게 보였다.

마이클이 에디와 만난 날, 제인 퍼버는 라치몬트에서 오랜 친구 머나와 저녁식사를 하면서 마이클이 퇴행하고 있어 걱정이라고 토로했다. 그가 후퇴하고 있다는 게 확실해진 지는 꽤 되었지만, 최근 들어 눈에 띄게 상황이 나빠졌다. 마이클이 복약을 그만두었다는 것까지는 머나도 알고 있었다. 하지만 마이클이 캐리를 외계인이라고 생각한다는 말은 충격이었다.

"머리한테 말해봐!" 머나가 제인에게 말했다.

제인은 마이클의 정신과의사 머리와 이미 대화를 나누고 있었고, 그에게 다시 전화해보겠다고 말했다. 머리도 마이클의 상황을 모르는 건 아니었다. 하지만 머리든 누구든 다시 약물을 복용하라고 마이클을 설득하는 데 실패했다는 게 제인의 설명이었다. 그러나 법적으로 약물 복용을 거부하는 사람을 강제 입원시키는 게 정당화되지 않듯이, 이제는 망상에 빠진 사람에게 강제로 약물을 복용시키는 것도 정당화되지 않았다. 유일한 관건은 마이클이 폭력적인지 여부였는데, 머리는 그렇지 않다고 판단했다.

제인의 친구들 사이에서 달갑지 않은 예언을 하는 카산드라 역할을 맡고 있던 보니는 몇 년째 마이클의 질환이 심해졌다 나아졌다 하는 것을 지켜보고 있었다. 최근 그녀가 마이클에게서 주목한 건, 내적 문제를 보여주는 외적 지표라 할 수 있는 ADL, 즉 일상생활활동Activities of Daily Living —양치와 샤워 같은—이 저하되는 현상이었다. 정신적 문제에 관한 한, 자신이 멀쩡하다고 말하는 유창한 주장보다 이런 소박한 지표가 더 많은 진실을 드러내주는 경우가 많았다.

보니는 똑똑함이 제정신으로 오해받기가 얼마나 쉬운지 알았다. 혹여나 마이클이 홀로 허우적대는 상황에 처하게 된다면, 그 오해가 얼마나 파괴적인 결과를 낳을 수 있는지도 알았다. 지금 마이클이 다니는 낮 병동이 있긴 한 걸까? 마이클은 보니의 환자가 아니었고, 따지고 보면 제인의 환자도 아니었지만, 넓은 의미에서 네트워크는 마이클에 대한 공동 양육권을 가지고 있었고 마이클은 퍼버가의 명예 구성원과 같았다.

가족의 일원이라고 해서 치료를 받을 수 없는 건 아니다. 마이클과 다락방을 함께 쓰며 어두운 시기를 공유했던 조시는 자기 어머니에게 몇 년을 치료받았다. 조시는 아슈람에서 생활하고 있는 아버지를 만나러 인도 푸나에 가 있었다. 아슈람은 1990년에 바그완이 추종자들의 표현대로 "육체를 떠난" 뒤에도 계속해서 그의 이름으로 운영되고 있었다. 이제 추종자들은 그를 오쇼라는 이름으로 불렀다.

반면 조시의 아버지는 여전히 보디치타라고 불렸다. 그는 온갖 산전수전을 겪고 네팔에서 문자 그대로 번개에 맞기까지 한 끝에, 신체에는 의미가 없다는 깨달음에 이르렀다. 한편으로 그는 아슈람에서 정신의학계로 전격 복귀했다. 그에게는 장미를 돌보는 일 말고도 아슈람 사람들의 무아지경에 빠진 영적 경험이 실제로는 정신증 삽화가 아닌지 확인하는 임무가 주어졌다. 수년의 시간, 8천 마일의 거리, 한 차례의 번개가 종합된 결과, 마침내 과거에 퍼버 선생으로 불렸던 사람은 사랑에 헌신하는 영적 공동체에서도 치유될 수 없는 사람들이 존재하며, 그들은 치료를 받으러 병원에 가야 한다는 우울한 결론에 이르렀다. 병원에 가지 않으면 환자들이 모두가 엄청난 노력을 기울여 도달한 연약한 균형을 파괴하고, 그 과정에서 자기 자신 역시 파괴할 위험이 있었다.

리지 퍼버는 어머니를 통해 마이클에 대한 마음 아픈 소식들을 듣고 있었다. 소식 자체도 심란했지만, 특히 리지를 두렵게 한 건 부자연스러울 만큼 강렬한 어머니의 말투였다. "그애는 잘 지내지 못하고 있어"라고 말하는 제인의 목소리는 바로잡을 수 있는 상황에 대해 객관적으로 평가하는 것처럼 들리지 않았다. 어머니의 불길한 어조는 무언가 끔찍한 일이 임박했음을 예고하는 것 같았다. 그렇다면, 이제는 정말로 행동에 나설 때였다.

"엄마랑 머리 선생님은 어떻게 하시려고요?" 리지가 물었다.

"할 수 있는 일이 없어." 어머니가 답했다.

리지는 충격으로 말문이 막혔다. 그녀의 어머니 제인 퍼버는 여느 정신과의사가 아니라, 삼십 년 동안 지역사회 정신보건 분야에서 일해 온 베테랑이었다. 마이클은 그녀가 단순히 관심을 기울이는 환자가 아니라, 양아들이나 다름없었다. 제인과 친구들은 정신질환이 있는 사람들을 위해 인도주의적 선택지를 만들어내는 일에 인생을 바쳤다. 그런데 마이클이 갈 곳이 없다니, 말도 안 되는 소리였다.

"뭐라도 해야죠." 리지가 말했다.

하지만 어머니가 할 수 있는 말은 하나뿐이었다. "방법이 없구나."

경찰이 마이클을 정신병원으로 데려갈 수도 있었다. 하지만 병원 측에서는 마이클이 위험하다고 판단하지 않는다면, 그를 입원시키지 않을 것이었다. 입원시키려면 즉각적 위해의 가능성이 있어야 했다. 자기 약혼자가 외계인이라고 생각하는 건, 그 자체로는 위험하지 않았다.

며칠 전 누군가의 요청으로 지역 정신병원의 위기 대응 팀이 리버에지 아파트에 찾아왔다. 그 누군가는 머리였을지도 모르고, 아들의 행동에 날이 갈수록 불안해지고 있던 루스였을지도 모른다. 루스는 척이 살아 있었더라면 마이클에게 다시 약을 복용시켰거나, 그게 아니라도 무엇이든 했을 거라는 생각을 지울 수 없었다. 척은 마이클을 설득해 자의로 병원에 입원시킨 사람이었으니까. 하지만 척이 세상을 떠난 지 이 년 반이 흐른 지금, 마이클은 서른다섯 살이었고 그에게 무얼 억지로 시킬 수 있는 사람은 아무도 없었다.

위기 대응 팀이 초인종을 누르자 마이클이 현관문을 열고 나왔다. 마이클은 그들과 대화를 나누었고, 그들을 안심시켜 돌려보냈다. 떠나기 전에 그들은 위기 대응 팀 명함을 주면서 낮이든 밤이든 아무때나 전화해도 좋다고 말했다. 마이클은 명함을 받고 문을 닫았다.

방문이 그렇게 일단락된 건 조금도 놀랍지 않은 일이었다. 보니는 마이클 같은 사람에게는 정신과의사들에게 경보를 울릴 만한 위험한 말을 피하는 게 아주 쉽다는 걸 알고 있었다. 보니뿐 아니라 네트워크 사람들 모두 아는 사실이었다. 함께 일하면서 그들은 환자가 그런 상황에서 제정신을 가장할 필요조차 없다는 사실을 알았다. 머나가 표현한 대로, 그저 "미친 사람처럼 행동하지만 않으면" 상황을 모면할 수 있었다. 제인은 그녀가 쓴 위기 대응 편람에 환자들에게 입원을 피하는 방법을 알려준 적이 있다고 적었다. 마이클은 누가 가르쳐주지 않아도 자연히 그렇게 행동했다. 망상에 사로잡힌 상태에서도 자신의 행동을 조작하여 다른 사람들이 기대하는 제정신 상태를 연출하는 능력이 있는 것 같았다.

리지가 어머니의 목소리에서 포착한 불길함은 마이클에 대한 두려움이 아니라 마이클이 잘못될지도 모른다는 두려움이었다. 마이클이 다시 무너져 영영 회복하지 못할 가능성 앞에서 네트워크 사람들은 마음이 무거웠다. 정신병원은 갈수록 병상이 비어가고 하나둘 문을 닫는 추세였지만, 마이클은 기약 없이 입원한 상태로 여생을 보내야 할지도 몰랐다. 네트워크 사람들은 정신병원 입원이 효과가 있긴 한지, 입원한 환자가 오히려 망가지는 건 아닌지 우려하고 있었다. 그들은 마이클을 정신병원에 입원시키지 않기로 했다.

캐리의 경우, 마이클의 병이 나아졌다가 나빠졌다가 하는 것을 오랜 시간 몸소 겪어왔다. 제인이 머나와 저녁식사를 한 그날 밤, 캐리는 A&P에서 장을 보다가 근처에 사는 오랜 친구를 마주쳤다. 친구는 캐리의 상태를 보고 많이 힘들어 보인다는 걱정의 말을 던질 수밖에 없었다. 캐리는 마이클이 힘든 시기를 지나고 있다고 설명하면서 이렇게 덧붙였다. "이번에도 극복할 거야. 우리는 항상 극복하니까."

이튿날 아침, 캐리는 에디슨 프로젝트 사무실에 전화를 걸어 개인적 위급 상황이 생겨 출근하지 못한다고 말했다. 팀 전체가 시카고로 출장을 가기로 예정된 6월 17일 수요일 바로 전날이었다. 한창 분주한 시기에 캐리가 결근하는 건 드문 일이었지만, 기술국은 캐리가 좋을 때나 힘들 때나 그녀의 편이었다. 톰은 캐리가 다음날 산더미 같은 자료를 잘 정리해서 들고 나타날 거라고 의심치 않았다.

하지만 이튿날 아침에도 캐리는 출근하지 않았다. 아직 이른 시간이었지만, 각 부서에서 나온 직원들 서른 명이 여행 가방을 들고 사무실 사이 빈 공간에서 북적거리고 있었다. 마치 수학여행을 떠나려고 모인 아이들처럼 스트레스와 기대가 뒤섞인 축제 분위기였다. 만일 캐리가 출근하는 중이 아니라면, 누군가가 캐리에게 연락해서 톰이 '겉멋 든 보여주기식 행사'라고 부르고 있던 컨퍼런스에서 쓸 자료를 전달받을 방법을 찾아내야 했다.

어느 순간 개발국의 칼로가 톰에게 다가왔다. 그는 뉴스 전문 채널에서 무슨 사건 이야기를 들었다면서, 모든 사람들에게 똑같은 질문을 던지고 있었다.

"오늘 아침에 라디오에서 이상한 사건 이야기가 나오던데 혹시 들으셨어요?" 그가 톰에게 물었다.

"아니요. 뭔데요?" 톰이 말했다.

"캐럴라인의 남자친구 이름이 뭐였죠?"

이상하게도 그 순간 톰은 기억이 나지 않았다.

칼로가 계속 설명했다. "진짜 이상한 뉴스인데요. 헤이스팅스에서 어떤 남자가 여자친구를 칼로 찔러서 수배중이라는 거예요." 여자 이름은 밝혀지지 않았지만, 헤이스팅스라면……

"칼로, 제발요. 그런 일을 벌일 사람은 아니에요. 이제 그만해요!" 톰은 말했다.

칼로는 자리를 떠났고, 전화벨이 울려서 톰은 사무실로 들어갔다. 수화기를 들자 여자 목소리가 들렸다.

"톰, 저는 캐리의 언니예요." 그녀가 말했다. "캐리가 오늘 출근하지 못한다고 알리려고 전화했어요." 그 순간, 불안하고 긴장된 침묵이 흘렀다. "그리고 앞으로도 출근하지 못할 거예요."

톰은 사무실 문을 닫았다.

"오늘 아침에 아주 이상한 이야기를 들었는데요. 종합해봅시다. 뭔가 끔찍한 일이 일어난 겁니까?" 그가 말했다.

"맞아요."

톰은 비통한 심정을 전하고 조의를 표한 다음, 전화를 끊고, 멍하니 정신을 놓은 채로 창밖을 내다보았다. 시카고 출장, 컴퓨터, 발표. 방금 전까지 의미 있게 여겨졌던 모든 게 순식간에 사라져버렸다.

37장
개인적 위급 상황

그들은 자기 자신이나 다른 사람을 해치고 싶다는 생각과 악전고투를 벌이는 동시에, 그들이 해치겠다고 협박하는 상대의 도움을 절실히 필요로 한다.

—엘린 색스, 『마음의 중심이 무너지다』

6월 17일 수요일의 늦은 오후, 에디는 재활용품을 버리러 보도에 나섰다가 머리 위에서 헬리콥터가 선회하고 있는 것을 보았다. 헤이스팅스에 헬리콥터가 뜨는 일은 흔치 않았다. 잠시 뒤 순찰차 한 대가 그의 집 앞에 멈추었다. 그렇게 에디는 캐리가 죽었으며, 마이클은 캐리를 죽이고 자취를 감추었다는 소식을 들었다. 이튿날 신문에서는 마이클을 단순히 참고인 신분으로 소환한다고 보도했다. 하지만 순찰차는 에디와 로렛을 보호 구치하기 위해 데리러 온 것이었다.

경찰에 에디를 찾아가라고 일러준 사람은 루스였다. 그녀는 마이클이 전날 에디를 만났다는 걸 알았고, 자연히 에디는 마이클이 캐리를 죽이기 전 마지막으로 만난 사람이 되었다. 에디로서는 다행스럽게도 마이클이 마지막으로 대화한 사람은 그가 아니었지만, 직접 만난 상대 중에는 마지막이었다. 루스는 에디의 안전을 염려했다. 회당에도 대피령이 떨어졌다.

순찰대원을 리버 에지 아파트로 보낸 사람 역시 루스였다. 캐리가 직장에 전화해 출근하지 못한다고 전화하면서 시작된 그 하루 동안, 마이클은 여기저기 다급하게 전화를 걸어댔다. 통화 상대는 정신과의 사들, 루스, 위기 대응 팀이었다. 위기 대응 팀은 저녁에 방문하겠다고 약속했다. 수화기 너머에서 드문드문 들려오는 마이클의 목소리는 인질 협상가, 인질, 점차 밀려오는 공포에 부딪혀 더이상 물러날 곳이 없는 납치범, 이 셋을 하나로 합친 것 같았다.

마이클은 어머니에게 전화 공세를 퍼부었고, 통화가 거듭될수록 말도 안 되는 비난과 이치에 맞지 않는 위협의 정도가 심해졌다. 유독 심란했던 통화에서는 마이클이 자살과 살인 운운하며 고함을 질러댔고, 전화가 끊어진 후, 루스는 공황에 빠져 다시 아들네 집으로 전화를 걸었다. 전화를 받은 사람은 마이클이었다. 캐리를 바꾸라고 하자, 마이클은 그럴 수 없다고, 이미 자기가 캐리를 죽였다고 말했다.

루스가 경찰에 전화한 건 수요일 오후 4시 17분이었다. 그녀는 긴급한 상황이라면서 자세한 설명은 생략했다. 전화를 받은 내근 경사는 신고자가 공황 상태라는 걸 알아차리고, 리버 에지 아파트에 사는 커플의 안위를 확인하라는 무전을 보냈다. 정신적 문제가 있는 사람인데, 연락이 되지 않고, 어머니가 그곳에 사는 아들과 그의 약혼자를 걱정하고 있다는 내용이었다.

에디에게 헤이스팅스 경찰서는 제집처럼 익숙한 곳이었다. 이층 재판정에서 경찰 전담 랍비 취임 선서를 했었다. 그전에도 그는 경관들과 잘 알고 지냈다. 1970년대와 1980년대 초까지 베스 샬롬 회당은 대제일마다 거의 주기적으로 폭탄 테러 위협을 받았던 터라, 회당을 보호하기 위해 경찰들이 자주 파견되었기 때문이다. 그리고 이제 경찰들은 에디와 그의 아내를 보호해주고 있었다. 혐오 집단이 아니라, 사랑하는 연인을 살해한 거룩한 영혼으로부터. 이게 정녕 현실일까?

경찰 조사를 지휘한 사람은 에디가 헤이스팅스에 도착했던 때만 해도 청소년과 경관이었던 빈스 스키아보네 경위였다. 에디와 스키아보네 경위는 겉보기에는 너무나 다른 사람들이었지만 빠르게 친해졌다. 전에 경찰 전담 랍비를 맡고 있던 노년의 사제가 세상을 떠나자 후임으로 에디를 추천한 사람이 스키아보네 경위였다.

스키아보네는 이제 경위로 진급하여 헤이스팅스 경찰서의 부서장이 되었고, 그 주에는 서장 대리를 맡고 있었다. 경관들은 마이클의 아파트 초인종을 눌러도 대답이 없고 문이 잠겨 있자 내근 경사에게 무전을 쳤고, 경사는 집에 있던 스키아보네 경위에게 전화했다. 원래 경관들은 함부로 현관문을 열 수 없지만, 내근 경사가 어머니의 목소리가 고통스러웠다고 보고한 게 마음에 걸렸다. 스키아보네 경위는 경관들에게 아파트 관리인의 열쇠를 받아서 당장 아파트 안을 확인해보라고 지시했다.

문을 따고 들어간 경관들은 부엌에서 옷을 다 입은 채 피 웅덩이에 누워 있는 여성의 시신을 발견했다. 몸에 다수의 자상이 있었고, 목에는 벤 상처가 있었다. 몸싸움의 흔적을 보니 범인에게 저항하려 시도했던 것 같았다. 사방에 튄 피가 좁은 부엌 바닥을 적시고 벽과 냉장고를 타고 흘러내리고 있었다. 무기는 발견되지 않았지만, 비스듬한 모양의 칼꽂이에서 식칼을 꽂는 자리 하나가 비어 있었다. 범행을 저지른 남자도 보이지 않았다.

곧 스키아보네 경위에게 두번째 전화가 걸려왔다. "경위님, 복귀 바랍니다. 살인 사건입니다."

스키아보네 경위는 경관들에게 아파트를 봉쇄하고 제복 경관 한 사람을 바깥에 세워두라고 말했다. 형사 두 사람 말고는 아무도 들어가지 못하게 하라는 지시였다. 헤이스팅스 경찰서에는 형사가 둘뿐이었는데 그중 한 사람은 고작 육 개월 전 진급한 신참이었다. 헤이스팅스에서 살인 사건이 일어난 건 십구 년 만의 일이었다.

대조적으로 바로 옆 동네인 용커스에서는 연간 이삼십 건의 살인이 일어났다. 스키아보네 경위는 헬리콥터와 현장 조사팀을 보유한 용커스 경찰서에 지원을 요청했다. 용커스에서는 법의학 팀을 보내주었고, 수사 내내 스키아보네 경위를 지도해주었다. 범인이 누구인지 뻔해 보이더라도 공식 절차를 모두 따라야 했다. 경위는 텔레비전 뉴스에 나와서 헤이스팅스 경찰서가 살인 사건 수사를 망쳤다고 사죄하는 사람이 되고 싶지 않았다.

스키아보네 경위는 공포 영화를 방불케 하는 범죄 현장에 잠시 들렀다가, 경관 한 사람과 차를 타고 뉴로셀로 이동해서 미어랜드 로드 28번지에 직접 소식을 전했다. 루스 라우도어는 창문으로 그를 보고 현관문을 열자마자 물었다. "혹시 캐리가……?"

"네." 스키아보네 경위가 답했다. "그렇게 됐습니다."

루스는 와락 울음을 터뜨렸다. 경위가 평생 잊지 못할 표정이었다. 그녀의 얼굴에는 이렇게 적혀 있는 듯했다. '맙소사. 내가 막지 못했어. 우리가 너무 늦었어.'

스키아보네 경위는 경관과 함께 풍만한 인도 무희 그림이 걸린 복잡한 현관을 지나, 피아노가 놓여 있고 책들이 가득한 거실로 향했다. 루스에게 자세한 내용을 전할 필요는 없다고 느꼈다. 일단 그 내용이 충격적이기 때문이었다. 게다가 루스는 이미 알고 있는 게 분명했다. 당연히 그녀는 마이클이 통화중 늘어놓은 이야기가 망상이길 바랐을 것이다. 하지만 그녀는 어떤 일이 벌어졌는지 모두 알고 있었고, 그런 상황은 경위에게 처음이었다.

그러니 스키아보네 경위로서는 듣는 것 외에는 할 수 있는 일이 없었다. 루스는 아들에 대해, 그가 앓고 있던 조현병에 대해 설명했다. 그로써 스키아보네 경위와 경관은 많은 배경 정황을 알게 되었다.

"이런 일이 일어날 수도 있다는 건 알았어요." 루스가 말했다. "하지만 그애는 전보다 행복하게 지내고 있었거든요. 둘이 결혼할 생각이었고……"

루스는 심한 괴로움에 빠져서, 이랬어야 하는데, 이렇게 할 수도 있었는데, 하는 가정법으로 점철된 말들을 늘어놓았다. 루스는 마이클을 위해 정신과의사나 그에게 필요한 도움을 줄 만한 사람을 찾으려 애쓰고 있었다고 말했다. 그리고 이미 도움을 받고 있었다고도 말했다. 스키아보네 경위는 루스가 문제를 해결하려 노력하고 있었는데 어쩌다보니 손쓸 수 없는 상황에 이르게 되었다는 걸 자신에게 알리려 한다는 인상을 받았다.

스키아보네 경위는 뛰어난 공감 능력의 소유자였다. 동료 경찰들에게 '사회복지사'라는 놀림을 받아도 굴하지 않고 청소년과 경관이라는 직위를 만든 장본인이기도 했다. 인생의 방향만 정하면, 멀쩡한 가정만 주어지면 갱생할 수 있는 청소년 범죄자들을 도울 사람이 필요하다는 생각에서 내린 결정이었다. 놀림받던 걸 생각하면 지금도 속이 상했다. 주머니에 총이랑 수갑은 넣고 다녀요? 경찰 일도 하긴 하시는 거죠? 그러나 이제는 모든 경찰서에 청소년과 경관이 있었고, 경찰은 나이를 막론하고 누구든지 어려움에 처한 사람을 돕는 게 표준이 되었다.

루스가 이야기를 이어나가던 도중, 리버 에지 아파트에 있던 형사들로부터 무전이 들어왔다. 마이클의 차는 주차장에 있었지만 캐리의 차는 사라졌다. 마이클이 캐리의 1989년식 검은색 혼다 시빅을 타고 운전하는 모습을 목격한 사람이 있었다.

스키아보네 경위는 루스에게 유감이지만 물어야 할 게 있다고 말했다. "지금 그가 어디 있는지 아십니까?"

"아니요, 모르겠어요." 루스가 말했다.

루스는 다정한 사람 같았지만 완전히 정신이 나가 있었다. 그녀는 어떤 부모도 겪어서는 안 될 일을 겪고 있었다. 비통함과 죄책감. 뒤늦은 후회들. 헤이스팅스의 경찰들조차 죄책감을 느끼고 있었다. 리버 에지 아파트는 경찰서에서 100피트가 될까 말까 한 거리였다. 마이클네 집 발코니에서 경찰서가 보였다. 한 순경은 말했다. "우리 바로 옆에서 그런 일이 벌어지고 있었다니요. 우리가 15분만, 30분만 일찍 도착했더라면……"

경찰서가 마이클네 집과 워낙 가까워서, 6월의 그날 저녁 경찰서 창밖을 내다본 에디는 천에 덮인 캐리의 시신이 들것에 실려 나오는 모습을 볼 수 있었다. 시신은 낮은 벽돌 건물 밖으로 나와 구급차에 실린 뒤 영안실로 옮겨졌다. 코스텔로 부부가 헤이스팅스에 도착하면 스키아보네 경위가 그들을 영안실로 안내하고 딸의 시신이 맞는지 신원 확인을 부탁해야 할 것이다.

냉혹한 법의학적 사실들이 담긴 검시 보고서가 빠르게 제출되었다. 사망은 살인으로 인한 것이었다. 사인은 "두부, 경부, 등과 팔에 가해진 예기 손상으로 인해 동반된 폐, 대동맥, 식도, 갑상연골 손상" 이었다.

캐리는 뒤에서 붙들린 채 수차례 찔렸다. 가해자는 칼 두 자루를 사용했다. 그녀는 목이 베였다. 가해자는 신장 190센티미터에 체중이 100킬로그램을 넘는 거구였지만, 그녀는 마지막 순간까지 가해자와 맞서 싸웠다.

검시 보고서에 담긴 추가적인 정보는 마이클과 캐리를 아는 사람들에게 더 큰 비극으로 다가왔고, 그로 인해 검찰측에서는 일이 조금 더 복잡해졌다. 캐리의 뱃속에는 아기가 있었다.

그날 저녁, 제인 퍼버는 자신의 딸에게 전화해 무슨 일이 벌어졌는지 알렸다. 리지는 이제 두 살이 된 아들 기디언과 브루클린에서 지내고 있었다. 리지는 충격과 공포와 더불어, 예견되었던 비극이 일어났다는 감각을 다시금 느꼈다.

"경찰이 마이클을 찾고 있어." 제인이 말했다.

"엄마, 문이랑 창문 다 잠그세요." 리지가 제인에게 힘주어 말했다.

어머니도 내게 직장으로 전화해서 집에 가지 말라고 말했다. 뉴로셸에 있는 친구에게 간략한 사건 개요를 들었다고 했다. 그 친구는 루스에게 이야기를 들었거나, 이야기가 부정확하고 부분적이었던 점을 고려하면 이미 한두 사람을 거쳐서 들었던 것 같다. 집에 가지 말라고 하는 이유를 묻자 어머니는 마이클이 캐리를 해쳤다고 말했다.

"해쳤다고요? 어떻게요?" 어머니는 잘 모르겠지만 칼을 쓴 것 같다고 말했다.

"칼이요? 세상에. 캐리는 괜찮아요?"

어머니는 상태가 심각한 것 같지만 자세히는 모르겠다고 말했다. 캐리가 죽었다는 이야기는 하지 않았다. 아마 몰라서 말하지 않은 것 같지만, 당장은 내게 그 소식을 전하고 싶지 않았을 가능성도 있다. 어차피 곧 알게 될 테니까. 어머니는 마이클이 아직 붙잡히지 않은 것은 확실하니 내게 집에 가지 말라고 재차 강조했다.

두려움이 밀려들며 욕지기가 났다. 집에 가는 게 두려운 건 아니었다. 마이클이 무엇 하러 나를 찾겠는가. 그러나 내가 아직 그 실체를 정확히 파악하지 못한 거대한 재난이 일어났다는 감각이 엄습했다.

제인은 딸의 말을 충실히 따랐던 것 같다. 그날 저녁 인도 푸나에서 돌아온 조시 퍼버는 존 F. 케네디 국제공항에서 어머니 집으로 돌아와 문고리를 돌렸지만, 문이 열리지 않았다. 그는 즉시 무언가 끔찍한 일이 벌어졌음을 알았다. 제인은 잘 때조차 웬만해선 문을 잠그지 않는 사람이었다. 그런 제인이 멀쩡히 깨어 있는 정신으로 문을 잠그고 있었다.

에디 역시 잠을 이루지 못했다. 보호 구치에서 풀려나 포근한 침대로 안전하게 돌아왔는데도 쉴 수 없었다. 자정 무렵 그는 일어나서 옷을 입고 이십사 시간 운영하는 A&P로 향했다. 바로 전날 캐리가 마이클과 힘든 시간을 보내고 있지만 극복할 거라며 걱정하는 친구를 안심시켰던 장소였다.

발길 닿는 대로 통로를 서성거리며 생각에 잠겨 있던 에디는 문득 누군가가 자기가 밀고 있던 카트를 붙드는 걸 느꼈다. 고개를 들어보니 슈퍼마켓 관리인인 윌리 어츠가 그의 앞을 막고 서 있었다.

"랍비 선생, 여기 왜 왔는지 알아요." 월리가 마치 유대교 우화 속 인물처럼 말했다. "이야기를 하나 들려주고 싶군요."

나이 지긋한 월리는 한쪽 다리를 절었지만, 짐이 많은 손님들이 자동차까지 식료품을 옮기는 걸 보면 두 팔을 걷어붙이고 도우러 나섰다. 그는 동네 사람들이 어떤 곤경을 겪고 있는지 훤히 꿰고 있었고 누구에게 돈이 필요한지도 알았다. 그래서 에디는 어딘가에 기부를 하고 싶을 때면 월리에게 현금을 주고 필요한 가족에게 전해달라고 말할 정도였다. 에디가 보기에, 월리는 유대교에서 말하는 '라메드 바브니크', 즉 세상의 운명이 달린 '서른여섯 명의 의인' 가운데 한 사람이었다. 그가 유대인이 아니라 해도 달라지는 건 없었다.

"여러 해 전의 일이오." 월 리가 이야기를 시작했다. "오늘처럼 깊은 밤이었지. 그때 우리 슈퍼마켓에는 흑인 여자아이 하나가 계산원으로 일하고 있었는데, 그렇게 해서 학비를 버는 거였지. 그런데 그날 웬 백인 여자가 계산대에 서더니 이렇게 말하는 게 아니겠소. '너한텐 계산 안 받아. 백인 여자를 불러줘……'"

월리가 계산대에 도착해보니, 겨우 열여섯 살이었던 니콜은 울고 있었다. 백인 여자는 계속 흑인에게는 계산을 받지 않을 거라는 말만 되풀이했다. 월리는 손님에게 말했다. "당신이 이 아이에게 계산을 받거나, 아니면 제가 경찰을 부를 겁니다."

그리고 월리는 여전히 울면서 계산을 하지 않겠다고 고집하는 니콜에게 말했다. "저 여자에게 지지 말거라." 그는 인생에는 고된 난관이 가득하며, 그것들에 대처할 방법을 배워나가야 한다고 이야기했다. 그가 바로 옆에서 그녀를 지켜줄 것이고, 이 난관을 둘이 함께 헤쳐나갈 테지만, 어쨌든 니콜은 손님에게 계산을 해주어야 했다. 니콜은 결국 그렇게 했다. 그로부터 여러 해가 지난 어느 날, 니콜이 월리를 찾아왔다. 그녀는 말했다. "저 대학 졸업하고 법학대학원까지 다녔어요. 이제는 검사가 됐고요. 모두 그날 밤 덕분이에요."

유대교 우화가 대개 그러하듯 월리의 이야기는 에디가 당면한 난관과 직접적으로 관련이 없었다. 그러나 월리가 덧붙인 이 일화의 교훈은 에디에게 직격으로 가닿았다. "당신의 회당으로, 나의 A&P로, 사람들이 걸어들어오죠." 그는 에디에게 말했다. "그다음에 어떤 일이 벌어질지 우리는 전혀 알지 못해요. 이제 아내가 기다리는 집으로 돌아가세요."

그래서 랍비는 집으로 돌아갔다.

38장
돌아가는 길

돌아갈 수도, 제자리에 머물 수도 없어.
천둥을 피한다 해도 벼락이 닥치겠지.
—그레이트풀 데드의 멤버 제리 가르시아와 빌 크로이츠만의
1972년 노래 〈더 휠The Wheel〉, 로버트 헌터 작사

마이클은 캐리의 검은색 혼다를 타고 서쪽으로 달렸다. 헤이스팅스 온 허드슨을 벗어난 그는 빙햄튼 쪽으로 방향을 틀었다. 마이클은 이제 영혼의 어두운 밤을 견디고 있는 고독한 신앙의 인간이 아니었다. 그는 끔찍한 짓을 저지르고 피범벅이 된 채 무서운 생각들에 쫓겨 도주하고 있는, 치료를 중단한 서른다섯 살의 조현병 환자였다.

17번 도로를 타고 달리다보면 빙햄턴에 도착하기 20분쯤 전에 팜 캠프 로이로 가는 출구가 나온다. 우리가 다 함께 "행복은 둥글게 움직인다네"하고 노래하던 1970년대에도 팜 캠프 로이는 이미 흘러간 과거의 장소처럼 느껴졌었다. 언젠가 마이클은 내게 캠프 지도원이 되려고 교육받던 시기의 이야기를 들려준 적이 있다. 그는 꼬마 아이들이 수영하는 게 힘겨워 보일 때마다 호수로 뛰어들어 아이들을 뗏목으로 데려오곤 했는데, 수영 담당 지도원은 그에게 그렇게 하면 안 된다

고 지적했다. "한번 버스 타는 게 습관이 되면, 걸어서 출근하고 싶겠어요?" 마이클은 지도원의 말을 따랐지만, 그때 '호밀밭의 파수꾼'*이 된 기분이 들었노라고 이야기하는 그의 목소리에서는 뿌듯함이 느껴졌다.

이제 팜 캠프 로이 부지의 호수와 오두막은 복음주의 교회 사람들의 관리하에 있었다. 마이클은 팜 캠프 로이에서 멈추지 않고 빙햄턴대학교로 계속 달렸다. 언젠가 그곳에서 기숙사 방바닥에 앉아 캠프 지도원들과 이야기를 나누고 마리화나를 피운 적이 있었다. 숨을 참으면서 호흡하는 것처럼 편안하고 나른했던 순간이었다. 그때는 그 순간이 영원할 줄 알았다. 행복이 둥글게 움직이듯 시간도 둥글게 움직여서, 우리를 앞으로 떠밀고 또 떠밀어서 우리가 떠나온 집으로 데려다줄 것만 같았다.

빙햄턴도 마이클의 최종 목적지는 아니었다. 마이클은 빙햄턴대학교 인근의 대형 주차장에 캐리의 차를 세워두고, 매표소에서 오후 10시 30분에 출발하는 이타카행 쇼트라인 버스표를 샀다. 그는 여전히 피 묻은 옷을 입고 있었지만, 어두운 조명 아래에서 표를 사는 건 말만 잘 하면 간단한 일이었다. 버스에 오른 마이클은 겁에 질리고 불안한 기색으로 몇 번이나 자리를 옮겼다.

이타카는 캐리의 가족이 버지니아주에서 매사추세츠주 뉴턴까지 올라오는 길에 버펄로와 더불어 거주한 적이 있는 도시였다. 마이클에게 이타카는 곧 코넬대학교를 의미했다. 그는 텔루라이드 하우스에서 콘스탄티노스 P. 카바피스의 시를 처음 만났다.

---

* J. D. 샐린저의 소설 『호밀밭의 파수꾼』에서 주인공은 호밀밭에서 뛰어노는 아이들이 절벽으로 떨어지지 않도록 붙잡아주는 역할을 하고 싶다고 말한다.

그대가 이타카로 가는 길에 오를 때
그 길이 오랜 여정이 되기를 희망하라.

그 여정은 버스로 1시간 10분이 걸렸다. 하지만 시간의 흐름은 보통 때와 달랐다. 마이클에게 이타카는 텔루라이드 하우스에서 칼리지타운으로 가는 길에 건너던 스톤 아치 브리지였다. 그는 친구들과 그 다리를 건너 야식으로 햄버거를 먹으러 가곤 했다. 종업원을 구워삶아서 신분증 확인을 피할 수 있으면, 맥주도 한잔했다. 물론 그런 일을 담당한 건 마이클이었다. 말만 잘 하면 간단한 일이었다. 그때 마이클은 고작 열여섯 살이었지만, 열여덟 살부터 음주가 허락되던 시절이었다.

언제나 이타카를 마음에 두어라.
그곳에 이르는 것이 그대의 운명이니.

돌아갈 수 있다면 얼마나 좋을까. 텔루라이드로, 열여섯 살로, 문학과 혁명으로. 여름 한 철 사귄 여자친구에게로, 토크빌의 분노한 양들에게로, 플로베르의 『감정 교육』으로, 공용 칠판에 끼적거린 지저분한 5행 희시로. 스톤 아치 브리지로, 칼리지 애비뉴 브리지라고도 불리던 칼리지타운과 캠퍼스를 잇는 그 다리로. 전래 동화 속 트롤들이 사는 그 다리 아래의 협곡은 아이들 사이에서 불안 섞인 농담의 대상이 되었다. 깊은 꿈에는 언제나 이면이 있다. 카스카딜라 협곡은 캠퍼스 반대쪽 끝에 있는 협곡보다는 얕았지만, 꿈과 사람을 한 입에 집어삼키기에는 충분한 깊이였다. 그레이트풀 데드는 노래했었다. "천둥을 피한다 해도……"

　　마이클은 칼리지타운에서 내렸다. 버스 기사는 마이클의 옷에 피가 묻은 걸 알아차렸지만 자기 소관은 아니라고 생각했다. 그는 키 큰 남자가 불안한 기색으로 스톤 아치 브리지를 향해 걸어가는 걸 지켜보았다. 남자는 다리 중간에서 멈추더니 동쪽으로 시선을 던졌다. 그리고 몸을 숙여, 세찬 물줄기가 바위들과 나무들을 에우고 세차게 흘러가는 돌투성이 협곡을 내려다보았다. 희끄무레한 어둠 속에서, 모든 것을 빨아들이는 협곡은 눈에 보일 듯 생생하게 느껴졌고 달리는 차들의 소음보다도 더 요란한 소리를 냈다.

39장
죽음의 깔때기

모스팬 경사: 그게 오늘 일어난 일입니까?

마이클 라우도어: 네, 자꾸 저를 가둔다고 협박해서요. 그래
서 제가 캐리를, 아니면 캐리인 척하는 태엽 인형을 죽였
을지도 몰라요. 확실하지 않아요. 확인해볼 수 있을까요?

—마이클 라우도어와 코넬대학교 교내 경찰의 대화

엘런 브루어는 코넬대학교 교내 경찰서에서 형사로 오 년을 재직한
뒤 자진하여 순경으로 강등을 청했다. 그 대신 정해진 시간만 근무하
는 조건이었다. 브루어 경관이 이런 결정을 내린 건 아이 때문이었다.
이제 두 살이 된 브루어 경관의 딸은 이십육 주에 조산아로 태어났고
병원에서 넉 달을 보낸 뒤에야 퇴원할 수 있었다. 브루어 경관은 딸과
시간을 더 많이 보내고 싶었다. 그녀는 오후 11시부터 오전 7시까지
야간 근무를 맡았다.

교내 경찰은 정해진 지역 내에서 자유롭게 순찰을 돌았다. 브루어
경관은 보통 바턴 홀 옆 주차장에서 순찰차를 끌고 나와 좌회전을 하
거나 직진을 했지만, 1998년 6월 17일 밤에는 평소와 달리 우회전을
해서 칼리지타운 쪽으로 갔다. 그날의 근무를 대비해 잡지 한 권과 해
바라기 씨를 살 작정이었다. 그 순간 내린 결정 한 번이 그후로 몇 달

이나 자신을 끈질기게 괴롭힐 거라고는 생각지 못했다. 캠퍼스 로드를 따라 겨우 100야드쯤 나아갔을 때, 왼쪽에서 공학동을 가로질러 천천히 움직이는 키 큰 인영이 브루어 경관의 눈에 띄었다.

남자는 머리부터 발끝까지 검은색 옷을 입고 있었다. 학생들이 반바지와 티셔츠와 운동화 차림으로 돌아다니는 여름의 캠퍼스와는 도통 어울리지 않는 모습이었다. 브루어 경관은 어렴풋한 위험을 감지했다. 브레이크를 밟아 차의 속도를 늦추자, 어둠에 싸인 인영이 그녀를 향해 천천히 달려왔다. 그는 순찰차가 택시라도 되는 것처럼 한 손을 들어 흔들고 있었다. 점차 가까워지는 남자의 모습을 보면서 브루어 경관은 그가 누군가에게 공격을 당한 피해자라는 인상을 받았다. 의료적 도움이 필요한 걸지도 몰랐다.

키 크고 우람한 그 남자는 어느새 성큼 다가와 자동차 차창 바로 앞에 서 있었다. 그는 땀으로 번들거리는 불그레한 얼굴을 경관의 얼굴 코앞에 들이밀며 괴로운 표정으로 알아들을 수 없는 말을 중얼거렸다. 붉은색 수염과 머리칼은 온통 헝클어져 있었다. 경관은 다시금 이 남자가 공격을 당했거나 협곡으로 떨어져 다쳤을 거라고 짐작했다. 남자의 말에 귀를 기울여보니 자신이 누군가를, 여자친구인지 태엽 인형인지를 죽였다고 말하는 것 같았다. 브루어 경관은 수상한 인물을 발견했다고 동료들에게 무전을 치고 지원을 요청한 뒤 차에서 내렸다.

자신도 이해할 수 없는 모종의 이유로, 브루어 경관은 제정신이 아닌 것으로 보이는 이 남자가 부상을 당했을지 모른다고 생각하고 있었다. 경관의 눈에 그는 도움이 절실한 피해자로 보였다. 게다가 그는 도로 한복판에 서 있었으니, 아무리 통행량이 적은 시간이라고는 해도 보도로 데려가야 했다. 경관이 어깨를 건드리자 남자는 뒤로 펄쩍 물러나며 주먹을 말아 쥐고 싸울 태세를 취했다. 경관도 한 발짝 물러나서 그를 구슬려 길가로 이동시켰다. 마음속에서 위험하다는 경보와 이 남자가 고통받고 있다는 느낌이 뒤섞였고, 계속해서 이 남자가 공격을 당한 게 아닌지 의심이 되었다. 지원 병력이 도착할 때까지 경관은 그와 함께 서 있었다.

그들이 서 있던 자리는 경찰서에서 고작 100야드 거리였다. 벌써 경관들이 차를 타거나 걸어서 그들에게 다가오고 있었다. 보비 페인 경관이 차를 멈추고, 남자를 순찰차 뒷좌석에 태우자고 제안했다. 하지만 브루어 경관은 방금 커다란 손으로 주먹을 쥐어 보인 이 거구의 남자를 작은 순찰차에 욱여넣는 게 좋은 생각이 아니라고 느꼈다. 그녀는 페인 경관과 함께 남자를 바턴 홀로 데려갔다. 바튼 홀은 돌로 만든 거대한 요새를 방불케 하는 건물로, 코넬대학교 운동부와 교내 경찰이 함께 쓰고 있었다.

마이클은 경찰 옆에서 걷는 내내 어두운 표정으로 혼잣말을 했다. 페인 경관이 뭔가 문제가 있느냐고 묻자 마이클은 "나를 다시 가두려 하는 줄 알고" 약혼자나 태엽 인형을 죽인 것 같다고 말했다. 그 일이 어디서 일어난 거냐고 묻자 헤이스팅스 온 허드슨이라고 답했다. 가지고 온 짐이 있느냐는 물음에 마이클은 그 얘기는 하고 싶지 않다고 했다. 하지만 자신이 피를 흘리게 된 경위는 설명했다. "칼을 쓰고 있었는데, 그녀가 팔을 움직여서 제 손이 베인 겁니다."

바턴 홀에 도착한 경찰들은 입감 절차를 밟는 장소로도 사용하는 작은 면담실로 마이클을 들여보냈다. 창문도 에어컨도 없는 조금 더운 방이었다. 방안에는 철제 파일 캐비닛과 작은 탁자가 놓여 있었고 벽에 경찰들이 '황소 고리'라고 부르는, 필요할 경우 용의자에게 수갑을 채워 묶어둘 수 있는 철제 고리가 박혀 있었다. 하지만 아직까지 경찰들은 마이클을 용의자가 아니라 수수께끼의 인물로 취급하고 있었다.

경관 몇 사람에게 연속으로 신속하게 취조를 당하는 내내, 마이클은 가해자일 가능성도 있고 피해자일 가능성도 있는 사람처럼 이야기했다. "당황스러워요." 리처드 골리 경사가 지금 상태가 어떤지 묻자 마이클은 말했다. "무서워요." 골리 경사가 그에게 마실 것을 권했다. "물이나 소다 같은 것 좀 드릴까요?"

"시원한 걸로 주시면 좋겠군요." 마이클이 말했다. 그에겐 펩시가 주어졌다.

마이클은 특별히 채근하지 않아도 묻는 말에 술술 대답했다. 그는 여자친구나 약혼자라고 칭하는 여자를 해쳤을지도 모른다고 말할 때마다 "혹은 태엽 인형"이라고 덧붙였다. 헤이스팅스 온 허드슨이라는 마을 이름조차 브리개둔처럼 동화 같은 분위기를 풍겼다. 그곳이 이타카에서 거의 170마일이나 떨어져 있다는 점도 그 비현실성에 한몫을 보탰을 것이다.

마이클의 기이한 발언이 구체적인 일상의 단어들과 섞이자 그가 자백을 하는 건지 망상을 늘어놓는 건지 가늠하기가 한층 어려워졌다. 대화는 이런 식으로 흘러갔다.

골리 경사: 차를 운전해서 왔습니까?

마이클 라우도어: 아니요.

골리 경사: 제가 해드릴 수 있는 일은 없을까요?

마이클 라우도어: 제가 알기로 제가, 제가 알기로 제가, 제가 알기로 제가, 제가 알기로 제가, 제가 알기로 저는 캐리를, 아니면

캐리 행세를 하는 태엽 인형을 죽이려고 했어요. 그녀가 저를 가두려고 했거든요. (정적) 저는 차로 멀리 빙햄턴까지 가서, ATM 기계에서 돈을 뽑은 다음 버스를 타고 이타카에 왔어요.

자백 같기도 하고 자백이 아닌 것 같기도 한, 이상하게 모호한 말이었다. 마이클은 캐리를 죽이려고 했을지도 모른다. 하지만 캐리가 진짜인지 태엽 인형인지 알 수 없었다. 정말로 죽인 건지, 죽이려고 시도만 했는지도 알 수 없었다.

마이클의 모든 게 이런 모호함을 띠고 있었다. 그가 변호사를 언급했을 때에도 구체적으로 변호사를 요청한다기보다는 그냥 이런저런 생각을 하다가 머리에 떠오른 단어를 입 밖으로 내뱉은 것처럼 들렸다. 그는 무언가 하나에 집중하지 못하는 상태였다.

골리 경사: 그러면 상당히 오래 이동했겠군요. 맞습니까?

마이클 라우도어: 얼마나 오래 걸렸는지는 모르겠어요. (정적) 확인하고 싶은데요. 변호사가 필요한 것 같아요.

골리 경사: 저녁은 먹었습니까?

마이클 라우도어: 도넛을 먹은 것 같아요.

골리 경사: 여기 캔디 자판기가 있습니다만……

마이클 라우도어: 괜찮아요.

이 캠퍼스에 와본 적이 있는지 묻자 마이클은 1980년도 여름을 이곳에서 보냈다고 대답했다. 사실 그는 "경찰을 불러야 한다는 걸 알고" 있었기에, "그 집"으로 가서 그곳 사람들에게 경찰과 연락하는 걸 도와달라고 부탁할 생각이었다고 말했다. 골리 경사가 무슨 집을 말하는 거냐고 묻자 마이클은 짧게 답했다. "텔루라이드요."

골리 경사: 1980년에 텔루라이드 하우스에서 묵었습니까?
마이클 라우도어: 네, 그런 것 같아요. 그해 여름에요.

장엄한 지적 성취의 중심지이자 마이클이 조숙했던 청소년기의 정점을 찍은 장소였던 그곳은, 어쩐 일인지 마이클이 경찰의 도움이 필요할 때 찾아가는 장소가 되어 있었다. 경찰관들은 텔루라이드 하우스에 대해 잘 알았다. 하지만 경찰을 부르려고 170마일 가까이 이동하는 사람이 세상에 어디 있는가? 진실이어도 거짓이어도 말이 되지 않았다. 골리 경사는 마이클에게 텔루라이드 하우스까지 갔느냐고 물었고, 마이클은 경찰차를 먼저 발견해서 거기까진 가지 않았다고 답했다.

마이클의 이야기는 기묘했지만 그의 옷에는 선명한 핏자국이 있었다. 그날 밤 당직이었던 필립 모스팬 경사가 마이클에게 다쳤느냐고 묻자 그는 아니라고 짧게 답했다. 그렇다면 모스팬 경사는 새로운 질문을 던져야 했다. "당신 몸에 묻은 이 피는 누구 겁니까?" 마이클은 캐럴라인의 피라고 말했다.

"캐럴라인이 누구죠?" 경사가 물었다.

"제 여자친구예요." 마이클이 말했다. "제가 해쳤어요. 제가 죽인 것 같아요."

경사는 그에게 확신하느냐고 물었다.

마이클은 그런 것 같다고 말했지만, 질문을 덧붙였다. "확인해볼 수 없을까요?"

"가능합니다." 모스팬 경사가 말했다. "캐럴라인이 잘 있는지 확인해보는 게 좋겠군요. 이름과 주소가 어떻게 되죠?"

"캐럴라인 코스텔로. 메이플 애비뉴 19번지에 살아요." 마이클이 답했다.

"이타카의 메이플 애비뉴입니까?"

"아니요, 헤이스팅스 온 허드슨이요."

"제법 멀군요. 그게 오늘 일어난 일입니까?" 모스팬 경사가 질문했다.

"네, 자꾸 저를 가둔다고 협박해서요. 그래서 제가 캐리를, 아니면 캐리인 척하는 태엽 인형을 죽였을지도 몰라요. 확실하지 않아요. 확인해볼 수 있을까요?" 마이클이 말했다.

마이클은 캐리의 안위를 진심으로 절실하게 걱정하는 것 같았다. 진실을 알고 싶어하는 것도 진심인 것 같았다. 그는 자신의 입 밖으로 흘러나오는 이야기에 다른 사람들만큼 놀라고 당혹스러워 보였다. 자신이 어떤 일을 저질렀는지 확신할 수는 없지만 불길한 예감에 사로잡힌 듯했다. 설령 자신이 수사의 표적이 될지라도, 답을 알아야만 했다. 마이클은 경찰이 캐리의 상태를 확인해주길 원했다. 어쩌면 그 자신의 상태 역시 확인해주길 원했는지도 모른다.

마이클은 끔찍한 일이 일어났다는 걸 알았고, 그게 사실이 아니길 바랐다. 수사해보면 그 일이 실제로 일어나지 않았다는 게 밝혀질 수도 있었다. 만일 실제로 일어났더라도, 어떤 조치를 취할 시간이 있을지도 몰랐다. 하지만 모스팬 경사는 그에게 자꾸 질문만 던졌다. 그는 마이클에게 어떻게 이타카까지 그렇게 금방 도착했는지 물었다. 마이클은 캐리의 차를 타고 빙햄턴으로 간 다음 코넬대학교까지 버스를 타고 와서 경찰차를 발견하기까지의 여정을 다시 한번 설명했다.

빙햄턴에서 버스를 탔습니까? 경사가 물었다. 마이클은 푯값으로 8달러 45센트를 냈다고 설명했다.

계속 질문을 던지는 건 마이클의 입을 열게 하려는 전략이었을지도 모른다. 그러다보면 다른 사실들이 드러나기 마련이니까. 혹은 웨스트체스터에서 누군가를 칼로 찌른 사람이 세 시간을 운전해서 어느 대학교까지 가고, 그곳에서 한 시간 동안 버스를 타서 다른 대학교까지 간다음, 경찰차를 멈춰 세우고 처음 출발한 장소에서 어떤 짓을 저질렀을지도 모른다고 신고한다는 게 워낙 황당한 일이라서 경찰들은 다른 가능성을 모색하고 있었는지도 모른다. 마이클의 이야기에서 허점을 찾고 있었는지도 모른다.

아니면 경찰은 단지 사실관계를 분명히 확인하고 싶었을 수도 있다. 모스팬 경사는 헤이스팅스에서 사건이 일어난 게 언제인지 물었다. 마이클은 그날 일어난 일이라고 말했다. 시간은 언제였는지 기억하는가? 마이클은 기억하지 못했다. 지금은 거의 자정이 다 되었다고 경사는 말했다. 그렇다면 그 사건이 오전에 일어났는지 오후에 일어났는지는 기억하는가?

"오후였던 것 같아요." 마이클이 말했다. 그는 갈수록 심한 불안 증세를 보이고 있었다. "확인해보면 안 될까요? 제 생각엔, 잘 모르겠지만, 죽었을 수도 있어요." 모스팬 경사는 가능하다고 말했다. 헤이스팅스에 경찰서가 있는지 아는가? 만일 경찰서가 있다면 그쪽으로 전화해서 캐럴라인의 상태를 확인하도록 요청할 수 있다. 마이클은 경찰서가 있는 것 같다고 말했다.

"기다리세요." 모스팬 경사가 말했다. "전화해서 상태 확인을 요청하겠습니다. 메이플 애비뉴 19번지, 캐럴라인 코스텔로, 맞죠?" 마이클은 캐리의 이름과 주소를 확인해주고 경사에게 감사 인사를 했다. 경사는 자기 자리로 돌아가서 수화기를 들었다.

헤이스팅스 경찰서의 전화 교환원이 전화를 받았을 때, 모스팬 경사는 이런 말로 운을 뗐다. "아주 이상한 소리로 들릴지 모르겠습니다만……" 교환원은 잠시 기다리라고 하더니 형사를 연결해줬다. "그 사람 잡아요!" 형사가 말했다. "그 사람이 하는 말 사실입니다." 현장이 참혹했다고 했다. 여자는 목이 거의 잘려서 죽어 있었다. "절대 놓치면 안 됩니다!"

모스팬 경사는 자신이 이 사실을 전했을 때 브루어 경관이 벌떡 일어나 제자리에서 180도 피루엣을 돌았다고 회상했다. 기뻐서가 아니라 뒤늦게 솟구친 아드레날린 때문이었다. 그동안 살인자 옆에―지금 그는 면담실에 혼자 앉아 있었다―그토록 무방비하게 붙어 있었다니, 정신이 번쩍 들었다. 경찰대학에서 조심해야 한다고 배웠던 '죽음의 깔때기'에 들어갔다가 살아 나온 셈이었다. 죽음의 깔때기란, 안전한 위치에서 언제든 위험한 일이 일어날 수 있는 위치로 움직이기가 얼마나 쉬운지 설명하는 개념이었다.

브루어 경관은 순찰차에서 내려서 정체불명의 남자와 한동안 나란히 서 있었다. 브루어 경관은 위험하다는 조짐을 느꼈는데도 연민에 이끌려 행동했다. 남자는 태엽 인형 운운하며 조리에 맞지 않는 말을 늘어놓고 있었지만, 그럼에도 그 이야기는 누군가를 죽였다는 심각한 내용이었고, 남자는 그녀의 손이 닿자마자 무술 자세로 대응했다. 자칫해서 죽음의 깔때기 안으로 들어간 사람은, 수만 가지 방식으로 죽음에 이를 수 있었다.

헤이스팅스경찰서와의 통화 직후 마이클은 미란다원칙을 고지받고 공식적으로 체포되었다. 왼쪽 손목에 수갑이 채워졌고, 반대쪽 수갑은 바닥에서 약 3피트 높이의 벽에 박힌 철제 고리에 연결되었다. 헤이스팅스경찰서의 경관들이 아침에 그를 인도하러 오기로 했지만, 이제 코넬경찰서에서도 마이클의 정체를 알게 되었으니 이타카 권역에서 수사에 착수하기로 했다.

마이클은 변호사를 선임할 권리를 행사하겠다며 전화를 사용하게 해달라고 요청했다. 잠시 뒤 변호사가 경찰서로 전화해서 자신이 마이클을 대리하고 있으며 추후 모든 심문에 동석하겠다고 말했다. 캐럴라인 코스텔로 살인 사건에 대한 심문은 아직 시작되기 전이었다. 하지만 마이클에게는 말이 필요 없는 정보들이 있었다. 피는 직접 이야기를 들려준다. 마이클이 손을 흔들어 경찰차를 불러 세우던 순간, 그의 손은 문자 그대로 붉게 물들어 있었다.

그날 밤 증거 수집을 담당할 적임자는 코넬경찰서 수사팀에서 활동한 적이 있으며 얼마 전 현장 감식 요원 자격을 취득한 엘런 브루어 경관이었다. 지금 그녀 앞에는 마이클이라는 범죄 현장이 펼쳐져 있었다.

브루어 경관은 조금 전 제자리를 박차고 일어나게 만들었던 공포를 가라앉히고, 마이클의 머리끝부터 발끝까지 증거를 모으고 라벨을 붙이는 느리고 꼼꼼한 작업에 금세 몰입했다. 경찰서 내에서 가장 건장한 경관들이 그녀를 보조해주고 마이클은 벽에 묶여 있다는 사실이 도움이 되었다.

브루어 경관 본인의 안전과, 옷을 한 겹씩 탈의해야 하는 마이클을 배려하여, 브루어 경관은 대부분의 시간을 복도에 머물면서 필요할 때마다 면담실에 들어와 마이클 옆에 붙은 거구의 두 경관에게 지시를 내렸다. 첫번째 경관은 브루어 경관과 함께 오르막길을 걸어 마이클을 경찰서로 데려온 보비 페인으로, 황소라는 별명으로 불렸다. 두 번째 경관 댄 머피는 페인 경관만큼 몸집이 크지는 않았지만, 호신술을 가르치는 강사였다. 복도에서는 상냥한 성품에 미식축구 후방 수비수 같은 체구를 소유한 젊은 신입 순경 척 올리지가 브루어 경관을 보좌했다.

증거 수집은 여러 시간 동안 매우 공들여 이루어졌다. 마이클이 몸에 걸친 것들 모두를 하나하나 벗겨내 검사해야 했다. 모발은 족집게로 뽑아야 했고, 혈액은 면봉으로 채취해야 했다. 액체가 묻은 물건은 곰팡이를 방지하기 위해 종이봉투에 넣어야 했다. 증거로서 기능할 가능성이 있는 물건은 하나도 빠짐없이 봉투에 넣고 이름표를 단 다음, 올리지에 의해 복도 끝의 넓은 방으로 옮겨졌다. 그곳에서 올리지는 초대형 메모리 카드게임을 준비하는 사람처럼 증거물들을 바닥에 조심스럽게 늘어놓았다. 증거물들이 이루는 아상블라주*는 시간이 갈수록 크기가 불어나 종국에는 상당한 공간을 차지하게 되었다.

증거물은 다른 곳에서도 점점 불어나고 있었다. 범인이 밝혀진 살인 사건이라고 해서 수사를 생략할 수 있는 건 아니었다. 다행히 매주 수요일은 코넬경찰서의 모든 경관이 출근하는 '인원이 빵빵한' 날이었고 그날 밤에는 거의 전원이 캐리 살인 사건에 매달렸다.

이타카에서 수사의 지휘봉을 잡은 사람은 야간 당직이었던 모스팬 경사였다. 그는 용커스 서와 협업중이던 헤이스팅스경찰서와 지속적

---

* 일상적 물건들을 모아 만드는 일종의 입체 콜라주.

으로 소통했고, 경관들에게 마이클이 빙햄턴에서 타고 온 쇼트라인 버스를 찾으라고 지시했다. 버스는 밤새 코넬대학교 변두리의 주차장 어딘가에서 아침 운행을 위해 대기하고 있을 것이었다. 경관들은 버스와 운전기사를 찾아냈다. 그는 격앙된 표정으로 자리를 자주 바꾸던 피투성이 승객을 기억하고 있었다.

사건에 대한 소식이 퍼지자 모스팬 경사에게 5분에 한 번씩 전화가 걸려왔다. 발신인은 주 경찰의 사복 경찰 분과인 범죄 수사국 소속의 지역 요원들로, 대중의 관심을 끌 게 분명한 이번 살인 사건 수사를 거들고 싶어했다. 모스팬 경사는 범죄 수사국 요원들에게 주 경찰을 보조하라는 지시를 내렸다. 그는 빙햄턴 시 경찰에게 연락이 닿지 않아 주 경찰을 호출한 참이었고, 주 경찰은 마이클이 차를 댔다고 자백한 주차장에서 캐리의 검은색 혼다를 발견했다. 실내에 커다란 식칼이 있었다. 차량은 혈액과 모발 검사를 위해 주 시설로 견인되었다.

두번째 칼은 아직 소재 미상이었지만, 한밤중이라는 점을 감안하면 대단한 진척이었다. 모든 것이 지휘 계통을 거쳐 승인되고, 기록되고, 복사되고, 조정되고, 철해져야 했다. 오전에 마이클이 기소 인부 절차*를 밟을 수 있도록 그 지역 판사를 섭외하는 것도 경찰의 할일이었다. 수사를 진행하는 동안, 마이클이 수강한 법학대학원 세미나에서 흥미로운 내용을 다루는 데 치중하느라 커리큘럼에서 생략되었던 수많은 규칙과 절차들이 철두철미하게 지켜져야 했다. 절차상의 실수 하나만으로 재판이 시작되기도 전에 검사의 기소 계획이 어그러지고 마이클의 변호사들이 준비할 변론이 바뀔 수 있었다.

---

* 미국 법에서 피고인에게 기소 이유를 알려주고 자신의 유죄를 인정하거나 부인하는 답변을 받는 절차.

모스팬 경사는 15분마다 긴 복도를 걸어와서 증거 수집이 얼마나 진행되었는지 확인했다. 마이클이 여전히 협조적인지, 꼼꼼한 외과의사처럼 느린 속도로 작업하고 있던 브루어 경관이 속옷만 입은 마이클 앞에서 불편하지는 않은지 확인했다. 마지막 증거물은 마이클의 신체 그 자체였다. 피부에 남은 흔적이라면 베이고 긁힌 자국 하나까지 모두 사진으로 남겨야 했다. 그중 일부는 캐리가 그와 몸싸움을 벌이다가 남긴 방어흔이었다.

길었던 그날 밤에 마이클의 기분에는 기복이 있었다. 초반에는 양심의 가책에 사로잡힌 듯 동요하는 모습이었고 대체로 협조적이었다. 마이클은 그가 텔루라이드 캠프에 왔던 1980년 당시 코넬경찰서의 젊은 경관이었던 모스팬 경사에게, 자신이 열여덟 해 전의 여름에 그곳을 얼마나 사랑했었는지 이야기했다. 텔루라이드 하우스에서는 고독과 평화를 찾을 수 있으리라 생각했다고도 말했다.

마이클의 정신은 처음보다 한결 명료해진 것 같았다. 그러나 지금 여기가 아닌 다른 어딘가에 존재하는 듯한 분위기는 여전했고, 밤이 깊어갈수록 그러한 분위기는 더 강해졌으며 기분도 우울해졌다. 변호사가 동석하지 않는다면 탈의하지 않겠다고 뻗대기도 했다. 그러다 시간이 조금 지나서야 뚱한 표정으로 고분고분해졌다. 그는 시선을 피한 채 묵묵히 혼자만의 세계로 물러났다.

마침내 증거 수집 작업이 막바지에 다다랐다. 처음에는 탈의하지 않겠다고 고집을 부리던 마이클은 이제 옷을 입지 않겠다고 버텼다. 경찰들은 그에게 과학 수사 요원이 입는, 종이 같은 비닐 재질의 타이벡 집업 점프슈트를 주었다. 입힐 만한 옷이 그것뿐이었다. 마이클의 옷은 전부 벗겨내 증거물 목록에 넣은 뒤였다.

마이클은 덥고 비좁은 방 구석에 놓인 의자에 몸을 옹송그리고 앉아 있었다. 완전히 벌거벗은 상태였지만, 몸의 절반은 철제 파일 캐비닛에 가려져 있었다. 그는 마음의 문을 걸어 잠근 채 남들의 시선을 피해 몸을 웅크렸다.

구석의 의자에서 벽을 향해 구부정히 앉아 있는 나체의 남자는 그다지 위협적으로 보이지 않았다. 황소 고리에 묶어두었던 수갑을 풀어주었으나 마이클은 여전히 옷을 입지 않았고, 입을 열지도 않았다. 경관들은 좀더 편안한 방으로 옮겨줄 계획이라는 말로 그를 달래려 했다. 마이클 바로 앞에는 작은 탁자가 있었고, 길었던 그날 밤 동안 이미 몇 차례 방을 드나들었던 브루어 경관이 다시 방에 들어왔을 때, 그는 특별히 경계하는 반응을 보이지 않았다.

훗날 브루어 경관은 당시의 상황이 찍힌 동영상을 보고 자신이 무엇을 놓쳤는지 알게 되었다. 마이클이 붉은 턱수염 아래에서 이를 악물고 있었던 것도, 주먹을 쥐고 있었던 것도 알아차리지 못했다. 그날 밤 브루어 경관은 그녀를 보호하라는 특수 임무를 받은 건장한 경찰들을 양 옆에 끼고 자신의 일에 집중하고 있었다. 그녀는 깊은 생각 없이 족집게를 들고, 아직 분류를 마치지 못한 마지막 옷에서 캐리의 머리카락 한 올을 집어내려 무릎을 꿇었다. 그때 돌연 마이클이 자리를 박차고 일어났다. 두려움과 분노에 사로잡힌 나체의 남자가 자신을 덮친 그 순간, 브루어 경관은 뒤늦게 깨달았다. 제 발로 죽음의 깔때기에 걸어들어오고 말았다는 것을.

마이클은 의자에서 일어나는 동시에 마치 높은 곳에서 뛰어내리는 사람처럼 몸을 구부리며, 분노로 이글거리는 얼굴을 브루어 경관의 코 앞에 들이밀었다. 그 모든 일련의 동작이 아주 빠르게 일어났지만 어느 순간 움직임이 완전히 멈춘 것처럼 느껴지기도 했다. 그 순간 브루어 경관은 마이클의 얼굴과 무자비한 분노에 사로잡혀 가늘어진 두 눈을 머릿속에 생생히 담을 수 있었고, 동시에 직감했다. '이 남자가 나를 해칠 거야. 어떻게 해칠지는 모르겠지만 분명 아주 확실해. 끔찍한 일이 일어날 거야.'

다음 순간 마이클이 브루어 경관의 입을 향해 주먹을 날렸고, 온 세상이 깜깜해졌다.

의식을 되찾은 그녀는 자신이 복도에 누워 있다는 걸 깨달았다. 경관 한 사람이 그녀를 보호하려고 그쪽으로 밀쳐둔 모양이었다. 고통으로 머리가 울렸다. 복도 바로 안쪽 방에서는 심한 몸싸움이 벌어지고 있었다. 브루어 경관의 위치에서는 방안이 보이지 않았지만, 거구의 경관 세 사람이 마이클과 씨름하는 소리가 들렸다. 상황이 순조롭지 않은 것 같았다.

바닥으로 쓰러지기 전에 철제 파일 캐비닛에 부딪히는 바람에 얼굴이 피로 축축해져 있었다. 턱이 빠졌고, 앞니 네 개가 위로 꺾여 입천장에 붙어 있었다. 그녀로서는 경관들을 도울 방도가 없었다.

브루어 경관은 벽을 더듬으며 네 발로 기어서 가까스로 복도 끝에 다다랐다. 두부 외상에 뒤따르는 자줏빛 반점이 머릿속에만 존재하는 흑점처럼 눈 안에서 어둠을 밝혀 주었다. 모스팬 경사가 비명과 고함 소리를 듣고 복도로 나와보니 브루어 경관이 바닥을 기고 있었다. 혼자 있을 수 있겠느냐고 묻자 그녀는 괜찮다고, 가서 경관들을 도우라고 말했다.

경악스럽게도 경관들은 정말로 도움이 필요한 상태였다. 코넬경찰서에서 제일 몸집이 우람한 척, 보비, 댄 세 사람이서 마이클 한 명을 제압하지 못하고 있었다. 마이클은 초인적인 힘을 발휘해서 경관들을 파일 캐비닛 때문에 더 좁아지고 위험해진 면담실 벽으로 내던졌다. 경관 한 명은 이미 바닥에 쓰러져 있었다.

모스팬 경사는 복도에 서서 문에 난 창문을 통해 난투극을 지켜보았다. 마이클은 실오라기 하나 걸치지 않은 채로 무더운 방 한가운데에 서서 날뛰고 있었다. 피부가 피와 땀으로 미끈거려서 경관들이 그를 붙잡기가 어려웠다. 마이클은 정신적 분노와 아드레날린에 휩싸인 상태로 자기 앞을 막고 선 세 경관들에게 돌진했다. 황소 보비마저 속수무책이었다. 댄은 타인의 몸을 통제하는 호신술을 가르치는 강사였지만 지금은 도통 쓸모가 없었다.

댄은 경찰봉을 꺼내들고 있었다. 접이식 봉이 나오기 전 사용되었던 구식 '히코리나무 방망이'는, 쓸 줄 아는 사람의 손에 들어가면 가공할 만한 위력을 발휘했다. 모스팬 경사는 충격에 빠진 채 댄이 마이클의 넓적다리를 경찰봉으로 가격하는 것을 지켜보았다. 제대로 맞으면 다리를 지나가는 신경이 끊어져서 귀리 포대처럼 풀썩 주저앉게 되는 부위였다. 그러나 마이클은 방망이에 맞고도 멀쩡했다.

충격용 무기가 먹히지 않을 경우, 다음으로 사용할 수 있는 무력은 화기였다. 모스팬 경사는 한 발짝 물러나 권총집에 든 권총에 손을 얹었다. 마이클은 무장하지 않은 상태였지만 빨리 제압하지 못하면 누군가를 해칠 게 분명했다. 눈 하나 깜짝할 사이에 너무 많은 일이 일어나고 있었다.

모스팬 경사는 총을 꺼낼지 말지 가늠하면서 허리에 찬 권총의 가죽끈을 풀었다. 댄 머피가 바닥에 내동댕이쳐졌지만, 손에는 여전히 방망이를 쥐고 있었다. 그는 한쪽 무릎을 세워 자리에서 일어나더니, 죽을힘을 다해 마이클의 넓적다리를 다시 한번 가격했다. 이번에는 효과가 있었다. 마이클이 쓰러졌다.

경관들은 마이클에게 즉시 수갑을 채우고, 여차저차 타이벡 점프슈트를 입히고 지퍼를 올렸다. 그러는 도중 구급차가 도착해 엘런 브루어 경관을 급히 응급실로 실어 갔다. 경찰서에는 다시 질서 비슷한 것이 회복되었다. 모스팬 경사는 풀었던 권총집 끈을 다시 묶으면서, 자신이 정말로 무기를 소지하지 않은 나체의 남자를 총으로 쏘려고 한 건지 의심했다.

채 이 년이 지나지 않은 과거에, 이타카의 한 경찰관이 동료를 공격한 메리라는 정신질환자 여성에게 총격을 가해 사망에 이르게 한 사건이 있었다. 메리는 자기 집 화장실에서 문을 잠그고 틀어박혀 버티고 있다가 갑자기 뛰쳐나와서 스테이크 칼로 경찰관의 목을 찔렀다. 칼에 찔린 경찰관은 사망했다. 이타카는 작은 마을이어서 경찰들 모두가 서로 알고 지내는 사이였다. 칼에 찔린 수사관은 이타카 경찰에서 처음으로 나온 순직자였다. 그러나 경찰들의 뇌리에 끈덕지게 남아 있던 건 살아남은 그의 동료, 즉 메리를 총으로 쏜 그 경찰관이었다.

그는 동료 경찰관의 죽음과 자신이 메리를 죽인 것에 대해 트라우마를 입은데다 정신질환 옹호자들에게 살인자라는 비난을 받는 이중의 고통에 시달렸다. 경찰들에게는 체계에 존재하는 더 큰 빈틈을 수선하는 임무가 주어졌으나 필요한 도구는 주어지지 않았다. 이중고에 처한 경찰관은 이 상황을 대표하는 살아 있는 상징이었다. 칼에 찔린 수사관이 메리가 '잘 지내고 있는지 확인하러' 방문한 건 그날이 처음이 아니었다. 잠긴 문에 대고 "메리, 괜찮은 거죠?" 묻던 때만 해도, 그는 이번 방문도 여느 방문과 다름없이 무탈하게 마무리되리라 생각했을 것이다. 메리는 아기를 꺼내겠다며 주머니칼로 자기 배를 그은 전적이 있었다. 그러나 그녀가 정신병원에 입원했다가 금방 퇴원하는 일이 되풀이되는 것을 보고, 경찰관은 이 정도면 충분히 관리할 수 있는 상황이라고 느꼈을 것이다.

그런 상황이 바로 죽음의 깔때기였다. 모스팬 경사가 그 안에 휩쓸려 들어가지 않은 건 행운이었다.

엘런 브루어 경관은 치과의사 덕분에 앞니 네 개를 지킬 수 있었지만, 넉 달 동안 근무할 수 없었고 현역으로 복귀하는 데에는 그보다 훨씬 오랜 시간이 걸렸다. 여러 달 동안 그녀는 똑같은 악몽에 시달렸다. 분노로 이글거리는 마이클의 얼굴이 그녀의 코앞으로 다가오는 꿈이었다. 브루어 경관은 모스팬 경사의 독려를 받아 당시 경찰 내에서는 여전히 금기시되던 심리 치료를 받은 뒤에야 다시 삶을 꾸려나가고, 경찰 조직 내에서 새로운 소명을 찾을 수 있었다.

브루어 경관은 그날 밤의 사건과 거기서 얻은 교훈을 강의에 담아 미국 전역의 경찰관들에게 전파하기 시작했다. 강의의 주제는 트라우마, 안전, 죽음의 깔때기, 순응에 내재된 위험, 그리고 경찰과 일반 대중 양쪽 모두에 있어 정신건강 인식의 중요성이었다. 그녀는 이 강의에 〈마이클 라우도어의 세 얼굴〉이라는 이름을 붙였다.

40장
카인과 아벨

웨스트체스터 카운티의 지닌 피로 검사장은 라우도어의 범행 동기를 공개하거나 라우도어의 정신적 문제가 어떤 역할을 했는지에 대해 발언하지 않겠다고 표명했다. "이 사건의 본질은 잘 교육받은 두 청년 가운데 한 사람은 안타깝게도 목숨을 잃었고 다른 한 사람은 2급 살인으로 기소되었다는 점입니다." 피로 검사장은 말했다. "좋은 결말이라고 할 수는 없을 겁니다."

—「칼부림 용의자로 구류된 법학자: 조현병과 오랜 투쟁중이었던 것으로 밝혀져」, 〈뉴욕 데일리 뉴스〉, 1998년 6월 19일자

6월 18일 목요일 이른 아침 헤이스팅스경찰서 소속 형사들은 마이클을 인도받으러 이타카로 향하던 길에 빙햄턴에 들러 캐리의 차량을 웨스트체스터로 이동시키도록 조치했다. 웨스트체스터 카운티의 지닌 피로 검사장은 마이클을 2급 살인으로 기소하려 준비하고 있었다. 2급 살인은 최소 형량 이십오 년에서 무기 징역까지 구형받을 수 있는 죄목이었다. 피로 검사장은 기자에게 말했다. "이 범죄는 유달리 악독하며, 감형을 고려할 만한 정황은 없어 보입니다."

검찰은 그날 오전 맨해튼에서 캐리의 동료들과 면담했다. 에디슨 프

로젝트 직원들은 본래 뉴욕시를 떠나지 말라는 지시를 받았지만, CEO 베노 슈밋을 비롯한 몇 사람이 힘을 쓴 덕분에 시카고행 오후 비행기에 오를 수 있게 되었다. 충격에 빠져 애도하고 있던 기술국 사람들에게는 출장에 가지 않아도 된다는 선택지가 주어졌다. 그러나 그들은 톰의 표현대로라면 "우리가 술이나 퍼마시고 있는 건 캐럴라인이 원하는 바가 아니라고" 결론지었다. 그건 캐리답지 않았다. 캐리를 위해, 그들은 단결하여 지금껏 준비해온 일을 끝마치기로 했다.

톰은 검사와 면담하는 자리에서 캐리와 마이클에 대해, 그리고 전날 캐리가 보고한 "개인적 위급 상황"에 대해 이야기했다. 젊은 남자였던 검사는 동정어린 태도로 톰의 이야기를 경청했고, 마이클의 질환이 얼마나 복잡한지도 이해하는 것 같았다. 톰은 검사에게 캐리가 임신중이었다는 사실을 알고 있었느냐는 질문을 받고 깜짝 놀랐다. 전혀 모르던 소식이었다. 검사는 캐리가 인형이나 테디베어 이야기를 한 적이 있는지도 물었다. 톰은 그가 갑자기 부드러운 봉제 곰 인형 이야기를 꺼내는 이유를 종잡을 수 없었다. "귀염둥이 토끼"나 "우리 곰돌이"처럼, 아기를 부르는 둘만의 암호였을까? 정답을 아는 사람은 없는 것 같았다.

교내 경찰들과 나체 난투극을 벌인 이래 마이클은 내내 말이 없었다. 난장판이 정리되고 자리에 앉은 마이클에게 경찰이 소다를 건네며 경관을 가격한 이유를 묻자, 변호사를 불러주지 않아서라는 대답이 돌아왔다. 이어서 마이클은 이타카 지역 판사에게 소환되어 기소 인부 절차를 밟았고, 마이클에 대한 구속영장이 발부되었다. 마이클이 이타카 시립 교도소로 이송되자 헤이스팅스의 경찰관들은 그를 인도받기 위해 그곳으로 향했다. 경찰들이 마이클에게 자신들이 누구인지, 왜 그를 찾아왔는지 설명하자 마이클은 자신을 캐리에게 데려다줄 수 있느냐고 물었다.

이타카 시립 교도소 앞에는 방송에 얼굴을 비추려고 지역 경찰서까지 납신 주 경찰 소속 고위급 인사 몇 명과, 뜻밖에도 엄청난 수의 기자들과 카메라맨들이 모여 있었다. 전날 아침 사무실 동료들에게 질문을 던지고 다니던 칼로가 라디오에서 들은 보도는 점점 달아오를 취재 전쟁의 서막일 뿐이었다.

아직은 그해 말에 서비스를 시작하게 될 구글의 도움을 빌릴 수는 없었지만, 기자들은 마이클의 이름과 브래드 피트, 론 하워드, 예일대 법학대학원, 〈뉴욕 타임스〉의 연결고리를 서서히 파악해 나가고 있었다.

헤이스팅스 경찰의 호위를 받아 아무런 마크도 찍히지 않은 헤이스팅스 경찰 차량으로 향하는 동안 마이클은 그를 둘러싼 환경을 전혀 의식하지 못하는 것처럼 보였다. 불편하지 않느냐고 묻자 마이클은 그저 이렇게 답했다. "무서워요." 배고프거나 목마르냐는 질문에는 아니라고 답하거나 말없이 고개를 저었다. 경찰관들은 헤이스팅스까지 차를 오래 타야 하니 뭐라도 먹으라고 권했다. 이에 마이클은 답했다. "저는 먹을 자격이 없어요."

이튿날 〈뉴욕 데일리 뉴스〉에서는 "관계자들에 의하면 용의자는 웨스트체스터로 돌아가는 네 시간 동안 긴장증에 가까운 상태였다고 한다"라고 보도했다. 마이클의 헤이스팅스 이송을 기다리고 있던 언론은 〈뉴욕 데일리 뉴스〉 하나가 아니었다. 리버 에지 아파트와 바로 옆 경찰서에 방송 인력, 사진사, 신문 및 통신사 기자들이 득실거렸다. 카메라맨들은 보조 영상으로 쓰려고 리버 에지 아파트 외부의 산울타리를 다듬는 정원사의 모습을 촬영했다. 아파트 관리인은 헤이스팅스 온 허드슨을 메이베리에 비유했다. 메이베리는 론 하워드를 일약 아역 스타로 만들어준 드라마 속의 목가적인 전원 마을이었다.

헤이스팅스 온 허드슨 사람들은 그들이 사는 작은 마을에서 살인 사건이 일어났다는 공포에 더해, 가까이에 유명인이 살고 있었다는 사실을 차츰 실감했다. 빌라지오 세레노의 피자 배달원은 기자에게 마이클과 캐리가 어떤 피자를 좋아했는지 설명하며 덧붙였다. "남자는 대답하는 말투가 좀 이상했어요. 뭐 섬뜩하다거나 그랬던 건 아니고, 좀 순진해 보였다고 할까요." 여자는 "친절"했고 14달러짜리 파이를 사면서 그에게 팁으로 3달러를 주었다고 했다. 헤이스팅스 비디오 가게의 매니저는 그들이 "언제나 행복해 보이는" 조용한 커플이었다고 말했다. 그녀는 고객의 프라이버시를 지키겠다는 서약을 진지하게 여겨서, 그들이 어떤 비디오를 대여했지에 관해서는 함구했다.

마이클이 헤이스팅스에 도착했을 즈음에는 이미 오후가 저물어가고 있었다. 마이클이 부축을 받아 차에서 나오고 경찰서로 들어가는 장면은 사진에 담겨 이틀날 모든 주요 일간지에 실렸다. 마이클은 '이타카 시립 교도소'라는 글씨가 박힌 연한 하늘색 점프슈트와, 언론에서 "초록색 교도소용 슬리퍼"라고 부른 신발 차림이었다. 그는 쇠고랑을 차고 있었다. 양손에 찬 수갑이 허리를 감싸는 가죽끈에 연결되어 있었다. 왼손엔 붕대가 감겨 있었다.

턱수염을 기른 얼굴은 묘하게 부어 보였다. 눈은 평소보다 작고 초점이 맞지 않아서 마치 보이지 않는 내면의 어떤 지점을 노려보며 분노를 쏟아내고 있는 것 같았다. 마이클의 옛친구들과 대학원 동기들은 마이클이 저지른 사건의 소식을 접한 순간 바로 이 얼굴을 보게 되었다. 〈뉴욕 타임스〉 메트로 섹션 1면에 이 사진과 기사가 실렸다. 이 년 반 전에 실린 "베들럼으로 가는 길, 그리고 돌아오는 길" 기사와 정확히 같은 위치였다.

수많은 사람들에게 영감을 주었으며 마이클에게 마냥 행운을 안겨준 것처럼 보였던 그 기사에는 "예일대 법학대학원을 졸업한 조현병 환자, 보이지 않는 휠체어에 묶이다"라는 부제가 붙어 있었다. 마이클의 구속을 보도하는 이번 기사에서도 마이클이 걸어온 여정에 아이비리그가 있었음을 강조했다. "정신질환에서 예일대를 거쳐 살인 용의자로." 마이클이 목깃 단추를 푼 셔츠 차림으로 법학대학원 기둥에 기대선 사진이 실렸던 자리에는, 마이클이 수갑을 찬 채 멍한 얼굴로 경찰 차량 뒷좌석에서 내리는 사진이 실렸다.

〈뉴욕 포스트〉는 1면에 같은 장면을 찍은 다른 사진을 싣고 전면을 할애하여 마이클 사건을 다루었다. 〈뉴욕 타임스〉에 실린 사진에서 마이클은 자동차에서 나오는 중이어서 차 문에 몸의 일부가 가려져 있었다. 마치 외설적인 부분을 가린 것처럼 보이는 사진이었다. 〈뉴욕 포스트〉에 실린 사진은 시간상 그보다 조금 더 뒤에, 마이클이 경찰서로 걸어가는 도중에 찍힌 것이라 마이클의 몸을 온전히 담고 있었다. 죄수복에 달린 지퍼가 내려가서 털이 난 가슴이 세모꼴로 드러났다. 열린 지퍼가 불룩 나온 배를 향해 V 자를 그려서 마치 턱수염을 기른 부은 얼굴을 거울에 비춘 것 같았다. 마이클은 안경을 벗은 상태였다. 그의 눈은 멀겋고 초점이 맞지 않았다. 가늘게 뜬 눈에 수상쩍게 힘을 주고 있어서 위협적인 미친 사람처럼 보이기도 했다. 그러나 그것이 단순히 안경을 쓰지 않았기 때문은 아니었다.

사진 위에 배치된 헤드라인은 단 한 단어였다. 눈에 띄도록 검은색 바탕에 커다란 흰색 글씨로 이렇게 적혀 있었다.

사이코

이 헤드라인은 대략 이십 년 전, 루퍼트 머독의 시대가 동트고 있던 1977년 여름에 〈뉴욕 포스트〉에서 샘의 아들이 잡혔을 때 사용한 요란한 핏빛 헤드라인 —"잡혔다!"— 보다도 더 컸다. "사이코"라는 글자가 너무 커서 느낌표 하나 넣을 자리조차 없었고, 글자 크기를 1파이카*라도 더 키웠다가는 페이지 안에 다 들어가지 못할 정도였다.

마이클이 흑백 타블로이드 신문의 창 저편에서 샘의 아들처럼, 누구도 되어선 안 될 사람이 되어서 우리를 내다보고 있는 모습은 충격적이었다. 1면의 왼쪽 절반은 마이클의 사진이 고스란히 차지했고 오른쪽 절반에는 검은색 바탕에 일반적인 1면 헤드라인 크기의 흰색 글씨로 이렇게 적혀 있었다.

뒤틀린 천재
임신한 약혼자를
잔혹하게 난도질한 혐의로
기소당하다

오른쪽 아래에는 졸업 사진 속 소녀처럼 희망차고 순수한 미소를 짓고 있는 캐리의 사진이 실렸다. 캐리와 마이클이 찍은 스냅사진에서

---

* 활자의 크기를 나타내는 단위로, 1파이카는 12포인트에 해당한다.

잘라낸 것으로, 온전한 사진은 안쪽 지면에서 이어지는 기사에 실렸다. 1면 제일 아래에는 불운에 처한 마이클의 영화에 관한 기사 예고가 신문 너비를 꽉 채우고 있었다. "유니버설 스튜디오 책임자들 곤경에 빠져, 32면."

마이클 본인이 희망의 상징이었듯 마이클의 영화 역시 희망의 상징으로 여겨지고 있었다. 자신의 존재가 사회에서 인정받고 가시화되기를 절실히 원하는 수백만 사람들에게 마이클이 어떤 의미였는지, 나는 살인 사건이 일어나기 전까지는 전혀 모르고 있었다. 그의 몰락이 그 수많은 개인들에게 얼마나 큰 절망을 안겨주었는지 역시 알지 못했다. 〈사이키애트릭 타임스〉 저널에서는 마이클 사건을 다룬 기사에 "홍보 포스터에서 현상 수배 포스터로"라는 제목을 달았다. 여러 기사에서 마이클이 뉴욕 주립 정신병원의 윤리 자문이었다고 보도하자, 병원 대변인이 AP통신에 마이클은 단순히 자원봉사자이며 회의에 참석한 일은 없다고 못박았다.

"사이코"라는 단어의 존재감이 수많은 사람들이 선의와 희망과 성취로 쌓아올린 세계에 즉각 그늘을 드리웠다. 전미 정신질환 연맹에서 영화 〈사이코〉 인형을 매대에서 치우려고 그렇게 많은 노력을 쏟아부었는데 이제 〈뉴욕 포스트〉에서 대문짝만한 글씨로 마이클을 사이코라고 부르고 있었다.

"아침에 눈을 뜨자마자 소식을 듣고, 저도 모르게 울음을 터뜨렸습니다." 전미 정신질환 연맹 회장 로리 플린은 〈워싱턴 포스트〉 기자가 살인 사건에 대한 의견을 묻자 이렇게 말했다. 〈워싱턴 포스트〉에서는 플린의 조직이 마이클의 생애를 다룬 영화에 조언을 하고 있었으며, 마이클이 플린의 딸에게 영웅적인 인물이었다고 보도했다.

"좋은 자극을 주는 사람이었습니다." 플린은 라우도어에 대해 이렇게 평했다. "정신질환이라는 어려움을 극복하고 성공하는 사람들의 훌륭한 이야기를 볼 때마다 얼마나 감사한지 모릅니다. 저의 딸처럼 사회에 받아들여지길 원하는 사람들, 역할 모델이 필요한 많은 사람들은 그런 이야기에서 영감을 받습니다."

마이클 사건을 접했을 때 엘린 색스는 서던캘리포니아 법학대학원에서 종신 재직권을 받은 뒤였고, 자신의 조현병 투병기를 담은 회고록을 쓸 생각이었다. "미국의 반대쪽 끝에서 일어난 가슴 아픈 사건으로 인해 나의 양가감정은 더 심해졌다." 훗날 그녀는 적었다. 처음에 색스는 회고록을 포기할 생각이었다. 하지만 나중에 생각을 뒤집었다. 비극적인 폭력 사건과, 사건의 선정적인 부분에 집중하는 대중의 반응이야말로 그녀의 이야기를 들려줘야 할 이유였다. 자칫하면 마이클의 비극이 색스를 비롯해 조현병이 있는 수백만 명을 대표하는 것으로 보일 우려가 있었다.

당시 색스는 마이클의 사건이 온 세상에 알려진 상황에서 자신의 이야기를 공개하는 건 불가능하다고 느꼈다. 마이클은 색스와 똑같이 예일대 법학대학원을 졸업한 사람이었다. 색스가 조현병이라는 사실을 공개하면, 친구와 동료들이 그녀를 마이클과 동일시하는 건 아닐까? "어쩌면, 그들이 진실을 알면, 내가 너무 약하거나 무서운 사람이라서 믿음직한 직장 동료나 친구로 지내기에는 적당하지 않다고 짐작할지도 모른다." 마침내 써낸 회고록에서 색스는 마이클 사건에 대한 보도를 읽기 전 여러 해 동안 자신이 품고 있었던 두려움을 회상했다. "사람들은 결국 언젠가는 불가피하게 비극적인 폭력 사건이 일어나게 될 거라고 생각할지도 모른다."

〈뉴욕 포스트〉 1면에서 마이클을 본 리지 퍼버는 어린 아들을 데리고 뉴로셸행 기차에 올라, 슬픔에 젖은 어머니를 찾아갔다. 마이클은 제인 퍼버의 웅장한 빅토리아풍 저택에서 한 식구로 지냈었다. 제인이 크리드무어 정신병원에서 종일 일하고 밤에 개인 환자 진료까지 마친 뒤 밤늦게 집으로 돌아가면, 마이클은 제인이 먹을 음식을 요리해주고 그녀가 식사하는 동안 말동무를 해주었다. 그는 리지에게 말했었다. "거기서 혼자 저녁을 드실 거라고 생각하면 견딜 수가 없었어."

제인 퍼버는 이제 바닷가의 웅장한 저택이 아니라 위커길과 좀더 가까운 크로퍼드 서클에 살고 있었다. 마이클은 그 집에도 단골로 드나들었고, 리지의 아버지가 집을 비운 세월 내내 가족의 일원이나 다름없이 지냈다. 심지어 퍼버 가족은 마이클이 조시와 얼굴이 약간 닮았다고 생각했고, 그게 둘 다 아슈케나지 유대인*의 피가 흐르기 때문이라는 이유를 들었다. 그러나 리지가 〈뉴욕 포스트〉에 1면에서 본 마이클의 얼굴은 너무나 마이클 같지 않았다. 조시는 물론이고 마이클 본인과도 닮지 않은 얼굴이었다.

리지는 자라는 내내 어머니에게 중증 정신질환자가 사회에서 무시당하는 수만 가지 이유에 대해 들었다. 사회에 기여하지 못하고, 돈을 벌지 못하고, 권리를 박탈당한 그 까탈스러운 사람들에게 누가 굳이 관심을 기울이겠는가? 유일한 예외는 비극이 일어났을 때였다. 그러면 그때부터는 악몽이 펼쳐졌다. 바로 지금 그들의 눈앞에 펼쳐지고

---

* 독일 및 동유럽에 거주했던 유대인으로 전체 유대인의 75퍼센트를 차지한다.

있는 게 그 악몽이었다.

제인 퍼버의 집 앞에서 택시가 속도를 줄이는 동안, 리지는 어떤 기자가 길가에 급히 차를 대고 뛰쳐나와서 자신을 마중하러 나온 조시에게 말을 거는 것을 보았다. "조시 퍼버 씨 되십니까? 마이클 라우도어에 대해 질문을 좀 드려도 될까요?"

기자는 어떤 수를 썼는지 마이클의 주소록을 입수해서 그 안에 적힌 모든 사람에게 연락하고 있었다.

"싫습니다." 조시가 기자에게 말하고 집안으로 들어갔다.

나는 직장에서 잡지 『타임』지 기자가 남겨놓은 메시지를 들었다. "마이클 라우도어의 친구분이시라고 들었습니다." 나는 그 메시지를 무시하기로 했다. 〈뉴욕 타임스〉 기자는 집으로 전화를 걸었다. 나는 어떤 말도 기록에 남기고 싶지 않다고, 마이클에 관련된 이야기는 하나도 기억나는 게 없다고, 정말로 할말이 없다고 답했다.

침묵은 내가 마이클에게 줄 수 있는 선물이었다. 그는 이미 너무 많은 말들 사이에서, 자신의 언어로 들려주지 못했고 부응하지도 못한 이야기의 덫에 빠져서 고통받고 있었다. 그러나 나는 전화를 끊으면서 예수를 부정하는 베드로가 된 기분이었다. 유감입니다만 모르는 사람입니다. 물론 예수는 임신한 여자친구를 살해하지 않았다. 하지만 예수는 내가 어릴 적 가장 친했던 친구도 아니었다.

솔직히 말하자면 나는 무슨 말을 해야 할지, 지금 내가 느끼는 이 기분이 무엇인지 알 수 없었다. 너무 많은 기분을 동시에 느껴서 그런 건지도 몰랐다. 어떤 일이 벌어졌는지 제일 처음 알게 된 순간에는 몸이 먼저 반응했다. 욕지기가 나왔고 지독한 슬픔의 감각이 몸안에 차올랐다. 비극에 압도된 나머지 하루종일 눈물이 터지기 일보 직전이었다.

나는 미할이 일하는 병원에 연락해 소식을 전했다. 나중에 미할은 내 목소리를 듣고 우리 아버지가 돌아가신 줄 알았다고 말했다.

나는 자꾸만 죽은 사람이 마이클이라고 착각했고, 실수를 알아차릴 때마다 혼란과 죄책감을 느꼈다. 누군가를 죽임으로써 마이클 또한 일종의 죽음을 맞은 거라는 생각이 들기도 했다. 그러나 그 생각 뒤에는 실제로 그에게 살해를 당한 임신한 여자가 분명하게 존재했다. 캐리의 존재는 그녀가 죽었다는 사실이 내 안에서 일으킨 공포심에 의해 묘하게 가려져 있었다.

한번 기억의 문이 열리자 나는 놀랄 만큼 순식간에 마이클을 나 자신과 동일시하기 시작했다. 세탁 세제의 향과 눌어붙은 아메리칸 치즈 냄새가 섞인 라우도어가 특유의 냄새, 그 집의 풍경과 분위기, 계단에 던져둔 서류들, 인도 여자 그림, 사방에 어지러이 놓여 있던 책들. 마이클이 똑똑하고 목청 좋은 형들과 매일같이 벌이던 전쟁. 타협 따위는 모르는 목소리 큰 아버지. 장난기를 싹 뺀 다정한 태도로 고양이 더스티를 안아주던 마이클의 모습. 우리가 6학년 과학 시간에 제출할 에세이에 "우리 이의 살갗*: 그리고 신체의 다른 여러 부분"이라는 제목을 붙이고 숨넘어갈 듯 웃으며 바닥을 구르던 일.

별안간 나는 마이클과 끈끈히 묶여 있던 순수했던 시절의 나 자신으로 돌아갔다. 마이클이 병에 걸린 뒤에도 계속 그에게 불만을 품었던 게 불현듯 부끄러워졌다. 나는 원고를 팔지 못했는데 마이클은 할리우드와 일류 출판사에 자기 이야기를 팔았다고 시샘한 것도 부끄러워졌다. 내가 그에 대한 경쟁심을 거두지 않은 게 얼마나 어처구니없는 일

---

* 'by the skin of one's teeth'는 '가까스로' '아슬아슬하게'를 뜻하는 숙어다.

이었는지 이제야 정말로 실감이 났다.

죄책감도 들었다. 나는 〈뉴욕 타임스〉에 실린 마이클의 소개 기사를 읽었을 때, 마이클이 치료받기 전에 식칼을 들고 집안을 돌아다녔다는 사실을 떠올리며 "실제로 폭력적이 될 수도 있는 것 아닌가" 생각했다. 하지만 마이클이 건방지게 그에게 낙인을 찍는 질문을 던지는 편협한 사람들의 이야기를 들려줄 때면 별생각 없이 그와 함께 웃었다. 내가 느꼈던 꺼림칙함이 기괴하게 현실이 된 지금, 나는 내가 그런 느낌을 받은 게 옳았다는 후련함을 느끼지 못했다. 오히려 사건에 깊이 연루된 기분이 들 따름이었다.

내가 제정신이고 건강하다는 것에도 죄책감이 들었다. 내가 제정신도 아니고 건강하지도 않다고 상상하느라 너무 많은 시간을 흘려보냈다. 어느 날, 몇 년 동안 연락이 끊겼던 고등학교 친구에게 전화가 왔다. 그 역시 마이클 소식을 들은 뒤로 잠을 잘 수 없다고 했다. "정말 끔찍한 말이지만. 지금 마이클이 할 수 있는 최선의 행동은 자살하는 거란 생각이 들어." 그는 내게 말했다.

나는 〈뉴욕 타임스〉에 그런 얘기를 들려줄 생각은 추호도 없었다. 내가 누군가를 찌르고 피 묻은 칼을 들고 있는 꿈을 꾸었다는 이야기도. 꿈에서 내가 마이클이었는지 나 자신이었는지, 내가 죽인 사람은 누구였는지는 알 수 없었다. 단지 내가 구경꾼이자 살인자였고 겁에 질려 있었다는 것만 알았다. 꿈속에서 나는 내가 있어서는 안 될 곳에 있다는 느낌이 들었다. 〈북북서로 진로를 돌려라〉 속 캐리 그랜트와 비슷했다. 영화 속에서, 그랜트의 품안으로 어떤 남자가 넘어진다. 그랜트가 그 남자의 등에 꽂힌 칼자루에 손을 댄 순간, 카메라 플래시가 터진다.

영화와 꿈의 차이는 영화 속 캐리 그랜트는 함정에 빠졌을 뿐이지만 꿈속의 나는 정말로 범인이라는 점이었다. 내가 정확히 무슨 짓을 저질 렀는지는 몰라도 내 몸에는 피가 잔뜩 묻어 있었고 내가 죄를 지은 건 분명했다. 꿈속에서 나는 마른땅을 딛고 선 채 나 자신의 피일지도 모 르는 피 웅덩이에 빠져 익사하고 있었다.

잠에서 깬 순간, 현실의 어떤 장벽이 허물어진 것 같았다. 나는 마이 클이 느끼고 있는 죄의식어린 공포를 직접 감각하고, 집에서 흐느끼고 있는 그의 어머니를 직접 볼 수 있었다. 그곳은 꿈과 현실의 중간 지대 였고, 그 속에서는 누군가를 생각할 때마다 나 자신이 그 사람이 되지 않는 게 불가능했다. 나의 존재가 자꾸만 타인에게 스며드는 이 섬뜩 한 상태 자체가 광기는 아닐까 두려워하는 사이 아침이 왔고, 주술은 깨어졌다.

캐리가 임신한 상태였다는 소식을 내게 전한 사람은 우리 어머니였 다. 내가 사건 당일의 뉴스 보도에서는 놓친 내용이었다. 전화를 끊고, 나는 어둑한 침실로 들어가서 한동안 우두커니 침대에 앉아 있다가 울 음을 터뜨렸다. 그렇게 운 게 언제였는지 기억나지 않을 만큼 오랜만 에 울었다. 내가 아이를 가지려고 고군분투하는 동안, 부디 내가 아버 지가 되게 해달라고 하늘에 절실한 기도를 올리는 동안, 마이클은 자 신의 아내가 될 사람과 아이를 죽였다. 마이클과 캐리는 아직 부부가 아니었고 아이도 태어나기 전이었지만, 그들은 엄연히 마이클의 가족 이었다. 마이클은 자신의 가족을 자기 손으로 망가뜨렸다. 끔찍하다 못해 지독한 일이었다.

내가 어머니에게 전화로 그 소식을 듣던 순간 미할은 거실에 있었 다. 미할은 나를 따라 침실로 들어와서 내 옆에 앉더니 함께 흐느끼기 시작했다.

그날 밤 나는 어머니가 집에 가지 말라고 만류하는 꿈을 꾸었다. 나는 어머니의 경고를 무시하고 집으로 향했다. 아파트 문 앞에 도착하 보니 마이클이 나를 기다리고 있었다. 몸은 피투성인데다 손에 칼을 쥐고 있었다. 그가 입을 열더니 "내 아내를 죽였어"가 아니라, "네 아내를 죽였어"라고 말했다. 나는 거짓말일 거라고 생각했다. 퇴근 전 미할과 통화를 했다. 하지만 마이클의 온몸에 피가 묻어 있는데, 거짓 말이라고 확신해도 되는 걸까?

나는 말했다. "마이클, 너는 도움을 받아야 돼." 그러자 그가 말했 다. "너야말로 도움을 받아야 할걸." 나는 계단을 뛰어내려갔고 마이 클이 나를 뒤쫓아왔다. 마이클은 항상 나보다 달리기가 빨랐지만 꿈속 에서 그는 몸이 무거웠고 정신도 멍했다. 나는 82번가의 경찰서에 들 어가 도와달라고 외쳤다. 경찰들이 나와서 마이클을 붙잡고 그의 손어 수갑을 채웠다. 꿈에서 나는 완전히 공황에 빠져 미친 사람처럼 울부 짖었다. 마이클이 미할을 죽이지 않았다는 걸 확인하려고 미할에게 몇 번이고 삐삐를 쳤다. 마침내 미할이 경찰에 전화했고, 경관에게 수화 기를 건네받은 나는 그녀의 목소리를 듣고 안도했다.

그 꿈을 꾸기 직전에 나는 침대에 누워 루스 라우도어에게 편지를 쓰려고 애쓰고 있었다. 깨어난 다음에는 그것이 꿈이었는지, 일종의 가수 상태에서 꾼 몽상인지 확신하기가 어려웠다. 꿈이 너무나 생생 한 현실처럼 느껴져서, 나도 망상 증상이 있는 건 아닌지 의심스러웠 다. 당시 나는 내가 공황에 빠지는 경향이 있기는 해도 정신이 이상하 진 않다고 생각하고 있었다. 게다가 임신을 시도하느라 프로작을 끊은 뒤에도 전만큼 쉽게 공황에 빠지지는 않았다. 하지만 마이클이 캐리를 죽인 사건은 내 안의 가장 깊고 심란한 무의식에 파고들어서, 저류처럼 나를 낚아채 뒤로 끌고 가고 있었다.

내가 알았던 영리하고 다정한 책벌레 소년과, 임신한 약혼자를 살해한 남자는 어떤 관계인 걸까? 그 남자와 나는 어떤 관계인 걸까?

어느 날에는 또다른 꿈을 꾸었다. 거구의 두 남자가 구경꾼들에 둘러싸여 싸우고 있었다. 인정사정없는 몸싸움이었다. 한 남자가 승리의 일격을 날린 뒤 몸을 돌려 구경꾼들을 향해 의기양양하게 두 팔을 벌려 보였다. 그때 상대 남자가 그의 뒤로 달려가서 등에 칼을 꽂았다. 메스꺼운 광경이었다. 그는 꽂아 넣었던 칼을 빼내서 피를 자기 셔츠인지 상대 남자의 셔츠인지에 닦았다. 그 일이 몇 차례 반복되었다. 상대를 죽이려는 작정이었다. 이상한 건, 칼을 꽂은 남자가 구경꾼들을 바라보고 있던 남자와 동일한 사람이었다는 것이다. 남자는 둘이었지만 어떤 의미에서는 둘이 하나였다. 그러나 둘 사이에 일어난 사건은 살인으로 느껴졌다.

나는 마구 소용돌이치는 위험과 폭력과 죽음의 감각에 젖어 잠에서 깼다. 세상의 모든 고통을 모르고 살아온 나 자신에게, 폭력에 대처하는 방법을 모르는 나 자신에게 혐오감이 들었다.

나는 교도소에 갇히는 꿈도 꾸었다. 그 교도소는 관리가 매우 엄격했다. 마이클도 같이 갇혀 있었지만 그의 모습은 보이지 않았다. 우리 모두 식당에서 기다리고 있는데, 한쪽 눈이 흐린 우리 동네 슈퍼마켓 계산원처럼 멀건 유리알 같은 눈을 가진 교도관이 나타났다. 그는 채찍을 휘두르면서 나를 지목하더니 교도소장에게 데려갔다. 교도소장은 인도 여자로, 자기 아이들과 놀고 있었다. 아주 친절한 여자였다. 내가 여기서 언제 떠날 수 있는지 묻자 그녀는 대답해줄 수 없다면서 다음에 물어보라고 했다.

그때 나의 감정은 마이클이 정신적으로 무너졌다는 소식을 들은 십 년 전의 그날과 크게 다르지 않았다. 내가 어떤 식으로든 그 일에 연루되어 있다는 감각. 마이클의 악몽에 나 또한 속해 있다는 느낌. 세상에는 어떤 일이든 일어날 수 있으며 삶이 언제든 깨어질 수 있다는 불안한 확신. 그러나 그것은 단순히 느낌이 아니라, 더 구체적인 실체를 지녔다. 마이클과 나에게 깊이 연결된 그 무언가로 인해, 우리가 남몰래 뭔가를 공유하고 있다는 느낌이 들었다. 그러나 그게 정확히 무엇인지는 짚어 말할 수 없었다.

마이클을 사로잡은 광기의 한 조각이 새로운 숙주를 찾아 헤매다가 나를 감염시킨 것 같다는 기이한 기분이 스쳤다. 물론 조현병은 전염성이 없다. 그건 치매도 마찬가지다. 하지만 나는 이미 아버지가 그와 가까운 모든 사람의 얼굴에 꽃가루처럼 고운 혼란을 흩뿌리는 일을 경험한 바 있었다. 엘런 브루어 경관은 마이클에게 단 한 번 주먹을 맞고 뇌 안의 구조가 바뀌었다. 그녀는 끝없이 반복되는 악몽 속에서 분노로 이글거리는 마이클의 얼굴을 보는 외상 후 스트레스 장애를 얻었다. 다행히 그녀의 정신질환은 치료가 가능했다. 마이클의 질환 자체는 전염성이 없었지만, 마이클의 질환과 관련된 고통은 물결처럼 바깥을 향해 퍼져나가고 있었다. 마이클의 친구들 역시 극단적인 형태로 표출된 마이클의 질환과 자신이 알고 사랑했던 마이클이라는 사람을 연결 지을 수 없어 괴로워하고 있었다.

마이클은 정신증 상태에서 자기 부모가 가짜라고 생각했고, 나중에는 캐리가 태엽 인형이나 로봇이라는 치명적인 망상에 빠졌다. 캐리를 알아볼 수 없었던 마이클은, 이제 자신의 친구들에게 알아볼 수 없는 사람이 되었다. 〈데일리 뉴스〉에서는 마이클과 캐리의 친구였던 랜디 배너의 말을 인용했다.

"저는 몇 번이고 마이클의 두 눈을 들여다본 적이 있습니다. 지금 그 안에는 다른 사람이 있습니다." 라우도어를 십삼 년 동안 알고 지낸 저널리스트 랜디 배너가 말했다.

"무슨 뜻인지 아실지 모르겠지만, 그 눈은 다른 사람의 눈입니다. 마이클은 상태가 좋을 때는 누구에게나 환영받는 아주 건강한 사람입니다. 하지만 아플 때는, 아예 다른 사람이 되어버렸죠." 배너가 말했다.

엘런 브루어 경관은 잡지 『피플』에서 이타카 교도소 죄수복 차림으로 헤이스팅스로 돌아간 마이클의 사진을 보았다. 브루어 경관은 마이클의 섬뜩한 표정이 포착된 그 사진을 잘라내어 폴더에 넣고, 훗날 경찰 교육용 프레젠테이션에서 활용했다. 이것이 마이클 라우도어의 세 얼굴 가운데 마지막 얼굴이자, 브루어 경관이 석 달 동안 밤마다 악몽에서 마주한 얼굴이었다.

에디 셰크터 랍비는 몇몇 신문사에 말했다. "제가 아는 마이클 라우도어는, 살인을 저지른 마이클 라우도어와는 다른 사람입니다."

나는 마이클이 컬럼비아 장로교 병원에 입원했던 때 첫 병문안을 갔던 기억을 떠올렸다. 마이클은 카인과 아벨 이야기를 공부하고 싶어했다. 그는 재차 물었다. 어째서 카인의 제물은 거부당한 걸까? 어째서 카인은 아벨을 죽였을까?

누굴 죽인 사람은 내가 아니라 마이클인데, 어째서 자꾸만 내가 카인이 된 기분이 드는지 알 수 없는 노릇이었다.

루스 라우도어는 나를 마주칠 때마다 마이클에게 전화해보라고 입버릇처럼 말하곤 했다. 그렇게 오랜 시간이 지났는데도 내가 여전히 아들의 가장 친한 친구이고 아들에게 특별한 영향력을 행사할 수 있다고 믿는 것 같았다. 자녀가 성인이 되어도 부모의 마음속에는 영원히 아이로 남는 것처럼, 자녀의 유년 시절 친구들도 비슷한 모양이다. 어쩌면 부모에게는 둘 다 어릴 적 모습일 때 가장 생생하게 느껴지는지도 모르겠다. 내가 마이클 이야기를 할 때마다 아버지가 "감방에서 자기가 저지른 짓을 뉘우치고 있을 그 딱한 꼬마애가 자꾸 생각나는구나" 하고 대꾸한 것도 단지 인지증 때문만은 아닐 것이다.

사건이 일어나기 얼마 전, 나는 마이클에게 전화를 했었다. 그는 시종일관 모호하고 흐릿한 투로 말했다. 언제 한번 만나자면서 날짜를 정하는 동안에도 마이클의 태도는 계속 애매했다. 나는 이번 약속도 그냥 지나갈 거라고 예상했고, 어쩌면 내심 그러길 바라면서 달력에 날짜를 적어넣었다. 모든 게 애매모호했던 통화에서 선명하게 느껴진 건 단 하나였다. 마이클은 침몰하고 있었다. 아니, 이미 침몰한 뒤였다. 내가 불현듯 그 사실을 깨달은 순간 마이클이 말했다. "그만 끊어야겠다. 이러면 안 되는데 자꾸 나쁜 생각이 드네."

무언가가 전과 비교할 수 없이 지독하게 잘못되었다는 직감이 들었다. 하지만 나는 마이클의 절망적인 표현이 무슨 뜻인지 해석하지 않으려 애쓰면서 그 말을 그냥 묻어두었다. 그리고 이제 나는 그에게 들은 마지막 말을 뇌리에서 지울 수 없었다. 여러 해 전, 마이클은 주먹질을 당하는 나를 내버려두고 도망쳤었다. 이제는 내가 도망칠 차례였다. 나는 줄행랑을 치고 있었다. 실은 이미 아주 오래전부터.

마이클은 헤이스팅스경찰서 일층의 독방에 수감되었다. 카메라가 설치되지 않은 방이라서, 빈스 스키아보네 경위는 당직을 서는 경관에게 15분마다 마이클의 상태를 확인하라고 지시했다. "뭘 하고 있는지 파악해." 경위는 말했다. "침대에 앉아 있든, 누워 있든, 자고 있든, 변기에 앉아 있든, 뭐든지 다. 계속 주시해."

스키아보네 경위가 수십 년의 경험과 루스에게 들은 이야기를 종합해 내린 결론은, 마이클이 자살하지 않도록 감시해야 한다는 것이었다. 마이클이 얼어붙은 듯 잠자코 앉아 있다는 보고가 15분 간격으로 올라왔다. 경관이 그에게 찬물을 권하자 마이클은 "외계인이라도 보는 듯한 눈길로" 그를 보았다. 스키아보네 경위는 마이클이 이제 자신이 끔찍한 짓을 저질렀다는 사실을 받아들였다고 이해했다. 하지만 반대로 자신이 무슨 짓을 저질렀는지 여전히 모르고 있을 가능성도 있었다. 마이클은 캐리에 대해 묻지 않았다. 자기 어머니에 대해서도 묻지 않았다. 그는 아무것도 질문하지 않았다. 말없이 앉아서 기다릴 뿐이었다.

도처에 기자들이 포진해 있었다. 경찰서 로비에도 기자들이 바글거렸으며 그중 한 사람은 저녁을 먹으러 가는 스키아보네 경위를 자택까지 따라오려고 했다. 〈데일리 뉴스〉 기자들이 루스 라우도어의 집 초인종을 눌렀고, 루스가 "살인에 대해 논하기를 거부"하면 그 사실마저 기사로 보도했다. "'이렇게까지 하시면 괴롭습니다.' 그녀가 현관문 안쪽에서 바깥을 내다보며 말했다." 마이클의 형 대니가 루스에게 걸려온 전화를 대신 받아 이렇게 답했다. "우리 가족은 어떤 입장도 밝힐 생각이 없습니다."

라우도어 가족의 집 외관을 촬영하기 위해 미어랜드 로드에 방송 카메라 여러 대가 설치되었다. 언론에서는 마이클네 집을 "가로수가 심긴 조용한 거리에 있는 튜더양식의 주택"이라고 묘사했다. 〈래리 킹 라이브〉에서는 캐리 살인 사건을 다루는 한 시간짜리 특집 방송을 준비하고 있었다. 10시의 야간 뉴스에서는 마이클네 집을 비추면서 마이클을 "스스로 인정한 조현병 환자"라고 불렀다.

그 뉴스에서는 좋았던 시절에 찍은 마이클의 사진이 음화 이미지로 변하는 영상을 내보냈다. 그는 온 세상을 움직일 끈을 쥐고 있었다. 그러다 그 끈이 끊어졌다. 11시의 네트워크 뉴스도 비슷한 영상을 연출했다. 천재, 살인마가 되다.

그날의 두번째 기소 인부 절차를 밟기 위해 헤이스팅스 법정으로 향하는 길, 마이클은 기자들이 즐비한 복도를 통과한 뒤 사진기자들이 홰 위에 올라앉은 까마귀들처럼 기다리고 있는 계단을 올라야 했다. 스키아보네 경위는 정숙을 요구했다. "여러분, 협조 부탁드립니다. 라우도어 씨는 서를 나와 법정으로 가야 합니다. 그에게 달려들지 마시기 바랍니다. 얼굴에 절대 카메라 들이밀지 마시고요. 질문하지 마십시오. 어차피 대답하지 않을 겁니다. 난장판을 만드는 건 절대 용납 못합니다."

스키아보네 경위의 말에 담긴 힘 때문이었을까 ―그는 인도적 영혼의 소유자인 한편 총을 지닌 거구의 남자이기도 했다― 아니면 마이클과 그의 질환이 발산하는 기운에 설득당한 것이었을까, 마이클이 등장한 순간 호전적인 뉴욕시 기자들조차 대체로 정숙을 지켰다. 철저히 제압당한 거구의 죄수가 양쪽에서 무장 경관들의 호위를 받으면서 천천히 복도를 걸어가 족쇄가 채워진 두 발로 계단을 오르는 동안, 경찰서 안에서 들리는 소음은 메뚜기떼의 날갯짓 같은 셔터 소리뿐이었다.

그날 법정에서 마이클은 2급 살인으로 기소되었다. 변호사는 공소 사실 인정 여부를 밝히지 않았지만, 그것은 나중에 기회가 있기 때문이었다. 대배심 심리가 열릴 예정이었다. 지닌 피로 검사장이 래리 킹에게 마이클의 정신질환 병력이 "자유롭게 교도소를 나오는 카드"가 되어서는 안 된다고 말하긴 했으나, 마이클에 대한 정신 감정도 이루어질 예정이었다.

살인 사건이었기 때문에 보석금은 설정되지 않았다. 마이클의 변호사는 판사에게 마이클이 정신과의사에게 치료와 투약을 받을 수 있게 해달라고 청했다. 세상에서 가장 사랑하는 사람을 살해하고 영원히 그 비극의 여파에서 살게 된 마이클은 이제 필요한 치료와 약물을 받기 위해 자신에게든 타인에게든 즉각적 위해를 가할 위험이 있다고 증명할 필요가 없었다. 법원에서는 마이클이 재판을 받을 능력이 있다고 판정되어 살인 사건 가해자로 피고석에 서기를 바랐기 때문에, 변호사의 청을 받아들였다.

41장
변치 않는 낙관주의자

피해자에 관해 현시점에서 알려진 정보는 많지 않다.

—「조현병 법학자의 승리가 비극으로 탈바꿈하다」,

〈워싱턴 포스트〉, 1998년 6월 18일자

웨스트체스터 검찰의 '성범죄 및 노인 학대 전담국' 국장 바버라 이겐하우저 검사는 참혹한 사건을 다루는 게 일상이었다. 그래서 그녀는 금요일에 딸의 시신을 확인하기 위해 보스턴에서 비행기를 타고 도착한 코스텔로 부부를 영안실로 안내할 적임자로 여겨졌다. 물론 그렇다고 해서 그런 일이 쉬워지는 건 아니었다.

빈스 스키아보네 경위가 이겐하우저 검사와 동행하기로 했다. 그날의 영안실 방문은 경위가 경찰복을 입은 이래 해야 했던 모든 일 가운데 최악의 일로 영원히 기억될 것이었다.

스키아보네 경위와 이겐하우저 검사는 초면이 아니었다. 둘은 과거에도 사건과 관련해 만난 적이 있었고, 이겐하우저 검사가 경찰들에게 가정 폭력과 성범죄에 대해 강의를 한 적도 있었다. 스키아보네 경위는 심지가 굳으면서도 연민을 발휘할 줄 아는 이겐하우저 검사의 성품을 높이 평가했기에 그녀와 동행해서 잘되었다고 생각했다.

그렇게 윌리엄 코스텔로와 매릴린 코스텔로 부부를 만나게 된 스키아보네 경위는 그들이 그토록 처참한 상황에 놓였는데도 매우 선한 사람들이라는 인상을 받았다. 스키아보네 경위와 이겐하우저 검사는 코스텔로 부부와 함께 시신의 신원 확인 절차가 준비되고 있는 영안실 앞에 섰다. 냉기가 도는 영안실 안으로는 들어가지 않아도 되었다. 사실 그곳은 민간인의 출입이 허락되지 않았다. 영안실은 복도 쪽으로 커다란 창문이 나 있었고, 때가 되어 창문을 가리고 있던 커튼이 걷히면 그 너머로 시신을 보고 확인하는 구조였다.

산부인과 신생아실에서는 부모들이 창문 앞에 옹기종기 모여서, 작은 모자를 쓰고 손목에는 이름표를 찬 아기들 사이에서 자기 아이를 찾으려고 두리번거린다. 영안실은 그 광경을 잔인하게 반전시킨 모습이었다.

스키아보네 경위가 부드럽게 입을 열었다. "자, 반드시 하셔야만 하는 일입니다. 커튼이 열리면 어떤 걸 보게 되실지 모릅니다. 그래도 하셔야 합니다. 신원을 확인할 수 있으시면, 그러면……"

단 한 문장도 의미 있게 맺을 수가 없었다. 그 시점부터는 모든 말이 말줄임표로 끝났다. 그로부터 아주 오랜 시간이 지난 뒤에도, 스키아보네 경위는 손짓을 동원하지 않고서는 그 순간을 묘사할 수 없었다. "커튼이 열리고, 들것에 누워 있는 그 딱한 사람을 본 순간 저는…… 그때 그분들 얼굴 표정이…… 뭐라 설명할 길이 없군요. 부인은 그저 이렇게…… 그럴 수밖에 없었죠. 그러자 저도 그만……"

캐리의 어머니는 즉시 오열하기 시작했다. 캐리의 아버지는 몸을 돌려 스키아보네 경위를 쳐다보았고 그 표정을 본 순간 경위는 영혼이 붕괴되는 기분이었다. 그는 속으로 혼잣말을 했다. 강해져야 한다고. 흐트러지지 말고 본분을 다해야 한다고. 이겐하우저 검사가 낮은 목소리로 무슨 말인가를 했다. 그렇게 신원 확인이 끝났다.

다시 차에 올라 경찰서 인근의 헤이스팅스 주차장으로 돌아오는 길 내내 적막이 흘렀다. 이런 악몽이 매일 누군가에게 일어난다. 하지만 적절한 대처법 같은 건 존재하지 않는다. "진심으로 유감입니다." 스키아보네 경위는 코스텔로 부부와 헤어지며 위로의 말을 건넸다.

그리고 그는 경찰서의 자기 사무실로 복귀하여, 자리에 앉아서 생각했다. "소방관이 될 걸 그랬지." 경찰 일의 어두운 면이 고개를 들 때마다 그가 입버릇처럼 하는 말이었다. 이 말은 스키아보네 부부 사이에서 통하는 음산한 농담이기도 했다. 그의 장인은 실제로 용커스시 소방관으로 일했다.

이겐하우저 검사는 비탄에 잠긴 코스텔로 부부를 차에 태우고 계속 운전했다. 지닌 피로 검사장을 만나러 웨스트체스터 검찰청이 있는 화이트플레인스로 가야 했다. 피로 검사장은 훗날 법조인으로서의 인생을 담은 회고록 『처벌과 보호: 범죄자를 떠받드는 체계에 반대하며To Punish and Protect: Against a System That Coddles Criminals』의 한 장 전체를 마이클 사건에 할애했다. 그 장의 제목은 "광기의 법칙들"이었다.

피로 검사장의 회고에 의하면 검찰청에 도착한 코스텔로 부부는 "먼 곳을 바라보듯 초점 잃은 눈빛이었으며, 외상 후 스트레스로 인해 멍해진 상태였다." 그런 모습은 "참혹한 살인으로 갑자기 가족을 잃은" 사람들의 전형적인 증상이었다. 피로 검사장은 코스텔로 부부를 위해 샌드위치를 주문해주었고 ─"그들은 전혀 입맛이 없다고 했지만, 나는 그들이 앞으로 펼쳐질 역경을 헤쳐나가려면 기운이 필요하다는 걸 알았다"— 사건에 대해 브리핑했다. 피비린내 나는 세부 사항은 최대한 제외하려 애썼지만, 재판이 열리면 결국 그들은 무참한 범죄 현장을 사진으로 볼 마음의 준비를 해야 할 것이었다.

피로 검사장은 코스텔로 부부에 대해 이렇게 적었다. "그들의 마음에 가장 큰 상처를 입힌 건, 유명한 살인자에 대해 다들 야단법석을 떠는 동안 캐리의 존재가 지워졌다는 것이었다. 누구도 캐리의 희망에 대해, 캐리의 꿈에 대해, 캐리의 야심에 대해 이야기하지 않았다. 온통 마이클 라우도어 얘기뿐이었다."

피로 검사장은 마이클을 "미국에서 가장 유명한 조현병 환자" 그리고 "화제의 조현병 환자"라고 칭하면서 이렇게 적었다. "미디어의 관심은 온통 마이클 라우도어가 안타깝게도 광기에 빠져버렸다는 사실에만 쏠려 있었고, 우직하게 그의 곁을 지켜주었던 여자에 대한 보도는 고작 한두 줄로 끝났다."

피로 검사장에게 마이클은 조현병의 대표자가 아니었다. 조현병을 극복한 인간 승리의 대표자도 아니었다. 그는 단지 형사 사법제도 전체를 위협하는 어떤 개념의 현신에 불과했다. "왜곡된 미화를 통해, 우리 눈앞에서 살인자가 피해자로 둔갑한다." 피로 검사장은 법정에서 일어나는 이런 경향을 여실히 보여주는 궁극적 상징이 "조급하게 용서하고 사면하려는 풍조 속 가장 우스꽝스러운 헛짓거리의 하나"인 정신이상 항변이라고 적었다.

마이클의 정신감정은 7월에 시작될 예정이었다. 마이클은 변호사가 요청해 받은 약물을 거부하면서, 7월에 있을 정신감정에서 약물이 자신에게 독을 먹이려는 음모의 일부이며, 어머니와 캐리가 부른 위기 대응 팀 역시 자신을 고문하고 죽일 계획이었다고 주장할 예정이었다.

정신이상 항변이 정당하지 않다는 피로 검사장의 의견과는 별개로, 마이클을 만나는 사람은 누구나 그가 제정신이 아니라는 결론에 도달할 수 있었다.

1998년 6월 18일, 기소 인부 절차를 마치고 법정에서 나온 마이클을 밸핼러에 위치한 웨스트체스터 카운티 교도소로 이송하는 임무를 담당한 헤이스팅스의 경관들은 그에게 질문을 던져서는 안 된다는 지시를 들었다. 만일 마이클이 차에 타 있는 동안 스스로 무심결에 어떤 말을 한다면 그 발언은 전부 검사장에게 보고해야 했다.

차를 타고 가던 중, 마이클은 경관들에게 말했다. "많은 사람들이 저를 도우려고 했어요. 그런데 저는 그냥 어머니에게 제가 동성애자가 아니란 걸 증명하려고 애쓰고 있었던 겁니다." 이윽고 그는 덧붙였다. "제가 캐리를 죽이는 동영상이 있다던데요. 진짜 캐리인지 가짜 캐리인지는 모르겠지만요." 그런 다음 그는 "이지패스*에 대해 이야기했다."

빈스 스키아보네 경위는 바버라 이겐하우저 검사에게 배운 교훈을 자주 떠올렸다. 범죄 한 건이 일어날 때마다, 안에서 바깥을 향해 고통이 서서히 퍼져나간다. 잔잔한 호수에 던진 돌멩이가 물결을 일으키는 것과 비슷하다. 물론 물결의 중심에는 피해 당사자가 있다. 그러나 '피해자의 원'은 동심원을 이루며 크기를 불려가면서, 점점 더 많은 사람들을 포함하게 된다.

피해자의 원 안에는 당연히 캐리의 부모님이 있었다. 톰에게 소식

---

* 우리나라의 하이패스에 해당하는 전자식 톨게이트 통과 장비.

을 알리려 전화한 캐리의 언니와, 전화하지 않은 언니도 있었다. 부검이 끝나고 뒤늦게 열린 장례식에서 관을 옮긴 캐리의 형부들도 있었다. 재난의 감각을 안고 자라나게 될 캐리의 조카들도 피해자의 원 안에 속했다.

피해자의 원 안에는 자신이 가족처럼 여기고 사랑했던 여자를 자기 아들의 손에 잃고 장례식에 갈 채비를 하고 있던 루스 라우도어도 있었다. 피해자의 원 안에는 마이클의 형들도 있었다. 둘째 형 대니는 마이클이 기소 인부 절차를 밟는 동안 방청석에서 필기를 했다. 살면서 쌓은 경험도, 법학대학원에서 공부한 내용도 가족에게 닥친 위기 앞에서는 소용이 없었다. 서로 맞물려 있는 이 사건의 정신의학적 차원과 법적 차원을 어떻게 고려해야 할지에 대해서는 갈피조차 잡을 수 없었다. 조언이 절실했던 라우도어 가족은 예일대 법학대학원 교수들에게 연락했다. 교수들 역시 망연자실한 상태로 심한 치욕에 빠져 있었다.

피해자의 원은 차츰 크기를 넓히며 점점 더 많은 사람들을 에워쌌다. 누구 하나 실질적이고 장기적인 영향을 받지 않은 사람이 없었다. 에디 셰크터 랍비는 마이클에게 『고독한 신앙의 인간』을 권한 게 실수는 아니었는지 몇 년 동안 후회했다. 마이클에게 다른 책을 권했더라면 혹시 달랐을까…… 피해자의 원 안에는 스키아보네 경위의 지시를 받고 리버 에지 아파트에 들어가서 유혈이 낭자한 사건 현장을 목격한 경관들과 수사관들도 있었다. 해병대 출신의 활기찬 남자 토미 오설리번은 형사로 진급한 지 육 개월 만에 참혹한 살인 사건을 마주하고 영혼까지 흔들리는 경험을 했다.

피해자의 원 안에는 빈스 스키아보네 경위도 있었다. 또한 코스텔로 부부에게 캐리의 시신을 보여줘야 했고, 그전에 캐리가 임신한 상태였다는 소식을 전해 이미 차고 넘치는 고통과 슬픔을 가중시켜야 했던 바버라 이겐하우저 검사도 있었다. 이겐하우저 검사는 기소를 준비하면서 마이클의 자취를 그대로 좇아야 했다. 마이클이 섰던 다리에 서서, 그가 협곡에서 자살한다는 가능성에 등을 돌리고 텔루라이드 하우스를 향해 걷다가 엘런 브루어 경관의 순찰차를 마주치는 동안 어떤 생각을 했을지 상상해야 했다.

브루어 경관도 물론 피해자의 원 안에 있었다. 마이클과 몸싸움을 벌인 거구의 경관들도 마찬가지였다. 몸에 든 멍이 사라진 뒤에도, 자기보다 약한 동료를 안전하게 지키는 데 실패했다는 감각은 지워지지 않았다. 모스팬 경사 역시 피해자의 원 안에 있었다. 만일 경찰봉으로 가한 일격이 먹히지 않아서 자신이 마이클에게 총을 쏘았다면, 그래서 그가 죽었다면 어떤 일이 벌어졌을까 하는 생각을 뇌리에서 떨칠 수가 없었다.

마이클은 가해자였으나 조현병으로 인해 격심한 고통을 받고 있었다. 설령 무죄를 선고받더라도 그가 받는 고통은 변하지 않았다. 지닌 피로 검사장은 정신과의사들이 법정 절차에 끼어들어선 안 된다고 생각했고 마이클에게 법이 허락하는 최고 형량을 구형하길 원했다. 정확히 말해 그녀는 무기징역을 생각하고 있었다. 마이클 역시 반쯤은 피해자의 원 안에 있었다.

턱을 움직일 수 없게 되었는데도 대배심 앞에서 증언할 작정이었던 엘런 브루어 경관은 매일 밤 머릿속으로 마이클에게 폭행당하던 순간을 거듭 되풀이하면서, 캐리에 대해서도 아주 많이 생각했다. 시간이 흐르며 그녀는 시야를 넓혀 마이클의 트라우마에 대해서도 생각하게 되었다. 이런 변화는 그녀 자신의 마음을 치료하는 방법인 한편, 다른 사람들이 죽음의 깔때기를 이해하고 피하도록 돕고 싶다는 갈망에서 우러나온 것이었다.

보이지 않는 피해의 물결은 검찰의 허가하에 캐리의 동료들이 비행기에 오른 오후 3시 30분, 시카고를 향해 퍼져나가기 시작했다. 캐리와 친했던 바브는 비행 내내 톰의 팔을 붙들고 흐느꼈다.

톰은 기술국 직원들을 한 사람씩 사무실로 불러 자초지종을 이야기했다. 슬픔, 눈물, 날것의 감정들이 톰의 눈앞에 부서지는 파도처럼 밀려왔다. 소식은 이내 톰이 직원들을 불러들이는 속도보다 빠르게 복도로 퍼져나갔다. 바브는 캐리가 죽었다는 말을 듣자마자 비명을 질렀다.

시카고 컨퍼런스에 전원 참석한다는 결정이 내려지자, 에디슨 프로젝트 직원들의 짙은 슬픔에는 일종의 목적의식을 띤 스트레스가 더해졌다. 톰이 보기엔 모두가 히스테리 상태였지만 그 정도면 관리할 수 있는 수준이었다. 캐리를 위해, 캐리가 깊이 관심을 기울이던 학교와 아이들을 위해, 하기로 한 일을 해내야 했다. 원래 캐리의 담당이었던 프레젠테이션의 일부는 바브가 대신 만들기로 했다. 캐리의 컴퓨터는 범죄 현장인 헤이스팅스 온 허드슨의 아파트에 있었고, 컴퓨터를 달라고 유족을 귀찮게 할 수는 없었다. 바브는 캐리의 사무실에 들어가 되는 대로 자료를 챙겼다.

그러다가 어느 순간 바브는 캐리의 사무실 창밖으로, 친구가 다시는 보지 못하게 된 풍경을 바라보았다. 영영 잊지 못할 순간이었다. 잠시 이런 생각이 스쳤다. '캐리 없이 이 일을 해내는 건 불가능해. 신께서 우리 앞에 너무 많은 장애물을 두신 거야.' 하지만 바브는 캐리의 사무실 바닥에 널브러져 있던 자료들 사이에서 필요한 인쇄물 대부분을 찾을 수 있었다. 물론 서버에도 캐리가 백업해 둔 작업물이 남아 있었다. 바브는 톰의 도움을 받아 자료들을 하나로 종합해 정리했다.

시카고의 호텔에 도착한 뒤 톰에게는 기자들의 연락이 쉴 틈 없이 쏟아졌다. 그에게 기묘하게 느껴진 건, 언론이 보이는 지대한 관심이 에디슨 프로젝트 사람들이 느끼는 깊은 상실감과는 전혀 상관이 없다는 것이었다. 캐리를 살해한 사람이 마이클 라우도어가 아니었다면 전화는 한 통도 걸려오지 않았을 것이다. 처음에 톰은 〈뉴욕 타임스〉의 전화만은 받을 생각이었지만 이내 프런트 데스크에 연락해서 자신을 찾는 전화는 전부 무시해달라고 부탁했다. 그후 여섯 달 동안 그는 신문을 읽지 않았고 라디오도 듣지 않았다.

마이클이 헤이스팅스 법원에서 기소 인부 절차를 밟은 그날 저녁, 톰은 시카고의 호텔에서 캐리를 위한 추도식을 열었다. 그와 함께 추도식을 준비한 바브가 예배실로 쓰기에 딱 알맞은 방을 찾았다. 온통 하얀색으로 칠해진 그 커다란 방은 원래 스위트룸에 꽂아둘 생화를 보관하는 장소였다. 바브는 호텔 내부를 안내해주던 여자에게 말을 걸었다. "실은 저희가 방금 아주 소중한 사람을 잃었거든요. 흰색 식탁보랑 저 꽃들로 간이 제단을 만들어도 될까요?"

톰과 바브는 육십에서 칠십 개쯤 되는 의자를 준비하고, 촛불을 켜고, 미국 전역에서 컨퍼런스를 위해 모인 캐리의 동료들과 친구들을 초대했다. 그때 처음 캐리의 소식을 들은 사람도 있었다. 캐리를 실제로 만난 적이 없거나 말만 섞어본 사이인 신임 교사들과 기술 강사들도 머뭇거리며 들어왔다가 조용히 자리에 앉았다. 누군가가 방에 들어올 때마다 촛불이 깜박거렸다. 바브는 캐리가 그 자리에 함께 있는 거라고 느꼈다.

그들은 족히 10분에서 15분은 되는 시간 동안 묵묵히 자리에 앉아 있었다. 이윽고 톰이 자리에서 일어나 캐리에 대해 이야기했다. 캐리가 남들에게 힘을 주는 사람이었다고, 커다랗게 울리는 소리로 웃을 줄 아는 사람이었다고, 언제나 즐겁게 목적의식을 안고 지칠 줄 모르는 뚝심을 발휘하는 사람이었다고 이야기했다. 한 사람씩 돌아가며 애도의 말을 하고, 머릿속에 떠오르는 생각들과 소중한 기억들을 이야기했다. 바브는 어느 눈보라 치던 날 캐리와 함께 디트로이트 외곽의 학교로 출장을 갔던 이야기를 했다. 도로 표지판이 보이지 않을 만큼 폭설이 내리고 있었다. 두 사람은 길을 잃었다며 깔깔 웃었고, 운전대를 쥔 캐리는 의연했다.

다음날 〈뉴욕 타임스〉에서 처음으로 캐리를 부엌에서 발견된 시신 이상의 존재로 그렸다. 기사에서는 캐리의 시신이 어디서 어떤 상태로 발견되었는지 설명하기에 앞서, "37세의 임신한 약혼녀 캐럴라인 코스텔로는 공립학교를 관리하는 민간 업체 에디슨 프로젝트의 기술 관리자"였다고 설명했다. 캐리의 부모가 신원을 확인하고 수사관들과 대화하기 위해 헤이스팅스로 왔다는 내용도 기사에 들어가 있었다.

톰의 인터뷰도 기사에 실렸다. 그는 캐리가 "일주일에 육십 시간을 거뜬히 일하던 가냘픈 여자"였다고 묘사했다. 캐리가 수요일에 "개인적 위급 상황"으로 출근하지 못했다는 설명도 덧붙였다.

기사의 많은 부분이 여전히 마이클이 조현병과 벌인 싸움에, 그리고 마이클의 탁월한 지성에 초점을 맞추고 있었다. "조현병에 굴하지 않고 일궈낸 라우도어 씨의 성공은 1995년에 〈뉴욕 타임스〉에서 기사로 다룰 만큼 경이로운 것이었다." 기사에서는 이어서 1995년도 기사의 주요 내용을 요약해 소개했다. 그러나 이번 기사의 마지막 문장은 캐리를 기리는 톰의 말이 장식했다.

"캐리는 아주 '긍정적인' 사람이었어요." 부드로 씨가 말했다. "대부분의 사람이 '나랑은 안 맞아'라는 말로 간단히 거절할 상대와의 관계에 도전해본 것도 그런 내면의 기질 때문이었겠지요. 변치 않는 낙관주의자라고나 할까요. 대부분의 사람들이 캐리를 그렇게 평가할 겁니다."

42장
결말들

"그는 명성과 부와 성공을 거머쥔 사람이었습니다." 헤이스팅스경찰서의 스키아보네 경위가 말한다. "이제 그의 이야기는 결말을 새로 써야 할 겁니다."

—「미궁 속으로」, 『피플』, 1998년 7월 6일자

마이클이 웨스트체스터 카운티 교도소에 갇혀 약물을 거부하며 보낸 그해 여름, 캐리가 죽었다는 사실을 의심하는 한편 자신이 그녀를 죽였다는 끔찍한 자각에 시달리던 그해 여름 내내 마이클의 이야기는 널리 퍼져나갔다. 손에서 손으로, 신문에서 신문으로 전달되면서 그의 이야기는 서서히 다른 의미와 쓰임을 지니게 되었다. 이제 그의 이야기는 하나의 이야기가 아니었고, 그의 것도 아니었다. 어쩌면 이미 오래전부터 그러했는지도 모른다.

『광기의 법칙』 제안서를 입수한 〈뉴욕 포스트〉에서는 최초 보도가 나가고 사흘 뒤 다시 한번 1면에 마이클 사건을 실었다. 한때 마이클이 지닌 잠재력의 정점을 의미했던 제안서는 이번 기사에서 옥중 고백 비슷하게 취급되었다. 기사엔 이런 제목이 붙어 있었다. "내 안의 악마."

1면에는 마이클이 오래전에 찍은 사진이 실렸다. 사진 속에서 마이클은 윙 칼라* 셔츠에 검은 나비넥타이를 매고 있었다. 마이클과 캐리가 함께 찍은 사진에서 오려낸 것이었다. 장난기 있는 눈썹과 끝을 뾰족하게 다듬은 반다이크 스타일의 턱수염 덕분에 그는 마치 사려 깊은 악마처럼 보였다. 우리 어머니는 사진을 보고 말했다. "이렇게 잘생긴 아이였다는 걸 잊고 있었구나." 아래에 이런 캡션이 적혀 있었다. "마이클 라우도어: 원숭이들이 내 뇌를 먹고 있어!"

마이클에게 책과 영화 계약을 따내게 해준 글이 이제는 마이클을 공격하는 증언으로 쓰이고 있었다. 두 면에 걸친 전면 기사에서는 "능력자, 망상 속에서 '사냥'당하다"라는 헤드라인 아래에 마이클의 제안서에서 발췌한 내용을 신고, 군데군데 요약문을 배치했다. 마이클이 텔레비전 방송에서 자기 머릿속으로 "의료 팀"이 "언제든 마취 없이 당신의 팔다리를 자르기 시작할 것"이라는 메시지를 쏘아 보내고 있다고 생각했던 일을 생생하게 묘사한 글은 전과 달리 마이클이 이미 극복한 망상을 담은 강렬한 산문으로 읽히지 않았다. 마이클의 제안서는 원래 그가 지나온 과거의 위험들을 전시하는 글이었지만, 다른 제목이 붙고 다른 틀에 끼워진 지금은 살인자의 정신을 들여다보는 창이 되었다.

마이클의 질환 자체가 모호해지고 있었다. "조현병의 마귀들이 경고 없이 마이클의 삶을 침범했다." 〈뉴욕 포스트〉 기사의 첫 문장은 마이클이 좋아했던 펄프 픽션의 느낌을 물씬 풍겼다. 타블로이드 신문의 과열된 표현들 속에서, 마이클의 조현병은 자꾸만 의학적 맥락에서 떨

---

* 깃이 넥타이 끈을 덮지 않고 그대로 노출시키는 형태로 가장 격식을 갖춘 셔츠에서 사용된다.

어져나왔다. 처음 있는 일은 아니었다. 조현병이 악령에 씐 거라는 전근대적 개념, 조현병이 사회적 구성물이라는 포스트모더니즘적 개념, 지그문트 프로이트의 은유들, 조지프 캠벨의 신화, 미셸 푸코의 권력과 통제에 대한 강박 속에서 조현병이 왜곡되어 온 역사는 길었다.

그러니 도처에서 오류와 혼란이 일어난 건 놀랍지 않았다. 물론 매일 급하게 신문을 발행하는 과정에서 불가피하게 일어나는 문자 그대로의 오류도 있었다. 〈뉴욕 타임스〉의 한 기사에서는 캐리가 친구에게 마이클과 아기를 갖고 싶다는 바람을 털어놓았다는 사실을 전하면서 마이클뿐 아니라 척 라우도어에게도 정신질환이 있었다고 오보했다. 나로서는 처음 떠올린 가능성이었다. 신문에서는 결국 정정 보도를 실어야 했다.

토요일 뉴욕주 헤이스팅스 온 허드슨에서 일어난 칼부림 살인 사건에 대한 기사에서 용의자 마이클 B. 라우도어의 아버지의 병력이 편집 오류로 인해 잘못 보도되었음을 알립니다. 아버지 찰스 라우도어는 정신질환 병력이 없으며, 찰스 라우도어의 가족 중 일부에게 정신질환 병력이 있습니다.

〈뉴욕 타임스〉에서 척에 대해 혼동을 일으킨 건, 아마도 개인을 단순히 조현병 환자라고 부르지 않고 마치 가족력을 얘기하는 것처럼 "조현병 병력"이 있는 사람이라고 묘사하는 스타일적 경향성이 낳은 결과였을 것이다. 〈뉴욕 타임스〉에서는 직접적으로 조현병을 호명하는 것이 무례인 양 그런 완곡어법을 사용했다. 조현병은 나아졌다가 심해졌다가 하는 병이었지만, 완치되어 과거에 앓았던 병이 되는 일은 없었고, 한 개인 안에서는 당연히 세대를 건너뛰어 발병할 수도 없었다. 무언가를 인정하기 전에 먼저 그 본질을 왜곡해야 한다면, 그게 곧 낙인이 아닐까?

이 년 전 〈뉴욕 타임스〉에서는 "의대생, 병원의 지하 세계로 끌려들어가다"라는 기사에서 마이클을 "조현병 병력이 있는 법학자"라고 소개하며 그의 의견을 물은 적이 있었다. 기사 제목은 그 지하 세계가 한번 끌려가면 결코 돌아올 수 없는 곳이라는 의미를 함축하고 있었다. 의대생은 양극성 장애 약을 멋대로 끊고, 폭력적이고 위협적인 행동으로 정신과의사들과 동기들에게 불안을 안겨주고 있었다. 마이클은 그 의대생이 강제 입원으로 인해 "인생에서 오 주라는 시간을 잃었다"며 분개했다. 하지만 지금 마이클의 친구들 가운데, 마이클도 차라리 그 의대생과 같은 처지였기를 바라지 않는 사람이 한 명이라도 있을까? 오 주는 그가 필요한 치료를 받을 수 있고, 캐리의 생명을 구할 수 있고, 스스로를 망가뜨리는 일을 막을 수 있는 시간이었다.

캐리 살인 사건의 쓰라린 여파에 사람들은 지금껏 외면해온 현실을 비로소 직시해야 했다. 정책으로 굳어져버린 미묘한 회피. 중증 환자들을 돕고 싶다면서, 정작 환자들의 가장 기본적인 요구는 돌보지 않고 그저 환자들에게 듣기 좋은 소리만 늘어놓는 형태. 이런 모순들을 더는 무시할 수 없었다. 〈하트퍼드 커런트〉에 실린 어느 기고문에서 조현병이 있는 한 여자는 마이클이 "조현병 환자인 티가 나지 않는 한에서만 조현병 홍보 포스터 속 인물로 받아들여졌다는" 게 얼마나 "끔찍한 아이러니"인지 적었다.

마이클의 정신과의사는 1967년에 어빙 고프먼의 『수용소』를 읽고 정신의학을 공부하기로 결정했다. 『수용소』는 1961년의 기념비적인 연구를 담은 책으로, '시설화'는 단순히 정책이 아니라 오히려 환자가 정신병원에 입원한 원인인 정신질환 자체보다 더 해로운 정신적 조건이라고 주장했다. 사회학자였던 고프먼은 정신질환 자체에는 별다른 관심이 없었으며 정신질환이라는 단어를 적을 때는 꼬박꼬박 따옴표를 사용했다. 그는 몇 년 뒤 아내가 자살한 뒤에야 따옴표를 뺐다.

유독 고치기 어려운 오류들이 존재했다. 유서 깊은 이야기들, 성급한 가정들, 제멋대로의 해석들이 오래전부터 깔아놓은 궤도를 그대로 따라가는 오류들이 그랬다. "사람들이 폭력이 발생한 맥락에서만 조현병에 대한 이야기를 접한다는 게 정말 안타깝습니다." 마이클이 낮병동을 다녔던 웨스트체스터 정신병원의 사회복지국 부국장 조디 새크나우 박사는 〈뉴욕 타임스〉에 이야기했다. "웨스턴, 라우도어, 테드 카진스키, 존 힝클리 같은 극적인 사건의 주인공들은 전형적인 조현병 환자가 아닙니다. 대부분의 조현병은 조용한 고통을 수반합니다."*

그러나 마이클이 대중에게 처음 이름을 알린 계기는 폭력이 아니었다. 조현병에 굴하지 않고 조용히 이루어낸 성취들과 감동적인 웅변 덕분에 마이클은 1995년에 〈뉴욕 타임스〉 기사를 읽은 수천 명의 사람들에게 희망의 상징으로 등극했다. 그 기사에서 마이클은 폭력과 조현병을 관련짓는 것이 "사회에 만연한 고통스러운 고정관념"이라고 비난했다.

이제 마이클은 폭력과 분명한 관련이 있었다. 문제는 그가 이미 많

---

* 러셀 웨스턴은 1998년 미국 국회의사당에서 테러를 일으켰다. '유나바머'라는 별명으로 불린 테드 카진스키는 1978년부터 대학 연구소와 공항을 주요 목표물로 우편물 폭탄 테러를 벌였다. 이 책의 앞부분에서 소개되었던 존 힝클리 2세는 배우 조디 포스터를 스토킹하고 레이건 대통령을 암살하려 시도했다.

은 사람의 역할 모델이 된 상태로 투약을 거부하고, 유혈 범죄를 일으키고, 섬뜩한 모습으로 대중에 공개되었다는 점이었다. 마이클은 그를 받들던 사람들에게 해결하기 어려운 난제가 되었다.

어느 옹호 단체의 회장은 〈워싱턴 포스트〉에서 "조현병 법학자의 승리가 비극으로 돌변하다"라는 헤드라인을 사용함으로써 마이클의 질환과 그가 기소된 사건을 연결 지었다며 비난했다. 기사에서는 "라우도어의 정신질환이 범행에서 어떤 역할을 했는지 여부는 아직 밝혀지지 않았다"라고 단서를 달았지만, 그것으로는 충분하지 않았다. 옹호 단체 회장은 삼 년 전에 마이클을 소개하는 기사를 실은 〈뉴욕 타임스〉에도 편지를 보낸 적이 있었다. 그때 그는 "자신의 싸움을 대중 앞에 공개하기로 한 라우도어 씨를 높이 평가"했고, "사회적 지원이나 취직 기회와 같이 누구나 필요로 하는 조건이 주어지기만 하면 대다수의 조현병 환자가 회복할 수 있으며 실제로 회복한다는 것"을 보여준 신문을 칭찬했다.

마이클이 추락하기 전에 그가 높이 올라가도록 힘을 실어준 건, 그 이름만으로 누군가에게 지적 권위를 부여할 힘을 가진 '예일'이라는 단어였다. 예일은 마이클의 탁월한 지성을 완벽하게 요약해내는 단어였고, 조현병이라는 단어 못지않게 마이클을 다루는 기사에 단골로 불려나왔다.

〈뉴욕 타임스〉의 어느 기사는 이런 문장으로 시작했다. "십 년이 넘는 시간 동안 마이클 B. 라우도어는 조현병의 마귀들과 씨름하고 망상과 환각에 맞서 싸우면서, 예일대 법학대학원 학위를 받고 그의 인생을 담은 책과 영화로 210만 달러 이상의 계약을 따내는 것과 같은 놀라운 성공을 거두었다."

마이클과 나는 능력주의적 성공의 화려한 지표들을 쟁취하고자 부단히 노력했다. 그런데 그것들이 정말로 심신을 약화시키는 정신장애를 극복하고 '승리'했다는 증표였을까? 예일대 졸업장과 할리우드가 정신건강의 보증서일 수 있나? 하나를 주면 하나를 앗아가는 교환 관계를 전제로 한 불완전한 치료를 견디며, 승리할 방법 없이 끝없이 이어지는 전투들에 용감하게 임하면서, 불확실한 길을 따라 느릿느릿 발걸음을 옮기는 데 필요한 비상한 힘보다 그것들이 정말로 더 중요했을까?

모든 기사에서 상당한 존재감을 발휘한 예일대 법학대학원은 마이클이 휠체어를 타고 보이지 않는 경사로를 올라서 거머쥔 학업적 성취의 상징이었다. 그러나 사실 예일대 법학대학원에는 그보다 훨씬 더 복잡한 의미가 있었다. 그곳은 마이클이 안전한 피신처로 사용할 수 있었던 '낮 병동'이었다. 인도주의적 교수들은 마이클을 탁월한 지성의 소유자라고 여겼고, 그가 법학자나 법학 교수가 되기에는 부족하지만 학문이라는 태양 아래 자신들이 만들어준 양지바른 자리를 차지할 자격이 있다고 생각했다.

보 버트는 보니에게 전화를 받고 자초지종을 알게 된 순간 심한 충격을 받았다. 마지막으로 마이클을 만났을 때 그는 조증 상태처럼 보이긴 했지만 기분이 좋았고 영화 캐스팅과 대니 드비토에 대해 농담을 던졌다. 그러다가 언젠가부터 마이클은 책을 쓰는 데 집중하는 모양인지 연락이 끊겼다. 적어도 보는 그렇게 생각하고 있었다.

마이클과 연락이 닿지 않는 동안, 보는 보니에게 자주 마이클을 염려하는 전화를 받았다. 네트워크 사람들이 마이클에게 주어지는 새로운 자극을 마냥 긍정적으로만 평가한다는 게 보니의 걱정이었다. 책 계약, 영화 계약, 법학대학원, 학계 일자리 구직, 모두 다 바람직한 것으로 여겨졌다. 하지만 보니의 생각은 달랐다. 마이클은 목욕을 하지 않고 있었다. 약물 복용을 그만둔 게 분명했다. 그의 몸에서는 냄새가 났고 옷은 더러웠다. 마이클은 심각한 상태에 놓여 있었다.

그러나 그 누구도, 심지어 보니조차도, 실제로 어떤 일이 벌어지고 있는지 상상하지 못했다. 언론 보도에 따르면 종교와 정신질환을 이유로 마이클을 사위로 맞는 것에 반대했다는 캐리의 부모 역시 마이클이 자해를 할지언정 캐리를 해치지는 않을 거라고 믿었다. 보는 자해나 그보다 나쁜 가능성들까지는 생각해본 적도 없었다. 그저 보니의 염려에 귀를 기울이면서 마이클이 괜찮기를 바랐을 뿐이었다.

비탄에 잠겨 있었지만 아들을 구하고자 하는 마음도 절실했던 루스 라우도어는 보에게 전화를 걸어 실질적 도움을 구했고 오언 피스에게도 전화했다. 그녀는 두 교수에게 자신과 둘째 아들 대니와 만나서 마이클에게 주어진 법적 선택지를 검토해달라고 부탁했다. 만날 장소로는 뉴헤이븐과 뉴로셸 중간의 코네티컷주 스탬퍼드에 있는 레스토랑이 선정되었다. 마이클의 두 멘토는 함께 차를 타고 그곳까지 왔다.

두 교수는 추상적인 강의를 하던 때와 달리 마이클이 기소된 2급 살인죄 네 건*에 대한 변론 전략을 구체적으로 논했다. 네 사람은 여러 차례 만나서 머리를 맞댔지만, 마이클에겐 뾰족한 수가 없어 보였다. 루스는 무엇보다도 아들이 교도소에 가는 일만은 막겠다는 결의가 강했다. 코미디언을 그만두고 법조인의 신분으로 괴로운 상황에 놓이게

---

* 살인 관련 죄목 두 건, 무기 소지 관련 죄목 두 건이었다.

된 대니 라우도어 역시 어머니와 같은 입장이었다.

보는 마이클이 유죄를 주장하는 게 좋겠다고 조언했다. 마이클이 고의로 저지르지 않은 범죄에 대해 처벌받기를 원해서가 아니라, 정신이상 항변으로 무죄판결을 받는 것보다는 형사처벌을 받는 편이 오히려 수용 기간이 짧아진다는 판단이었다. 보는 특수 소송에 대해 잘 알았고, 지금까지의 기록을 살펴보면 결론은 명백했다. 형사 사법제도의 관할을 벗어나 치료감호소로 간 사람들이 훨씬 더 오래 수감되었다.

2급 살인은 이십오 년형에서 무기 징역까지 구형이 가능했지만, 만일 마이클이 극심한 감정 장애로 인한 유죄―정신이상 항변과는 달랐다―를 인정한다면 죄목이 과실치사로 낮아지고 형량도 십오 년이나 십육 년으로 줄어들 수 있었다. 이십오 년보다는 훨씬 낮은 형량이었다. 위험한 전략이었지만, 보의 의견으로는 위험을 감수할 가치가 있었다.

그들은 바야흐로 수십 년 전 전문가들이 주도하여 법과 정신의학을 결합시킨 결과를 마주보고 있었다. 배즐론 정신보건법 센터의 이사직을 맡고 있던 보 버트는 그가 '그 검사 새끼'라고 부른 지닌 피로 검사장과 동일한 결론에 도달했다. 피로 검사장 역시 보와는 다른 이유에서 마이클이 응당 교도소에 가야 한다고 판단했다.

『처벌과 보호』의 마이클 사건을 다룬 장에서 피로 검사장은 마이클을 "악한 존재"라고 부르면서 "정신이상이 살인을 저지르고도 처벌을 면할 핑계가 되어선 안 된다"라고 적었다. 반면 보는 마이클이 정신이상으로 감정되어 치료감호 시설에 들어갔다가는 다시는 자유의 몸이 될 수 없을까봐 걱정했다.

만일 마이클이 치료감호소에 들어간다면, 정신의학 검사 위원회 앞에서 자기 자신이나 다른 사람들에게 더는 위해를 끼치지 않는다는 사실을 입증해야만 퇴소할 수 있었다. 보는 그걸 어떻게 입증하겠느냐고 했다. 차라리 기간이 정해진 실형을 사는 편이 나았다.

하지만 루스는 보의 제안을 단박에 기각했다. 그녀는 교도소에 가면 마이클이 망가질 거라고 생각했다. 또한 그녀는 "정신이상으로 인한 무죄"라는 판결을 문자 그대로 받아들였다. 요컨대 마이클이 무죄를 선고받는 것이라고 받아들였다. 마이클이 무죄라면, 약물 복용을 시작하고 자신이나 타인에게 위해를 가하지 않을 거라는 감정을 받으면 곧 풀려나지 않겠는가.

마이클은 여전히 투약을 거부하고 있었다. 그의 상태는 점점 불안정하고 악화되어갔다. 마이클의 변호사는 벌써 그를 카운티 교도소 내 정신병동에서 빼내어, 정신의학적으로 더 잘 관리 받을 수 있고 마이클의 순응을 이끌어낼 가능성도 더 높은 법무 병원으로 이송시키는 방안을 이야기하고 있었다.

마이클은 웨스트체스터 카운티 교도소의 교도관에게 주먹질을 해서 7월 말에 폭행죄 두 건으로 다시 기소 인부 절차를 밟았다. 그때 그는 법정에서 선정한 감정 의사 두 사람에 의해 재판을 받을 능력이 없다는 평가를 받은 상태였지만, 검사장은 자신이 선택한 인물에게 세번째 감정을 받게 해달라고 청했다.

거창한 사설이나 큼직한 사건 개요를 다루는 기사는 여전히 대서특필되었다. 예컨대 『피플』에서는 마이클의 법정 출두를 다룬 기사를 컬러 사진과 함께 실으면서, 그가 음울하게 몰락하고 있다고 표현했다. 반면 마이클이 실제로 어떤 상황에 놓였는지를 다루는 기사는 비교적 찾기 어려운 자리에 작게 실렸다.

<뉴욕 타임스>에서는 보도했다. "수염을 기르고 손목에 수갑을 찬 모습으로 오늘 법정에 출두한 라우도어 씨는 산만해 보였으며 반응 없는 멍한 시선으로 정면을 바라보았다. 그는 입을 열지 않았고, 변호사 루빈 씨가 그를 대신하여 무죄를 주장했다. 라우도어 씨는 법정 제일 앞쪽에 앉아 있는 자신의 형을 알아보지 못하는 듯했다." 폭행죄로 인해 마이클이 살인죄로 구형받게 될 형량에 일 년이 추가되었다.

보가 마이클이 유죄를 주장하고 교도소에 가야 한다고 생각한 이유는, 역설적으로 마이클이 누가 보아도 제정신이 아니었기 때문이었다. 정신증이 겉으로 분명히 드러난 상태이므로 교도소에 가더라도 어차피 정신병원으로 이송될 게 분명했다. 그러면 정신병동에서 치료를 받다가 정해진 형량이 끝나면 다시 퇴소 감정을 받을 필요 없이 사회에 복귀한다는 이점을 누릴 수 있었다.

하지만 고통에 빠진 어머니에게 이 제안은 두 마리 토끼를 잡는 묘수로 들리지 않았다. 누구라도 선뜻 그런 선택을 하기는 어려웠을 것이다. 살인에 대해 유죄를 주장한다는 결정에는 큰 위험이 따랐다. 하지만 보는 마이클이 유죄를 주장하든 무죄를 주장하든 아주 오래 갇혀 있어야 한다는 것만은 확실하다고 생각했다.

빈스 스키아보네 경위는 마이클의 사건을 자기 일처럼 주시했다. 언론 보도를 스크랩해 철한 파일이 점점 두툼해졌다. 『피플』에서는 스키아보네 경위의 발언으로 기사를 마무리했다. "'그는 명성과 부와 성공을 거머쥔 사람이었습니다.' 헤이스팅스경찰서의 스키아보네 경위가 말한다. '이제 그의 이야기는 결말을 새로 써야 할 겁니다.'"

스키아보네 경위는 마이클이 교도소에 구금되는 것에 대해 루스와 마찬가지로 염려하는 입장이었다. 스키아보네 경위가 마이클을 직접 만난 건 한두 차례에 불과했지만, 그에게서 느껴지는 묘한 이질감은 뇌리에 깊이 박혔다. 스키아보네 경위는 마이클의 학력에 대해서도 기사를 읽어서 알고 있었다. 삼 년 동안 교도소에서 일한 적이 있던 그는 교도소가 "관용도가 별로 높지 않은 곳"이라는 점을 잘 알고 있었다.

교도소 안에는 이미 조현병 환자가 제법 많았다. 하지만 스키아보네 경위로서는 마이클이 애티카 교도소나 대너모라 교도소 같은 곳에서 잘 버틸 거라고는 상상하기 어려웠고, 살인범들이 수감되는 싱싱 교도소는 더 말할 필요도 없었다. 마이클의 멘토 교수들이 이 문제에 대해 다른 접근법을 취한 건, 교도소에서 일한 경험이 없기 때문이었다. 한편 조 골드스타인 교수는 이 괴로운 상황에 대해 생각하는 것 자체를 포기하고, 마이클과 마이클 사건을 통째로 외면했다.

캐리가 죽고 한 달이 지난 어느 날, 또 한 건의 소름 끼치는 사건이 일어나 마이클 사건을 덮는가 싶더니, 오히려 마이클 사건을 확장시켰다. 러셀 웨스턴이라는 이름의 남자가 워싱턴 D.C.의 국회의사당 건물 동문으로 걸어들어가서, 금속 탐지기를 끈 다음, 38구경 리볼버로 청원 경찰의 뒤통수를 쏘았다. 그후 또다른 경찰관과 총격전을 벌인 끝에 웨스턴은 경찰관과 관광객 한 사람에게 부상을 입혔고, 복도를 내달려 톰 딜레이 다수당 원내 총무와 데니스 해스터트 하원 의원이 사용하는 사무실 쪽으로 가는 문을 열었다. 사무실 안에 있던 사복형사가 총격소리를 듣고 직원들에게 책상 아래로 숨으라고 말한 순간, 웨스턴이 문을 열고 들이닥쳐 형사의 가슴을 쏘았다.

사건 직후, 웨스턴이 편집형 조현병을 앓고 있으며 진단과 치료를 거부한 채 심한 망상에 빠져 있었다는 사실이 밝혀졌다. 그가 국회의사당을 습격한 이유는 상원 금고 안에 숨겨진 루비 위성 장치를 손에 넣기 위해서였다. 그것이 식인이 난무하고 역병이 들끓는 아포칼립스의 도래를 막고 세상을 구할 유일한 방법이었다. 웨스턴은 그가 식인종으로 착각하고 쏘아 죽인 경찰들에 대해서는 아무런 가책도 느끼지 않았는데, 그가 정신과의사들에게 설명한 바에 의하면, 루비 위성 장치에는 과거를 회복하는 힘이 있어서 경찰들은 정말로 죽은 게 아니기 때문이었다. "시간을 씻어 되돌리기만 하면" 다시 살아날 거라고 했다. 웨스턴은 그런 일이 이미 일어난 적 있다고, 자기도 여러 차례 죽었다가 살아났다고 했다.

마이클 라우도어가 국회의사당을 습격한 것도 아닌데, 언론에서는 즉시 그를 러셀 웨스턴과 한패로 묶고 극과 극으로 다른 배경을 지닌 두 사람을 같은 부류로 취급했다. 어떤 의미에서는 두 사람이 너무나 다르기 때문에 오히려 그들을 한데 묶어 비난하고 싶은 강렬한 유혹이 생겨났는지도 모르겠다. 적절한 치료를 받지 않았을 때, 그들이 서로 다른 방식으로 부정하고 있던 질환은 그들을 묶는 공통점이 되었다.

정신과의사 E. 풀러 토리는 두 남자의 사건과 관련해 〈월 스트리트 저널〉에 "탈시설화가 치명적 결과를 낳은 이유"라는 글을 실었다. 토리는 마이클 라우도어를 임신한 여자친구를 죽인 것으로 알려진 "예일 법학대학원 졸업생"으로, 러셀 웨스턴을 국회의사당을 습격하여 경찰관 두 명을 죽인 것으로 알려진 몬태나주 출신 "떠돌이"로 묘사했다. 그는 그들의 사건이 "조현병 또는 조울증 환자들이 망상과 환각을 조절하는 약물을 복용하지 않을 때 저지를 수 있는, 오늘날 점점 증가하는 추세인 폭력 행위 가운데 언론의 관심을 받은 사례"에 지나지 않는다고 적었다.

〈뉴욕 타임스〉 칼럼니스트 프랭크 리치는 마이클과 국회의사당 총격범에 대해 "광기는 이렇게 거짓말한다"라는 글을 썼다. 이 글은 순직한 경찰관들을 위해 열린 추모 예배에서 낭독되어, 연방의회 의사록에 기록되었다. 리치는 웨스턴의 아버지가 비통한 어조로 아들을 도울 수 없었다고 말한 것을 인용했다. "아들은 성인이었습니다. 억지로 붙들고 약을 먹일 방법이 없었어요."

리치는 웨스턴의 아버지가 아무것도 할 수 없었던 이유를 이렇게 설명했다. "종합적인 정신보건 서비스 체계가 존재하지 않기 때문이다. 치료를 거부하는 아픈 성인 자녀를 둔 부모들을 지원하는 체계 역시 존재하지 않는다. 그런 체계가 있었더라면, 웨스턴 부부는 그들의 아들을 구해낼 수 있었을지도 모른다. 지난달에 약혼자를 살해한 혐의로 구속된 예일대 법학대학원 출신 영재 마이클 라우도어의 가족 역시 사랑으로 그를 구해냈을 것이다."

클린턴 대통령이 정신증 환자가 저지른 그 폭력을 두고 "미국 문명의 현관 앞에서 야만의 순간"이 펼쳐졌다고 비난한 건 다소 앞뒤가 맞지 않았다. 웨스턴은 약물을 복용하고 있지 않았지만, 자신에게 그를 치료할 권한이 있다고 느끼는 사람은 아무도 없었다. 웨스턴이 진단을 받은 건 육 년 전의 일이었다. 그는 칼로 다른 사람을 위협한 뒤 주립 정신병원에 오십삼 일 동안 입원했고, 자신이나 타인에게 즉각적 위해를 가하지 않는 상태라고 판단되어 약을 받고 퇴원했다. 그러나 그는 자신이 아프다고 생각하지 않았으므로 약을 복용하지 않았다. 그 대신 망상에 빠져 자신이 알고 있는 무시무시한 음모들을 그 분야의 전문가들에게 보고하려고 CIA 본부로 갔다.

정치인들은 사건이 일어난 후에 들끓는 분노와 사건이 일어나기 전에 기울이는 노력이 별개라고 생각했다. 그러나 토리가 지적했듯, 사건이 일어난 후는 곧 또다른 사건이 일어나기 전이었다. 토리는 이렇게 덧붙였다. "조현병 혹은 조울증으로 활성 증상을 보이는 개인의 수는 대략 삼백오십만 명에 달한다. 국가 자문 정신보건 위원회의 추산에 따르면 그중 40퍼센트—대략 백사십만 명—는 전혀 치료를 받지 않고 있다. 그러니 마이클 라우도어와 러셀 웨스턴의 전철을 밟아 헤드라인을 장식하는 환자가 또 나오는 건 시간문제일 뿐이다."

보 버트는 마이클이 무너진 걸 "피할 수 없었던 비극"이라고 표현했다. 하지만 『조현병에 대한 모든 것』의 저자 토리는 생각이 달랐다. 그는 매년 약물을 복용하지 않는 조현병 환자들이 일으키는 일천 건의 살인으로 인해 수많은 조현병 환자들 모두가 죄인이 되어서는 안 된다고 생각했다. 그는 그런 살인을 예방하고 싶었다. 그리고 조현병 환자에게 살인보다 더 많이 일어나는 자살을 예방하고 싶었다. 정신질환자 노숙인들이 점점 늘어나고, 교도소에 정신질환으로 고통받으면서 어떤 관리도 받지 못하는 사람들이 들끓는 것을 막고 싶었다. 누나가 조현병 환자였던 토리는 정신이 멀쩡한 것과 정신이 이상한 것 사이엔 엄연한 차이가 있다는 걸 알았다.

그 시절 사설들은 무엇 하나 누군가의 심기를 긁지 않는 것이 없었다. 조현병을 주제로 하는 모든 토론에 마이클이 등장했다. 원래 토론이라면 빠질 턱이 없는 마이클이었지만, 이제는 마이클을 빼놓고 마이클에 대한 토론들이 열리고 있었다. 나는 법이나 공공 정책에 대해서는 애초에 별생각이 없었고 마이클을 그와 관련지을 생각은 더더욱 없었다. 하지만 지닌 피로 검사장이 어느 신문에서 "누군가가 정신질환이 있다는 이유만으로 폭력을 일으킬 가능성이 더 높다고 말한다면, 미국의 모든 정신질환자를 모욕하는 셈"이라고 말했을 때, 나는 그녀가 정신질환자들의 권리를 옹호하고 있다는 느낌은 받지 못했다. 반면 토리가 러셀 웨스턴이 조현병을 진단받고 수령하게 된 장애 보조금이 치료와 연계되었어야 한다고 주장했을 때, 나는 그가 정신질환자들의 권리를 옹호하고 있다고 느꼈다.

캐리가 죽은 다음날 발표된 전미 정신질환 연맹의 언론 보도 자료에서 로리 플린이 "마이클 라우도어의 비극"이라고 부른 사건은 플린과 그녀의 딸에게 개인적으로 깊은 상심을 안겨주었지만, 그렇다고 해서 플린이 연맹에서 하는 일이나 정신질환에 대한 낙인에 맞서 벌이는 신념을 건 투쟁의 기틀이 흔들리지는 않았다. 플린은 〈뉴욕 타임스〉와의 인터뷰에서 진짜 문제는 치료받지 않은 환자에게 폭력을 저지를 가능성이 있다는 걸 인정할지 여부가 아니라, "법정에 가지 않고서는 가족을 치료시킬 방법이 없는" 체계라고 말했다. "가족들은 가만히 앉아서 사랑하는 사람이 점점 악화되는 걸 보고만 있어야 합니다. 위험한 상태에 이르기 전까지는 도와줄 방법이 없죠. 이런 상황에서 가족들은 심한 좌절감과 무력감에 빠지게 됩니다."

토리는 캐리가 죽은 다음날 〈워싱턴 포스트〉와의 인터뷰에서 이렇게 말했다. "일반인과 비교했을 때, 약물 치료를 받고 있는 환자는 더 위험하다는 증거가 없지만, 약물을 끊은 환자는 더 위험합니다." 이 문장 마지막 부분의 의미와 그 맥락은 정신질환에 관한 논의에서 무시되기 일쑤였다.

마이클이 캐리를 죽이기 몇 주 전, 맥아더 재단에서 지원한 정신질환과 폭력의 관계에 관한 연구를 다룬 기사들이 쏟아져나왔다. AP통신에서 뽑은 기사의 헤드라인은 "정신질환자, 특별한 폭력성 없어"였다. 그리고 나서 얼마 뒤 마이클 사건이 터졌다. 마이클이 직전 해에 비판했던 정신과의사 샐리 사텔은 사설에서 마이클을 "가장 극적인 최근의 증거"로 지목하면서 해당 연구의 허점들을 지적했다. 연구에 서는 집중 치료 시설에서 치료를 받고 있으며 치료에 대한 반응이 빠른 환자들에게만 집중했다. 교도소, 치료감호소, 장기 돌봄 시설, 주립 정신병원에 있는 사람들은 연구에서 배제되었다. 길거리에서 노숙하는 사람, 연구에 참여할 의향이 없거나 연구에 참여할 능력이 안 되는 사람의 존재 역시 지워졌다. 정신장애와 다른 유형의 정신질환을 명확히 구분하지 않는 것도 문제였다. 연구 참여자 40퍼센트는 우울증을 앓고 있었던 반면, 연구에 참여하기를 거절한 사람들은 대부분 조현병 환자였다.

부모 입장에서는 이미 고통받고 있는 자녀에게 낙인까지 찍히는 게 달가울 리 없었다. 그러나 사텔과 공동으로 사설을 쓴 D. J. 재프―그는 조현병이 있는 친척을 돌본 경험이 있었다―를 비롯해 많은 사람들이 이제 참을 만큼 참았다고 느꼈다. 지금까지의 낙인 지우기 캠페인은 양질의 정신의학적 돌봄을 요구할 능력이 없는 환자들에게 돌봄을 제공하려는 실질적 노력과 너무나 동떨어져 있었다. 사텔과 재프는 캘리포니아주에 거주하는 전미 정신질환 연맹 카를라 제이콥스 위원의 말을 인용했다. 그녀는 "시어머니가 정신질환이 있는 친척에게 칼로 찔리고 총격을 당해 세상을 떠난 뒤, 비자발적 입원을 옹호하는 활동가가 된" 사람이었다.

제이콥스는 말했다. "과거에 우리는 폭력을 인정하는 것이 곧 낙인을 찍는 행위라고 생각했습니다. 하지만 지금은 소수가 저지르는 폭력이 다수에게 오명을 씌운다는 걸 압니다. 그로 인해 정신질환자의 치료를 용이하게 하고 폭력을 줄일 수 있는 지역사회 기반 거주 시설이

기피 대상이 되었다는 것도 압니다." 그녀는 덧붙였다. "너무 많은 환자들이 타인을 해치고 결국 교도소 신세가 됩니다. 그들을 돕는 첫걸음은, 실제로 문제가 있다는 걸 인정하는 것이겠지요."

마이클의 법학대학원 동기 제임스 포먼 2세는 워싱턴 D.C.의 한 법률 구조 사무소 휴게실에서 기사 "정신질환에서 예일을 거쳐 살인 용의자로"를 읽었다. 그는 그 비극적 사건에 충격을 받고, 지난 사 년 동안 자신이 해온 일을 곱씹어보았다. 얼마 전, 그는 소아 강간 혐의로 기소당한 남자를 변호한 적이 있었다. 처음 감방에서 그를 만났을 때 그는 완전히 정신이 나간 것처럼 보였다. 남자는 세인트 엘리자베스 정신병원으로 보내졌고 재판을 받을 능력이 있다고 판단될 때까지 일 년 동안 약물을 투여받았다. 약물의 효과는 놀라웠다. 마침내 법정에 등장했을 때 그는 정신이 맑아 보였다. 제임스의 경우, 변론으로 정신 이상을 주장하는 게 아니라 검사의 논리에 의문을 제기하는 전략을 택했으므로 이 점이 중요했다.

제임스의 의뢰인은 무죄 선고를 받았다. 남자는 이제 자유였다. 제임스는 그와 함께 세인트 엘리자베스 정신병원으로 가서 소지품 챙기는 것을 도운 다음, 그를 외래 치료 프로그램에 등록시켜 주려고 했다. 예일대 출신 변호사조차 애를 먹을 만큼 절차가 복잡했지만, 여차저차 담당 사무실을 찾아 서류를 작성할 수 있었다. 사무실에서는 남자에게 삼 주 뒤에 다시 오라고 말했다. 그날 치료가 아니라 접수 면접을 할 거라고 했다. 제임스는 쓸데없는 말을 하지 않으려 조심하면서, 남자가 약물을 복용중이며 한번 약물을 끊으면 재투여가 힘들 수 있다고 설명했다. 내일, 아니면 당장이라도 진료 예약을 잡아야 한다고 힘주어 말했다. 그러나 결국 예약 날짜는 변경되지 않았다.

재판이 끝났으므로 남자는 더이상 제임스의 의뢰인이 아니었고 그저 그를 도우려 시도하는 것 외에는 할 수 있는 일이 없었다. 제임스는 면접 예약일이 다가왔을 즈음 남자에게 전화했지만, 그는 연락을 받지 않았다. 세인트 엘리자베스 정신병원에서 치료를 받기 전에 남자는 법원에서 "괴물"이라는 평가를 받았고 제임스도 그가 "미쳐 날뛰고" 있다고 생각했다. 제임스는 의뢰인이 무죄라고 생각했지만, 이런 일은 좀처럼 확신할 수 없는 법이었다. 만일 남자가 예전의 상태로 돌아간다면, 어떤 일이 일어날 것인가?

제임스의 의뢰인 대부분과 마찬가지로 남자는 가진 것 없는 가난한 흑인이었다. 형사 사법제도에서는 그가 범죄로 고발당한 뒤에야 왕성한 관심을 보였다. 정신보건 제도에서는 그에게 일절 관심이 없어 보였다. 제임스는 마이클의 경우는 그가 속한 공동체를 통해 의뢰인 남자보다 훨씬 많은 지원을 받을 수 있으리라 생각했다. 하지만 마이클 역시 정신보건 제도에서 버림받은 건 마찬가지였다.

여름이 끝나갈 무렵, 마이클은 재판을 받을 능력이 없다는 감정을 받았다. 검사장의 요청으로 소환된 심리학자 역시 법원에서 선정한 다른 감정 의사들과 같은 결론에 다다랐다. 〈데일리 뉴스〉에서는 심리학자가 제출한 "극비 보고서"를 인용하여, 마이클이 "자신이 약혼자를 죽였다는 사실을 믿지 못하고" 있으며 "자신이 저지른 것으로 보이는 끔찍한 사건을 떠올린다는 두려움과 교도소에 보내진다는 두려움 둘 다로 인해 극심한 공포와 불안을 느끼고 있다"라고 보도했다.

마이클은 치료감호소에 입소하라는 명령을 받았다. 그곳에서라면 마이클이 변호사의 요청을 받았음에도 여전히 거부하고 있던 약물을 투여하기가 더 쉬울 것이었다. 다음 정신 감정은 일 년 뒤로 예정되었다. 지닌 피로 검사장은 여전히 재판이 열릴 가능성을 낙관적으로 보았다. "의사의 감정을 인정합니다. 하지만 언젠가는 그가 재판에 회부되길 기대합니다."

마이클이 캐리를 죽이고 이 주가 지난 시점에 프랭크 리치는 "할리우드, 정신적 장애물에 부닥치다"라는 제목의 기고문에서 이매진에 "마이클 라우도어 영화"를 계속 제작하라고 촉구했다.

〈뉴욕 타임스〉 영화 비평가 출신인 칼럼니스트 리치는 이 글에 〈광기의 법칙〉의 감독 겸 각본가 크리스 제롤모와의 인터뷰를 담았다. 제롤모는 프로젝트를 살려내려 애쓰는 한편 "마이클 라우도어를 '홍보 포스터 속 인물'로 간주했던 정신건강 공동체에서 비극적 결말의 영화가 나오는 걸 달갑게 받아들일지, 수익에 집착하는 할리우드 사람들은 어떻게 생각할지" 고민하고 있었다.

리치는 소름 끼치는 공포 영화와 설탕 옷을 입힌 비현실적 영화 양극단 사이를 메워줄 다른 종류의 영화들이 나와야 한다고 주장했다. 예를 들어 〈샤인〉은 "정신질환의 속성과 원인을 모호하게 뭉개버리고 모든 게 어영부영 해결되는 지나치게 단순한 결말을 갖다 붙인" 영화였다. 하지만 〈샤인〉이 이 년 전에 대성공을 거두었기 때문에 영화사 측에서 〈광기의 법칙〉에 열광한 것일 수도 있었다. 한편 스펙트럼의 반대쪽 끝에는 소름 끼치는 〈사이코〉가 있었다. 리치는 이매진이 막 이 영화의 리메이크 계획을 발표했다며 유감을 표했다. 더더욱 복잡하고 진정성 있는 정신질환의 초상을 그려내야 할 이유가 생긴 셈이었다.

리치는 "미국 대중의 여론을 둘러싸고 각축전이 벌어지는 대중문화에서, 최약체는 정신질환자들이다"라고 말했다. 복잡하고 솔직한 이야기가 반드시 낙인이 되리라는 법은 없었다.

리치는 전미 정신질환 연맹의 또다른 회원 로나 퍼디의 말을 인용하여 "마이클 라우도어 영화"가 끝까지 제작되어야 한다는 자신의 주장을 뒷받침했다. "퍼디 씨는 세상 사람들이 '라우도어의 어머니와 약혼자가 사건이 일어나기 직전에 그를 치료시키려고 노력하면서 얼마나 끔찍한 고통을 겪었는지 알아야 한다'고 생각한다. 그는 복약을 마음대로 중단했고, 어떤 종류의 의료적 개입을 시도하더라도 무력으로 저항했을 것이다. 퍼디 씨는 말한다. '세상에 단순한 개입 같은 건 없어요. 결국은 몸집 커다란 아픈 아들과 어머니가 단둘이 남겨지는 거예요.'"

리치가 정신질환과 정신보건 제도의 실패에 품은 관심은 일시적인 것이 아니었다. 연극을 하겠다는 리치의 꿈을 응원해주었던 그의 계부는 매우 변덕스러운 사람이었는데, 아마 양극성 장애를 앓고 있었던 것으로 추정되었다. 그는 차를 타고 벽을 향해 빠르게 돌진해서 사고를 냈고, 옆자리에 타고 있던 리치의 어머니는 사망했다.

마이클은 타의 모범에서 타산지석으로 전락했다. 다시 누군가의 역할 모델로 돌아갈 길은 없었다. 하지만 어쩌면 동시에 둘 다가 될 수는 있지 않을까? 제롤모는 〈광기의 법칙〉이 마이클의 이야기를 진실 그대로 담아내면 훌륭한 영화가 되리라 확신했다. 살인 사건을 넣어 새로운 결말들을 써보기도 했다. 시간을 빠르게 감아 종결부에 이르도록 연출하면, 마이클이 일찍이 거둔 승리들을 부각시키고 마이클이 결국은 광기에 사로잡히는 비극적 현실도 반영하는 두 마리 토끼를 잡을 수 있을 터였다.

"이렇게 만들어보면 어떨까요." 제롤모가 그레이저와 하워드에게
설명했다. "진짜 괜찮게 나올 거예요!" 이매진의 양복쟁이들은 엄밀히
말하자면 그 평가에 반대하지는 않았다. 하지만 그들은 돈이 되지 않
는 영화를 만들 생각은 없었다.

제롤모도 그 점은 십분 이해했다. 하지만 차마 프로젝트를 내려놓지
못하고 한 달여를 끌었다. 그는 마이클의 이야기를 어떻게든 영화로
풀어내고 싶었다. 소재에 진심으로 애정이 있기도 했지만, 커리어 내
내 품었던 포부가 허망하게 깨어지는 걸 가만히 두고 볼 수 없었다. 세
계적 인기 배우가 출연하는 중요한 주제의 제작비 5천만 달러짜리 영
화 메가폰을 론 하워드가 그에게 넘겨주었다. 이번 건이 무산된다면,
두 번 다시 이런 기회가 올 리 없었다.

하지만 결국 제롤모는 '희망찬 투병 영화'의 결에서 벗어나지 않는
결말을 찾아내는 데 실패했다. 그는 코카인에 빠져들었고, 불면증이
생겨서 수면제에 의존했다. 그리고 결국엔 그마저 끝이 났다. 어느 날
새벽 3시, 제롤모는 복근 운동을 하는 사람처럼 침대에 반쯤 몸을 일
으켜세우고 앉아서, 호흡을 한 번 내쉴 때마다 몸이 쪼그라들고 있다
고 확신했다. 온몸이 두려움에 얼어붙었다. 이대로 자신이 사라질 거
라는 생각이 들었다. 그러나 마지막 호흡을 내쉬기 전 그는 가까스로
다시 잠에 빠져들었고, 그날 밤은 그가 심연에서 빠져나오기 시작하는
터닝 포인트가 되었다. 이 사건을 계기로 그는 실재하지 않는 공포를
믿는 것만으로 극심한 정신적 고통을 느낄 수 있다는 교훈을 얻었다.

〈광기의 법칙〉은 사실상 마이클이 캐리를 죽인 날 끝이 났다. 때마
침 『배니티 페어』 6월 호에, 존 내시라는 이름의 명석한 수학자에 관한
신간 발췌본이 실렸다. 그는 편집형 조현병으로 인해 커리어가 단절되

었으나, 정신증으로 무너지기 수십 년 전에 했던 연구로 1994년 노벨 경제학상을 수상했다.

〈뉴욕 타임스〉 기자 실비아 네이사가 쓴 그의 전기 제목은 『뷰티풀 마인드』였다. 마이클이 캐리를 죽인 바로 그 6월에, 그 전기의 발췌본이 번쩍거리는 표지가 달린 잡지에 실렸고, 거기에는 이매진 팀이 마이클의 이야기에서 느낀 매력 요소가 전부 들어 있었다. 이매진 팀에서는 마이클이 대배심에 의해 살인죄 및 무기 소지죄 네 건으로 기소당한 그해 여름에 전기 작가와 저작권을 협상했고, 내시와는 그의 인생 이야기를 사용할 권리를 협상했다. 여름이 끝날 무렵 『버라이어티』에서는 이매진의 새 프로젝트를 한 문장으로 깔끔하게 요약해 보도했다. "역경 극복기를 다룬 〈뷰티풀 마인드〉는 미남 배우 못지않은 외모를 지닌 명석한 남자가 정신질환에 걸리지만 병을 극복하고 노벨상을 받는 이야기이다."

기사에서는 그레이저와 하워드가 조현병과 관련된 프로젝트에 참여하는 게 처음은 아니라고 언급했다. 〈광기의 법칙〉도 "조현병에 걸렸지만" —이렇게 표현하니 조현병이 심한 독감 이름 같았다— 아버지의 도움으로 "병을 극복하고, 법학대학원을 끝마친 후 변호사가 된" 마이클 라우도어의 실화를 영화화하는 프로젝트였다.

기자는 "프로젝트가 실제 촬영에 들어갈지 여부는 현재로서는 미지수이다"라고 표현했지만, 〈광기의 법칙〉에 대해 언급하는 모든 문장을 과거 시제로 적었다. "이 프로젝트는 크리스 제롤모가 감독을 맡고 브래드 피트가 출연할 예정이었으나, 라우도어가 조현병이 재발하여 여자친구와 뱃속의 아이를 죽이면서 난국에 빠졌다."

〈광기의 법칙〉의 운명은, 두 이야기의 차이만큼이나 명백했다. "라

우도어의 이야기와 달리 내시의 이야기는 사람들에게 영감을 주며. 주
인공 배역은 젊은 주연급 배우들을 자석처럼 끌어들일 것이다."

에필로그
돌아갈 길은 없다

현실은 끝이 아니라 시작이다.

—월리스 스티븐스, 「뉴헤이븐의 어느 평범한 저녁」

러셀 웨스턴의 변호사들은 그가 삼 년 동안 독방에 갇혀 정신이 무너지는 내내 약물을 투여하지 않았다. 그뒤로 그는 영영 재판을 받을 만큼 회복되지 못했다. 마이클의 변호사와 가족은 러셀과는 달랐다. 그들은 마이클이 투약받길 원했다. 미드허드슨 치료감호소에서 치료가 시작되고 일 년이 지난 1999년 8월 말, 마이클은 뉴욕주 정신보건국 소속 의사들에 의해 재판 받을 능력이 충분하다는 감정을 받았다.

지닌 피로 검사장은 정신이상 항변을 예상하고, 정신이상 판정의 문턱이 높은 것으로 알려진 저명한 법정신의학자 파크 디에츠를 불렀다. 그는 존 힝클리 2세와 '유나바머' 테드 카진스키가 법적으로 제정신이라고 감정했으며, 전문가 증인으로 호출되었던 제프리 다머 재판에서도 피고인이 제정신이라고 증언했다. 다머는 성인 남자와 소년 열일곱 명을 살해한 뒤 시체를 간음하고 나아가 시신을 토막 내서 먹기까지

한 사람이었다. '밀워키의 식인종'이 제정신이라 교도소에 갈 수 있다고 생각하는 사람이라면, 마이클도 제정신이라고 생각할 게 분명했다.

하지만 2000년 3월에 피로 검사장이 예상하지 못했던 결과가 나왔다. 디에츠 박사는 마이클이 캐리를 찔렀을 때 그녀가 자신을 고문하고 살해하라는 명령을 받은 "로봇이나 인형 같은 비인간 존재"라고 생각하고 있었다는 결론에 이르렀다. 지난해 마이클이 재판을 받을 능력이 없다고 감정한 법심리학자와 동일하게, 디에츠는 정신이상을 주장하는 마이클의 손을 들어주었다.

디에츠가 그를 처음 만났을 무렵 마이클은 이미 두 차례 정신감정을 받았고 정신과의사, 심리학자, 변호사들과 대화를 나눈 뒤였다. 이는 디에츠의 표현대로라면 "지금 내가 면담하는 사람은 막 체포되었을 때와는 다른 사람"이라는 뜻이었다. 정신감정의 관건은 캐리를 살해한 당시 마이클의 정신 상태를 포착하는 데 있었다.

디에츠는 마이클이 코넬대학교 경찰과 마주쳤던 순간에 무게를 실었다. 아직 사건이 진술을 거쳐 공식화되기 전이었던 그때, 마이클은 펼쳐지는 사건들 속에서 여전히 혼란한 상태였다. 마이클은 캐리를 살해했다는 걸 인정하는 것처럼 보이면서도 한편으로는 경찰에 캐리의 상태를 확인해달라고 부탁했다. 그는 자신을 살해하려는 음모가 무서워서 헤이스팅스에서 도망쳤고, 상상 속 위험에 대응하여 현실의 행동을 취한 다음 자신의 행동에 흠칫 놀라 뒷걸음질쳤으며, 엘런 브루어가 포착할 수 있었던 세 가지 얼굴 모두를 드러냈다. 무엇보다도 그는 피에 젖은 옷을 입은 채 브루어 경관의 순찰차를 불러 세운 당시 "자신이 죽인 것이 사람인지 인형인지" 혼란스러워했다.

제프리 다머 재판에서 디에츠는 다머가 살인을 저지르고 피해자의 인육을 먹기 전에 술을 취할 때까지 마셨다는 건 자신이 하는 일이 잘 못이라는 걸 알고 있었다는 뜻이라고 증언했다. 다머가 증거를 산성 용액에 담가 인멸할 계획을 세운 것 역시 같은 이유에서였다. '성적 사이코패스'인 다머가 피해자들과 섹스하기 전에 콘돔을 착용했다는 증거 앞에서, 그가 충동을 자의로 억제할 수 없는 상태였다는 변호인측의 주장은 신빙성을 잃었다. 반면 마이클은 자신을 망가뜨리려고 찾아온 비인간 요원에 의해 목숨을 위협받고 있다고 생각했다. 즉 마이클은 다머와는 전혀 다른 분류에 속했다.

피로 검사장은 마이클이 캐리를 살해했다는 사실은 너무나 쉽게 증명할 수 있었다. 차량, 살해 도구, 혈액이 묻은 의류, 어머니가 경찰에 건 신고 전화까지 증거가 차고 넘쳤다. 그러나 배심원에게 검사장이 직접 선정한 법의학 전문가의 증언을 무시하라고 설득할 수는 없는 노릇이었다. "마이클은 재판에 회부될 것"이라고 자신했던 피로 검사장의 예상과 달리, 결국 재판은 열리지 않는 것으로 결정되었다.

사실 이런 경우는 소수 중에서도 극소수에 해당했다. 정신이상 항변이 사용되는 비율은 전체 형사 재판의 1퍼센트에도 미치지 못했고, 그중 성공하는 건 네 건 중 한 건뿐이었다. 여기서 진정한 비극은 마이클이 망상적 사고가 증명된 덕분에 사면을 받기는 했지만, 사건을 저지르기 전에 약물을 투여 받을 수는 없었다는 것이었다.

재판이 열리지 않아도 마이클은 법정에 출석해야 했다. 2000년 5월 11일, 마이클의 생일 전날에 심리가 열렸다. 이튿날 마이클은 서른일곱 살이 되었다. 그에게 살해당했던 당시 캐리의 나이였다.

심리를 취재한 〈뉴욕 타임스〉 기사에서 리사 포데라로는 "라우도어 씨는 조현병과의 싸움에서 승리하고 있었으나 약이 들지 않게 되자 심한 망상에 사로잡혔다"라고 적었다. 이는 사실이 아니었다. 약이 들지 않게 된 것이 아니라, 마이클이 약을 끊은 것이었다. 약은 마이클의 증상을 완전히 없애주지 못했고 마이클이 싫어하는 부작용을 유발했으나, 그가 몇 달 동안 강제로 치료를 받은 뒤에는 심리에 참석할 만큼 상태가 호전되었다는 점에서 약물의 효과가 복합적이라는 것을 보여주었다.

판사는 마이클에게 몇 가지 질문을 던져서 그가 심리 절차를 잘 이해하는지 확인한 다음, 정신질환 혹은 장애로 인해 범죄에 대한 책임이 없다는 마이클의 주장을 받아들였다. 마이클은 치료와 관련된 결정을 위해 한 차례 더 정신감정을 받으라는 명령을 받았다. 하지만 마이클은 판사에게 미드허드슨 치료감호소로 돌아가고 싶다고 말했다. 이미 이 년을 보낸 그곳으로 다시 돌아가고 싶다니, 그게 마이클의 진심이었을까?

포데라로는 보도했다. "라우도어 씨의 목소리는 다소 긴장한 듯이 들렸고 숨소리가 섞여 있었으나 대답은 또렷했다. 코스텔로 씨의 어머니와 언니가 분노와 격한 감정이 담긴 글을 낭독하는 걸 들으면서 그는 심하게 괴로운 듯 얼굴을 붉히고 일그러뜨렸다."

루스 라우도어는 캐리의 장례식에 참석했었다. 그러나 사건으로부터 이 년이 지난 이 시점에, 슬픔에 잠긴 코스텔로 가족과 라우도어 가족을 한데 묶어주던 심리적 끈은 끊어진 뒤였다. 마이클의 변호사들은 코스텔로 부부가 심리에서 발언하지 못하게 하려고 노력했다. 이 재판에서는 마이클은 판결을 받는 게 아니므로, 판결 전에 피해자나 피해자의 가족에게 법정에서 진술할 기회를 주는 법이 적용되지 않는다고 주장했다. 그러나 캐리는 엄연히 피해자였으므로 법정에서는 코스텔

로 부부에게 발언해도 좋다고 허락했다. 〈뉴욕 타임스〉의 리사 포데라
로는 그들의 진술을 간략하게 보도했다.

"딸이 믿고 사랑하던 사람에 의해 살해되었다는 사실을 받아들
여야 하는 저희의 심정은 너무나도 참담합니다." 매릴린 코스텔로
가 남편 윌리엄 코스텔로와 나란히 서서 말했다. "부모로서 딸이
혼자 두려움에 떨면서, 피를 흘리고 고통을 느끼면서 죽었다는 사
실을 받아들이는 마음이 얼마나 괴로운지 아십니까. 저희는 자나
깨나 악몽 속에 살아갑니다."

AP통신 기자는 이날의 심리에 대해 "피해자의 어머니와 언니는 라
우도어가 캐럴라인 코스텔로의 죽음에 책임이 없다는 판결에 대해 격
노했다"라고 보도하면서 〈뉴욕 타임스〉 기사에는 빠져 있던 코스텔로
가족의 발언 한 줄을 덧붙였다. "책임을 져야 할 사람은 마이클 라우
도어 한 사람입니다."

마이클이 캐리를 죽인 그날 이후 이십오 년이 지났다. 그 시간의 대
부분을 그는 미드허드슨 치료감호소에서 보냈다. '보안 정신의학 시
설'로 분류되는 미드허드슨 치료감호소는 뉴욕시에서 북서쪽으로 55
마일 거리, 샤왕겅크산맥 발치에서 멀지 않은 위치에 그림처럼 아름
답게 펼쳐진 허드슨 계곡에 있다. 16피트 높이의 울타리 위에는 가시
철조망이 달려 있다. 마이클은 그곳에서 법원 명령에 의해 수감된 남
녀 이백팔십 명, 그리고 그보다 두 배 많은 수의 직원들과 함께 지내
고 있다.

미드허드슨 치료감호소는 1973년에 주 형법 개정으로 인해 불기소 처분을 받은 정신질환자 죄수들이 교정국에서 정신보건국으로 이관되면서 문을 열었다. 미드허드슨 치료감호소는 재판을 받을 능력이 없는 사람들이 가는 최고 보안 등급의 정신병원이자, 정신이상 항변으로 무죄 처분을 받은 불기소 죄수들이 가는 비공식 교도소였다. 거주자 대부분은 끔찍한 범죄를 저지른 사람들이었다. 법적으로는 책임이 없다고 해도, 그들에겐 갈 곳이 필요했다. 죄수들은 정신보건국 산하 병동인 미드허드슨 치료감호소에 수용되었고 이 년에 한 번 퇴소 심사를 받을 자격이 주어졌다.

탈시설화의 모순들 사이에서 탄생한 혼종적 기관인 미드허드슨 치료감호소는 마이클이 평생을 통틀어 가장 오래 거주한 장소이기도 했다. 치료감호소가 문을 연 첫 해에 부지에 두른 울타리의 높이는 8피트였다. 그해에 비자발적 수감자 스물세 명이 탈출했다. 울타리는 이내 더 높은 것으로 교체되었다.

미드허드슨 치료감호소는 1977년에 교정국에 의해 완전히 폐쇄하기로 결정된 정신이상 범죄자를 위한 매터원 주립 정신병원을 대체하기 위해 만들어진 기관들 중 하나였다. 미드허드슨 치료감호소는 악명 높은 매터원 병원 출신 수감자 여러 명을 수용했고, 주립 정신병원에서 일반 환자들과 함께 머물기에는 너무 위험하다고 여겨지는 환자들도 수용했다.

주립 교도소 수감자 가운데 형기가 끝나 법적으로 더이상 수용할 수 없지만 질환이 심하거나 폭력적이어서 석방시킬 수 없는 사람들도 미드허드슨으로 보내졌다. 정신보건국 산하의 미드허드슨은 정확히 말해 교도소가 아니라 "법원 명령으로 입원한 환자들에게 진단, 치

료, 재활로 구성된 종합 프로그램을 제공하는 성인 폐쇄 정신병원"이
었다.

마이클이 재판을 받을 능력이 없다는 판단을 받고 치료를 위해 미드
허드슨에 처음 들어간 1998년 8월 말에도, 〈뉴욕 타임스〉에서는 여전
히 그곳을 "위험한 정신이상 범죄자들을 위한 주립 정신병원"으로 지
칭하고 있었다. 마이클이 미드허드슨에 들어가기 몇 주 전, 한 환자가
양말로 같은 방 환자를 목 졸라 죽인 다음 손가락을 전부 부러뜨리는
악귀 같은 사건을 저질렀다.

마이클이 입소할 무렵 범행을 저지른 사람은 주립 교도소로 이송되
었고, 최소 십오 년에서 종신형을 살게 되었다. 바깥에서 누군가를 죽
이고 정신이상을 판정받으면, 미드허드슨 치료감호소로 가게 된다. 미
드허드슨에서 누군가를 죽이면, 교도소로 가게 된다.

치료감호소가 위치한 지역은 과거 그곳에 세워졌던 시설들의 폐허
가 층층이 쌓여 저마다 사연을 들려준다. 미드허드슨 치료감호소가 위
치한 땅에는 원래 '농장'으로 불리던 비행 청소년을 위한 교화원의 폐
허가 있었다. 1916년에 뉴욕시가 설립한 이 교화원은 로어 이스트사
이드의 거친 아이들이 도시 생활의 악한 영향에서 벗어나 규율을 배우
도록 보내지는 곳이었다. 장차 미들웨이트급 권투 챔피언이 되는 로키
그라지아노도 한때 농장에 머물렀다. 농장 아이들은 검은 토양으로 유
명한 그 지역의 땅을 일구고, 지역 교도소에서 사용할 작물을 키웠다.
교화원의 젖소 농장, 과수원, 채소밭, 그리고 미드허드슨 치료감호소
의 현대적인 건물 아래 여전히 남아있을지도 모르는 광대한 지하 저장
실이 아이들의 일터였다. 이후 교화원은 뉴욕주에 인수되었고 1970년
대 초까지 광범위한 주립 교정 체계에 편입되었다.

미드허드슨 치료감호소가 문을 연 시기에 주립 정신병원들은 문을 닫는 추세였다. 정신질환자를 위한 병상은 수가 점점 줄었고, 정부에서는 장기 치료의 필요성을 무시하고 있었으며, 정신질환이 있는 수감자 수는 늘고 있었다. 이런 현상은 전국적 차원인 추세였고, 오래지 않아 로스앤젤레스 카운티의 트윈 타워스 교도소는 미국 최대의 정신보건 시설로 등극했다. 1998년에 이르자 주립 교도소 수감자의 16퍼센트 이상이 정신질환자로 간주되었다.

치료감호소를 정신보건국 관할로 둔 것은 주립 정신병원이 지역사회 정신보건 센터로 대체된 게 아니라, 교도소 체계 내에서 그림자의 형태로 존재하고 있다는 사실을 시인하는 셈이었다. 많은 사람들이 구속된 후에야 정신장애를 치료받을 수 있었다. 마이클을 지켜본 네트워크 사람들은 사법 제도에서 마이클을 구해내겠노라는 결의가 너무나 강해서, 자신들조차 「잠자는 숲속의 공주」에서 물레를 전부 숨긴 요정들처럼 제도의 존재를 숨겨놓고 잊어버렸다. 그러나 결국 마이클은 그들이 그토록 두려워했던 제도 속으로 추락하고 말았다.

마이클이 미드허드슨 치료감호소로 돌아온 2000년 봄, 나는 생후 육 개월이 된 딸의 아버지였다. 그해에 우리는 한 차례 의학적 위기를 겪고 병원에 들어갔다 나온 나의 아버지를 요양원에 모시기로 결정했다. 아버지가 입소할 장소의 이름은 정확히 말하면 재활을 위한 유대인 요양 병원이었다. 위기를 겪고 나서 어머니는 아무리 요양사의 도움을 받더라도 아버지를 집에서 돌보는 건 이제 불가능해졌다고 확신하게 되었다. 그리고 오래지 않아, 아버지가 돌아가시는 날까지 요양 병원에 계시리라는 사실이 분명해졌다.

아버지가 인지증에 걸리지 않았더라면 우리는 다시 그를 어머니가 사는 아파트로 데려왔을 거라고 나는 확신한다. 아버지가 조목조목 반대하고 나서면 우리의 결의도 마음도 모두 무너졌을 테니까. 애초에 인지증에 걸리지 않았더라면 우리가 그런 결의를 다질 필요도 없었을 것이다.

아버지를 시설에 모시는 결정에 박차를 가한 사건이 일어나기 전에, 우리 부모님의 오랜 친구이기도 한 어느 저명한 정신과의사가 어머니에게 말했다. "밥은 껍데기만 남았어요. 이제는 보내줘야 해요." 그가 이런 이야기를 꺼낸 건, 어머니가 아버지의 루이소체형 인지증을 받아들일수록 아버지에게 화내는 일이 줄었기 때문일지도 모른다. 한때 자신이 사랑했던 남자, 시를 읊으며 자신에게 구애했던 남자가 제정신을 잃었다는 사실을 온전히 받아들이기까지 어머니에겐 오랜 시간이 필요했다. "저는 젤다가 미친 현실주의자인 것보다는 정신이 멀쩡한 신비주의자인 편이 더 좋습니다." F. 스콧 피츠제럴드가 아내 젤다의 정신과의사에게 이렇게 말했다던가.

우리는 아버지를 시설에 보낸다는 식으로는 표현하지 않았지만, 따지고 보면 정확히 그것이 우리가 하고 있는 일이었다. 아버지는 요양병원에서 '보호 관리'를 받게 되었는데 그 말은 먼지를 떨어야 할 가구에나 어울리는 것 같았다. '보호'라는 무서운 단어는 주립 정신병원에서는 더이상 치료를 받지 않고, 자신이나 타인에게 위해를 가하지 않지만, 퇴원할 수도 없는 방치 상태의 정신질환자들이 머무는 '창고 병동'과 동의어로 쓰였다.

처음에 주립 정신병원의 병상을 주로 차지한 사람들은 이름을 모르는 이런저런 인지증에 걸린 노인들이었다. 그 덕에 정신질환이 망각으로 향하는 편도 티켓이라는 우울한 느낌이 한층 강해졌을 것이다. 조현병은 아직 그 병이 잘 알려지지 않았던 초기에 너무 일찍 찾아온 인지증을 뜻하는 '조발성 인지증'이라고 불렸다. 하지만 조현병과 인지증의 다른 점은, 조현병은 치매와 달리 가차없이 쇠락을 향해 미끄러지지 않는다는 것이다. 아버지가 시설에 들어갔을 시기에 요양원에 대한 규제는 과거보다 엄격해져 있었다. 그래도 감시는 필요했다. 무력한 사람들은 언제 어디서나 취약하니까.

조현병은 청년기에 빈발하는 병이었다. 나는 마이클을 명중시킨 조현병의 총알을 피했고, 이제는 내가 그와 같은 운명을 맞을 수도 있다는 두려움을 떨치고 나의 삶을 살아가고 있었다. 그러나 친절한 인도 출신 간호사 루서 씨가 약물 카트를 복도로 밀고 오는 동안 복도에 덩그러니 앉아 기다리는 아버지의 모습을 보면서, 내가 유능과 순응, 수용소의 존재 의의를 둘러싼 더 큰 질문은 결국 피하지 못했다는 사실을 인정하지 않을 수 없었다.

내게는 일어나지 않을 일인 양 시늉을 해봤자 소용없었다. 그러면 결정을 내려야 할 사람들이 결정을 내리기가 더 힘들어질 따름이었다. 결정을 내리는 건 내 아내나 자녀들, 또는 심지어, 상상하기도 싫지만, 국가의 일이었다. 나는 마이클이 아니다. 하지만 마이클의 이야기의 핵심에 놓인 문제들은 어떤 의미에서 나의 문제이기도 하며, 내가 사건 당시로부터 멀어질수록 오히려 내 눈 앞에 바짝 다가왔다.

2003년에 아버지가 돌아가셨을 때, 아버지를 애도하는 시바에 루스 라우도어가 찾아왔다. 당시 나는 두 아이의 아버지였고, 직업도 바뀌어 있었다. 루스는 내게 애도의 말을 전하고는 낡은 명함 하나를 건넸

다. 직장 정보를 펜으로 그어 지운 명함 뒷면에는 미드허드슨 치료감
호소 전화번호가 적혀 있었다. 다들 결혼하고, 다들 아이를 낳고, 다들
일을 하는데 마이클만 제자리구나, 라고 루스는 말했다. 목소리에서
씁쓸한 애잔함이 묻어났다. 마이클의 친구들은 모두 삶의 '다음 단계
로' 나아갔다. 그녀는 내게 마이클에게 한번 연락해달라고 간청했다.

나는 명함을 책상 위에 두었지만 연락은 하지 않았다.

그로부터 몇 년 뒤, 나는 친구를 만나려고 어느 건물 로비에서 엘리
베이터를 기다리고 있었다. 엘리베이터 문이 열리자 그 안에서 오래
전 우리의 애정을 받았던 역사 교사 그레그 모리슨이 걸어나왔다. 그
는 퇴직을 했고, 수염을 길렀지만 과거와 달리 저항의 의미는 아닌 것
같았다. 셔츠의 가슴 주머니에는 담뱃갑이 들어 있었고 손에는 두꺼운
책이 들려 있었다. 브리지 게임을 하고 오는 길이라고 그는 설명했다.
그의 전문 분야 중 하나였다. 로비에서 짧게 근황을 나누던 중 그가 내
게 마이클에게 면회를 간 적 있느냐고 물었다.

나는 고개를 저었다. "한번 가보지 그래." 그가 말했다.

그로부터 얼마 후 우리는 만나서 커피를 마셨다. 그레그는 다시금
내게 마이클을 면회하러 가보라고 말했다. 같이 가주겠다고 했다. 선
생님도 면회를 가지 않은지 한참 되었다고 했다. 선생님에게도 그건
힘든 일이었다.

마침내 나는 마이클에게 연락하기로 결정했지만, 실행에 옮기지 못
한 채로 차일피일 시간이 흘러갔다. 아내가 나를 격려했다. 병원 랍비
를 교육시키는 일을 하고 있던 그녀는 직접 만나는 것에 가치가 있다
고 믿었다. 거창한 계획이나 이유는 필요하지 않았다. 우리가 공유한
유년기, 그것 하나로 이유는 충분했다.

어느덧 둘째 딸이 내가 미어랜드 로드로 이사했던 나이가 되어 있었다. 그애에게도 친한 친구가 있었고, 그 친구에게 강렬한 우정을 느꼈다. 마이클과 내 사이도 그랬던가? 딸아이는 내 눈에 너무 작고도 너무 커 보였다.

미드허드슨 치료감호소에 전화를 걸었다. 나는 사회복지사에게 연결되었다. 유머감각이 있고 수다스러운 그는 외부인과 대화하는 게 반가운 기색이 역력했다. 배경에서 돌연 고함소리가 들리자 그가 말했다. "방금 그건 간호사가 낸 소리예요. 아시잖아요, 우리 환자들이 어떤 사람들인지……"

면회 일정을 잡으려면 마이클에게 내가 면회한다고 알려야 했다. 마이클이 거절하지 않으면 나는 "방문 허가"를 받게 되고, 목록에 이름이 올라간다. 마이클이 선생님을 기억할까요? 아마 기억할 거라고 답했지만, 솔직히 확신할 수 없었다.

이튿날 사회복지사에게서 전화가 왔다. "마이클이 선생님을 기억한답니다. 만나고 싶대요. 오토바이에 치였던 애라고 말하던데요. 공중을 이만큼이나 날았다고요. 그게 선생님 맞습니까?"

"네, 맞아요. 제 얘깁니다." 내가 말했다.

그는 내게 기본적인 면회 주의 사항을 알려주었다. 정문으로 들어오시면 됩니다. 운전면허증만 들고 오시고, 핸드폰과 지갑은 차 안에 두세요. 사물함이 있긴 하지만 물건이 없어지기도 하거든요. 먹을 걸 가져오시면 저희가 엑스레이로 찍어봐야 합니다. 주사기, 현금, 마약, 포르노그래피, 화기, 전자 기기는 금지예요. 그가 불러주는 목록은 길고 흥미로우며 비극적이었다.

사회복지사는 내게 미리 경고했다. 내가 아무리 나라고 주장해도 마이클은 내가 아니라고 믿을 수도 있고, 음식에 인육이 들어있다고 말할 수도 있다고. 물론 "정상"적으로 행동할 수도 있다, 라고 그는 나를 안심시키려는 말을 덧붙였다. 그는 마이클을 아주 좋아한다고 했다. "좋아하지 않고 배길 수 있나요." 마이클이 병동에서 "이성을 잃는" 모습은 한 번밖에 보지 못했다고 했다. 그럼에도 그는 말했다. "그 표정 있잖아요, 그 표정을 보면 어떻게 그런 짓을 했는지 알겠더라고요……"

정문을 찾아 헤매는 동안, 부지를 둘러싸고 있는 가시철조망 달린 철제 울타리가 아찔하게 높아 보였다. 철제 슬레이트로 이루어진 높은 울타리 틈 사이로 기숙사와 사무실로 쓰이는 붉은 벽돌 건물들이 보였다. 옛 교도소가 남긴 잔해였다.

마이클이 입소하기 몇 년 전 보안 조치가 대대적으로 강화되었다. 범죄 경력이 있는 수감자 두 사람이 탈출한 뒤의 일이었다. 〈뉴욕 타임스〉에서 "우울증에 빠진 전직 마피아 깡패"라고 지칭한 존 카사블랑카는 징역 십육 년을 구형받고 실형을 살던 중 가석방으로 풀려나 한 바텐더를 살해했고, 바텐더를 살해했다고 그를 비난한 친구마저 살해한 끝에 미드허드슨 치료감호소로 보내졌다. 그곳에서 그는 허버트 아널드를 만났다. 아널드는 살인죄로 교도소에 팔 년 동안 수감되었다가 가석방으로 풀려났고, 십대를 강간하고 건물을 폭파시키겠다고 위협한 끝에 미드허드슨 치료감호소로 보내진 인물이었다. 두 사람은 감호소에서 총을 입수했고, 그 총을 치료 보조원의 머리에 대고 위협해 브루클린까지 차로 데려다달라고 했다. 이윽고 치료감호소에서 투여한 약물의 효과가 떨어지면서 상황은 악화일로로 치달았다.

일주일 뒤 카사블랑카는 이스트 뉴욕에서 딱지를 끊고 있던 경찰 두 사람에게 자수했다. 훗날 경찰들은 그가 "약간 지저분하고 수다스러웠다"라고 회상했다. 아널드도 같은 날 평화롭게 자수했다. 두 사람은 그 일주일 내내 〈뉴욕 타임스〉 1면에 자유롭게 돌아다니고 있는 위험한 정신이상 살인자로 등장했다. 치료감호소 소장이 아무리 "우리는 교정 시설이 아니"라고 호소해도 소용없었다. 교정 시설이 아니었기 때문에 보안 장치는 부지 경계에 집중되어 있었다.

보안 구역을 통과하자 무장 경비원이 나를 외부 현관으로 들여보냈다. 에어로크처럼 앞쪽 문이 열리기 전에 뒤쪽 문이 닫혔다. 그다음에는 아까보다는 크지만 여전히 넓지 않은 구역이 나왔다. 권총을 찬 제복 경관들이 막대형 탐지기와 손으로 내 몸을 검사하고 주머니 속 물건들을 꺼내더니 내게 금속 탐지기를 통과하라고 지시했다.

내가 마이클에게 주려고 가져온 파스트라미 샌드위치조차 직원에게 손으로 검사를 받고 여행 가방처럼 엑스레이 촬영을 해야 했다. 다음으로 나는 부드럽게 굽어지는 펜으로 서명을 했다. 참신한 제품이라고 생각했는데, 펜으로 찌르는 사고를 미연에 방지하기 위한 것이었다. 이윽고 반대편에서 묵직한 문이 열렸고 나는 비로소 방문자 구역에 입장했다. 나는 국수 가락처럼 휘어지는 볼펜으로 또 한 차례 내 이름을 커다란 방문자 명부에 적어넣고는 의자에 앉아서 기다렸다.

수감자들은 면회객이 온다는 걸 사전에 알 수 없었다. 면회객이 도착해서 보안 검사를 통과하면 원내 사무실로 연락이 갔고, 치료 보조원이 마이클을 데리러 갔다. 마이클이 면회객과 만날 기분이면 치료 보조원과 함께 면회 구역으로 나온다. 만날 기분이 아니면, 면회객은 차를 타고 떠나면 된다.

미드허드슨 치료감호소의 방문 구역은 형광등이 밝혀진 커다랗고

칙칙한 방으로, 우리가 중학교 시절 점심을 먹던 식당과 놀라울 만큼 닮아 있었다. 포마이카 상판이 달린 테이블에 플라스틱 의자들이 고정되어 있었고, 테이블 자체도 바닥에 나사로 고정되어 있었다. 벽면 두 군데에 자판기가 놓여 있었으며 텔레비전도 있었다. 기다란 바 모양 책상 뒤에 선 경비원은 텔레비전을 보면서 면회객과 수감자들을 감시할 수 있었다.

방문객 화장실에는 손으로 베껴쓴 찬송가가 붙어 있었다. 나는 종이에 써서 테이프로 문에 붙인 그 임시 포스터가 그후 몇 달이 지나도 계속 그대로 붙어 있는 걸 보고 놀랐다. 처음에 나는 그 포스터가 아침에 급히 붙인 것이며 일과를 마무리할 때 떼어버릴 거라고 생각했다. 하지만 포스터는 언제나 그 자리에 있었다. 나는 결국 마이클이 나오기를 기다리는 시간 동안 포스터에 적힌 시를 외우게 되었다.

나의 구세주 그리스도의 마음이
나의 안에 살기를
오늘도 내일도 그의 사랑으로
내 행동과 말에 힘이 깃들기를

제일 아래에는 찬송가를 적은 여자의 이름이 알록달록한 마커 펜으로 적혀 있었다. 어느 날 나는 그 여자가 1998년에 세 살 난 딸을 찔러 죽인 수감자라는 걸 알게 되었다. 당시 그녀는 임신중이었고 교도소에 들어가서 자기 배를 찔렀다. 하지만 그녀는 살아남아 아이를 낳았고, 아이도 살았다. 아이는 정부에서 데려갔다. 아이의 어머니는 미드허든 치료감호소로 보내졌다.

처음 그곳을 방문한 날, 대기 시간이 너무 길어져서 그냥 떠나야겠다고 생각할 즈음, 널따란 대기실 반대의 유리문 너머에서 마이클이 나타났다. 유리문에도 잠금장치가 달려 있었다. 이내 문이 열리더니 마이클이 치료 보조원을 대동하고 면회실로 들어왔다. 마이클은 수염을 덥수룩하게 길렀고, 거대한 몸 위에 패딩 재킷을 걸치고 있었다. 그는 우뚝 서서 휑한 방안을 둘러보았다. 내가 자리에서 일어나 여기 있다고 알린 뒤에도 그는 두리번거리는 걸 멈추지 않았다.

마이클은 아마 누가 면회를 왔는지 몰라서 더 혼란스러웠을 것이다. 나를 만나러 올 때 마이클은 항상 그렇게 눈을 깜박거리며 주위를 둘러보았다. 갑작스럽게 환한 햇빛 아래로 나온 사람 같았다. 면회실까지 오는 길에 야외를 걸었을 텐데도 그랬다.

나중에 그는 내 머리카락이 잿빛이 되어서 바로 알아보지 못했다고 말했지만, 사실 당시만 해도 나는 흰머리가 별로 없었다. 하지만 마이클이 나를 아직도 오토바이에 치여 공중을 날던 열두 살 소년으로 기억하고 있다면, 혼란스러워하는 게 당연했다. 마침내 마이클의 시선이 내게 머물렀다. 비로소 나를 알아본 듯 그의 얼굴에 미소가 떠올랐다. 어쩌면 그건 그저 내 바람이었을지도 모르겠다.

마이클은 벽을 등지고 앉을 수 있는 테이블을 골랐다.

"방 전체가 보이는 게 좋아서." 그가 설명했다.

편집증 증상이라고 볼 수도 있었지만, 때로는 경비원들이 손쓰기 전에 나쁜 일이 일어나기도 한다고 들었다. 마이클이 경계심을 늦추지 않는 건 순전히 현실적인 이유 때문일지도 몰랐다. 나도 이따금 주위를 둘러보았지만 온화한 환자들 몇 사람이 면회를 온 가족들과 포장한 맥도널드 음식을 먹고 있거나 카드 게임을 하는 모습 말고는 별달리 눈에 띄는 건 없었다.

피해자이자, 면회객이자, 애도하는 사람이자, 위로하는 사람의 역할을 동시에 맡고 있는 가족들의 슬픔을 나로서는 다 헤아릴 수 없었다. 내가 마이클의 면회를 다니다가 가까워진 한 직원은 매년 열리는 '가족 일요일' 행사에서 그 비극의 전형이라 할 만한 대화를 들었다는 이야기를 했다. 면회객은 눈이 한 쪽뿐인 여자였다. 그녀는 자신의 눈 하나를 실명시킨 아들을 면회하러 왔다. 아들은 야구방망이로 잠든 남동생을 때려서 죽인 뒤, 어머니의 얼굴을 후려쳐 실명시켰다.

"네가 왜 여기 있는지 알고 있니?" 어머니가 아들에게 말했다.

"싸워서요."

"둘째가 그립구나." 어머니가 흐느꼈다. "두 눈으로 보는 것도."

마이클과 내가 면회실에 단둘이 있는 날도 많았다.

처음 면회를 간 날 우리는 마이클이 기억하고 있던 운동장 오토바이 사건에 대해 이야기했다. 그런데 마이클의 기억은 나와 달랐다. 그는 내가 오토바이를 탄 남자애한테 지지 않으려고 그렇게 행동했다고 생각했다. 나는 내가 겁에 질려서 도망치지 못한 거라고 이야기했지만, 마이클은 반박했다. "네가 그렇게 겁쟁이는 아니었어." 그는 오히려 내가 반항심에서 일부러 오토바이 탄 남자애를 향해 달려갔다고 확신하고 있었다. 굳이 그 점에 대해 왈가왈부할 필요는 없다고 생각했다. 어쨌든 마이클은 나를 칭찬하고 싶은 게 분명했으니까.

"입학할 때 사고를 당하는 게 내 특기였잖아." 내가 말했다. "중학교에 입학하던 때는 목발을 짚었고, 고등학교에 입학하던 때는 얼굴에 붕대를 감았지."

마이클이 웃었다. 그에겐 여전히 유머 감각이 남아 있었다. 하지만 고등학교 때 내가 구타당했던 이야기가 나오자, 그의 얼굴에 심각한 표정이 떠올랐다. 마이클은 스트레스를 받으면 투수가 포수의 사인을 거절하는 것처럼 고개를 빠르게 양쪽으로 젓는 버릇이 있었다.

"그때는 내가 잘못했어." 마이클이 사과하는 투로 말했다.

한참 전 우리 둘 사이를 갈라놓았던 사건이 지금 우리 사이를 좁혀주다니 묘하다는 생각이 들었다.

마이클은 내가 익숙한 본연의 성격과 망상적 편집증이 기이하게 섞인 모습이었다. 그는 자신이 속한 모임들에 대해 이야기하다가, 이완 모임에도 다닌다고 말했다.

"요가 같은 건가?" 내가 물었다.

"횡격막 호흡의 한 종류야." 그가 말했다. "그런데 테이블 아래에서 누가 자꾸 불알을 때려서, 이완하기가 쉽지 않아."

마이클은 내가 면회할 때 음식을 가져다주는 걸 고마워했고, 영화 〈청춘의 양지〉의 대사를 즐겨 인용했다. "그 피클 먹을 거야?"

나는 마이클과 음료수를 뽑아 마시려고 주머니에 잔돈을 넣고 다녔다. 마이클은 꼬박꼬박 음료 성분표를 읽었다. 내가 뽑은 석류 탄산수 라벨을 골똘히 살펴보더니 그가 말했다. "몸에 좋은 걸로 골랐네. 산화방지제가 들어 있어."

"맞아. 산화방지제가 자유라디칼free radical*을 가둔다더라. 그게 뭔지는 모르겠지만." 내가 맞장구쳤다.

마이클은 잠시 조용해지더니, 다시 입을 열었다. "나는 그렇게 급진

---

* 짝을 이루지 못한 전자를 가진 반응성이 높은 화학종을 의미하며, 이것이 체내에서 산화를 일으켜 노화가 일어난다는 학설이 있다.

적radical이진 않아. 그리고 오랫동안 자유롭지도 못했지."

"네가 아파서 마음이 안 좋아." 내가 말했다.

"신경써줘서 고마워. 나는 파상풍, 장티푸스, 결핵에 걸렸고 다른 병도 몇 개 걸렸어. 이 사람들이 일부러 날 병에 걸리게 하거든. 하지만 지금은 대부분 나았어." 마이클이 답했다. 그는 조현병이라는 단어만큼은 결코 입에 올리지 않았다.

마이클에는 도서실엔 가지 않는다고 했다. 그곳에서 발견한 유일한 영국사 책에서 글래드스턴 총리에게는 많은 분량을 할애한 반면 유대인 혈통인 디즈레일리 총리는 별로 언급하지 않았다는 게 이유였다. 마이클이 보기에 그건 반유대주의의 증표였다. 어차피 이제는 글을 읽을 수도 없게 되었다고 그는 말했다.

마이클은 머릿속에 편집증적 생각을 품고 있으면서도 오가는 사람들 모두에게 친근하게 고개를 끄덕이며 인사를 걸었다. 마이클의 인사를 받은 사람 가운데 어떤 남자는 샌디 훅 초등학교 총격 사건에 대해 뭐라고 외치고 있었다. 바지 밑단을 말아올린 그 남자는 키가 작고 깔끔하고 활기가 넘쳤으며 헨리 데이비드 소로나 이슬람 학자처럼 콧수염은 밀고 턱수염만 기르고 있었다. 그가 우리에게 다가와 마이클의 어깨에 손을 얹었더니, 칭찬하는 투로 말했다. "나를 볼 때마다 살람* 인사를 해주는군요."

그리고 그는 마이클에게 질문했다. "유대인, 무슬림, 기독교인들을 어떻게 하나로 모을까요?"

"예루살렘에선 모두 조화롭게 지내지요." 마이클이 말했다.

---

* 이마에 손바닥을 대고 상대의 평화를 기원하는 이슬람식 인사.

"옳아요." 남자가 대답했다. "우리가 어떻게 조화롭게 지낼 수 있는지 알아요? 우리가 모두 같은 언어로 말하기 때문이에요. 그것은 바로 신의 언어이지요."

마이클이 언젠가 내게 말했다. "나는 소금이 비소라고 생각했어. 후추는 우리 민족의 재라고 생각했어."

"왜 그런 생각을 하는 거야?" 내가 물었다.

"고통받으려고."

때로는 모든 게 현재 진행형인 것처럼 느껴졌다. 내가 다가오는 마이클 생일 이야기를 꺼내면서 기억하고 있는 날짜가 맞는지 묻자, 마이클은 불편한 기색으로 주위를 둘러보더니 목소리를 낮추어 속삭였다. 자기 생일이 언제인지 소리 내어 얘기하고 싶지 않다고 했다. 누군가 엿듣고 "과거로 돌아가서 요람에 누워 있는 자신을" 죽일 수도 있다는 것이었다.

러셀 웨스턴이 루비 위성 장치에 시간을 돌리는 힘이 있다고 믿은 것처럼, 마이클도 시간이 앞으로 흐르는 동시에 뒤로도 흐른다고 믿은 걸까? 그게 마이클이 텔루라이드 하우스로 도망쳐서 경찰에게 캐리가 있는 집으로 데려다달라고 부탁한 이유일까? 파크 디에츠 박사는 마이클이 "박해자들에게 고문당할 거라고 믿고" 도망쳤다는 점이 중요하다고 보았다. 디에츠 박사는 바로 그 점으로 인해 마이클이 도주한 게 "자신의 잘못을 알고 있었다는 증거가 아니라, 그의 망상이 현실에 침투해 있었다는 증거가 된다"고 말했다.

마이클은 캐리를 살해한 것에 대해서는 이야기하지 않았다. 얼마 전 있었던 퇴소 심사에서는 캐리가 "프랑스에 살고 있다"고 말했다고 했다. 하지만 때때로 내게는 마이클이 내뱉는 말들이 위장막을 두른 자백처럼 들렸다. 어쩌면 그건 내 몫의 망상이었을지도 모르지만. 어느 날 마이클은 글쓰기의 어려움에 대해 이야기하다가 포크너의 격언을 인용했다. "사랑하는 것들을 모두 죽여야 돼." 원래 이 격언은 자신이 쓴 단어들을 가차없이 편집하라는 의미였지만, 마이클의 말투는 다소 의미심장하게 들렸다. 미드허드슨 치료감호소 사람들은 질환 때문이 아니라 법적 명령에 의해 수용되었다. 마이클은 형사소송법 330조 20항에 따라 "정신질환 혹은 장애"로 인해 책임을 물을 수 없다고 인정받은 세 남자와 같은 방을 썼다. 330조 20항 사람들을 위한 기숙사에는 개조된 지하실이 딸려 있었는데, 마이클은 미드허드슨 생활 초기에 그곳에서 기타를 쳤다. 마이클의 기타 친구는 약물로 유도된 정신증 상태에서 여자친구를 살해한 청년이었다. 두 사람은 노래책『노래하며 일어나Rise Up Singing』를 가지고 있었고, 서로에게 노래를 가르쳐주었다. 마이클은 나와 같이 갔던 캠프에서 인기 있었던 노래 〈와일드 파이어Wildfire〉를 청년에게 가르쳐주었다. 유령 말을 타고 노래하는 사람을 데리러 오는 유령 여자에 대한 노래였다. 그레이트풀 데드가 불러서 유명해진 〈아이 노우 유 라이더I Know You Rider〉도 가르쳐주었다. "당신 품안에서 뒹굴던 연인을 그리워하게 될걸." 그러다가 마이클의 상태가 나빠지자 기타는 자취를 감추었고, 청년과도 자연스럽게 사이가 멀어졌다.

나는 마이클에게 캐리를 죽인 것을 비롯해 무엇이든 그를 괴롭게 할 만한 이야기는 전혀 꺼내지 않았다. 처음 방문한 날에 그녀의 이름을 애매하게 언급한 게 전부였다. "캐리와 그렇게 돼서 정말 유감이야." 내가 말했다. 이에 마이클은 어차피 잘 풀리지는 않았을 거라고 답했다. 자신은 모사드였고, 캐리는 오푸스 데이*였으니까.

다음으로 우리는 유년 시절에 대해 이야기했다. 무난한 주제였고, 마이클은 그 시절을 떠올리며 즐거워 보였다. 그는 조지스 헤어 포트 미용실에서 일하던 네 형제의 이름부터 피자 한 조각 가격까지 별의별 걸 다 기억하고 있었다. 하지만 우리는 대화 속에서조차 유년 시절에 마냥 머물러 있을 수 없었다.

5학년 때 월드먼 선생님 수업에서 『파리 대왕』을 읽었던 걸 기억하느냐고 묻자 마이클은 대답했다. "그리고 그들은 잃어버린 순수를 위해 울었다." 그리고 그는 울고 있던 건 어른들이었다고 구슬픈 어조로 덧붙였다. "영국 장교들이 아니었을까. 누군가가 죽었으니까 어른들이 온 거야. 그래서 그들이 운 거지."

많은 대화가 그런 식으로, 우리가 피하고 있던 주제를 은밀하게 논하는 것처럼 흘러갔다. 어느 날은 마이클에게 두 딸과 서부영화 〈셰인〉을 보던 중에 둘째가 오프닝 크레디트가 지나자마자 지루해하다가 내 무릎 위에서 잠들고 말았다는 이야기를 들려주었다. 마이클은 미소를 짓더니 불쑥 말했다. "책이 영화보다 나아."

마이클이 팔에 그 얇은 소설을 끼고 다니던 모습이 기억났다. 나는 그에게 왜 책이 더 나은지 물었다. 누가 그에게 『셰인』에 대해 마지막으로 물어본 게 언제였을까? 나는 그가 어릴 적 운동장으로 돌아간 기분을 느꼈으면 했다. 마이클은 특유의 로봇 같은 설명조로, 미리 외워 온 말을 뱉듯이 대답하기 시작했다.

"책에서 셰인은 모호한 인물이야. 악당처럼 검은 모자를 쓰고 다니

---

* 가톨릭 종교 단체. 공식 명칭은 '성 십자가와 오푸스 데이 성직자치단'이다.

지.” 그리고 그는 결말부의 클라이맥스에서 셰인이 모자를 쓰고 낡은 총을 쏴서 나쁜 놈들을 모두 물리친 다음 말을 타고 떠나는데, 한 소년이 그를 따라오면서 돌아오라고 애원하는 장면에 대해 이야기했다. 셰인은 소년에게 말한다. “살인을 저지른 뒤엔 돌아갈 길이 없단다.”

마이클은 혹시 저만의 비밀스러운 방식으로, 자신이 캐리를 죽였다는 걸 알고 있으며 엄청난 죄책감을 느낀다는 사실을 내게 털어놓은 걸까? 아니면 마이클은 자신이 셰인처럼 악에 맞섰다고 생각하고 있는 걸까?

어느 쪽이든, 돌아갈 길은 없었다. 우리가 그곳에 앉아 유년 시절에 대해 아무리 이야기해도, 미드허드슨 치료감호소 면회실을 벗어날 길은 없었다. 한번은 면회를 마치고 내가 자리에서 일어선 순간 마이클이 작은 소리로 말했다. “집에 가고 싶어.” 나는 깊이 생각하지 않고 반사적으로 어디가 그의 집이냐고 물었다. 일순 마이클의 얼굴에 공황과 혼란이 떠올랐다가 곧 사라졌다. 마이클은 천천히 자리에서 일어나더니 대답 대신 어깨만 으쓱해 보였다.

제일 편한 마음으로 면회를 가는 날은 미할과 함께 가는 날이었다. 그러면 미할을 청중 삼아 우리 어릴 적 추억 보따리를 풀어놓을 수 있었다. 내가 혼자 면회를 온 어느 날, 마이클은 미할이 언제 오는지 미리 알고 샤워를 할 수 없다는 게 아쉽다고 털어놓았다.

한번은 미할이 마이클에게 어릴 적 둘이 무얼 하면서 시간을 보냈느냐고 물었다.

“말을 했죠.” 마이클이 망설임 없이 답했다.

우리가 떠날 시간이 되자 마이클은 처음 면회실에 들어올 때 입고 있던 큼직한 재킷을 입기 시작했다. 나는 알아차리지 못했는데 면회

도중 재킷을 벗은 모양이었다. 안쪽에 회색 저지 안감을 댄 체크무늬 재킷이었다.

"재킷 멋진걸." 내가 말했다.

"니노 스칼리아의 헌팅 재킷이야."

"연방 대법원의 스칼리아 판사 말이야?"

마이클이 고개를 끄덕였다. 그는 위엄 있는 느린 동작으로 신중하게 재킷을 입고 있었다.

"친구가 전해줬어." 그가 말했다.

"라우도어, 이쪽으로!" 우리가 작별인사를 나누고 떠날 채비를 하는데 평소에 조용했던 직원이 갑자기 언성을 높였다. 마이클이 우리를 따라 문에 너무 가까이 다가갔기 때문이었다. 직원은 마이클에게서 몇 걸음 떨어진 곳의 바닥을 가리켰다.

마이클은 까치발을 들고 불쑥 움직이는 특유의 걸음걸이로 고분고분하게 뒷걸음질을 쳤다. 직원이 허리띠에 매달린 열쇠로 잠긴 문을 열었다. 마이클은 이미 면회실 반대쪽 끝 유리문 너머로 들어가 밖을 내다보고 있는 것처럼, 복잡한 표정으로 우리를 지켜보았다.

마이클을 떠올릴 때면, 그 모습이 자주 떠올랐다. 벨크로 운동화 위로 헐렁한 회색 추리닝 바지를 입고 그 위에 큼직한 헌팅 재킷을 걸친 마이클. 붉은 수염과 숱이 성기어가는 머리. 나는 면회를 다니면서 몇 차례 더 마이클이 그 재킷을 입은 걸 보았다. 그러던 어느 날 재킷은 사라졌다. 마이클은 많은 소지품들이, 심지어 안경마저도 자주 사라진다고 체념한 듯 어깨를 으쓱하며 말했다. 언젠가 그는 그 재킷을 가져다주었다는 친구가 귀도라고 이야기했다.

나는 마이클에게 애정을 느꼈지만 동시에 그가 두려웠고, 스스로 그런 모순적인 감정을 정확히 인식하고 있었다. 작별인사를 건네면서 마이클과 포옹할 때면, 나이들고 이빨 빠진 사자의 대가리에 머리를 집어넣는 기분이 들었다. 늙어서 온순해지긴 했어도 그에겐 여전히 나를 으스러뜨릴 힘이 있었다. 하지만 그러한 사실을 인식하는 건 처음 면회를 가기 전 불안에 시달리며 악몽을 꾸던 것과는 전혀 달랐다. 운전에 대한 비이성적 두려움에 사로잡혀 차를 타지 않는 것과, 매년 교통사고로 사만 명이 사망하며 뒷좌석에는 아이들이 타고 있다는 걸 알면서도 약간의 긴장감만 가진 채 편하게 운전대를 잡는 것의 차이와 비슷했다.

가끔은 예일대 법학대학원의 전 총장이 마이클에게 연방 대법원 판사의 헌팅 재킷을 가져다준다는 게 가당키나 한 일인지 의심하기도 했다. 말도 안 되는 얘기 같았다. 스칼리아 대법관의 사법 철학만 보아도 그렇게 생각할 근거가 충분했다. 하지만 나는 당시 세상을 떠나기 전이었던 스칼리아 대법관과 긴즈버그 대법관이 친구 사이였으니 그럴 수도 있다는 생각이 들었다.* 세상에는 더 이상한 일들도 일어나지 않는가. 하지만 나중에 나는 귀도가 마이클을 면회하러 온 적이 없다는 것을 알게 되었다. 교수들 중 면회를 온 사람은 아무도 없었다.

조 골드스타인은 마이클의 정신이상 항변이 받아들여지기 전이었던 2000년에 세상을 떠났다. 그래서 내 머릿속을 짓누르고 있는 몇 가지 질문들을 그에게 던질 방법이 없다. 세상을 떠나기 전, 그는 엘린 색스에게 "마이클이 여자친구를 죽인 다음 자살하지 않은 건 잘못"이라고 말했다고 했다. 색스가 간결하게 표현한 대로 그는 "이해가 부족

698

했다."

유년기에 뿌리를 둔 개인적 회고이며 20세기의 역사와 한데 엉켜 있는 이 이야기는, 인생의 반환점을 돈 중년의 남자가 열 살 때 시작된 우정을 돌이켜보며 2020년대에 써내려간 것이다.

어떤 의미에서는 마이클이 캐리를 죽인 1998년보다, 내가 뉴로셸로 이사한 1973년을 기억하는 것이 덜 어려웠다. 그해에 대한 기억이 더 많이 남아 있다는 뜻은 아니다. 하지만 유년기의 비좁은 세계에서 겪은 일들은 기억 속에서 더욱 선명하기 마련이다. 그때 내게는 길도 하나, 학교도 하나, 가족도 하나, 제일 친한 친구도 하나였다. 직업이나 스마트폰, 아내와 자녀는 없었다. 나는 세상에서 어떤 일들이 일어나고 있는지에 관해 아무런 관심이 없었다. 내가 알지 못하던 세상의 그림자에 뒤덮이는 일도 있었고, 때로는 아주 짙은 어둠 속에 서게 될 때도 있었지만, 그것들을 이해하려 하거나 언어로 옮겨보려는 생각은 들지 않았다. 아마 그래서 지금까지 기억에 남아 있는 것일 테다.

캐리는 뉴턴 노스 고등학교 졸업 앨범의 자기 사진 아래에 실을 문장으로 「J. 앨프리드 프루프록의 연가」의 한 행을 택했다. "몇 차례 결정하고 수정할 한순간, 곧이어 모든 걸 뒤집을 또 한순간." 이토록 운명론적인 시구가 희망에 찬 젊은이에게는 무한한 가능성을 약속하는 것처럼 들릴 수 있는 법이다. 내게도 그랬다. 텔루라이드 캠프에서 우리는 캐리가 고른 행의 바로 앞 행—"감히 내가 세상을 뒤흔들어도 될까?"—을 긍정적인 명령으로 바꿔서 티셔츠에 새겨넣었다. "세상을 뒤흔들자!"

나는 마이클이 쇼트라인 버스에 올라 이타카로 향한 순간, 그가 유년 시절을 향해 도망친 거라는 생각을 떨칠 수가 없었다. 마이클은 자신의 뇌가 앙숙이 아닌 친구였던 시절로 달아나려 했던 게 아니었을까. 하지만 디에츠 박사에 의하면 그때 마이클은 캐리가 자신을 고문하고 살해하러 온 "로봇이나 인형 같은 비인간 존재"라고 믿고 두려워하고 있었다. 마이클은 행복을 찾으러 떠난 게 아니라, 고통에서 도망치고 있었다. 그걸 알면서도, 나는 아무리 애써도 마이클을 내가 아는 친숙한 틀에 넣어 생각하지 않을 도리가 없었다.

남에게 공감하는 것이 때로 그러하듯, 남과 자신을 동일시하는 것 역시 이해와 책임감을 북돋울 수도 있지만 그것들을 도리어 밀어낼 수도 있다. 나는 그 사실을 차츰 깨닫고 있었다.

책을 쓰면서, 나는 마이클과 이웃으로 지낸 사람들이 생각보다 많아서 놀랐다. 문자 그대로의 이웃도 있었지만 물리적 인접성이 아닌 다른 무언가를 통해 마이클과 묶인 형이상학적 이웃들도 여럿 있었다.

마이클과 아파트를 같이 쓰던 여름방학에 그에게 캐리를 소개해준 장본인이자, 둘이 사귀는 것에 대해 우려했던 라이너스 야마네는 마이클을 만나러 교도소와 미드허드슨 치료감호소로 면회를 갔다. 캐리라면 자신이 면회를 가주길 바랄 거라고 생각했다. 라이너스는 캐리를 위해 마이클을 찾아갔다.

마이클의 옛 룸메이트 짐 맥더모트는 마이클이 캐리를 살해한 뒤 심한 죄의식에 사로잡혔다. 나는 짐과 연락이 끊긴 상태였고, 다시 그에게 연락했을 때는 안타깝게도 그가 흑색종으로 인해 2013년 1월 1일에 마흔아홉의 나이로 세상을 떠났음을 알게 되었다. 나는 짐이 대학 시절부터 사귀다가 결혼한 그의 아내 메리에게 편지를 썼고, 연락이 닿아 그녀와 통화를 했다. 메리는 의사가 되었다. 짐은 희곡을 쓰고 소규모 독립 영화를 제작했다. 두 사람의 슬하에는 세 자녀가 있었다.

메리는 마이클이 실리먼 칼리지와 네이플스 피자에서 짐과 농담을 주고받던 모습을 기억했다. 두 사람의 결혼식에서 마이클이 읊은 축사도 기억했다. 결혼식에 대해서는 대부분 잊었지만 마이클의 축사만큼은 기억이 난다고 그녀는 웃으며 말했다. 마이클은 이미 조현병을 진단받은 뒤였는데도 빼어난 말솜씨로 막대기를 한데 묶으면 강하지만 흩어놓으면 쉽게 부러진다는 우화를 들려주었다.

마이클이 캐리를 죽인 뒤, 짐은 마이클에게 아주 가끔씩 전화가 와도 받지 않았다. 마이클이 종종 보내는 편지에도 답장하지 않았다. 대학 시절 짐은 사람 좋아 보이는 외양 아래에 엄격한 도덕성을 지닌 사람이었다. 아마도 가톨릭 신앙 때문일 거라고 나는 생각했다. 메리는 짐이 신부들의 성추행 추문에 충격을 받고 가톨릭 성당을 나왔다고, 괴로운 경험이었다고 알려주었다.

예일대학교 컴퓨터공학 교수가 된 그의 형제 드루가 말해준 바에 의하면, 짐에게 성당을 나온다는 건 신을 포기하는 것과는 달랐다. 짐은 그리스정교회와 다른 기독교 신앙들을 모색하다가 메리가 다니던 장로교 교회에 가입했다. 그는 영영 캐리에 대한 죄책감을 내려놓지 못했다고 했다. 자기도 모르게 공모자가 된 기묘한 기분이라면 나도 잘 알고 있었다.

짐은 드루에게 다들 마이클만 걱정했다고 말했다. 그는 캐리를 걱정하지 않은 자신을 용서할 수 없었다. 물론 마이클은 그들의 동정과 관심을 받을 자격이 있었고, 짐은 우정을 발휘하여 밤늦게까지 그의 한탄에 귀기울여주었다. 하지만 우리 모두가 마이클에게 보여준 공감이,

마이클을 배려하려는 노력이, 결국은 어떤 결과를 낳았는가? 드루의 이야기에 따르면, 짐은 죽음을 기다리며 침상에 누워 있던 때에도 캐리를 생각하며 흐느꼈다고 한다.

캐리의 어머니 매릴린 코스텔로는 내게 쓴 편지에 그 일에 대해서는 너무 고통스러워서 말할 수 없다고 적었다. 헤이스팅스경찰서 소속 형사였던 토미 오설리번 역시 그 사건에 대해 말할 수 없었다. "마이클 라우도어라는 이름을 들으면," 그는 목소리에 감정을—아마 분노일 거라고, 슬픔으로 억눌린 분노일 거라고 나는 생각했다—가득 실어 말했다. "저는 캐럴라인 코스텔로를 생각합니다." 그리고 자신의 이야기를 들려줄 캐럴라인은 이제 이곳에 없었다.

『마음의 중심이 무너지다』 마지막 장에서 마이클의 이름을 마주치고 나는 깜짝 놀랐다. 엘린 색스는 마이클이 캐리를 죽였다는 소식을 접하고 몇 년 동안 회고록 쓰는 일을 미뤄두었다가, 생각이 바뀌어 오히려 회고록을 써야겠다고 결심했다고 했다. 마이클 사건에 의해 자신의 이야기가 가려질 것이 두려웠고, 마이클 사건이 드리우는 음울한 빛에 비추어 평가받게 될 것도 걱정되었다. 그러나 결국은 마이클의 비극과 세상 사이에 그녀 자신의 이야기를 끼워 넣겠다는 굳은 의지가 두려움과 걱정을 이겼다.

나는 비행기를 타고 서던캘리포니아로 가서 서던캘리포니아대학교 법학대학원 교수로 일하고 있는 색스와 대화를 나눌 수 있었다. 학교가 문을 닫은 방학 기간이었지만 그녀는 사무실에 있었다. 우리는 텅 빈 법학대학원 건물에서 마주앉았다. 색스는 규칙적인 일상이 조직된 생활을 하도록 도와준다고 설명했다. 그녀가 하고 싶은 말을 기억해야 할 때, 그 내용을 종이조각에 휘갈겨 적은 다음, 실험 가운처럼 걸친 재킷의 정사각형 주머니에 넣고 다니는 것도 조직된 생활을 위해서였다. 색스는 내가 평생 만난 누구보다도 강렬한 인상을 주었다. 그녀는 맹렬한 지성과 순수한 솔직함 둘 다를 갖춘 사람이었다.

내가 맞은편에 앉자마자 색스가 본론으로 들어가 내게 건넨 첫마디는, 그날 오전에 자신의 정신분석가와 대화하면서 어째서 자신은 마이클과 같은 행동을 하지 않았는지 이해해보려고 노력했다는 것이었다. 그녀도 여러 해 동안 "수많은 폭력적인 상상, 느낌, 생각, 환상"을 지니고 살았다. "행동으로 옮긴 적은 한 번도 없지만" 무엇이 자신을 억제해준 건지 궁금하지 않을 수 없었다. "영국에서 머물던 때는 정신분석 세션에 갈 때마다 핸드백에 식칼이랑 커터 칼을 챙겨넣었다니까요. 참나."

색스는 "다른 인구 집단에 속한다는 단순한 차이 역시 하나의 이유일 것"이라고 짐작했다. 그녀는 "중산층 가정 출신의 이십대 후반 성인 여성이었으므로, 이따금 위협에 처했다고 느낄지라도 상대를 해하기보다는 스스로 도망치는 반응을 택하곤 했다"고 설명했다. 나는 색스의 회고록에서 식칼에 대해, 그리고 그녀가 식칼을 챙기도록 부추긴 생각들에 대해 읽은 게 기억났다. "저 사람이 내게 사악한 행동을 하지 못하도록 위협하거나 죽여야 돼." 나는 어느 정신과의사를 인터뷰하면서 색스가 스스로에게 품었던 질문을 던진 적이 있었다. "엘린 색스는 왜 마이클처럼 행동하지 않았을까요?"

정신과의사는 남성이라는 성별 자체가 폭력의 위험 요인이라고 설명했다. 요컨대 색스는 시작부터 유리한 위치에 있었던 셈이다. 그러나 색스 본인은 성별의 차이를 비롯해 다른 어떤 요인도 충분히 만족스러운 설명이라고 느끼지 못했다. "그냥 운이 좋았던 것 같기도 해요." 색스가 말했다. "제가 제 생각이나 느낌을 실제 행동으로 옮기지 않은 건 천운이죠."

하지만 나는 다른 생각이 들었다. 남들 앞에서 공공연하게 자신의 질환을 지적으로 탐구할 수 있는 능력 자체가, 그녀가 조현병과의 싸움에서 성공할 수 있었던 이유는 아니었을까? 색스는 마치 살아 있는 자기 신체를 과학 연구용으로 기증한 사람 같았다. 그녀는 자신에 대해 알기 위해, 심지어 자신이 세상을 신뢰하지 못하게 만드는 편집증에 대해 알기 위해, 바깥세상의 힘을 빌리고자 했다. 그게 그녀가 나처럼 생판 모르는 사람마저 반갑게 맞아들인 까닭이었다. 색스는 내 상태에도 호기심을 내비쳤다. "혹시 선생님도 중증 정신질환이 있으신가요?"

『마음의 중심이 무너지다』에는 색스가 약물을 끊으려고 여러 차례 시도했다가 매번 처참한 결과를 경험하고, 마침내 자신이 실제로 아프다는 사실을 받아들이는 과정이 기록되어 있다. 그녀는 정신과의사에게 약물을 복용하지 않으면 더이상 치료를 계속할 수 없다는 말을 듣고서야 약물에 대한 저항을 그만둔다. 약물을 통제하려는 욕심을 내려놓은 뒤에 그녀는 오히려 자신의 삶을 더 잘 통제할 수 있게 되었고, 상황은 훨씬 나아져서 그후로는 약을 끊은 적이 없다.

색스는 마이클이 밟아나갈 줄 알았던 성취의 길을 착실히 걸었다. 맥아더 재단의 '천재 보조금'을 받았고, 법학 교수가 되었고, 베스트셀러 회고록을 써냈으며 할리우드에 영화화 판권을 팔았다. 설령 영화가 만들어지지 않더라도 그녀가 맞춰둔 삶의 균형추가 흔들리는 일은 없을 것이다. 색스는 결혼을 했고 직업이 있으며 여전히 병과 싸우고 있기는 해도 솔직한 태도로 남들에게 영감을 준다. 뇌출혈, 암, 조현병을 두루 겪었지만, 지금 그녀는 한 신경과학자 친구에게서 들은 말을 웃으면서 전할 수 있다. "나는 운나쁜 사람치고는 대단히 운이 좋대요."

색스가 워낙 진솔한 사람이라서, 나는 용기를 내어 마음속으로 품고 있던 질문을 던졌다. 그녀는 TED에서 예일대 법학대학원 시절 정신적으로 무너졌던 일을 주제로 훌륭한 강연을 했다. 그런데 들것에 거칠게 눕혀지고 결박당한 사건을 이야기하면서, 그 직전에 그녀가 6인치 길이의 지붕 못을 주먹에 쥐고 간호사에게 주기를 거부했다는 사실은 언급하지 않았다. 회고록에서는 이 순간이 대단히 강렬하게 묘사되어 있었다. 강연에서는 왜 이 대목을 뺐는지 묻자, 색스의 얼굴에 놀란 표정이 떠올랐다.

못 얘기를 일부러 빼놓은 게 아니라고 그녀는 말했다. 오히려 그 반대였다. 그 얘기가 빠졌다는 걸 지금까지 모르고 있었다는 것이었다. "제가 폭력 이야기를 아예 안 했던가요?" 색스가 물었다.

정신병원 입원의 필수 요건이 질환 자체보다는 환자의 위험성으로 바뀌면서, 정신질환과 폭력은 법적 차원에서 얽혀들기 시작했다. 병원은 즉각적으로 위해를 가할 위협이 있는 사람에게만 병상을 내주거나 치료를 강제할 수 있다. 이런 상황을 감안할 때, 일반 대중이 매우 아픈 사람과 매우 폭력적인 사람을 혼동하고 정신병원과 교도소를 혼동한다고 탓하기는 어렵다. 낙인을 없애기 위한 전제조건이 폭력이라는 단어 자체를 지우는 것이라고 믿는 정신건강 옹호자들 역시 탓하기 어려워진다.

마이클은 조현병 환자의 고정관념을 거부한 사람으로 이름을 알렸고, 고정관념에서 벗어나지 못한 사람으로 그 이름에 다시 먹칠을 했다. 나로서는 오랜 친구이자 어린 시절 나와 함께 자란 마이클을 나의 분신으로 여기지 않기가 어려웠다. 회고록에 마이클 사건을 언급했던 엘린 색스에게 그가 자신의 분신처럼 느껴지느냐고 묻자 그녀는 답했다. "아, 그거 아주 좋은 질문이군요. 저의 일부는 그에게 완전히 동일시하고, 저의 또다른 일부는 저와 같지 않은 그의 부분들을 부인합니다. 무슨 말인지 아시겠지요."

나는 귀도 칼라브레시에게 엘린 색스와 마이클 라우도어를 머릿속에서 일종의 대척점으로 동시에 떠올릴 수 있는지 물었다. 귀도는 책임과 피해의 공동 배분을 강조하는 책 『사고의 비용The Cost of Accidents』을 썼고, 법적·도덕적 차원에서 발생하는 상충 관계를 다루는 '비극적 선택들'이라는 수업을 가르쳤다. 판사로 일하기 전에는 재판 연구관, 판사, 대통령, 교수를 육성하는 예일대 법학대학원을 다스리기도 했다.

귀도는 마치 내가 그에게 들이민 가설을 검증하려는 것처럼 잠자코 생각에 잠겼다. 엘린 색스의 인생과 마이클 라우도어의 인생이 동시에 타당하다고 인정하는 것이 과연 가능할까?

그가 마침내 입을 열었다. "모르겠습니다."

로리 플린에겐 이 질문이 추상적으로 다가오지 않았다. 그녀는 마이클의 가족을 개인적으로 알지는 못했지만, "넓은 의미에서 마이클은 모든 사람의 아들과 같았다"고 말했다. "전미 정신질환 연맹의 너무, 너무, 너무 많은 회원들에게 그런 전도유망한 자녀가 있었어요. 귀한 아이를 아이비리그로 보내고 얼마 뒤 갑자기 시나리오 전체가 망가지는 거죠."

플린의 말에서 짚고 넘어갈 부분은, 많은 사람에게 마이클 같은 자녀가 있었다는 말이 살인을 저지르기 전의 마이클과 살인을 저지른 후의 마이클 둘 다에게 적용될 수 있다는 것이었다. 플린은 카메라 앞에서 감정에 휩쓸리는 유형과는 거리가 멀었지만, 살인 사건 직후 인터뷰에서는 도무지 입을 떼기가 힘들었다. 똑같은 딜레마에 처한 지역 지도자들에게서 속속 연락이 왔다. 전미 정신질환 연맹이 완화시키려 노력해온 아주 사적인 트라우마를, 다 함께 공개적으로 경험하고 있는 느낌이었다.

당시 전미 정신질환 연맹은 급성장중이었고 마이클은 수치심과 낙인을 거부하겠노라 약속하는 새로운 시대의 상징으로 보였다. 그러다가 돌연 살인 사건이 보도되자 연맹은 크게 동요했다. "우리가 지금까지 말하고 행동해온 모든 것에 이의를 제기하는 사건이었죠." 플린이 말했다.

연맹에서 세상을 향해 전하고자 했던 메시지는 이런 것이었다. "정신질환자들이 위험하고 무서운 사람들이라는 건 사실이 아니에요. 그중 살면서 단 한 번이라도 폭력을 저지르는 사람은 거의 없는데도, 폭력 사건은 엄청나게 부풀려져서 '사이코 킬러' 운운하며 대서특필되죠." 전미 정신질환 연맹에서 요구한 건 단 하나였다. "사람들이 잠시만 멈춰서 우리 이야기에 귀를 기울이고 진실을 알았으면 좋겠어요. 당신이 아는 사람에게, 아니면 당신이 아는 사람의 가족이나 길 건너 사는 사람에게 같은 문제가 있을지도 모르니까요."

나의 경우, 정말로 길 건너 사는 친구에게 문제가 있었다. 내가 개인적이고 사적인 차원에서 품고 있던 혼란, 죄의식, 불안은 알고 보면 실용적 차원과 철학적 차원 둘 다에서 이루어지고 있는 더 큰 담론에 속해 있었다. 플린은 어떤 의미에서는 전미 정신질환 연맹 내부에서 끊임없이 토론이 일어나고 있다고 말했다.

그들이 전하고자 했던 메시지가 거짓이었던 건 아니다. 단지, 그들의 이야기에 공개적으로 논해지지 않은 부분이 있었던 것뿐이다. 마이클이 캐리를 죽인 사건에 대한 복잡한 결산 앞에서 전미 정신질환 연맹의 많은 사람들은 다시 한번 낙인에 대한 두려움을 느꼈다. 연맹 일각에서는 여전히 중증 정신질환자의 삶이 얼마나 평범할 수 있는지 설명하는 게 가능하다고 믿었다. 치료를 거부하는 사람들이 범죄를 저지를 확률보다 자살할 확률이나 범죄 피해자가 될 확률이 훨씬 높다는 걸 대중에 이해시키는 게 가능하다고 믿었다. 아울러 자녀를 도우려 애쓰는 헌신적이고 절박한 부모들의 노력과 그들이 자녀에 대해 품게 되는 두려움을 두루 탐구할 공간을 만드는 것도 가능할 거라고 믿었다. 사회가 정신질환자의 권리를 존중한다는 미명하에 손을 털어버렸기 때문에, 부모들은 자녀가 더 좋은 치료를 받을 수 있도록 자신의 상처를 숨겨야 하는 상황이었다. 그래서야 되겠는가?

중증 정신질환의 속성에 대한 종합적 이해 없이 환자를 돕는다는 건 불가능하다. 중증 정신질환자들 가운데 약물이 필요한데 복용하지 않는 사람, 자신에게 약물이 필요하다는 걸 모르는 사람, 약물을 복용해도 반응이 없는 사람들의 경우 폭력의 위험성성이 높아진다는 사실을 이해하지 못한다면, 교도소가 정신병원을 대체하고 있는 상황을 이해할 수 없다. 유희적 목적으로 마리화나를 비롯한 마약을 사용하는 것이 이미 유전적 경향이 있는 사람들에게는 정신증이 발병할 확률을 높이고 이미 정신질환에 걸린 사람들에게는 폭력을 저지를 확률을 높인다는 사실 역시 이해할 수 없다.

지금은 오프레이로 성이 바뀐 엘런 브루어 경관은 내게 이타카 교내 경찰서의 면담실에서 아침 일찍 만나자고 제안했다. 그래야 경찰서 안을 돌아다니는 다른 사람들에게 트라우마를 안길 걱정 없이 "노골적으로" 이야기할 수 있다는 것이었다. 나는 그녀에게 우리가 만난 오늘이 6월 17일인 걸 알고 있느냐고 물었다. 그러자 매년 이날이 돌아오면 엄숙한 반성의 시간을 갖는다는 대답이 돌아왔다. 그후 그토록 오랜 시간이 지났는데도, 당시 브루어 경관이 조용한 야간 근무를 택했던 이유인 조산아로 태어난 그녀의 아이가 대학에 간 지금까지도, 혼자만의 의식은 이어지고 있었다.

그날 밤 브루어 경관의 인생은 달라졌다. 그녀가 한참 시달리다가 결국 대처하는 법을 터득한 트라우마가, 최전선에서 뛰는 사람들을 돌보겠다는 결심이, 그녀의 인생을 바꿔놓았다. 비행기가 월드 트레이드 센터를 향해 날아든 날, 그녀가 동네 과수원에서 사과를 잔뜩 따서 뉴욕시로 향한 것도 6월 17일 밤에 겪은 일 때문이었다. 그녀는 거대한 공동묘지가 되어버린 테러 현장에서 구조 작업을 펼치는 사람들에게 사과를 나눠주었다.

우리가 앉아 있던 취조실 역시 그날 밤 일어난 사건으로 인해 달라졌다. 서류 캐비닛은 철거되었고, 황소 고리는 수감자가 수갑을 찬 상태에서 양 옆으로 움직일 수 있는 철제 막대로 대체되었다. '마이클 라우도어의 세 얼굴' 강의에서 브루어 경관은 구금중인 사람에게 무엇이 필요한지 살피는 것이 중요하다고 강조했다. 그녀의 표현에 따르면, 미란다 원칙을 읊어주는 것만이 능사가 아니었다. 문자 그대로 궁지에 몰린 사람들이 어떻게 반응할 수 있는지 미리 알아야 했다. 브루어 경관은 폭력의 가능성을 인정하는 것이야말로 폭력이 현실로 일어나지 않도록 예방하는 최고의 방법이라고 믿었다. 그녀가 마이클을 대할 때 저지른 실수가 되풀이되어서는 안 되었다.

나는 운좋게도 법학대학원 교수 몇 사람과 대화를 나눌 수 있었다. 그들은 당혹스러울 만큼 솔직한 이야기를 들려주었으며, 오늘날까지도 해결하기 어려운 긴급한 현실을 어떻게 다루어야 하는가에 대해 놀라울 만큼 큰 관심을 품고 있었다.

이제 학장의 자리에서 내려온 토니 크론먼은 내게 말했다. "종종 이런 생각을 합니다. '그때 내가 마이클 라우도어를 입학시킨 예일대 법학대학원이 훌륭한 학교라는 자부심에 취해 있지 않았더라면, 그에게 좀더 세심한 주의를 기울였을지도 모르는데. 그랬더라면 그때 내가 보지 못한 것들이 눈에 들어왔을 텐데……'" 하지만 마이클은 흔쾌히 예일대 법학대학원이 내세우는 최고의 가치를 상징하는 존재가 되기를 자처했으므로, 그를 다른 관점에서 본다는 건 쉽지 않았다.

마이클은 실로 많은 사람들에게 상징적 존재였다. 신시아 오지크에게 마이클은 '이상적인 적절한 놀이 친구'가 사는 완벽한 동네를 찾고 있던 우리 부모님의 꿈이 다다른 정점이었다. 신시아는 이렇게 표현했다. "함께 영광의 길을 걷기 시작하지만 그중 한 사람은 수치스럽게 추락하는 두 친구의 이야기에는 거의 신화적인 구석이 있다." 한편 해밀턴 케인은 나와 마이클의 우정에 대해 듣고는 영화 〈카포티〉의 대사를 인용했다. "그와 내가 한 집에서 자라다가 그는 뒷문으로, 나는 앞문으로 나간 느낌이야." 나는 꼭 그렇게 생각하는 건 아니었지만, 마이클과 나를 떠올릴 때면 F. 스콧 피츠제럴드와 젤다 피츠제럴드, 쌍둥이였던 야곱과 에서, 또는 카인과 아벨의 관계가 항상 머리에 맴돌았다.

내가 자라난 집에서, 이야기는 분자와 같이 삶을 구성하는 단위였다. 그러나 인생을 살아가다보니 무언가를 이야기로 보지 않는 쪽이 훨씬 어렵다는 것을 깨닫는다. 법정신의학자 파크 디에츠 박사가 마이클이 캐리를 죽이고 코넬대학교로 도망쳤을 당시 망상에 빠진 상태였다는 평가를 내릴 수 있었던 건, 마이클에 관해 들었던 이야기들을 모두 지웠기 때문이었다.

디에츠 박사와 인터뷰를 하면서 나는 그에게 어떻게 그런 일을 하시면서 스스로 어둠에 빠져들지 않을 수 있느냐고 물었다.

"음, 일단 저는 선생님보단 신경증이 덜하거든요." 그가 말했다. "그 덕분이기도 하죠."

보 버트는 같은 거리에 사는 '두 명의 똑똑한 유대인 소년' 사이에서 어떤 양극성이 생겨날 수 있는지 즉시 이해했다. 내가 보를 만났을 때 그는 법학대학원 교수직을 은퇴하려던 참이었고 용기에 대한 수업을 하고 있었다. 그와 함께 수업을 이끄는 예일대학교의 랍비 짐 포넷은 내 결혼식에서 주례를 선 인물로, 내가 이 책을 쓰고 있다는 이야기를 듣더니 나까지 미치지 않도록 조심하라고 경고했다. 보 버트가 이 책을 쓰는 프로젝트에 동참해주고 자신이 했을지도 모르는 실수에 대해 기꺼이 목소리를 내주어서, 나는 마이클의 생을 되짚는 일이 그에게도 어떤 결산과 비슷한 느낌이리라고 짐작했다. 우리가 교류를 시작하고 이 년 뒤 보는 그가 가장 좋아하던 호수에서 수영을 하다가 익사했다. 보의 죽음은 내게 개인적으로 슬픔을 안겨주었다.

오언 피스 교수를 만났을 때, 나는 예일대 법학대학원이 마이클에게 훌륭한 선물이었다고 생각한다고 말했다. 대학은 옛 정신병원의 자리를 대신해 마이클처럼 아픈 사람들을 돌봐주는 곳은 아니다. 하지만 적어도 예일대 법학대학원은 한때 마이클이 이른바 도덕적 돌봄을 받을 수 있었던 장소였다.

피스는 순순히 넘어오지 않았다.

"선물이었던 건 맞습니다." 그가 내 말을 받았다. "하지만 그를 망가뜨린 선물이 아니었을까요. 시간을 되돌린다 해도 저는 아마 똑같이 그에게 선물을 줄 겁니다. 하지만 그 선물엔 무언가를 망가뜨리는 힘이 있어요."

대화를 이어가다가 어느 순간 그는 이렇게 말했다. "그게 악마의 선물이라고까지 말하고 싶지는 않지만, 그 선물의 어두운 면이 현실로 드러나지 않았습니까." 피스 교수가 말을 계속할수록, 그 선물의 어두운 면이라는 것도 점점 확장되었고, 그가 입에 꺼내려 하지 않은 것이 실제로 선물의 정체였을지도 모른다는 생각이 들기 시작했다—비록 그 선물이 선의로 포장되어 있었다고 해도.

그러니 어떤 것들은 선물이 되어서는 안 된다. 선물로 주고 나면, 선물을 준 사람과 받은 사람 둘 다에게서 다른 힘들이 작동하기 때문이다. "그 기사가 악마의 선물이었을까요?" 피스 교수가 〈뉴욕 타임스〉에 실렸던 마이클 소개 기사에 대해 이야기했다. "모든 게 일종의 연속선상에서 존재한다는 생각이 듭니다. 하나가 다른 하나를 불러오죠. 법학 저널에 마이클의 논문이 게재된 일은 어땠을까요? 마이클이 거기까지 이르는 동안, 단 한 가지 악독한 요소 때문에 일이 어긋난 거라고 생각하기에는……"

피스 교수가 마이클을 배려하려는 우리 모두의 충동에 가치가 없었다고 생각하는 건 아니었다. 그러나 그는 그 과정에서 무시되고 사라져버린 구분들에 대해, 제기되지 않았거나 회피된 질문들에 대해 고민하고 있었다. 나는 피스 교수에게 〈뉴욕 타임스〉 기사를 읽던 중 느낀 부조화에 대해 이야기했다. 마이클이 면접관에게 편집증으로 인해 폭력적으로 행동한 적이 있는지 질문을 받는 것만으로 모욕감을 느꼈다고 설명한 대목에서, 나는 마이클이 자기 부모가 진짜가 아니라고 믿고 칼로 무장하고 다녔다는 사실을 떠올리지 않을 수 없었다.

낙인에 관해 문제가 되는 지점은, 단순히 조현병 환자 가운데 마이클과 같은 결말을 맞는 사람은 극소수인데도 모두가 그의 전철을 밟을 거라고 생각한다는 것이 아니었다. 진짜 문제는 치료받고 있지 않은 사람들이 폭력을 저지를 가능성이 있는지 질문하는 것만으로도 낙인을 찍는 행위라고 여기는 환경이었다. 낙인을 줄이는 열쇠가 정신질환을 성격적 결함으로 치부하지 않고 엄연한 질병으로서의 지위를 찾아주는 것이라면, 증상과 치료와 개입에 관한 논의는 분명히 정신질환을 정상화하는 과정일 것이다. 나는 피스 교수에게 〈뉴욕 타임스〉가 누군가를 탓하는 것처럼 보이지 않는 방식으로 이런 질문들을 던졌더라면 좋았을 거라고 말했다.

그러자 피스에게 역으로 질문이 돌아왔다. "하지만 〈뉴욕 타임스〉는 질문할 수 있지 않았던가요? 귀도도 질문할 수 있었어요. 나 또한 질문할 수 있었지요. 사실 우리 모두 그 질문을 던졌어야 합니다. 하지만 그러지 않았어요. 캐리도 그 질문을 던질 수 있었어요. 약혼자였잖아요. 마이클에게 꽤 오랜 시간 위협을 받고 있었을 겁니다."

피스 교수는 내게 할리우드를 탓하지 말라고 진작 이야기했다. 어차피 원래 할리우드가 하는 일이란, 사실을 얼버무려 사람들 귀에 달콤한 이야기를 들려주는 것이니까. 피스 교수는 계속 과거의 조각들을 연결해나갔다. 물론 할리우드에 이야기를 준 건 〈뉴욕 타임스〉였다. "하지만 〈뉴욕 타임스〉가 할리우드에 준 이야기는 예일대 법학대학원이 〈뉴욕 타임스〉에 준 것이었습니다. 제 말이 무슨 뜻인지 아시겠지요. 그전엔, 아마 마이클의 친구들이 한 이야기가 있었을 겁니다⋯⋯"

마이클이 캐리를 죽이기 전의 과거로 돌아갈 길은 없다는 걸 나는 알고 있다. 줄줄이 문을 닫아 수용소라는 오명에도 값하지 못하게 된 대규모 정신병원의 시대로도 돌아갈 수 없다. 정신병원을 파괴한 사람들이 품었던 유토피아적인 비전으로도 돌아갈 수 없다. 그들은 자신의 전문성을 믿었고, 지역사회 돌봄이라는 원대한 포부를 안고 있었지만, 필요한 환자들을 위한 장기 입원 병상이나 병식이 없는 사람들을 위한 후속 돌봄에 대한 현실적 계획은 없었다. 끝내 그들은 애초에 정신병원 폐원이 정당화된 이유였던 절박한 환경에 놓인 사람들에게 약속한 것들을 지키지 못했다. 아무리 편파적이고 불완전할지언정, 어떤 결산이 이루어지지 않고서는 앞으로 나아갈 수 없다. 지금의 결산 역시 언젠가 재결산의 대상이 될 것이다.

오언 피스는 나와 작별인사를 나누며 질책의 말을 건넸다. "할리우드에 잘못이 있다면, 우리 모두에게 잘못이 있는 겁니다." 『리어왕』 종결부의 대사를 연상시키는 말이었다. "우리는 그 슬픈 시간의 무게에 복종하고, 우리가 말해야 마땅한 것이 아니라 우리가 정말로 느끼는 것을 말해야 한다." 시작점으로 삼기에 괜찮은 전제였다.

누나의 대학 시절 친구가 어느 날 우리 아버지에게 진보를 믿느냐고 물었다. 정말로 궁금해서 물은 게 아니라, 도발하는 것에 가까운 질문이었다. 아버지는 답했다. "그 진보가 아우슈비츠에서 끝난다면 믿지 않는다." 나는 마이클에게 그 이야기를 들려주었고 어쩌다보니 그 일화는 나와 누나 사이에서, 그리고 마이클과 나 사이에서 유행하는 농담이 되었다. 유대인 유머 중에서도 가장 음침한 갈래라고 할까. 이 농담은 거의 상황을 가리지 않고 통했다. "졸업 파티 갈 거야?" "그 파티가 아우슈비츠에서 끝난다면 가지 않겠어."

물론 이 농담에 정상적으로 웃긴 구석은 없었다. 아니, 생각하면 할수록 이 농담은 전혀 웃기지 않았다. 마이클과 내가 1970년대 초에 시청한 공영방송 시리즈 〈인간 등정의 발자취〉 중 한 편의 마지막 장면은 충격적이게도 아우슈비츠에서 촬영되었다. 프로그램 진행자였던 영국의 폴란드계 유대인 수학자이자 문학자 제이컵 브로노프스키는 머리가 거의 원에 가깝게 둥글었고 눈썹은 오래된 숲처럼 무성했으며 반짝이는 둥근 안경을 쓰고 있었다. 마이클은 우리 아버지를 따라 할 때 쓰는 목소리로 그의 억양을 따라하곤 했다.

〈인간 등정의 발자취〉는 한 인문주의자가 상상력을 발휘하여 과학 탐구의 역사를 그려내고 기념하는 엄숙한 프로그램이었다. 그 인문주의자에게 서구의 지적 전통은 어둠 속 불꽃과 같았으며, 오천오백만 명이 죽고 유럽의 절반이 전체주의의 겨울을 보내게 만든 전쟁으로 인해 한때 꺼져버릴 위기에 처했다. 브로노프스키의 음울한 낙관주의와 인류 공통의 기원에 대한 경이감은 마이클과 내가 자란 세상을 구성하는 요소이기도 했다. 개인의 내재적 가치에 뿌리를 둔 브로노프스키의 인문주의에는 거의 종교적인 속성이 있었다.

르네상스와 계몽 시대의 영웅들, 동굴 벽화, 증기기관, 항성들과 원자에 여러 시간을 할애한 뒤 어느 날 브로노프스키는 아우슈비츠로 향했다. 그는 한 연못 옆에 쪼그리고 앉아 물속을 들여다보면서 이 안으로 사백만 명을 화장한 재가 흘러들어갔다고 말했다. 그 사백만 명 중에는 그의 가족들도 있었다.

그는 시청자를 향해, 그들을 죽인 건 가스가 아니라 "무지"였다고 말했다. 그들을 살해한 건 자신이 신이며 "현실의 검증을 받을 필요가 없는 절대적 지식"을 소유했다고 믿는 사람들이었다. 브로노프스키는 안경알을 번쩍이며 이런 망상에 대적할 방법은 단 하나라고 말했다. "사람과 닿아야 합니다." 그리고 그는 맨손을 연못 안에 넣어 진흙을 한 움큼 건져올렸다.

그 순간이 그토록 강렬했던 이유는, 그가 입 밖에 낸 말이 주장이 아니었기 때문이었다. 그는 개인의 가치를 부정하는 것이 사악한 망상이라는 그의 믿음을 우리가 공유한다는 전제로, 우리에게 부디 겸허해지라고 간청하고 있었다. 그의 간청엔 역설이 있었다. 살인에 이르는 오만에서 벗어나는 유일한 방법은 우리가 틀렸을 가능성을 인정하는 것이었다. "과학에서 모든 판단은 오류의 가장자리에 서 있다."*

하지만 이렇듯 본질적인 과학적 회의주의마저도 그 기반은 브로노프스키가 옹호하고 있던 문명의 한 요소인 도덕에 있었다. 옳고 그름과 선악이 존재한다고 믿지 않는다면, 어떻게 개인의 신성함을 지킬 수 있겠는가? 자신이 발견한 것이 진리인지 확신할 수는 없다 해도, 진리가 검증 가능하다는 믿음이 없다면, 어떻게 과학을 추구할 수 있겠는가?

망상에는 여러 종류가 있다. 마이클의 망상은 중증 정신질환에 의한

---

* 브로노프스키의 저서 『인간 등정의 발자취』에 나오는 문장이다.

것으로, 그가 약혼자를 외계 생물체로 오해하고 살해하게 만들었다. 마이클에게는 그게 망상임을 알아차리도록 돕는 약물이 있었지만, 그는 멋대로 약을 끊었다. 마이클의 망상을 광기의 증상이 아니라 다른 무언가로 여긴다면, 브로노프스키가 이야기하는 과학적 회의주의와 생명의 신성함이라는 두 가지 교훈 모두를 위배하게 된다.

브로노프스키는 실재하지 않는 무언가를 상상할 줄 아는 인간 고유의 정신 능력이 예술가와 과학자 둘 다에게 필수적인 도구라고 이야기했다. 오직 인간만의 특질인 상상력 덕분에 우리는 인간다운 존재가 되어 과거와 미래라는 개념을 가지고 살아간다. 그것이 조현병 약을 개발하기가 너무나 어려운 이유의 하나라고 어느 연구자에게 들은 적이 있다. 조현병은 사실상 동물 실험이 불가능하다. 생쥐에게 암세포를 주입할 수는 있지만 사고장애를 일으킬 수는 없으니까.

조현병을 '일으키는' 단일 유전자가 존재하리라는 희망과 달리, 수백 개의 취약 유전자가 아직 알려지지 않은 복잡한 방식으로 환경적 요인들과 상호작용하여 조현병에 영향을 미친다는 사실이 밝혀졌다. 뇌에는 서로 연결된 수백억 개의 뉴런이 존재한다. 조현병은 뇌의 한 영역을 공격하는 게 아니라, 뇌의 여러 부분을 연결하는 네트워크에 영향을 미친다. 그중에는 아직 존재하지 않는 무언가를 상상하는 능력과 관련된 영역도 있고, 우리가 상상해낸 것을 믿는 능력과 관련된 영역도 있다. 이런 면에서 조현병은 인간의 정신이 얼마나 대단한지 상기시켜주는 가장 인간적인 장애라고도 할 수 있다. 양철 나무꾼이 심장이 찢어지는 고통을 느낀 뒤에야 자신에게 심장이 있다는 걸 알아차리는 것과 비슷할지도 모르겠다.

예일대학교 소속 법심리학자 매들론 배러노스키는 2012년 코네티컷주 뉴타운에서 벌어진 샌디 훅 초등학교 총격 사건의 여파 속에서 구성된 샌디 훅 자문 위원회에서 마이클의 이야기를 들려주었다. 샌디 훅 사건에서 가해자 애덤 란자는 6세에서 7세 아동 스무 명과 성인 여섯 명을 살해했다. 배러노스키 박사는 마이클을 "선한 마음을 지닌 젊은이로 공감 능력이 매우 좋고, 남을 깊이 배려하며, 누군가를 옹호하는 활동에 앞장섰고, 심하게 아팠는데 아무도 그 점을 알아봐주지 않은" 사람이라고 묘사했다. 그가 얼마나 심각한 상태였는지는 나중에 임상 위험 평가에서 밝혀졌다고 그녀는 말했다.

배러노스키 박사에게 마이클은 우리가 "성공한 사람들에게 현혹되는" 사례이자 "중증 정신질환이 어떤 결과를 낳을 수 있는지 제대로 인식하지 못한" 사례였다. "우리는 우울증의 심각성을 알아차리지 못하기 때문에" 너무나 많은 전문가들이 "자살로 생을 마감"하고 있다는 것이었다. 그녀는 내게 말했다. "우리는 마이클 라우도어에게서 배워야 합니다!"

헤이스팅스 온 허드슨에 위치한 베스 샬롬 회당의 에디 셰크터 랍비는 내게 캐리를 기리는 의미로 회당 로비에 걸어둔 구리 명판을 보여주었다. 나는 다른 하나의 명판은 어디 있는지 찾다가, 문득 그가 어디 있는지, 왜 그곳에 있는지 깨닫고 기이한 고통을 느꼈다.

감사의 말

　『슬픈 살인』을 쓰는 데에는 오랜 시간이 걸렸고 감사할 사람도 그만큼 많다. '참고 문헌에 붙이는 말'에서도 언급하긴 했지만, 감사는 아무리 전해도 넘치지 않으니 이곳에 다시 적는다. 집필 초기에 나를 독려해주고 아낌없는 조언을 준 나의 친구 스티븐 더브너에게 감사한다. 그의 소개로 나는 윌리엄 모리스 인데버 에이전시의 비범한 에이전트 수잰 글럭을 만났다. 수전은 내가 원고를 완성하기 훨씬 전부터 내가 쓰려고 하는 게 어떤 책인지 이해해주었고, 내 원고에 완벽한 둥지를 찾아주었다. 펭귄 프레스의 탁월한 편집자인 스콧 모이어스의 비전과 인내심, 관대한 열정이 없었더라면 이 책은 만들어지지 못했을 것이다. 스콧은 내가 날아오르되 태양에 너무 가까이 가지는 않도록 격려해주었다. 스콧의 보조 편집자 헬렌 라우너에게, 그녀가 준 모든 도움에 감사한다. 미아 카운슬, 펭귄 랜덤하우스 출판사 법무팀의 말린 글레이저, 그리고 이 책에 세심한 주의를 기울여준 디자이너와 교열자들에게도 감사한다. 리즈 칼라마리와 로런 로즌을 비롯해 홍보 마케팅 팀의 모든 분들에게도, 이 책을 세상으로 끌어내기 위해 애써준 것에 깊이 감사한다.

이 책의 중심에 있는 비극에서 영향을 받은 많은 사람들이 내게 자신의 기억을 공유해주었고, 내가 실제로 어떤 일이 일어났는지 재구성하는 걸 도와주었고, 내게 이 이야기를 들려줄 능력이 있다고 믿어주었다. 그들의 압도적인 관대함과 선의에 감사한다.

나는 캐럴라인 코스텔로를 직접 만나본 적이 없지만, 그녀의 유년 시절 친구들, 학교 동기들, 동료들 덕분에 그녀를 생생히 느낄 수 있었다. 에디슨 프로젝트의 동료들은 내게 흔쾌히 시간을 내주었을뿐더러 고통과 상실감에 젖었던 사건 당시에 관해 기꺼이 회상해주었다. 내가 캐리의 환한 생명력과 다정한 성격을 얼핏이나마 엿볼 수 있었던 건 그들 덕분이다. 톰 부드로와 그의 남편 데이비드 엘리엇, 바브라 스토더드, 앨리슨 올터커, 낸시 헤킨저, 칼로 스키아타렐라, 패티 셰인에게 깊은 감사를 전한다. 패티는 지금까지 보관하고 있던, "완벽하게 작성된 기술 문서들"을 철한 캐리의 바인더를 보여주며 칭찬했다. "캐리의 손길이 닿은 건 모두 이렇게 명료했답니다." 캐리의 고등학교 동창 필립 애버벅은 뉴턴 노스 고등학교의 영어 수업에서 처음 캐리를 알게 된 이야기를 들려주었다. 캐리가 낭독하는 목소리를 듣고 "정말 아름다운 목소리야!"라고 생각했다고 한다. 그는 캐리가 살해당하고 아주 오랜 시간이 지난 지금도 신비로운 다정함이 밴 그녀의 목소리를 떠올릴 수 있다고 말해주었다. 이 책에 그가 들었던 목소리의 희미한 메아리나마 담아낼 수 있었기를 바랄 따름이다. 캐리의 친구이자 마이클의 친구였던 라이너스 야마네, 제이컵 태넌바움, 데이비드 태넌바움 모두 내게 인간적이고 품위 있는 태도로 감명을 주었다.

살해당한 딸 로라의 이름이 붙은 캘리포니아주의 치료 법안을 끊임없이 옹호하는 활동으로 내게 영감을 주었으며, 나를 자택에 초대하여 따뜻하게 환영해준 닉 윌콕스와 어맨다 윌콕스 부부에게도 감사한다.

나는 정신과의사들과 대화를 나누며 많은 것을 배웠다. 폴 S. 애플바움, C. 크리스천 빌스, 로버트 캥크로, 파크 디에츠, 윌러드 게일린, 샘 클랙스브런, E. 풀러 토리, 하워드 조내너, 그리고 사십 년 동안 나와 우정을 쌓아온 데이비드 테일러, 이들 모두에게 감사한다. 예일대 의과대학에서 정신의학을 가르치는 매들론 배러노스키 교수는 나와 짧은 대화를 나누었을 뿐이지만 영감을 주었다. 내가 인터뷰를 청한 예일대 법학대학원 교수들은 너그럽게 시간을 내주었을뿐더러, 그들의 삶에도 영향을 미친 비극적 사건에 대해 기꺼이 생각을 공유해주었다. 특히 귀도 칼라브레시, 오언 피스, 토니 크론먼, 스티븐 위즈너, 스티븐 앤들, 그리고 무척 그리운 보 버트에게 감사한다.

내가 이 책에서 들려준 이야기는 많은 사람들이 자기 안에 품고 살아가는 이야기이기도 했다. 그들에게서 많은 도움을 받았다. 특히 에디 셰크터 랍비, 그리고 인터뷰에서 중요한 역할을 한 빈스 스키아보네 경위와 그의 아내 앤에게 큰 신세를 졌다. 필립 모스팬 경사, 엘런 오프레이(엘렌 브루어) 경관, 그리고 헤이스팅스경찰서와 코넬대학교 경찰서의 여러 구성원들에게, 1998년 6월 17일의 사건과 그 여파에 대해 이야기해준 것에 감사한다. 전미 정신질환 연맹의 회장이자 부모로서 당시 자신이 입은 트라우마를 회상해준 로리 플린에게 감사한다. 내가 코넬대학교의 텔루라이드 하우스에서 머물 수 있도록 주선해준 엘런 베어에게도 감사한다.

이 책을 쓴다는 건 기억하는 행위이자, 과거로 되돌아가는 여정이었다. 뉴로셀 시절의 소중한 친구 줄리 코언과 대니 골드먼 그리고 내가 이 책을 헌정한 나의 누나 애나는 우리 이야기의 시작을 함께해준 이들이다. 이제 어른이 된 어린 시절 친구들과 시간을 보내며 나는 깊은 감동을 받았다. 팻 린드, 조앤 스턴버그, 앤디 밀러, 데이비드 크레이머, 에반 애키런, 이제는 결혼하여 마르시아 진골드가 된 5학년 담임 월드먼 선생님에게 감사한다.

감사의 말에서 "이분이 없었더라면, 이 책은 존재할 수 없었을 것"이라는 말을 몇 번까지 해도 되는지 모르겠다. 하지만 뛰어난 교사이자 너그러운 친구로서, 나를 과거로 돌려보내준 동시에 지금의 나로서 글을 써야 한다고 격려해준 그레그 모리슨 선생님이 없었더라면 나는 마지막 관문을 넘지 못했을 것이다. 엘리자베스 퍼버에 대해서도 같은 말을 할 수 있으리라. 그녀는 훌륭한 에세이 「나는 내 아버지의 종교가 아니므로Because I Am Not My Father's Religion」를 썼고, 그 글을 읽고 연락한 나를 오랜 친구처럼 살갑게 대해주었다. 엘리자베스의 관대한 마음과 유머 감각, 진실에 헌신하는 태도, 정신질환자가 받거나 받지 못하는 돌봄에 대한 깊은 관심, 사랑하는 어머니 제인 퍼버와 마이클의 인생에서 중요한 역할을 한 네트워크에 대해 터놓고 이야기해준 솔직함 덕분에, 나는 내가 하려는 이야기가 개인적인 결산인 만큼이나 공적인 결산이라는 것을 인정할 수 있었다. 엘리자베스는 내게 제인 퍼버의 모임에 속한 비범한 친구들과 동료들을 소개해주기도 했다. 특히 이 프로젝트에 헤아릴 수 없이 풍성한 내용을 더해준 보니 호런, 머나 루벤, 엘런 와이스에게 감사한다. 엘리자베스의 주선으로 나는 딜런 셰이퍼와 재회할 수 있었다. 딜런은 마이클의 세계와 자기 자신의 세계에 대해 대단히 예민한 증인이 되어주었고, 나를 조시 퍼버에게 이끌어주었다. 조시는 자신의 부모와 뉴로셸에 대해, 그리고 마이클과 둘이서 다락방에서 악전고투하던 시절에 대해 솔직하고 통찰력 있는 기억들을 공유해주었다. 조시 덕분에 나는 인도에서의 방황을 마치고 다시 정신과의사로 일하고 있던 그의 아버지 보디치타를 만날 수 있었다. 그는 자신의 범상치 않은 여정 이야기를 다정하고 허심탄회한 태도로 선뜻 들려주었다.

마이클과 마찬가지로 뉴로셸과 지역사회 정신의학과 예일대학교의 산물이라 할 수 있는 에릭 루빈에게, 그의 시점에서 회상한 과거 이야기를 들려주고 지금 나의 친구가 되어준 것에 감사한다. 내 여정이 자신의 여정이기도 한 것처럼 적극적으로 동참해준 관대한 영혼의 소유자 마이클 커티스에게도 똑같은 감사를 전하고 싶다. 비앵카 칼라브레시, 니나 칼라브레시, 메리 맥그레이 맥더모트, 드루 맥더모트, 멜 파월, 에릭 핼펀, 요해나 코언, 스콧 매클러미, 제임스 포먼 2세에게도 감사한다. 제임스 포먼 2세의 걸출한 저서 『우리 자신을 가두다Locking Up Our Own』는 내게 도덕적, 실용적, 개인적 차원에서 복잡성을 지닌 이야기를 어떻게 탐구해야 하는지 본보기를 보여주었다.

내가 퓨투라 하우스에서 시간을 보내도록 허가해주고, 중증 정신질환자들의 삶을 개선시키기 위해 평생 노력해온 앤드리아 콕시스에게 감사한다. 뇌 연구실을 구경시켜주고 조현병 연구에 대해 설명해준 스탠리 의학연구소의 마리 J. 웹스터 소장에게 감사한다. 참고 문헌에 붙이는 말에서도 언급할 테지만, 여전히 내게 경이감을 안겨주는 인물 엘린 색스에게도 감사한다. 온 세상을 포용하는 넓은 시야의 소유자

짐 포넷 랍비와 방치되고 수감당한 정신질환자들의 영적 필요를 온몸 바쳐 돌봐온 조애나 카츠 랍비에게도 감사한다.

해밀턴 케인, 제인 로즌먼, 크리스 제롤모, 프랭크 리치에게 감사한다. 이들은 재능 있는 편집자와 작가들로서, 질환과 서사 사이의 긴장과 직접 격전을 벌였던 경험을 통해 내가 당시의 상황을 더 잘 이해하도록 도와주었다. 참고 문헌에 포함된 마이클과 캐리에 관한 강렬한 에세이의 저자 데브라 스파크와 교류할 수 있었던 것도 내겐 감사할 일이다.

하늘의 뜻으로 인터내셔널 하우스에 등장한 신디 스피걸이 보내준 우정과 애정어린 조언이 없었다면 내가 얼마나 헤매었을지 모르겠다. 지극한 정성을 기울여 내 원고를 읽어준 신디는 나의 평생 친구 사울 로젠버그와 조시 와이너와 더불어 버클리에서 내가 받은 가장 큰 선물이다(그까짓 박사학위보다 훨씬 소중하다). 이들이 없었다면, 또한 줄리 샌도프, 마이클 와인버거, 세라 와인버거가 내게 보여준 우정과 무한한 호의가 없었다면 내가 이 여정을 끝마칠 수 있었을 거라고 상상하기 어렵다. 줄리는 나를 격려해주고, 영혼을 달래주는 음식을 만들어주고, 도시에서 벗어날 피난처를 내어주고, 일거리까지 주었다. 그녀는 정신질환이 있는 노숙인 돌봄에 어떤 위기가 일어나고 있는지 내게 처음으로 알려준 사람이기도 하다. 줄리는 자신이 지원 주택 조합을 결성하게 된 영감을 준 인물이라며 E. 풀러 토리의 저작을 내게 소개해주었다. 또한 탈시설화의 폐허 속에서 떠돌아다니는 사람들의 현실 앞에서, 유토피아적 환상에 휘말리거나 거창한 미사여구에 현혹되는 일 없이 단지 취약한 사람들이 존엄성을 지키며 지원을 받고 살아갈 수 있는 공간들을 만들어낸 영웅적 인물 토니 해니건과 엘런 백스터에

대해서도 내게 알려주었다. 그들의 노력이 앞으로 더 많이 이야기되길
바란다.

대프니 머킨은 내게 너그러운 제안과 격려를 해주었다. 요시 클라
인-할레비는 내게 희망을 주었다. 캐럴린 헤셀과 사미 로어 유대 문학
원은 내게 공동체를 주었다. 바리 와이스는 내게 용기를 주었고, 이곳
이 아닌 다른 세상이 존재한다는 것을 보여주었다. 그리고 이곳에 일
일이 열거하기 어려울 정도로 많은 친구들이 내가 걸어온 긴 여정을
함께해주었다. 샘 매거번, 블레이크 에스킨, 네사 래퍼포트, 토비 칸,
페기 쿠오, 조너선 말러, 조너선 윌슨, 에스더 쇼어, 세스 립스키, 애머
티 슐레이스, 로리 무츠닉, 세라 블레이크, 리지 리먼 크라이엠, 루벤
크라이엠에게 깊은 감사의 마음을 전한다. 매슈 올셰프스키와 미요코
올셰프스키는 내가 몸과 마음을 지키도록 도와주었다.

나의 어머니 노마 로즌은 내 유년 시절에 대해, 마이클과 글쓰기와
이 책이 그 모든 것의 최종적 결산으로서 가지는 의의에 대해 많은 이
야기를 들려주었다. 비록 이 책이 나오기 전에 돌아가셨지만 어머니가
아흔여섯의 나이로 세상을 떠나기 전 우리가 그런 시간을 가질 수 있
었던 것에 깊이 감사한다. 어머니의 소중한 친구 신시아 오지크에게,
나의 어린 시절에 강렬한 존재감을 발휘해준 것에 대해, 어두운 현자
에 빛을 드리우는 광원이 되어준 것에 대해 감사한다. 우리 부부의 살
가운 형제자매들과 혼인으로 맺어진 가족들 모두가 내게는 큰 축복이
다. 조너선 스프링어, 타마 스프링어, 스티브 스탠크로프, 이선 스탠크
로프, 세스 스탠크로프, 노아 스탠크로프, 애나 로즌, 존 로즌, 아이작
로즌, 실리아 로즌, 엘라 로즌 모두에게 감사한다.

마지막으로 이 책은 나의 아내 미할 스프링어의 사랑과 지혜, 인너

심, 실행력이 없었더라면 존재하지 못했을 것이다. 내가 방향을 잃었을 때조차 내가 걷고 있는 길을 믿어준 미할 덕분에 책을 완성할 수 있었다. 우리의 두 아이 아리엘라와 탈리는 이 프로젝트와 함께 성장했으며 이 프로젝트의 일부이기도 하다. 아이들은 내가 토끼 굴에 빠지면 밖으로 끌어내주었고, 내가 나가지 못할 때는 굴 안으로 당근을 던져주었다. 아이들에겐 언제나 내게 와준 것만으로도 고맙다. 아리엘라는 원고의 수정 사항을 모두 기록할 수 있는 스프레드시트를 만들어주었고, 탈리는 저자 사진을 찍어주었다. 덕분에 미소를 지었다.

참고 문헌에 붙이는 말

　『슬픈 살인』은 나의 기억과 경험을 토대로 수백 건의 인터뷰와 일기 항목, 편지, 법학 저널, 신문, 법정 기록, 경찰 기록, 방송 조사, 도서를 보태 쌓아올린 책이다. 이렇듯 말로 듣거나 글로 읽은 참고 자료들로 보완한 이 책엔 나 개인의 이야기가 담겨 있다. 하지만 문화와 제도의 변화가 이야기의 배경이자 일부인 이상, 나의 이야기는 사적인 기억의 경계를 넘어 확장하는 공적 역사라고도 할 수 있으리라.

　아래에 열거한 책들은 내가 연구에 활용한 많은 책들 가운데 일부에 지나지 않는다. 그중에서도 특히 유용하고, 이해를 돕고, 흥미를 유발하는 책들을 선정했다. 미국 역사상 정신질환자들이 어떻게 취급 받아왔는지 전면적으로 그려낸 제럴드 그롭의 책 『우리 안의 미친 자들The Mad Among Us』과 『갈 곳 없음Nowhere to Go』을 위시하여 탈시설화에 좀 더 초점을 맞춘 E. 풀러 토리의 저서들은 내가 거듭 되풀이하여 읽은 책들이다. 벌써 7판을 찍어낸 토리의 인도주의적이고 유익한 『조현병의 모든 것』 역시 내겐 없어선 안 될 책이었다.

마이클 E. 스타우브의 『광기는 문명이다Madness Is Civilization』와 돈 라틴의 『하버드 사이키델릭 클럽The Harvard Psychedelic Club』은 포착하기 어려운 과거의 문화 및 지성의 분위기를 보여주는 시금석이 되어주었다. 당대의 분위기는 그 자체로 내 책에 담긴 여러 변화들을 부화시키는 인큐베이터였다. 주관성과 과학 사이에서 갈등하고 있던 정신의학은 의학, 뇌과학, 유전학의 발전과 아울러 법, 문화, 정치에서 일어난 격변에 의해 형성되었다. 에릭 켄들의 『기억을 찾아서』는 뇌과학이 할 수 있는 모든 일을 환기시키는 훌륭한 책이었다. 반대로 샐리 사텔과 스콧 D. 릴리언펠트의 『세뇌』는 뇌과학이 할 수 없는 모든 일을 환기시켰다. 뇌과학에 관련된 과장되거나 근거 없는 주장들이 과거의 정신분석이 그러했듯 인간 정신에 대한 착각을 유발할 수 있음을 이야기하는 책이었다.

토머스 C. 레너드의 『반자유주의적 개혁자들: 인종, 우생학, 미국경제Illiberal Reformers: Race, Eugenics, and American Economics』는 과학적 확신의—생물학적 과학과 사회과학 양쪽 모두에 해당하는—유해성을 다루는 중요한 책이다. 과학적 확신은 국가 권위와, 그리고 내 책에 담긴 비극 위로 여전히 햇살처럼 보이는 그림자를 드리우는 유토피아적 이상주의와 결부되곤 한다. 레너드의 책에는 복잡한 상호 작용이 일어났을 가능성이 높은 상황에서 무언가 하나의 원인—나쁜 유전자든, 나쁜 생각이든—을 지목하는 것이 얼마나 위험한지 깨우쳐주는 교훈이 담겨 있다. 우리가 나아가야 할 방향은 피터 크레이머와 앤드루 솔로몬의 태도에서 찾을 수 있을 것이다. 크레이머는 환자의 이야기를 경청하는 동시에 뇌과학을 포용하는 균형 잡힌 정신의학을 주장했고, 앤드루 솔로몬은 가족 구성원들 사이의 차이를 편견 없이 연구했다. 둘 다 복잡성과 역설의 여지를 인정하고 공감하는 태도의 귀감을 보여준다.

정신의학과 법의 복잡다단한 관계를 이해하기 위해 나는 라엘 진 아이작과 버지니아 C. 아마트의 『거리의 광기: 정신의학과 법은 어떻게 정신질환자를 버렸는가Madness in the Streets: How Psychiatry and the Law Abandoned the Mentally Ill』와 폴 애플바움의 『혁명에 가까운: 정신 보건법과 변화의 한계Almost a Revolution: Mental Health Law and the Limits of Change』를 자주 참고했다. 후자의 책은 정신의학과 법의 역사뿐 아니라 도덕적 복잡성을 다룬 것으로도 가치가 크다.

로라 칼먼이 풍성하게 그려낸 1960대 예일대 법학대학원의 초상이 이 책의 집필에 무척 도움이 되었다. 그녀의 책에 등장하는 인물들 가운데 일부는 마이클이 학업을 하던 시기에도 학교에 남아 있었다. 나는 이 책을 쓰면서 전후 법현실주의의 역설에 대해, 그리고 법현실주의의 뿌리가 〈뉴욕 타임스〉에 따르면 미국이 프랭클린 델러노 루즈벨트에게 "만장일치 위임장"을 수여했던 뉴딜정책에 있다는 것에 대해 공부해야 했다. 이때 칼먼의 저서 가운데 예일대 법학대학원 내 법현실주의의 역사를 설명한 책과 에이브 포르타스의 전기가 나의 교과서가 되어 주었다.

조현병을 안고 사는 사람들이 쓴 훌륭한 회고록이 여럿 나와 있다. 그중 참고 문헌 목록에는 엘린 색스의 탁월한 저서로서 마이클 사건이 언급되는 『마음의 중심이 무너지다』와 마이클이 한때 살았던 화이트 플레인스의 퓨투라 하우스를 배경으로 하는 로리 실러의 『조용한 방

The Quiet Room』을 올렸다. 감상주의를 걷어낸 이 강렬한 책은 가족 구성원들과 돌봄 제공자들에게도 목소리를 낼 기회를 준다.

『중간 거주시설: 독립으로 가는 길 위에서The Halfway House: On the Road to Independence』는 마이클이 퓨투라 하우스에서 생활하던 시절 출간된 책이다. 내가 이 책의 공저자 앤드리아 콕시스에게 연락했을 때, 그녀는 퓨투라 하우스의 소장이 되어 있었다. 콕시스는 관대하게도 내가 자신이 관리하는 교외의 한 그룹홈에서 시간을 보내도록 허락해주었고, 마이클이 퓨투라 하우스에 머물던 시절 이래 상황이 어떻게 달라졌는지 설명해주었다. 그리고 참고 문헌 목록에 첫번째로 올라 있는 『난 멀쩡해, 도움 따윈 필요 없어!』를 읽어보라고 권했다. 이 책은 중증 정신장애로 고통 받는 사람들을 도와야 할 의무를 인정하면서도, 강요보다는 설득으로써 그들에게 다가가야 한다는 걸 강조한다.

내가 직접 만난 사람들은 위의 책들에 더 큰 의미를 안겨주었다. 나는 퓨투라 하우스에서 매일 자기만의 싸움을 해나가는 거주자들과 함께 시간을 보냈다. 그리고 현재의 악전고투 속에서 그 흔적이 뚜렷하게 느껴지는 과거의 자아에게 기나긴 작별을 고하는 그들을 보면서 겸허한 깨달음을 얻었다. 그곳 사회 복지사는 내게 말했다. "회복은 일상입니다." 감상에 빠지지 않는 강인함과, 심하게 아픈 사람들에게 매일 진정한 돌봄을 제공할 능력이 있는 사람 특유의 무뚝뚝하기까지 한 경건함이 동시에 느껴지는 말투였다. 그녀는 미소가 환한 젊은 흑인 여성이었으며 히브리어 이름을 지니고 있었다. 그녀의 어머니가 뉴로셸 공공 주택에서 자랐고, 그래서 그녀는 매년 여름 유대인 주간 캠프에 다녔다고 했다. 알고 보니 어머니가 뉴로셸 고등학교에서 나와 동창이었다. 아는 이름은 아니었고 어릴 적 공공 주택은 내가 이해할 수 있는 범위 밖이었지만, 그녀와의 만남에서 나는 비로소 한 바퀴를 돌아 제자리에 왔다는 느낌을 받았다.

내가 인터뷰한 사람들 중 일부는 자신의 삶에도 영향을 미친 비극적 사건에 대해 몇 년 동안 스크랩한 자료를 보여주었다. 캐리 살인 사건 수사를 이끈 헤이스팅스 경찰서의 빈센트 스키아보네 경위 가 그랬고, 마이클이 참여한 텔루라이드 캠프에서 지원 인력으로 일했으며 지금은 〈뉴욕 리뷰 오브 북스〉 편집자가 된 마이클 셰이가 그랬다. 마이클의 예일대학교 동기 데브라 스파크는 2015년 8월 문예지 〈아그니〉에 실린 에세이 「글쓰기라는 위험한 행위The Dangerous Act of Writing」에 마이클과 캐리에 대해 적었다. 데브라는 마이클과 캐리 둘 다와 아는 사이였고, 관대하게도 내게 자신이 기억하고 조사한 내용을 공유해 주었다. 2014년에 잡지 〈리코셰〉에 마이클을 회상하며 당시 의회에 상정된 초당파적 정신 보건 법안을 지지하는 글 「정신이상과 죄Insanity and Guilt」를 발표한 에릭 핼펀 역시 내게 그와 비슷한 도움을 주었다.

마이클이 세상 사람들의 주목을 받게 된 계기는 1995년 〈뉴욕 타임스〉에 실린 소개 기사였다. 1998년에 마이클이 캐리를 살해한 뒤, 전과는 전혀 다른 종류의 기사들이 등장했다. 어떤 기사는 마이클의 80쪽짜리 제안서를 발췌 인용했다. 마이클 이야기의 여러 버전이 낭독되었고 연방 의회 의사록에 기록되었다. 캐리 가족이 피해자 진술을 하지 못하게 막으려 했던 마이클 측 변호사들의 노력은, 설령 피고가 정신이상으로 인한 무죄를 선고받더라도 피해자가 법정에서 진술할 권리를 보호하는 "캐리 법안"의* 탄생에 일조했다. 마이클은 〈조각난 정

---

* 사내 성폭력 피해자 캐리 밥의 이름을 따 만들어진 이 법안은, 근로계약서의 강제 중재 조항 때문에 법정에서 사내 성폭행 혹은 성희롱 사건에 대한 목소리를 내지 못하는 일을

신Shattered Mind〉이라는 텔레비전 다큐멘터리, 법학 및 이상 심리학 교과서, 그리고 2013년에 코네티컷주 주지사가 소집한 샌디 훅 자문 위원회 녹취록에 등장한다.

E. 풀러 토리는 마이클에 대한 글을 썼다. 샐리 사텔과 D. J. 재프도 마이클에 대한 글을 썼다. 사텔과 재프의 책『정신이상의 결과Insane Consequences』에선 연방정부가 정신 보건에 배정된 연간 1470억 달러의 예산으로 어떻게 중증 정신장애를 지닌 미국인 천만 명의 필요를 돌보지 못하고 있는지 설명한다. 재프, 토리, 사텔 모두 마이클의 이야기에서 그들이 여러 해 동안 추적하고 있던 정신보건 제도의 친숙한 실패를 발견했다.

전 웨스트체스터 카운티 검사장 지닌 피로는 법조인 인생을 반추하는 회고록에서 마이클 사건을 다루었다. 결국 재판이 열리지 못한 이 사건은 그녀에게 형사사법제도가 실패했다는 증거로 여겨진다. 피로는 마이클의 회고록과 영화에 사용되었던 제목 〈광기의 법칙〉을 빌려 이름 붙인 장에서 마이클 이야기를 캐리와 캐리 부모님의 관점에서 들려준다.

마이클 이야기에는 수많은 조각난 버전들이 있어서, 조각남 자체야말로 내가 이해하려 하는 이 비극의 특징이 아닌지 생각하게 된다. 혹시 우리가 정신질환을 상상하고 논하는 방식 자체가 조각나 있는 것은 아닐까. 만화경 속 그림 같은 조각들의 퍼즐을 맞추고 싶다는 나의 갈망 역시 그런 조각남에서 자유롭지 못했을지도 모르겠다. 나는 책을 쓰면서 이 점을 의식하려고 주의했다. 내가 참고한 자료들 너머에 사

방지하기 위해 제안되었으며 현재 의회에서 검토중이다.

람들이 있다는 사실을, 그들도 글로 기록되고 기억된 과거와 다투고 있으며 그 상징적 의미와 실질적 의미를 이해하려 애쓰고 있다는 사실을 기억하려 노력했다. 마이클의 삶에 대한 많은 설명들은 마이클 자신이 캐리를 살해하기 여러 해 전부터 들려주고 또 들려준 조현병과의 싸움 이야기와 엮여 있었다. 크리스 제롤모가 아량을 베풀어 내게 보여준 마이클 인생 영화의 각본도 예외가 아니었다.

나는 기록하는 사람들에게 둘러싸여 자랐고 나 역시 기록하는 사람이 되었다. 내가 마이클과 다른 친구들과 터치 풋볼을 하다가 오토바이에 치인 이야기는 우리 어머니의 에세이 속에 기록되어 있으며, 그 사건에 대한 우리의 경험은 경험 자체만큼이나 어머니의 에세이에 기반하고 있는지 모른다. 신시아 오지크는 내게 우리 가족의 뉴로셸 이사와 내가 마이클과 쌓은 우정을 회고하는 글을 보내주었다. 뉴로셸 고등학교에서 마이클과 나보다 한 학년 아래였던 딜런 섀퍼는 자신이 뉴로셸에서 보낸 유년기의 어두운 부분을 탐색하는 훌륭한 회고록을 써냈다. 그 책이 나의 집필에도 도움이 되었다. 라이너스 야마네는 출판하지 않은 회고록에서 마이클과 캐리에 대한 아름다운 챕터를 공유해주었다. 마이클의 삶에서 중요한 역할을 했던 퍼버 가의 막내딸 엘리자베스 퍼버는 정신과의사였던 아버지가 바그완 슈리 라즈니쉬에게 헌신했던 것에 대한 에세이를 발표했다. 그 에세이를 읽고 내가 용기를 내어 그녀에게 연락한 것이 여러 면에서 이 책이 나오게 된 결정적 변혁의 순간이었다.

엘리자베스는 내게 과거에 정신적 치유에서 시간이 맡았던 역할을 다루는 책 『신의 호텔』을 읽어보라고 권했다. 시간이라는 요인은 오늘

날 바쁜 현대 생활, 관리 의료,* 장기 정신병동 입원을 필요로 하는 사람들을 제약하는 메디케이드 변제 조건 등으로 인해 지워지고 말았다. 엘리자베스는 나를 존경받는 그녀의 어머니 제인 퍼버와 그 친구들 및 동료들로 구성된 네트워크 사람들이 헌신했고 마이클의 삶에서도 필연적 역할을 한 것으로 보이는 지역사회 정신의학의 세계로 인도해주기도 했다. 엘리자베스는 내게 그녀의 아버지가 다른 유명 치료사들과 함께 편집한 『가족 치료의 책』도 한 부 주었다. 모두 소문자로 적힌 제목부터 시작해 그 자체로 타임캡슐이나 다름없는 이 책의 안쪽에는 이상하게도 마이클의 정신과의사 이름이 적혀 있었다.

참고 문헌에 올리지 못한 책도 많다. 일부는 본문에 저자가 언급되었고 찾기 쉬워서 제외시켰다. 미셸 푸코, 토머스 사츠, 장 폴 사르트르, 프란츠 파농, 어빙 고프먼, 베티 프리단, 지그문트 프로이트, 안나 프로이트, 올더스 헉슬리, 그레고리 베이트슨, 켄 키지, 조지프 캠벨, 그리고 이 책에 담긴 이야기의 커다란 흐름에 넘나들고 있던, 정신의학, 사이키델릭, 문학, 음악 대항문화에 큰 영향을 발휘한 여러 비트 세대 작가들이 그러하다. 사실 마이클과 나의 성장기에 그들은 더이상 '대항' 문화가 아닌 주류 문화로 올라와 있었다. 참고 문헌에 비트 세대 작가들 몇 사람이 등장하는, 1975년에 열린 조현병-문화 컨퍼런스 내용을 담은 책이 있다. 그 컨퍼런스에서는 국내외의 예술가, 활동가, 지식인들—아직 번역 전이었던 『조현병과 문명』의 저자들을 포함한—을 컬럼비아대학교로 초대하여 한 자리에 패널로 앉혔다. 그리하여 R. D. 랭과 미셸 푸코가 정신질환 환자 연합 설립자와 웨더 언더그

---

* 환자와 의료기관 및 의사의 관계를 체계적으로 설정하여, 각각 한계선을 정하여 치료하도록 하는 의료 서비스 제공 방식.

라운드의 지상 멤버와 "교도소와 수용소"를 논하는 일이 벌어졌다. 그 웨더 언더그라운드 멤버는* 6년 뒤, 무장 강도 살인으로 75년에서 무기 징역까지의 구형을 받게 되었다.

이 책에서 중요한 역할을 한 다른 작가들 일부는 챕터의 에피그래프에만 등장한다. 그중 두 가지는 짧은 문장의 묘를 살리고 싶어 출처를 일부러 적지 않았지만, 맥락은 중요하니 여기에 적어 둔다. 3장 앞머리에 적힌, 발견되지 않는 것에 대한 D. W. 위니콧의 인용문은 1963년 출간된 「의사소통과 비의사소통: 특정 대조에 대한 연구 Communicating and Not Communicating Leading to a Study of Certain Opposites」에서 나온 것이다. 4부 꿈의 집 서두에 적은 제임스 볼드윈의 남을 아는 것에 대한 인용문은 볼드윈의 1963년 글 「교사들을 위한 강의 Lecture to Teachers」에서 나온 것이다.

앨런 긴즈버그와 비트 세대 작가에 대해 유일하게 넣은 참고 서적은 시인 밥 로젠탈의 회고록으로, 여러 책에서 다뤄지는 내용을 아우르고 있다. 참고 문헌에는 앨런 긴즈버그와 그의 아버지인 시인 루이스 긴즈버그가 주고받은 편지 모음도 올렸다. 네이어미 긴즈버그의 조현병, 전두엽 절제술, 죽음은 그녀의 남편과 아들에게 극단적으로 다른 방식으로 영향을 미쳤다. 그렇게 아버지와 아들이 정치, 시, 정신질환, 영감, 자유, 책임에 대해 품은 의견에는 균열이 존재하게 되었다. 그 균열은 마이클과 내가 자라난 세상에도 존재했으며, 지금 우리 시대의 문화에도 여전히 치유되지 않은 상태로 존재한다.

---

* 그의 이름은 데이비드 길버트다.

I Am Not Sick, I Don't Need Help: How to Help Someone with Mental Illness Accept Treatment, Xavier Amador (Vida Press, 2000, 2020). (제이비어 아마도어, 『난 멀쩡해, 도움 따윈 필요 없어!』, 최주언 옮김, 한국심리치료연구소, 2013.)

Almost a Revolution: Mental Health Law and the Limits of Change, Paul S. Appelbaum (New York: Oxford University Press, 1994).

Murder in the Model City: The Black Panthers, Yale, and the Redemption of a Killer, Paul Bass and Douglas W. Rae (New York: Basic Books, 2006).

The Shame of the States, Albert Deutsch (New York: Harcourt, Brace, 1948).

Pillars of Justice: Lawyers and the Liberal Tradition, Owen Fiss (Cambridge, MA: Harvard University Press, 2017).

Law and the Modern Mind, Jerome Frank, with an introduction by Brian H. Bix (New York: Routledge, 2017).

The Inheritance: How Three Families and America Moved from Roosevelt to Reagan and Beyond, Samuel G. Freedman (New York: Simon & Schuster 1996).

The Killing of Bonnie Garland: A Question of Justice (reissue), Willard Gaylin (New York: Penguin Books, 1995).

The Perversions of Autonomy: Coercion and Constraint in a Liberal Society (revised and expanded edition), Willard Gaylin, (Washington, DC: Georgetown University Press, 2003).

Family Business (selected letters between Allen and Louis Ginsberg), edited by Michael Schumacher, (New York: Bloomsbury, 2001).

The Halfway House: On the Road to Independence, Sylvia Golomb and Andrea Kocsis (New York: Brunner–Routlege, 1988).

The Mad Among Us: A History of the Care of America's Mentally Ill, Gerald Grob, (New York: Free Press, 1994).

Madness in the Streets: How Psychiatry and the Law Abandoned the Mentally Ill, Rael Jean Isaac and Virginia C. Armat (New York: Free Press, 1990).

Insane Consequences: How the Mental Health Industry Fails the Mentally Ill, DJ Jaffe, foreword by E. Fuller Torrey (Amherst, NY: Prometheus Books, 2017).

The Fall of the House of Roosevelt: Brokers of Ideas and Power from FDR to LBJ, Michael Janeway (New York: Columbia University Press, 2004).

Out of Bedlam: The Truth about Deinstitutionalization, Ann Braden Johnson, (New York: Basic Books, 1990).

The Guardians: Kingman Brewster, His Circle, and the Rise of the Liberal Establishment, Geoffrey Kabaservice (New York: Henry Holt, 2004).

Legal Realism at Yale, 1927–1960, Laura Kalman (Chapel Hill: The University of North Carolina Press in association with the

American Society for Legal History, 1986).

Yale Law School and the Sixties: Revolt and Reverberation, Laura Kalman (Chapel Hill: The University of North Carolina Press, 2005).

In Search of Memory: The Emergence of a New Science of Mind, Eric R. Kandel (New York: W. W. Norton & Company, 2006). (에릭 캔델, 『기억을 찾아서』, 전대호 옮김, 랜덤하우스코리아, 2009.)

Simple Justice: The History of Brown v. Board of Education and Black America's Struggle for Equality, Richard Kluger (New York: Vintage, 2004).

Listening to Prozac: A Psychiatrist Explores Antidepressant Drugs and the Remaking of the Self, Peter D. Kramer (New York: Viking, 1993).

Ordinarily Well: The Case for Antidepressants, Peter D. Kramer (New York: Farrar, Strauss & Giroux, 2016).

Schizo-Culture (2-volume set): The Event, The Book, edited by Sylvère Lotringer (New York: Semiotext(e) Journal, 2014).

Pathologist of the Mind: Adolf Meyer and the Origins of American Psychiatry, S. D. Lamb Baltimore, MD: Johns Hopkins University Press, 2014).

The Harvard Psychedelic Club: How Timothy Leary, Ram Dass, Huston Smith, and Andrew Weil Killed the Fifties and Ushered in a New Age for America, Don Lattin (New York: HarperOne, 2010).

Illiberal Reformers: Race, Eugenics, and American Economics,

Thomas C. Leonard (Princeton, NJ: Princeton University Press, 2017).

Shrinks: The Untold Story of Psychiatry, Jeffrey A. Lieberman, MD, with Ogi Ogas (New York: Little Brown and Company, 2015).

The Unraveling of America: A History of Liberalism in the 1960s, Allen J. Matusow (Athens: University of Georgia Press, 2009).

What Is Mental Illness?, Richard J. McNally (Cambridge, MA: The Belknap Press of Harvard University Press, 2011).

Joining the Club: A History of Jews and Yale, Dan A. Oren (New Haven, CT: Yale University Press, 1986).

To Punish and Protect: Against a System that Coddles Criminals, Jeanine Pirro, with Catherine Whitney (New York: Simon & Schuster, 2003).

Straight Around Allen: On the Business of Being Allen Ginsberg, Bob Rosenthal (Beatdom Books, 2019).

The Center Cannot Hold: My Journey Through Madness, Elyn R. Saks (New York: Hyperion ebook, 2007). (엘린 색스, 『마음의 중심이 무너지다』, 정지인 옮김, 소우주, 2023.)

Refusing Care: Forced Treatment and the Rights of the Mentally Ill, Elyn R. Saks (Chicago: University of Chicago Press, 2002).

The Trouble with Testosterone and Other Essays on the Biology of the Human Predicament, Robert M. Sapolsky (New York: Scribner, 1997). (나는 새폴스키가 2010년 봄 학기에 스탠퍼드대학교에

서 했던 훌륭한 25편의 강의 시리즈 중 조현병과 우울증에 대한 내용을 자주 참고했다. https://www.youtube.com/playlist?list=PL150326949 691B199).

Brainwashed: The Seductive Appeal of Mindless Neuroscience, Sally Satel and Scott D. Lilienfeld (New York: Basic Books, 2013). (샐리 사텔, 스콧 O. 릴리언펠트, 『세뇌』, 제효영 옮김, 생각과사람들, 2014.)

Life, Death & Bialys: A Father/Son Baking Story, Dylan Schaffer (New York: Bloomsbury, 2006).

The Quiet Room: A Journey Out of the Torment of Madness, Lori Schiller and Amanda Bennett (New York: Warner Books, 1991).

Madhouse: A Tragic Tale of Megalomania and Modern Medicine, Andrew Scull (New Haven, CT: Yale University Press, 2007).

Is There No Place on Earth for Me? (Second edition), Susan Sheehan (New York: Vintage, 2014).

Far From the Tree: Parents, Children, and the Search for Identity (reprint edition), Andrew Solomon (New York: Scribner, 2013). (앤드류 솔로몬, 『부모와 다른 아이들』 1, 2, 고기탁 옮김, 열린책들, 2015.)

Madness Is Civilization: When the Diagnosis was Social, 1948–1980, Michael E. Staub (Chicago: University of Chicago Press, 2011).

God's Hotel: A Doctor, a Hospital, and a Pilgrimage to the Heart of Medicine, Victoria Sweet (New York: Riverhead Books, 2012). (빅토리아 스위트, 『신의 호텔』, 김성훈 옮김, 와이즈베리, 2014.)

Hippocrates Cried: The Decline of American Psychiatry, Michael Allen Taylor, MD (New York: Oxford University Press, 2013).

American Psychosis: How the Federal Government Destroyed the Mental Illness Treatment System, E. Fuller Torrey, MD (New York: Oxford University Press, 2014).

The Invisible Plague: The Rise of Mental Illness from 1750 to the Present, E. Fuller Torrey, MD, and Judy Miller (New Brunswick, NJ: Rutgers University Press, 2001).

Nowhere to Go: The Tragic Odyssey of the Homeless Mentally Ill, E. Fuller Torrey, MD (Perennial Library, 1989).

Surviving Schizophrenia, 6th Edition: A Family Manual, E. Fuller Torrey (New York: HarperCollins e-book, 2013). (E. 풀러 토리, 『조현병의 모든 것』, 정지인 옮김, 심심, 2021.)

9 Highland Road: Sane Living for the Mentally Ill, Michael Winerip (New York: Pantheon Books, 1994).

옮긴이 **박다솜**
서울대학교 언어학과를 졸업했다. 옮긴 책으로 『죽은 숙녀들의 사회』 『매일, 단어를 만들고 있습니다』 『불안은 날마다 나를 찾아온다』 『유쾌한 우울증의 세계』 『애도 클럽』 『요즘 애들』 『사무실의 도른자들』 『이토록 지적인 산책』 『찬란하고 무용한 공부』 『먼지가 가라앉은 뒤』 등이 있다.

슬픈 살인
지성과 광기의 경계에서 낳은 비극

초판 인쇄 2026년 3월 5일
초판 발행 2026년 3월 25일

지은이 조너선 로즌 | 옮긴이 박다솜
책임편집 신기철 | 편집 이봄이랑 이희연
디자인 최정윤 유현아 | 저작권 박지영 형소진 주은수 오서영 조경은
마케팅 정민호 서지화 박치우 한민아 왕지경 이민경 정유진 김예진 김혜원 정경주 이서진
브랜딩 함유지 이송이 박민재 김하연 신은서 이준희 조다현
미디어콘텐츠 함근아 김은솔 박다솔
제작 강신은 김동욱 이순호 | 제작처 천광인쇄사

펴낸곳 (주)문학동네 | 펴낸이 김소영
출판등록 1993년 10월 22일 제2003-000045호
주소 10881 경기도 파주시 회동길 210
전자우편 editor@munhak.com | 대표전화 031)955-8888 | 팩스 031)955-8855
문학동네카페 http://cafe.naver.com/mhdn
인스타그램 @munhakdongne | 트위터 @munhakdongne
북클럽문학동네 http://bookclubmunhak.com

ISBN 979-11-416-1515-4 03300

www.munhak.com